Bodie Thoene

Licht über Zion

Verlag der Francke-Buchhandlung GmbH
Marburg an der Lahn

3. Auflage 1991
Alle Rechte vorbehalten
Originaltitel: A Light in Zion
© 1988 by Bodie Thoene
Published by Bethany House Publishers, Minneapolis, USA
© der deutschsprachigen Ausgabe
1990 by Verlag der Francke-Buchhandlung GmbH
3550 Marburg an der Lahn
Deutsch von Traute Reil-Kaczorowski
Umschlaggestaltung: Reproservice Jung, Wetzlar
Umschlagillustration: Dan Thornberg
Satz: Druckerei Schröder, 3553 Wetter/Hessen
Druck: St.-Johannis-Druckerei, 7630 Lahr

Edition C, Nr. E 75

Inhaltsverzeichnis

Prolog 7

Teil 1 Der Blitz 11

1. Davids Rückkehr 12
2. Heiliger Krieg 21
3. Kastel 32
4. Die Nachrichten von morgen 49
5. Goliath 57
6. Naschon wartet 70
7. Der Flug des Raben 81
8. Warten 91
9. Gefangen! 101
10. Dunkel vor der Dämmerung 110
11. Der Konvoi 122

Teil 2 Das Licht 131

12. Pessachabend 132
13. Flucht über Zypern 144
14. Schmuggelware 156
15. Die Botschaft 169
16. Ich glaube fest daran 185
17. Ragusa 195
18. Im Untergrund 204
19. Pessachgrüße 217
20. Was macht diese Nacht anders . . .? 232
21. Das Mahl der Erinnerung 246
22. Das Treffen 259

Teil 3 Morgendämmerung 272

23. Unwetter 273
24. Drachen auf dem Skopusberg 284
25. Zuflucht 296
26. Konfrontation 311
27. Wenn der Sperling fällt 324
28. Das Wunder 337
29. Stern der Erlösung 346

30. Eine neue Chance	358
31. An der Straße nach Hadassah	374
32. Im Schatten des sicheren Todes	382
33. Feuer und Wasser	395
34. Morgenröte	407

Epilog 422

Erläuterungen und ergänzende Informationen 424

Verzeichnis religiöser Zitate 439

Prolog

70 n. Chr.

Nathan zog seinen neuen Umhang fester um seine hochaufgeschossene Gestalt, um sich vor dem kühlen Wind zu schützen, der vom Meer her aufgekommen war. Während er so allein auf dem Felsvorsprung über der Schlucht saß und das Geschehen auf dem schmalen, gewundenen Band der Straße unter ihm verfolgte, kam er sich vor wie ein Falke, der von seinem hohen Aussichtsplatz auf die Welt hinabblickt.

Mehrere Tage lang hatten Nathan und sein Vater ihre Schafherde auf den mit jungem Gras bewachsenen Berghängen weiden lassen und dabei die Pilgerströme beobachtet, die sich über den Paß in Richtung Jerusalem wälzten, um dort das Pessachfest zu feiern. Nathans Vater hatte geschätzt, daß allein in der vergangenen Woche über eine Million Menschen durch die Tore der Heiligen Stadt gezogen waren. Nachdem die Flut der Pilger etwas nachgelassen hatte, waren die einjährigen Lämmer aus der Herde ausgesondert und zur Stadt getrieben worden, wo sie zum Fest verkauft werden sollten. Auch Nathans Familie hatte sich anschließend aufgemacht, um in der Heiligen Stadt am Pessachfest teilzunehmen, und hatte ihm, obwohl er mit seinen fünfzehn Jahren noch nicht erwachsen war, die ganze Last der Verantwortung für die zurückgebliebenen Mutterschafe übertragen. Denn als Erstgeborener der Familie durfte er traditionsgemäß nicht am ersten Pessachmahl teilnehmen.

So hatte sich Nathan an diesem Abend, während die Menschen in der Heiligen Stadt die Psalmen des Großen Hallel sangen und das Mahl der Erinnerung hielten, unter dem Sternenzelt Gottes machtvoller Taten erinnert und mit Fasten und ehrfürchtigen Gebeten der Erstgeborenen Ägyptens gedacht, die vor so langer Zeit beim ersten Pessach den Tod gefunden hatten.

In dem steinernen Schafstall hinter ihm blökte ein Mutterschaf, weil es sein Lamm vermißte. Nathan sah fröstelnd nach Osten, wo sich der Vollmond langsam hinter den weißen Türmen Jerusalems erhob und die Stadt wie einen schneebedeckten Berg erstrahlen ließ. *Die Tore sind geschlossen. Das Fest ist vorüber. Meine Familie schläft, und niemand weiß, was der nächste Tag bringen wird.*

Auf der anderen Seite der tiefen Schlucht war nun auch der Gipfel des Nebi Samuel in silbrigen Glanz getaucht. Nathan wußte, daß auf diesem Berg einst der Prophet Samuel über die Nation Israel zu Gericht gesessen hatte. *War es vielleicht diese Nacht gewesen, die Samuel über die Zeiten hinweg in seinen Visionen gesehen hatte?*

Nathan schaute versonnen in den Sternenhimmel und dachte dabei an die Verheißung, die Gott einst Abraham gemacht hatte: sein Volk werde einmal so zahlreich sein wie die Sterne am Himmel und der Staub auf der Erde. Abraham hatte dieser Verheißung Glauben geschenkt, und in dieser Nacht begingen nun so viele seiner Nachkommen hinter den verschlossenen Toren Jerusalems das Pessachfest, daß Nathan sie nicht zu zählen vermochte. Von allen Enden der Welt hatten sie sich dort eingefunden und waren nun wie Fische im Netz gefangen.

Nathan beobachtete voller Entsetzen, was unter ihm vor sich ging: das Netz wurde langsam zusammengezogen! Ein furchtbares Brausen wie von einer gewaltigen Meeresflut stieg die Schlucht herauf, um die Heilige Stadt zu verschlingen, und der Paß war von einem nicht enden wollenden Fackelzug erleuchtet. Der Marschtritt von Soldaten hallte bedrohlich in den Bergen wider und zerriß die mystische Stille der heiligsten Nacht des Jahres. Und Nathan konnte nur hilflos zusehen! Er konnte nicht in die Stadt laufen, um die Menschen zu warnen, denn der Paß im Osten war versperrt. Er konnte auch nicht zum Meer hin, da sich der Zug der römischen Fackeln gnadenlos bis weit in den Westen erstreckte. Wenn Nathans Eltern und Geschwister am Morgen erwachten, würde ihnen der Klang des Schofar zunächst die Freiheit verheißen. Aber nur zu bald würden sie erkennen, daß sie sich in einer Falle befanden: ringsum von römischen Soldaten, römischen Schwertern und römischem Zorn umzingelt. Sie würden sterben. Dessen war Nathan sicher – so sicher, wie es einst der alte Samuel gewesen war, als er auf diesem Berg gesessen und laut die Sünden Israels beklagt hatte. In dieser Nacht war es nicht schwierig, eine Prophezeiung auszusprechen.

Nathan riß sich von dem Schauspiel unter ihm los und schaute wieder zum Himmel empor, wo die Sterne durch das strahlende Licht des aufgehenden Mondes allmählich verblaßten. „Erinnerst du dich noch an das, o Ewiger, was du uns einst verheißen hast?" fragte er laut und erschrak über den Klang seiner eigenen Stimme vor dem Echo des Marschtritts. „Hast du uns nicht zugesagt, daß wir so zahlreich sein würden wie die Lichter am Himmel?"

Der Mond war stetig höher gestiegen, und sein Licht überstrahlte nun fast alle Sterne. Es schien, als seien sie in der Tiefe der Schlucht von den Spitzen der römischen Lanzen ausgelöscht worden. Doch Nathan ängstigte sich im Grunde weder um das Schicksal, dem Jerusalem unausweichlich entgegenging, noch um sein eigenes. Denn seit seiner Kindheit hatte er seinen Vater immer wieder von den Prophezeiungen eines Mannes mit Namen Jeschuah sprechen hören. *Ich war damals selbst noch ein Kind*, hatte sein Vater ihm erzählt, *aber ich erinnere mich noch so deutlich an diesen Mann, als wäre ich ihm erst gestern begegnet. Unser Herr Jeschuah hob Seine Augen – so unsagbar traurige Augen – zum großen Tempelgebäude empor und sagte voraus, daß kein Stein auf dem anderen bleiben würde. Stell dir das vor, Nathan! Stell dir vor, daß etwas so Schönes eines Tages dem Erdboden gleichgemacht wird! Und dann hat Er uns geraten, uns so schnell wie möglich in den Bergen zu verstecken, wenn die Heilige Stadt eines Tages von einem Heer eingeschlossen würde. Wir sollten alles zurücklassen, uns nicht einmal die Zeit nehmen, einen Mantel zu holen. Aber wir dürfen keine Angst haben, Nathan! Selbst wenn die Grundfeste der Erde erschüttert werden sollten. Denn erst wenn alles geschehen ist, wie es geschrieben steht, wird unser Messiah selbst zurückkehren und die Heilige Stadt wieder mit Recht und Gerechtigkeit erfüllen. Und dann wird der Wolf neben dem Lamm liegen!*

Nathan berührte versonnen den Saum seines Gewandes und dachte bewegt daran, mit welchem Blick seine Mutter ihm dieses erst vor zwei Tagen übergeben hatte. Da er nicht am Sedermahl teilnehmen durfte, sollte er während seiner einsamen Wache wenigstens etwas Besonderes tragen. Bei dem Gedanken an das sanfte Gesicht seiner Mutter saß ihm ein Kloß im Hals. Wenn seine Familie sterben mußte, wollte er mit ihr zusammen sterben!

Er erhob sich langsam, klopfte sich den Staub vom Umhang und blickte dann nach Osten in Richtung Jerusalem. In der Ferne entdeckte er die ersten Lagerfeuer der römischen Legionen.

„So ist der Tag, von dem Jeschuah gesprochen hat, also schließlich gekommen", sinnierte er. „Wenn es geschieht, wie Er gesagt hat, dann werden wir wie Lämmer zur Schlachtbank geführt, und der Tempel wird zerstört werden. Aber dann muß schließlich auch in Erfüllung gehen, daß Er eines Tages zurückkehrt, um uns wieder zu einer Nation zu machen." Nathan rief mit lauter Stimme zum Himmel: „Ich glaube daran, Herr! Du wirst diesen Ort nicht vergessen! Selbst wenn dein Tempel im Staub liegt, wirst du uns nicht vergessen!"

Mit der Entschlossenheit eines Soldaten zog Nathan sein Messer aus der Scheide und wandte den Blick von der römischen Horde unter ihm. Dann stieg er bedächtig über den felsigen Hang auf einen Vorsprung im Kalkgestein, unter dem er mit seinem Vater oft Schutz vor dem Regen gesucht hatte. Beim fahlen Schein des Mondes, der die glatten Felswände beleuchtete, versuchte er, mit seiner Messerklinge etwas in den Stein zu ritzen.

Auch wenn der Tempel und unsere Gebeine zu Staub zerfallen oder das heilige Licht der Menorah und unser Lebenslicht verloschen sind, du wirst unser Volk nicht vergessen! Eines Tages wird die Welt unser Licht wiedersehen und wissen, daß wir auf ewig dein Volk, deine Nation und dein Licht sind.

In der Tiefe löste sich ein schmales Band römischer Fackeln von der Truppe und wand sich langsam zu Nathans kaltem, trostlosem Standort herauf. Doch der Junge achtete seiner nicht, sondern fuhr unermüdlich fort, eine Nachricht in den weichen Stein zu ritzen, die die Zeit überdauern würde, auch wenn die Sterne ins Meer stürzten ...

Teil 1
Der Blitz

Sederabend, 1948

„*Sie glaubten, daß der Blitz im Himmel wohne,
aber ihr Blitz schlug aus dem Boden heraus ...*"

Ibn al Khatib

1. Davids Rückkehr

Während sich David, von schweren Träumen gequält, im Roten Haus unruhig auf einem quietschenden Doppelbett hin und her wälzte, döste Ellie neben ihm in einem Schaukelstuhl, den man aus dem Wohnzimmer für sie herbeigeholt hatte. Vor dem Haus schlugen die mächtigen Wellen gegen die Kaimauer und bildeten mit ihrem an das Grollen von Artilleriefeuer erinnernden Getöse den unheilvollen Auftakt zu der Schlacht, die bald in den Bergen toben würde.

Im Zimmer selbst war es dunkel und still. Nur durch einen Spalt unter der Tür schimmerte etwas Licht, und aus der unteren Etage drangen gehetzte Stimmen herauf. Von dieser Nacht würde das Schicksal des jüdischen Jerusalem, ja, vielleicht sogar das der gesamten zukünftigen jüdischen Nation abhängen. Dennoch hatte Ellie nur das Bedürfnis, auf Davids stoßweise Atemzüge zu horchen. Es gab kein schöneres Geräusch auf Erden! Er *lebte!* Diese wunderbare Erleichterung war das einzige, was ihr Herz in dieser Nacht empfinden konnte.

Doch er würde zunächst noch schwere seelische Belastungen auszustehen haben, bevor er all das verkraftet hatte, was ihm an Schrecklichem widerfahren war. Er wand sich unruhig im Schlaf und schrie auf: „Michael!" Ellie wußte, daß ihn ein Alptraum quälte: *Brennende Motoren und verbogenes Metall. Eine geronnene Lache von Michaels Blut zu seinen Füßen. Und diese Frau – Montgomery!* Bei dem Gedanken an den schlaffen, blutüberströmten Körper, der vor zwei Stunden aus dem Flugzeug gehoben worden war, schloß Ellie schaudernd die Augen: Diese gesichtslose Puppe hatte keine Ähnlichkeit mehr mit der von ihr ehemals so sehr bewunderten Studienkollegin Angela St. Martain gehabt. Es hieß, als Dienerin des Muftis sei sie nicht nur für Michaels, sondern auch für den Tod anderer Menschen und die Zerstörung des Flugzeugs verantwortlich gewesen. – *Aber David lebt zum Glück! Oh Gott, ich danke dir, daß du meine Gebete erhört hast! Aber bitte behüte ihn nun auch weiter, Herr! Bitte hilf ihm zu vergessen!*

Aus dem darunter gelegenen Zimmer drangen wieder Stimmen herauf. Ein Telefon klingelte. Dann waren eilige Schritte und die Stimme desjenigen zu hören, der ans Telefon gegangen war. Wenngleich Ellie nichts verstehen konnte, hörte sie doch aus dem Tonfall Sorge, Aufregung und Dringlichkeit heraus. Der Kampf, den David gegen Zeit, Wetter und diese abscheuliche Frau geführt hatte, um Waffen illegal nach Palästina zu bringen, war zwar erfolgreich beendet, aber nun hing das Schicksal Jerusalems und seiner jüdischen Bewohner davon ab, was die Haganahkämpfer mit den geschmuggelten Waffen auszurichten vermochten.

Ellie hörte jetzt deutlich, wie die zornige Stimme Ben-Gurions dröhnend die anderen übertönte: „Mosche Sachar wird dort oben auf dem trockenen sitzen, wenn die in Ramle ihren Auftrag nicht ausführen!"

Es stand offenbar nicht alles zum besten mit den Männern, die darum kämpften, den Weg nach Jerusalem zu öffnen!

David stöhnte im Schlaf und murmelte heiser: „Hassida! Mama, hier spricht Hassida..."

„David?" Ellie strich ihm liebevoll über die Stirn. „David, Liebster. Du bist in Sicherheit. Ich bin's, Schatz, Ellie."

„Ellie?" wiederholte er schlaftrunken.

„Ja. Du träumst nur, David. Schlaf ruhig weiter!" sagte sie mit dem beruhigenden Tonfall einer Mutter, die mit ihrem von Alpträumen geängstigten Kind spricht.

Er drückte ihr mit einem erleichterten Seufzer die Hand und murmelte ihren Namen wie durch einen dichten Nebel der Erschöpfung.

In dieser Nacht war David der einzige, der schlief. Luke Thomas befand sich irgendwo auf den felsigen Hängen bei Ramle und traf Vorbereitungen für die Schlacht gegen die Jihad-Moqhaden, die vom Dorf Kastel aus den Paß Bab el Wad, die einzige Verbindung zwischen Tel Aviv und Jerusalem, bewachten. Seine Aufgabe war es, die Araber so lange von dem winzigen Dorf abzulenken, bis es Mosche und seine Männer geschafft hatten, sich diesem strategisch wichtigen Ort unbemerkt zu nähern und ihn einzunehmen. Ehud dagegen streifte sicher zwischen den Lagerfeuern der dreihundert Lastwagenfahrer umher, die den Lebensmittelkonvoi über den Paß ins hungernde Jerusalem bringen sollten. In dieser Nacht würde die Entscheidung fallen: entweder würde sich das Blatt zugunsten einer jüdischen Nation wenden oder der noch ungeborene jüdische Staat einen vorzeitigen Tod sterben.

„Michael! Vogelscheuche!" schrie David aus den Tiefen seines Traumes, in denen er noch einmal den Tod seines Freundes durchmachte.

„Ach, David!" flüsterte Ellie schmerzlich. „Du bist doch in Sicherheit. Ich bin's – Ellie! Ich bin ja ganz nah bei dir!"

Er umklammerte heftig ihre Hand. „Bin ich noch rechtzeitig gekommen?" fragte er eindringlich. Sie wußte nicht, ob er schlief oder wachte.

„Ja. Du bist rechtzeitig gekommen. Du bist wunderbar!" Ihre Worte übten offenbar eine beruhigende Wirkung auf ihn aus, denn er entspannte sich und murmelte wieder erleichtert ihren Namen.

Ellie blieb noch einige Minuten neben ihm und horchte dabei angespannt auf die hektische Geschäftigkeit in der unteren Etage. Obwohl selbst erschöpft, fand sie doch nicht die innere Ruhe, um schlafen zu können. Sie hatte noch nicht einmal ihre Hose und die Bluse gewechselt, die sie den ganzen Tag über bis in diese furchtbare Nacht hinein getragen hatte, in der sie Stunde um Stunde auf Davids Flugzeug gewartet und Gott darum angefleht hatte, ihn lebend zurückkehren zu lassen. Die Manschetten der Bluse waren noch feucht. Denn vor einer Stunde hatte sie mit Ehud den völlig verschwitzten und erschöpften David gebadet. Seine Kleider und Stiefel waren blutbespritzt gewesen, und Ehud hatte sie nach unten getragen, um sie im Ofen zu verbrennen. Danach hatten sie von verschiedenen Männern, die im Tel Aviver Hauptquartier der Jewish Agency arbeiteten, frische Kleidung zusammengesucht. Ben-Gurion hatte David sogar persönlich einen dicken handgestrickten Wollpullover ans Fußende seines Bettes gelegt.

Von den Strapazen des ungewohnten Schaufelns auf dem Flugplatz und der langen Wache waren Ellies Glieder steif geworden, und ihre verspannten Muskeln sehnten sich nach einem warmen Bad. Doch obwohl sich David inzwischen beruhigt hatte, blieb sie noch geraume Zeit über ihn gebeugt stehen. Schließlich glaubte sie jedoch, ihn allein lassen zu können, ohne daß er aufwachen oder nach ihr rufen würde.

Sie ging ins Badezimmer, knipste aber aus Rücksicht auf David das Licht erst an, nachdem sie die Tür hinter sich geschlossen hatte. In der weißen Emaillebadewanne stand noch Davids Badewasser. Es hatte die rötlich-braune Farbe von verdünntem Blut. Ellie empfand bei diesem Anblick Ekel. Sie zog mit geschlossenen Augen den Stöpsel heraus und atmete erleichtert auf, als das Wasser gurgelnd im Abfluß verschwand. Vor ihrem geistigen Auge sah sie wieder Michaels Leiche unter der Persenning liegen. Was für einen Alptraum hatte David nur durchlebt? Und wie viele weitere Alpträume würden noch Wirklichkeit werden, bevor dies alles zu Ende war?

Müde putzte sie die Badewanne, ließ Wasser einlaufen und sah in Hockstellung zu, wie das heiße Wasser aus dem Kran sprudelte. Heißer Dampf stieg auf, schlug sich am Spiegel nieder und kondensierte an den hellgrünen Wänden des Badezimmers. Sie zog sich langsam aus und ließ ihre Kleider auf die feuchten Fliesen fallen. Wohlig empfand sie die Wärme, mit der der Dampf sie einhüllte. Dann stieg sie in die

Wanne, legte ihren schmerzenden Kopf zurück und ließ ihr langes, lockiges Haar vom Wasser umspülen.

„Ich muß mich jetzt entspannen", suggerierte sie sich murmelnd, „und darf nicht daran denken, daß ich beinahe schon Witwe geworden wäre, bevor ich überhaupt die Möglichkeit hatte, Ehefrau zu sein." Sie schloß die Augen und spürte wohlig, wie das heiße Wasser ihr Kinn umspielte. „Ich darf jetzt nicht darüber nachdenken, was dort draußen passiert. Ich muß den Krieg für eine Weile vergessen! Ich muß mich entspannen. Immerhin hat ein Terroranschlag unsere ohnehin schon knapp bemessenen Flitterwochen zunichte gemacht, und mein Mann wäre beinahe einem Mordanschlag zum Opfer gefallen."

Sie spürte, wie sich ihre verspannten Schultermuskeln lockerten und tauchte noch etwas tiefer ins Wasser. Dann öffnete sie die Augen wieder und stellte mit den Zehen den Kran ab. Hier in der Badewanne wollte sie nicht darüber nachdenken, daß Luke in Ramle, Mosche in Kastel kämpfte. Sie wollte sich auch nicht vorstellen, wie Rachel, Onkel Howard, Jakov und der Großvater betend und mit hungrigen Gesichtern darauf warteten, daß Ehuds Lebensmittelkonvoi den Paß nach Jerusalem überwand. All das wollte sie für eine Weile versuchen zu vergessen – nur nicht die Tatsache, daß ihr Mann lebte und ihr fast greifbar nahe war. Einen Augenblick lang wollte sie so tun, als befände sie sich an irgendeinem friedlichen Ort in der Welt – in Paris oder London oder auch in Santa Monica –, nur nicht am Kriegsschauplatz Tel Aviv. Sie wusch sich die Haare. *David ist hier, Ellie!* rief sie sich wieder ins Bewußtsein. *Jetzt schläft er friedlich. Aber wenn er aufwacht, wird er dich brauchen, um vergessen zu können. Denk jetzt an David! Du kannst nicht allen helfen. Das kann nur Gott.*

Sie tauchte unter und spülte ihre Haare aus. Weiße Schaumblasen schwammen auf dem Wasser. Sie verteilte den Schaum auf den Armen und genoß das Gefühl der Entspannung.

Plötzlich klopfte es.

„Wer ist da?" rief Ellie.

Eine schlaftrunkene Stimme echote verwirrt: „Wer ist da?"

„David?"

„Wo bin ich? Ist das hier das Badezimmer?" fragte David kläglich wie ein verlorenes Kind.

„Ich bin in der Wanne, Schatz", rief Ellie. „Bin gleich fertig."

Auf der anderen Seite der Tür blieb es zunächst still. Dann erklang wieder Davids flehende Stimme: „Kann ich nicht reinkommen? Ich finde keinen Lichtschalter, und es ist so dunkel."

Ellie mußte über sich selbst lächeln. *Das ist doch dein Mann, der da draußen steht*, ermahnte sie sich. So rief sie heiter zurück: „Aber natürlich!"

Die Tür öffnete sich einen Spalt, und Davids Gesicht erschien in der Öffnung. Er schaute blinzelnd ins Licht und versuchte, den Dampf mit der Hand zu zerteilen. Schließlich entdeckte er Ellie und flüsterte ungläubig: „Bist du es wirklich?"

„Das letzte Mal, als ich nachgesehen hab', war ich's noch", erwiderte sie mit einem spitzbübischen Lächeln. „Hast du dich ein bißchen erholt? Komm schnell herein und schließ die Tür! Sonst wird es kalt hier."

Er rieb sich verschlafen das Gesicht und zwängte sich herein. Mit der linken Hand hielt er die zu große Schlafanzughose fest, mit der rechten schloß er die Tür hinter sich. Er sah sie befangen an. „Mir war, als träumte ich. – Ich hatte einen Alptraum", fügte er hinzu und blickte sie verstört an. „Michael. Angela. Das Flugzeug." Er suchte Ellies Augen. „Das war doch nur ein Alptraum?"

Sie schüttelte zögernd den Kopf. „Nein! Aber das ist jetzt vorbei, David. Und du lebst noch."

David starrte auf die Wassertropfen, die den Spiegel hinunterrannen. „Vogelscheuche", sagte er dumpf.

Ellie verharrte in regungslosem Schweigen. Ein Gefühl abgrundtiefen Verlorenseins erfaßte sie. Was für einen Sinn hatte es, sich noch etwas vorzumachen? Dies war weder Paris noch Santa Monica. Es war Tel Aviv! Und in diesem Augenblick fanden Menschen, die sie kannte und liebte, in einem Krieg den Tod! – „David?"

Er sah sie gequält an, und seine Augen füllten sich mit Tränen. „Ach, Ellie!" schluchzte er und sank vor der Badewanne auf die Knie. Mit einer heftigen Bewegung schlang er die Arme um sie und zog sie an sich. Dabei schwappte das Badewasser über. Doch er merkte es nicht und barg sein Gesicht an ihrem Hals. „Oh, Ellie! Ich dachte, ich würde dich nie wiedersehen! Ich dachte –" Er war zu aufgewühlt, um weitersprechen zu können.

Ellie strich ihm über das Haar. Daß er durch ihre Liebkosung fast genauso naß wurde wie sie, beachtete sie nicht. „Ich weiß, David." Ein Schauer überlief sie. „Ich weiß, Liebster."

Sie spürte, wie sich sein Rücken spannte, als er versuchte, gegen die Tränen anzukämpfen. „Quäl dich nicht, Liebster! Laß deinen Gefühlen freien Lauf! Ich bin's doch nur, deine Ellie."

Er ächzte, als habe er einen Schlag in den Magen bekommen, und

dann brachen unter haltlosem Schluchzen die Tränen aus ihm hervor. „Ich hatte solche Angst, daß ich dich nie wiedersehen würde", weinte er. „Nie wieder!"
Dann weinte auch sie. Ihr war nun vollends klar geworden, daß sie nicht den Kopf in den Sand stecken konnte. *Wir sind in Palästina, mitten im schlimmsten Geschehen. Solange der Kampf dauert, werden Menschen sterben, und es hat keinen Sinn, sich Illusionen hinzugeben.*

* * *

Ram Kadar starrte aus dem Wagenfenster auf die Reihe der leeren Lastwagen, die am Flughafen von Damaskus warteten. Zum ersten Mal, seit er Isabel Montgomery kannte, hatte sie versagt. Nachdem er mit Haj Amin zwei Stunden vergeblich auf das angekündigte Flugzeug gewartet hatte, war Kadar überzeugt, daß sie tot war. Denn nur ihr Tod konnte der Grund für ihr Versagen sein. Das jüdische Flugzeug mußte in Flammen über den Golanhöhen niedergegangen sein – es sei denn ...

In diesem Augenblick trat ein hochgewachsener syrischer Offizier zu Haj Amin, der im Scheinwerferlicht von Kadars Fahrzeug stand, und sprach ihn an. Der Mufti nickte gleichmütig. Trotz der bitteren Enttäuschung, die ihm diese Nacht gebracht hatte, verriet sein Gesicht keinerlei Emotionen. Er trat aus dem Lichtkegel heraus, und der Offizier folgte ihm mit geöffneter Hand, um die Belohnung entgegenzunehmen, die ihm seine Nachricht erfahrungsgemäß einbringen würde.

Kadar öffnete das Fenster einen Spalt, um die leise Unterredung zwischen dem Mufti und dem syrischen Offizier mitverfolgen zu können.

„Und du bist ganz sicher, daß das Flugzeug nicht abgestürzt ist?"
„Es ist auf jeden Fall nicht in Syrien abgestürzt. Unser Agent in Nazareth berichtet, daß er vor zwei Stunden ein Dröhnen über sich hörte. Als er aufsah, flog ein Flugzeug gefährlich niedrig über dem Tal her. Aber es ist keine Meldung von einem abgestürzten Flugzeug eingegangen. Auch von keiner Explosion. Ich kann nur vermuten, daß es Nazareth überflogen hat und dann vielleicht doch noch sicher gelandet ist."

Haj Amin dachte nach und erwiderte dann: „Wenn das der Fall ist, werden die Juden inzwischen haben, was sie brauchen." Mit einem nachdenklichen Blick auf die leeren Lastwagen fuhr er fort: „Und Kadar wird mit leeren Händen nach Palästina und zu seinen Truppen zurückkehren."

„Aber Sie dürfen das Schiff nicht vergessen, Haj Amin! Die *Trina*. Die Arabische Liga hat Ihnen doch die gesamte Ladung des Schiffes zugesagt."

„Leere Versprechungen!" brauste Haj Amin auf und hob bei dem Gedanken an den Verrat der Arabischen Liga ärgerlich das Kinn. „Ich glaube nicht länger, daß uns die Liga die für uns so wichtigen Waffen und Munition schicken wird. Nein! Wir sollen in Palästina versagen, damit sie einen Vorwand haben, einzugreifen und die Herrschaft zu übernehmen. Aber erst sollen wir die Arbeit geleistet haben! Transjordanien, Ägypten, Syrien und der Irak – sie alle werden Palästina unter sich aufteilen. Sie sind gar nicht an einem unabhängigen arabischen Staat in Palästina interessiert!"

Der Mufti legte eine Pause ein und funkelte den Syrer an. „Du hältst mich doch wohl nicht für einen solchen Narren, daß ich das glaube! Nein, eure Regierung möchte mich aus dem Weg haben! Darum haben sie auch das jüdische Flugzeug abgeschossen, in dem sich meine Agentin Isabel Montgomery befand. Darum versprechen sie mir jetzt eine Schiffsladung Waffen, die sie dann später allesamt bis zur letzten Kugel unter sich aufteilen werden. Ich traue keinem! Außer denen, die ich gut genug bezahle." Mit diesen Worten steckte er dem Syrer einen Briefumschlag zu. „Du wirst mir also", fuhr er dann ruhiger fort, „eine Liste beschaffen, auf der nicht nur die Häfen verzeichnet sind, die das Schiff auf seiner Reise anläuft, sondern auch die Reisedauer und seine tatsächliche Ladung."

Der Syrer sah sich verstohlen um und händigte Haj Amin dann einen Stoß Papiere aus. „Hier ist alles – alles, was Sie wünschen. Ich habe meinen Teil der Abmachung eingehalten, und nun müssen Sie auch den Ihren einhalten."

„Natürlich. Natürlich. Wir werden deine Dienste nicht vergessen. Und auch nicht den Lohn, um den du gebeten hast." Der Mufti deutete mit einem leichten Kopfnicken das Ende der Besprechung an.

Kadar ließ sich in den Sitz zurücksinken und starrte ungeduldig vor sich hin, während der Syrer verschwand. Haj Amin ging zielstrebig auf Kadars Wagen zu und klopfte ans Fenster. „Hast du gehört?" fragte er.

„Alles. Das Flugzeug ist also nicht zerstört? Das bedeutet, daß die Juden angreifen werden. Wenn sie über Waffen verfügen, werden sie auch angreifen."

„Darüber kann kein Zweifel bestehen. Außer natürlich, wenn das Flugzeug vorher den Briten in die Hände fällt und sie den amerikanischen Piloten gefangennehmen. Wie heißt er noch gleich, dieser Amerikaner, von dem Montgomery gesprochen hat?"

„Michael Cohen. Und ein gewisser Captain Meyer. Meyer trägt offensichtlich die Verantwortung für die amerikanischen Unternehmungen der Juden."

„Montgomery hat uns gute Dienste geleistet, uns Namen, Orte und die illegale jüdische Fracht genannt. All dies wird für die britische Regierung von großem Interesse sein. Wir werden mit ihr Kontakt aufnehmen. Was immer sich die Juden von dieser Fracht erhoffen, wir werden sie ihnen abjagen."

„Aber wenn die Engländer Meyer und Cohen schnappen, wird ihnen dann nicht auch Montgomery in die Hände fallen?"

Der Mufti musterte ihn kalt. „Du weißt genausogut wie ich, daß sie nicht mehr am Leben sein kann. Spätestens in dem Augenblick, in dem sie das Flugzeug nach Damaskus leitete, wußten die Juden, wer sie war. Sie werden sie inzwischen getötet haben, Kadar. Wir haben nun einen weiteren Märtyrer unseres Jihad. Und du hast eine Geliebte verloren."

Kadar wußte, daß der Mufti recht hatte. Doch merkwürdigerweise empfand er nichts bei diesem Gedanken. – Er überdachte kühl die neue Situation: Montgomery war tot; die Juden verfügten über Waffen und Munition, und Haj Amin hatte die Gunst der verschiedenen Parteien der arabischen Koalition verloren.

„Was sollen wir jetzt tun?"

„Nach Palästina zurückkehren! Dort werden die Juden bestimmt heute nacht angreifen. Wenn wir erfahren, wo, benachrichtigen wir über Funk die Kontrollpunkte, und diese leiten die Informationen dann an dich weiter. Geh also jetzt, und übernimm wieder das Kommando!"

Er reichte Kadar die Papiere. „Und denk daran, daß dies unsere Rettung sein wird."

Kadar versuchte mit zusammengekniffenen Augen etwas zu entziffern, was ihm jedoch in der Dunkelheit nicht gelang. „Was ist das?"

„Es handelt sich um ein Schiff namens *Trina*. Seine Fracht ist für den Libanon bestimmt und soll von dort, wie vereinbart, weiter zu uns nach Damaskus transportiert werden. Aber ich traue diesem Versprechen nicht. Deshalb möchte ich, daß du eine zuverlässige Person suchst, die in Jugoslawien an Bord dieses Schiffes geht und es nach Palästina umleitet. Wenn man uns nicht freiwillig gibt, was für uns bestimmt ist, werden wir es uns eben selbst nehmen!"

„Aber werden die Engländer die Fracht nicht genauso von uns konfiszieren wie von den Juden?"

„Sie werden natürlich nichts von der wahren Fracht wissen, Kadar. Dafür ist gesorgt. Aber sie wird ausreichen, um unsere Armee auszurüsten. Sechstausend Gewehre – nicht für die syrische oder die ägyptische Armee, sondern für eine Armee, die für Palästina und für das Haus Husseini kämpft!" Auch wenn seine Stimme keinerlei Erregung verriet, so sprachen doch aus seinen Augen ein Zorn und eine Verzweiflung, wie Kadar sie selten bei seinem sonst so kaltblütigen Führer erlebt hatte.

„Wie Sie wünschen, Haj Amin."

„Und was Gerhardt anbetrifft", fügte Haj Amin noch hinzu, „so sind Gerüchte an unser Ohr gedrungen, daß er sich die Manieren eines Generals zugelegt hat. Ja, man munkelt sogar, daß er uns gegenüber unloyal werden könnte." Er legte eine bedeutungsvolle Pause ein, bevor er sein Gift ausspie: „Erledige ihn, Kadar! Benutze ihn für deine Ziele, und dann erledige ihn! In unserer Regierung wird es keinen Platz für unloyale Leute geben. Erledige ihn!"

2. Heiliger Krieg

Sarai Tafara betrachtete sich in einem trüben Spiegel, während sich die Frauen ihrer Familie kichernd und flüsternd um sie scharten, um ihr den reich verzierten, von Goldmünzen glitzernden Brautschleier abzunehmen, der die Stellung ihrer Familie in geziemender Weise zur Geltung brachte. Schließlich war Sarai mit dem großen Haj Amin Husseini verwandt, und ihr Bruder Jassar war vor kurzem in der Armee der heiligen Krieger zum Hauptmann ernannt worden.

Obwohl Sarai erst im vergangenen Winter fünfzehn geworden war, hatte sie bereits daran gezweifelt, daß sie jemals heiraten würde, da der Preis, den ihr Vater für ihre Hand angesetzt hatte, stattliche 600 britische Pfund betrug. Noch mehr hatte sie jedoch gefürchtet, daß solch eine *Mohar* nur ein reicher, aber alter, spitzbäuchiger Kaufmann aufzubringen vermöchte. So hatte sich Sarai in manch einer Nacht in den Schlaf geweint. Aber Allah war ihr wohlgesonnen gewesen! Sie warf mit einem glücklichen Lachen die Hände in die Höhe, so daß ihre goldenen Armreifen klirrten.

„Dein Bruder Jassar hat dir gute Dienste geleistet, Sarai", flüsterte die ältere Schwester ihr zu. „Dein Bräutigam sieht wirklich sehr gut aus! Und vor allen Dingen ist er *jung*!"

Sarai umarmte ihre Schwester überschwenglich. „Nun heiratet auch die letzte Tochter aus unserer Familie. Ich hätte nie geglaubt, daß es noch dazu kommen würde."

„Aber du bist doch die hübscheste meiner Töchter", wandte ihre Mutter mit Tränen in den Augen leise ein. „Ich bedaure nur, daß die Hochzeit nicht in Jerusalem stattfinden kann. Hier in Deir Jassin, dem staubigsten aller palästinensischen Dörfer, zu heiraten –!"

„Ach, Mutter!" unterbrach sie das junge Mädchen überschwenglich. „Das macht doch nichts! Wenn sich der Bräutigam versteckt halten muß, ist es nur recht und billig, daß seine Braut zu ihm kommt."

Die Frauen kicherten vielsagend, und Sarai errötete, als ihre Mutter hinzufügte: „Natürlich! Und ich glaube bestimmt, daß mich bald meine Enkelkinder besuchen werden, meine Tochter." Sarai tupfte sich die Augen, während ihre Mutter beharrte: „Dennoch wäre es für eine Kusine Haj Amins passender gewesen, in Jerusalem zu heiraten."

Sarais Schwester zupfte sie am Saum ihres langen Gewandes. „Du weißt doch, Mutter", erklärte sie, „daß alle Fremden den Bräutigam meiner Schwester hängen sehen wollen. Die Juden wollen seinen Tod, weil er an der Zerstörung der Jewish Agency beteiligt war. Die Amerikaner trachten ihm nach dem Leben, weil er einen ihrer Wagen zu dem Bombenanschlag benutzt hat, und die Engländer, um zu demonstrieren, wie gerecht sie in Palästina vorgehen." Wieder erfüllte verständnisinniges Gelächter den Raum. „Wenn Basil seine Hochzeitsnacht nicht im Central Prison oder am Ende eines Stranges verbringen will, muß es Sarai auf sich nehmen, ihre Hochzeit an einem abgelegenen, aber sicheren Ort zu feiern. Deir Jassin eignet sich so gut wie jeder andere Ort für eine Hochzeit."

„Wahrscheinlich hast du recht", pflichtete ihr die Mutter schließlich zögernd bei. „Immerhin hat er sich ja das Geld für die *Mohar* unter Einsatz seines Lebens verdient und noch dazu seine Stelle bei der amerikanischen Botschaft geopfert."

Sarais Gesicht verdüsterte sich. „Er hätte genausogut selbst getötet werden können, als er den Wagen fuhr. Ja, er ist ein großer Held, meine Mutter! Und ich werde mein Bestes tun, um ihm eine kluge und liebevolle Ehefrau zu sein." Sie wandte sich wieder ihrer Schwester zu. „Und du findest also, daß er gut aussieht?" vergewisserte sie sich zaghaft wie ein kleines Mädchen.

„*Sehr* gut sogar! Aber er ist sehr nervös. Er zittert wie ein Olivenzweig im Sturm!"

Sarai setzte sich unvermittelt und verzog plötzlich schmollend ihr Gesicht. „Ich wünschte, Jassar könnte bei meiner Hochzeit dabeisein! Immerhin hat er sie arrangiert. Außerdem ist es nur ihm zu verdanken, daß Basil überhaupt in den Dienst unseres Vetters, des Muftis, getreten ist. Und dann war er es auch, der mit Vater gesprochen hat ..." Es schien, als wolle sie gleich in Tränen ausbrechen.

„Na, na, meine Tochter", tadelte ihre Mutter, „Jassar ist heute nacht in Kastel, um den Paß zu bewachen und um mit den Dorfältesten zu Abend zu essen. Er tut seine Pflicht im Jihad, und du weißt selbst sehr gut, daß er sich nicht freimachen kann."

Sarais Schwester warf ein: „Wenn dich dein Bräutigam heute nacht mit in sein kleines Haus nimmt, wird es dir sowieso egal sein, wer an deiner Hochzeit teilnimmt und wer nicht." Und ihre Mutter schalt sie: „Bedenke, was dein lieber Bruder bereits alles für dich getan hat!"

„Er hat einen jungen, gutaussehenden Ehemann für dich gefunden!" wiederholte ihre Schwester voller Begeisterung und fügte nach einer kurzen Pause hinzu: „Wir anderen dagegen müssen heute abend zu den alten Männern, die unser Vater für uns ausgesucht hat, nach Jerusalem zurück." Sie sah ihre drei Schwestern an, die Sarai umringten und ihr eifrig beipflichteten.

„Allah ist dir wohlgesonnen!" rief die Mutter überschwenglich und hielt ihre Hände segnend über dem Kopf der jungen Braut.

„Ja", stimmte das junge Mädchen zu. „Es kann mir schließlich egal sein, ob ich im Staub von Deir Jassin geheiratet habe! Mein Mann ist jung und hübsch und steht in der Gunst Haj Amins. Und mein Bruder ist dessen Hauptmann und genießt sein Vertrauen." Ein Strahlen ging plötzlich über ihr Gesicht. „Und da mein geliebter Bruder Jassar heute nacht meine Hochzeitsfreude nicht mit mir teilen kann, werde ich ihm bald eine andere Freude bereiten." Sie erhob sich, ging zum Vorhang und schob ihn verstohlen beiseite, um nach draußen zu sehen. Dort erblickte sie Basil, den Bräutigam, der mit klopfendem Herzen auf seine Braut wartete.

„Gelobt sei Allah für dieses Geschenk!" flüsterte sie, und ihr Herz füllte sich mit Liebe für den Mann, den sie gerade zum ersten Mal gesehen hatte und nun heiraten würde. „Wir werden hübsche Kinder haben, Mutter! – Ich werde heute nacht mit meinem Bräutigam sprechen, und wir werden beide Allah geloben, unserem erstgeborenen Sohn den Namen meines verehrten Bruders zu geben ... *Jassar!*"

* * *

Nach der Vernichtung des letzten jüdischen Lebensmittelkonvois waren die Tage in Kastel friedlich verlaufen. So hatte der Dorfmuchtar Ibrahim el Maschai Friedrich Gerhardt, Jassar Tafara und die Führer der fünf arabischen Dörfer, die die Straße nach Jerusalem beherrschten, zu sich gebeten, um sich mit ihnen bei einem gemeinsamen Abendessen an der reichen Beute aus den Überfällen gütlich zu tun.

Gerhardt strich sich genüßlich über den Bauch, als eine Auswahl von Lammkeulen auf dampfendem *Falalfal* aufgetragen wurde. Auch Platten mit Gemüse, Früchten und frischem *Pita*-Brot wurden den Männern serviert, und sie aßen alles mit der Befriedigung, daß jeder Bissen eigentlich für den Tisch der Juden in Jerusalem bestimmt war. Nur das Lammfleisch entstammte einer arabischen Herde.

„Das hast du gut gemacht, Kommandeur Gerhardt!" lobte el Maschai und wischte sich die Lippen mit dem Saum seiner Keffijah. „Während Kadars Abwesenheit hast du jeden jüdischen Konvoi aufgehalten, der den Versuch unternahm, unter unserer bescheidenen Festung Kastel durchzufahren."

Gerhardt nickte zwar, konnte sich jedoch ein Lächeln nicht ganz verkneifen, denn Kastel war weit davon entfernt, die Festung zu sein, für die der Muchtar sie hielt. Im Grunde bestand das Dorf nur aus einer Ansammlung von armseligen Steinhäusern und Ruinen, die sich am strategisch günstigsten Punkt des Passes Bab el Wad befanden. Gerhardt hatte jedoch erstaunliche Fähigkeiten bewiesen, wenn es darum ging, die jüdischen Konvois zu vernichten, die versuchten, die Straße unterhalb der Festung zu passieren. Ja, Gerhardt hatte gute Arbeit geleistet, obwohl die arabischen Freischärler, deren Führung er während der Abwesenheit Kadars übernommen hatte, eigentlich nichts anderes waren als fanatische Bauern, die sich unter dem Schrei *Jihad! Heiliger Krieg!* zusammengerottet hatten.

Trotzdem erwiderte er mit wohlgesetzten Worten: „Nur weil eure Männer tapfer für den Mufti und die Sache Palästinas gekämpft haben. Es ist mir eine Ehre gewesen, sie zu befehligen."

„Ja!" rief Kajuki, der grimmig aussehende schwarzäugige Muchtar von Deir Maschir. „Und während wir hier die Stellung halten müssen, um die Zionisten abzuwehren, lassen es sich Kadar und der Mufti in Damaskus wohlergehen! Oh, dieser Husseini und seine Bande!" Er spie voller Verachtung aus.

Bei der letzten Bemerkung richtete sich Jassar drohend auf, und alle Augen wandten sich furchtsam seinem jungen, zornigen Gesicht zu. „Ihr beleidigt meinen Vetter!" rief er mit der gleichen Heftigkeit.

„Dein Vetter lebt vom Blut der Bauern!" erwiderte Kajuki, wenngleich nun in maßvollerem, beherrschtem Ton. „Wer sind denn die wahren Patrioten? – Doch wohl nur die Männer, die ihre eigene Haut auf dem Schlachtfeld zu Markte tragen, anstatt dies andere tun zu lassen! Dich dagegen, Friedrich Gerhardt, nenne ich einen wahren Patrioten in diesem Heiligen Krieg!"

Jassar kniff zornig seine hervorstehenden Augen zusammen und begehrte verächtlich auf: „Und wer bist du?" Er warf sein Brot auf seinen Teller. „Muchtar von Deir Maschir! Vorsteher eines Nichts! Eines Dorfes von Schafhirten, Steinhütten und Schafspferchen! Wer bist du, daß du dir anmaßen dürftest, deine Stimme gegen das Haus Husseini zu erheben?"

„Meine Herren..." versuchte el Maschai einzulenken und bat mit erhobenen Händen um Ruhe. „Allah sieht es gewiß nicht gerne, wenn wir uns bei der Feier eines so großen Sieges über die Juden streiten. Seht doch! Die Juden in der Stadt müssen hungern, während wir mit unseren Brüdern die reichhaltigen Gaben genießen, die für sie bestimmt waren!"

Gerhardt hatte die ganze Zeit geschwiegen und stippte nun sein Brot in die gemeinsame Schüssel, als sei nichts geschehen. Im Inneren jedoch frohlockte er über Kajukis Erbitterung. Aus dem Augenwinkel beobachtete er hämisch, daß Jassars wulstige Lippen tief nach unten gezogen waren. Auch die anderen, die ebenfalls nicht zum Clan des Muftis gehörten, beobachteten Jassar verstohlen. Vielleicht hatte der Mufti ja große Pläne mit diesem häßlichen jungen Bauern. Ein Narr, wer nicht die Macht Haj Amins und seiner Familie respektierte.

Nur Kajuki, der Muchtar von Deir Maschir, schien solch eine Furcht nicht zu kennen. „Und wer bist du?" wandte er sich herausfordernd an Jassar. „Du bist ein Nichts! Eine Marionette des Vetters deiner Mutter! Mit welchem Recht sitzt du hier und speist zusammen mit den Führern der Dörfer, du Schmarotzer?"

Jassars Finger schlossen sich um den Griff des gebogenen Messers an seinem Gürtel. „Du wirst deine Worte noch bereuen, Kajuki", erwiderte er drohend mit vor Erregung heiserer Stimme.

„Seht ihn euch an!" spottete Kajuki. „Hat noch nicht einmal einen Bart und will mir schon drohen! Mir, der ich schon gegen Türken und Engländer gekämpft habe, als er noch nicht einmal von der Brust seiner Mutter entwöhnt war! Wie sollte ich mich vor dir fürchten, Jassar Tafara? Du bist doch nur ein Hund unter dem Tisch deines reichen Vetters, wartest auf die Krumen von seinem Tisch und gehorchst ihm aufs Wort! Wir vom Paß Bab el Wad dagegen sind Männer, die kämpfen, wenn der Ruf an sie ergeht! Wir kämpfen, weil es der Wille Allahs und seines Propheten ist – nicht weil Haj Amin es von uns fordert!"

„Aber auch *dies* ist der Wille Allahs: Verräter zu töten, die über den lästern, den Er geschickt hat, um Palästina zu befreien!" schrie Jassar auf, riß sein Messer heraus und sprang so ungestüm auf, daß er dabei eine Kaffeekanne umwarf. „Wehr dich deiner Haut, du Feigling!"

Die anderen wichen hastig zurück, und Kajuki sprang gleichfalls auf, um Jassar Tafaras Herausforderung anzunehmen. Gerhardt hingegen verfolgte kühl, wie die beiden Männer auf die vom Mondschein beleuchtete Dorfstraße hinausliefen, um dort ihren Kampf auszutragen. Ihm war es im Grunde gleichgültig, wer diesen Kampf gewann, obwohl er letztlich den dunkelhäutigen, kampferprobten Muchtar von Deir Maschir dem dürren Vetter des Muftis vorzog. Aber eigentlich genügte es ihm schon, daß an diesem Abend Unzufriedenheit über die feige Abwesenheit des Muftis aufgekommen war. Es genügte, daß er, Gerhardt, als der wahre Führer dieser Männer anerkannt worden war.

Während im Osten die gelbe Scheibe des Mondes über Jerusalem aufstieg und die kargen Berge beleuchtete, räumten die Frauen des Hauses die Schüsseln ab, um sie im Ofen warmzuhalten. Unterdessen versammelten sich die Gäste des Muchtars auf der staubigen Dorfstraße von Kastel in einem großen Kreis um die beiden einander gegenüberstehenden Gegner. Gerhardt schien die Haut der beiden bereits gezeichnet von der grauen Farbe des Todes. Das Mahl beim Muchtar gestaltete sich offensichtlich erfreulicher, als er erwartet hatte!

„Allah akbar!" rief Jassar mit leidenschaftlich verzerrtem Gesicht. Kajuki lachte und erwiderte mit drohend gesenkter Stimme: „Allah akbar. Gott ist groß. Bereite dich darauf vor, ihm bald gegenüberzutreten, du Diener des Schetan!" Bei diesen Worten schlang er sich sein Gewand zum Schutz vor Jassars Messerklinge um den Arm und schwenkte dann sein eigenes Messer, wobei dessen Stahl im Mondschein genauso blitzte wie die sensationslüsternen Augen der Zuschauer. „Bereite dich auf deinen Tod vor, du Sohn von sieben Vätern!" knurrte Kajuki und begann Jassar langsam zu umkreisen. Dieser stürzte sich jedoch unverzüglich mit einem Schrei auf ihn. Kajuki wich mit einem schnellen Schritt zur Seite aus, wirbelte herum, sah dem jungen Mann mit der Wildheit eines gefangenen Tieres in die Augen und rief: „Bereite dich auf deinen Tod vor, du Kind der feigen Hunde aus dem Hause Husseini!"

„Du Schwein!" schrie Jassar, zitternd vor ohnmächtiger Wut. Erneut stürzte er sich auf den ihn wieder umkreisenden Kajuki, der ihm abermals geschickt auswich, ihm diesmal aber ein Bein stellte, so daß er unter dem Gejohle der Umstehenden zu Fall kam.

Kajuki verneigte sich ironisch und lachte den am Boden liegenden jungen Mann aus, der ganz offensichtlich kein ebenbürtiger Gegner für ihn war. „Tu einfach so, als sei ich ein gemeiner Jude, Jassar", spottete er. „Einer, der die Wahrheit sagt über eure Familie von palästinensischen Schmarotzern!"

Bei diesen Worten verzerrte sich Jassars Gesicht, aber Kajuki lachte nur noch lauter. „Hört diese kleine Wanze brüllen!"

Während Jassar sich wieder aufrappelte, tänzelte Kajuki erneut leichtfüßig um seinen Gegner wie ein Mann, der schon viele Herausforderer in ähnlichen Kämpfen zur Strecke gebracht hat. *Ohne Zweifel wären alle Anwesenden würdigere Gegner gewesen als dieser närrische Junge*, dachte Gerhardt verächtlich.

Jassar duckte sich und stach dann mit dem Messer in Kajukis Richtung. Dieser meinte jedoch nur ungerührt: „Ich glaube, ich werde dich nicht töten, denn welchen Ruhm bereitet es einem Krieger schon, ein Schaf abzuschlachten? Nein! Ich werde dir deine Lippen abschneiden und als Trophäe mitnehmen – deine vorlauten, dicken Lippen, mit denen du närrische Worte bildest. Und wenn ich sie dir abschneide, verschönere ich dir dabei vielleicht sogar noch das Gesicht, was?" höhnte er und schwenkte sein Messer langsam vor Jassars Augen hin und her.

„Was meint ihr? Soll ich ihn töten?" fragte er die Zuschauer. „Oder nur verstümmeln?"

Die Männer lachten nervös. Sie wußten, daß Kajuki seine Frage ernst meinte, doch keiner traute sich zu antworten. Wer konnte es wagen, sich dafür auszusprechen, den Vetter Haj Amin Husseinis zu töten? Wenn Kajuki den Kampf gewann, was sehr wahrscheinlich war, würde er den Rest seiner Tage vor den Häschern des Muftis auf der Hut sein müssen. Aber Kajuki war immer sehr rasch, sowohl mit Worten als auch mit Taten.

Gerhardt allerdings erwiderte kalt lächelnd: „Töte ihn!" Jassar sah Gerhardt einen Augenblick entgeistert an. Diesen Moment nutzte Kajuki, um Jassar so kräftig gegen das Handgelenk zu treten, daß dessen Messer weggeschleudert wurde und erst etliche Schritte weiter zu Boden fiel. Gleich darauf warf sich Kajuki mit einer solchen Wucht gegen Jassar, daß dieser der Länge nach in den Staub fiel. Anschließend sprang der Muchtar seinem überrumpelten Gegner behende auf die Brust, kniete sich auf dessen Handgelenke und schwang das im Mondlicht aufblitzende Messer hoch über dem hilflos am Boden Liegenden durch die Luft. Sein spöttisches Lächeln wich einem Ausdruck der Verachtung. Zu leicht hatte er Jassar besiegt. „Husseinibrut", knurrte er mit abgrundtiefem Haß und spie Jassar in das verängstigte Gesicht.

„Töte ihn!" sagte Gerhardt kalt zu dem immer noch zögernden Kajuki. „Ich kann leicht einen würdigeren Lehrling finden als ihn. Töte ihn!"

Kajuki kniff die Augen zusammen und schwenkte das immer noch erhobene Messer in der Luft, die Angst Jassars noch einen Augenblick lang auskostend – da erklangen plötzlich Gewehrschüsse, dem Schall nach zu urteilen, aus dem Steinbruch in der Nähe des Dorfes. Gleich darauf drang aufgeregtes, zorniges Stimmengewirr an ihr Ohr. „Die Juden! Die Juden haben Ramle angegriffen! Die Juden haben Deir Maschir angegriffen!"

Kajuki war mit einem Satz aufgesprungen. „Deir Maschir! Mein

Dorf!" rief er und machte sich mit den anderen Muchtars hastig fertig, um davonzueilen.

„Die Juden! Eine ganze Armee von Juden hat die Straße eingenommen!" riefen Stimmen wirr durcheinander. „Beeilt euch! Die Juden haben Deir Maschir und Ramle angegriffen! Es sind unglaublich viele!" Ein einzelner Schuß zerriß die Nacht, dann folgten weitere. Schließlich kamen atemlos Boten von den westlichen Dörfern nach Kastel gelaufen. „*Allah akbar! Naschamdi! Naschamdi!* Schickt alle kampffähigen Männer!"

Der Zweikampf vor dem Haus des Muchtars war plötzlich vergessen. So klopfte sich Jassar, während die anderen Männer zu ihren Gewehren rannten, den Staub von den Kleidern und hob sein Messer auf. Die Juden griffen die Dörfer im Westen an. Es war keine Zeit mehr, sich untereinander zu bekämpfen und dabei arabisches Blut zu vergießen.

„Allah akbar!" murmelte Jassar, rieb sich seinen Hinterkopf und rückte sich die Keffijah zurecht. „Ich bin bereit. *Naschamdi!*"

Kurz darauf hatten sich ungefähr fünfhundert Jihad-Krieger auf der mondbeschienenen Straße versammelt. Frauen und Kinder standen dichtgedrängt nahebei und beratschlagten flüsternd, was dieser jüdische Angriff zu bedeuten hatte. *Waren die Juden von den Briten bewaffnet worden? Oder duldeten es die Briten nur stillschweigend, daß die Juden Waffen aus irgendwelchen geheimen Winkeln hervorholten? Und woher war diese zionistische Armee gekommen?* Andere stellten flüsternd Mutmaßungen über den Mufti und seinen großen Hauptmann Kadar an, der nach Damaskus gegangen war, um noch mehr Waffen und Geld für den Jihad in Palästina zu beschaffen. *Wann würde Kadar zurückkehren? Und wer würde Kastel verteidigen, wenn alle Männer nach Ramle eilten, um dort zu kämpfen?*

Die Pferde stampften und schnaubten und warteten genauso ungeduldig wie ihre Reiter darauf, endlich losstürmen zu können.

Mit grimmigen Gesichtern schoben sich die Muchtars durch die Menge, um in ihre Dörfer zu eilen. Doch Gerhardt gebot ihnen mit erhobenen Händen Einhalt und forderte ihre Aufmerksamkeit.

„Was sollen wir tun?" rief einer der Soldaten vom Rande der Menge. „Wenn wir nach Ramle gehen, um dort zu kämpfen, kommen die Juden vielleicht hierher!"

„Und wer wird dann unsere Frauen schützen?" rief ein anderer.

Gerhardt ließ seine Augen über die Soldaten und die Frauen schweifen, die ihre zerlumpten Kinder verängstigt an sich preßten. „Die

Juden werden es nicht schaffen, hierher zu gelangen – nicht wenn wir sie im Westen festhalten!" Er machte eine die Befestigungsanlagen des Dorfes umfassende Handbewegung. „Soldaten des Heiligen Krieges! Fürchtet diese jüdischen Hunde nicht! Ihr Frauen! Geht nach Hause, und holt so viele Lebensmittel, daß ihr bis morgen damit auskommt! Dann begebt euch mit euren Kindern in die Moschee! Dort seid ihr in Sicherheit, bis wir mit der Siegesnachricht zurückkehren." Wie Schatten hasteten die Frauen sofort davon, um Gerhardts Befehlen Folge zu leisten.

Gerhardt starrte zur schwarzen Spitze des Minaretts empor, wo sich zwischen Sandsäcken ein britisches Maschinengewehr befand. Seine Mündung war auf den östlichen Zugang des Dorfes gerichtet. Von diesem tödlichen Aussichtspunkt aus konnte ein einziger Mann eine ganze Armee in Schach halten.

„Das ist mein Maschinengewehr!" sagte Hamed Safed, ein hochgewachsener Jihad-Moqhade mit stolzem und verwegenem Blick. „Ich habe gegen Türken und Juden und sogar gegen Engländer gekämpft. Viele von ihnen haben den Tod gefunden, aber ich bin mit dem Leben davongekommen. Mein Gewehr und ich werden die Juden schon zurückhalten."

„Wir brauchen dein Gewehr vielleicht in Ramle", wandte Gerhardt ein.

„Dies ist aber mein Dorf und mein Gewehr! Die Männer in Ramle sollen sich selbst ein Maschinengewehr besorgen!"

Zustimmendes Gemurmel erhob sich unter den Umstehenden. „Du wirst also mit deinem Gewehr den östlichen Zugang zum Dorf verteidigen?" vergewisserte Gerhardt sich noch einmal, obwohl er die Antwort bereits kannte. El Maschai, der Muchtar von Kastel, trat hüstelnd vor und sagte in bedauerndem Ton: „Nimm an Männern mit, wen immer du möchtest, aber nimm Hamed nicht sein Gewehr weg!"

Gerhardt wiegte nachdenklich den Kopf. Ihm war sehr wohl klar, daß er letztlich nur darum feilschte, möglichst viele Soldaten mit nach Ramle zu nehmen. Je erfolgreicher sich die Männer in dieser Schlacht erweisen würden, desto größer würde nachher seine Auszeichnung sein. „Die Juden werden heute abend nicht nach Kastel kommen. Deshalb wäre es Verschwendung, das Gewehr hierzulassen."

„Diese Kugeln", Hamed machte eine ärgerliche Handbewegung zum Turm hin, „habe ich selbst gekauft. Und ich habe zwölf Kinder. Die Männer von Deir Maschir und Ramle sollen ihre Dörfer selbst verteidigen! Dies ist Hamed Safeds Gewehr. Damit werde ich alle

Juden töten, die versuchen, die Straße unterhalb von Kastel zu passieren, oder es wagen, in mein Dorf einzudringen. Dies sind keine Kugeln, um Ramle zu verteidigen."

Gerhardt hob entschlossen den Kopf. Er verachtete dieses bauernhafte Sippendenken. Er verachtete diesen Mann, der jetzt so eigensinnig vor ihm stand. „Wenn das Maschinengewehr in Kastel bleiben soll, dann werde ich zum Ausgleich allerdings die besten Männer unserer Truppen mit nach Ramle nehmen müssen."

In diesem Punkt war man sich jedoch einig, denn die Männer lechzten nach dem Kriegsschrei *Jihad!* und dem Geruch von Schießpulver. Kein anderer in diesem Dorf hatte so viele Kinder zu verteidigen wie Hamed. Sollte er doch bleiben und sich um sein Maschinengewehr kümmern, falls die Juden wider Erwarten doch nach Kastel kommen würden.

Ohne weitere Diskussionen abzuwarten, bahnte sich Hamed einen Weg durch die Menschenmenge und erklomm die Stufen des Minaretts. Da Gerhardt es nicht vermocht hatte, ihm das Maschinengewehr abzutrotzen, konnte er nun aber den Gehorsam der übrigen Bewohner Kastels einfordern.

„Alle Männer zwischen achtzehn und fünfzig kommen mit mir nach Ramle! Die übrigen treten vor!" Fast zweihundert alte und junge Männer schoben sich zu Gerhardt durch. Die Jungen mit enttäuschtem Blick. Die Alten dagegen hatten schon viele Kämpfe erlebt und waren nicht mehr so begierig darauf, dabeizusein – schon gar nicht in Ramle. Ansonsten glaubten sie ohnehin nicht, daß die Juden bis Kastel vordringen würden. Abgesehen davon, wäre es selbst einer Armee von tausend Soldaten nicht möglich, diese mit nur zweihundert Verteidigern besetzten Höhen einzunehmen. Darüber hinaus konnte Hamed mit seinem Maschinengewehr den jüdischen Abschaum nötigenfalls mühelos vom östlichen Ortseingang wegfegen. Auch wäre der Steinbruch von Kastel für die Juden ohnehin eine Falle. Ein Warnschuß von einer der Wachen, und im Nu war das Dorf mobilisiert. Die Alten konnten sich also ruhig schlafen legen und Ramle den jüngeren Männern überlassen, die eine Vorliebe für derlei Dinge hatten.

Gerhardt deutete auf drei Männer, die sich bei den Gemetzeln um die jüdischen Konvois als fähig erwiesen hatten. „Ihr bleibt hier! Euch übertrage ich das Kommando über die Verteidigung Kastels." Mit einem ironischen Grinsen fügte er hinzu: „Ihr werdet morgen sicher gut ausgeruht sein." Er schaute zum Maschinengewehr hinauf. „Und Hamed wird dann immer noch über seine gesamte Munition verfügen. Wir werden die Juden schon ausreichend beschäftigen. Sollte dennoch jemand einen Überfall auf Kastel wagen, dann hat er keine Aussicht auf Erfolg." Er wandte sich an die dreihundert Männer, die ihm folgen sollten. „Und nun: Zum Ruhme Allahs und seines Propheten! *Jihad!*"

Dreihundert Männer stießen tatendurstig ihre Gewehre in die Luft und echoten laut: *„Jihad!*" Bei ihrem anschließenden Auszug aus dem Dorf sangen sie zornige Lieder gegen die die westliche Grenze bedrohenden Zionisten. Und während sie den schmalen Weg zu der Stelle hintergingen, wo die Reste überfallener jüdischer Konvois lagen und sie in Kampfstimmung versetzen würden, begleiteten sie die schrillen *Jihad!*-Schreie der Frauen. Noch lange hallte der Schrei in der Schlucht nach.

Wie so oft in den letzten Wochen, ging Gerhardt den Männern entschlossen und furchtlos voraus. Er hatte ihnen den Sieg über die jüdischen Konvois versprochen, und die Beutestücke türmten sich bereits in ihren elenden Hütten bis zur Decke. Ja, er hatte nicht nur seine Versprechungen gehalten, sondern er war auch immer der erste, der bei einem Angriff mit einem Schrei von den Steinhalden am Straßenrand sprang. Auch hatte seine erfahrene Hand mit einem Druck auf den Griff des Zündgerätes schon manch jüdischen Konvoi in die Luft gesprengt. Hier war ein Mann, dem sie trauen konnten. Ein Mann, dem sie im Kampf gegen die Juden folgen würden. In ihren Bündeln trugen sie Proviant aus den jüdischen Lebensmittelkonvois und an den Füßen die Stiefel der gefallenen Feinde Haj Amins. Gerhardts Versprechen hatten sich immer erfüllt!

Während die Frauen und Kinder, beladen mit reichlich Proviant aus den Konvois, bereits in die Moschee gegangen waren, standen die jungen Männer immer noch ungeduldig in Gruppen beieinander, um über die kommenden Ereignisse zu spekulieren, insgeheim hoffend, daß die Juden es doch wagen würden, die Festung anzugreifen.

Die alten Männer zogen sich unterdessen zurück, hüllten sich gegen die nächtliche Kälte warm ein und träumten von vergangenen Kämpfen. Unterdessen rumpelten unterhalb des Dorfes bereits die Lastwagen in Richtung Ramle, und der Ruf „Jihad!" hallte immer noch von den Bergen wider.

3. Kastel

Auch die gute Mahlzeit, die den von Ehud zwangsrekrutierten Lastwagenfahrern von den besten Küchenchefs Tel Avivs bereitet worden war, hatte nicht vermocht, ihre zornigen, mißmutigen Mienen aufzuhellen. Schweigend standen sie in kleinen Gruppen zusammen oder saßen genauso schweigsam an den Lagerfeuern, die über Kfar Bilou, einem ehemaligen britischen Armeelager, verstreut waren.

Dreihundert bunt zusammengewürfelte Transportfahrzeuge waren für diese Mission in Tel Aviv requiriert worden: private Kipper, Last- und Lieferwagen, unter anderem von einer Schuhfabrik, einer Molkerei und einer Fleischerei, aber auch genossenschaftliche Heu- und offene Lastwagen aus den nahegelegenen Kibbuzim. Diese wurden nun alle aufgereiht, um von den Stauern, die aus dem Tel Aviver Hafen rekrutiert worden waren, für die Gewaltfahrt nach Jerusalem beladen zu werden.

Ehud, der es sich längst abgewöhnt hatte, mit diesen widerwilligen Haganahrekruten viele Worte zu machen, ging bedächtig die Reihe der Wagen entlang und entfernte sorgfältig die Birnen aus den Scheinwerfern. Mit dieser Maßnahme wollte er verhindern, daß die Fahrer auf ihrem Weg durch die schwarze Nacht, versehentlich oder aus Angst, die Scheinwerfer einschalteten und somit den zu erwartenden arabischen Heckenschützen den Aufenthaltsort des Konvois anzeigten.

Plötzlich bemerkte der Fahrer eines Lieferwagens mit der Werbung einer Tel Aviver Fabrik für Babynahrung Ehuds Tätigkeit und rief erbost: „Heh, du da!" Ehud kniete gerade vor dem rechten Scheinwerfer des Wagens im Matsch und machte sich am Lampengehäuse zu schaffen. „Was machst du da an meinem Wagen?" Der Fahrer, klein, aber von der gedrungenen Statur eines Berufsringkämpfers, löste sich aus einer kleinen Gruppe von Männern und ging mit geballten Fäusten auf Ehud los.

Ohne seine Tätigkeit zu unterbrechen, antwortete Ehud gleichmütig mit einer Gegenfrage: „Was soll ich schon machen?"

Der Fahrer stand nun mit drohender Miene über Ehud. „Erst hast du meinen Wagen mit vorgehaltenem Gewehr beschlagnahmt und hältst mich jetzt gegen meinen Willen hier fest! Und dann klaust du mir auch noch meine Birnen! Ich will jetzt endlich wissen, warum!"

„Du kannst sie in Jerusalem zurückhaben, nu?" erwiderte Ehud so sanftmütig, als verspräche er einem Kind einen Lutscher als Belohnung für seinen leergegessenen Teller.

„Ich will sie aber nicht erst in Jerusalem, sondern hier und jetzt!" erregte sich der Fahrer weiter, während sich eine Gruppe gleichermaßen aufgebrachter Männer um ihn scharte.

„Laß die Finger von den Scheinwerfern!" forderte nun auch einer von ihnen unter dem zustimmenden Gemurmel der übrigen.

Ehud, der die Birne schon fast herausgeschraubt hatte, ließ sich nun doch zu einer Erklärung für seine Maßnahme herab: „Hört mal zu, Leute! Eine Nacht wie diese ist keine Nacht für Scheinwerfer. Stellt euch vor, dieser Herr hier kommt aus Versehen an den Scheinwerferschalter und irgendsoein widerlicher Jihad-Moqhade kriegt das mit! Hm? Ein einziges Blinken, und ihr seid alle geliefert." Er machte mit ernster Miene die Geste des Halsabschneidens.

„Hältst du mich etwa für so blöd ... ?" fuhr der Fahrer auf.

Ehud zuckte nur die Achseln und sah unbeteiligt über ihn hinweg. „Was weiß ich, wie blöd du bist? Aber man muß schon ziemlich meschugge sein, wenn man mitten im Krieg mit einem Lastwagen nach Jerusalem fahren will!"

Die anderen Männer lachten nervös, doch der Fahrer des Lieferwagens wurde noch aufgebrachter: „Mann! Du hast mich mit Gewalt hierher gebracht. Du hast uns alle mit vorgehaltener Waffe von der Straße weggeholt und uns dann befohlen, nach Jerusalem zu fahren! Du hältst uns wohl zum Narren, was?"

„Wenn ihr meint, daß euch unsere Leute Angst einjagen", ließ Ehud sein dröhnendes Organ ertönen und erhob sich, „dann wartet erst mal ab, bis ihr den Leuten des Muftis begegnet seid! Oj! Du solltest lieber darum beten, daß der Mond heute nacht hinter den Wolken bleibt, mein Freund! Zumindest, bis wir am Bab el Wad sind, nu? Heute nacht wirst du dir wünschen, daß es nie wieder Tag wird! Du wirst dir wünschen, daß du deinen Motor abstellen und den Lastwagen geräuschlos an den Arabern vorbeischieben könntest."

Die Männer, die sich um den erzürnten Fahrer geschart hatten, traten ernüchtert zurück und pflichteten Ehud mit gesenkten Köpfen insgeheim bei.

„So, so! Ich will dir mal was sagen!" Der Fahrer des Lieferwagens wollte nicht klein beigeben und meldete sich, immer noch erzürnt, wieder lautstark zu Wort. „Du bist nichts anderes als ein *Goniw*! Ein Dieb! Und an meine Scheinwerfer kommst du nur über meine Leiche!"

Ehud hob verärgert die Hände. „Wenn *ich* sie mir nicht zu deinen Lebzeiten nehme, kann ich euch allen sogar schriftlich geben, daß noch heute jemand anders sie sich über deine Leiche nehmen wird, nu? Abgesehen davon, weiß ich gar nicht, wo da das Problem liegt! Du bekommst die Birnen doch zurück!"

„Nur über meine Leiche!" wiederholte der Fahrer stur, ballte seine Fäuste, die die Größe von kleinen Schinken hatten, und kam drohend auf Ehud zu.

Dieser zuckte seufzend die Achseln, strich sich ratlos über sein glattrasiertes Gesicht und meinte mit einem empörten Kopfschütteln: „Gott, hörst du mein hilfloses Rufen? Mosche hast du nach Kastel geschickt; Luke kämpft in Ramle; und ich soll mich hier mit deinem starrsinnigen Volk auseinandersetzen!" Er trat gegen einen Stein, der vor seinem Fuß lag, und hob ihn dann auf.

Der Fahrer machte noch einen Schritt auf Ehud zu und rief drohend: „Läßt du die Birnen nun drin oder nicht?"

Resigniert schnalzte Ehud mit der Zunge. „Wenn du darauf bestehst." Er kniete sich hin und schraubte die Birne sorgfältig wieder ein.

„Na also! Warum nicht gleich so? Mit Morris Schulte kannst du nicht mehr machen, was du willst."

„Das merke ich", erwiderte Ehud. Er stand auf und ging zum linken Scheinwerfer. Dann hob er ganz ruhig die Hand mit dem Stein und ließ ihn mit solcher Wucht gegen den Scheinwerfer sausen, daß das Glas in alle Richtungen zersplitterte.

„Wa-?!" Dem Fahrer versagte die Stimme, und er wollte sich in rasender Wut auf Ehud stürzen. Obwohl dieser unwillkürlich lächeln mußte, schaffte er es jedoch noch, blitzschnell einen Schritt zur Seite zu machen und den Fahrer am Genick zu packen.

„Ja", stellte er dann mit zum Himmel gewandtem Blick fest, „ich soll mich hier mit deinem starrsinnigen Volk auseinandersetzen! Ha!" Er gab dem Fahrer einen Tritt ins Hinterteil, zerrte den sich heftig wehrenden Mann zum anderen, noch heilen Scheinwerfer und brüllte: „Also! Willst du die Birne nun behalten oder nicht? – Na gut. Dann bleibt sie eben drin!" Ehe es sich der Fahrer versah, stieß Ehud dessen Kopf so heftig gegen den Scheinwerfer, daß dieser laut knackend zersplitterte. Der Fahrer stöhnte auf und sackte auf den Glasscherben vor der Stoßstange zusammen. Ehud, die Hände in die Hüften gestemmt, blickte auf den Mann hinunter und schnaufte: „Ja! Starrsinnig und dickköpfig! Dann rieb er sich die Hände und sah den umstehenden

Männern mit zusammengekniffenen Augen in die erstaunten und inzwischen unterwürfigen Gesichter. „So, und jetzt brauch' ich ein paar Freiwillige, die mir dabei helfen, die restlichen Birnen auszuschrauben. Nu?"

***

Nebelschwaden krochen über die von zerfallenen Steinmauern übersäte karge Landschaft um das ärmliche Dorf Ramle und zogen durch die silbrigen Zweige uralter, knorriger Olivenbäume.

Captain Luke Thomas hockte auf dem feuchten Boden und trommelte ungeduldig mit den Fingern auf seinen Oberschenkel. Eine junge Frau mühte sich hektisch, den Generator des Funkgerätes in Gang zu halten, und der Funker justierte immer wieder verzweifelt den Potentiometer des Funkgerätes, um eine Funkverbindung mit der Zentrale herzustellen.

Immer wieder rief er: „Mose, hier spricht Caleb. Mose, bitte kommen!"

Das Pfeifen des Funkgerätes wurde von heftigem Gewehrfeuer und arabischen Schlachtrufen untermalt.

„Mose! Hier spricht Caleb! Hier spricht Caleb! Bitte kommen!"

Harney und Smiley untersuchten unterdessen die Mechanik eines Gewehres, das sie von einem Gewehrhaufen genommen hatten, während eine große Gruppe müder Haganahkämpfer mit geschwärzten Gesichtern kaffeetrinkend etwas abseits stand. Sie unterhielten sich in niedergeschlagenem Tonfall: „... und dann kamen sie auf uns losgestürmt! Auf Pferden! Wie in *Tausend und einer Nacht!* Wir warteten noch ab. Um Munition zu sparen, wollten wir ganz sicher sein, daß wir auch trafen. Ich hatte einen dieser Kerle genau im Visier! Aber als ich den Abzug drückte – nichts! Nur ein leises Klicken, als träte man auf einen dürren Zweig, mehr nicht!"

„Die haben uns mit defekten Waffen losgeschickt. Aus meiner Gruppe sind vier Leute umgekommen, weil wir uns nicht schnell genug zurückziehen konnten!"

„Mose! Hier spricht Caleb!" rief der Funker wieder, und aus seiner Stimme sprach die ganze Niedergeschlagenheit der jungen Männer und Frauen unter Lukes Kommando. Bisher waren von den vierzig ausgeschickten Leuten vierundzwanzig zurückgekehrt. Sie hatten aufgebracht ihre Gewehre zu Boden geworfen und geschrien, daß sie nur mit knapper Not dem Tode entronnen seien. Viele ihrer Kameraden seien auf den Feldern um Ramle umgekommen, weil die Waffen beim Gegenangriff der Araber nicht funktioniert hatten. Sie waren die einzigen Überlebenden derjenigen, die ihre kostbaren Waffen aus den Kisten erhalten hatten, für die David Meyer erst vor wenigen Stunden sein Leben gewagt hatte.

Plötzlich knackte das Funkgerät, und dann war wie aus weiter Ferne eine Stimme zu hören: „Caleb, hier ist Mose. Bitte kommen!"

Luke nahm dem erleichterten Funker den Hörer aus der Hand. „Mose, hier spricht Caleb. Wir hatten Pech mit unseren vierzig Gewehren. Haben fast die Hälfte der Leute vom Stoßtrupp Aleph verloren. Ende."

Eine von Knacken erfüllte Pause folgte. Dann antwortete eine sonore Stimme: „Sagtet ihr: vier null, Caleb? Ende."

„Ganz richtig. Nur vierundzwanzig davon sind wieder zurückgekommen", berichtete Luke mit Bitterkeit in der Stimme. Daß sechzehn Soldaten in einer Schlacht den Tod gefunden hatten, war schon hart genug, wenngleich man damit hatte rechnen müssen; aber daß sie umgekommen waren, weil ihre Waffen versagt hatten, war eine grausame Verschwendung. Luke fuhr mit seinem Bericht fort: „Der Widerstand ist heftig. Ich wiederhole: *heftig*. Harney und Smiley von der Versorgungseinheit inspizieren gerade die Waffen." Er sah zu Harney hinüber, der sich mit dem Gewehr abmühte, während Smiley ihm mit einer Lampe leuchtete.

„Ha! Kuck ma' an!" rief Harney in diesem Augenblick triumphierend. „Der Schlagbolzen war's, Smiley!"

Smiley beugte sich gespannt vor. „Tatsächlich, so is' es! Ihr könnt eure Gewehre in Nullkommanichts wiederham, Leute." Dann ergänzte er, den weiblichen Mitgliedern der Truppe zunickend: „Tja, meine Damen. Muß nur'n bißchen abgefeilt wer'n, was, Harney?"

Die Stimme aus dem Funkgerät meldete sich wieder: „Habt ihr die Lage unter Kontrolle?"

Luke fuhr sich mit der Hand über die Lippen und überlegte, wie er seine Befürchtungen zum Ausdruck bringen konnte. „Ja, Mose. *Wir* kriegen das Problem schon in den Griff." Er betrachtete die Soldaten, die niedergeschlagen zusahen, wie Harney an den Schlagbolzen feilte. Sie waren die letzten gewesen, die ihre Waffen erhalten hatten, als Mosche bereits nach Kastel unterwegs war. Waren auch bei den vorher ausgegebenen Waffen unbrauchbare dabei? „Aber ich fürchte, daß die Hauptkampfgruppe in dieselbe Lage geraten könnte. Habt ihr schon eine Nachricht von ihr? Ende."

Nach einem weiteren längeren, von Knacken erfüllten Schweigen kam die Antwort: „Negativ, Caleb. Bisher noch nichts. Wir werden versuchen, die Truppe zu erreichen. Ende."

„Gut, Mose. Dann will ich euch noch sagen, daß der Fehler beseitigt werden kann, indem man die fehlerhaften Schlagbolzen etwas abfeilt. Sergeant Hamilton in der Hauptgruppe wird das sicher schaffen. Ende." Luke verschwieg allerdings, was er noch dachte: daß Sergeant Hamilton die Reparatur nur so lange vornehmen konnte, solange sich die Gruppe noch nicht im Kampf mit den arabischen Verteidigern befand.

„Wir werden die Nachricht weitergeben, Caleb. Ende."

„Gut. Schalom und Ende." Luke behielt den Hörer noch einen Moment nachdenklich in der Hand. Für Mosche und seine Truppe galt absolute Funkstille. Der Kontakt zu ihnen mußte so lange unterbleiben, bis Mosche dem Hauptquartier funkte, daß Kastel eingenommen oder die arabische Verteidigung zu stark für seine unerfahrenen Männer war. So würden sie die Warnung wahrscheinlich erst erhalten, wenn es zu spät war!

Eine junge Frau in Khakihosen, einem dicken Pullover und einer Wollmütze über dem dunklen Haar, saß etwas abseits von der Gruppe der niedergeschlagenen Soldaten. Luke erkannte in ihr das junge Mädchen, das vor einigen Stunden beim Schein des Lagerfeuers einen Brief an ihren Freund geschrieben hatte. Den Kopf in die Hände gestützt, starrte sie auf den Boden und zuckte jedesmal zusammen, wenn zwischen den Olivenbäumen Granaten explodierten. Auf ihrem kindlichen Gesicht lag ein Ausdruck tiefen Schmerzes. *Sie ist zu jung für so etwas*, dachte Luke, während er sie betrachtete. *In was für einen Krieg sind wir da hineingeraten, Alter?* fragte er sich. *Hier stehst du also und befehligst junge Männer und Frauen, die ohne rechte Ausbildung aus dem Kibbuz kommen. Besseres haben wir Zionisten nicht zu bieten.*

„Nun gut", seufzte er, reckte sich zu seiner ganzen Höhe auf und sprach das Mädchen an: „Wir wollen hier nicht wie die Trauerklöße herumsitzen. Wie ist Ihr Name, Soldatin?"

Sie sah verwirrt zu ihm auf. „Mein Name?"

„Ja, Ihr Name."

„Johanna Liebermann."

„Woher kommen Sie?"

„Vom Kibbuz Kfar Etzion."

„Und hat man Ihnen dort auch beigebracht, wie ein Gewehr auseinandergenommen wird?" fragte er das Mädchen.

Gewehrfeuer und Schreie, die von der nur wenige hundert Meter entfernten Kampflinie herüberschallten, verliehen seiner Frage eine besondere Brisanz.

Die dunklen Augen des Mädchens schweiften unruhig in Richtung des Kampflärms. Dann nickte sie und senkte wieder den Blick. „Ja."

Luke ergriff eines der defekten Gewehre und zog den Bolzen zurück. Er fuhr mit dem Zeigefinger in die Ladekammer, zog ihn wieder heraus und rieb mit dem Daumen über die geschwärzte Kuppe. „Diese Waffen sind schlecht gereinigt worden." Er reichte dem Mädchen das Gewehr. Dann deutete er auf sechs weitere niedergeschlagene Soldaten und sagte: „Ihr macht euch jetzt nützlich und wischt das Waffenöl von den Gewehren."

„Richtig, Capt'n", fiel Harney ein. „Die Dinger sind alle total verdreckt. Ein Wunder, daß überhaupt welche funktionier'n."

Dem Kampflärm nach zu schließen, konnte Luke jedoch sagen, daß offensichtlich die meisten der geschmuggelten Haganahwaffen funktionierten. Man erwartete von seiner Truppe ohnehin nicht, daß sie die fünf arabischen Dörfer am westlichen Ende der Straße einnahmen. Sie sollte die Araber nur so lange in Kampfhandlungen verwickeln, bis Mosche und seine Leute Kastel gestürmt hatten.

Vielleicht gelingt es Mosche wenigstens, Kastel so lange zu belagern, bis der Lebensmittelkonvoi den Paß überwunden hat! dachte Luke. Gott sei Dank waren seine beiden besten Soldaten, Fergus Dugan und Ham, Mosches unerfahrener Truppe als Begleitung zugeteilt worden. Außer diesen routinierten Soldaten befanden sich glücklicherweise auch noch einige Juden darunter, die während des Krieges als Angehörige der britischen Armee in Afrika mitgekämpft hatten. Sie würden die Maschinengewehre bedienen.

Dies waren die Bedingungen, unter denen die *Operation Naschon* – benannt nach dem ersten Hebräer, der das Rote Meer nach der Teilung des Wassers betreten hatte – gelingen oder scheitern würde.

* * *

Die Nacht war schwarz, und aus den dunklen Wolken fiel ein feiner Nieselregen. Er benetzte die Haare der Männer, die sich auf dem schlammigen Weg vorsichtig an das kleine Festungsdorf Kastel heranpirschten, und lief ihnen in Rinnsalen den Nacken hinunter. Mosche schlug den Kragen seines geborgten Seemannsmantels hoch und zog fröstelnd den Kopf ein. Dennoch war er dankbar für dieses Wetter, da es sie vor dem Licht des zum Pessachfest scheinenden Vollmondes schützte.

Von dem Felsvorsprung, auf dem sich der trostlose Vorposten Kastel befand, waren alle Angriffe auf die jüdischen Lebensmittelkonvois erfolgt. Hier war der Knoten der Schlinge, die sich immer enger um das belagerte jüdische Jerusalem zog. Die am Straßenrand rostenden Metallskelette zahlreicher jüdischer Lastwagen waren die stummen Zeugen des Erfolgs der dort Wache haltenden arabischen Freischärler.

Kastel! Wer die Kontrolle über Kastel hat, beherrscht auch Jerusalem. Die Römer waren die ersten gewesen, die den 800 m hohen Berggipfel vor beinahe zwanzig Jahrhunderten befestigt hatten, als sie hierher zogen, um die Heilige Stadt zu zerstören. Später hatten die Kreuzfahrer die Burg erbaut, nach der das heutige Dorf benannt worden war. Und schließlich hatten die Türken von dem darunter gelegenen Paß aus eine Herrschaft des Schreckens ausgeübt. Nun erschien es Mosche, als habe sich der Kreis einer zweitausendjährigen Geschichte beinahe geschlossen: Das römische Weltreich war vergangen; die Kreuzfahrer waren in ihren rostigen Rüstungen zu Staub zerfallen; die Türken vor der Armee des britischen Weltreichs geflohen; die britischen Truppen wiederum bereiteten sich auf ihren Abzug vor; und in diesem Augenblick waren hundertfünfzig Juden durch Schlamm und Regen auf dem Weg zu der Festung, um sie einzunehmen.

Jeder einzelne der von Mosche angeführten Männer trug dank David Meyers mutigem Einsatz ein brandneues Gewehr über der Schulter. Dennoch war sich Mosche darüber im klaren, daß man seine Männer keinesfalls als gut ausgerüstet bezeichnen konnte. Zwar waren auch Patronen bei den Gewehren gewesen, aber es gab keine Patronengurte. Deshalb hatten die Männer ihre Munition in Strümpfe gestopft und sie an ihre Gürtel gebunden, wie es kleine Jungen sonst mit ihren Knickerbeuteln tun. Es gab auch keine Uniformen – zumindest keine passenden. Die Männer, die mit Mosche über den felsigen Hang stolperten, waren mit Hosen und Jacken von einem Dutzend verschiedener Armeen versehen. Ein paar Glückliche trugen sogar Stiefel, aber die meisten wateten mit normalen Straßenschuhen durch den Schlamm, die für Taxifahrer, Köche, Postangestellte oder Flüchtlinge gedacht waren. Die Männer hatten nämlich am Morgen ihre Häuser verlassen, ohne zu ahnen, daß sie sich in der Nacht nach Kastel aufmachen würden.

Plötzlich hörte Mosche hinter sich ein dumpfes Geräusch: einer der

Männer war in der Dunkelheit gefallen. Doch er rappelte sich schnell wieder aus dem Matsch auf, ohne ein Wort des Unmuts darüber zu verlieren. Niemand hatte bisher auch nur einen Flüsterton von sich gegeben. In weiter Ferne glaubte Mosche das Geknatter des Kampfes zu hören, der westlich von ihnen in Ramle stattfand. Er hoffte, daß die Araber von den Vorgängen in Kastel erst erfahren würden, wenn alles vorüber war.

Sie näherten sich dem Bergdorf durch mehrere Feigenhaine. Durch die fahlen Zweige der Bäume trieben Nebelfetzen wie die gespenstischen Reminiszenzen an die Männer, die einstmals um diesen steinigen Boden gekämpft und hier den Tod gefunden hatten. Der Nieselregen legte sich als feiner Schleier über die angespannten Gesichter der Truppe. Plötzlich brachen die Wolken auf, und die Männer sahen durch Nebelschwaden hindurch die vom Vollmond hell erleuchtete Festung! Sie verlangsamten beklommen ihre Schritte; jemand unterdrückte verzweifelt einen Hustenreiz.

Mosche blickte durch den dünnen grauen Schleier zum Mond empor, der durch das Wolkenloch den Hang vor ihnen wie ein riesiger Suchscheinwerfer erleuchtete. Wenn sie noch zwanzig Schritte weitergingen, würde er seine Truppe taghell anstrahlen. Dann wäre es selbst für einen einzelnen arabischen Wachtposten ein leichtes, sie alle niederzumähen!

Mosche gebot rasch mit erhobener Hand Einhalt. Das Signal wurde hastig von Mann zu Mann weitergegeben. Äußerste Stille breitete sich aus. Mosche horchte gebannt, da er annahm, daß vielleicht ein arabischer Wachtposten im Steinbruch des Dorfes auf die ziehenden Schwaden hinunterstarrte und auf das Geräusch eines zurückschlagenden Zweiges oder eine die Nebeldecke durchdringende menschliche Stimme horchte. Eine leichte Brise raschelte in den jungen Blättern, und dann verdeckte der Wolkenvorhang den Mond von neuem. Doch gleich darauf riß er genauso unvermittelt, wie er sich vorgezogen hatte, noch einmal auf, und ein silbriger Strahl fiel direkt auf Mosche.

Fergus Dugan, der zierliche Schotte, tippte Mosche leicht auf die Schulter. Mosche wandte sich um und sah in dessen bleiches Gesicht. Schweißperlen standen ihm auf der Stirn, oder waren es nur Nebeltröpfchen? Fergus tippte auf seine Armbanduhr und wies dann mit dem Daumen zum Mond, um anzudeuten, daß der Wind allzubald die gesamte schützende Wolkendecke vertreiben und sie den Blicken der Araber vollends aussetzen würde. Dann deutete er auf sich selbst und anschließend mit dem Kopf auf einen in der Nähe gelegenen Hain, legte sich bäuchlings hin und robbte dann vorsichtig im Mondlicht davon, während die anderen Männer abwartend zurückblieben. Mosche nahm sein Gewehr von der Schulter und kniete sich hin. Wie von unsichtbaren Fäden gesteuert, folgten fast gleichzeitig die übrigen Männer seinem Beispiel. Während sie in die grauen Nebelschleier starrten, um irgendeine Bewegung auszumachen, dehnte sich ihnen die Zeit wie eine Ewigkeit. Eine nervöse Spannung griff um sich. Mit einem Mal erschien ihnen dieses Warten als der schwierigste Teil ihrer gesamten Mission. Ihre Herzen schlugen heftig, und ihr Atem stieg stoßweise in Dunstwolken empor. Zweifel schossen wie schattige Pfeile durch das Dunkel und fanden in der Unsicherheit der Männer ein sicheres Ziel. Zum ersten Mal seit ihrem Aufbruch aus Tel Aviv hatten sie Zeit, über ihre Situation nachzudenken.

Was geschieht, wenn wir es nicht schaffen? Was geschieht, wenn wir Kastel nicht einnehmen, der Konvoi in die Luft gesprengt und von den Arabern geplündert wird wie all die anderen? Hunderttausend hungrige Männer, Frauen und Kinder warten in Jerusalem. Ihr Leben liegt in den Händen dieser kleinen Schar – in meinen Händen! Wie viele Araber warten in Kastel? Wo ist der schottische Soldat, der davongerobbt ist, um die Lage auszukundschaften? Warum ist er noch nicht zurück? Ist er tot? Weiß der Feind, wo wir sind? Werde ich heute nacht hier unter diesen Bäumen den Tod finden? Wo bleibt nur dieser Schotte?

Auch Mosche überfielen diese Zweifel wie Maschinengewehrsalven. Am Ende galt aber jeder Gedanke und jedes Gebet der einen, die in Jerusalem auf ihn wartete. In diesem Augenblick erschien ihm das einsame Leben Rachels wichtiger als das von hundert oder gar tausend anderen Menschen. Er sah sie vor sich, mit Tikvah auf dem Arm, am Fenster stehend und in das unerbittliche Gesicht des Mondes hinaufstarrend. Er sah zu der hellen Scheibe empor, deren Licht durch den Nebel drang. *Gott, laß sie in diesem Augenblick die Stimme meines Herzens hören! Wenn ich sterben muß, dann laß sie wissen, daß ihre Liebe zu mir in mir heller strahlt als der Mond in dieser Nacht. Sag ihr dies, Gott! Sag ihr, daß ich sie mehr liebe als mein Leben!*

Rachel und das Kind wurden ihm mit einem Mal zum Symbol für alle hungrigen jüdischen Mütter und Kinder, die in der Altstadt Jerusalems in langen Reihen um die mageren Rationen anstanden. Er wußte zwar, daß er sein Leben genauso für das belagerte Jerusalem einsetzen würde, wenn er Rachel nie kennengelernt hätte. Aber seine Liebe zu ihr hatte seinem Kampf eine neue Art von Verzweiflung gegeben und

in seinem Herzen eine noch drängendere Hoffnung entzündet, daß am Ende dieses Kampfes endlich Frieden für diese Stadt stehen möge. Zum ersten Mal in seinem Leben erschien es ihm aber auch wichtig, daß er, Mosche Sachar, überlebte, um daran teilhaben zu können.
Wo bleibt nur Fergus? Warum ist er noch nicht zurück?
Plötzlich zerriß ein neuerlicher Windstoß den Nebel und teilte ihn in glitzernde Schwaden, die durch die Baumwipfel davonschwebten. Die Männer waren nun nicht nur schutzlos dem Mondlicht ausgeliefert, sondern erkannten plötzlich auch voller Entsetzen, daß wenige Schritte von ihnen entfernt – viel näher, als sie vermutet hatten – der schützende Hain bereits zu Ende war! Ein felsiger Pfad führte zum Rand des Steinbruchs von Kastel, einem Krater, der mit gebrochenen Steinen und riesigen Felsblöcken übersät war. Sie waren bereits vor Monaten gebrochen, aber dann nutzlos der sengenden Sonne überlassen worden, als der heilige Jihad gegen die Juden begonnen hatte. Denn beim ersten Sammelruf des Muftis hatte jeder arabische Steinmetz in Kastel seinen Meißel mit seinem Gewehr vertauscht. Die gebrochenen Steine, ursprünglich für Wohnungen oder Läden gedacht, würden nun als Gedenksteine für die Toten Verwendung finden.

Am hinteren Ende des Steinbruchs konnte Mosche die Gestalten zweier arabischer Wachtposten ausmachen. Sie standen an den gegenüberliegenden Seiten des Steinbruches. Ihre langen, gestreiften Gewänder schienen im Mondschein zu glühen, während ihre Gesichter im Schatten ihrer karierten Keffijahs verborgen waren. Einer der beiden hatte ihnen den Rücken halb zugewandt und schaute, auf sein Gewehr gestützt, nach Osten in Richtung Jerusalem. Der andere, kaum fünfzig Meter von Mosches Leuten entfernt, hockte auf einem riesigen Felsbrocken und starrte direkt in ihren Hain hinein. *Keine Bewegung!* betete Mosche. *Jetzt bloß nicht bewegen! Nicht zusammenzucken, nicht blinzeln und nicht kratzen!*

Der Araber neigte den Kopf leicht zur Seite, so, als denke er über jene seltsamen Baumstümpfe nach, die er nie zuvor gesehen hatte. Dann änderte er seinen Standort, trat an den äußersten Rand des Steinbruches und schirmte seine Augen mit der Hand gegen das Mondlicht ab, um besser sehen zu können.

Mosche spürte, wie ihm der Schweiß aus allen Poren trat. Sein Atem ging in keuchenden Stößen, und er fühlte den wilden Drang, sich in den schützenden Schatten des Haines zu retten. Doch er bezwang seine instinktive Fluchtreaktion. *Keine Bewegung! Er kann ja nichts*

Genaues erkennen. Du bist nur der Stumpf eines Baumes. Aber wo ist der Schotte? Wo bleibt nur Fergus?

Der Wachtposten wandte sich nach seinem Kameraden um, der sich immer noch gelangweilt auf den Lauf seines Gewehres stützte und unverwandt zu den Lichtern der in der Ferne liegenden Stadt blickte. Dann wechselte er unruhig die Stellung, als zögere er, wegen vermeintlicher Feinde Alarm zu schlagen, die sich dann doch als harmlose Baumstümpfe entpuppen würden. Mosche sah, wie er sich nachdenklich mit der Hand übers Kinn fuhr und wieder unschlüssig zu seinem unaufmerksamen Kameraden hinüberblickte. Doch dann griff eine kalte Hand nach Mosches Herz, als er beobachtete, was der Wachtposten als nächstes tat: er prüfte langsam und bedächtig sein Gewehr und legte es dann mit einem nachdenklichen Blick auf den Hain an. *Gott!* schrie es in Mosche. Der Araber schwenkte das Gewehr über die Bäume hin. *Er blufft nur! Keine Bewegung! Er wird nicht einfach schießen und das Dorf für nichts und wieder nichts aufwecken. Er ist sich ja gar nicht sicher!* Doch dann richtete der Wachtposten den Gewehrlauf direkt auf ihn, und das unterdrückte Bedürfnis, wegzurennen, schnürte Mosche fast die Luft ab. *Bleib, wo du bist! Er kann nicht sicher sein und wird sich nicht lächerlich machen wollen. Still! Und doch ...* Selbst über den trennenden Abgrund hinweg hörte Mosche ganz deutlich, wie das Gewehr durchgeladen wurde. Dann zielte der Wachtposten sorgfältig. *Schieß ruhig! Wir werden weder wanken noch weichen!* Plötzlich sah Mosche, daß sich hinter dem Araber ein Kopf über die Kante eines Felsblockes schob. *Fergus!* Der kleine Schotte hatte sich leise an den Posten herangeschlichen und streckte nun langsam die Hand nach dem Fuß des Arabers aus. *Er will tatsächlich schießen! Er legt richtig an!* Der Araber legte seine Wange gegen den Kolben und zielte sorgfältig. *Fergus! – Jetzt!* Es kam Mosche wie eine Ewigkeit vor, bis Fergus dicht an den Fuß des Arabers herangerobbt war. Der Mann hob den Kopf, um sein Ziel ein letztes Mal im Mondschein zu betrachten. *Fergus! Schnell!* Ja, er hatte tatsächlich vor zu schießen!

Gerade als der Araber im Begriff war, den Abzug durchzuziehen, warf sich Fergus nach vorn, ergriff ein Fußgelenk des Wachtpostens und zog ihm das Bein weg. Dieser stieß einen unterdrückten Schrei aus und versuchte wild mit den Armen rudernd das Gleichgewicht zu halten, bis er schließlich doch stürzte und hart auf einem Felsbrocken aufschlug. Das Gewehr fiel klappernd zu Boden. Trotz der Entfernung hörte Mosche deutlich das Knacken seiner Knochen. Fergus warf einen hastigen Blick auf den zweiten Wachtposten, ergriff dann die Waffe und zerrte den überwältigten Araber mit sich hinter einen Stein. Mosche bedeutete seinen Männern, sich geräuschlos hinzulegen. Der andere Posten, der von dem Drama hinter sich offenbar nichts bemerkt hatte, starrte unbeirrt weiterträumend nach Osten. Mosche erschien es wie ein Wunder, daß der Sturz seines Kameraden ihn trotz der Stille ringsum nicht alarmiert hatte. Kurz darauf erschien Fergus wieder auf dem Steinblock, nun in dem Gewand und der Keffijah des überwältigten Wächters. Er hielt die Waffe einen Augenblick lang triumphierend in die Höhe und hüpfte dann am Rande der Grube entlang von Stein zu Stein in der sorglosen Art eines Jungen, der einen Entdeckungsgang unternimmt – direkt auf den zweiten arabischen Wachtposten zu.

Dieser rührte sich immer noch nicht, trotz der lauten Geräusche, die jetzt zu hören waren. Mosche verfolgte voller Erstaunen, wie sich Fergus dem Mann bis auf wenige Schritte näherte, dann die Waffe erhob und dem Burschen schließlich den Lauf unters Kinn hielt. Erst jetzt schrie dieser entsetzt auf. Er rief mit gebrochener Stimme „Allah akbar!", bevor er sein Gewehr fortwarf und vor Fergus auf die Knie fiel. Der kleine Schotte in dem wehenden Gewand richtete den Gewehrlauf unbeeindruckt auf den Kopf des Arabers und sprach auf ihn ein, während dieser die Hände rang. Mosche konnte allerdings nichts verstehen. Schließlich gab Fergus den Männern mit erhobener Hand das Zeichen, näherzukommen. Mosche kam es vor, als sähe er ein feines Lächeln auf Fergus' Gesicht.

Wie aus *einer* Brust entrang sich den Männern im Hain ein Seufzer der Erleichterung. Immer noch mit äußerster Vorsicht und mit den Gewehren im Anschlag, liefen sie eilends um den Steinbruch herum, ständig eines Angriffs von dem kleinen Dorf über ihnen gewärtig. Es wäre leichtsinnig gewesen, den Weg durch den Steinbruch zu nehmen, falls doch eine Truppe von Jihad-Moqhaden am Hang wartete.

Als Mosche mit seiner Truppe bei Fergus ankam, riß sich dieser gerade die Keffijah vom Kopf.

„Gute Arbeit!" sagte Mosche voll dankbarer Anerkennung. „Und gerade noch zur rechten Zeit! Wo ist der Bursche, dem die Kleider gehören? Ist er tot?"

„Nicht tot", erwiderte Fergus und kratzte sich heftig. „Aber ich leg' meine Hand dafür ins Feuer, daß es ihm besser geht als mir. Er liegt nackt und gefesselt dort drüben, und seine Flöhe sind nun alle bei mir!" Er drückte Mosche hastig das Gewehr in die Hand, riß sich das Gewand vom Körper und warf es zornig zu Boden. „Kaum zu glauben, aber dieser Bursche da hat nichts mitgekriegt. Taub wie ein Holzklotz! Kann außerdem kein Wort Englisch. Kannst *du* nicht mit ihm sprechen, Mosche?"

Als Mosche den Mann genauer betrachtete, auf den er sein Gewehr gerichtet hatte, senkte er den Gewehrlauf und murmelte: „Dieser Alte ist keine Gefahr für uns. Wie alt ist der andere Bursche?"
„Ein Junge. Vielleicht fünfzehn. Sicher nicht älter."
Mosche blickte kurz zum Mond hinauf. Dann sah er mit einem Seufzer der Erleichterung zu seinen Männern, die bereits dabei waren, ihre Positionen einzunehmen. Diesen wichtigen strategischen Punkt hatte man einem Jungen und einem alten Mann überlassen! Sie hatten ihn ohne Blutvergießen einnehmen können! Vielleicht gelang der Plan der *Operation Naschon* wirklich so wunderbar einfach, wie sie gehofft hatten!

Inzwischen hatten bereits vier Männer, angeführt von Sergeant Hamilton, die Tür des Steinbruchbüros aufgebrochen und schwenkten nun ein Maschinengewehr aus dem Fenster. Fergus drückte ihnen mit nach oben gerichtetem Daumen seine Anerkennung aus und sagte dann: „Das war einfach. Fast zu einfach. Konnten sie wirklich so naiv sein und diesen wichtigen Ort ohne Verteidigung lassen? Frag mal den Alten, wo die arabischen Soldaten alle geblieben sind!"

Mosche sah den zahnlosen Alten, der vor ihm saß, an und sagte leise auf Arabisch: „Wir tun dir nichts."

Der Alte legte seine Hand hinter ein Ohr und entgegnete laut: „Ich bin nur ein alter, stocktauber Mann. Ich bitte euch, tut uns nichts! Wir sind nur Steinmetze, mein Enkel und ich. Sie haben uns hier zurückgelassen. Was habt ihr mit meinem Enkel gemacht?"

Mosche beugte sich vor und sprach dem Alten laut und artikuliert ins Ohr: „Es wird ihm nichts geschehen, wenn du uns die Wahrheit sagst!"

„Die Wahrheit! Bei Allah und dem Propheten! Ich werde die reine Wahrheit sagen! Nur tut dem Jungen nichts! Ihr dürft ihn nicht töten!" sprudelte ein arabischer Redeschwall über die Lippen des Alten. „Sein Vater und seine Brüder sind alle in Ramle, um dort den Angriff der Juden abzuwehren! Wir bitten euch um euren Schutz!"

Dies war eine Bitte, die Mosche achten wollte, da es unter den Arabern Sitte war, dem Wunsch nach Schutz stattzugeben. Mosche nickte kurz und meinte dann lächelnd zu Fergus: „Der Alte hier ist in der Tat so gut wie taub. Wir hätten sogar eine Salve abfeuern können, ohne daß er was gemerkt hätte. Wenn es etwas gibt, das die Araber todsicher besiegt, dann ist es eine solch bodenlose Dummheit. Das ist keine Armee, das ist ein undisziplinierter Haufen. Alle laufen davon, um gegen die Juden zu kämpfen, und lassen einen alten Mann und einen Jungen –"

„Schon gut, aber was hat er denn gesagt?" unterbach ihn Fergus, der ungeduldig auf Mosches Übersetzung wartete.

„Wir haben hier mit keinem Widerstand zu rechnen. Alte Männer und Jungen. Die haben sie als Bewachung hiergelassen", erwiderte Mosche, der die Dummheit ihrer Feinde immer noch nicht fassen konnte. „Die anderen kämpfen in Ramle."

Seine Männer hatten den arabischen Jungen inzwischen wieder auf die Beine gestellt und stießen ihn zu dem Alten. Von seiner Unterlippe tropfte Blut, und er wirkte erniedrigt, zornig und ängstlich zugleich. Seine Hände waren ihm auf dem Rücken zusammengebunden, und man hatte ihn mit seinem eigenen, blutverschmierten Lendenschurz geknebelt. Fergus hob mit spitzen Fingern die Kleider des Jungen auf und warf sie einem jüdischen Soldaten zu, der den Jungen am Ellbogen festhielt. Dabei witzelte er: „Alle wollen immer wissen, was ein Schotte unter seinem Kilt trägt. Wie es sich bei den Arabern verhält, darüber brauchen wir uns jetzt nicht mehr den Kopf zu zerbrechen. Dieser Bursche hatte eine ganze Armee von Flöhen bei sich! Er soll seine Kleider wieder tragen, aber gefesselt bleiben! Sich nicht kratzen zu können, wie er möchte, wird für ihn schon Qual genug sein! Wenn er was zu verschweigen hat, werden wir ihn auf diese Weise ganz sicher zum Reden bringen!"

Die Männer lachten, und als Fergus dem Jungen einen leichten Klaps auf den Hinterkopf versetzte, zerrte dieser zornig an seinen Fesseln.

„Er ist alt genug, um mit einem Karabiner umgehen zu können", meinte Mosche mit einem abschätzenden Blick auf den mageren, sich heftig sträubenden Jungen. „Wenn du eine Sekunde später eingegriffen hättest, Fergus, wäre ich jetzt zweifellos so tot wie ein Baumstumpf!"

„Aye. Der Bursche hatte es auf dich abgesehen, das ist sicher."

„Ja. Jungen dieses Alters haben das Jerusalemer Geschäftsviertel niedergebrannt und jüdische Mädchen am Damaskus-Tor vergewaltigt. Sie sind zwar nicht tapfer, aber verwegen – und zu dumm, um zu erkennen, daß sie nicht unsterblich sind! Jugend, Leidenschaft und Hitzköpfigkeit, das sind meiner Meinung nach die Eigenschaften, gegen die wir heute nacht in Kastel kämpfen." Mosche ging so dicht an den Jungen heran, daß sich ihre Blicke ineinanderbohrten. „Du und deine Kameraden, ihr habt euch doch sicher geärgert, daß man euch zurückgelassen hat, stimmt's?"

Der Junge hob das Kinn und grinste trotz seines Knebels höhnisch. Seine Gesichtszüge verhärteten sich vor Haß, und seine schwarzen Augen zogen sich zu schmalen Schlitzen zusammen. Mosche war überzeugt, daß ihn der Junge ohne den Knebel angespuckt hätte. Er hätte selbst den Tod auf sich genommen, nur um sich die Gelegenheit nicht entgehen zu lassen, einen jüdischen Kommandeur zu beleidigen. Plötzlich kam Mosche ein Gedanke, und er wunderte sich kopfschüttelnd über seine Naivität: Bis jetzt war alles einfach gewesen. *Zu* einfach! Araberjungen lernten bereits mit dem Gewehr umzugehen, sobald sie aus den Windeln heraus waren. Während jüdische Kinder zur Thoraschule gingen, drückten die palästinensischen Araber ihren Kindern Gewehre in die Hand und brachten ihnen bei, daß Treffsicherheit eine Voraussetzung für Männlichkeit sei. Haß auf die Juden, Rücksichtslosigkeit und Sicherheit im Umgang mit Waffen konnten daher einen Fünfzehnjährigen genauso gefährlich machen wie einen erfahrenen Jihad-Moqhaden. *Vielleicht,* dachte Mosche, während der Junge zornig mit dem Fuß nach ihm trat, *ist Kastel doch gar nicht so schlecht verteidigt, wie ich dachte.* „Sind noch andere da, Alter?" fragte er daher den alten Mann. Der Junge stieß unverständliche Schreie hinter seinem Knebel aus.

„Solche wie wir. Junge und Alte."

„Wie viele?"

„Fünfzig vielleicht. Nur Jungen und alte Männer." Der Araber wich dem Blick seines Enkels aus. „Nicht mehr als fünfzig. Ihr werdet keine Schwierigkeiten haben. Das Leben wird ihnen lieb sein."

Nach diesen Worten stürzte der Junge sich auf Mosche. Doch dieser versetzte ihm einen so heftigen Tritt, daß er zusammensackte. Mosche schüttelte wieder den Kopf und meinte bissig zu dem Alten gewandt: „Ja. Das sehe ich. Euer Führer Haj Amin läßt nicht nur erwachsene Männer als Märtyrer für den Jihad sterben, sondern auch Kinder." Dann sah er auf den keuchenden Jungen und sagte zu ihm: „Und was dich anbetrifft, mein Junge, so war dein Verhalten informativer für mich als die Worte deines Großvaters."

„Was hat er gesagt?" fragte Fergus erneut ungeduldig.

„Ich glaube, ihre Aufgabe hier war es nur, die anderen zu warnen. Vielleicht auch, uns in den Steinbruch zu locken. Der Alte sagt, es sind fünfzig von ihnen hier. Wahrscheinlich Jungen im Alter dieses Burschen da. Zweifellos werden sie alle genauso vom Jihad-Fieber angesteckt sein wie dieser hier und ihre Männlichkeit unter Beweis stellen wollen, indem sie jüdisches Blut vergießen."

„Dann wird die Einnahme Kastels doch nicht so einfach sein."

Mosche runzelte die Stirn und preßte nachdenklich die Fingerspitzen gegeneinander. Nach einiger Zeit sagte er: „Bring deine Männer zum westlichen Teil des Dorfes! Dort befindet sich eine Straße, die eine Erhebung hat, auf der du ein Maschinengewehr aufstellen kannst. Ich gehe unterdessen zur Ostseite. Den langen Weg um die Feigenhaine herum." Er sah auf seine Uhr. „Gib mir zwanzig Minuten Zeit, dann kannst du ein, zwei Salven abgeben. Aber paß auf, und denk daran, daß sich im Dorf Jungen wie dieser hier befinden. Keiner von ihnen wird sich einen Kampf entgehen lassen wollen. Beschäftige sie einige Minuten am Westende. In der Zwischenzeit werden wir von Osten her angreifen."

„Denk an dein Versprechen!" wandte sich der alte Araber flehend an Mosche. „Du darfst uns nichts tun!"

„Was dagegen, wenn ich den Alten hierbehalte?" fragte Fergus. „Er ist offensichtlich ziemlich bestrebt, seine Waffen niederzulegen und andere dazu zu überreden, seinem Beispiel zu folgen."

„In Ordnung. Dann nehm' ich den Jungen mit. Er kann uns vielleicht auch noch nützlich sein", bestätigte Mosche und sagte drohend zu dem Alten: „Wenn uns dein Enkel Schwierigkeiten macht, werden wir keine Gnade walten lassen." Um seinen Worten Nachdruck zu verleihen, drückte Mosche dem Jungen den Gewehrlauf unters Kinn. Zum ersten Mal seit seiner Gefangennahme zuckte der Junge zurück und duckte sich schweigend.

„Es ist wohl auch besser, wenn du ihn mitnimmst", lachte Fergus. „Wenn ich den Burschen hierbehielte, würde ich ihn noch übers Knie legen und ihm mit einem dicken Knüppel eine tüchtige Tracht Prügel verpassen!"

4. Die Nachrichten von morgen

Halb schlafend, halb wachend, hatte Ellie die Nacht neben David auf dem schmalen Bett zugebracht und ihm so lange beruhigend übers Haar gestrichen, bis er endlich in einen friedlichen Schlaf gefallen war.
Nun hatte sie ihre Wange an seinen breiten Rücken geschmiegt und horchte auf seinen regelmäßigen Herzschlag. Ihr war jegliches Zeitgefühl abhanden gekommen, und die Nacht erschien ihr endlos in ihrer dunklen Ungewißheit.
Obwohl Ellie regungslos dalag, kamen ihre Gedanken nicht zur Ruhe. Vor ihrem inneren Auge zogen immer wieder Bilder und Begebenheiten mit den Menschen vorüber, die sie liebgewonnen hatte: sie erlebte noch einmal, wie die alte Miriam besorgt versuchte, sie davon abzuhalten, mit der *Ave Maria* hinauszufahren, um Aufnahmen von der Ankunft illegaler Flüchtlinge zu machen. Sie sah Mosche seine Hände nach einem kleinen Flüchtlingsjungen ausstrecken. Sie sah Rachel, die Mosche zärtlich anblickte, aber noch nicht wagte, sich ihre Gefühle für ihn einzugestehen. Sie sah Jakovs strahlendes Gesicht, auf dem sich das glückliche Bewußtsein widerspiegelte, daß wenigstens ein Mitglied seiner großen Familie die schrecklichen Kriegsjahre überlebt hatte und jetzt nach Hause gekommen war. Und sie sah noch einmal vor ihrem geistigen Auge, wie sich Rabbi Lebowitz und Onkel Howard über Jerusalem in seinen friedlicheren Tagen unterhielten.
Und dabei liegen die friedlicheren Tage noch gar nicht so weit zurück, dachte Ellie und fragte sich: *Wäre ich auch in Jerusalem geblieben, wenn ich gewußt hätte, was auf mich zukommen würde? Wäre ich freiwillig das Risiko eingegangen, David zu verlieren, wenn ich vorher gewußt hätte, welchen Gefahren er in dieser Nacht ausgesetzt sein würde?*
Sie drehte sich auf die andere Seite und seufzte schwer. Sie kannte die Antwort. David und sie waren mit Leib und Seele gebunden – nicht an einen Traum, sondern an die Menschen, die diesen Traum träumten. Wenn David morgen früh erwachte, würde er wieder zum Kampf bereit sein. Und sie würde an seiner Seite bleiben. Sie wußte zwar nicht, wie das alles enden würde, aber sie war zutiefst von der Überzeugung erfüllt, daß sie beide richtig handelten. Es war ihnen so bestimmt. Ihr fielen Worte ein, die Miriam ihr einmal in ihrer winzigen Bibel angestrichen hatte: *Weder Tod noch Leben ... können uns scheiden von der Liebe Gottes.* Ellie spürte deutlich, daß sie sogar in dieser

dunkelsten Nacht, in der längsten Nacht ihres Lebens, an diese Gewißheit glauben mußte.

Sie kuschelte sich wieder enger an David. Sie wollte sich ganz in ihm verlieren. „Nicht einmal der Tod, David", flüsterte sie. Doch er hörte sie nicht. Ein gnädiger Schlaf hatte ihn der Ungewißheit dieser Nacht enthoben. Wie viele Menschen, überlegte sie, fanden in dieser Nacht ebenfalls keinen Schlaf, von der bangen Frage gequält, ob es je Morgen werden würde? Ellie mußte daran denken, daß einige den Morgen tatsächlich nicht erleben würden.

Wohl zum hundertsten Mal in dieser Nacht wiederholte sie die Namen von Menschen, deren Leben mit dem ihren verknüpft war. *Gott, du siehst alles,* betete sie. *Ohne deinen Willen fällt nicht einmal ein Spatz zur Erde. Dann wirst du dich doch auch ihrer erinnern?* Nur Stille antwortete ihr. Dennoch glaubte sie fest daran, daß ihre geheimen Herzenswünsche erhört würden. War David schließlich nicht wohlbehalten zu ihr zurückgekehrt?

Aber was wäre gewesen, wenn er nicht zurückgekommen wäre? Würdest du auch dann glauben? Dies war eine Frage, der sie sich in diesem Augenblick nicht zu stellen vermochte. Zweifel stürmten auf sie ein. Sie sah den zerstörten Körper Michael Cohens vor sich. *War sein Leben nicht mehr wert als das eines Spatzen?* Wenn je der Morgen kam, würde sie dieser Frage nicht länger ausweichen können – um Davids willen.

Während sie immer noch gedankenversunken neben David lag, empfand sie plötzlich eine merkwürdige Unruhe. *Alles ist so still. Wo sind nur die Stimmen geblieben? Wo sind die Stimmen der Männer in der unteren Etage?* Zwar schimmerte das Licht immer noch hell ins Zimmer, aber die hektische Aktivität war einer lastenden, von düsteren Vorahnungen erfüllten Stille gewichen.

Unwillkürlich beschlich sie heftige Furcht. Sie setzte sich mit einem Ruck auf, schwang ihre Beine über die Bettkante, ergriff ihre Kleider und zog sich hastig ihre Khakihosen und einen schweren, dunkelblauen Rollkragenpullover über. Dann horchte sie angestrengt in die Stille. Doch außer Davids Atemzügen war nicht das leiseste Geräusch zu hören. Gleich darauf stand sie mit bloßen Füßen auf den kalten Holzdielen vor der Kommode und suchte hastig ein Paar Socken. Gedanken an Luke und Mosche, Jihad-Rufe und arabische Kugeln jagten ihr durch den Kopf. *Warum ist alles so still? Ist etwas passiert?* Sie streifte sich rasch die Socken über. David bewegte sich. Doch diesmal nahm sie keine Rücksicht auf ihn, sondern hastete auf Zehenspitzen zu

Ben-Gurions Arbeitszimmer, ohne sich damit aufzuhalten, Schuhe anzuziehen. Ein Blick sagte ihr, daß es verlassen war. Außer der sonst üblichen Unordnung standen noch neben den leeren Stühlen, auf Lampentischchen und auf dem Fußboden Kaffeetassen herum, und ein qualmender Zigarettenstummel lag im Aschenbecher auf dem Schreibtisch des Alten.

„Hallo?" rief Ellie zaghaft. Keine Antwort. Unvermittelt überkam sie das merkwürdige Gefühl, daß sie und David vielleicht allein im Haus zurückgeblieben waren. „Hallo?" rief sie noch einmal. „Ist da jemand?"

Plötzlich schoß ihr durch den Kopf, daß möglicherweise britische Soldaten in einer nächtlichen Razzia nach den Anführern des Angriffs auf Ramle gesucht hatten. Aber warum waren David und sie dann nicht geweckt worden? Sie tappte leise durch den schmalen, dunklen Flur zu der winzigen Küche, stieß vorsichtig die Tür auf und sah hinein. Ein Wasserkessel stand auf dem Herd und kochte vor sich hin, aber das freundliche Gesicht Paula Ben-Gurions fehlte. Ellie konnte nicht glauben, daß alle Hausbewohner zu Bett gegangen waren. Sie würden nicht schlafen gehen, bevor sie wußten, wie die Schlacht am Bab el Wad ausgegangen war!

Ellie brühte sich verstört eine Tasse Tee auf. Während sie die Teeblätter ziehen ließ, sah sie aus dem Fenster hinaus über den Sandstrand hinweg zu der weißen Linie auf dem dunklen Meer, wo die Brecher gegen den Deich brandeten. Sie warf einen Blick auf die runde Uhr, die über einem kleinen Holztisch an der Wand hing. *Gleich halb drei. In vier oder fünf Stunden ist alles vorüber. - Oder vielleicht fängt dann alles auch erst an.* Sie setzte sich an den Tisch und trank ihren Tee.

Dabei horchte sie, das Kinn in die Hand gestützt, angestrengt auf den Wind, der heulend ums Haus fegte. Plötzlich vernahm sie jedoch ein Geräusch, das nicht zum Heulen des Windes gehörte. *War das nicht eine Stimme? Sind sie draußen am Strand?* Sie starrte auf den weißen Sandstrand, der trostlos und windgepeitscht dalag. In diesem Moment kam der Mond hinter den Wolken hervor und beleuchtete ihn. Doch keine menschliche Silhouette war zu sehen. Sie schloß die Augen und versuchte, sich auf die Geräusche zu konzentrieren, um Klarheit zu bekommen.

„Mosche ..." Ganz deutlich konnte sie den Namen verstehen! Dann hörte sie eine ungeduldige, laute Stimme: „... was soll das heißen ... kann nicht ..."

Ellie schlug sich vor die Stirn und rief mit einem erleichterten Seufzer aus: „Natürlich, der Keller!" Sie schämte sich richtig vor sich selbst, nicht daran gedacht zu haben, in dem winzigen Kellerbadezimmer nachzusehen. Ohne die Teetasse abzusetzen, eilte sie zu der schmalen Kellertür und öffnete sie einen Spaltbreit. Die dröhnende Stimme Ben-Gurions schallte nun deutlich zu ihr herauf:

„Dann müssen wir eben jemanden schicken, der ihn benachrichtigt! Bevor es zu spät ist!"

„Mose ruft Stab! Mose ruft Stab!" rief eine Stimme im Hintergrund eindringlich. „Stab, bitte kommen!"

Ellie hörte deutlich das Knacken des Funkgerätes, während sie vorsichtig die schmale, steile Kellertreppe hinunterging. In dem schwach erleuchteten Raum befanden sich ein Dutzend Mitglieder der Jewish Agency. Ellie kannte die meisten von ihnen. Sie waren in letzter Zeit häufige Gäste im Strandhaus gewesen. Beim Klang ihrer Schritte hoben alle fast gleichzeitig den Kopf.

Ellie entdeckte Bobby Milkins besorgtes Gesicht. Sie lächelte ihn zaghaft an, doch seine Miene hellte sich nicht auf. Es war tatsächlich irgend etwas Schreckliches passiert!

Der jungenhafte, lockenköpfige Funker versuchte angestrengt, dem stummen Empfänger eine Reaktion auf seine flehenden Funkrufe zu entlocken. Aber vergebens. Ben-Gurion standen die Haare noch wirrer um den Kopf als gewöhnlich, und seine Augen waren vor Erschöpfung und Sorge geschwollen.

„Nicht aufgeben!" befahl er dem Funker.

„Mose ruft Stab ..."

‚Stab' war das Codewort für die Männer, die Mosche nach Kastel begleiteten, soviel wußte Ellie. Ihr Gesicht nahm einen sorgenvollen Ausdruck an, als sie die übrigen Anwesenden in schweigenden Gruppen zusammenstehen sah. Schließlich winkte Bobby ihr, näherzukommen. Mit der kalten Zigarre zwischen den Lippen wirkte er wie ein verärgerter Gangsterboss.

Als Ellie sich zu ihm durchzwängte und dabei in Ben-Gurions Nähe kam, sah er sie an, als habe er sie nie zuvor gesehen.

Von Angst und Neugier gedrängt, hätte sie ihn am liebsten mit Fragen bestürmt, aber die bis zum Äußersten gespannte Atmosphäre schüchterte sie völlig ein.

„Wie geht es David?" fragte Bobby schroff und starrte dabei über ihren Kopf hinweg auf das Funkgerät, das hinter der Toilette in einem winzigen Badezimmer versteckt war.

„Schläft. Es geht ihm jetzt, glaube ich, ganz gut. Aber er muß

Furchtbares durchgemacht haben ... Michael und all das ...", erwiderte Ellie gehemmt.

„Tja", meinte Bobby. Seine Stimme klang mürrisch und geistesabwesend.

„Stab ... hier spricht Mose!"

Ellie faßte sich ein Herz und berührte den grobschlächtigen Flieger am Arm. „Bobby? Sie rufen Mosches Männer in Kastel, nicht wahr?" Er nickte. „Tja. Wir ham ihn mit schadhaften Gewehren losgeschickt."

„Du meinst doch wohl nicht die, die David gebracht hat?" Ellie spürte, wie Übelkeit in ihr aufstieg.

Bobby nickte grimmig. „Es is' was mit den Schlagbolzen. Wir ham bereits 'n paar Leute in Ramle verlor'n, bevor dieser englische Captain – Thomas heißt er, nich' wahr? – bevor er die Sache in den Griff krieg'n konnte. War gar nichts Besond'res. Keine große Angelegenheit. Nur wer hat da draußen schon Zeit gehabt, sein Gewehr zu überprüfen?" Er schüttelte aufgebracht den Kopf.

„*Wie viele?*"

„Nur vierzig von den defekten in Ramle. Nur vierzig. Aber sechzehn Soldaten sind ..." Er machte mit der Hand eine eindeutige Geste. „Das is' kein gutes Ergebnis, wenn du weißt, was ich mein'. Wir wiss'n nich', wie viele von den Gewehren in Kastel sind. Aber eins is' schon zuviel."

Ellie nickte niedergeschlagen und erschauerte bei dem Gedanken, daß Mosche womöglich versuchte, mit Waffen zu kämpfen, die um nichts besser waren als Spielzeuggewehre. „Und sie können ihn nicht erreichen?"

„Mosche hat Funkstille, bis die Aktion läuft. Es is' nich' sehr wahrscheinlich, daß sie ihr Funkgerät überhaupt angestellt ham."

„Stab, bitte kommen ..."

Der Alte wandte sich ruckartig vom Funkgerät ab, die Lippen grimmig zu einem schmalen Strich zusammengepreßt. „Milkin! Wie lange würden Sie brauchen, um dort oben hinzukommen?"

Bobby bearbeitete nachdenklich seine Zigarre. „Zwanzig Minuten vielleicht. Aber was soll ich tun, wenn ich da bin?"

„Einmal drüber fliegen", erklärte ein nicht mehr ganz junger, dunkelhäutiger Mann, den Ellie noch nicht kannte.

„Vielleicht verstehen sie das Zeichen und schalten ihr Funkgerät an", ergänzte ein junger Mann.

„Wir müssen unser Möglichstes tun, um sie zu warnen," schloß der Alte.

„Tja, schätze, das is' genau der Punkt." Bobby setzte seine Mütze auf. „Schätze, ihr wollt, daß ich mein Funkgerät anlasse, was? Und euch'n Sportbericht geb'." Er bahnte sich eilig einen Weg durch die Männer und stieg die Treppe hinauf. Dabei murmelte er vor sich hin: „Was is' das für 'ne Art, Krieg zu führ'n!"

Ellie sah ihm nach, bis er verschwunden war, und ließ dann ihren Blick über diese merkwürdige Ansammlung von Menschen schweifen, die sich hier im provisorischen Hauptquartier der Jewish Agency eingefunden hatte: *Flüchtlinge, Unzufriedene, Kaufleute, Gelehrte und – amerikanische Verbrecher.* Trotz der allgemeinen Bedrücktheit mußte sie unwillkürlich lächeln, als sie darüber nachdachte, daß sich unter diesen Leuten kaum ein Berufssoldat befand. Wenn es tatsächlich eine jüdische Heimstätte geben würde, wäre dies ein hervorragendes Beispiel für die Macht Gottes – und für seinen Humor.

In diesem Augenblick machte Ben-Gurion Ellie ein Zeichen, ihm die Treppe hinauf zu folgen. Die anderen blieben im Keller zurück, um schweigend in der Nähe des Funkgerätes Wache zu halten.

Ben-Gurions Gesicht war vor Erschöpfung zur Maske erstarrt, als er sich auf seinen Schreibtischstuhl fallen ließ. Trotzdem hatte seine Stimme einen lebhaften Tonfall, als er sich ihr zuwandte: „Also – wie geht's David?"

„Schläft."

„Und warum schlafen Sie nicht auch? Paula ist schon vor Stunden zu Bett gegangen."

„Ich wollte wissen, ob etwas passiert ist. Es war plötzlich so still hier unten."

„Sie sollten trotzdem zu Bett gehen, Ellie. Sie und David können ja doch nichts tun – jedenfalls nicht heute nacht."

„Aber ich will nun mal wissen, was los ist."

„Sie können es also nicht abwarten, die Nachrichten von morgen zu erfahren?"

„Aber *ich* schreibe doch die Nachrichten von morgen!"

Ben-Gurion konnte sich nur mit Mühe ein Lächeln verkneifen. Er musterte sie mit hochgezogenen Brauen. „Das werden Sie auch. Ich habe nämlich wirklich ein paar Neuigkeiten für Sie, über die Sie schreiben können. Wie nennt ihr so was noch? Einen Knüller, nicht wahr?" Er öffnete eine Schublade, nahm ein zusammengefaltetes Blatt heraus und legte es vor sich auf die Schreibtischunterlage. Ein roter Fleck verunzierte den Rand des Papiers, und Ellie empfand bei seinem Anblick ein merkwürdiges Angstgefühl.

Sie erwiderte abwehrend: „Ich weiß nicht, ob mir heute nacht nach Schreiben zumute ist." Sie wollte gar nicht wissen, was auf dem Blatt stand, und doch konnte sie ihren Blick nicht von dem roten Fleck wenden.

„Wir kämpfen an vielen Fronten, Ellie." Der Alte versuchte ihre Unschlüssigkeit mit einer Handbewegung wegzuwischen. „Wir müssen einen Frachter versenken – ein Schiff, das mit vielen Tonnen Waffen für den Mufti beladen ist." Er hielt das Blatt in die Höhe. „Dies hat Ehud in Davids Tasche gefunden – klein, aber sehr wertvoll. Im letzten Dezember haben uns die Araber wegen dieser Fracht – wie nennt ihr Amerikaner das noch? – ja, auf eine falsche Fährte gelockt. Wir haben erleben müssen, daß vier jüdische Geheimagenten deswegen ermordet worden sind. Aber nun wissen wir Bescheid, kennen den Namen des Schiffes, seine genaue Fracht, den Tag und sogar die Zeit seines Auslaufens, und natürlich auch den Bestimmungsort."

„Warum erzählen Sie mir das alles?" fragte Ellie. Sie war bedrückt, denn sie ahnte schon, warum der Alte sie ins Vertrauen zog.

„Weil Sie eine sehr einflußreiche Frau sind. Sie können mit Ihren Worten Macht ausüben, insbesondere zum jetzigen Zeitpunkt und ganz besonders bei einem gewissen jungen Flieger, nicht wahr? Wenn er morgen aufwacht, wird ihm erst richtig klarwerden, daß er einen Freund verloren hat, einen Bruder. Vielleicht wird er sogar seine Sachen packen und nach Hause fliegen wollen. Vielleicht ist Ihnen genauso zumute. Ich würde Ihnen deswegen keine Vorwürfe machen. Aber ich sage Ihnen hier ganz unverhohlen, daß wir *Sie* brauchen, daß wir *ihn* brauchen."

„Wofür?" fragte Ellie. Sie deutete mit dem Kopf auf das Blatt. „Für die morgige Schlagzeile?"

Er sah sie fest an: „Ja."

„So bald?"

„Die Druckereien dürfen nicht warten. In ein paar Tagen, vielleicht aber auch schon morgen, würde die Geschichte ein anderes Ende haben. Dann würde die Welt lesen, daß eine Million Schuß und Tausende von Waffen für die Soldaten des Heiligen Krieges eingetroffen sind." Er legte abwartend eine Pause ein und betrachtete prüfend ihren Gesichtsausdruck. „Aber wenn das eintritt, wird der heutige Abend, zumindest auf lange Sicht, keinen Sinn mehr haben. Dann werden wir verlieren. Verstehen Sie das?"

„Warum David?"

„Er ist nun mal hier. Ich könnte natürlich auch Bobby Milkin schik-

ken." Er zuckte die Achseln in einer Art, die keinen Zweifel daran ließ, daß ihm der Gedanke unangenehm war. „Aber ich meine, daß David genau der richtige Mann dafür ist. Was sagen Sie dazu?"
„Was soll ich schon dazu sagen?"
„Daß Sie uns helfen wollen. Daß Sie *ihm* helfen wollen."
Ellie blieb regungslos sitzen – eine Ewigkeit, wie es ihr schien. Sie betrachtete stumm ihre im Schoß gefalteten Hände, und sie dachte wieder an Michael. Morgen, das war zu früh. „Ich will mich nicht schon wieder von ihm trennen", sagte sie schließlich mit gebrochener Stimme. „Wenn er gehen muß, dann will ich mit ihm gehen. In Ramle kämpfen ja schließlich auch Frauen. Dieses Mal will ich nicht untätig warten. Ich gehe mit ihm!"
Der Alte war offenbar gar nicht überrascht. „Natürlich. *Sie* sind ja die Journalistin. Ich habe gar nichts anderes erwartet." Er legte das Blatt wieder in die Schublade. „Darum habe ich Ihnen auch zuerst davon erzählt. So, und jetzt müssen Sie sich ausschlafen! Die Geschichte der heutigen Nacht können Sie schließlich nicht ändern. Die schreibt jemand anders. Aber egal, wie sich die Dinge heute am Bab el Wad entwickeln – Sie werden morgen wissen, was Sie zu tun haben, ja?"
Kurz darauf sank Ellie angezogen ins Bett und schmiegte sich eng an David. „Dieses Mal, David", flüsterte sie, „nicht einmal der Tod."

5. Goliath

Das Geflatter der aus dem Schlaf gerissenen Vögel begleitete Mosches Männer, während sie unsicher durch die nächtlichen Feigenhaine tappten. Die Lichtverhältnisse in dieser von treibenden Wolken bestimmten Vollmondnacht warfen so wechselhafte und irreführende Bilder, daß die Soldaten oft nicht wußten, was Wirklichkeit und was Sinnestäuschung war. *Ist das da vorn ein Felsen? Oder ein Baumstumpf? Oder vielleicht ein Mensch? Hat der alte Araber doch gelogen? Lauern uns vielleicht doch kampferprobte arabische Krieger in diesen Felsspalten auf?*

Unter diesen schwierigen Bedingungen waren im Nu zehn Minuten vergangen, und als Fergus seine ersten Schüsse abgab, hatten die siebzig Männer unter Mosches Kommando erst die Hälfte des Weges zum anderen Ende des Dorfes zurückgelegt.

Doch nach einiger Zeit ragten schon die felsigen Mauerreste aus der Kreuzfahrerzeit über ihnen auf, und die Truppe vernahm die Schreie der arabischen Verteidiger, die, dem Schall der Maschinengewehre folgend, zum Westende des Dorfes stürmten und das Maschinengewehrfeuer mit Gewehrsalven beantworteten. Dann war die Nacht plötzlich vom an- und abschwellenden Kriegsschrei des alten Beduinen erfüllt: „Jehuda! Jehuda! Naschamdi! Allah akbar!"

Während Mosche mit seinen Männern im Schutz einer Bergspalte zum Dorf aufstieg, hatte er das deprimierende Gefühl, daß die Stimmen ihrer Gegner doch auf eine viel größere Anzahl von Männern schließen ließen, als Fergus und er nach den Äußerungen des alten Arabers vermutet hatten. Außerdem war es schwierig, dem Klang der Stimmen nach zu beurteilen, ob es sich, wie der Alte beteuert hatte, wirklich nur um Knaben und alte Männer handelte.

„*Naschamdi! Ajiiii!*" schallte es über ihnen.

„*Allah Akbar! Ajiii! Zum Ruhme Allahs und seines Propheten! Tod den Juden!*"

Die Araber unterstrichen ihr Kampfgeschrei jetzt noch zusätzlich mit Maschinengewehrsalven. Als Mosche daraufhin den jungen arabischen Gefangenen ansah, sah er deutlich, daß aus dessen Augen die Kampflust blitzte. Da der Junge durch die unsanfte Behandlung seiner Überwältiger die Kopfbedeckung verloren hatte und ihm nun sein lockiges, schwarzes Haar wirr herunterhing, wirkte er trotz seiner fünfzehn Jahre wie ein *Feladin*, ein erwachsener Bauernkrieger.

Mosche übernahm nun die Führung und nutzte jeweils die Deckung aus, die ihm die Bäume boten. Die Luft war erfüllt von dem schweren Keuchen und den Schritten seiner Leute, die mühsam über das Geröll stolperten, und vom Kriegsgeschrei der Araber, das allerdings teilweise in Klagelaute überging, wenn diese von Schüssen getroffen wurden. Bald konnten Mosches Männer bereits die Umrisse des armseligen Schuppens ausmachen, der sich am östlichen Ende der Festungsanlage von Kastel befand.

Wenig später kam das Dorf in Sicht, und als Mosche zu den dunklen Fenstern hinaufsah, quälte ihn die bange Frage: *Starren uns von dort schwarze Augen an, die uns ins Visier nehmen?* Doch nichts regte sich hinter den Fenstern. Und auch oben auf der Felskante zeichnete sich kein Schatten eines Soldaten ab. Unglaublich! Offensichtlich rechnete niemand mit einem Angriff vom Ostende des Dorfes!

Bald darauf kamen sie in die Nähe einer zweiten, schmaleren, nicht von schützenden Bäumen umgebenen Felsspalte, die stark zerklüftet in den Hang einschnitt und zu dem Plateau von Kastel hinaufführte. Mosche legte sich bäuchlings hin und robbte als erster aus dem Schutz der Feigenbäume heraus zum morastigen Fuß der Spalte. Die Männer folgten ihm einer nach dem anderen, sorgsam darauf bedacht, sich so eng wie möglich im schützenden Dunkel des Bodens zu halten. So wand sich die lange Reihe der Soldaten wie eine Schlange durch die von Schlamm und Abfällen bedeckte Felsspalte auf einen Kalksteinvorsprung, der im Mondlicht strahlte wie frisch gefallener Schnee. Mosche wußte, daß sich dicht darunter ein durch den Felsüberhang geschützter Pfad befand, auf dem sie um die Felsblöcke herumgehen und unbemerkt ins Dorf eindringen konnten.

Doch bis dahin galt es noch Hindernisse zu überwinden. Denn die Natur selbst hatte Kastel geschützt, hatte auf dem kargen Boden einen regelrechten Drahtverhau aus Dornen wachsen lassen und zusätzlich die Hänge mit großen Steinbarrikaden befestigt. Auch die Geröllwände der Spalte waren mit dichtem Dornengestrüpp bewachsen. Das frische Gras, das sich im Frühling dazwischen hervorwagte, wurde alljährlich schon bald von ihnen überwuchert und von der sengenden Sonne ausgedörrt, die auch die Steine so stark aufheizte, daß man sie mit bloßer Hand nicht anfassen konnte. Die spitzen Dornen bohrten sich den Männern wie winzige Bajonette schmerzhaft durch die Kleidung in die Haut. Man erzählte sich, daß einst an einem Pessachabend aus diesen bösartigen Dornen, die als einzige Pflanzen in dieser unwirtlichen Gegend überdauerten, eine Krone geflochten worden war. Und nun wanden sie sich um Kastel und quälten die, die gekommen waren, die Festung zu erobern.

Plötzlich glitt einer der Soldaten hinter Mosche aus und fiel in einen Dornbusch. Er stieß unwillkürlich einen Schrei aus. Doch keuchend bezwang er seinen Schmerz und zog sich mit verzerrtem Gesicht die Dornen aus Hand und Arm. Die anderen schoben sich vorsichtig an ihm vorbei und stießen unterdrückte Flüche aus, als sich die Zweige in ihrer Kleidung verhakten.

Zwei der Haganahleute trieben den arabischen Jungen mit den Spitzen ihrer Bajonette vor sich her. Seine Hände waren immer noch auf den Rücken gebunden, und er blutete heftig aus den vielen Wunden, die ihm die Dornen zugefügt hatten. Doch niemand achtete auf sein Stöhnen.

Die Felsspalte endete an der Steilwand unter dem Felsvorsprung. Zugleich schnitt ein Lichtstreifen den Männern den Weg ab, denn in dem kurzen Moment, in dem sie diesen überquerten, wären sie für den Feind ein leichtes Ziel. Während Mosche verzweifelt überlegte, wie das Hindernis zu umgehen sei, fanden sich hinter ihm seine Männer ein und verharrten abwartend. Jeder fürchtete sich, den Lichtstreifen zu überqueren, denn falls arabische Gewehre auf irgendeine Stelle des Hanges gerichtet waren, dann auf diese, an der das Licht die schützende Dunkelheit durchbrach. Andererseits wollte niemand kostbare Zeit verlieren. Während Mosche noch nachdenklich zu den stillen Häusern emporblickte, die scheinbar unerreichbar über ihnen am Fels klebten, klopfte ihm einer der Männer an den Stiefel und flüsterte: „Ich gehe zuerst."

Bevor Mosche etwas erwidern konnte, schob sich der Mann bereits an ihm vorbei und sprang behend wie ein Reh über den Lichtstreifen hinweg. – Alles blieb still. Nur im Westen hörte man die ständigen Schreie der Jihad-Moqhaden, die sich in rasendem Zorn zur Wehr setzten. *Wieviel mögen es sein?* schoß es Mosche durch den Kopf. Doch dann konzentrierte er sich wieder auf sein Vorhaben: er duckte sich und richtete den Blick fest auf den sicheren Hafen der Dunkelheit hinter dem Lichtstreifen. Er hielt kurz den Atem an und sprang dann mit eingezogenem Kopf hinüber. Wieder geschah nichts. Danach folgte ein Mann dem anderen, ohne daß sich etwas regte. *Hatte der alte Araber doch die Wahrheit gesagt?*

Der lichtgeschützte Pfad, der sich am Fuß der Felswand entlangzog, war so schmal, daß sich die Männer ohne Rücksicht auf Hautschürfungen ganz eng an den zerklüfteten Felsen entlangschieben mußten.

Schließlich erblickten sie ein mit Felsblöcken übersätes mondbeschienenes Feld, an das sich das Dorf Kastel anschloß.

Mosche betrachtete die Blöße prüfend und flüsterte dann nach hinten gewandt: „Verteilt euch, und verbergt euch hinter den Blöcken!"

Nach einem Moment des Zögerns löste er sich aus dem Dunkel und hechtete auf einen Felsen von der Größe eines Kleinwagens zu. An den hastigen Schritten und am Geklapper der Waffen hörte er, daß seine Männer dicht hinter ihm waren. Plötzlich zerriß das Rattern eines Maschinengewehrs die Stille der Nacht, und gleich darauf sank ein Mann zu Mosches Rechten mit einem lauten Aufschrei zusammen.

„Wir sind entdeckt!" erklang es entsetzt auf Hebräisch. Die Männer hasteten durch den Kugelhagel, den aufgewirbelten Staub und die aufspritzenden Steinsplitter in Deckung und hofften verzweifelt, der tödlichen Gefahr entrinnen zu können. Zwei weitere Männer schrien getroffen auf und sanken zu Boden. Mosche erreichte den Felsblock und lehnte sich nach Atem ringend dagegen. Er wußte, daß Licht und Dunkelheit hier über Leben und Tod zu entscheiden vermochten. Da drang der schwache Hilferuf eines der getroffenen Männer an sein Ohr: „Im Namen Gottes – bitte! Meine Beine! Meine Beine!" Er wand sich vor Schmerz. Doch es bestand kein Zweifel daran, daß er im Blickfeld des unbekannten Schützen lag. Dennoch flüsterte eine heisere Stimme in der Nähe des Verletzten: „Ich komme, Aram." Gleich darauf verließ eine schemenhafte Gestalt die sichere Deckung.

Doch ein sofort einsetzender Kugelhagel veranlaßte den Retter, sich rasch wieder ins sichere Dunkel zurückzuziehen.

„Bitte helft mir!" flehte der Verwundete erneut. Mosche überkam ein Gefühl ohnmächtiger Hilflosigkeit angesichts der verzweifelten Lage des Mannes. Er lehnte seine Wange an den Felsen und blickte zum Dorf hinauf, das deutlich im Mondlicht zu erkennen war. *Der Mond arbeitet gegen uns Juden, aber auch gegen die Araber.* Er bemühte sich angestrengt, den Standort der gegnerischen Waffe zu entdecken, die seine Truppe mit solcher Leichtigkeit in Schach hielt. War es da ein Wunder, daß Kastel für jede Macht, die Palästina erobert hatte, eine Festung gewesen war? *Wer Kastel beherrscht, der beherrscht auch die Straße nach Jerusalem!* Im Dorf konnte Mosche ein Minarett ausmachen, das wie ein schwarzes Schwert in den Himmel ragte. Dann entdeckte er, daß das Mündungsfeuer des Maschinengewehrs von der Plattform kam, von der aus der Muezzin sonst die Gläubigen zum Gebet rief. *Wenn ich ihn sehen kann, kann er umgekehrt auch mich sehen – oder zumindest meinen Schatten*, dachte er. Sie saßen also in der

Falle! Der Gedanke schien absurd: siebzig Männer von einem einzigen mit einem Maschinengewehr bewaffneten Mann in Schach gehalten! Somit war es nicht verwunderlich, daß sich die Araber nicht die Mühe gemacht hatten, alle paar Meter einen Wachtposten aufzustellen. Eine solche Maßnahme war ganz einfach unnötig. In der Zwischenzeit vergossen die besten Männer der Haganah ihr Blut in Ramle, und ein Konvoi von dreihundert Lastwagen wartete auf die Siegesnachricht: *Wir haben Kastel eingenommen!*

„Um der Liebe Gottes willen, helft mir!" flehte der verwundete Soldat erneut mit schwacher Stimme.

„Jemand muß ihm helfen!" rief einer der Soldaten aufgebracht.

Vom Minarett ertönte ein lautes Lachen, das den Männern einen Schauer über den Rücken jagte. „Ja, Jehuda! Hilf ihm doch!" Das ist nicht die Stimme eines jungen Menschen, dachte Mosche. Der alte Araber hatte also doch gelogen. In diesem Augenblick schoß Feuer aus dem Lauf des Maschinengewehrs und warf einen Lichtschein auf das Gesicht des Schützen. Dann ging ein Kugelhagel auf den verwundeten Juden nieder. Er schrie auf, zuckte und lag dann still.

Mosche stöhnte auf. Die anderen hielten den Atem an, fluchten oder beteten leise das Schema: *„Höre, o Israel..."*

Die dunkle Lache unter dem regungslosen Körper ihres Kameraden breitete sich aus.

Ein Maschinengewehr konnte hier tausend Mann in Schach halten. Es gab keine Möglichkeit, sich vor- oder zurückzubewegen. *Unsere Brüder kämpfen in Ramle. Dreihundert Lastwagen warten. Werden wir an einem einzigen Gewehr scheitern?* Drei Männer hatten innerhalb kürzester Zeit den Tod gefunden. Die Männer, die ihm unterstanden, waren eben Handwerker und Gelehrte. Sie waren keine Soldaten, genausowenig wie er selbst.

„Mosche!" meldete sich eine Stimme hinter einem Felsen gegenüber der Felsspalte. „Was sollen wir jetzt tun?"

Das Minarett ragte düster und drohend im Mondlicht auf – ein Goliath. Schweißperlen traten Mosche auf die Stirn. *War David nicht ein Hirte gewesen? Nur Mut!*

„Mosche!" rief dieses Mal eine andere Stimme.

„Er ist über uns!" flüsterte Mosche. „Auf der Plattform des Minaretts." Während seine Worte weitergegeben wurden, wartete er, dachte nach und betete.

„Ja. Ja, Mosche. Aber was sollen wir jetzt tun?" flüsterte eine angstvoll drängende Stimme.

Drei sind bereits in kürzester Zeit niedergemäht worden. Er wird auch dir deine Beine abschießen. Doch plötzlich wußte Mosche, was er zu tun hatte. „Wenn ich renne", flüsterte er, in der Hoffnung, daß seine Worte nicht ans Ohr des Heckenschützen getragen würden, „müßt ihr alle zur gleichen Zeit auf das Minarett feuern."

Nach einer kurzen Zeit nachdenklichen Schweigens wurde der Plan flüsternd weitergegeben. Dann hörte man das Knacken der Sicherungen. *Drei haben in kürzester Zeit den Tod gefunden. Siebenundsechzig sind noch übrig.* Mosche preßte sich mit dem Rücken an den Felsen. Er wußte, daß der Heckenschütze den Hang nach der kleinsten Bewegung absuchte. Entschlossen drückte er sein Gewehr schußbereit gegen die Brust. Sein Körper war von kaltem Schweiß bedeckt, und einen Augenblick lang sah er Rachels Bild vor sich. Wie leicht wäre es zu sterben, wenn er sie nicht zurücklassen müßte! Vielleicht hatte Goliath ja diesen Felsen im Visier. *Ein kurzer Augenblick, und alle Sorgen wären vorbei.* Er holte tief Luft und sprach ein Gebet. Dann löste er sich aus dem schützenden Dunkel des Felsens und rannte mit einem Schrei aufs Feld hinaus. Im Laufen schoß er auf die schwarze Spitze. Hochspritzende Steinsplitter schlugen gegen seine Beine. Hinter ihm sprangen seine Männer aus der Dunkelheit und zielten so gut sie konnten auf das Mündungsfeuer auf der Plattform. Ein ohrenbetäubender Lärm hüllte Mosche ein. Wie in Trance hechtete er in den Schatten eines Felsens, hinter dem bereits drei weitere Haganahleute heftig nach Atem ringend kauerten.

Erst jetzt empfand er einen Schmerz am Bein. Keuchend befühlte er es. Es war offensichtlich nur von abgesprengten Steinen getroffen worden. Erleichtert dachte er: *Ich lebe! Ich habe keine größere Verwundung.* „Haben wir ihn getroffen?" fragte er keuchend. Sein Herz klopfte immer noch so heftig, daß er kaum seine eigenen Worte verstehen konnte.

Seine Frage wurde von zornigem Maschinengewehrfeuer beantwortet, und die Kugeln schlugen genau in den Felsblock ein, hinter dem er eben Schutz gesucht hatte.

„Ihr werdet euch schon mehr Mühe geben müssen, ihr jüdischen Hunde!" erschallte eine spöttische Stimme vom Minarett herüber.

Mosche sah in das enttäuschte Gesicht des Haganahsoldaten neben ihm, der erregt hervorstieß: „Mein Gewehr hat nicht funktioniert!"

„Meins auch nicht", fügte ein anderer mit bebender Stimme hinzu.

Mosche lehnte sich gegen den Felsen und nahm dem ihm am nächsten stehenden Soldaten das Gewehr aus der Hand. Er überprüfte den

Schlagbolzen und drückte dann den Abzug. Ein leises Klicken war die einzige Reaktion. Heiseres, zorniges Flüstern breitete sich aus. Dann rief jemand: „Mosche, bist du noch unter den Lebenden?"
„Ja. Aber unser Freund dort oben leider auch."
Leiser fuhr der Fragende fort: „Was ist mit den Gewehren, Mosche? Ganz viele funktionieren ja gar nicht!"
„Ich weiß", erwiderte Mosche und fragte sich insgeheim, ob Fergus wohl dieselben Probleme hatte.
„Was sollen wir jetzt machen?" meldete sich die Stimme wieder.
Mosches Gesicht verdüsterte sich, und er biß sich nachdenklich auf die Lippen. Ihre Chancen wurden immer schlechter. Wenn die Gewehre nicht funktionierten, war seine Truppe so gut wie unbewaffnet. Er wandte sich an die Leute, mit denen er die Deckung teilte: „Wer von euch ist der beste Schütze?"
Der Jüngste von ihnen zuckte verlegen die Achseln und erwiderte: „Bei unserer Ausbildung im Kibbuz war ich eigentlich immer recht geschickt."
„Gut", sagte Mosche und reichte ihm kurz entschlossen sein eigenes Gewehr. „Das hier funktioniert. Mach davon guten Gebrauch für mich, ja?
„Mosche!" rief eine Stimme beschwörend angesichts der immer hoffnungsloser werdenden Lage.
„Wir versuchen es noch einmal", flüsterte Mosche. Aber dieses Mal erfolgte das Knacken der Sicherungen nur bei der Hälfte der Gewehre. Mosche sah den Mann, der sein Gewehr hielt, fest an. „Er wird nur auf mich zielen. Bis ich falle, wird er dich nicht mal beachten. Scheu dich also nicht zu zielen", fügte er sachlich hinzu.
Dann duckte er sich im Schutz des Felsens wie ein Sprinter, atmete mehrere Male tief durch und verharrte noch einen Moment, um die Angst zu unterdrücken, die ihn am Boden festzunageln drohte. „Fertig?"
Wieder sprang er hinaus ins Mondlicht, ein verletzlicher Hase, der den Schüssen des Jägers zu entgehen sucht. Dicht hinter ihm schlugen Kugeln ein, und es war ihm, als ob die Anziehungskraft der Erde seinen Lauf bremste und ihn den Schüssen auszuliefern drohte. Um ihn herum opferten dreißig Männer ihre Kugeln. Diese schlugen jedoch nur wirkungslos im Minarett ein oder schwirrten vor dem Hintergrundgeräusch des ratternden Maschinengewehrs pfeifend durch die Luft.
Aber plötzlich erstarb das Rattern. Mosche hatte gerade einen schüt-

zenden Felsen erreicht. Gleich darauf folgte jedoch wieder eine heftige Salve, und dann löste sich ein schlaffer Schatten vom Minarett und schlug krachend auf dem Dach der Moschee auf.

„Kommt heraus!" schrie Mosche und sprang auf die Füße. „Es werden noch andere kommen!" Ohne darauf zu achten, wer ihm folgte, rannte er zur Leiche eines jüdischen Soldaten und ergriff dessen Gewehr. Dann jagte er über den terrassierten Hang zu dem Plateau, auf dem das Dorf lag.

„Schnell!" befahl Mosche den beiden Männern, die am dichtesten hinter ihm waren. „Nehmt das Minarett ein!" Die beiden rannten, jeweils im Schatten der düsteren Häuser Deckung suchend, auf das Minarett zu. Im Laufen hörten sie, daß sich die optimistisch klingenden Schreie der Araber, *„Ja Allah!"* und *„Jihad!"*, im Westen des Ortes stetig dem östlichen Teil näherten.

Der Rest der schlecht bewaffneten jüdischen Truppe verteilte sich und suchte Schutz hinter Zäunen und Häusern. Jeweils zwei Männer mußten sich ein Gewehr teilen. Sie verfluchten die defekten Waffen, den Mondschein und diesen Ort, um dessentwillen sie ihr relativ friedliches Leben hatten verlassen müssen. Inzwischen schwärmten Jihad-Moqhaden über die Straße in der Nähe des Minaretts und versuchten zu verhindern, daß sich die Haganahleute diesem strategisch wichtigen Punkt näherten. Der alte Araber hatte Mosche also um Schutz gebeten, obwohl er genau gewußt haben mußte, daß die winzige Gruppe der Juden gegen die erfahrenen arabischen Freischärler kaum eine Chance hatte.

Dennoch war dieser Angriff aus dem Osten offensichtlich eine Überraschung für sie gewesen – dieser Umstand wirkte sich für Mosches Truppe günstig aus. Zudem hielt Fergus, den Kampfgeräuschen nach zu urteilen, immer noch das westliche Ende des Dorfes und den Steinbruch. Sollten seine Waffen jedoch ebenfalls defekt sein, konnten seine Leute letztlich nichts gegen eine solch starke Übermacht ausrichten.

Inzwischen hatte sich eine dichte Linie von arabischen Freischärlern formiert, die langsam, aber stetig auf dem Vormarsch zum Minarett war. Zu den beiden Haganahsoldaten, denen es trotz dieser Abwehr gelungen war, sich im Zickzack zum schwarzen Turm vorzukämpfen, waren noch vier weitere Haganahsoldaten vorgestoßen. Zusammen schafften sie es, die Tür des Minaretts aufzubrechen.

Während sie zur Plattform hinaufstürmten, schallte der Schrei *„Jihad! Allah akbar!"*, unterstützt von einem Kugelhagel, hinter ihnen her.

Auch in die Steinmauer, hinter der der Haganahfunker mit dem Funkgerät auf dem Rücken hockte, schlugen Kugeln ein. Mosche schob sich vorsichtig an ihm vorbei und tippte ihm auf die Schulter. „Nimm das ab! Es kann hier noch eine Weile dauern, und wir wollen doch wohl keine Löcher im Funkgerät haben, oder?"

Ein Ausdruck schieren Entsetzens trat auf das Gesicht des Jungen, der nach Mosches Schätzung nicht älter als achtzehn Jahre sein konnte. „Was soll ich denn tun?"

„Hast du ein Gewehr?"

Der Junge hielt es bestätigend hoch. „Aber es funktioniert nicht."

„Bleib hier", wies Mosche ihn leise an. Dann kroch er lautlos zu dem jungen arabischen Gefangenen hin, der vor dem drohend auf ihn gerichteten Lauf eines Gewehres zitterte, da er nicht wußte, daß es ebenfalls nicht funktionierte.

Mosche packte den Gefangenen am Genick, drückte ihm den Lauf seines Gewehres unters Kinn und zischte: „Hör mal! Drei unserer Kameraden sind tot, weil du uns nichts von dem Heckenschützen gesagt hast. Noch so eine Überraschung, und du bist des Todes. Verstanden?"

Der junge Mann nickte heftig und sah sich ängstlich um.

„Schön", sagte Mosche. „Ich werde jetzt den Knebel entfernen, und du wirst deinen Freunden erzählen, daß sie umzingelt sind! Daß es aussichtslos ist, sich weiter zu verteidigen! Hast du mich verstanden?"

Der Araber nickte erneut.

„Gut. Aber wenn du nur ein einziges falsches Wort von dir gibst, ist es aus mit dir. Darauf gebe ich dir mein Wort."

Mosche stieß den Jungen vor sich her zu einem kleinen Steinhaus. Dabei hörte er, wie seine Leute ihre Positionen zu beiden Seiten der Lehmstraße einnahmen, und merkte an dem von Knallen begleiteten Mündungsfeuer, daß sich die Araber weiter auf dem Vormarsch befanden.

Er riß dem Gefangenen den Knebel aus dem Mund und drückte ihm seinen Gewehrlauf in den Nacken. *„Jetzt!"* befahl er. „Sprich zu deinen Freunden! Jetzt! Sag, daß wir das Minarett eingenommen haben!"

Er hielt den Jungen mit eisernem Griff. Dieser hustete, spuckte und räusperte sich. „Freunde!" rief er. „Freunde! Hört auf zu schießen! Werft eure Waffen fort! Unsere Gegner sind in der Überzahl, und sie haben das Minarett eingenommen!"

Wie zur Bestätigung seiner Worte schlugen vor den herannahenden Jihad-Moqhaden Maschinengewehrkugeln in die Straße ein.

„*Allah akbar!*" war die einzige Antwort aus dem Dunkel des Dorfes.

„Sag ihnen, daß wir sie gnadenlos niedermetzeln werden, wenn sie ihre Waffen nicht wegwerfen", warnte Mosche mit solcher Heftigkeit, daß der Junge eingeschüchtert schrie: „Werft die Waffen fort! Sie sind in der Überzahl, Freunde! *Inch Allah!* Es ist der Wille Allahs! Sie verschonen uns, wenn wir uns ergeben!"

Einer der Araber schoß dennoch herausfordernd eine Kugel ab. Sie schlug in der Mauer direkt neben Mosches Kopf ein, und eine zornige Stimme rief: „*Ihr* sollt wie Hunde sterben, Jehuda! *Wir* werden wie Menschen kämpfen!" Dann ertönten vereinzelte Schüsse, die von so heftigem Maschinengewehrfeuer beantwortet wurden, daß die Araber für kurze Zeit eingeschüchtert waren.

Mosche packte den jungen Gefangenen noch fester. „Du hast die Wahl: wir können den Kampf ohne weiteres Blutvergießen sofort beenden – oder du bist der erste, der stirbt."

„Sag mir, was ich tun soll!" rief der Junge und duckte sich verängstigt. „Sag es mir!"

„Sprich!"

„Legt eure Waffen nieder!" flehte der Junge seine Kameraden erneut an. „Sie werden uns töten, wenn wir nicht gehorchen!"

Wieder antworteten die Araber mit Schüssen. Staub und Steinbrocken stoben im Mondlicht auf.

„*Allah akbar! Tod den Juden!*"

Das Echo dieser Worte wurde von der tiefen Schlucht des Bab el Wad zurückgeworfen.... *Tod ... den Juden ... Juden ...!*

Wie oft hatte dieser Schrei in den letzten Monaten für die jüdischen Konvois den Tod bedeutet? *Aber in dieser Nacht sind es nur wenige Stimmen, die diesen Ruf aufnehmen,* dachte Mosche, als das Echo erstarb.

„*Allah akbar! Jihad!*"

Da kam Mosche eine Idee. Er atmete tief durch und schoß dann dreimal in die Luft. Vom Westende des Dorfes antwortete Fergus' Maschinengewehr, und diesem antwortete wiederum das Gewehr vom besetzten Turm.

Das Echo in den Bergen war so gewaltig, als kämpfe dort eine riesige Armee. „Höre, o Israel!" rief Mosche. „Der Herr, unser Gott, ist einer!" Wieder gab er drei Schüsse ab. Seine Stimme schallte dabei noch vom fernen Gipfel des Nebi Samuel zurück. Als er die Worte noch einmal wiederholte, fielen drei seiner Männer ein. Dann schlossen sich auch die übrigen diesem Gebet an und verliehen ihm mit

Schüssen Nachdruck. Im Westen verstärkte Fergus Dugans Truppe den furchterregenden Ruf: DER HERR, UNSER GOTT, IST EINER! EINER! EINER!

Wieder ertönte eine Gewehrsalve, deren Echo so laut war, als habe sich ein tausendfaches Heer im Westen versammelt. Der Schall stieg drohend aus der Schlucht empor, verstärkte sich und wurde von den schroffen Bergen ringsum zur vielfachen Bekräftigung wiederholt.

DER HERR, UNSER GOTT ... GOTT ... GOTT ... IST EINER ... EINER ...

Der Schall wurde reflektiert wie das Licht in einem Spiegelkabinett, zwischen den Steinen hin und her geworfen und vervielfältigte sich zu einem solch gewaltigen Tosen, als seien Tausende, ja Zehntausende gekommen, um das Dorf Kastel zu erobern! Mit ohrenbetäubender Gewalt schrien die Berge auf: HÖRE, O ISRAEL ... HÖRE, O ISRAEL ... HÖRE, O ISRAEL! DER HERR, UNSER GOTT ... UNSER GOTT ... IST EINER ... EINER ... EINER!

Die Luft selbst schien von der Gewalt der Stimmen widerzuhallen. *Eintausend? Zehntausend? Wie viele Juden waren nach Kastel gekommen, um dort ein Werk der Verwüstung anzurichten? Es gab sicher nicht genug Kugeln, um sie alle zu töten! Wie viele waren es wirklich?* Mosches Gefangener sank vor Entsetzen kraftlos zu Boden. Es dauerte lange, bis der Schall allmählich verebbte.

Kein *Allah akbar* war mehr zu hören. Totenstille hatte sich über das Dorf gebreitet.

Mosche stieß den jungen Gefangenen an und befahl ihm leise: „Steh auf!"

„Bitte, laß mich leben! Ich flehe dich an! Ich wußte nicht, daß ihr so viele seid", wimmerte dieser.

„Hände hoch!" befahl Mosche, inzwischen selbst fast in dem Glauben, in den Bergen hätten sich Tausende von Haganahleuten versteckt, die ihnen unbemerkt gefolgt waren.

Der Araber gehorchte und bat wieder: „Nicht schießen!"

„Geh jetzt! In die Mitte der Straße! Stell dich unter das Minarett, damit dich deine Freunde sehen können!"

„Nicht schießen!" rief der Junge immer noch verängstigt und ging dann langsam auf die Dorfstraße.

Nur das Bellen eines Hundes und ein hoher, dünner Klagelaut aus den Fenstern der Moschee waren zu hören, sonst war alles still. Der Junge verharrte im Schatten des Minaretts.

„Ins Licht!" rief Mosche.

Der Junge sah sich angstvoll um und trat dann ins Licht. Er hatte die Arme hoch über dem Kopf erhoben, und seine Augen irrten suchend in der Dunkelheit umher. Mosche sah, wie er mit der Zunge über seine zitternden, wulstigen Lippen fuhr.

„Sprich zu ihnen!" befahl Mosche. „Sprich zu ihnen!"

„Meine Freunde!" begann der junge Araber zögernd. „Es sind Tausende! *Tausende!* Überall um uns herum in den Bergen. Anfangs haben wir sie nicht gesehen, aber sie werden uns alle umbringen, wenn ihr nicht eure Waffen niederlegt. Um unserer Mütter und der kleinen Kinder willen! Wir haben schon früher gut mit den Juden verhandelt, und sie haben uns versprochen, uns zu verschonen, wenn wir uns ergeben! Kommt heraus, sonst sind wir alle des Todes!"

Lange Zeit blieb alles still. Doch dann fielen klappernd Gewehre auf die Erde.

„Nicht schießen! Nicht schießen!" riefen die dunklen Gestalten, die überall aus dem Dunkel hervorkamen. Fünfzig, fünfundsiebzig, hundert, zweihundert Männer. Zuerst waren es die Alten, die zögernd zur Mitte der Straße gingen, dann folgten die jüngeren Männer und schließlich die Jungen. Alle gingen mit gesenktem Kopf und hoch erhobenen Armen.

Mosche gab dem jungen Funker eine hastig geflüsterte Anweisung: „Stell eine Verbindung mit Mose her!" Dann rief er den Arabern zu: „Stellt euch alle mitten auf die Straße – unter das Minarett! Wenn ihr tut, was man euch sagt, wird euch nichts geschehen!"

Hinter ihm kurbelte der Funker hektisch am Generator und rief immer aufgeregter ins Mikrophon: „Mose! Mose, bitte kommen! Hier spricht Stab. Bitte kommen, Mose!" Ein schwaches Knacken war die einzige Antwort, die der verängstigt und hektisch am Potentiometer drehende junge Mann aus dem Gerät herauszuholen vermochte. Er fluchte und rief dann Mosche aufgeregt zu: „Ich kann sie nicht erreichen! Niemanden! Ich weiß nicht, ob es am Funkgerät liegt oder an was anderem. Ich kann sie nicht erreichen!"

Inzwischen kamen Mosche und zwanzig seiner Männer aus ihren Verstecken und gingen vorsichtig auf ihre Gefangenen zu. Nach einem Blick auf die hochgelegenen Fenster der Moschee wandte sich Mosche an die Männer zu seiner Rechten: „Die Frauen und Kinder sind dort drin! Laßt uns auch die Männer in die Moschee treiben! Sammelt aber vorher ihre Gewehre und die Munition ein!"

„Mose! Hier spricht Stab! Bitte kommen, Mose! Wir sind am Roten Meer! Mose! Wir brauchen weitere Anweisungen!"

Das Summen des Funkgerätes bildete die Untermalung für die Rufe der übrigen Haganahleute, die die inzwischen unbewaffneten Jihad-Moqhaden aus dem Steinbruch vor sich her zur Moschee trieben.
Der junge Funker kurbelte weiter verzweifelt am Generator. „Es ist nicht das Funkgerät, Mosche! Es hat keine Kugeln abbekommen, und ich bin vorsichtig damit umgegangen. Es muß eine andere Ursache haben. Irgend etwas stimmt nicht mit Mose." Mit flehender Stimme wiederholte er weiter seinen Ruf: „Mose! hier spricht Stab ..."

6. Naschon wartet

Es war noch dunkel, als schwere Fäuste gegen Davids und Ellies Schlafzimmertür hämmerten. David drehte sich stöhnend auf die andere Seite und murmelte unverständliche Worte.

„Captain Meyer!" rief eine aufgeregte Stimme vor der Tür. „Sie müssen aufstehen! Schnell!"

Ellie schreckte benommen aus einem immer wieder unterbrochenen Schlaf auf. Sie sah sich blinzelnd um und wußte zuerst nicht, wo sie war.

„Captain Meyer! Bitte! Stehen Sie auf! Die Engländer haben das Flugzeug entdeckt! Es ist schon eine Streife hierher unterwegs. Bitte!" Es wurde am Türgriff gerüttelt.

Im Nu war Ellie hellwach. Mit einem Satz sprang sie aus dem Bett und hatte fast im gleichen Moment das Licht angeknipst. Dann stand sie jedoch verstört im Zimmer und antwortete bebend: „Ja. Ich bin ja schon auf."

„Bitte, beeilen Sie sich!" drängte wieder die Stimme, die Ellie nun als die von Sam Hamish erkannte, einem der Helfer der Jewish Agency.

„David!" rief Ellie ihrem immer noch schlafenden Mann zu. „David, wach auf!"

„Laß mich schlafen!" stöhnte dieser jedoch nur und zog sich das Kissen über den Kopf.

Es war keine Zeit für lange Diskussionen, und so riß Ellie die Tür auf und wandte sich hilfesuchend an Sam, der sogleich ins Zimmer stürzte. „Helfen Sie mir!" rief sie. „Ich bekomme ihn nicht wach."

Zwei kräftige, grobschlächtige Männer in nassen Trenchcoats schoben sich hinter Sam an Ellie vorbei ins Zimmer.

„Stehen Sie auf, Captain Meyer!" sagte Sam energisch.

Doch David zeigte keinerlei Reaktion. Selbst als Sam ihn kräftig schüttelte, rührte er sich nicht. Ellie rang verzweifelt die Hände. „Er hat tagelang nicht geschlafen. Er ist zwar vorhin kurz aufgewacht, aber gar nicht richtig zu sich gekommen. Ich glaube nicht, daß er –"

Auf einen Wink Sams hin riß einer der beiden großen Männer David hoch, nahm ihn über die Schulter und trug ihn wie einen Sack Kartoffeln davon.

David protestierte stöhnend.

„Tut mir leid", meinte Sam in einem Ton, der jedoch in keiner Weise entschuldigend klang.

„Wir haben keine Zeit", fügte der Mann, der David trug, erklärend hinzu. „Wenn wir hier nicht sofort verschwinden, werden sie uns noch an der Haustür abfangen."

„Was ist denn passiert?" fragte Ellie und folgte den Männern voll düsterer Ahnungen die Treppe hinunter.

„Gott sei Dank haben die Briten keine Lust, ihre Truppen nach Ramle zu schicken, um sich dort in den Kampf einzumischen", erklärte Sam über die Schulter gewandt. „Von dem Lebensmittelkonvoi wissen sie zwar noch nichts, aber sie haben trotzdem Blut geleckt. Denn sie haben inzwischen das Flugzeug entdeckt. Und dann muß diese arabische Agentin, die Michael und David beschattet hat, nach Damaskus gemeldet haben, daß David der Pilot war. Die Araber haben dann wohl die Briten davon in Kenntnis gesetzt. Und die Briten haben nur noch zwei und zwei zusammengezählt, als sie merkten, daß die Juden plötzlich über Waffen verfügten. Mikah hat einen britischen Funkspruch aufgefangen, in dem es hieß, daß sie schon auf dem Weg hierher sind." Er deutete mit dem Daumen auf David. „Seinetwegen."

Ellie nickte bedrückt. An der Haustür angekommen, wollte Sam gerade die Tür öffnen – da erstarrte er mitten in der Bewegung: draußen waren quietschende Bremsen zu hören. Die Briten waren also schon da und würden nun das Rote Haus stürmen!

Ellie wich das Blut aus dem Gesicht. „Was nun?"

Nach kurzem Zögern machte Sam auf dem Absatz kehrt und eilte, an Ben-Gurions Zimmer vorbei, zur Kellertür. Im Vorbeilaufen sah Ellie ihn in seinem gestreiften Morgenmantel mit grimmiger Miene am Schreibtisch sitzen. Allerdings waren die Karten und Diagramme verschwunden, die sich noch vor kurzem darauf gehäuft hatten.

Als sie die enge Treppe hinunter in die Dunkelheit hasteten, erschallte bereits lautes Klopfen hinter ihnen. Hastig bugsierten Sam und einer der Männer die Toilette im Dunkeln aus dem winzigen Badezimmer hinaus.

Wieder schallte lautes Klopfen durchs Haus. Diesmal antwortete Ben-Gurions müde Stimme: „Komme schon! Ja. Was ist denn? Ich komm' ja schon, habe ich doch gesagt!"

Sam schob im Toilettenraum eine bewegliche Wand beiseite, hinter der sich der Funkraum befand. Er maß ungefähr ein Meter vierzig mal ein Meter sechzig. „Da hinein!" sagte er kurz und ließ Ellie in das winzige Zimmer treten.

„Komme schon!" wiederholte der Alte nun in ärgerlichem Tonfall, während er gemächlich zur Haustür schlurfte.

„Wir dürfen leider kein Licht machen. Sonst schimmert es durch die Ritzen", meinte der große Mann entschuldigend und setzte David vorsichtig auf dem Boden ab. Dieser blinzelte zunächst verstört, als träume er, schloß dann jedoch wieder teilnahmslos die Augen und schlief sofort weiter.

„Wie lange wird es wohl dauern?" fragte Ellie, als Sam die Wand wieder zuschob.

„Sie werden schon merken, wenn sie wieder weg sind", erwiderte er kurz und zog die Wand zu.

„Komme ja! Komme ja schon! Nicht so ungeduldig!" erklang es wieder von oben.

Die Toilette wurde wieder an ihren Platz gestellt, und gleich darauf polterten schwere Schritte die Treppe hinauf.

Ellie empfand bedrückend das undurchdringliche Dunkel um sie herum. Doch sie mußte sich mit der Situation abfinden. So ließ sie sich behutsam neben David nieder, der immer noch fest schlief und sich keiner Gefahr bewußt war. Da sie in der Dunkelheit bald jegliches Zeitgefühl verloren hatte, wußte sie nicht, wie lange sie so gesessen hatte. Aber es schien ihr, als seien nur wenige Augenblicke vergangen, bis sie energische Schritte und dann die ungehaltene Stimme Ben-Gurions hörte: „Wie kommen Sie dazu, den Sitz der Agency unbefugt zu betreten?"

„Auf Befehl der britischen Mandatsregierung", erwiderte eine Männerstimme mit britischem Akzent. „In Ramle wird im Augenblick gekämpft. Sie brauchen mir gar nicht erst zu erzählen, daß Sie nichts davon wissen! Und auch nicht, daß die Jewish Agency nichts damit zu tun hat."

„Was die Irgun oder die Stern-Bande tun, ist nicht Angelegenheit der Agency. Warum sind Sie nicht am Ort des Geschehens, wenn Sie die Absicht haben, Kampfhandlungen zu unterbinden? Wir sind nur der politische Arm des Zionismus, nicht –"

„Ersparen Sie mir die Lektion! Wir haben nicht die Absicht, noch mehr britisches Blut zu opfern, nur um Juden und Araber davon abzuhalten, sich gegenseitig umzubringen. Aber wir können sehr wohl Kriminelle verhaften und einsperren – und auch hängen. Genauso wie die, die ihnen Unterschlupf gewähren. Quentin, Ferrand – durchsuchen Sie das Haus! Nehmen Sie es auseinander, wenn es sein muß. Ich weiß, daß er hier ist. Und vielleicht kommen dabei auch noch ein paar andere aus den Löchern."

Ellies Herz klopfte so wild, daß sie ihren Pulsschlag bis in die Ohren spürte. Er bildete gleichsam den Kontrapunkt zu den schweren, polternden Schritten, die sie erst auf der Treppe hörte, bevor sie im Flur verhallten. Gleich darauf zuckte sie zusammen; Geschirr war klirrend zu Boden gefallen. Ellie vermutete, daß es eine der Teetassen war, und hoffte, daß die Soldaten beim Anblick so vieler Tassen neben dem Spülstein in der Küche nicht argwöhnisch würden. Es war eben eine geschäftige Nacht im Roten Haus gewesen. *Aber darüber wissen sie sicher Bescheid*, dachte sie. Sie versuchte, vorsichtig eine andere Lage einzunehmen, und bemerkte dabei einen Stapel Bücher und Papiere neben sich: die Karten und Pläne, die auf Ben-Gurions Schreibtisch gelegen hatten! David und sie befanden sich also in brisanter Gesellschaft! Sie strich David über den Kopf, dankbar für die Erschöpfung, die ihn wie eine Droge betäubte.

„Hier runter, Major! In den Keller!" drang wieder eine Stimme an ihr Ohr. Gleich darauf hörte sie in der Ferne das Klicken eines Schalters und sah durch die schmalen Ritzen der Trennwand Licht schimmern.

Sie schloß die Augen. Undurchdringliche Dunkelheit war ihr doch lieber. Schwere Schritte polterten die Kellertreppe herunter. Ellie betete inständig, daß David nicht doch schließlich noch hinter den Gittern eines britischen Gefängnisses aufwachen würde.

„Sie können auch durchs Fenster entkommen sein. Thompson! Gehen Sie ums Haus, und suchen Sie nach Spuren!"

„Im Telegramm stand, daß sich die Frau des Burschen auch hier aufhält, Herr Major. – Falls er überhaupt überlebt hat." Das Gepolter fallender Kisten übertönte die folgenden Worte. „ ... das viele Blut im Cockpit! Die Kugeleinschläge. Irgend jemand ist auf jeden Fall umgekommen."

„Aber das Flugzeug muß dennoch gelandet worden sein. Die Gewehre und die Munition sind der beste Beweis dafür. Das haben die Araber unmißverständlich mitgeteilt. Wir werden wohl noch eine weitere Hinrichtung erleben, bevor wir Palästina verlassen."

David bewegte sich leise stöhnend. Er suchte eine bequemere Lage auf dem harten, kalten Boden. In Ellies Ohren klang das Rascheln seiner Bewegungen wie lautes Getöse. Sie hielt den Atem an und legte ihm behutsam die Hand auf den Mund.

„Sehen Sie mal nach, was in dem kleinen Raum dort hinten ist!"

Die Tür zum Badezimmer wurde aufgestoßen, und Ellie vernahm den Atem des Briten und sah seinen Schatten durch die Ritzen der Trennwand. „Die Toilette. Hier werden wir keinen Juden finden, wenn er sich nicht gerade im Spülkasten versteckt hat." Der Soldat betätigte den Wasserhebel, und einen Moment lang fürchtete Ellie, daß er ihr Herzklopfen hören könnte. „Merkwürdig", bemerkte er erstaunt. „Es kommt gar kein Wasser."

„Was haben Sie gesagt?" Die Stimme des Majors näherte sich der Toilettentür.

„Kein Wasser", wiederholte der Soldat. „Im Spülkasten. Sehen Sie?" Er drückte mehrmals den Hebel. „Kein Wasser."

„Merkwürdig." Hinter der papierdünnen Trennwand hörte Ellie, wie die beiden Männer den Deckel vom Spülkasten nahmen. Aufgrund des Lichtscheins konnte sie erahnen, daß sie mit der Taschenlampe in den leeren Behälter leuchteten.

Ellie sehnte sich danach, sich in der Dunkelheit aufzulösen oder mit den Wänden ihres winzigen Verstecks zu verschmelzen. Sie senkte den Kopf, aus Angst, zu dem Lichtstrahl aufzusehen, der wie suchend über die Wand irrte. Ein kurzes Schweigen trat auf der anderen Seite ein. Dann hörte Ellie den Major enttäuscht sagen: „Ach, und ich dachte schon, Sie hätten irgend etwas entdeckt, Hibbs. Tja, in einer jüdischen Toilette werden wir wohl nichts von Wert finden. Sagen Sie jetzt den anderen Bescheid, und lassen Sie die Wasserbehälter in den übrigen Toiletten durchsuchen! Man weiß ja nie, was die Burschen eventuell darin versteckt haben."

„Es ist aber trotzdem merkwürdig", beharrte der Soldat. Wieder hörte Ellie, wie der Hebel betätigt wurde.

Gott! Laß sie weggehen! Geht doch weg! betete Ellie in stummer Verzweiflung.

„Auf jeden Fall etwas unbequem."

„Früher oder später werden sie schon auftauchen. Zumindest ist es schon viel wert, daß wir nicht versuchen, da draußen in Ramle Schiedsrichter zu spielen, nicht wahr?"

„Wir werden sie schon schnappen, wenn sie nach und nach aus den Orangenplantagen auftauchen. Na, die werden ganz schön ins Schwitzen kommen, wenn sie erklären sollen, woher sie die tschechischen Gewehre und Patronen haben, stimmt's?"

„Ich geh' jede Wette ein, daß wir auch ein paar Deserteure darunter finden werden. Aye. Es gibt'n paar Leute, die sich nie wieder in England blicken lassen können."

„Oder in Amerika."

Ellie biß sich auf die Lippe. *Niemals wieder nach Hause zu können!* Ein letztes Mal irrte der Strahl durch das kleine Badezimmer. Dann entfernten sich die Männer. Als ihre Schritte schließlich verhallten, atmete Ellie erleichtert auf.

Das Kellerlicht wurde ausgeschaltet. „Die Sache ist noch nicht beendet", hörte sie den Major deutlich sagen. „Wir heben das Nest am Morgen aus, wenn es hell wird, Hibbs. Keine Bange."

* * *

Ein geradezu ohrenbetäubender Lärm erfüllte die Luft, als die dreihundert Lastwagen des Jerusalemer Konvois zu einer langen Reihe formiert wurden. Die kleinen, leichteren sollten im vorderen, die schwereren, unbeweglicheren Wagen im hinteren Teil der Kolonne fahren. So nahmen die Wagen langsam ihre Plätze ein, wie eine dichtgedrängte Parade von Zirkuselefanten, den Kopf immer dicht am Hinterteil des Vorgängers, und von brüllenden, fluchenden Dompteuren dirigiert, die versuchten, Ordnung in das Chaos zu bringen.

Ehud stand, mit dem Klemmbrett in der Hand, im Zentrum des Getümmels und brüllte Befehle und Flüche, drohte, redete gut zu und tobte.

Gerade rumpelte der Lastwagen mit der Werbung für Babynahrung, seiner Scheinwerferbirnen und Rücklichter beraubt, an ihm vorbei. Der Fahrer, immer noch erbost über die Schmach, die ihm zugefügt worden war, brüllte Ehud mit drohend erhobener Faust zu: „Du Momzer! Du regst dich wegen einer kleinen Scheinwerferbirne auf? Was? Meschuggener! Die Araber werden uns auf dem ganzen Weg nach Jerusalem hören! Noch in Damaskus werden sie unseren Motorenlärm hören! In Kairo! Aber warte, wenn wir erst in Jerusalem sind ..." Er ließ den Satz mit drohender Miene unbeendet. Ehud winkte ihn mit einer Handbewegung vorbei, als verscheuche er eine Fliege von seinem Gesicht.

„Ach, Gott", murmelte er dabei vor sich hin, „hast du mir nicht auch ohne diesen Verrückten, der mich wegen einer Scheinwerferbirne umbringen will, schon genug aufgebürdet? Oj!" Dann rief er entschlossen in die Menge hinein: „Jawohl! Soll der Mufti uns doch hören! Sollen seine Nerven zu pürierten Möhren werden, wenn er diesen Lärm hört! Dann wird er glauben, daß ihr Sherman-Panzer fahrt!" Leiser fügte er hinzu: „Oder meinst du etwa, er hätte Angst vor einem Lastwagen für Babynahrung?"

Als sich ein mit Kisten voller Matzen beladener Müllwagen vor den Lieferwagen eines Blumengeschäftes stellte, der Milchpulver geladen hatte, schlug sich Ehud zornig an die Stirn und schrie den Fahrer an: „Idiot! Hat dir deine Mutter nicht den Unterschied zwischen groß und klein beigebracht? Müllwagen ans Ende! Ans Ende der Reihe, du Schlemiel! Oj! Gott! Hatte Mose auch solche Schwierigkeiten, unser Volk aus Ägypten hinauszuführen? Kein Wunder, daß sie alle wieder zurück in die Sklaverei wollten! *Ans Ende!* Der Müllwagen *ans Ende!*"

Noch ehe sich Ehud wieder beruhigt hatte, bestürmte ihn ein halbes Dutzend Männer: „Ehud! Der Heuwagen dort ist mir in den Kotflügel gefahren. Jetzt ist nicht nur eine Riesenbeule im Kotflügel, sondern er hängt sogar nur noch ganz locker. Und dann will der Fahrer des Heuwagens nicht mal die Reparatur bezahlen!"

„Ist dein Wagen noch fahrtüchtig?"

„Wieso? Ja, aber –"

„Ist der Kotflügel sehr locker?"

„Natürlich! Das ist eine Gefahr für den Konvoi."

Ohne den Fahrer eines weiteren Blickes zu würdigen, winkte Ehud zwei kräftige, junge Haganahwächter herbei. „Dieser Bursche hier braucht Hilfe. Reißt mal eben den Kotflügel von seinem Wagen ab, ja?"

„Aber, aber –" Der Mann kam nicht mehr dazu, auszureden, denn die beiden Haganahsoldaten zogen ihn bereits, jeder an einem Ellbogen, mit sich fort.

Nach diesem Zwischenspiel verfielen die beiden anderen Fahrer, die sich ebenfalls mit zornigen Anschuldigungen bedacht hatten, augenblicklich in Schweigen und verzogen sich ohne weiteren Kommentar in ihre ähnlich verunstalteten Wagen.

Ehud hatte keine Zeit zu verschnaufen, denn im nächsten Moment kam bereits eine Schar Haganahleute, mehrere Männer und zwei Frauen, zwischen zwei Lastwagen auf Ehud zu. Sie zerrten schimpfend einen jungen Mann am Kragen seines zerrissenen Mantels mit sich. Er sah teils verlegen, teils trotzig drein. Die Haganahleute stießen ihn Ehud vor die Füße und hielten ihm mit vorwurfsvoller Miene eine Zündkerze hin.

„Wir haben ihn auf frischer Tat ertappt!"

„Er steckte noch mit dem Kopf unter der Motorhaube!"

„... hatte gerade das hier rausgeschraubt und wollte es verstecken!"

„Er ist ein Feigling!"

„Ein elender Feigling!"

Der Beschuldigte wand sich unbehaglich am Boden, richtete sich mühsam auf und verteidigte sich: „Ich bin schließlich nicht freiwillig hierher gekommen, und ihr könnt mir nicht vorschreiben, daß ich mitfahren soll! Das Gesetz steht auf meiner Seite!"

Ehud betrachtete zunächst die Zündkerze und dann den vor ihm knienden Mann. „Gesetze?" knurrte er. „Bist du Engländer oder was?"

„Natürlich nicht!" entgegnete der Beschuldigte entrüstet.

„Oder etwa Araber?"

„Nein!" schrie der so Angesprochene. „Frag irgend jemanden, der mich kennt! Ich heiße Herbert Gold. Meine Eltern kommen aus Hamburg."

„Dann bist du also Deutscher?"

„Ich bin Jude! Ich bin genauso Jude wie du, und ich sage dir, daß das Gesetz auf meiner Seite steht! Ihr könnt nicht einfach einen Menschen auf der Straße aufgreifen, seinen Lastwagen beschlagnahmen und ihn zwingen, irgendwohin zu gehen, wo er nicht hingehen will. Es gibt immerhin Gesetze!"

Ehud richtete sich zu seiner vollen Größe auf und betrachtete Herbert Gold mit zornig zusammengekniffenen Augen. Dann beugte er sich hinunter, packte den Mann am Hemd und zog ihn hoch, bis seine Füße wieder den Boden berührten.

„Du sagst, das Gesetz steht auf deiner Seite, Herbert Gold?" knurrte er. „Wenn du Jude bist, dann solltest du wissen, daß es auf der ganzen weiten Welt kein Gesetz gibt, das einem Juden Schutz bietet. Das ist der Grund, warum du in Palästina bist und nicht etwa in Hamburg! Du Glückspilz! Du Glückspilz, daß du nicht in Hamburg warst, als Hitler die Gesetze machte, nu? Das ist der Grund, warum du lebst, während andere, mutigere Männer als du, nicht mehr leben. Und warum andere wahrscheinlich noch den Tod finden werden. In dieser Nacht sagt das Gesetz, daß wir deinen Lastwagen brauchen, obwohl wir besser dran wären, wenn wir dich nicht mitschleppen müßten. Wenn ich nicht so beschäftigt wäre, würde ich dein Gesicht einer kleinen Operation unterziehen..." Ehud hob den Mann kurz etwas höher und überlegte laut, ob er ihm die Schneidezähne mit einem Schlag entfernen sollte. Doch dann ließ er ihn wortlos fallen.

„Du kannst mir nicht drohen –" begehrte der Mann immer noch auf. Dabei wich er zurück und wollte sich erheben, aber einer der Haganahsoldaten stieß ihn wieder zu Boden.

Ehud betrachtete nachdenklich die Zündkerze und kratzte sich unschlüssig am Kinn. „Die kann doch wohl ganz leicht wieder eingesetzt werden, oder?"

„Das kann ich machen", meldete sich eifrig ein blondes, junges Mädchen, das nicht älter als achtzehn aussah. „Ich bin im Kibbuz in der Kfz-Gruppe. Ich kann das machen."

„So, in der Kfz-Gruppe. Kannst du dann wohl auch einen Lastwagen fahren?"

„Aber ja! Das habe ich zu Hause oft gemacht."

„Dann ist Herbert Golds Lastwagen jetzt deiner. Einverstanden?"

„Das kannst du nicht machen!" protestierte Gold.

„Und nun zu dir, Gold!" fuhr Ehud ungeachtet des Protests fort. „Wir brauchen noch jemanden, der als Wächter am Ende des Konvois mitfährt. Bindet ihm die Hände, und laßt ihn im letzten Wagen mitfahren! Oben auf der Fracht. Auf Sardinen in Büchsen."

„Die Briten werden dich dafür ins Gefängnis werfen!" rief Gold mit angstvoll aufgerissenen Augen.

„Zweifellos!" schnaubte Ehud. „Sie würden mich auch furchtbar gerne hängen sehen. Aber vielleicht schnappen uns auch vorher die Araber am Bab el Wad, was, Gold? Deshalb mußt du gut aufpassen und sofort rufen, wenn du siehst, daß uns Araber folgen. Stell dir vor, wie stolz du – falls du überlebst – deinen Enkelkindern erzählen wirst, daß du hinten im Konvoi warst und Jerusalem gerettet hast! Daß du der letzte warst, der die Sicherheit der Stadt erreichte. Und falls du umkommst, werden wir dir ein Denkmal errichten – in Form einer Zündkerze. Und sämtliche Teile, die wir von dir finden, werden wir in Sardinenbüchsen beerdigen." Ehud brachte mit einem kurzen Nicken seine Zufriedenheit über dieses Urteil zum Ausdruck und wies die bärbeißigen Haganahwächter an: „Nehmt ihn!" Dann sah er seufzend zu, wie Gold, tretend und zeternd, zum Ende des Konvois geschleppt wurde. „Ein salomonisches Urteil, nicht wahr, Gott?"

In diesem Augenblick kam atemlos ein Bote vom Funkwagen angerannt.

„Wir haben Sie überall gesucht! Überall!"

„Ich bin die ganze Zeit hier gewesen."

„Captain Ehud! Sie müssen sofort zum Funkwagen kommen!"

Ehud ließ sein Klemmbrett sinken und musterte noch einmal die Fahrzeugreihe. „Zum Funkwagen", wiederholte er unangenehm berührt und hoffte, daß es sich um eine gute Nachricht handelte. Er ging vor dem Boten her und bahnte sich einen Weg durch die Gruppen von Männern und Frauen, Haganahsoldaten, die darauf warteten, bestimmten Wagen zugewiesen zu werden, und die nun die Gelegenheit benutzten, ihn persönlich zu fragen:

„Wo soll ich hin?"
„Mit wem soll ich fahren?"
„Captain Ehud ... Captain ... Ehud!"
Ehud rief mit lauter Stimme in die Menge hinein und winkte mit dem Klemmbrett: „Auf jeden zweiten Wagen ein Soldat! Ein Soldat auf jeden zweiten Lastwagen, wenn ich bitten darf."
Aus der Ferne hörte er schon das Pfeifen des Funkgerätes.
Am Funkwagen angekommen, kletterte er in die von einer Plane geschützten Pritsche des Lastwagens. Sie wurde hell von einer Laterne erleuchtet. Das Licht spiegelte sich in den Brillengläsern des Funkers, dem der Schweiß auf der Stirn stand und der ihn mit den düsteren Worten empfing: „Schlechte Nachrichten, Ehud. Während ich auf das Signal wartete, wie du mir aufgetragen hast, hörte ich, daß die Briten eine Razzia im Roten Haus gemacht haben."
„Oj Gewalt!" rief Ehud erschrocken aus und raufte sich die Haare. „Was haben sie gesagt?"
„Nicht viel. Die Briten haben das Flugzeug entdeckt und eine Razzia bei der Jewish Agency gemacht, weil sie die Anführer des Angriffs auf Ramle suchten."
„Haben sie auch was von uns gesagt? Die Engländer, meine ich?"
„Kein Wort. Nur vom Roten Haus."
„Das Flugzeugwrack ist nur wenige Kilometer von hier entfernt. Wenn sie das gefunden haben..." Ehud zog die Stirn in nachdenkliche Falten. „Haben sie sonst noch irgendwas gesagt?"
„Nur, daß eine Razzia gemacht worden ist. Dann ist die Funkverbindung unterbrochen worden."
Ehud blickte fragend zum Himmel. „Gott? Was nun? Oh, was ist das für eine Nacht! Das Flugzeug gefunden, eine Razzia im Roten Haus. Und zu allem Überfluß auch noch der Ärger mit den Fahrern, die man für halbe Moslems halten könnte. Wenn die Araber oder die Engländer sie nicht töten, werden sie sich untereinander umbringen und mit mir anfangen."
Plötzlich knackte es im Empfänger, und eine entfernt klingende Stimme rief: „Naschon ... Naschon ... hier spricht Rabe, Rabe ruft Naschon. Bitte kommen, bitte kommen!"
Ehud erkannte die Stimme Bobby Milkins.
„Ja, Rabe. Hier spricht Naschon. Ende."
„Prima. Ich dachte schon, eure Burschen wär'n inzwischen im Knast, und der Gouverneur äße zum Abendessen jüdische Sardinen. Sie ham das Rote Haus, Naschon. Habt ihr schon gehört?" Ende.

Voller Ärger über dieses Geschwätz riß Ehud das Mikrophon hoch. „Ist das alles, was du an Neuigkeiten für uns hast, Rabe? Wo ist Stab? Was ist in Ramle los? Dreitausend Tonnen Lebensmittel und dreihundert zornige Fahrer warten, und alles, was du uns mitzuteilen hast, sind olle Kamellen? Ende."

„Nun ma' halblang, Kumpel. Ich bin hier hoch oben. Da unten is' es schwärzer als in Himmlers Herz, und ihr erwartet einen Sportkommentar, als ob die Yankees gegen die Red Sox spielten! Nun ma' halb lang, ja? Ende."

„Sportkommentar? Red Sox?" murmelte Ehud verwirrt. „Meinst du etwa, ich interessier' mich in dieser Situation für Sport? Wo ist Stab? Was ist in Ramle los? *Ist die Straße frei?* Spar dir den Rest für deine Freizeit, Rabe! Ein paar Nachrichten, wenn ich bitten darf! Ende." Ehud starrte das Funkgerät fassungslos an. „Die Welt gerät aus den Fugen, und der will über Sport reden."

„Naschon, hier spricht Rabe", hörte Ehud Bobby mit dumpfer Stimme sagen. „Hm, in Ordnung, Kumpel. Ich dreh' mal eben 'ne kleine Runde und peil die Lage, okay? Bin gleich wieder zurück. Bleib am Apparat, okay?"

„Okay? Was soll das nun wieder heißen? *Okay?*"

„Hm, Naschon, hier spricht Rabe, reg dich nich' auf, Kumpel. Bin in 'ner Minute wieder zurück. Verstanden? Ende."

Ehud schnitt eine Grimasse. „Oj Gewalt! Ende."

7. Der Flug des Raben

Mosche kniete neben dem Funkgerät und versuchte seit fast zehn Minuten vergeblich, die Zentrale im Roten Haus in Tel Aviv zu erreichen. „Hier spricht Stab am Rande des Roten Meeres. Moses, bitte kommen! Stab ruft Moses!" Die Einwohner von Kastel – beinahe fünfhundert Männer, Frauen und Kinder – waren außer Gefecht gesetzt und nun in der Moschee gefangen. Auch hatte die Haganah die Gelegenheit genutzt und ihre Bewaffnung mit Hilfe arabischer Waffen aufgebessert und war jetzt endlich in der Lage, die strategisch wichtigen Punkte auf den umliegenden Bergen zu kontrollieren, um die Straße zwischen Tel Aviv und Jerusalem freizuhalten. Aber nun wurde kostbare Zeit verschenkt, weil Mosche nicht die Zentrale erreichen konnte, die dem wartenden Konvoi das Signal zum Aufbruch geben sollte.

Fergus kam nachdenklich von der Moschee auf die niedrige Mauer zu, auf der das Funkgerät stand, und fragte Mosche: „Hast du sie schon erreicht?"

Mosche schüttelte, ohne seine Rufe zu unterbrechen, kurz den Kopf: „Moses, bitte kommen! Stab ruft Moses..."

Nach einem kritischen Blick in die Runde meinte Fergus: „Tja, an den Bergen kann es nicht liegen, Leute. Wenn die Wolken nicht so tief hingen, könnten wir bis nach Tel Aviv sehen. Nein, die haben da unten alles dichtgemacht. Da stimmt was nicht in Tel Aviv, soviel ist sicher."

„Aber wir müssen den Konvoi unbedingt verständigen, Fergus." Mosche rang erschöpft nach einer Lösung und wischte sich den Schweiß von der Stirn.

„Aye. Außerdem müssen wir noch diese schadhaften Gewehre loswerden, nicht wahr? Ich lass' g'rad Ham dran arbeiten. Er ist genau der richtige Mann für diese technischen Dinge. Wenn diese arabischen Bettler da gewußt hätten, wie schlecht wir ausgerüstet sind, hätten sie uns noch bis zum Jüngsten Tag in Schach gehalten."

„Fergus, hätten *wir* selbst es gewußt, wären wir nie so weit gekommen."

„Diese Araber besitzen wirklich alles, was man sich an Waffen wünschen kann. Aber wir brauchen unsere eigenen Gewehre. Denn wenn die Munition für ihre Gewehre zu Ende ist, sind auch *wir* am Ende."

„Wir brauchen aber nicht nur mehr Gewehre und mehr Munition, sondern auch Verstärkung, wenn wir Kastel halten wollen."

„Aye, das heißt, wenn wir nicht nur diesen Felsen beherrschen, sondern auch die Gefangenen in Schach halten wollen."

Inzwischen hatte der Funker das Mikrophon übernommen und setzte die ständigen Funkrufe fort: „Moses, hier spricht Stab ..."

Mosche wurde bei Fergus' Worten nachdenklich. „Wenn wir die Mannschaft des Konvois nur irgendwie erreichen würden, könnten wir sie bitten, den Nachschub für uns mitzunehmen. Wir könnten am Ende des Tales auf sie warten und hätten noch vor dem Morgen unseren Bedarf ergänzt."

„Moses! Bitte kommen ..."

„Es sind mehr als fünfunddreißig Kilometer von hier bis nach Naschon. Fünfunddreißig Kilometer sind eine ganz schöne Strecke, wenn man sie laufen muß, alter Junge, selbst wenn es bergab geht. Zwar hat schon im alten Griechenland ein Soldat eine ähnliche Entfernung zwischen Marathon und Athen bewältigt, aber danach war er tot. Und hast du dir mal unsere Truppen angesehen? Fast alle waren beim Anstieg auf den Berg kurzatmig."

„Bitte kommen! Stab ruft Moses ..."

Plötzlich brummte es im Empfänger, und dann war eine menschliche Stimme zu hören: „Jawoll, Stab! Hier spricht Rabe. Ich hör' euch laut und deutlich." Es war Bobby Milkin, dessen breiter New Yorker Akzent vom Stottern des Piper-Motors untermalt wurde. Mosche und Fergus schauten überrascht zum Himmel, wo sie das winzige Flugzeug gerade vor der hellen Mondscheibe herfliegen sahen wie eine Hexe auf einem Besen.

„Das ist doch dieser unsympathische Amerikaner!" rief Fergus freudig aus. Mosche riß dem verwirrten Funker das Mikrophon aus der Hand.

„Rabe! Du bist ein willkommener Anblick! Ende!"

„Tja, auf der Ranch da drauß'n warten 'ne Menge Leute drauf, von euch Typen zu hör'n. Moses is' vor kurzem in'n Kaninchenbau gefall'n. Jetz' is' alles zappenduster. Der große, böse Wolf hat an die Tür geklopft, wenn ihr wißt, was ich mein'. Ende."

„Rabe ..." In diesem Moment flog das Flugzeug direkt über den Männern her, und das Dröhnen des Motors übertönte Mosches jubelnde Worte. Bobby wackelte grüßend mit den Flügeln und beschrieb dann einen Bogen über der Schlucht. „Rabe, wir brauchen mehr Gewehre! Wir hatten großes Pech mit –"

„Aha", unterbrach Bobby. „Ich seh' schon, ihr habt inzwischen selbst gemerkt, daß die Gewehre Schrott sind, wie? Tja. Hab' mir schon gedacht, daß es gar nich' mehr nötig is', euch das zu sag'n. Ende."

„Ungefähr fünfundsiebzig Gewehre haben nicht funktioniert. Wir brauchen Nachschub: Zusätzliche Munition und Waffen. Kannst du Naschon noch vor dem Abmarsch erreichen?"

„Verstand'n. Tatsache is', daß Naschon mich gebeten hat, mal aus der Vogelperspektive die Lage zu peilen, weil Mose dicht is'. Ich werd' ihn'n eure Wünsche ausricht'n. Übrigens, die Gewehre sind gar nich' so schlecht, wie se ausseh'n. Laßt 'n paar von euern Leut'n die Schlagbolz'n abfeil'n. Dann sind se so gut wie neu."

„Rabe, sie *sind* doch neu! Sag Naschon, daß wir uns am Roten Meer treffen. Ende."

„Ja. Okay. Das scheint 'ne Art Ballspiel zu sein, was?" bemerkte Bobby, während er langsam über ihnen kreiste.

„Okay", wiederholte Mosche so amerikanisch, wie es ihm nur möglich war, und strahlte vor Erleichterung über das ganze Gesicht.

„Wir versteh'n uns", erwiderte Bobby. „Ich flieg' jetz' zurück zum Nest, Kumpels. Und auf'm Weg dahin lass' ich Naschon wiss'n, daß das Rote Meer offen und trocken is'. Ende."

„Okay, Rabe. Ende."

Bobby lachte ins Mikrophon: „Oj Gewalt! Hier is' Rabe, Ende."

* * *

Das Kinn in die Hand gestützt, trommelte Ehud ungeduldig auf das Funkgerät und fluchte leise über den säumigen amerikanischen Flieger, der ihm zugesagt hatte, unverzüglich zurückzukommen und nun sein Wort nicht hielt. Seitdem waren fünfzehn Minuten vergangen, ohne daß etwas geschehen war. Auch von Tel Aviv war immer noch keine Antwort gekommen, und die Batterien des Funkgerätes waren durch den ständigen Gebrauch in dieser Nacht beinahe leer. Ehud würde bald nur noch Funkverbindungen im Umkreis von wenigen Kilometern aufnehmen können.

Durch das Gerumpel der Lastwagen hatte Ehud nicht mitbekommen, daß die Piper inzwischen über ihm kreiste, und wurde erst aus seinen trüben Gedanken aufgeschreckt, als Bobbys Stimme aus dem Empfänger tönte: „Heh, Naschon! Naschon, hier spricht Rabe! Die Yankees haben die Red Sox geschlagen!"

Ehud verdrehte ärgerlich die Augen. „Er ist also zurück, dieser amerikanische *Nebisch*. Statt nach einer Minute kommt er erst nach einer Viertelstunde zurück. Und dann spricht er immer noch vom Sport. Mal seh'n, was er will. Vielleicht kannst du dir einen Reim daraus machen", wandte er sich an den Funker.

Er wurde jedoch von Bobbys ungeduldigen Worten unterbrochen: „Heh, Naschon! Hier spricht Rabe. Parkt ihr immer noch da unten?"

„Rabe, hier spricht Naschon. Wir haben sehnsüchtig auf dich gewartet. Immer noch keine Nachricht von Moses."

„So? Nun ja, Stab hat sich jedenfalls ein hübsches Plätzchen gesucht, Leute! Und ich hab' Neuigkeiten für euch. Das Rote Meer hat sich geteilt! Wiederhole: *Das Rote Meer hat sich geteilt!*"

Ehud nahm den Kopf des überraschten Funkers zwischen beide Hände und drückte ihm einen schallenden Kuß auf sein schütteres Haar. „Nein, ist das eine Nachricht, Rabe! Das Rote Meer hat sich geteilt?" wiederholte er die codierte Nachricht und wußte nicht, ob er sie glauben sollte.

„Das hat man mir jedenfalls aufgetragen, Naschon. Also beeilt euch! Und wenn ihr schon mal dabei seid, Jungs, die Burschen da oben brauch'n noch'n paar Kisten Gewehre und Munition, okay?"

Ehud räusperte sich und wiederholte dröhnend: „OKAY! Dann sag diesem verrückten Mosche, daß er alles haben kann, was wir haben, was allerdings nicht viel ist. Aber was wir haben, kann er haben, nu?"

„Sag's ihm selber! Ich hab' nich' mehr viel Treibstoff, Kumpel. Mach' mich auf'n weg ins Nest und seh' nach, was mit Moses los is'. Zum Frühstück dann in Jerusalem, okay? Ende."

„Oj. Okay. Ende." Ehud legte das Mikrophon aus der Hand und klatschte glücklich in die Hände. Dann sprang er vom Funkwagen und rief den vorn wartenden Fahrern zu: „Okay! Okay! Das Rote Meer ist geteilt! Auf zum Frühstück in Jerusalem!"

※ ※ ※

„Sie sagten, daß sie bei Tagesanbruch zurückkommen wollen, um das Nest auszuheben", berichtete Ellie aufgeregt, als sich endlich die Trennwand auftat und Ben-Gurion, Bobby Milkin und Sam vor ihr standen.

Der Alte nickte kurz und half ihr auf die Beine. „Das wissen wir. Vielleicht werden sie auch einige zu fassen kriegen. Aber bis dahin hat Jerusalem auf jeden Fall seine Lebensmittel."

„Sprechen Sie vom Konvoi?" fragte Ellie aufgeregt.
„Der ist auf dem Weg. Mosche hat Kastel eingenommen. Wir dürfen aber nicht erwarten, daß er es länger als ein paar Stunden halten kann. Doch zumindest in diesem Augenblick haben unsere Leute dort die Oberhand."
„Ich hab' sie da unt'n geseh'n", meinte Bobby und bückte sich, um David aufzuhelfen, der gerade die Augen aufgeschlagen hatte. „Na, komm schon, du, in deinem Dornröschenschlaf." Er legte sich Davids Arm über den Nacken und bugsierte ihn aus dem Funkraum. „Mann, dir hamse wohl was ins Essen getan! Kampfmüde, was? Und frag' nich', wie! Der fliegt heute nirgendwo mehr hin, Chef. Sonst geht der den Bach runter."
„Ich bin fit", erwiderte David schlaftrunken. „Total fit."
„Aber klar doch, Kumpel", meinte Bobby gönnerhaft und klopfte ihm beruhigend auf die Brust. „Wenn du dich'n paar Tage lang ausgeschlaf'n has'."
„Du hast also Mosche gesehen?" wandte sich Ellie an Bobby, sehnsüchtig auf Informationen wartend.
„Nich' *ihn* direkt, aber ich hab' *uns* geseh'n. Unsere Jungs ham diese Tuchköpfe zusamm'getrieb'n. Das is' ganz sicher. Wir ham Kastel eingenomm'."
„Und Stab versucht natürlich, uns über Funk zu erreichen", fügte der Alte ungeduldig hinzu, worauf der Funker sogleich aus dem Dunkel heraustrat und sich in das winzige Funkabteil zwängte. Nach einer kurzen Pause ergänzte Ben-Gurion nüchtern: „David *wird* fliegen! In drei Stunden, um genau zu sein! Und was Sie betrifft, junge Dame, schlage ich vor, daß Sie jetzt Ihre Sachen packen, wenn Sie mitwollen. Und zwar schnell. Samuel, bringen Sie uns Kaffee!"
Ben-Gurion musterte David gereizt mit zusammengekniffenen Augen und fügte hinzu: „Viel Kaffee. Und sehr stark." Dann wandte er seine Aufmerksamkeit dem pfeifenden Funkgerät zu und gab den Anwesenden damit zu verstehen, daß sie entlassen waren.
Stab, bitte kommen. Stab, hier spricht ...
Während David mit offenem Mund auf dem Bett lag und immer noch den Schlaf der Erschöpfung schlief, stopfte Ellie im Badezimmer mit zornig zusammengekniffenen Lippen ihre Sachen in eine ramponierte Reisetasche. Der Alte nahm offensichtlich keinerlei Rücksicht auf Davids Erschöpfung.
Da trat Sam leise ein. Er trug ein Tablett, auf dem eine Kaffeekanne und zwei Tassen standen. „Ich weiß, wie Ihnen zumute ist", sagte er zu

Ellie. „Aber glauben Sie mir, der Alte hat selbst seit mindestens zwei Tagen kein Auge mehr zugetan. Und die Nacht davor nur drei Stunden. Ich nehme an, er denkt, was er selbst kann, daß –" Er ließ den Satz unbeendet. Nur seine freundlichen braunen Augen blitzten statt dessen hinter einer runden Nickelbrille. *Er sieht irgendwie aus wie ein Bibliothekar*, dachte Ellie, während er Kaffee einschenkte. Sie äußerte sich zwar nicht zu Sams Worten, aber die Art, wie sie einen Pullover in ihre Tasche knuffte, ließ keinen Zweifel daran, was sie dachte.

Sam fuhr behutsam fort: „Wir alle werden wohl eine ganze Weile keinen Schlaf bekommen. Ich glaube, das ist auch der eigentliche Grund, warum der Sitz der Agency von Jerusalem nach Tel Aviv verlegt worden ist ..."

„Das verstehe ich nicht", gab Ellie in einem Tonfall zurück, der bei bestem Willen nicht mehr als freundlich bezeichnet werden konnte.

„Nun, es gibt im ganzen Jischuv keinen anderen Ort, an dem man genügend Kaffee bekommt, um sich wachzuhalten. „Er setzte sich neben David auf die Bettkante und hob dessen Kopf. „Na komm, Junge! Mach die Augen auf!" Er hielt eine dampfende Kaffeetasse unter Davids Nase.

„Ach, nein", wehrte David ab.

„Komm! Wach auf! Onkel Sammy möchte dir nicht die Lippen verbrennen." David öffnete verschlafen die Augen, und Sam meinte lächelnd zu Ellie: „Ich war beim Militär so was wie die Stubenmutter. Hab 'ne ganze Menge betrunkener Jungs wieder zum Leben erweckt."

„Ich bin nicht betrunken", begehrte David auf. „Ich bin müde ... so *müde*."

„In deinem Fall ist das so gut wie dasselbe, Kumpel. Komm, wach auf!"

„Els, sag diesem Typen, daß ich schlafen will!"

Sam führte die Tasse nun mit Gewalt an Davids Lippen. „Ellie war es, die mir gesagt hat, was ich tun soll. Denn du mußt hier raus! Oder die Mandatsregierung wird dich für immer schlafen lassen."

„Wach auf, Blechmann", seufzte Ellie ergeben. „Es hat keinen Sinn. Du hast das Flugzeug im falschen Teil von Oos gelandet. Wir müssen hier raus."

Bei diesen Worten richtete sich David trotz seiner Müdigkeit mühsam auf und schüttelte den Kopf, um wach zu werden. Sam sah Ellie erstaunt an, wie um zu fragen, was den erschöpften Flieger so plötzlich aus seiner Lethargie gerissen hatte.

Sie zuckte die Achseln und meinte erklärend: „Das ist so eine Art Geheimsprache zwischen uns."

David nahm Sam nun die Tasse ab. „Sie haben die Vogelscheuche auf dem Gewissen." Er trank mit düsterem Blick von der heißen Flüssigkeit. Dann sah er Ellie fragend an. „Das stimmt doch, oder?"

Sie nickte. Doch sie wußte, daß David noch viele Fragen stellen würde, bevor er die grausame Wahrheit, daß Michael nicht mehr lebte, ganz begriffen hatte. „Du hattest einen Zettel in deiner Tasche. Erinnerst du dich daran?" versuchte sie seine Gedanken in eine andere Richtung zu lenken.

„Von Avriel", bestätigte er nickend und trank noch einen Schluck. Plötzlich sah er alles wieder ganz deutlich vor sich. „In Prag. Er erzählte mir, daß einer unserer Leute umgebracht worden sei, und da hatte ich es fast begriffen. Ich hatte es fast durchschaut, weißt du. Ich sah *sie* – Angela – plötzlich ganz anders, und mir fehlte nur noch der letzte Stein des Mosaiks. Wenn ich nur weitergedacht hätte, könnte er jetzt noch leben."

„David, es geht um die Nachricht!" erinnerte Ellie ihn behutsam, um ihn von Michaels Tod abzubringen. „Es geht doch um das Schiff mit den arabischen Waffen. Erinnerst du dich? Wir sollen es ausfindig machen, David. Wir sollen nach Jugoslawien fliegen. Heute noch. Der Alte sagt, daß wir keine Zeit verlieren dürfen. Wir müssen es tun."

„Außerdem", fügte Sam hinzu und schenkte David noch etwas Kaffee nach, „sind die Briten ziemlich aufgebracht wegen der Waffen, die Sie geschmuggelt haben. Ich muß Ihnen leider sagen, David, daß Sie nicht der wohlgelittenste Mann in Palästina sind – wenngleich vielleicht meistgesuchte."

David knurrte und meinte dann mit einem bissigen Lächeln: „Das kann ich mir vorstellen. – Also. Wie steht's da draußen?"

„Soweit ganz gut. Wir halten unsere Stellungen. Der Konvoi ist unterwegs. Aber das hat nicht viel zu sagen, wenn das Frachtschiff des Muftis die Araber erreicht", erklärte Sam und reichte Ellie ebenfalls eine volle Kaffeetasse.

„Tja", meinte David und hielt die seine nachdenklich in der Hand. „Ich brauch' wohl noch ein paar Kannen davon." Dann fragte er unvermittelt: „Wohin?"

„Nach Ragusa, in Jugoslawien. Dort ist die letzte Zwischenstation des Schiffes, bevor es Beirut anläuft."

„Hast du gehört, Els? Jugoslawien! Das wäre ein Ort für unsere Flitterwochen, was?"

Ein kurzes Klopfen an der Tür und Zigarrenqualm kündigten

Bobby Milkins Ankunft an. „Hallo, Blechmann! Fühlst du dich schon wieder'n bißchen lebendiger?" Seine Miene war unverändert grimmig und die Stimme ernst, als er sich neben David aufs Bett fallen ließ. Eine grüne Rauchwolke hüllte ihn ein.

„Tja, es ging mir eigentlich wieder ganz gut – bis die Zigarre reinkam."

„Türkisch. Eine Mischung aus Mauersenf und Kuhfladen." Bobby nahm die Zigarre aus dem Mund, betrachtete sie aufmerksam. „Es gibt hier keinen kubanischen Tabak. Also nimmt man, was man kriegen kann", knurrte er und steckte sich die Zigarre wieder zwischen die Lippen.

„Selbst um halb vier in der Früh?" fragte Ellie angeekelt.

„Man nimmt's eben auch, *wann* man's krieg'n kann", erwiderte Bobby trocken.

„Wenn du sie jetzt ausmachst, machen wir auf dem Rückweg von Jugoslawien in Italien Halt und besorgen dir eine Schachtel *guter* Zigarren", versuchte Ellie zu handeln.

„Kein Gedanke", erwiderte Bobby einsilbig. Und nachdem er seine Zigarre erneut betrachtet hatte, fügte er ungerührt hinzu: „Denn wenn wir nicht schnell genug sind, wird's überhaupt nichts mehr mit Italien oder Jugoslawien oder sonst 'nem Ort, außer 'nem britischen Gefängnis."

Sam beugte sich vor. „Wovon sprichst du?" fragte er, verärgert über den saloppen Ton, in dem Bobby solche Dinge von sich gab.

„Ich sprech' von den Tommies, die überall da draußen auf uns lauern", erwiderte Bobby kühl und blies eine Rauchwolke in die Luft. „Ungefähr an jeder Ecke. Sie warten – na ja, auf den Blechmann, schätz' ich." Und zu Sam gewandt fügte er hinzu: „Ihr Burschen seid ja wohl der Kopf von dem Laden hier. Dann kannst du uns vielleicht ja auch verrat'n, wie ihr ihn und Ellie hier rausbekommen wollt."

„Durch den Hinterausgang", schlug Ellie eifrig vor. Sam war mit einem Satz am Fenster, zog vorsichtig den Vorhang zurück und blickte auf die dunkle Straße hinaus. „Über den Strand."

Bobby schüttelte bedächtig den Kopf. „Nee. Kann mir nich' vorstell'n, daß ihr das wollt. Denn da strolcht auch 'ne Menge von denen rum. Kann zwar sein, daß se dort nur Muscheln ess'n woll'n, aber ich glaub's eigentlich nich'."

„Wie viele sind denn am Strand?" fragte Sam, während David müde den Kopf in die Hand stützte.

„Ich hab' zehn gezählt", erwiderte Bobby mit plötzlich todernster

Stimme. „Und ich sag' euch, keiner hat'n Feuer angezündet oder Muscheln geknackt." Er sah David ernst an. „Bleib hier, Blechmann! Bleib in diesem kleinen Mauseloch von Funkraum. – Wenn's sein muß, 'n ganzen Tag lang, aber laß dich von niemandem überred'n, heut' abend irgendwohin zu gehen."
„Was würden sie denn mit ihm machen, wenn sie ihn schnappten?" fragte Ellie mit zitternder Stimme.
„Dann wärst du Witwe! Das würd'n se mit ihm mach'n", antwortete Bobby trocken.
„Halt den Mund, Milkin", drohte David, der nun aus seiner Lethargie erwachte.
„Hängen würd'n se ihn, das würd'n se mit ihm mach'n", führte Bobby unbeirrt aus.
„Ich sagte: Halt den Mund!" rief David nun zornig. Er sprang auf und sah Bobby von oben herab drohend an.
„Heh, hör mal!" erstaunte sich dieser und breitete seine Hände in einer unschuldsvollen Geste aus. „Ich sag' doch nur die Wahrheit. Was soll ich *denn* sagen? Daß alles Friede, Freude, Eierkuch'n is'? Das is' nun mal nich' so, Blechmann. Du steckst bis über beide Ohr'n drin: Die Araber hass'n dich; die Briten woll'n dich häng'n; und die Staat'n werd'n sich nicht um dich kümmern. Was bleibt dir also noch, hm? Wenn ich du wär', würd' ich nich' mal die Nase vor die Tür steck'n, weil sie nämlich sonst abgeschoss'n wird! Wie bei Cohen."
Bei der Erwähnung dieses Namens packte David Bobby am Hemd und riß ihm die Zigarre aus dem Mund. „Du redest zuviel, Milkin! Ich sollte dir damit eigentlich dein vorlautes Mundwerk stopfen." Er schleuderte die Zigarre auf den Boden und zertrat sie mit dem Fuß.
„David!" rief Ellie erschrocken. „Hör auf damit! Er will doch nur dein Bestes!"
David hielt Bobby noch eine Zeitlang drohend fest, ließ ihn dann los und sank zurück aufs Bett.
Milkin klopfte sich die Asche vom Hemd und meinte dann mit einem vorwurfsvollen Blick auf seine zertretene Zigarre: „Sieh dir an, was du gemacht hast! Mrs. B.G. wird nicht begeistert sein. Zigarrenasche auf dem ganzen Teppich."
„Ja. Tut mir leid", entschuldigte sich David kleinlaut und stützte den Kopf schwer in die Hände. Er war zu müde, um einen klaren Gedanken fassen zu können.
Er würde gehen oder bleiben. Er würde tun, was man ihm sagte. Nur wollte er nicht mehr an Michael Cohen erinnert werden.

Bobby wußte, daß er mit der Erwähnung dieses Namens eine frische Wunde aufgerissen hatte, und schwieg betreten. Sam schaute noch immer wie gebannt aus dem Fenster. „Tut mir leid, Blechmann", meinte Bobby schließlich. „Ich weiß doch, was für gute Kumpels ihr wart – ich mein' doch nur, daß du auf dich aufpass'n sollst, ja?"

Statt einer Antwort hob David Bobbys Zigarre auf und reichte sie ihm. „Ja. Du auch." Dann sah er Sam fragend an. „So, und was jetzt?"

Dieser versuchte zunächst einmal nicht an die Aussichtslosigkeit der Situation zu denken und richtete einen ernsten Blick auf Bobby. Trotz der furchtbaren Situation mußte Ellie erneut unwillkürlich daran denken, wie sehr dieser Mann einem Bibliothekar glich. „So, die halbe britische Armee ist also da draußen. – Bobby, was würde passieren, wenn du nach draußen gingst?" fragte er nach einer kurzen Pause eindringlich.

Bobby zuckte die Achseln. „Keine Ahnung. Kann sein, daß sie sich auf mich stürz'n wie Enten auf'n Junikäfer."

Sam hob das Kinn und sah Bobby über die Nasenspitze hinweg an. „Na gut. Nehmen wir mal an, du seist ein Junikäfer, und sehen wir uns mal an, was passiert."

Kurze Zeit später trat Bobby, sich eine neue Zigarre anzündend, in die kalte Nachtluft hinaus. Während er mit schnellen Schritten auf den Wagen der Agency zuging, sah er, wie sich an jeder Ecke dunkle Gestalten bewegten.

„Halt!"

Bobby eilte zielstrebig weiter.

„Halt! Im Namen Seiner Majestät!"

„Halt, sage ich! Oder wir schießen!"

Bobby blieb, mit der Hand am Türgriff, wie angewurzelt stehen. Soldaten umringten ihn.

Sam beobachtete lächelnd, wie er sich aufregte und mit den britischen Soldaten eine hitzige Diskussion anfing. „Das ist überhaupt kein Trick", murmelte Sam, als Bobby seine Fliegertasche vom Rücksitz des Wagens nahm und zum Haus zurückkehrte. „Das ist alles nur eine Sache des richtigen Timings. Des richtigen Zeitplans."

8. Warten

Vierzig kräftige Männer folgten Mosche den steilen Abhang hinunter, der zur Straße von Bab el Wad führte. Die Hälfte der Männer trug je eins der konfiszierten arabischen Gewehre und zehn Schuß, für den Fall, daß sie auf eine herumstreifende Patrouille von Jihad-Moqhaden träfen. Die restlichen Gewehre hatten sie zur Verteidigung Kastels zurückgelassen und nur leere Rucksäcke für die Munition und die Waffen mitgenommen, die der Konvoi bringen würde, mit dessen Ankunft sie in einer knappen Stunde rechneten.

Während die Männer durch Wolkenfetzen und dunkle Nebelschwaden hinabstiegen, meinte Emile Dumas, ein kleiner, dunkelhäutiger Franzose mit einer schwarzen Baskenmütze, zu Mosche: „Wenn wir überfallen werden, bevor der Konvoi eingetroffen ist, sind wir erledigt."

Mosche drehte sich kurz nach dem Franzosen um und nickte flüchtig. Emile war einer der wenigen Männer mit Kampferfahrung unter ihnen. Er hatte während des Krieges in der Resistance gekämpft und aus dieser Zeit Narben an Körper und Seele zurückbehalten, die ihm die Gestapo zugefügt hatte. Eine war eine pessimistische Grundeinstellung, die hinter jeder Kurve eine Falle und hinter jeder Bergkuppe Tod oder Niederlage wähnte. So kam es, daß Mosche zwar Emiles kämpferische Fähigkeiten sehr zu schätzen wußte, aber seinen ständigen, demoralisierenden Pessimismus inzwischen nur noch schwer ertragen konnte.

„Natürlich", pflichtete Mosche ihm deshalb bei. „Und wenn wir nicht jede Kugel und jedes Gewehr zurücktragen, die wir ergattern können, erobern die Araber Kastel wieder. Denn dann wird uns die Munition ausgehen, unsere Gewehre werden Ladehemmung haben, und dann ist alles aus."

„Wir hätten eben mehr zu unserer Verteidigung mitnehmen sollen."

„Es liegt aber kein Sinn darin, Munition den Berg hinunterzutragen, um sie anschließend wieder hinaufzuschleppen. Fergus und Sergeant Hamilton werden außerdem jede Kugel brauchen, falls wir nicht zurückkommen."

Emile knurrte verächtlich. „Und was wird aus uns?"

„Laß uns hoffen, daß wir auf den Konvoi stoßen, Emile, und daß wir dann nicht nur Waffen und Munition, sondern auch noch ein paar Männer dazubekommen. Falls wir jedoch vorher von den Arabern angegriffen werden, können wir nur hoffen, daß zweihundert Schuß Munition und zwanzig Gewehre für vierzig Leute genügen."

„Die genügen in keinem Fall."

„Wenn wir bei einem Angriff umkommen, hast du natürlich recht. Dann war es wirklich nicht genug." Mosche ließ Emile keine Zeit, eine bissige Bemerkung zu machen, sondern fuhr ironisch fort, „aber dann hat Kastel zumindest nicht mehr als zweihundert Schuß verloren."

„Und uns Packesel", ergänzte Emile und wandte sich ab, um sich nicht weiter über Mosches Ausführungen erregen zu müssen.

Mosche wußte zwar, daß Emile Dumas mit seinem feinen Gespür für Verhängnisse durchaus recht haben konnte, aber jede Tasche und jeder Rucksack, die man leer den Berg hinunterbrachte, würde auf dem Rückweg nach oben randvoll gefüllt sein. Deshalb hatte er angeordnet, keine Kugel mehr als unbedingt nötig aus dem Festungsdorf mitzunehmen. Zudem waren Fergus und er sich darüber im klaren, daß es nur eine Frage der Zeit war – vielleicht sogar nur von Stunden –, bis die Jihad-Moqhaden unter dem Schlachtruf *Kastel* vereint gegen sie antreten würden! Denn der jüdische Angriff auf Ramle würde bald als Scheinangriff entlarvt sein, und dann würde der Kampf erst richtig losgehen. Die einzige Hoffnung der Juden lag darin, so lange durchzuhalten, bis sich ihnen die anderen Gruppen der Haganah angeschlossen hatten, die jetzt noch damit beschäftigt waren, den Feind in diesem Scheinmanöver zu beschäftigen. Noch war es die Haganah, die Kastel beherrschte, aber wie lange die Festung in jüdischer Hand blieb, würde von den Soldaten und dem Nachschub abhängen. Es war gut möglich, daß die Zeit bis zum morgigen Tag in Gewehrschüssen gemessen werden würde. Und wenn der Konvoi nicht zu ihnen durchkam, würde bald eine weitaus größere Zahl von Menschen den Tod finden als nur diese Handvoll. Ohne den Konvoi würden Jerusalem und damit auch die jüdische Heimstätte den Abstieg in das offene Grab der Weltmeinung beginnen.

Die Juden Jerusalems hungern. Es darf nicht noch mehr Blutvergießen geben! Mach diesem unseligen Alptraum ein Ende, Herr, bevor noch mehr Menschen sterben! Palästina den Arabern! Palästina der Regierung von Transjordanien! Gebt alles Haj Amin Husseini!

Dies war eine entscheidende Nacht für das jüdische Volk. Und doch stand für Mosche mehr auf dem Spiel als das Schicksal einer Nation. Ohne daß er es wollte, erschien wieder Rachels Bild vor seinem inneren Auge: Sie streichelte ihm die Wange und blickte ihn unaussprechlich liebevoll an. *Ich darf jetzt nicht an sie denken. Ich darf nicht einmal daran denken, ob sie in Sicherheit ist oder ob sie weiß, daß ich noch lebe. Bitte nicht jetzt, Gott! Gewehre und Munition. Der Konvoi und Kastel. Aber meine Rachel ist in Jerusalem.* Von den Tagen und Wochen, die er jetzt schon von ihr getrennt war, hatte er nur noch eine verschwommene Vorstellung. Wie lange war es her, daß er sie liebkost hatte? Wie lange, seit sie seinen Namen geflüstert und seine Lippen mit den ihren berührt hatte? *Bitte hilf mir, nicht an sie zu denken! Ich darf es jetzt nicht. Ich flehe dich an, Gott! Aber kann mir denn eine Nation etwas bedeuten, wenn ich ohne sie leben muß? Gott, der du auch die Spatzen zählst, du hast sie zur Heimat meines Herzens gemacht. Gedenke unserer Liebe! Wenn ich sie nur in diesem Leben wiedersehen kann! Aber nein, nicht jetzt! Nimm all deinen Mut zusammen, um das Leben zu meistern! Gewehre und Kugeln. Kastel. Die Straße nach Jerusalem ...*

„Dort", unterbrach plötzlich ein heiseres Flüstern seine Gedanken. „Die Straße nach Jerusalem!"

Eben trat der Mond für einen Augenblick hinter den Wolken hervor und beleuchtete die Szene. Die Männer standen auf einer Anhöhe, die sich mehere Meter über der schmalen Lebensader erhob. Diese war nur zur Hälfte gepflastert, von Fahrrinnen zerfurcht und von vielen Granaten und Minen aufgerissen. Die felsigen Hänge waren ein Bild der Vernichtung, übersät von den Wracks früherer Konvoifahrzeuge. Nebelschwaden zogen über die Gerippe der Lastwagen hinweg, und für einen Augenblick glaubte Mosche die Araber vor sich zu sehen – wie sie sich aus dem Schutz der Felsblöcke heraus, ihren Schlachtruf auf den Lippen, auf den Feind stürzten. Der Boden war mit dem Blut der Juden getränkt, die vergeblich um Gnade gefleht hatten. Mosche hatte diese Stelle zwar schon aus der Luft gesehen, aber erst jetzt wurde ihm das ganze Ausmaß des Gemetzels bewußt.

Zwischen den deformierten Fahrzeugen lagen ungefähr sechzig verkohlte und vom Kugelhagel durchsiebte Leichen. Die Jihad-Moqhaden hatten sich nicht einmal die Zeit genommen, die jüdischen Toten zu begraben. Ein Kanister Benzin und ein Streichholz war alles gewesen, was den am Bab el Wad Gefallenen zugebilligt worden war.

„Es riecht hier nach jüdischem Fleisch!" stellte Emile Dumas bitter fest, während sie die Böschung hinabstiegen. „Nach dem Fleisch unseres Volkes! Diese Araber, die den Paß gehalten haben, sind Nazis! Sie sind um nichts besser als die Gestapo. Keinen Deut besser als die SS!"

Alle anderen schwiegen. Der Anblick, den ihnen das helle Mondlicht in diesem Augenblick so krass vor Augen führte, war einfach zu grauenhaft. Hatten die Feinde ihre Opfer als stumme Warnung an die anderen Juden Palästinas zurückgelassen? Mosche hielt sich die Augen zu, weil er den Anblick nicht länger ertragen konnte. *Die SS-Sonderkommandos! Ja, dies sieht wie ihr Werk aus. Gott, sind sie immer noch unter uns? Haben die Juden die Greuel in Europa nur überlebt, um hier so zu sterben –, weil man Vergnügen daran findet, sie zu mißhandeln?*

Mosche schlich voller Grauen zwischen den Toten und den Wracks umher. Die Geier waren die nächsten gewesen, die das Werk der Zerstörung fortgeführt hatten, und danach waren die menschlichen Aasgeier aus den Dörfern herabgestiegen, um alles davonzutragen, was auch nur irgendwie von Wert war. Die Fahrzeugtüren waren herausgerissen. Sitze, Steuerräder und Motoren fehlten. Nur die verstümmelten und verkohlten Leichen waren zurückgeblieben, um neben den Skeletten der Lastwagen zu vermodern. Das menschliche Leben war in Palästina ganz offensichtlich wertlos geworden.

Mosches Blick fiel auf die Leiche eines Mannes, der neben der offenen Tür seines Wagens lag. Eine Hand war ausgestreckt, als wolle er etwas greifen. *Etwas greifen. So wie ich. Eine Antwort.* Eine dunkle Angst überkam ihn plötzlich. Ihm war, als könne er in die Zukunft sehen, als sähe er sich selbst dort liegen. Er blinzelte und schluckte. Sein Mund war wie ausgedörrt.

„Kommt", sagte er heiser. „Wir wollen weiter oben warten."

„Wir sollten sie begraben", flüsterte jemand bewegt. „Wir sind die ersten Angehörigen ihres Volkes, die sie gefunden haben." Mit gebrochener Stimme fügte er hinzu: „So können wir sie nicht zurücklassen! Wir sollten sie begraben."

„Oh ja!" rief Emile bitter. „Damit sie das ewige Leben haben! Wir sollten auch noch das Kaddisch für sie sprechen. – Sechs Millionen sind wie sie umgekommen. – Glaubt ihr, daß es für sie eine Bedeutung hat, ob sie beerdigt sind oder nicht? Nur für uns bedeutet es, daß wir mit Schaufeln und Gebetbüchern in den Händen von den Arabern umgebracht werden!"

„Für ihre Frauen und Kinder wird es eine Bedeutung haben. Wir können sie nicht einfach so liegen lassen."

Emile spie verächtlich aus. „Und wie wollt ihr wissen, welches Bein zu welchem Körper gehört? Welcher Kopf zu welchem Rumpf?"

Mosche hörte einen Mann hinter sich stöhnen und würgen und wies Emile streng zurecht: „Wir haben keine Zeit, solche Diskussionen zu führen."

„Ich will euch sagen, was den Toten mehr nützen würde!" rief Emile, ohne sich von Mosches Worten zurückhalten zu lassen. „Wenn wir die Araber umbringen würden! Diese *Nazis!* Jeden einzelnen von ihnen. Wenn ihr schon was tun wollt, dann geht zurück und holt die Leute aus der Moschee von Kastel, damit wir das Blut ihrer Frauen und Kinder mit dem von diesen hier mischen können! Bringt sie her und -"

Mosche packte den rasenden Franzosen am Hemd und schlug ihm die Mütze vom Kopf. Bebend vor Zorn hielt er ihn noch einen Moment fest. Dann rief er so laut, daß es alle hören konnten: „Ja, Emile. Schlachte die Einwohner von Kastel ab! Mische ihr Blut mit dem unserer Gefallenen! Und was wird das Ergebnis sein, Emile? *Was*, frage ich dich?" Er stieß den Franzosen so heftig von sich weg, daß dieser dicht neben eine der verkohlten Leichen in den Schmutz fiel. „Willst du auch uns zu Nazis machen?"

Ein düsteres Schweigen lastete über den Männern, während Emile Mosche haßerfüllte Blicke zuwarf.

Schließlich wandte sich Mosche ab und sagte leise zu den übrigen: „Kommt, Leute. Wir wollen woanders warten." Dann schritt er zwischen den Männern durch, die immer noch mit gesenkten Köpfen erbittert und hilflos dastanden. Einer nach dem anderen folgten sie Mosche, der zu einer Ausweichstelle der Straße ging und dort stehen blieb. Sie war rundherum von riesigen Felsbrocken umgeben. Die Männer verteilten sich und lehnten sich müde und niedergeschlagen gegen die Felsen. So warteten sie auf die Ankunft des Konvois. Emile kam als letzter und suchte sich einen Steinblock, der abseits von den anderen gelegen war.

***

Erschöpft, staubig und verschwitzt von der langen nächtlichen Reise, kam Kadar im Hauptquartier der arabischen Kämpfer in Ramle an, einer kleinen Steinhütte, in der ein ständiges Kommen und Gehen von Boten herrschte, die mit triumphierender, wichtiger Miene die neuesten Nachrichten verkündeten: „Wir haben sie von Hasmids Feldern verjagt! Und aus dem Obstgarten von Ismail Kardeh! Die Juden rennen auf der ganzen Angriffslinie davon!"

Kadar stieg unbemerkt aus dem Wagen und stand noch abwartend vor dem Eingang des Hauses, als Kajuki, der Muchtar von Deir Maschir, aus dem trübe beleuchteten Haus trat.

„Salaam, Kajuki", grüßte Kadar, als dieser achtlos an ihm vorbei auf das an einen Pfosten gebundene schweißnasse Pferd zugehen wollte.

Kajuki wandte sich überrascht um. Er sah müde, aber dennoch freudig erregt aus.

Als er jedoch Kadar erkannte, verdüsterte sich sein Gesicht, und er stieß bissig aus: „Ha! Kadar! Von der Seite unseres großen Muftis zurückgekehrt, der sich feige nach Damaskus zurückgezogen hat!"

Ohne auf Kajukis Unverschämtheit einzugehen, meinte Kadar: „Ihr seid heute wohl sehr beschäftigt?"

„Beschäftigt! Ha! Du kommst ein bißchen spät! Zu spät, um den Ruhm einzuheimsen. Du hörst doch, daß wir die Juden zurückgeschlagen haben. Je weiter die Sonne aufsteigt, desto weiter ziehen sich auch ihre Scharen zurück. Und das haben wir ohne Damaskus geschafft! Ohne den Mufti. Ohne solche Marionetten wie dich!"

„Wer hat denn diese große Tat vollbracht?" fragte Kadar tonlos. Die Frage war im Grunde sinnlos, denn er kannte bereits die Antwort.

„Kein anderer hätte dies vollbringen können als der Mann, der uns auch schon am Paß zum Sieg über die jüdischen Konvois geführt hat!"

„Gerhardt", stieß Kadar hervor und sah mit starrem Blick zur Tür. „Gerhardt." Er schüttelte den Kopf. „Und was ist mit Kastel?"

„Kastel?" schnaubte Kajuki. „Was soll damit sein?"

Kadars Züge wurden hart, und er straffte sich. Dann schob er sich an Kajuki und zwei anderen Arabern vorbei, die als Wachen vor dem Eingang standen. Als sie ihn erkannten, lächelten sie ihn breit und zahnlos an.

„Salaam, Kommandeur Kadar! Gelobt sei Allah! Heute hat er uns einen großen Sieg über die Juden beschert!"

Ohne den beiden irgendeine Beachtung zu schenken, stieß Kadar heftig die Tür auf. Drinnen stand Gerhardt über einen Tisch gebeugt, das Kinn in die Hände gestützt, und studierte einige Karten, die vor ihm ausgebreitet lagen. Er blickte den Eindringling durchdringend an und meinte dann mit einem ironischen Lächeln: „Na, wenn das nicht der gewaltige rechte Arm unseres Muftis, unseres Möchte-gern-Herrschers, ist! Wie war das Luxusleben in Damaskus? Es wird deiner Aufmerksamkeit nicht entgangen sein, Kadar, daß wir heute abend den ersten von vielen großen Siegen über die Zionisten errungen haben." Er räusperte sich geräuschvoll und lächelte boshaft. „Und Ram Kadar war nirgendwo zu finden. – Wie stehen die Dinge in Damaskus?"

Kadar sah mit brennenden, schwarzen Augen auf diesen Narren. Sein Gesicht zuckte vor mühsam bezwungenem Zorn. „Die Waffenladung, die wir erwarteten, ist leider nicht zu uns nach Damaskus, sondern hierher nach Palästina gebracht worden. Nach Tel Aviv. In die Hände unserer Feinde, um genau zu sein."

„Das macht nichts. Wir haben sie dennoch besiegt."
„So?"
„Kajukis Männer allein haben sechzehn zur Strecke gebracht, weil diese kostbaren Waffen, von denen du sprichst, nicht funktionierten. Und jetzt laufen sie um so schneller, je heller es wird."
Kadar musterte Gerhardt scharf. Die dunklen Schatten in seinem Gesicht ließen die Pockennarben noch deutlicher hervortreten. „Und was ist mit Kastel?" fragte er kalt und hart.
Gerhardt zuckte gleichmütig die Achseln. „Was soll damit sein? Die Juden haben uns doch hier im Westen angegriffen. Und Kastel liegt am östlichen Ende des Bab el Wad."
„Du hast meine Frage nicht beantwortet. Was ist mit Kastel? Wer verteidigt Kastel?"
Gerhardt winkte ab: „Wen interessiert schon Kastel? Wir haben die Juden *schließlich hier* abgewehrt. Hier im Westen haben wir sie aufgehalten! Und das ohne deine Waffen! Ohne dich! Und ohne Haj Amin Husseini!"
„Du Narr! Du hast Kastel ungeschützt zurückgelassen! Du bist mit deinen Leuten hierhergekommen –"
„Der Angriff fand aber doch gar nicht in Kastel statt!"
„Du hast die wichtigste Festung des Passes –"
„Es sind genügend Männer dort, um sie zu halten! Und außerdem noch Hamed mit seinem Maschinengewehr. Du willst nur meine Leistung schmälern! Du mißgönnst mir, daß ich diese Männer zum Sieg geführt habe, während du dich damit zufrieden gegeben hast, im Luxus von Damaskus –"
„Du! Du bist nichts weiter als ein Metzger! Von Metzgern ausgebildet. Du weißt nichts –" Von einem entfernten Grollen unterbrochen, hielt Kadar mitten im Satz inne. Gerhardt kniff überrascht die Augen zusammen. Dann standen die beiden Männer wie gebannt im flakkernden Licht der Laterne und horchten gespannt. Sie wagten kaum zu atmen. „Was war das?" fragte Kadar schließlich.
Gerhardt, der das Grollen als Bestätigung seiner Worte auffaßte, erwiderte: „Zweifellos jüdische Lastwagen mit Soldaten, die vom Ort ihrer Niederlage abtransportiert werden."
Kadar runzelte nachdenklich die Stirn. Das Rumoren verstärkte sich für einen Moment und verhallte dann in der Ferne. „Lastwagen?" wiederholte er nachdenklich. Er stand regungslos wie ein Jagdhund, der versucht, die Witterung des Wildes aufzunehmen. Plötzlich fuhr er herum und stürzte aus dem Zimmer. Gerhardt sah ihm verächtlich nach.

„Du wirst mir nicht den Sieg stehlen!" rief er hinter Kadar her, der bereits in seinen Wagen sprang und in Richtung der Hauptstraße davonjagte. „Der Sieg von Ramle gehört mir!"

* * *

Als er auf einer Anhöhe mit Blick auf die Straße nach Jerusalem anhielt, verfluchte Kadar Gerhardt erneut. Mit dem Gewehr über der Schulter zogen die arabischen Bauern nach ihrem siegreichen Kampf gegen die Zionisten heimwärts. So weit das Auge reichte, war auf der ganzen Straße außer einigen mit Jihad-Moqhaden beladenen Wagen nichts Verdächtiges zu sehen und außer dem Stampfen der Schritte und den Schreien der Esel nichts zu hören!

„Was ist mit den Juden?" rief er einem der vorbeiziehenden Soldaten zu.

Dieser hob im Gehen achselzuckend die Hände. „Wie böse Geister in Luft aufgelöst."

„Wo sind die Lastwagen?"

„Lastwagen?"

„Sind sie nicht auf Lastwagen nach Tel Aviv zurücktransportiert worden?"

Wieder breitete der Mann achselzuckend die Hände aus. „Diese Feiglinge haben sich vor Angst fast in die Hose gemacht. Die werden nicht wiederkommen."

Kadar hob prüfend die Nase. Der scharfe Geruch von Schießpulver sagte ihm, daß der Bauer kein Prophet war. Die Juden hatten das Schlachtfeld zwar verlassen, aber nur, um woanders weiterzukämpfen. Er ließ seinen Blick über das Sorek-Tal schweifen. Keinerlei Anzeichen für irgendwelche jüdischen Aktionen. Von den zerklüfteten Bergen des ganzen Tales bis südlich von Ramle war weder ein Lichtschein noch ein Geräusch auszumachen. Wo waren sie nur alle? Falls seine Vermutung stimmte und Kastel wirklich ihr Ziel war, wie war es dann möglich, daß sie diese Strecke unbemerkt passiert hatten?

Zwei Kämpfer lösten sich aus der ungeordneten Reihe der heimkehrenden Freischärler und bogen über das Feld nach Süden ab.

„Ihr zwei dort! Was habt ihr vor?" rief Kadar hinter ihnen her. Sie hörten ihn nicht, und so rief er einem anderen Freischärler zu: „Wo gehen die beiden hin?"

„Nach Hause. Nach Hulda."

„*Hulda.*" Kadar erbleichte. Wie Schuppen fiel es ihm plötzlich von den Augen. Im Süden lag Hulda, ein winziges arabisches Dorf, das nicht mehr als hundert Einwohner zählte. Gleich dahinter befand sich eine andere, alte, unwegsame, kaum noch benutzte Straße, die sich durch das Tal wand. Das Röhren der Motoren, das er eben vernommen hatte, war gar nicht von dieser Straße hier gekommen! Nein! Die Juden waren auf der fast vergessenen Straße hinter Hulda unbemerkt an ihnen vorbeigezogen!

Die wehenden Gewänder der Bewohner von Hulda waren noch nicht in der Ferne verschwunden, da hallte bereits eine Stimme durch das Tal: „Sie sind da! Sie sind da!" Es war der hilflose Klageschrei eines Kindes.

Während zwei Freischärler das erschöpfte Kind an den Straßenrand trugen, griff bei den übrigen Unruhe und Lärm um sich. Kadar eilte zu dem Kind, einem etwa zehnjährigen Jungen, der keuchend seine Befürchtungen bestätigte.

„Viele Lastwagen. Viele Juden! Alle bewaffnet! Wie eine Riesenschlange sind sie an uns vorbeigezogen. Es war wie ein böser Traum. Ein Schreien und Dröhnen wie vom Drachen Amtor war in der Luft! Sie haben nicht angehalten, und alles war ganz dunkel, aber die Motoren dröhnten so laut, daß der Erdboden bebte. Mutter hat gesagt, ich sollte mich in den Feldern verstecken. Ich weiß nicht, ob sie noch lebt!"

Kadar erhob sich langsam. Das Halbmondmedaillon auf seiner Brust glitzerte gespenstisch im Scheinwerferlicht. „Sie werden nicht extra anhalten, nur um deine Mutter umzubringen, mein Junge", erwiderte er. Aber es lag nichts Beruhigendes in seinem Tonfall, vielmehr schwang eine bedrückende Ahnung darin, die im Grunde schon Gewißheit war: „Sie haben uns umgangen."

In diesem Augenblick trat Jassar Tafara mit blutbeschmiertem Gewand in den Lichtkegel und fügte zornig hinzu: „Das stimmt. Während Gerhardt uns hier sinnlos festgehalten hat, sind die Juden nach Kastel gezogen. Eine Zionistin, die uns in die Hände gefallen ist, hat es bestätigt: sie sind tatsächlich in Kastel. Wir haben die Frau so lange leben lassen, bis sie es uns gestanden hat."

„Und was ist mit den Lastwagen?" fragte Kadar ungeduldig und vermied es, Jassars blutbespritztes Gewand anzusehen.

„Sie ist gestorben, bevor wir noch mehr in Erfahrung bringen konnten", erwiderte Jassar gleichmütig und zog ein zerknittertes Blatt hervor, das er Kadar reichte. „Aber wir haben diesen Brief bei ihr gefunden. Er ist auf Hebräisch geschrieben. An ihren Geliebten, wie sie sagte. Ich habe ihr versprochen, ihn vielleicht an ihn weiterzuleiten, falls wir etwas damit anfangen können."

Er grinste bei diesen Worten in einer Weise, daß Kadar einen Moment glaubte, in die Augen des wahnsinnigen Gerhardt zu blicken. Er entfaltete den Brief wortlos, obwohl er eigentlich gern gefragt hätte, wie die junge Frau gestorben war. Er hatte jedoch nicht den Mut dazu. Es war zu offensichtlich, daß es Jassar Vergnügen bereitet hatte, die Informationen Stück für Stück aus ihr herauszupressen.

Mit zitternden Händen las er den säuberlich geschriebenen Brief der unbekannten Jüdin: *... zum ersten Mal an einem Kampf teil, und ich weiß nicht, ob ich dazu fähig sein werde, einen Menschen zu töten ... Aber vielleicht kommt es ja gar nicht dazu. Wenn es uns nur gelingt, die arabischen Freischärler in ein Gefecht zu verwickeln. Dann merken sie nämlich nicht, daß der dreihundert Lastwagen starke Lebensmittelkonvoi nicht auf der neuen, sondern auf der alten Straße nach Jerusalem fährt. Unsere Truppe wird von einem anständigen britischen Captain angeführt ... Kastel soll von einem gewissen Mosche Sachar eingenommen werden, einem Dozenten der Hebräischen Universität ...*

Kadar blieb nach außen hin völlig unbeteiligt, obwohl in seinem Inneren ein Aufruhr tobte. *Mosche Sachar!* Diesen Namen kannte er nur zu gut. Das Gesicht dieses Mannes suchte ihn oft nachts im Traum heim. Kadar ließ den Brief sinken, ohne die Worte zu lesen, die von Liebe, Angst und Sehnsucht sprachen. Er zerknüllte das Blatt und warf es hin. Inzwischen hatte sich eine große Menge Freischärler um ihn versammelt, und er hörte, wie sein Name ehrfürchtig von Mund zu Mund ging. Er wandte sich mit grimmiger Miene an die Männer: „Unser Sieg ist eine Niederlage und wird uns schwer zu schaffen machen, wenn es uns nicht gelingt, den jüdischen Konvoi am Bab el Wad abzufangen." Zustimmendes, Entschlossenheit ausdrückendes Gemurmel ging durch die Menge. „Dreihundert Lastwagen werden den Paß nicht so schnell erklimmen können! Kommt, Jihad-Moqhaden! Vielleicht ist der Sieg ja doch noch unser!"

9. Gefangen!

Ellie und David standen am Fenster ihres dunklen Schlafzimmers und beobachteten, wie zuerst Sam und Bobby und dann der Alte und seine Frau auf die Straße hinaustraten. Die beiden muskulösen Leibwächter waren die letzten und schlossen die Haustür ab. Ellie und David waren allein im Haus.

Als Bobby sich dem Wagen der Agency näherte, nahm David überall in der Dunkelheit Bewegungen wahr, und es dauerte nicht lange, bis eine dumpfe Stimme mit britischem Akzent rief: „Halt! Im Namen Seiner Majestät!" Gleich darauf war die kleine Gruppe von einem Dutzend Soldaten umringt.

Der Alte blickte verärgert in die Runde, Sam und die Leibwächter setzten das hastig zusammengeraffte Gepäck ab. Ellie erkannte ihren Koffer darunter.

Die Soldaten deuteten eine Entschuldigung an und leuchteten dann dem Gefolge des Alten mit Blendlaternen ins Gesicht. David mußte sich beherrschen, um nicht laut aufzulachen, als er Bobby eine Grimasse schneiden sah, während der Offizier mühselig versuchte, im Lichtschein sein Gesicht mit einer Photographie zu vergleichen. Es vergingen einige Minuten, bis die Gruppe die Erlaubnis erhielt, in das Fahrzeug der Agency einzusteigen und abzufahren. Anschließend nahmen die Soldaten wieder ihre früheren Stellungen ein.

„Nun ist der Alte zwar abgefahren, aber die haben immer noch keine Lust, nach Hause ins Bett zu gehen", flüsterte David ironisch. Er blickte auf seine Armbanduhr. „Gleich vier. Sam meinte, wir sollten ihnen mindestens eine halbe Stunde Zeit geben."

„Reicht das denn aus?" zweifelte Ellie beklommen.

„Keine Ahnung. Bis zu Fannys Haus sind es nur fünf Minuten. Dort ziehen sie schnell die Uniformen über und kommen gleich wieder zurück." In diesem Augenblick bemerkte er, daß ein dienstlich aussehendes Fahrzeug vom Straßenrand abfuhr und dem Wagen der Agency folgte. Mit einem Blick auf die Straße, ergänzte er mit unverhohlener Sorge in der Stimme: „Ich glaube, es hängt vor allem davon ab, ob sie bei Fanny unbemerkt ein- und aussteigen können. Aber genau wissen tue ich es auch nicht, Els. Nein, wirklich nicht." Er blickte nachdenklich aus dem Fenster. Würde eine halbe Stunde ausreichen?

„Sam hat immerhin gesagt, daß wir noch im Zeitplan sind", meinte

Ellie beschwörend und klammerte sich an Davids Hand, die genauso eiskalt war wie ihre eigene.

„Jetzt hör mir mal gut zu!" sagte David unvermittelt. „Denk daran, daß du unbedingt ruhig weitergehen mußt! Egal, was passiert, du darfst nicht stehen bleiben. Nicht stehen bleiben und dich nicht umsehen! Fang aber vor allen Dingen auch nicht an zu rennen! Diesen Typen sitzt der Finger locker am Abzug. Die schießen gnadenlos, wenn du anfängst zu rennen."

Ellie nickte bedrückt. Sie sehnte sich in die Sicherheit des kleinen, dunklen Funkraumes zurück. Doch sie wußte ganz genau, daß es in Palästina letztlich keinen sicheren Ort für sie gab. „Sie haben gesagt, daß sie das Nest am Morgen ausheben würden", flüsterte sie tonlos. „Haben sie wohl auch uns damit gemeint?"

„Nur, wenn Sam und Bobby nicht wiederkommen." David lehnte sich zurück und atmete hörbar aus. „Und Gott steh uns bei, wenn Bobby womöglich anfängt zu reden! Dann wissen sie Bescheid." Er starrte gedankenverloren ins Dunkel des Zimmers. Plötzlich drückte er heftig ihre Hand und meinte impulsiv: „Es tut mir so leid, daß ich dich da mit hineingezogen habe!"

Ellie lehnte den Kopf an seine Schulter und erwiderte: „Ich glaube eher, daß ich es war, die dich da hineingezogen hat." Doch nach einem Moment des Schweigens fügte sie hinzu: „Aber wir tun das Richtige. – Auch wenn dieser Gedanke nicht immer tröstlich ist, nach allem, was wir bereits durchgemacht haben."

David nickte und mußte wieder an Michael denken. „Das stimmt, Els. Du hast recht. Manchmal kommt es mir so sinnlos vor, das Richtige zu tun." Er suchte ihre Augen in der Dunkelheit und streichelte ihr Gesicht. „Komisch. Im Krieg ist es mir nie so ergangen. Im Luftkrieg gegen die Deutschen habe ich mich nie... so allein gefühlt. Wir hatten das ganze Land und unser ganzes Volk hinter uns. Wir kämpften gegen die Nazis. Das war ein klares Ziel. Auch jetzt kämpfen wir im Grunde zwar wieder gegen die Nazis, aber die Umstände sind nicht mehr so eindeutig. Ich meine – sieh mal", er deutete zum Fenster hin, „früher bin ich mit ein paar prima Kerlen von der britischen Luftwaffe zusammen geflogen. Nun jagen mich diese Engländer gnadenlos, um mich an den Galgen zu bringen." Er lachte bitter auf. „Warum begreift uns die Welt nicht mehr, Ellie? Warum?"

Ellie dachte lange über seine Worte nach und meinte schließlich seufzend: „Ich nehme an, das hängt damit zusammen, daß alle vergessen wollen. – Und ich ganz besonders. Es ist kaum vierundzwanzig Stunden her, daß ich voller Bangen mit angesehen habe, wie du mit einem Flugzeug voller Waffen und Munition gelandet bist, und fürchten mußte, dich für immer zu verlieren. Die Zeit reicht nicht aus, David. Auch ich möchte vergessen – um weiterleben zu können."

„Das möchte ich auch. Aber ich kann es nicht. Zumindest nicht, bis diese Sache hier vorbei ist." Er küßte sie auf die Stirn. „Tja, es ist wohl schon das Richtige, was wir tun, aber ich wünschte doch, es täte jemand anders. Ich habe einfach Angst davor ..." Er schluckte schwer. „... daß wir es möglicherweise nicht überleben." Er nahm sie in die Arme und drückte sie heftig an sich. „Dies ist kein Spiel! Und wenn dir je etwas zustoßen sollte –"

„Darüber darfst du gar nicht erst nachdenken, David! Das ändert doch nichts. Meinst du nicht, daß Gott weiß, was geschieht? Mit uns? In Palästina? Ben-Gurion hat mir erzählt, daß das alles schon in der Bibel steht. In den Schriftrollen. Bei Jesaja. Gott wußte schon vorher von den Leiden seines Volkes und hat versprochen, es eines Tages in dieses Land heimkehren zu lassen. Wenn ich morgens an Ben-Gurions Arbeitszimmer vorbeigehe, sitzt er immer an seinem Schreibtisch und liest im Jesaja. Er sagte mir, das helfe ihm, an Wunder zu glauben. Aber egal, auf welche Weise dies geschieht, Gott hat den Juden verheißen, daß es *eines Tages* wieder eine Nation Israel geben wird. Egal, wer sich dagegen auflehnt, es *wird* geschehen, wie es in den Schriftrollen geschrieben steht. – Wir tun das Richtige, David. Und was auch passiert, wir sind Teil dieses Wunders!" Sie schmiegte sich an ihn. „Gott kümmert sich um uns. Wir sind nicht allein!"

„Tja." Er streichelte sie zärtlich. „Ich persönlich hätte das alles nur etwas anders geregelt, es etwas einfacher geschehen lassen."

„Ich glaube, der Herr denkt genauso, David. Nur macht die Welt da leider nicht mit, nicht wahr?"

* **

Den Rest der Wartezeit verbrachten die beiden schweigend und einander in den Armen liegend, als sei es das letzte Mal. Schließlich entdeckte David jedoch zwei Soldaten, die gemächlich zur gegenüberliegenden Straßenecke gingen. Er küßte Ellie behutsam und flüsterte: „Es ist soweit." Sie klammerte sich krampfhaft an ihn und flüsterte verzweifelt: „Ich liebe dich, David!"

Er küßte sie noch einmal zärtlich und erwiderte: „Ich dich auch." Dann nahm er sie bei der Hand und führte sie zur Haustür hinunter.

„Und denk daran: nicht sprechen, nicht stehen bleiben! Ruhig weitergehen, egal, wie sehr du auch rennen möchtest. Ohne Hast weitergehen!"

Sie nickte gefaßt. Dann öffnete er die Tür, und sie verließen den Schutz des Hauses. Die kalte Nachtluft schnitt Ellie in die Wangen und machte ihr vollends bewußt, daß dies kein Traum war. Mit angehaltenem Atem sah sie zu den dunklen Schatten hinüber, von denen sie wußte, daß sie Männer waren, die sie und David beobachteten. Schnell wandte sie ihren Blick wieder ab. Sie mußte daran denken, wie sie sich als Kind gefürchtet hatte, wenn sie bei Dunkelheit nach Hause ging, vorbei an düsteren Häusern und dunklen Hecken, hinter dem Lichtschein jeder Straßenlaterne Kobolde aus dem Märchenland vermutend. *Nicht rennen, Ellie!* sagte sie sich, während David sie fest beim Arm nahm. *Denk daran, wie es dir als Zehnjähriger mit den Wacholderbüschen von Mrs. Coulter auf der zehnten Straße ging. Damals hattest du vor den Trollen, die darin wohnten, genausoviel Angst wie jetzt vor diesen Männern. Aber du hast es trotzdem geschafft, langsam an den Büschen vorbeizugehen. Reiß dich zusammen, Ellie!* Es war ihr, als bewegten sich die Schatten in den Straßenecken schwarz und drohend auf sie zu. Sie wagte nicht, in Richtung der Männer mit den schwarzen Augen zu blicken, die jeden ihrer Schritte verfolgten und die bestimmt die Sekunden zählten, bis sie und David im Zentrum ihres Schraubstocks waren, um sie dann immer enger einzukreisen und schließlich festzuhalten. Ihr Atem ging keuchend vor Angst, und sie beschleunigte doch unwillkürlich ihre Schritte. Doch David hielt sie am Arm zurück. *Denk an Zuhause – an unsere Haustür, an den heißen Kakao und die Kekse, mit denen du dich hinterher für deine Tapferkeit belohnt hast! Nicht rennen, Ellie!* Dann vernahm sie hinter sich und zu ihrer Rechten schwere Schritte. Gleich darauf trat die Silhouette eines Offiziers vor ihnen ins Licht. Weitere folgten – *Nicht rennen!* –, und eine rauhe Stimme rief: „Halt! Im Namen Seiner Majestät –"

Weitergehen. Nicht zurückblicken! Gehen! Gleich bist du in Sicherheit! Nicht rennen! Sam und Bobby! Ob sie dabei sind? Sind Sam und Bobby unter diesen Soldaten?

„Halt!"

„Stehen bleiben, oder wir schießen!" *Eine Pistolensicherung knackt. Nicht wegrennen ...*

„Stehen bleiben, sage ich! Sie sind umzingelt!" Die Stimme wurde lauter und energischer, die Schritte hastiger.

Zwei dunkle Gestalten, die Gewehre im Anschlag, eilten an ihnen vorbei. David zog heftig an Ellies Arm. Grelle Blendlaternen bannten sie und schlossen sie ein. Soldaten, die die ganze Nacht auf diesen Augenblick gewartet hatten, umringten sie.

Wie in einem Alptraum hatte Ellie das Gefühl, daß sie bleierne Füße hätte, von denen sie unaufhaltsam in das Netz der britischen Soldaten gezogen wurde.

„Halt! Es hat keinen Sinn mehr!"

Wie sollten sie jemals Sam und Bobby finden? Zunächst waren es ein Dutzend Männer gewesen, die sie umringt hatten. Nun gesellte sich ein weiteres Dutzend hinzu. Ellie bemühte sich verzweifelt, ihre Gesichter zu erkennen. Aber um sie herum waren nur verwirrendes Dunkel und lärmende Stimmen. Plötzlich knallte ein Schuß. Ellie stolperte vor Schreck und glitt mit einem Schrei auf den nassen Pflastersteinen aus. Doch David hielt sie eisern fest und zerrte sie hinter sich her. Doch da stießen sie gegen einen harten, muskulösen Körper, kamen dabei aus dem Gleichgewicht und fielen nun beide hin.

„Ergreift sie!" Das grelle Licht der Blendlaternen zerschnitt die Dunkelheit und blendete sie. Hände griffen nach ihren Mänteln und zerrten sie wieder auf die Beine.

„In Ordnung, Leute, er is' es!" Ein Lichtstrahl erhellte triumphierend Davids Gesicht. „Es is' tatsächlich Meyer!" sagte eine Stimme mit britischem Tonfall, und ein siegessicherer Unterton schwang unverkennbar mit.

„Ich wußte doch, daß sie da drin war'n. Hab's in mein'n Knoch'n gespürt!"

„Und das is' wohl die verstorbene Mrs. Meyer, wie?" Eine rauhe Hand zog Ellie so heftig ins Licht, daß ihr das Haar wirr ins Gesicht fiel. Verängstigt suchte sie in der Schar ihrer Verfolger nach einem vertrauten Gesicht. Doch sie entdeckte weder Bobby noch Sam.

„David?" rief sie angstvoll.

David warf ihr einen resignierten Blick zu. Eine halbe Stunde hatte eben doch nicht ausgereicht!

„David Meyer. Jetz' is' es vorbei mit dem amerikanischen Kriegshelden. Jetz' geht's ab ins Acre-Gefängnis mit euch beiden!"

„Ich verlange eine Erklärung!" begehrte David auf.

„Aye. Die werden Sie bekommen, und noch mehr als das. In Palästina läßt die Gerechtigkeit nicht lang auf sich warten. Und Sie wissen doch genau, wie die Strafe für Waffenschmuggel heißt!"

David versuchte, Ellie an sich zu ziehen, wurde jedoch mit einem Schlag auf die Hand daran gehindert.

„Ich hol' eben den Lieferwagen!" rief einer der Soldaten vom Rand der Gruppe.

Es dauerte nicht lange, dann bog ein gepanzerter Transporter um die Kurve. Seine Scheinwerfer tauchten die Szene in ein grelles Licht. David wurde unsanft in den Lichtkegel gestoßen und dann aufgefordert, sich mit erhobenen Armen abtasten zu lassen.

„Durchsucht auch die Frau!" wurde Befehl gegeben. „Schließlich gehört sie dazu!" tönte eine grausam und bitter klingende Stimme hinter dem Wagen hervor.

„Jawoll, Capt'n." Der Befehl wurde von einem brutal wirkenden Soldaten ausgeführt, der Ellie abtastete, während ein anderer sie unbarmherzig gegen das kalte Blech des Wagens drückte. Plötzlich hustete er kurz, und Ellie stieg der Geruch von billigen Zigarren in die Nase. *Mauerpfeffer und Kuhdung! Bobby Milkin*! Vor Erleichterung wurden ihr die Knie weich. Aber sie schrie trotzdem unwillkürlich auf, als er sie unsanft unter den Armen nach Waffen abklopfte. Dann packte er sie grob am Kragen und hielt sie fest. Sie war seine Gefangene.

„In Ordnung! In den Wag'n mit dir!" meinte er abschließend. Das Licht der Laternen wurde nun von ihrem Gesicht zu den offenen Türen des Transporters geschwenkt. Ellie, die nun nicht mehr geblendet war, sah für einen kurzen Moment im Schein des Lichtstrahls die Gestalt des Captains aufleuchten. Seine schmächtige Statur erinnerte sie irgendwie an einen Bibliothekar: *Sam*!

Einige andere Soldaten traten vor, und einer meinte dienstbeflissen: „Ich fahr' sie hin, wenn's Ihn'n recht is', Capt'n."

Sam erwiderte in akzentfreiem Englisch: „Nein, danke. Die übrigen bleiben besser hier und behalten das Haus im Auge – für den Fall, daß noch andere drin sind." Er schob David und Ellie zusammen mit dem als Soldaten verkleideten Bobby vor sich her in den Transporter. Wieder rückte er mit seinem Lichtstrahl die hübsche, zerzauste Rothaarige, die unbeholfen in den Wagen kletterte, ins Zentrum der Aufmerksamkeit. Die Insignien des Captains ließen keinerlei Zweifel aufkommen.

Und schon wurden die Türen zugeschlagen, und das Fahrzeug fuhr mit röhrendem Motor davon. Bobby und Sam waren zusammen mit David und Ellie im vergitterten Abteil eingeschlossen. Niemand sprach. Doch nach einer Weile beugte sich Sam zum Trenngitter vor und rief dem Fahrer zu!: „Hören Sie! Halten Sie bitte kurz, und lassen Sie mich zu Ihnen nach vorne!"

Der Fahrer nickte und fuhr an den Rand der Straße, die längs des Strandes verlief. Er stieg bei laufendem Motor aus und ging nach hinten. Als er die Tür öffnete, blendete ihn ein greller Lichtstrahl.

„So ist's gut", sagte Sam dankbar. „Wenn man hinten fährt, wird einem immer ein bißchen komisch im Magen, nicht wahr?" Mit einem Mal stieg die Taschenlampe höher und sauste gleich darauf mit voller Wucht auf den Kopf des Fahrers nieder. Der Mann stöhnte und sackte zusammen. Einen Augenblick später kletterten David, Ellie und Bobby über ihn hinweg aus dem Wagen.

„Mensch, was bin ich froh, euch zu sehen!" rief David aufatmend und streckte seinen Rettern die Hände entgegen. Erst jetzt merkte Ellie, daß sie mit Handschellen zusammengebunden waren.

„Ich konnte eure Gesichter bei dem grellen Licht gar nicht erkennen", stöhnte sie und spürte einen Schwindel der Erleichterung.

Sam meinte mit einem bedauernden Blick auf die Handschellen der beiden: „Tut mir leid, aber ich habe keinen Schlüssel dafür. Ihr werdet warten müssen, bis wir am Flughafen sind."

„Nur keine Eile", warf Bobby ein, steckte sich eine kalte Zigarre in den Mundwinkel und zerrte den Soldaten auf den Sand neben der Straße. Dann zog er eine kleine Flasche hervor und goß einen Teil der Flüssigkeit über den Bewußtlosen. Daraufhin nahm er selbst noch einen tüchtigen Schluck. „Ein kleiner Krambambuli, wie wir das Zeug zu Hause nennen." Er steckte dem Mann eine Zigarre in den Mund. „Ich hab' noch nie einen Tommy getroffen, der einen tüchtigen Schluck vertragen konnte."

Plötzlich verschlug es Ellie hörbar den Atem, so daß alle aufsahen: aus der Ferne näherten sich unverkennbar die Scheinwerfer eines Wagens.

„Einsteigen!" rief David schnell und schob Ellie vor sich her in den Lieferwagen.

Mit grimmig verzogenem Gesicht verfolgte Sam, wie der Wagen immer langsamer wurde, je näher er kam. Der bewußtlose Soldat zu seinen Füßen begann sich leise stöhnend zu regen, und seine Augenlider flatterten. Kurz entschlossen hieb ihm Bobby noch einmal auf den Kopf, diesmal mit der Flasche. Dann streifte sie auch schon das Scheinwerferlicht des Wagens, und sie erkannten die Insignien der palästinensischen Polizei.

„Laß *mich* mit ihnen reden!" flüsterte Sam Bobby mit einem warnenden Unterton zu.

Der Polizeiwagen hielt so dicht vor dem Lieferwagen, daß er diesem den Weg versperrte. Dann kurbelte der Fahrer die Scheibe herunter und fragte besorgt auf Englisch: „Haben Sie Schwierigkeiten?" Doch er wartete die Antwort erst gar nicht ab und stieg aus.

Bobby, der neben dem bewußtlosen Fahrer stand, nahm ihn prüfend in Augenschein. Er war ein dunkelhäutiger, schmächtig gebauter palästinensischer Araber mit einem kantigen Gesicht, der die Szene mit argwöhnischen Blicken musterte. Es wäre ein leichtes, mit ihm fertig zu werden.

„Nichts Dramatisches", versicherte ihm Sam in vollkommen akzentfreiem Englisch.

„Was ist da los?" meldete sich nun auch der Kollege von der Beifahrerseite und stieg ebenfalls aus. Er war größer als der andere.

„Ist er tot?" fragte er. Bobby, der nicht einmal den Versuch wagte, die englische Aussprache zu imitieren, schüttelte nur schweigend den Kopf und schob wie gelangweilt die Unterlippe vor.

„Nur total betrunken", erwiderte Sam betont leichthin, „und hat sich beinahe noch selbst umgebracht. Als wir um die Kurve bogen, hätten wir den Kerl doch fast überfahren, weil er in seinem Rausch stolperte und uns um ein Haar unter die Räder gekommen wär', der Ärmste. Komm, Junge, wach auf, ja?"

Der Fahrer öffnete stöhnend die Augen und flüsterte: „Mein Kopf!"

Der Polizist kniete sich neben ihn. Sam und Bobby liefen kalte Schauer über den Rücken. „Einen über den Durst getrunken, was?"

„Nein... nein... mein Kopf!" Der Fahrer fuhr sich verstört mit der Hand über den Kopf. „Ich... ich sollte die Tür öffnen, und dann hat mich was am Kopf getroffen... irgendwas." Er betrachtete Sam mit nachdenklich zusammengekniffenen Augen, angestrengt bemüht, sich zu erinnern.

„Na, komm schon, alter Junge!" meinte Sam aufmunternd, eilte zu dem allmählich zu sich kommenden Fahrer, faßte ihn unter die Achseln und stellte ihn mit Bobbys Hilfe auf die Beine.

„Ich hab' irgendwie'n Schlag abgekriegt..." lallte der Fahrer benommen, auf wackeligen Knien wankend.

„Ein bißchen viel Krambambuli, wie die Amerikaner sagen", warf Sam ein. „Wir kümmern uns schon um ihn."

Die beiden Polizisten machten Bobby Platz, damit dieser dem Fahrer in den Lieferwagen helfen konnte. „Vielleicht sollten Sie ihn ins Krankenhaus bringen? Zur Untersuchung!" riet der größere der beiden Polizisten.

„So. So ist's gut", sagte Sam zu dem Fahrer und antwortete nicht. Er hoffte, seine Stimme so gut in der Gewalt zu haben, daß sie seine wahren Gefühle nicht verriet.

„Ich hab' die Tür geöffnet und..." murmelte der Fahrer wieder, den es immer noch beschäftigte, wie er zu seinem jetzigen Zustand gekommen war. Bobby stieg hinter ihm in den Wagen, und Sam sprang, vom grellen Scheinwerferlicht des palästinensischen Polizeiwagens angestrahlt, hinters Steuerrad und legte den ersten Gang ein.

„Ich würde sagen, du solltest dich vom Alkohol fernhalten", rief der kleine Polizist mit einem verschmitzten Lächeln hinterher und winkte grüßend.

„Nein!" rief der Fahrer, der nun zwischen Sam und Bobby saß. „Ich hab' keinen Tropfen getrunken." Er roch an seiner Jacke, während Sam zurücksetzte und langsam am Polizeiwagen vorbeifuhr. „Nicht einen Tropfen. Mir ist... irgendwas..." Mit einem Mal hellte sich sein Gesicht auf. „Nein... ich hab' eins auf den...!" Er starrte Bobby unverwandt an. Dann packte er ihn und schrie: „Wer sind Sie?" Bobby wehrte ihn mit seinen kräftigen Händen ab. „Hilfe!" schrie jetzt der Fahrer und schlug so heftig um sich, daß er Sam in die Rippen traf, woraufhin der Wagen aus der Spur geriet.

David und Ellie verfolgten die Szene voller Entsetzen durch die Gitterstäbe. David versuchte, Bobby wenigstens durch Zurufe Unterstützung zu geben: „Halt ihn fest! Zieh ihm eins über!"

Bobby hielt dem Fahrer aber schon mit eisernem Griff den Hals zu, so daß dieser keine Luft mehr bekam und mit einem unterdrückten Schrei das Bewußtsein verlor. Er erschlaffte langsam unter Bobbys Griff. Sam bog unterdessen auf eine Nebenstraße ab, die nach Tel Aviv und zu der winzigen Rollbahn der Jewish Agency führte.

10. Dunkel vor der Dämmerung

Mosche blickte auf seine Armbanduhr. *Gleich halb fünf.* Nur noch eine Stunde, bis der Himmel im Osten hell würde, und mit dem Tageslicht drohten neue Gefahren. Je länger Mosche warten mußte, desto mehr verfiel er ins Grübeln.

Wo bleibt nur der Konvoi? Ist er in Ramle aufgehalten worden? Was ist mit Ehud und den anderen – hatte man auch sie niedergemetzelt und am Straßenrand liegen lassen? Er starrte in den undurchdringlichen Nebel und wünschte, daß sich dieser endlich lichten würde, wünschte, daß er klarer sehen könnte. *Gott? Wenn du sogar den Sperling fallen siehst, mußt du doch auch uns sehen! Aber wir hören nicht immer eine Antwort von dir. Sechs Millionen Menschen haben inbrünstig zu dir gebetet, und du hast geschwiegen! Sechs Millionen Tote in Europa und noch einmal sechzig an dieser Straße, und du hüllst dich weiter in Schweigen! So stehen wir hier als eine Nation von Hiobs, die sich fragt, wie es zu einer solchen Ungerechtigkeit in den Herzen der Menschen kommen kann. Wir kommen um bei der Suche nach einer Antwort, und du schweigst!*

Mosche sah zu den schemenhaften Gestalten seiner Männer hinüber. Auch sie starrten in die Schwärze des frühen Morgens und hingen Gedanken über ihre Vergänglichkeit nach. Er kannte zwar nicht alle ihre Lebensgeschichten, aber er wußte zumindest so viel, daß das Leid, das jeder einzelne von ihnen zu tragen hatte, selbst dann eine viel zu große Last wäre, wenn es auf hundert Menschen verteilt würde. Und doch trug es jeder – jeder auf seine Art. Einige, wie Emile, waren innerlich daran zerbrochen. Andere hoben ihren Blick gen Himmel und fragten, warum von dort keine Antwort kam. Wiederum andere ballten kampfbereit die Fäuste und schrien *Nie wieder!* Wieder andere ertrugen ihr Elend in stummem Weinen, ohne Fragen, ohne Zorn.

Die Welt hatte sechs Millionen unschuldiger Menschen verloren – Männer, Frauen und Kinder –, nicht nur Juden, sondern auch Christen, die sich für die Juden eingesetzt hatten, sowie Alte und Behinderte, deren Leben als „lebensunwert" abgetan worden war. Doch hatte die Welt selbst dabei ihre *Unschuld* verloren. Mit dem Tod der sechs Millionen war auch die Hoffnung zunichte gemacht worden, daß Menschen am Grunde ihres Herzens wahrhaftig seien und Frieden und Gerechtigkeit erstrebten. Zunichte war auch der Glaube, daß die Menschen imstande seien, ihren Nächsten zu lieben wie sich selbst und den Hilfsbedürftigen ihre Hand zu reichen. Wie hatte es dazu kommen können? Und warum hatte sich auch nach all dem Furchtbaren, das geschehen war, nichts geändert? Die Welt hatte doch gesehen, wie die Öfen von Auschwitz geöffnet worden waren! Und dennoch war kaum drei Jahre später die Straße nach Jerusalem gesperrt und übersät mit getöteten Juden, während in der Heiligen Stadt Hungersnot herrschte.

Obwohl unser Volk von den Nazis umgebracht wurde, sind wir es, denen nach wie vor der Makel Mörder, Christusmörder anhaftet, Gott. Doch im Grunde sind sie es, die Christus durch ihre Taten morden. Sie sind es, die sich von dir abgewandt haben. Aber ich glaube fest daran, daß du die Menschen siehst, die ihre Hand nach dir ausstrecken und dabei den Tod finden ...

Mosche lehnte seinen Kopf seufzend an den kalten Stein. Gedanken, Fragen, Gebete bildeten ein wirres Durcheinander in seinem Kopf. Aber er war dankbar, daß sein Glaube trotz seiner Zweifel und Ängste letztlich nicht erschüttert wurde. *Im Augenblick sieht es so aus, als seist du die einzige Hoffnung, die uns noch bleibt,* dachte er. *In der Welt gibt es keine Hoffnung mehr. Hoffnung ist nur noch in dir. Aber wirst du dich auch jetzt noch in Schweigen hüllen, nun, da wir auf Erden ganz und gar auf uns selbst gestellt sind?*

Er blickte in den heller werdenden Himmel und flüsterte: „Jeschuah! *Antwortest du wirklich nicht oder nur in einer Weise, die wir nicht hören? Auch du bist dem Schwert der Ungerechtigkeit zum Opfer gefallen. Gott hat im Schweigen gesprochen: Er hat uns den Messiah gesandt. Aber so wenige hören, so wenige hören hin. Jeschuah, Erwählter, bitte sprich zu uns!*

Mosche brannten Tränen in den Augen. Er seufzte schwer, und seine Gedanken wanderten zu Rachel zurück. Wieder einmal überkam ihn das Gefühl, daß nur ein einziges Gebet wichtig sei. *Was sind wir beide, Rachel und ich, Gott – verglichen mit den sechs Millionen, die umgekommen sind? Jede Frau unter ihnen war in deinen Augen genauso wertvoll wie Rachel in meinen. Jedes Kind hast du wie Tikvah geliebt und jeden Mann wie mich. Aber ich muß dir hier und jetzt gestehen: ich schreie danach, zu leben und mein Leben mit diesen beiden Menschen zu verbringen. Aber wie Hiob sage auch ich: ich werde auf dich vertrauen, selbst wenn du mich schlägst, selbst wenn du schweigst ... selbst wenn ich dich nicht höre – weil es einfach nichts anderes gibt, worauf ich meine Hoffnung setzen könnte.*

* * *

Die lange, dunkle Kette des Konvois bewegte sich meter- und zentimeterweise in die Schlucht hinein, deren Felswände hoch über ihm aufragten und in der Höhe mit Nebel und Wolken verschmolzen. Die Führungsfahrzeuge, die ursprünglich schneller vorausfahren sollten, mußten schon bald wegen der tiefen Krater in der Straße ihr Tempo stark verringern. Die schwerfälligeren Wagen kamen ohnehin nur stockend und mit ächzenden Motoren vorwärts. Immer wieder mußten sie anhalten und brachten dadurch den gesamten Konvoi zum Stehen. Dies wiederholte sich so oft, daß den Fahrern schließlich vom ständigen Rucken die Nackenmuskulatur schmerzte.

An Umkehren – an eine Rückkehr in die Sicherheit Tel Avivs – war nicht mehr zu denken, nachdem sie einmal in das schmale Tal hineingefahren waren. Die dreihundert Wagen würden entweder Jerusalem erreichen oder genauso am Straßenrand enden wie die, die vor ihnen gescheitert waren.

Ehud hockte auf dem Dach eines kleinen gepanzerten Fahrzeugs, das wie ein wieselflinker Schäferhund zwischen dem Kopf und dem Schwanz der Fahrzeugkolonne, dem schwerfälligen Müllwagen mit dem gefesselten Herbert Gold, hin und her flitzte.

„Dichter aufschließen!" brüllte Ehud dem Fahrer eines ächzenden Tiefladers zu, der bis oben hin mit Kisten beladen war, die man notdürftig mit Dutzenden von Seilen verschnürt hatte.

„Der Motor ist zu heiß!" brüllte der Fahrer zurück. Auch wenn Ehud in der Dunkelheit das Gesicht des Mannes nicht erkennen konnte, hörte er aus dessen Stimme doch deutlich seine Angst heraus.

„Was hast du dir denn vorgestellt? Eine lustige Fahrt ins Blaue?" gab er betont barsch zurück. Immer wieder hörte er dieselbe Klage. Die Motoren der überladenen Lastwagen wurden auf der steilen, kurvenreichen und zerklüfteten Straße bis an die Grenzen ihrer Leistungsfähigkeit belastet. Die Leistungsfähigkeit der Fahrer wiederum wurde insbesondere dadurch bis zum Äußersten beansprucht, daß sie den schwierigen Straßenverlauf ohne Beleuchtung und noch dazu durch verdreckte Windschutzscheiben ausmachen mußten. Es war eine regelrechte Folterstrecke. Da die Fahrer ihre gesamte Kraft und Konzentration aufs Fahren verwenden mußten, war es die Aufgabe der Haganahwächter, die steilen, unvermittelt von der Straße abfallenden Hänge zu sichern. Sie versuchten, die Keffijahs von arabischen Kriegern oder ihren Kriegsschrei rechtzeitig auszumachen. Zum Glück gab es jedoch noch keinerlei Anzeichen für einen Angriff.

Durch die Vibrationen, die die kilometerlange röhrende, brausende, ruckende Wagenkolonne verursachte, lösten sich immer wieder Gesteinsbrocken aus den Felswänden und fielen polternd in die Tiefe. Es herrschte ein solch ohrenbetäubender Lärm, daß die Rufe der Fahrer darin untergingen. Wenn trotzdem manchmal ein lauter Knall an die Ohren der Männer drang, dann gingen sowohl Fahrer als auch Wächter schlagartig hinter den Armaturenbrettern in Deckung. Es stellte sich jedoch jedesmal heraus, daß es sich nur um eine Fehlzündung gehandelt hatte. So wurden die Nerven der Männer immer wieder einer neuen Belastungsprobe unterzogen. Und bei dem Schneckentempo des Konvois verloren die Fahrer zunehmend die Geduld und machten ihren aufgestauten Gefühlen mit Flüchen und Gebeten Luft.

Auf diese Weise waren sie bis auf sechs Kilometer an Kastel herangekommen, als Schultes Lastwagen im vorderen Drittel der Kolonne plötzlich unter Ächzen und Stöhnen seinen weiteren Dienst versagte und es hinter ihm bei zweihundert Fahrzeugen zum gefürchteten Halt kam. Kurz darauf blieben zwei weitere Lastwagen mit protestierend fauchenden Kühlern liegen. Die vorderen Wagen fuhren jedoch unbeirrt weiter, da die Panne dort unbemerkt geblieben war.

Die entsetzten Fahrer der betroffenen Fahrzeuge veranstalteten sogleich ein verzweifeltes Hupkonzert und schafften es sogar, das Röhren der Motoren zu übertönen und Ehud auf sich aufmerksam zu machen. „Was denn nun noch, Gott?" murmelte dieser entnervt, wendete sofort sein gepanzertes Fahrzeug und flitzte an der Wagenschlange entlang. Dabei gab er den Fahrern der noch fahrtüchtigen Wagen Anweisung, ihr Tempo zu verringern.

Was nützte es ihnen nun, daß sie keine Scheinwerfer hatten! Diesen Lärm hörte sicher inzwischen jeder Araber vom Bab el Wad bis nach Damaskus. „Setz einen Juden hinters Steuerrad, und schon fängt er an zu hupen. Oj wei! Die glauben wohl, sie sind in New York?" schimpfte er vor sich hin.

Als er den Lastwagen für Babynahrung endlich erreichte, hatte sich bereits ein Dutzend Männer um dessen hochgeklappte Motorhaube geschart und versuchte, Schulte mit lauten Zurufen beim Anlassen des Motors behilflich zu sein.

„Hol mal einer Licht!" rief eine Stimme.

„Nein!" schrie Ehud entsetzt und sprang hastig vom Wagen. „Oder sollen euch etwa arabische Heckenschützen den Kopf abrasieren?" Er warf erbost die Arme in die Luft. Der Motor drehte sich ein paarmal zögernd und erstarb dann. „Du hältst den ganzen Konvoi auf!" schrie ihn Schulte mit zornig funkelnden Augen an und versuchte erneut, die Maschine anzulassen.

„Schluß jetzt! Ihr macht jetzt ein Seil fest, und dann wird der Wagen abgeschleppt!" unterband Ehud jede weitere Diskussion und schlug zur Bekräftigung seines Befehls zwei Fahrern kräftig auf den Rücken. Diese rannten sogleich zum nächsten Fahrzeug, das in einiger Entfernung stand, und dirigierten es rückwärts an Schultes Wagen heran.

***

Unterdessen lag Herbert Gold immer noch mit zusammengebundenen Händen und Füßen auf den Sardinenkisten des letzten Wagens und sah gebannt in Richtung Westen. Plötzlich war ihm, als sähe er in der Ferne einen schwachen Schimmer. Zunächst glaubte er, es sei der Widerschein der Stadt Tel Aviv, und er wurde von heftiger Sehnsucht nach der Sicherheit der Stadt erfaßt. Er verfluchte die Tatsache, daß er hier seine Zeit vertun mußte, noch dazu in einem Kampf auf Leben und Tod. Vor allem aber verfluchte er Ehud Schiff. Da ihm durch das Fluchen leichter ums Herz wurde, verfluchte er auch noch die Jewish Agency und die Männer der Haganah mit ihren Waffen. Als er dann erneut zum Horizont sah, schien ihm der Lichtschein heller und deutlicher. Er veränderte mühselig seine Lage und versuchte mit zusammengekniffenen Augen auszumachen, ob dies tatsächlich der Fall war. Er hoffte inständig, daß er sich den Lichtschein nur einbildete. Um besser urteilen zu können, schloß er die Augen und zählte bis drei. Als er sie wieder öffnete, war alles dunkel. Er entspannte sich mit einem erleichterten Seufzer. Doch dann erstarrte er vor Schreck: der verdächtige Lichtschein beschrieb jetzt in einigen Kilometern Entfernung einen großen Bogen in der Dunkelheit.

Herbert wurde der Mund trocken, und er versuchte sich in panischer Angst von den groben Fesseln zu befreien. „Hilfe!" schrie er laut, aber sein Rufen wurde vom Röhren der Motoren verschluckt. „Sie kommen! Guter Gott! Die Araber! Die Araber!" rief er nun aus voller Kehle. „So hört mich doch! Hört doch! Schnell! Sie kommen!" Der Schweiß brach ihm aus, und er begann hysterisch zu schluchzen, da er annahm, daß er der einzige im ganzen Konvoi war, der die herannahenden Lichter entdeckt hatte. „Oh Gott!" schrie er. Er wand sich verzweifelt und schrie wieder aus vollem Halse, bis ihm die Adern auf der Stirn schwollen: „Bitte, so hört mich doch! Es ist der Jihad!" Doch die Worte wurden vom Wind verweht.

✽ ✽ ✽

Es war sehr mühsam, das Abschleppseil ohne Licht anzubringen. Doch schließlich rollte Schultes Wagen am straff gespannten Seil langsam hinter dem ziehenden Fahrzeug her. Die Männer stießen einen lauten Jubelschrei aus und kletterten rasch wieder in ihre Fahrzeuge, und der Konvoi setzte seine Fahrt im Kriechtempo fort. Doch schon nach wenigen Metern riß das Seil, und Schultes Lieferwagen rollte zurück gegen den Kühlergrill des hinter ihm fahrenden Wagens. Die Fahrer fluchten laut. Einige sprangen wieder aus ihren Fahrzeugen und schimpften wild gestikulierend über die Unfähigkeit des Mannes, der das Seil befestigt hatte. Wutschnaubend über die erneute Verzögerung machte Ehud kehrt und kam wieder zurück. Als er aus seinem Wagen sprang und seinen Blick über die Reihe der Lastwagen schweifen ließ, die sich hinter Schultes Wagen stauten, entdeckte er Scheinwerferlicht, das über die bleichen Kalksteinfelsen strich und sich dem Konvoi mit atemberaubender Geschwindigkeit näherte. Wie viele mochten es sein? Fünfzig? Auf jeden Fall waren diese Wagen nicht mit Tonnen von Lebensmitteln überladen, sondern transportierten nur menschliche Fracht. Ehud spürte, wie ihm die Farbe aus dem Gesicht wich. Nach einer kurzen Schrecksekunde fuhr er herum und brüllte den Fahrern, die noch am Steuer saßen, zu: „Schiebt den Wagen beiseite! Beiseite! Die Araber! Die Jihad-Moqhaden sind hinter uns!"

„Du kannst doch meinen Wagen nicht einfach hierlassen!" kreischte Schulte. „Ich lasse doch meinen Wagen nicht zurück!"

„Dann bleib hier und stirb, Idiot!" brüllte Ehud und winkte den riesigen Tieflader vorbei, der hinter ihm stand. Dieser rammte die Stoßstange des fahruntüchtigen Fahrzeugs und schabte dann kreischend daran vorbei.

„Mein Wagen!" brüllte Schulte verzweifelt, stieß die Fahrertür auf und sprang in den Matsch. „Gott wird dich dafür mit dem Tod strafen, Ehud Schiff!" ergänzte er klagend, während sein Wagen zum Straßenrand geschoben wurde und dann in den Graben rollte. Dort setzte er mit dem linken Kotflügel auf und blieb liegen.

„Von mir aus", entgegnete Ehud gleichmütig. Dann packte er den rasenden Mann am Hemd und stieß ihn in seinen gepanzerten Wagen. „Oder die Araber werden es Ihm abnehmen, nu?"

Ehud raste so schnell in Richtung Kolonnenende davon, daß Matsch und kleine Steine aufstoben. Die Fahrer der anderen Wagen informierte er durch Zurufe über das Anrücken der Araber. Schulte schimpfte, fluchte und jammerte unterdessen, daß er ruiniert sei, so daß Ehud schließlich brüllte, er solle den Mund halten. Andernfalls werde er nicht nur seinen Wagen, sondern auch ihn den Jihad-Moqhaden überlassen.

Als er kurz darauf am Müllwagen ankam, waren die Lichter der arabischen Verfolger schon ganz deutlich zu erkennen und näherten sich weiter mit großer Geschwindigkeit. Herbert Gold brachte nur noch ein heiseres Krächzen hervor, aber rief immer noch mit der Ausdauer der Verzweiflung: „Es ist der Jihad! Sie haben uns entdeckt! Sie werden uns alle umbringen! Gott! Das ist das Ende!"

„Na also", meinte Ehud bissig, wendete blitzschnell und sauste wieder nach vorne, „unser Wächter auf dem letzten Wagen hat also seine Pflicht getan."

* * *

Während Sam den Militärtransporter mit letzter Geschwindigkeit über Nebenwege in Richtung Rollbahn steuerte, war Bobby fröhlich damit beschäftigt, den Fahrer zu knebeln und zu fesseln.

„Verbinde ihm auch die Augen", riet ihm Sam, während er eine Abkürzung durch eine Orangenplantage einschlug.

„Dann brauche ich deinen Schlips!"

Der Fahrer stöhnte auf, als ihm Bobby auch noch die Augen verband.

„So, der sieht nichts mehr!" meinte Sam zufrieden. „Aber wir sollten uns vielleicht überlegen, wie wir ihm außerdem noch die Ohren verstopfen können, damit er auch nicht mehr mitkriegt, was wir sagen", ergänzte er mit einem spöttischen Seitenblick auf den Engländer, der nun vollkommen handlungsunfähig auf dem Boden lag.

Bobby schürzte die Lippen, legte seine Stirn in Falten und dachte ernsthaft über den Vorschlag nach. „Tja. Tja. 's allerdings nich' leicht."

„Was schlägst du vor?"

„Das Einfachste wär', wir machten ihn kurzerhand kalt", erwiderte Bobby.

Bei diesen Worten begann der Fahrer sich heftig in seinen Fesseln zu wehren, schrie und brüllte unverständliche Worte.

„Das ist eine gute Antwort", meinte Sam trocken, ohne dem verzweifelten Gebaren des Gefangenen Beachtung zu schenken.

Bobby tätschelte den verängstigten Mann jedoch beruhigend. „War doch nur'n kleiner Test, ob du auch gut hörst, Kumpel. Beruhig' dich, sonst müssen wir dir tatsächlich was antun." Er wußte genau, welche Ängste der Fahrer ausstand. Erst kürzlich hatten jüdische Terroristen zwei britische Soldaten entführt und in einer Racheaktion gehängt, weil die Briten drei Wochen vorher einen Juden auf diese Weise hingerichtet hatten. „Wir tun dir ja nichts – jedenfalls jetzt noch nicht ... – es sei denn, du machst uns Ärger, kapiert?"

Augenblicklich lag der Mann vollkommen still. Allerdings war seiner verkrampften Haltung anzumerken, daß er keineswegs beruhigt war.

„Wir könnten ihn auch einfach hier in der Obstplantage liegen lassen. Er würde ein bis zwei Tage brauchen, um sich rauszurollen, und bis dahin –"

Der Mann nickte heftig und versuchte trotz des Knebels, seine Zustimmung zu dem Plan kundzutun.

„Also, ich weiß nich'. Ich hab' das Gefühl, daß ihm die Idee zu sehr behagt", meinte Bobby nachdenklich und zündete sich geruhsam eine Zigarre an. „Ich mein', wir sollten diesem Kerl, der David und Ellie immerhin zum Henker karr'n wollte, was Scheußlicheres antun. Außerdem wär's vielleicht besser, wenn wir ihn 'n bißchen länger als zwei Tage gefesselt ließ'n. Meinst du nich' auch? Schließlich hat er uns're Gesichter gesehen."

„Und deine Zigarren in der Nase gehabt", fügte Sam augenzwinkernd hinzu. Der Gefangene wurde blaß vor Entsetzen. Sam begann dieses Katz-und-Maus-Spiel Spaß zu machen, und so setzte er die Unterhaltung fort: „Was schlägst du also vor?"

„Wir könnt'n ihn an'n Fallschirm häng'n und über'm Negev abwerf'n." Wieder fing der Gefangene an zu treten und zu brüllen. „Aber diese Idee scheint ihm auch nich' sonderlich zu gefall'n. – Beruhig' dich, Kumpel. Wir ham dir ja noch nix getan."

„Der macht uns wohl doch 'ne Menge Ärger, was?" meinte Sam vielsagend. Augenblicklich lag der Gefangene wieder regungslos da.

„Tja. Vor all'n Ding'n wird er wohl noch bis Mai in Palästina bleib'n, bis die Tommies abziehen. Noch fast sechs Wochen. Was soll'n wir bloß sechs Wochen lang mit ihm mach'n?" überlegte Bobby laut, während er die Taschen des Soldaten nach dem Schlüssel für Davids und Ellies Handschellen durchsuchte. „Ha!" rief er plötzlich freudig aus, als er den kleinen, silbrigen Gegenstand entdeckt hatte. Er ließ ihn zufrieden in seine Jackentasche gleiten. Dann tätschelte er dem Gefangenen den Kopf und meinte: „Brav so!" Plötzlich wechselte er das Thema: „Heh! Hast du Lust nach Hause zu flieg'n?"

Heftiges Nicken und begeisterte Grunzlaute waren die Antwort.
„Na gut. Wir tun ihn einfach in 'ne Transportkiste und schick'n ihn per Luftpost nach London."
Heftiges Kopfschütteln folgte auf Bobbys Vorschlag.
„Nicht einmal mit Luftlöchern?" fragte Sam.
„Ngah! Ngah! Hue!" rief der Soldat.
„Also ich versteh' kein Wort. Schätze, 's bleibt uns nur übrig, das Problem selbst zu lös'n. Dem scheint aber auch gar nichts zu gefall'n, außer, wir setz'n ihn genau vor der Kaserne ab und händig'n ihm noch die Wag'nschlüssel aus."
„Ngah! Ngah! Hue hu Hihot!"
„Da ham wa's. Er wird schon wieder ausfall'nd. Vielleicht sollt'n wir'n doch einfach kaltmach'n. – Nein, wart' mal –", meinte er unvermittelt und schnipste mit seinen dicken Fingern. „Wo ist der Erste-Hilfe-Kasten in dieser Karre?"
„Unter dem Sitz. Wieso?"
„Augenblick mal." Er wühlte in dem kleinen Blechkasten. „Ha! Genau, was ich suchte. – Morphium!"
Beim Einstich der Nadel bäumte sich der Gefangene noch einmal auf und erschlaffte dann stöhnend.
„Schlaf, mein Kindchen, schlaf", kommentierte Bobby lakonisch.

* * *

Ben-Gurion schritt unruhig neben dem provisorischen Hangar auf und ab und blickte Sam und Bobby ungeduldig entgegen, als diese endlich ankamen, David und Ellie erst einmal befreiten und ihnen die Handschellen aufschlossen, allerdings ohne den britischen Gefangenen zu erwähnen, der immer noch gefesselt und betäubt im Wagen lag.
„Bis wir in Jerusalem sind, ist Pessach längst vorbei", polterte der Alte. „Die dreihundert Lastwagen sind ja schneller da als wir. – Ist übrigens alles in Ordnung?" Er musterte Ellie einen Moment und meinte dann: „Ach ja. Gut. Irgendwelche Schwierigkeiten gehabt?"
„Tja, wir ..."
„Also nicht. Gut, daß ihr gesund und wohlbehalten angekommen seid. Nun, Sie kennen Ihre Aufgabe, David. Sie müssen binnen achtundvierzig Stunden gehandelt haben. Da es Pessachzeit ist, werden die Araber keine solch kühne Aktion erwarten."
David hätte beinahe *kühn und hoffnungslos* gesagt, aber er hielt sich

zurück und erwiderte höflich: „Nein. Ich kann mir auch nicht vorstellen, daß jemand damit rechnet."

„Dann sind wir also einer Meinung." Der Alte wippte kurz auf den Zehenspitzen und wandte sich dann Bobby zu: „Und Sie, sind Sie bereit, nach Jerusalem zu fliegen, Milkin? Ich möchte, daß Sie noch vor dem Konvoi dort eintreffen. Richten Sie die Moral dort wieder auf! Die Menschen in Jerusalem werden heute abend etwas auf dem Tisch haben, um Pessach zu feiern, und ich möchte meine Sedermahlzeit ebenfalls in Jerusalem einnehmen, wenn ich bitten darf."

Bobby sah Sam vielsagend an. „Du kümmerst dich wohl um die andere Sache, nehme ich an?"

Sam nickte und reichte dem Alten die Hand. „Ich wünsche Ihnen einen guten Seder!"

„Danke. Den werde ich wohl haben – wenn wir je in Jerusalem ankommen." Er warf Bobby einen durchdringenden Blick zu, woraufhin dieser unverzüglich zum offenen Hangar eilte und das kleine Flugzeug mit Davids und Sams Hilfe hinausschob. Paula Ben-Gurion, die bereits während der letzten halben Stunde im Cockpit geschlafen hatte, blinzelte nur einmal kurz und schlief gleich weiter.

Ellie legte dem Alten die Hand leicht auf den Arm und fragte beinahe beschwörend: „Werden Sie meinen Onkel Howard treffen?"

„Wenn es die Zeit erlaubt, ja. Soll ich ihm etwas ausrichten?"

Sie nickte. „Daß es mir gut geht. Mir und David. Daß ich für sie alle bete und ... sagen Sie ihm, daß ich ihn furchtbar gern habe, ja?"

„Natürlich. Ja, das werde ich ihm ausrichten. Und nun Gott mit Ihnen. Auf Ihnen ruht unsere Hoffnung! Ich weiß, daß das für Sie beide eine schwere Belastung ist. Aber seien Sie stark und zuversichtlich, ja. – Schalom!" Er wandte sich abrupt ab und kletterte hastig in das kleine Flugzeug. Wenige Augenblicke später rollten Bobby und Ben-Gurion bereits über die holprige Startbahn und hoben in den dunklen Himmel ab.

David und Sam waren noch dabei, die silberne Stinson an den Hangartüren vorbeizuschieben, als Bobby schon über ihnen kreiste. Ellie sah sehnsüchtig zu dem kleinen Flugzeug hinauf. Wie gerne wäre sie mit ihnen geflogen, zurück nach Jerusalem und zu Onkel Howards freundlichem Haus in Rehavia. Aber es war ohnehin nicht mehr dasselbe Haus wie bei ihrer Ankunft in Palästina vor einem knappen Jahr. Seitdem war so viel geschehen ... so viel. Sie schüttelte versonnen den Kopf. Und nun würde sie mit David nach Jugoslawien fliegen.

„Was sollen wir also mit dem Burschen im Lieferwagen machen?" fragte David Sam.

„Milkin meinte, wir sollten ihn über der Negev-Wüste abwerfen." Ellie verschlug es vor Schreck den Atem. „Nein! Das mach' ich nicht mit! Und David auch nicht! Der Ärmste hat nichts weiter getan, als uns in einem Polizeiwagen abzutransportieren!"

„Heh, ich hab' doch nur Spaß gemacht, Ellie!" beruhigte sie Sam. „Der Bursche ist ein kleines Problem für uns, das stimmt schon. Wenn wir ihn laufen lassen, bin ich ein gesuchter Mann, sobald er den nächsten Militärstützpunkt erreicht hat. Und wenn er irgendwo in Palästina freigelassen wird, können Sie Gift darauf nehmen, daß er uns allesamt verrät – auch daß ihr mit dem Flugzeug weggeflogen seid. Eine rothaarige Frau und ein amerikanischer Pilot sind nicht leicht zu übersehen. Es gibt nicht viele davon im Mittelmeergebiet, wenn Sie verstehen, was ich meine."

David zog nervös den Reißverschluß seiner Fliegerjacke auf und zu. Im Grunde war er immer noch zu müde, um klar denken oder Pläne schmieden zu können. „Und wie sollen wir das Schiff versenken? Etwa mit Platzpatronen?"

„Ich nehme Kontakt mit unseren Leuten in Belgrad auf. Sie können Ihnen sicher ein Paket mit auf den Weg geben. Dann brauchen Sie nur noch das Schiff ausfindig zu machen und Ihr Geschenk dazulassen."

„Das können Sie mir glauben", sagte David bitter, „es gibt nichts, was mich im Augenblick glücklicher machen würde." Der Gedanke an Michael stand wieder lebendig vor seinen Augen.

„Aber was machen wir mit *ihm*?" fragte Ellie und deutete mit dem Kopf in Richtung Transporter.

„Legt ihm das hier an", schlug David plötzlich vor und ließ die Handschellen vor Sams Nase baumeln. „Es macht uns nichts aus, ihn eine Strecke mitzunehmen. In Jugoslawien lassen wir ihn dann frei. Dort werden wir schon sehen, ob er sich zusammenreimen kann, wo er ist." Er lächelte flüchtig, doch seine Augen blieben stumpf und müde.

„In Ordnung", erwiderte Sam und ließ sich von David die Route und das Reiseziel diktieren.

Ellie betrachtete David forschend und fragte sich von neuem, ob es nicht zu früh sei, ihn all diesen Belastungen auszusetzen. Dann erhob sie sich langsam, duckte sich unter dem Flügel durch und ging zum Cockpit. Als sie die Tür öffnete, fiel ihr Blick auf einen großen Korb voller Lebensmittel und sechs Thermoskannen. Das ganze Cockpit war erfüllt von den köstlichen Düften, die aus dem Korb strömten. *Sie wissen, um was sie ihn bitten,* dachte sie unwillkürlich. Ihre Kameraausrüstung und zwei kleine Koffer standen zusammengepfercht im hinteren Teil des Flugzeugs. Dann entdeckte sie noch einen kleinen, weißen Umschlag unter einer der Thermoskannen. Sie zog ihn hervor, öffnete ihn behutsam und las mit zusammengekniffenen Augen im Dämmerlicht:

> Wenn Sie glauben, nicht weiterzukönnen, denken Sie daran, daß Pessach ist. Essen Sie das Brot der Eile, und denken Sie an Moses und die Kinder Israel, die auch nicht geschlafen haben, als Pharao sie verfolgte. Die Streitwagen verfolgen uns heute selbst im Bauch eines Schiffes auf hoher See. Möge Gott Ihnen beistehen, so wie Er das Meer vor langen Zeiten über unseren Feinden zusammenschlagen ließ. Seien Sie stark und zuversichtlich! B.G.

Ellie las den Brief immer wieder und drückte ihn fest ans Herz. Irgendwie fand sie Trost in dem Gedanken, daß Moses auch nicht geschlafen hatte.

11. Der Konvoi

Plötzlich war die Luft erfüllt von einem Brummen, Ächzen und Röhren, das herausfordernd aus der Ferne herüberklang. Selbst der Boden unter Mosches Füßen vibrierte. Der nahende Konvoi kündigte sich endlich an.

Gleich beim ersten Geräusch eilten die Männer die Böschung hinauf, um von dort nach den Wagen Ausschau zu halten. Mosche ging langsamer hinter seinen Leuten her und wurde von Emile mit den aufgeregten Worten empfangen: „Ja! Ich sehe sie! Ich kann die Scheinwerfer erkennen! Sie können nicht mehr als drei Kilometer entfernt sein, vielleicht sogar weniger!"

Lauter Jubel stieg gen Himmel, und die Männer beglückwünschten sich, daß sie an einer solchen Nacht teilhaben durften. Dann sahen sie wieder angestrengt nach Westen, wo winzige Schweinwerferpaare in der Dunkelheit steile Kurven beschrieben. „Massel Tov, Juden!" sagte Mosche glücklich lächelnd, und eine Welle des Stolzes durchflutete ihn.

„Heute morgen in Jerusalem!" rief ein anderer, und die Männer klopften sich lachend auf die Schultern.

Die Scheinwerfer gewannen rasch an Höhe. Als Mosche sie jedoch zählte und die Geschwindigkeit der Wagen schätzte, wurde er ernst. „Zu schnell", sagte er beunruhigt. „Sie kommen zu schnell." Die Männer verfolgten schweigend das Nahen der Lichter.

„Außerdem sind es nicht genug", ergänzte Emile bitter. „Die gehören nicht zu uns."

„Ehud würde die Scheinwerferbirnen entfernt haben", sinnierte Mosche laut. Und dann wußten plötzlich alle, was passieren würde.

Aus der Ferne drang weiter das dröhnende Motorengeräusch zu ihnen herüber, das von dem dunklen Konvoi herrühren mußte.

„Was sollen wir jetzt tun?" fragte ein hochgewachsener, muskulöser junger Mann verstört. „Ich habe nicht mal ein Gewehr."

„Ich gehe davon aus, daß die Araber das Ende des Konvois erreichen, bevor er hier ankommt", meinte Mosche, während der Lärm immer lauter wurde. „Aber dann müssen wir versuchen, sie hier festzuhalten, bis der Konvoi in Sicherheit ist." In diesem Augenblick blitzte das erste Gewehrfeuer auf, und schon übertönte das Echo der Schüsse das Motorengeräusch des Konvois. Die Männer schrien entsetzt auf. Nur Emile warf Mosche einen vorwurfsvollen Blick zu und meinte: „Mit zwanzig Gewehren und zehn Schuß Munition für jedes Gewehr sollen wir fünfzig Lastwagen voller Jihad-Moqhaden aufhalten?"

Aufgrund des Mündungsfeuers der Gewehre konnten die Männer nun ganz deutlich das Herannahen des Konvois erkennen.

„Wie es nun aussieht, Emile, werden aber auch Fergus und die anderen jede Kugel in Kastel brauchen. Und was uns betrifft, werden wir versuchen, die Jihad-Moqhaden so lange wie möglich aufzuhalten."

„Und dann?"

„Irgendwie hier rauskommen. Uns zu Fuß wieder nach Kastel durchschlagen oder vielleicht sogar mit dem Konvoi nach Jerusalem fahren. Tut euch zu zweit zusammen! Je zwei Männer ein Gewehr. Wenn der letzte unserer Wagen vorbei ist, beginnt ihr mit dem Angriff!"

„Aber ich habe doch gar kein Gewehr", wiederholte der kräftige junge Mann verzweifelt.

Mosche wußte, daß dieser wegen seiner Kraft und seiner Größe und nicht wegen seiner soldatischen Fähigkeiten ausgesucht worden war.

„Und du", sagte er ruhig, „Philip heißt du, nicht wahr?"

Der junge Mann nickte düster. „Philip Peres, Netanja."

„Du machst mir einen kräftigen Eindruck. Du kannst bei mir bleiben. Vielleicht werfen uns die Soldaten aus dem Konvoi ein oder zwei Kisten mit Waffen zu, so daß wir doch noch etwas haben, was wir den Berg hinauftragen können."

Emile starrte düster in die Tiefe, wo der Kampf stattfand, machte dann auf dem Absatz kehrt und ging ohne ein weiteres Wort davon.

Mosche führte Philip auf einen Felsvorsprung, von dem aus man den Verlauf der Straße noch besser überblicken konnte und von dem er wußte, daß er sonst einer der beliebtesten Angriffsstellen der Araber war. Dann nahm er sein Gewehr ab und lud die zehn Kugeln. Der Konvoi setzte unterdessen seine Fahrt unbeirrt durch den Kugelhagel fort. Nur ab und zu war ein Schrei zu hören. Die Minuten zogen sich endlos hin.

Philips kantiges Gesicht war von Angst gezeichnet, und jede neue Explosion ließ ihn erschrocken zusammenfahren. „Wenn ich nur eine Granate hätte!" stieß er aus, und seine Augen flackerten im Feuerschein eines brennenden Lastwagens, der von der Straße abgekommen war, unter Getöse in die Tiefe stürzte und explodierte. „Wenn ich eine Granate hätte, käme kein Araber an mir vorbei!" Seine Stimme war ein einziger Schrei nach Rache.

„Unsere Leute werden es schon schaffen!" rief ihm Mosche durch den Lärm zu. „Sie werden es schon bis hierher schaffen! Wenn sie verhindern können, daß die Araber den Konvoi überholen, werden unsere Wagen durchkommen!"

Plötzlich sahen die Männer im Zwielicht des Mondes, daß der erste Wagen des Konvois um die Kurve bog. Dann sauste ein kleines, überladenes Fahrzeug mit hoher Geschwindigkeit daran vorbei. Es folgte ein gepanzerter Bus, der die Kurve so schnell nahm, daß er nur mit zwei Rädern die Straße berührte und dabei an der Steilwand entlangschabte.

„Sie wissen ja gar nicht, daß wir hier sind!" rief Philip, der nur mit Mühe den Motorenlärm der vorbeirasenden Fahrzeuge übertönen konnte. Es war aussichtslos, in dieser Situation darauf zu hoffen, daß der Konvoi stehen bleiben und ihnen Waffen aushändigen würde. Sie sahen, daß sich auf jedem zweiten Lastwagen ein Haganahwächter mit schußbereitem Gewehr befand. Mosche hätte seinen Leuten am liebsten mitgeteilt, daß der Konvoi daher auch eine Gefahr für sie selbst darstellte. „Sie werden auf jeden schießen, der sich hier oben bewegt", rief er Philip zu. Ein Dutzend Lastwagen fuhr unter ihnen her und wirbelte dicke Staubwolken auf, die langsam zu ihnen emporquollen. Mosche hatte kaum ausgesprochen, da stürzten zwei seiner Leute auf die Straße und versuchten einen riesigen Transporter anzuhalten.

Gleich darauf zuckte aus den Führungshäusern dreier Lastwagen Mündungsfeuer auf, und die beiden Männer fielen zu Boden. „Nein!" schrie Philip voller Entsetzen. „Gott!" Die Wagen fuhren achtlos an den erschossenen Juden vorbei.

„Duckt euch! Bleibt in Deckung!" schrie Mosche aus vollem Halse, obwohl er ganz genau wußte, daß ihn niemand hören konnte. Dann verfolgten die beiden voller Entsetzen das weitere Geschehen unten auf der Straße: ein halbes Dutzend leichter arabischer Panzerfahrzeuge überholte den Konvoi in rasantem Tempo und nahm ihn unter Beschuß. Die Juden erwiderten das Feuer mit ihren Gewehren und setzten sogar ein Maschinengewehr ein, das unter der Plane eines riesigen Lastwagens installiert war. Seine Geschosse schlugen explodierend in einem der arabischen Fahrzeuge ein, und Splitter spritzten pfeifend in alle Richtungen. Es geriet in Brand und beschrieb einige wilde Kurven, bis es sich schließlich überschlug. Ein anderes Fahrzeug geriet aufgrund seines rasanten Tempos auf der kurvenreichen Strecke aus dem Gleichgewicht, fuhr noch einige Meter auf zwei Rädern, rutschte dann über den Straßenrand und stürzte explodierend in einer Kaskade aus Feuer und Licht den Hang hinunter.

Mosches Leute stießen ein so lautes Jubelgeschrei aus, daß ihre Kameraden in den Lastwagen auf sie aufmerksam wurden. Sie verringerten aber ihr Tempo nicht, geschweige denn, daß sie anhielten.

Auch die Jihad-Moqhaden sahen nun Mosches Leute auf ihren Stellungen und richteten sogleich ihr Gewehrfeuer auf die Felsblöcke, hinter denen sie sich verbargen, so daß die Luft plötzlich von abgesprengten Gesteinssplittern erfüllt war.

Philip duckte sich, hielt sich die Hände schützend über den Kopf und schrie: „Warum schießt du nicht? Und warum warten unsere Leute nicht auf uns?" Aber die Lastwagen fuhren röhrend weiter. Ihre Fahrer ahnten nicht, daß die vorausgefahrenen Jihad-Moqhaden in einer Kurve stehen geblieben waren und nun von ihren Fahrzeugen aus den Konvoi mit Granaten beschossen. Diese schlugen in den Hang oberhalb der Straße ein, und ein Hagel von Kalksteinsplittern ging sowohl auf den Konvoi als auch auf Mosche und Philip nieder. Mosche nahm einen der Araber, die den Minenwerfer betätigten, ins Visier und drückte den Abzug. Das Geschoß schlug nur kurz vor dem Ziel ein, und der dumpfe Knall des Granatwerfers war die Antwort. Mosche duckte sich schnell. Die Granate flog pfeifend über ihre Köpfe hinweg und schlug in einen Tieflader ein, der ungefähr zwanzig Meter von ihnen entfernt war. Er explodierte, überschlug sich und rutschte dann auf der Straße weiter, bis er zur Hälfte über dem Abhang hing. Diesmal regnete es auf Mosche und Philip Matzen herab, die bei der Explosion hoch durch die Luft geschleudert worden waren. Ein Jubelgeschrei von der arabischen Seite begleitete den Regen und steigerte sich noch, als sich die letzten fünfundsiebzig Wagen des Konvois im Kriechtempo am getroffenen Fahrzeug vorbeischieben mußten. Das vertraute und gefürchtete Kriegsgeschrei der Jihad-Moqhaden erfüllte die Nacht, und es entstand ein allgemeines Durcheinander. Mosche gab zwei weitere Schüsse ab, mit denen er endlich die Männer außer Gefecht setzen konnte, die den Granatwerfer bedienten. Währenddessen nahm er auf halbem Ohr Ehuds gebrüllte Anweisungen wahr.

„Räumt den vermaledeiten Tieflader aus dem Weg! Aus dem Weg!"

Das hintere Ende des Konvois kam zum Stillstand. *„Tod den Juden!"* schrien die Araber. „Den Wagen aus dem Weg!" brüllte Ehud.

Daraufhin ergossen sich überall Haganahwächter aus dem Konvoi auf die Straße und rannten, schießend und hinter jedem der Wagen Deckung suchend, zum Ende des Konvois, um zu verhindern, daß der Feind weiter vorrückte.

„Rammt ihn! Rammt ihn, sag' ich! Fester!" brüllte Ehud.

Auf Mosches Zeichen hin schlossen sich seine Leute den anderen Haganahwächtern an, die zwischen den liegengebliebenen Fahrzeugen zum Ende des Konvois rannten, um die Jihad-Moqhaden abzuwehren.

„Schieß! Schieß doch endlich auf sie!" bedrängte Philip Mosche und versetzte diesem im Laufen einen auffordernden Stoß in die Rippen.

„Ich habe doch nur noch sieben Schuß", erwiderte Mosche atemlos. Er war dankbar, daß er Philip nicht die Waffe gegeben hatte. Bei ihm wären die zehn kostbaren Kugeln sicher in Sekundenschnelle verschossen worden.

Mosches Truppe gelang es, die erste Welle der arabischen Angreifer so weit zurückzuschlagen, daß ihre Gestalten mit der Dunkelheit hinter dem weit entfernten Müllwagen verschmolzen. Als sich seinen Leuten weitere dreißig Haganahwächter angeschlossen und mit ihnen zusammen eine dichte Verteidigungslinie gebildet hatten, ließ die Heftigkeit des Kampfes nach. Dennoch war der Geräuschpegel kaum geringer geworden, da einige Lastwagenfahrer, begleitet von Ehuds anfeuernden Rufen, versuchten, den Tieflader mit den Stoßstangen ihrer Wagen von der Straße zu schieben.

Eine rauhe Stimme war aber über den die beiden kämpfenden Parteien trennenden Abgrund hinweg zu hören: „Heute ist es aus mit euch, Jehuda!"

Aus dem Augenwinkel sah Mosche, wie sich Emile, der inzwischen außer seinem eigenen Gewehr auch noch ein leichtes Maschinengewehr trug, aus seiner Deckung erhob, ins Dunkel schoß und hinterherrief: „Dann werden wir uns also heute nacht in der Hölle wiedersehen!" Er gab noch eine weitere Salve ab, und ein Schrei war die Antwort.

Da sah Mosche, daß sich ein Araber, mit einer Granate in der Hand, an Emile heranschlich, ohne daß dieser ihn wahrnahm. Spontan schoß Mosche dreimal auf den Angreifer, und der Mann sank getroffen zu Boden. Die Granate fiel ihm aus der Hand und explodierte außerhalb der Reichweite ihres Zieles.

Währenddessen waren die jüdischen Lastwagenfahrer damit beschäftigt, den widerspenstigen Koloß Zentimeter um Zentimeter an die Seite zu schieben. Obwohl es nur eine Angelegenheit von Augenblicken war, kam Mosche die Zeit wie ein ganzes Leben vor. Schließlich gab der Wagen jedoch nach und fiel, ächzend wie ein verendendes Tier, über die Böschung.

„Rückzug! Rückzug! Schritt halten mit dem Konvoi! Und schießen!" lauteten nun die Befehle.

Für die Haganah begann ein schwieriges Rückzugsmanöver: die Männer liefen rückwärts neben dem Konvoi den letzten steilen Anstieg hinauf und schossen dabei in die Reihen der nachrückenden Araber. Doch ein Soldat nach dem anderen stellte dabei fluchend fest, daß seine Munition zu Ende war. Dann retteten sich die Betroffenen jeweils, umgeben von einem Kugelhagel, mit einem Sprung auf das Trittbrett eines Lastwagens oder ins Ladeteil eines Transporters.

Mosche und Philip liefen auf dem Hang oberhalb der Straße neben dem Konvoi her und suchten jeweils hinter Felsbrocken Deckung. Mosche hatte nur noch vier kostbare Kugeln übrig, die er für einen Notfall aufbewahren wollte. Doch als die Araber erneut anfingen, Handgranaten zu werfen, machte er noch einmal von seiner Waffe Gebrauch und schoß in eine Gruppe, in der gerade eine Granate abgezogen worden war. Einer der Männer zuckte getroffen zusammen und schleuderte dabei die Granate unkontrolliert von sich. Sie fiel direkt vor das nächste arabische Fahrzeug und zerriß es.

Mosche stellte fest, daß immer noch weitere Haganahleute dabei waren, auf den Lastwagen Schutz zu suchen, und rief seinem Begleiter zu: „Philip! Lauf schnell zum Konvoi! Ich habe noch drei Kugeln. Damit gebe ich dir Deckung."

Keine Antwort. Als Mosche sich umsah, lag Philip blutüberströmt auf der Erde. Sein rechter Arm ruhte zerschossen auf seiner Brust, und er stöhnte vor Schmerzen, als Mosche ihn berührte. Ohne auf den Rückzug der Haganah zu achten, zog Mosche ein Taschentuch heraus und band damit Philip den Arm ab, aus dem pulsierend das Blut schoß.

Unterdessen waren Mosches Männer inmitten des Kampfgetümmels dabei, sich auf zwei Dutzend Lastwagen zu retten, die mit unverminderter Geschwindigkeit vorbeifuhren. Plötzlich überkam Mosche zum ersten Mal ein Gefühl der Panik. Für ihn würde es keinen Rückzug nach Kastel mehr geben. Er übersah mit einem Blick, daß der Vorbeizug des Konvois beinahe zu Ende war und sein eigenes Überleben somit von der Entscheidung dieses Augenblicks abhängen würde. Er lud sich den jungen Mann stöhnend vor Anstrengung auf die Schulter und wankte in Richtung des Felsvorsprungs über der Straße.

Er konnte bereits das Ende des Konvois sehen. *Nur noch ein halbes Dutzend, und dann ist meine Chance vorbei.* Er versuchte, nicht darauf zu achten, daß das Motorengeräusch und das Rumpeln der Wagen all-

mählich leiser wurden. Ständig flüsterte ihm eine innere Stimme zu: *Laß den Jungen zurück, sonst ist es aus mit dir! Wenn sie weg sind, seid ihr beide erledigt.*
Doch er kämpfte diesen Gedanken nieder. Plötzlich rutschte er aus und fiel hin. Mit einer letzten Anstrengung kletterte er über die Böschung und stolperte zum Rand des Vorsprunges, der sich etwa zweieinhalb Meter über der Straße befand. *Noch drei Lastwagen.* Gerade rumpelte ein riesiger Lieferwagen mit zerschossenen Reifen unter ihm vorbei. Dann sah Mosche, daß sich als vorletzter Wagen ein Transporter mit einer Plane näherte. Er legte Philip hastig so zurecht, daß er ihn auf die Plane werfen konnte. Aber er benötigte einen Augenblick zu lang, und schon war die Chance verpaßt.
Danach folgte nur noch der Müllwagen als Schlußlicht des Konvois. Er wurde von den Arabern heftig unter Beschuß genommen. Die Kugeln flogen pfeifend durch die Luft und prallten an der Ladeklappe ab. Noch eine Chance würde es nicht geben. Philip fest im Arm, sah Mosche das Führerhaus des Wagens unter sich vorbeifahren! Dann stieß er sich, seine Arme fest um Philips Brust, mit dem Mut der Verzweiflung ab. Im Fallen versuchte er noch, den Jungen mit seinem eigenen Körper vor dem harten Aufprall auf den Sardinenbüchsen zu schützen. Dann wurde es schwarz um ihn. Die letzten drei Kilometer durch das Rote Meer nahm er nicht mehr wahr.

***

Kadar schoß ein letztes Mal mit seiner Pistole hinter dem davonfahrenden jüdischen Konvoi her. Er wagte es nicht, ihn weiter in jüdisches Gebiet hinein zu verfolgen. Denn er fürchtete, daß die Juden ihn von beiden Seiten der Straße in die Zange nehmen könnten. „Wie wir es selbst einmal von Kastel aus gemacht haben", beendete er den Gedanken laut.
Jassar Tafara, der vor Erregung und Zorn schwitzte, stieß hervor: „Die Juden haben Kastel eingenommen. Sie sind dort oben. Sie haben Kastel gestürmt."
Kadar lachte laut und bitter auf. „Das war Gerhardts großer Sieg, wie? Sein *Blitzkrieg* gegen die jüdischen Angreifer mit den minderwertigen Waffen!" Er atmete tief durch und blickte zu Kastel hinauf. „Wenn wir jüdische Konvois von hier aus angreifen, können sie sich von oben verteidigen und uns zusätzlich von hinten vernichtend schlagen. Brillant! Woher wußten sie nur, daß in dieser Nacht ein Idiot das Kommando über Kastel hatte?"

„Gerhardt", stieß Jassar verächtlich hervor.

„Sicher werden die Juden ihm und seiner Großzügigkeit ein Fest weihen", meinte Kadar anzüglich, ohne den Blick vom wolkenumhüllten Gipfel zu wenden. „Während sie ein Festessen geben, werden wir damit beschäftigt sein, unser Dorf wieder zurückzugewinnen und dabei noch mehr Leute verlieren, nur weil dieser Idiot einen so schwerwiegenden Fehler begangen hat."

„Ja. Wir werden Kastel wieder einnehmen", pflichtete ihm Jassar bei und kniff entschlossen die Augen zusammen. „Und vielleicht kommt Gerhardt sogar dabei um, so wie er es mir gegönnt hat." Dann berichtete er in kurzen, hastigen Worten von seinem Zweikampf mit Kajuki und der Auseinandersetzung mit Gerhardt, der ihm den Tod gewünscht hatte. „Aber wir werden Kastel einnehmen, und vielleicht ist es dann Gerhardt, der dabei den Tod findet."

Während im Osten der Himmel langsam heller wurde, dachte Kadar über Jassars Worte nach und meinte schließlich entschlossen: „Ich werde Kastel einnehmen, Jassar. Und vielleicht ist es tatsächlich nötig, daß Gerhardt dabei den Tod findet. Aber du wirst nicht dabei sein, denn du mußt eine andere Pflicht für Haj Amin und Palästina erfüllen. Du wirst nicht um Kastel kämpfen." Er zog die Papiere heraus, die Haj Amin ihm gegeben hatte. „Du wirst sofort ein Flugzeug besteigen und dich um die Ausrüstung unserer Armee kümmern. Ja, ich bin sicher, daß man dich mit dieser großen Aufgabe betrauen kann. Und mit dem, was du uns bringen wirst, werden wir verhindern, daß Kastel jemals wieder solch eine Schande erlebt, wie es sie heute nacht erlitten hat."

***

Sarai lag regungslos neben ihrem Mann. Es war Stille im Dorf Deir Jassin eingekehrt. Die Hochzeitsmusik war längst verklungen, und die männliche Bevölkerung war mit lautem Kriegsgeschrei in Richtung Ramle davongestürmt, um gegen die Juden zu kämpfen. Man hielt es nicht für wahrscheinlich, daß sich die Juden nach Deir Jassin wagen würden, das dicht bei den Vororten des arabischen Jerusalem lag.

Sie streichelte Basil zärtlich. Die Männer hatten ihn unter Rufen und Gelächter zurückgelassen, obwohl er bereit gewesen war zu kämpfen.

„Du hast genug getan!" hatten sie gerufen. „Bleib du nur hier und bewache die Frauen von Deir Jassin! Zumindest *eine* von ihnen!"

So war er also geblieben. Er hatte Sarei in sein kleines Haus am

Rande des Dorfes getragen und sie mit unglaublicher Zärtlichkeit zu seiner Frau gemacht. In dieser Nacht liebte sie ihn leidenschaftlich und für ein ganzes Leben.

Mit einem Blick voll Trauer hatte er ihr gestanden: „Ich habe einen hohen Preis für dich gezahlt. Ich habe das Vertrauen von Männern mißbraucht, die ich bewunderte. Ich habe das Leben von Männern geopfert, die nicht meine Feinde waren." Dann hatte er sie in die Arme genommen und geflüstert: „Aber solch eine Liebe ist jeden Preis wert!"

Es war kurz vor Morgengrauen, als von den Bergen des Bab el Wad ein fernes, dumpfes Grollen erklang. Dennoch schlief ihr Mann, als herrsche tiefer Friede in der Welt und als sei sie schon immer seine Frau gewesen. Sie schloß die Augen, als der Hahn krähte. Dann sah sie Basil zärtlich an und flüsterte: „Vielleicht hat Allah in dieser Nacht einen Sohn in mir entstehen lassen. Einen Sohn, den wir Jassar nennen werden."

Basil wandte sich um. Er sah sie verschlafen an und fragte: „Was ist, meine Braut?"

Sie errötete, und obwohl er die Röte ihrer Wangen nicht sehen konnte, hörte er ihre Schüchternheit deutlich aus ihrer Stimme heraus. „Ich ... ich hoffte, daß wir vielleicht ... daß wir vielleicht einen Sohn gezeugt haben."

„Wenn es der Wille Allahs ist, werde ich mich freuen." Er rückte näher an sie heran.

„Und daß wir ihm, wenn du einverstanden bist, den Namen des einen geben, der diese glückliche Verbindung besiegelt hat."

„Was wünschst du, meine Frau?"

„Daß du, wenn ich dir einen Sohn schenke, ihn nach meinem Bruder nennst."

Er schwieg einen Augenblick. Dann krähte der Hahn ein zweites Mal, und er nahm sie in die Arme. „Ein Sohn namens Jassar. Ja, das ist ein edler Name. Ein Name, geboren aus Leidenschaft und Blut. Es ist der Name eines Kriegers."

Teil 2
Das Licht

„Es gibt verlassene Ecken unseres Exils,
Ferne, vergessene Städte der Zerstreuung,
Wo unser altes Licht immer noch im Verborgenen brennt,
Wo Gott ein Überbleibsel vor dem Verderben gerettet hat ...

Bialik

12. Pessachabend

Der Ruf des Schofars hallte ununterbrochen durch die Straßen von Jerusalem. Er schwebte über die Barrikaden, die die Stadt teilten, und weckte nicht nur Juden, sondern auch Araber und Christen. Nach und nach fielen immer mehr Schofars ein, bis die Luft schließlich voller Leben und Herausforderung war.

Rachel stand auf dem Dach des Hadassah-Krankenhauses und sah noch einmal zu dem strahlenden Banner hinüber, das über der Kuppel der Großen Hurva-Synagoge wehte. Sie drückte Moshes Brief an ihr Herz und sprach flüsternd zuerst ein Gebet für ihn und dann eins für die anderen Menschen, die sie hinter den Mauern des jüdischen Viertels zurückgelassen hatte. Zwar hatte inzwischen die Morgensonne die Dunkelheit der Nacht vertrieben, aber die Nacht, in der ihr Volk durchs Meer wandelte, war noch lange nicht vorüber.

Rachel strich sich versonnen über ihren Leib. Nicht die kleinste Wölbung deutete an, daß sie Moshes Kind trug, und doch war sie überzeugt, daß es so war. „Kannst du mich hören, Kleines?" flüsterte sie zärtlich. „Und kannst du auch das Schofar hören? Klopft auch *dein* kleines Herz dabei schneller? Ja, Ja! Gott sieht uns, Kleines! Selbst nach allem, was passiert ist, sieht und liebt uns Jeschuah. Daß ich dich in meinem Leib trage, ist Beweis genug für seine Liebe. Dein Papa hat mir gesagt, daß Gottes Liebe nicht nur die Zeit, sondern sogar den Tod überdauert..." Das Echo der Schofarklänge wurde lauter und wuchs zu einem Crescendo an. „... und sieh uns nur an! Höre das Schofar, Kleines! Es wird auch für *dich* geblasen!"

Grelle Autohupen mischten sich in die morgendliche Symphonie, und aus dem Westen schallte ein tiefes Grollen wie beständiger Trommelwirbel herüber. Doch der Himmel war strahlend blau, und der Nebel zog sich über das Meer zurück. *Wo kommt denn dann der Donner her?* wunderte sich Rachel und überlegte einen Moment, ob der Kampf vielleicht bis in die Vororte Jerusalems gedrungen sei. Sie ließ ihren Blick nachdenklich über die Dächer in Richtung Jaffa Road schweifen. Wenngleich die Schatten auf den Straßen immer noch lang waren, erkannte sie doch die winzigen Gestalten von Männern und Frauen, die aus ihren Wohnungen auf die Straßen strömten und zur Jaffa Road rannten. Einen Augenblick überlegte sie, ob es bei den Bewohnern Jerusalems Sitte sei, auf diese Weise den Pessachmorgen zu begrüßen. Doch dann fiel ihr ein: *Der heilige Tag beginnt doch erst heute abend bei Sonnenuntergang! Das Schofar ist einen Tag zu früh geblasen worden!*

In diesem Moment wurde die Tür hinter ihr aufgestoßen, und Jakov – atemlos, das junge Gesicht gerötet und die Jarmulke schief auf dem Kopf – stürzte zu ihr aufs Dach.

„Sieh mal, Schwester!" rief er, und seine Worte waren bei der sich stetig steigernden Geräuschkulisse kaum zu verstehen. *„Sieh doch nur! Es ist wahr! Der Konvoi ist gekommen!"* Er schlang die Arme um ihre Taille und lachte vor Begeisterung.

Rachel war sprachlos überwältigt. *Mosche!* dachte sie nur und konnte es kaum glauben, daß er sich in diesem Augenblick in der Stadt befinden sollte. Sie schaute angestrengt in die Straßen hinunter und wünschte, sie könnte durch die Häuser hindurchsehen, wünschte, sie könnte wie die anderen durch die Straßen laufen. Im Gegensatz zu den anderen, denen es um die Lebensmittel ging, würde sie jedoch nur sein Gesicht suchen. Rachel spürte nur einen Hunger, und der war in ihrem Herzen.

„Sie haben es geschafft!" brachte sie schließlich hervor.

„Komm!" drängte Jakov und zog sie am Arm. „Das ganze Krankenhaus tanzt! Sogar die Lahmen! Es ist ein Wunder, sagt Großvater! *Ein Wunder!"*

Die Flure des Krankenhauses wimmelten von lachenden und weinenden Menschen.

„Massel Tov!"

„Massel Tov, ihr Juden!"

„Heute werden wir wieder einen richtigen Seder feiern können, nicht wahr?"

„Ich hoffe, sie haben viele Matzen mitgebracht!"

„Was meinst du? Ob sie auch an den Wein gedacht haben, Morris?"

„Und eine ganze Lastwagenladung Strudel, nu?"

Rachel und Jakov hatten Mühe, sich durch die Menge der Kranken und Gesunden zu schieben, zwischen denen sich auch die Ärzte und Schwestern zwanglos bewegten. *„L'Chaim!* Zum Leben! Auf Jerusalem! *L'Chaim! Massel Tov!"*

Jakov machte vor Staunen große Augen. „Hast du das gehört, Rachel? Eine ganze Lastwagenladung voller Strudel!"

In der Menge begegnete Rachel auch dem Arzt, der sie darüber aufgeklärt hatte, daß sie schwanger war. „Ah, Frau Sachar!" rief er gut gelaunt. „Dann brauchen wir uns ja wegen des Essens fürs erste keine Sorgen mehr zu machen!"

Rachel legte den Finger auf ihre Lippen, um anzudeuten, daß die Neuigkeit noch immer ein Geheimnis sei, und warf ihm einen verschwörerischen Blick zu.

„Natürlich!" pflichtete ihr der Arzt freudestrahlend bei. „Erzählen müssen Sie es selbst. Nur müssen Sie mir versprechen, daß Sie essen!"

Die Feier in Tikvahs Zimmer fand in einem stilleren Rahmen statt. Großvater stand über die Kleine gebeugt und hielt segnend die Hände über sie. Onkel Howard lehnte an der Fensterbank und sah lächelnd auf die wimmelnden Menschenmassen hinab, die aus dem Krankenhauseingang strömten. Jehudit saß schweigend, aber mit heiterem, hellen Blick, am Fußende von Tikvahs Bettchen.

„Solch ein Tag!" sagte der Großvater gerührt. „Oj! Solch ein Tag! Daß ich solch einen Tag noch erleben darf!"

„Wie geht es Tikvah?" fragte Rachel gedämpft und fühlte besorgt die Stirn des Kindes. Doch eine Welle der Erleichterung durchströmte sie. Die Temperatur war fühlbar gesunken, nur die Stirn war noch von winzigen Schweißperlen bedeckt. Sie schlief friedlich. Ihre langen, schwarzen Wimpern flatterten, und um ihren Mund lag ein zufriedenes Lächeln. „*Sehr* viel besser!"

„Während du fort warst, war der Arzt hier", berichtete Jehudit. „Ja. Es geht ihr besser. Ach, Rachel, ich bin so froh, daß wir es geschafft haben, die Altstadt zu verlassen! Der Arzt sagte, wenn wir nicht –"

Der Großvater wandte sich unvermittelt an Jehudit und sagte mit vor Erregung rauher Stimme: „Der König des Himmels wird Sie dafür belohnen, Jehudit! Ich kann mir annähernd vorstellen, daß Sie all Ihren Mut zusammennehmen mußten, um Rachel und dem Kind gegen den Willen Ihres Vaters zu helfen. Sie sind ein tapferes junges Mädchen! Sehr tapfer! Die Thora sagt, wenn man ein Leben gerettet hat, hat man das Weltall gerettet, nu? Gott wird Sie segnen, Kind."

Rachel umarmte Jehudit, strich ihr liebevoll übers Haar und sagte mit aufrichtiger Bewunderung: „Du bist viel tapferer, als ich es jemals gewesen bin!" Von allen Anwesenden verstand Rachel am besten, was es für Jehudit bedeutet hatte, alles für Tikvah aufs Spiel zu setzen. „Ich danke dir!"

Jakov zögerte einen Moment, doch dann ging er schüchtern auf Jehudit zu und sagte: „Früher hatte ich Angst vor dir und vor allem vor deinem Vater, weil er Schaul nicht mochte. Aber jetzt sehe ich, daß du ein wirklich guter Mensch bist."

Jehudit lachte. Es war das erste echte Lachen, das Rachel von ihr gehört hatte. „Das bist du auch", erwiderte Jehudit zu Jakov gewandt und rückte ihm liebevoll die Jarmulke zurecht. „Hast du deinen Hund immer noch? Wir sind nämlich inzwischen Freunde geworden."

„Oh ja. Er lebt jetzt im Hause des Professors. Ich teile meine Rationen mit ihm. Und wenn er die Araber bestiehlt, teilt er seine mit uns."

Ohne sich umzudrehen, sagte Howard: „Vielleicht werden wir jetzt mehr zu teilen haben." Er beobachtete lächelnd, wie Menschen auf dem Bürgersteig singend und klatschend im Kreise tanzten. „Ein Wunder! Zwar ein *hart erkämpftes* Wunder, aber dennoch ein Wunder." Sein Gesicht war schmaler geworden, und Rachel vermutete, daß auch er seine Rationen mit anderen geteilt hatte.

„Ich war auf dem Dach", begann Rachel. „Ich habe den Ruf des Schofars gehört und dachte erst, es sei vielleicht schon Pessach."

„Nein", brummte der Großvater. „Pessach ist erst *morgen*, Kind. Wenn wir gegessen haben!"

Plötzlich wandte sich Howard um und meinte: „Es geht die Nachricht um, daß Ben-Gurion vor einer Stunde mit dem Flugzeug in Jerusalem angekommen ist. Ich habe es im Radio gehört. Unsere Leute haben die Araber aus Kastel vertrieben. Die Straße ist frei – zumindest für den Augenblick. Und die ganze Stadt ist außer Rand und Band vor Freude."

Jakov trat neben ihn und hakte nach: „Wirklich die *ganze* Stadt, Professor Moniger?"

Howards Blick folgte dem des Jungen zum arabischen Viertel Sheik Jarrah, das gleich unterhalb des Krankenhauses begann. Die Stille seiner Straßen stand in krassem Gegensatz zu dem Lärmen und geschäftigen Treiben im dahinter liegenden jüdischen Viertel. Leer und still und mit einer Düsterkeit, die Schlimmes ahnen ließ, empfingen die arabischen Straßen und Häuser die Nachricht. Howard schauderte unwillkürlich. „Nein, nicht die ganze Stadt, Jakov. Weiß Gott nicht. Aber wir werden uns durch den Zorn der Araber nicht unsere heutige Feier verderben lassen."

Rachel versetzten diese Worte einen Stich ins Herz, und sie fragte aufgeregt: „Ist auch durchgegeben worden, wie viele umgekommen sind?" Plötzlich überkam sie ein Gefühl der Schwäche. Sie mußte sich am Gitter des Bettchens festhalten und sank auf einen Stuhl.

„Nein. Sie haben keine Zahlen genannt. Aber es hieß, daß es nur einige Leichtverletzte gegeben hätte."

„Könnte es sein, daß auch Mosche hierher gekommen ist? Nach Jerusalem?" fragte Rachel, und ihre bleichen Wangen nahmen vor Aufregung wieder Farbe an.

„Nun, nun, Kind", dämpfte der Großvater ihre Erregung. „Er wird immerhin noch von den Engländern gesucht. Er könnte nicht ohne Gefahr für sein Leben herkommen. Stimmt's? Natürlich stimmt's."

„Aber vielleicht hat jemand im Konvoi eine Nachricht von ihm." Sie sah Howard so flehend an, daß man Mitleid mit ihr haben mußte. „Herr Professor? Herr Professor, könnten Sie..." begann sie mit zitternder Stimme und sah dann verlegen zu dem schlafenden Kind.

„Das kannst du doch nicht vom Professor verlangen", wandte der Großvater ein. „Der Konvoi wird von einer riesigen Menschenmenge umlagert sein."

„Natürlich kann sie das!" meinte Howard. „Wenn sie mich darum bittet, werde ich antworten, daß ich mit Freuden gehe."

„Und ich auch!" rief Jakov.

„Wer weiß, vielleicht können wir dabei auch etwas für unsere heutige Abendmahlzeit auftreiben", fügte Howard hinzu.

„Für Pessach?" rief Jakov. „Siehst du, Großvater, ich muß unbedingt mitgehen, sonst kauft er uns noch etwas Falsches, etwas, das nur Nichtjuden essen dürfen. Ich habe gesehen, daß diese Gojim alles mögliche essen", meinte er mit scherzhaftem Schauder.

Jehudit wandte sich fürsorglich an Rachel: „Rachel, du solltest auch gehen! Laß mich hier bei Tikvah bleiben! Es geht ihr jetzt ja viel besser. Geh du nur und suche Mosche! Frag nach ihm! Und höre mit eigenen Ohren, was sie erlebt haben."

Rachel zögerte. Sie blickte zuerst unruhig aus dem Fenster und dann zum Kind. „Ich danke dir. Aber ich kann sie nicht allein lassen. Jedenfalls jetzt noch nicht." Sie wandte sich an Howard. „Aber wenn Sie für mich gehen und sich nach Mosche erkundigen würden... Und du auch, Jakov... Großvater, du und Jehudit, ihr beide solltet allerdings nach Hause gehen und euch für das Pessachfest fertig machen. Ich kann Tikvah noch nicht allein lassen. Sie wird bald aufwachen und dann Angst haben, wenn ich nicht da bin."

Es war jedoch nicht allein die Sorge um Tikvah, die Rachel davon abhielt, selbst zu gehen, sondern die furchtbare Angst, schlechte Nachrichten zu erfahren. *Vielleicht hat ihn ja überhaupt niemand gesehen. Oder sie teilen mir mit, daß er verwundet in den Händen der Araber zurückgeblieben ist. Oder daß er niemals mehr zu mir zurückkommen wird. Oh bitte, Gott! Mach bitte, daß sie nicht so etwas sagen!*

Jehudit legte zärtlich den Arm um Rachel und sagte mit leiser, beruhigender Stimme: „Aber du mußt selbst gehen! Ich sehe es doch deinem Gesicht an. Hier auf eine Nachricht zu warten, würde dich um den Verstand bringen. Unsere kleine Tikvah schläft jetzt. Und ich werde hier an ihrem Bettchen bleiben und sie keinen Augenblick aus den Augen lassen."

Rachel sah Jehudit nachdenklich an und versuchte sich vorzustellen, wie es wäre, wenn sich Mosche doch in Jerusalem aufhielte und sie nicht zu ihm ginge. Wenn er verwundet wäre und im Konvoi stürbe und sie ihm keinen Trost zuspräche und ihm nicht sagte: Wir werden ein Kind haben, mein liebster Mosche. Aus unserer Liebe ist ein Kind entstanden! „Ja!" erwiderte sie schließlich zögernd. „Ja. Du hast recht. Ich muß gehen. Ich muß versuchen, ihn zu finden."

Da räusperte sich jedoch Howard und wandte ein: „Es tut mir leid, aber ich glaube, Ihr Großvater hat recht. Es wäre zu gefährlich für Mosche, beim Konvoi zu bleiben. Das Beste, worauf wir jetzt hoffen können, sind ein paar Nachrichten."

„Ja", sagte sie abwesend. „Nachrichten."

Großvater strich ihr mitfühlend über den Arm und sagte leise: „Also, Rachel, selbst wenn es keine Nachrichten von ihm geben sollte, meinst du nicht, daß Gott weiß, wo er ist? Er hat doch auch dich nach Hause gebracht, nicht wahr?" Und mit diesen Worten schlurfte er zur Tür.

Sie nickte gefaßt und zerknüllte Mosches Brief in ihrer Tasche.

* * *

Rabbi Akiva stand im dunklen Hof seines Hauses in der Altstadt und zündete ein Streichholz an, um ein Häufchen Brotkrumen in einem hölzernen Löffel zu verbrennen. Wie es das Gesetz vorschrieb, hatte er am Pessachvorabend alles Gesäuerte zusammengesucht, um das Fest der ungesäuerten Brote einzuleiten. Gerade verhallte der Klang des Schofars, da sah er über den hohen Mauern, die den Hof umgaben, an der Kuppel der Hurva-Synagoge eine Flagge im ersten Licht des jungen Tages schimmern. Als der Rauch vor ihm aufstieg, holte er die hastig hingekritzelte Nachricht aus der Tasche, die Jehudit ihm hinterlassen hatte:

Mein Vater! Obwohl ich Dich liebe, kann ich Dir in dem, was Du tust, nicht zustimmen. Wenn Rachel und Mosche Sachars Tochter nicht in ärztliche Behandlung gebracht wird, muß sie sterben. Und da Du Dich weigerst, diesem unschuldigen Kind zu helfen, werde ich an Deiner Statt tun, was mir mein Herz gebietet. Wenn ich hierbliebe, würdest Du mich schlagen und wahrscheinlich ohnehin aus dem Haus jagen. Darum ver-

lasse ich Dich freiwillig und gehe mit Rachel. Ich habe keine andere Wahl, als gegen Deinen Willen zu handeln, da Dein Wille die Gebote des Ewigen mißachtet. Deine Tochter Jehudit.

Akiva las den Brief noch zweimal, faltete ihn anschließend mit zitternden Händen sorgfältig zusammen und zerriß ihn. Dann kniete er sich vor das Feuer und hielt den Rand des Papiers in die Flamme. Er sah zu, wie die züngelnden Flammen das Wort *Vater* zunächst schwarz färbten und schließlich verzehrten.

„Sie hat noch nie meinen Zorn zu spüren bekommen", murmelte er. „Sie hat also das Haus eines Gerechten verlassen, um an der Seite dieser Hure Rachel Lubetkin zu leben. Sie hat mich vor der Allgemeinheit erniedrigt. Bei allem, was heilig ist, sie hat noch nie die Flamme meines Zorns zu spüren bekommen!"

Er ließ den brennenden Brief ins Feuer fallen, wandte sich um und schritt in das große, leere Haus, um Captain Stewart anzurufen und ihn darum zu bitten, Jehudit wieder in die Altstadt und unter seine Kontrolle zu bringen.

* * *

Wie eine düstere, schwarzgekleidete Herde zogen die zweihundertfünfzig zurückgebliebenen Bewohner Kastels, die alten Männer, die Frauen und die Kinder, mit scharrenden Schritten an ihren jüdischen Überwindern vorbei. Sie verließen das Dorf – vielleicht für immer –, um in der morgendlichen Kälte auf der Straße von Bab el Wad den arabischen Freischärlern entgegenzugehen, die sich in der vergangenen Nacht nach Ramle aufgemacht hatten. Die Frauen trugen klagend Säuglinge und kleine Bündel mit Habseligkeiten im Arm. Die Kinder weinten hungrig nach ihrem Frühstück, und hier und dort seufzte eine Frau niedergeschlagen. Dennoch schätzten sich alle glücklich, daß sie mit dem Leben davongekommen waren und ihnen freier Abzug gestattet worden war, denn die Agenten des Muftis hatten überall das Gerücht verbreitet, daß die Juden, wo immer sie kämpften, darauf aus seien, blindwütig zu morden und ein Massaker zu veranstalten. An diesem Morgen wurde dieses Gerücht allerdings im Dorf Kastel Lügen gestraft.

Die jüdischen Angreifer hatten bereits in den solidesten der Steinbehausungen Stellung bezogen und waren nun dabei, einen Minengürtel um das Dorf zu legen, um einen Gegenangriff der Jihad-Moqhaden abwehren zu können.

In der Schlucht lagen immer noch die rauchenden arabischen und jüdischen Wracks und erinnerten an den Kampf, der vor dem Morgengrauen dort stattgefunden hatte. Aber nichts deutete auf die Anwesenheit von Soldaten hin, weder auf arabische noch auf jüdische. Selbst die Toten und Verwundeten, so schien es, waren von einer unsichtbaren Hand entfernt worden, so daß das Schlachtfeld einen gespenstischen Eindruck erweckte.

Im Laufe des Vormittags hatten die Vertriebenen den Paß hinter sich gelassen und stießen nun auf eine kleine Gruppe von Freischärlern, die sich neben der Straße eine Mahlzeit bereiteten. Sie hatten ihre Fahrzeuge wild durcheinander am Straßenrand abgestellt und waren so in ihr Gespräch vertieft, daß sie die Menge erst bemerkten, als diese schon dicht an sie herangekommen war.

Dann ging ein lauter Schrei durch das Lager: „Die Leute von Kastel! Allah sei gelobt! Die Frauen und Kinder! Allah ist gnädig!"

Die Frauen brachen in Tränen aus und sahen sich suchend nach den Gesichtern ihrer Männer um, und die Kinder klammerten sich verwirrt an die Gewänder ihrer Mütter.

Kommandeur Kadar schritt majestätisch durch die Menge, die sich teilte, um ihn durchzulassen.

„Wer kann uns Bericht erstatten?" fragte er gebieterisch. „Wer kann mir vom Fall Kastels berichten?"

Beklommenes Schweigen legte sich über die Menschen. Schließlich wandten sich jedoch alle dem jungen Mann zu, den Mosche im Steinbruch gefangengenommen hatte. Dieser blickte sich zunächst unsicher um, doch dann trat er mit schamvollem Blick vor und fiel vor Kadar auf die Knie.

„Sie sind zu Hunderten gekommen!" schluchzte er. „Vielleicht sogar zu Tausenden!"

Kadar hörte stirnrunzelnd zu und maß den Jungen mit kalten Blicken. „Steh auf!" befahl er dann. „Wisch deine Tränen fort! Bist du denn eine Frau? Du sollst mir nichts vorheulen, sondern berichten, was passiert ist!"

Der Junge wischte sich hastig die Tränen fort, die sich mit Staub und getrocknetem Blut vermischt hatten. Dann erhob er sich zögernd und straffte sich. Aus Angst, Kadar in die Augen zu sehen, ließ er seine Augen über die zerklüfteten Berge schweifen.

„Sie haben sich leise an uns herangepirscht, Herr", begann er mit versagender Stimme. „Mein Großvater und ich haben sie erst gehört, als es zu spät war."

„Wo ist dein Großvater?"

Der Junge verlor wieder die Fassung. „Er ist nicht mehr am Leben, großer Kommandeur. Als unsere Männer versuchten, den Steinbruch zurückzuerobern, ist er durch eine unserer eigenen Kugeln ums Leben gekommen."

Kadar legte eine Hand auf die Schulter des Jungen und sagte mit einem Unterton von Bitterkeit in der Stimme: „Ihr seid mit einer unmöglichen Aufgabe betraut worden." Und mit erhobener Stimme fuhr er zu den Vertriebenen gewandt fort: „Noch viele von uns werden fallen, bevor die Juden wieder von den Höhen vertrieben sind. Aber danach werdet ihr wieder sicher in euren Häusern leben können."

Der Junge berichtete weiter: „Sie haben mich den östlichen Berg hinaufgetrieben, als sei ich ein Schaf, das zur Schlachtbank geführt wird. Sie kamen hinter mir her und waren so laut wie eine ganze Armee. Ihr Führer ist ein kühner Mann, so tapfer wie Antar in den Legenden! Er hat sich ganz allein dem Kugelfeuer des Maschinengewehrs ausgesetzt und ist mit dem Leben davongekommen. Danach riefen seine Truppen tausendmal seinen Namen, bis ich nicht mehr wagte, ihn anzusehen."

Kadar trat ganz dicht an den Jungen heran und durchbohrte ihn mit seinem Blick. „Wie heißt er? Wie heißt mein Feind?"

Der Junge flüsterte schaudernd: „Sie nannten ihn *Sachar*."

* * *

Als der Schall der Schofars durch den dichten Nebel seiner Bewußtlosigkeit drang, hielt Mosche Philip immer noch fest im Arm. Dann hörte er jemanden fassungslos murmeln: „Erst entführt, dann gefesselt und von Arabern angegriffen, und nun auch noch so was! *So was!* Mit einem Toten fahren zu müssen! Oj! Gott, allmählich reicht's mir wirklich!"

Mosche schlug die Augen auf und sagte stöhnend: „Ich bin nicht ... tot." Er versuchte, sich von dem Jungen zu befreien und merkte dabei, daß er rasende Kopfschmerzen hatte, die vom lauten Hörnerklang noch verstärkt wurden. Gleichzeitig war ihm furchtbar übel. „Noch nicht jedenfalls", fügte er ächzend hinzu.

„Nicht tot! Nicht tot!" lachte Herbert Gold hysterisch. Es war das Lachen eines Wahnsinnigen. „Aber der andere! Der ist ganz sicher tot. Sieh dir doch nur die Augen an!"

Mosche rollte sich auf die Seite und setzte sich langsam auf. Er stellte fest, daß er durch Philips Wunde blutüberströmt war und außerdem eine dicke Beule am Kopf hatte. Philip lag mit ausgebreiteten Armen auf dem Rücken und starrte mit halb geöffneten Augen blicklos in den wolkenlosen Himmel. Um seinen Mund spielte ein feines Lächeln, und sein Hals war merkwürdig verdreht. „Philip, Junge!" stieß Mosche entsetzt hervor, und ein vernichtendes Gefühl der Trauer befiel ihn. Hier hatte ein Leben, das kaum begonnen hatte, vorzeitig ein grausames Ende gefunden. „Tot", sagte er mit tonloser Stimme.

„Ja! Ja!" versetzte Herbert ungeduldig. „Noch bevor du auf dem Lastwagen aufkamst. Mitten in der Luft erschossen. Du hattest Glück, daß die Kugel nicht dich getroffen hat."

Mosche schloß Philip die Augen und sah dabei die klaffende Wunde, die in das Herz des jungen Mannes gerissen worden war. Er stöhnte. „Wir waren der Sicherheit schon so nah. So nah."

„Der Sicherheit! Ha! Du hättest mal die ganze Nacht hier hinten auf dem Wagen sein sollen! Dann wüßtest du etwas mehr vom wahren Sachverhalt! Ich hab' sie kommen sehen! Ich hab' sie zuerst gesehen! Ich hätte tot sein können! Ich hätte eigentlich tot sein *müssen*! Merkst du nicht, wie stark es nach Sardinen riecht? So viele Kugeln haben die Büchsen durchlöchert! Sicherheit?" wiederholte er noch einmal und stieß ein irres Gelächter aus. Seine Haare standen ihm wirr vom Kopf, und seine Augen waren weit aufgerissen. „Zum Glück ist er der einzige, der hier auf dem Wagen tot ist! Wir hätten alle tot sein können! Mach mir mal die Fesseln ab!" wechselte er dann unvermittelt das Thema und streckte Mosche die Hände entgegen. Mosche sah, daß die Handgelenke des Mannes unter den abgewetzten Ärmeln seines Mantels blutiggescheuert waren. „Mach mir die Fesseln ab! – Sicherheit! Sicherheit! Daß ich nicht lache!"

„Halt den Mund!" entgegnete Mosche ruhig und machte sich schmerzlich bewegt daran, den jungen Philip gerade hinzulegen. Er sah, wie die letzte Farbe aus seinen Wangen wich.

„Also", polterte Gold wieder. „Ist das etwa dein Bruder oder was? Oder sonst irgendein Verwandter?"

Mosche schwieg lange. *Ja. Mein Bruder. Und auch der Bruder des Mannes, der ihn getötet hat. Wie auch ich der Bruder der Männer bin, die ich heute morgen getötet habe.*

„Mach mich los!" forderte Gold von neuem und wedelte mit seinen gefesselten Handgelenken vor Mosches Gesicht hin und her. „Ich bin entführt worden. Man hat mir meinen Lastwagen weggenommen und mich als Köder für die Araber gefesselt hier hinten hingelegt! Aber es gibt zum Glück Gesetze! Und ich werde sie alle vor Gericht bringen!"

Mosche wandte seinen Blick von dem zerstörten Körper des Jungen ab, dem kleinen Mann zu, der seinem Ärger so heftig Luft machte. Dabei hörte er, wie der triumphierende Schall der Jerusalemer Schofars mit den freudigen Hupsignalen der Lastwagen wetteiferte. Aber der Sieg war errungen mit Leid und Trauer. Und Mosche wußte, daß dies nur die ersten Fäden in dem Gewebe aus Leid und Trauer waren, das im weiteren Verlauf des Kampfes noch entstehen würde. Er hatte das Bedürfnis zu weinen – um den jungen Mann, der neben ihm lag; um die Männer, die am Bab el Wad zurückgeblieben waren; um sich selbst und um das, was er gezwungen war zu tun. Aber als die Lastwagen langsam den letzten Anstieg in die Vororte der Stadt erklommen, überlagerten die Freudenrufe allmählich das Leid und den Preis des Triumphes.

Aus den kleinen Blockhäusern rannten Männer und Frauen verschlafen auf die staubige Straße. Kinder winkten den schwerbeladenen Wagen jubelnd und lachend zu und reckten sich, um die ausgestreckten Finger der Helden zu berühren, die durch das Rote Meer, durch die lebendige Blutbarriere Haj Amin Husseinis, gegangen waren. Heute nacht würden sie feiern! – jedenfalls die meisten von ihnen. Mosche merkte, daß Herbert Gold das Schauspiel um ihn herum mit einem eigenartigen Lächeln betrachtete.

„Sieh mal! Sieh doch!" rief ein kleiner Junge und zeigte auf den Müllwagen. „Die hinteren Wächter des Konvois! Sieh mal die Kugeleinschläge!" Andere Jungen gesellten sich zu ihm, staunten und winkten aufgeregt.

„Mach mich los!" drängte Gold noch heftiger als zuvor.

Zwei Jungen zeigten auf Herbert Golds Gesicht, das von Philips Blut bespritzt war. „Seht mal da! Er ist verwundet!"

„Sieh nur, wie verwegen er dasitzt!"

„Zeig uns dein Gewehr! Zeig es uns!"

Mosche ergriff seufzend Herbert Golds Hände und meinte, während er die Fesseln löste: „Du scheinst ein Held zu sein. Sag mir, hast du einen Bruder?"

Herbert verzog verständnislos das Gesicht. „Wieso? Nein. Einen Bruder? Was hat das mit all dem hier zu tun? Ich habe keinen Bruder."

Mosche schwieg. Er warf das blutige Seil über den Rand des Wagens, und die Jungen balgten sich sogleich darum. „Ja", wiederholte er dann, „du bist anscheinend ein Held." Er warf einen letzten Blick auf Philip. „Er heißt Philip Peres und kommt aus Netanja. Er war mein

Bruder." Mit diesen Worten sprang er von dem langsam fahrenden Wagen herunter und war sofort von der jubelnden Menge umringt, die ihm anerkennend auf den Rücken klopfte, weinte und ihn küßte. Entlang der ganzen Fahrzeugreihe sprangen Haganahleute von ihren Wagen auf die Straße und verschwanden in der Menge, während vor ihnen die Briten mit Dutzenden von gepanzerten Wagen auf sie zu, zum Zionsplatz rasten.

13. Flucht über Zypern

Die kleine Stinson surrte über das weite Mittelmeer in Richtung Türkei. In den Stunden, die seit dem Start vergangen waren, hatte Ellie nur still Davids Erzählungen über all die Ereignisse angehört, die zu Michaels Tod geführt hatten und die er im Geiste wieder und wieder durchspielte, immer getrieben von der Frage: *Hätte ich irgend etwas anders machen können? Hätte ich das Ergebnis ändern können? Würde Michael noch leben, wenn ich früher Bescheid gewußt und das Spiel durchschaut oder wenn ich nur meinen Gefühlen getraut hätte?* Er hatte langsam und bedächtig gesprochen und sich sogar bei scheinbar unwichtigen Einzelheiten immer wieder korrigiert, um der Wahrheit näherzukommen. „Und dann rief sie uns ungefähr um zehn Uhr abends aus ihrem Zimmer an. Oder vielleicht ging es auch schon auf elf zu... Du meinst jetzt bestimmt, wir hätten ihr doch wenigstens auf die Schliche kommen müssen, nachdem sie den Mann in ihrem Zimmer erschossen hatte. Einen *unserer eigenen* Leute, wie sich dann herausstellte."

Er schüttelte, immer noch fassungslos, den Kopf. „Aber ich sage dir, Els, diese Frau war eine unglaubliche Schauspielerin! Sie wäre eine Anwärterin auf einen Oscar gewesen. Sie schießt den Burschen mit einer kleinen Pistole mitten ins Auge und spielt hinterher ihre Rolle so gut, daß weder Michael noch ich auch nur im entferntesten auf die Idee kamen, daß sie selbst der zielsichere Schütze gewesen sei. Aber ich will ehrlich sein: ich wollte im Grunde einfach nur noch weg! So war ich bereit, alles zu glauben, was sie uns erzählte. Und Michael dachte ja, sie sei unsterblich in ihn verliebt und wolle ihn auf der Stelle heiraten. Statt dessen hat sie ständig Botschaften an den Mufti gesandt."

Ellie goß David dampfenden Kaffee ein. „Niemand wußte, wer sie war. Wie solltet ihr es da wissen?"

„Aber irgend etwas hat mir von Anfang an nicht an ihr gefallen." Er schlug sich an die Brust und sah Ellie schmerzlich an. „Ich glaubte zunächst, es läge daran, daß sie Journalistin war. Dann nahm ich an, daß ich sie nicht mochte, weil ich sie für karrieresüchtig hielt. Und zuletzt schämte ich mich einfach, weil sie Martin und Michael half, all die Piloten anzuschleppen." Er hielt wie vom Schlag getroffen inne, als ihm plötzlich bewußt wurde, daß eine Agentin des Muftis dabei geholfen hatte, ihre junge Luftwaffe aufzubauen.

„Was ist los?" fragte Ellie beunruhigt, als sie seinen Gesichtsausdruck sah.

„Wir müssen sofort Martin in Burbank benachrichtigen! Bevor etwas an den Flugzeugen manipuliert werden kann. Wir müssen ihm sagen, daß er alle Leute aus den Besatzungen überprüfen soll – zumindest diejenigen, mit denen Angela persönlich Kontakt hatte", erwiderte er und trommelte nervös aufs Armaturenbrett. „Das gesamte Unternehmen kann voller Termiten sein."

„Araber?" fragte Ellie ungläubig.

„Söldner! Agenten aus dem gesamten Nahen Osten grasen die Vereinigten Staaten nach Piloten ab. Sie zahlen Spitzenlöhne in Dollar. Das heißt, die Araber jedenfalls zahlen in dieser Währung. Ich dagegen bin zufälligerweise bei einem Laden hängengeblieben, der in der Regel nicht bar zahlt." Er zuckte die Achseln. „Ich hatte zunächst geglaubt, daß wir nach dem endgültigen Abzug der Engländer hier wieder gegen Nazis aus der deutschen Luftwaffe kämpfen würden. Doch es sind eben viele Amerikaner dabei, die für Dollars käuflich sind. Es ist ihnen egal, von wem sie bezahlt werden – ob vom Mufti oder von der Jewish Agency."

„Aber was können sie denn in Burbank ausrichten?"

David lachte kurz und bitter auf. „Eine Menge. Hier und da einen Riegel lockern, den einen oder anderen Draht herausziehen und ähnliches. Wir müssen schließlich einen ganzen Schwarm heruntergekommener Vögel zu einem Stützpunkt nach Panama überführen, Mädchen, und du würdest es nicht für möglich halten, was ein einziger falscher Mechaniker alles anrichten kann, um das ganze Projekt auffliegen zu lassen." David brach der Schweiß aus, als er an brennende Motoren und defekte Landeklappen dachte.

„Du malst den Teufel an die Wand!"

„Überrascht dich das?"

Sie machte ein verdutztes Gesicht, während ihr die volle Bedeutung seiner Worte klar wurde, und erwiderte dann kleinlaut: „Nein, ich glaube nicht."

„Nun, mich schon", erwiderte er zornig. „Mich überrascht es schon, daß ich so vor den Kopf geschlagen war."

„Niemand wußte es ..."

„Außer dem armen Kerl, den sie hat hops gehen lassen."

„Er hat es zu spät herausgefunden."

„Wir alle."

„Aber was kannst du jetzt tun, David? Wie kannst du Martin benachrichtigen?"

„Landen. Und ein Telegrafenamt finden."

„Kannst du nicht warten, bis wir in der Türkei sind?"

David hatte bereits die zerfledderte Landkarte hervorgezogen und war dabei, Alternativen zu überlegen. „Nicht, wenn es eine Möglichkeit gibt, es früher zu erledigen."

Als Ellie aus dem Fenster blickte, verschlug es ihr den Atem: eine große, grüne Insel erhob sich majestätisch aus dem Morgendunst.

„Was ist das?" rief sie aus.

David schaute nur flüchtig von der Karte auf und erwiderte: „Zypern, ein britisches Militärlager. Dort unten befindet sich jeder jüdische Flüchtling, der bei der Flucht nach Palästina gefaßt wird — hinter Stacheldraht."

Ellie zählte sieben große Luftschiffe, die über dem Wasser umherstreiften. „Ich brauche wohl nicht zu raten, unter welcher Flagge die fliegen."

„Sieh mal dort!" David wies auf eine Schwadron britischer Kampfflugzeuge, die in akkurater Formation unweit über einem Zipfel der Insel flogen. „Meinst du nicht auch, es wäre besser, wenn wir eine britische Flagge auf dem Rumpf hätten?"

Ellie spürte, wie sie erbleichte, und erwiderte: „Alles, solange es keine jüdische ist! Ehud hat sein Schiff *Ave Maria* genannt, und die Briten haben sie nie betreten. Mosche sagte, daß ihnen alles Katholische Furcht einflößt."

David schwieg. Er war damit beschäftigt, auf der Karte einen Landeplatz zu suchen, der näher lag als die Türkei. „Es gibt keinen Ort. — Keinen außer Zypern."

„Oh nein, David. Du willst doch wohl nicht —"

Er zeigte auf eine schmale blaue Linie auf der nördlichen Seite der Insel und fügte hinzu: „Dort gibt es eine kleine Rollbahn, die nicht für Militärflugzeuge, sondern für kommerzielle Zwecke gedacht ist. Wir können den Sperrbezirk umfliegen, landen, auftanken und das Telegramm abschicken —"

Ellie packte bei dem Vorschlag der Zorn: „Jawohl! Und dann hinter einer Mauer enden — oder womöglich noch schlimmer!"

„Denk an den Artikel, den du darüber schreiben könntest!"

„Du bist wahnsinnig! Sie werden längst nach uns fahnden! Die Briten in Palästina werden inzwischen die Meldung herausgegeben haben, daß wir entkommen sind. David, das kann nicht dein Ernst sein!"

„Hör mir mal zu! Wir haben 'ne Menge Piloten in Kalifornien angeheuert. Wenn wir erst in vier oder fünf Stunden ein Telegramm aus der Türkei abschicken, könnte das bedeuten, daß einige Menschenleben in Gefahr sind. Auf Zypern spricht man außerdem Englisch, und es ist kein Problem, von dort eine Nachricht abzuschicken. Wenn Angela St. Martain oder Montgomery oder wie immer sie hieß, uns auch nur einen von ihren Leuten untergejubelt hat, ist alles in Gefahr. *Alles*, Ellie — alles, wofür Michael und ich in den Staaten gearbeitet haben. Ich muß Martin unbedingt benachrichtigen! Und zwar sofort." Bei diesen Worten schwenkte er bereits in Richtung Zypern ab.

Dabei sah er entschlossen zu den Kampfflugzeugen hinüber, die wendeten und dann mit großer Geschwindigkeit auf die Stinson zugeflogen kamen.

„Uh — nein, David!" rief Ellie entsetzt aus. „Kommen die ... kommen die auf uns zu?"

„Ja. Wenn das Deutsche wären und wir in einer P 51 säßen, würde ich sagen, wir sind erledigt. Aber die kommen jetzt nur, um nach dem Rechten zu sehen. Wahrscheinlich versuchen sie auch, mit uns über unser nichtvorhandenes Funkgerät Kontakt aufzunehmen."

Plötzlich hörten sie, wie ihr Gefangener im Hintergrund aus seiner Betäubung erwachte. Er jaulte mitleiderregend wie ein alter Hund, der in die warme Stube gelassen werden möchte, stöhnte und brachte durch seinen Knebel unverständliche Worte hervor: „Hoha! Ngeia! Ngeia! Hoha!"

Ellie wandte sich um und schaute in das dunkle Hinterteil des Flugzeugs, wo der Mann wie ein Postsack zwischen dem Gepäck lag.

„Jetzt aber ganz ruhig, Bursche!" sagte David warnend nach hinten gewandt, als der Mann keine Ruhe gab.

„Huhe hoha Ihot! Huhe! Hoha!"

„Was sollen wir tun?" fragte Ellie verzweifelt. Die Flugzeuge schienen inzwischen den ganzen Himmel zu füllen. „Werden sie uns nicht durch die Scheiben sehen? Werden sie uns nicht erkennen?"

„Nur wenn sie wissen, wonach sie suchen."

„Hoha! Hoha! Huhe! Ngeia!"

David schnalzte mit der Zunge. „Gib mir den Erste-Hilfe-Kasten! Bobby hat uns genug Morphium mitgegeben, um den Burschen eine Weile zufriedenzustellen. Willst *du* ihm eine verpassen, oder soll ich es tun?"

„Du!"

„Huhe! Ngeia! Hue hoha!"

David vedrehte ärgerlich die Augen und reichte ihr seinen Kaffeebecher. Dann stellte er sorgfältig die automatische Flugsteuerung ein und wartete noch einen Augenblick, um sicherzugehen, daß das kleine Flugzeug auch ruhig weiterflog. Es schaukelte zunächst etwas, behielt aber den Kurs bei. Ellie verfolgte inzwischen angstvoll, wie die britischen Flugzeuge weiter auf sie zuhielten. David füllte unterdessen die Spritze und kletterte über den Sitz nach hinten. Dann stach er dem schreienden und sich wild wehrenden britischen Fahrer die Kanüle mit voller Wucht in den Körper. Dieser stieß beim Einstich einen Schrei aus und versank dann stöhnend wieder in einen friedlichen Schlummer.

David entfernte hastig die Fesseln und riß ihm den Knebel aus dem Mund.

„Was machst du?" fragte Ellie erstaunt, als David dem bewußtlosen Briten auch noch seine eigene Fliegerjacke überzog.

„So macht man aus jemandem in Nullkommanichts einen Piloten", knurrte er, hievte den schlaffen Körper nach vorn und schob ihn über die Lehne. „Komm, hilf mir!"

Nun hatte Ellie begriffen und zog den Mann in den Pilotensitz. „Aber der ist doch gar nicht bei Bewußtsein! Das werden sie doch merken!"

„Nicht bei fünfhundert Stundenkilometern. Das können wir jedenfalls hoffen."

Ellie legte die Hände des Mannes auf den Steuerknüppel, während sich David hinter den Sitz hockte, sich eine Decke über den Kopf zog und von seinem Versteck aus den baumelnden Kopf des Mannes hielt.

Dieser hatte die Augen halb geöffnet, und ein zufriedenes Lächeln lag auf seinem Gesicht. „Wie sieht er aus?" fragte David unter seiner Decke her.

„Betrunken", erwiderte Ellie. „Und was ist mit mir?"

„Geh weg. Nach hinten!"

Die Flugzeuge waren inzwischen bis auf etwa drei Kilometer an sie herangekommen und näherten sich ihnen weiterhin mit einer solch hohen Geschwindigkeit, daß es schien, als wollten sie einfach durch die Stinson hindurchfliegen.

„David!" schrie Ellie aufgeregt, während sie über die Lehne kletterte. „Sie werden uns umbringen!"

David lachte unter seiner Decke. „Nee. Hab' noch nie einen RAF-Piloten getroffen, der sein Leben wegen einer Stinson aufs Spiel gesetzt hätte."

Dann waren sie von dem mächtigen Röhren der britischen Flugzeuge umgeben. Die dünne Metallwand des Rumpfes vibrierte, und Ellies Schreie gingen im Dröhnen der Motoren unter.

Durch den wieder abnehmenden Lärm rief ihr David zu: „Bleib liegen! Sie werden noch einmal an uns vorbeifliegen!"

Tatsächlich drehten die Flugzeuge ab und kehrten zurück, diesmal mit verringerter Geschwindigkeit. David hob den schlaffen Arm des Bewußtlosen zu einem Gruß, der bei der Streife wohl keinen Verdacht aufkeimen ließ, denn innerhalb von Sekunden schwenkten sie röhrend wieder in Richtung Zypern ab.

David ließ noch eine halbe Minute verstreichen, bevor er unter der Decke hervorschaute und hinter den am Horizont verschwindenden Flugzeugen hersah. Er klopfte dem ‚Piloten' auf die Schulter. „Das war für den Anfang gar nicht so schlecht, was? Das hast du gut gemacht, Kumpel! Hast sie vertrieben."

Ellie saß zitternd im Dunkeln. „Sind sie fort? Können wir wieder raus?"

„Klar. Komm raus! Der gute alte Horace ist schachmatt. Stimmt's, Horace?"

Der Mann stöhnte und lallte: „Ju-de."

„Ganz recht, Kumpel. Die Juden haben dich gekriegt. Aber du bist jetzt besser brav!" David knebelte ihn wieder und hob ihn dann auf den hinteren Sitz. Mit Ellies Hilfe zog er ihm die Fliegerjacke aus und fesselte ihn, bevor er ihn unsanft in die Gepäckabteilung zurücklegte.

Anschließend übernahm er wieder die Steuerung, änderte leicht den Kurs und warf einen prüfenden Blick auf die Tankanzeige, bevor er an der Küste Zyperns entlangflog. Das Wasser unter ihnen glitzerte in durchsichtigem Türkis. Eine gewaltige Befestigungsanlage bewachte die Einfahrt zu einem winzigen Hafen, in dem viele Fischerboote vor Anker lagen und der von einem Marktplatz umgeben war. Aus Felsbrocken aufgeschichtete Wellenbrecher lagen wie ein gebogener Finger vor dem Hafen und schützten ihn vor der verzehrenden Kraft der Wellen.

„Oh, David! Eines Tages, wenn das alles vorbei ist, möchte ich hierher zurückkommen! Es ist so wunderschön hier!" rief Ellie begeistert aus.

Er flog dicht über der Befestigungsanlage her. „Sieh dir mal die Wälle an!" sagte er und deutete auf die braunen Männer, die sich auf den Wällen befanden, die zum Meer hin gewandt waren.

„Soldaten?" fragte Ellie.

„Die Festung ist von Türken oder Kreuzfahrern erbaut worden, aber im Augenblick haben sie die Briten besetzt. Ich war gleich nach dem Krieg hier und habe meinem Vater ein Telegramm geschickt."

„David, das ist keine romantische Erinnerungsreise!" wies ihn Ellie ungehalten zurecht. „Wir gehören jetzt zur anderen Seite, falls du das vergessen hast. Sie werden uns verhaften!"

„Nein, das werden sie nicht!" erwiderte er mit fester Stimme.

„Dieser kleine Ort da ist Kyrenia. Er liegt nicht weit von Paphos, wo sich der Apostel Paulus auf seiner ersten Missionsreise aufgehalten hat. Hier kommen zu allen Zeiten Pilger durch. Wir werden uns den Namen eines Heiligen auf den Rumpf malen, und dann wird uns niemand was anhaben."

„Die Menschen hier sind griechisch-orthodox — sie werden uns erschießen. Oder hast du vergessen, wie die Griechen und die Katholiken zueinander stehen?"

„Dann mache ich dir einen schönen Vorschlag", begann er, während sie unter lautem Motorengeräusch über die Festung flogen, so daß sich ihnen viele Gesichter zuwandten. „Ich werde die Uniform des Briten tragen, und du machst Photos. Wir werden wie ein vornehmes englisches Ehepaar aussehen, das einen kleinen Ausflug unternimmt. In Ordnung?"

„Wir sind kaum eine Stunde von der Türkei entfernt, und du willst uns so etwas zumuten? Bei hellichtem Tag?"

„Die Menschen haben die Eigenart, weniger argwöhnisch zu sein, wenn man gar nicht erst versucht, ihnen etwas zu verheimlichen. Außerdem ist das Telegramm, wie ich schon gesagt habe, eine sichere Sache. Ich habe sogar ein paar britische Pfund in der Tasche. Abgesehen davon" — er deutete mit dem Kopf auf die Tankanzeige — „hat uns die Tankanzeige bereits die Entscheidung abgenommen, es sei denn, du möchtest einen kleinen Sprung ins Mittelmeer machen."

Ellie beugte sich vor und betrachtete die Anzeige mit skeptisch zusammengekniffenen Augen. Die rote Nadel zeigte unmißverständlich auf deren Ende. „Heißt das, daß der Tank leer ist?"

„Ungefähr seit den letzten fünfzig Kilometern", erwiderte er mit einem vielsagenden Blick. „Ich wollte dich nur nicht aufregen."

„Warum fliegen wir dann noch weiter?" rief sie und sah voller Entsetzen auf die kleine Stadt mit den schmalen Gassen und gewundenen Straßen hinunter.

Da begann der Motor auch schon zu stottern. „Ist das eine Antwort auf deine Frage?"

Sie schwiegen, während unter ihnen die Straßen von einer Land-

schaft mit gepflegten Feldern abgelöst wurden, die von langen Zypressenreihen gesäumt waren. „Wo ist der Flugplatz?" fragte Ellie tonlos.
„Dahinter." David hielt den Steuerknüppel ruhig und fixierte den hohen Gipfel eines Berges. Falls er selbst Angst empfand, ließ er sie sich jedenfalls nicht anmerken.
„Hinter dem Berg? Wir schaffen es doch unmöglich bis über den Berg!"
„Das stimmt", erwiderte er ruhig und schluckte dabei schwer.
Sie folgten dem Verlauf eines schmalen Feldweges, der zu einem Bauernhaus mit einem roten Ziegeldach führte. Der Motor stotterte erneut und gab eine Serie von kurzen Hustern von sich. „David!" kreischte Ellie und klammerte sich so fest an den Sitz, daß ihre Fingerknöchel weiß anliefen. Der Flugzeugrumpf streifte bereits die ersten Baumspitzen.
„Diese Stelle hier muß uns reichen", murmelte er, als der Motor schließlich gänzlich erstarb. „Ich werde im Gleitflug runtergehen. Das ist nicht schwer." Sein Gesichtsausdruck war angespannt, und es war nur noch das Rauschen des Windes zu hören. Schwankend sank das Flugzeug nun unter das Niveau der Baumkronen. Felder und Bäume glitten wie die Stäbe eines Stakettenzaunes an ihnen vorbei. In zweihundert Metern Entfernung stand ein Bauernhaus. Ellie sah noch, daß ihnen ein Mann entgegenstarrte, dann preßte sie die Augen zusammen und betete nur noch. „Das machst du prima, Schätzchen!" flüsterte David zuversichtlich. Die Räder setzten mit sanftem Stoß auf dem Erdboden auf.
Erst als sie rumpelnd über einige Bodenwellen rollten, schlug Ellie wieder die Augen auf und stieß einen Schrei der Erleichterung aus. Sie sah das Haus unbeschädigt vor sich. „Gottlob! Wieder auf der Erde!"
„Zieh ihm schon mal seine Sachen aus!" rief ihr David zu, während er die Maschine weiter auf Kurs hielt.
Ellie kletterte eilig nach hinten und hatte David schon Hemd und Hose des Soldaten nach vorne geworfen, bevor das Flugzeug völlig zum Stillstand gekommen war. Fünfzig Meter vor der Haustür wurde das Holpern schwächer und hörte gleich darauf ganz auf. Ellie rauschte immer noch das Blut in den Ohren. „Ich danke dir, Herr!" flüsterte sie. Ein Gefühl der Schwäche überkam sie. „Wir sind in Sicherheit!"
„Jedenfalls im Augenblick", schränkte David ein. Er sah durch die verdreckte Windschutzscheibe einen dunkelhäutigen, schwarzhaarigen Mann auf sie zukommen. Er trug eine rote Mütze, grüne Cordho-

sen und einen dicken Wollpullover. Die Mundwinkel hinter dem dichten Schnauzbart waren energisch nach unten gezogen, und seine dunklen Augen sprühten ganz offensichtlich vor Zorn. Hinter ihm wurde die Haustür etwas geöffnet, und eine Frau schaute verängstigt nach draußen.

Während der Zypriote auf das Flugzeug zukam, kletterte David aus der Stinson und half Ellie beim Aussteigen. Der Mann blieb plötzlich wutschnaubend wie angewurzelt mitten auf dem Weg stehen und starrte die Uniform an, die David über dem Arm trug. Ellie beachtete er gar nicht. „Warum landen Flugzeug — hierr?" fragte er aufgebracht. „Nicht gehörren hierr!"

„Kein Treibstoff mehr, alter Junge", versuchte David die britische Sprechweise nachzuahmen.

Der Zypriote fragte fluchend: „Warum nich' stürrzen in Meer, du Engländer? Hier nix britisch." Er verschränkte ablehnend die Arme vor der Brust.

David schlug sich mit der Hand vor die Stirn, als ob er nicht glauben könne, was er da hörte, und lächelte dann den zornigen Mann erleichtert an.

„Aber wir haben keinen Treibstoff mehr", versuchte Ellie nun ihrerseits zu erklären, ohne sich darum zu kümmern, ob ihre Worte amerikanisch klangen oder nicht. Der Grieche hatte nur ein böses Knurren für sie übrig und wandte sich ab.

Da trat die Frau aus dem Haus, begleitet von einem kleinen Mädchen, das hinter ihrem Rock hervorlugte.

„Ich kann unser Glück nicht fassen", sagte David inzwischen mit einem leisen Lachen zu Ellie gewandt.

„Was sollen wir tun?" fragte Ellie, immer noch ängstlich, da sie die glückliche Wendung der Dinge noch nicht begriffen hatte.

„David?"

David räusperte sich, streckte dem Mann die Hand entgegen und sagte in gewähltem Englisch: „Sie sind griechischer Zypriote, ja?" Der Mann nickte flüchtig.

„Wie gefällt es Ihnen, unter britischer Herrschaft zu leben?" Der Mann richtete seine dunklen Augen auf Davids Hand und spie dann aus. „Landen Flugzeug woanderrs!"

Nun hellte sich auch Ellies Gesicht begeistert auf. „Sie möchten, daß die Engländer abziehen?"

Der Mann kniff die Augen zusammen, sah die beiden unter seinen buschigen Brauen her fragend an und erwiderte gedehnt: „Jaaa."

David warf die Uniform laut lachend in die Luft. „Dann sind Sie unser Mann!" Er schlug dem ungehaltenen Mann auf die Schultern. „Wir sind gerade aus Palästina geflohen, haben keinen Treibstoff mehr, wissen Sie, und ich habe Angst, daß uns die Briten vielleicht in eins dieser Internierungslager stecken könnten, wenn sie erfahren, wer wir sind."
Der Mann schlug sich erleichtert mit der Hand vor die Stirn und hieß sie dann warmherzig willkommen. Seine grimmigen Gesichtszüge waren wie weggeblasen: „Juden? Sein Juden, ja?"
„Ja!"
Der Mann wandte sich mit einem unverständlichen Wortschwall an die Frau. Deren Miene hellte sich nun ebenfalls auf. Sie lachte laut und zeigte dabei einen Mund voller Zahnlücken. Dann warf sie die Arme freudig in die Luft und stürzte auf Ellie und David zu. Sie umarmte Ellie und strich ihr übers Haar.
„Meine Frrau", stellte der Mann sie strahlend vor. „Frrau sagen, kommen herrein und *willkommen*! Kämpfen selben Kampf! Ich Andreas Tornahos. Ziprriote. Frreierr Mann und Schmugglerr von Juden. Viele Jahrre lang!"
Die Frau tätschelte Ellie die Wange und fuhr fort, ihr unverständliche Dinge zu erzählen.
„Sagen Sie ihr, daß ich mich freue, sie kennenzulernen", sagte Ellie lachend.
„Sie sagen, ihr gesendet von Engel von Gott! Von ein Engel! Hierr! Wirr tun Flugzeug in Scheune, ja? Ihrr essen. Wirr finden Trreibstoff, und ihrr uns helfen. Ja?"
„Ja", erwiderte David und folgte Andreas zum Haus. Er überließ es der Frau, Ellie zu führen. „Ein Engel", wiederholte David leise.
„Ja! Dann alles gut! Gott gelobt!" sagte Tornahos.
Als sie im vorderen Zimmer des kleinen Hauses waren, wurden die Fensterläden aufgestoßen, und das Morgenlicht flutete herein. Ein abgewetztes Sofa stand an der rückwärtigen Wand des Zimmers und eine Öllampe auf einem kleinen Tisch daneben. Über dem Sofa hing ein altes, vergilbtes Familienphoto, das in einem üppigen Kupferrahmen steckte. Daneben hingen ein Kruzifix und die Ikone eines nicht erkennbaren Heiligen. Die Mitte des Raumes zierte ein hölzerner Tisch mit massiven Holzbeinen, auf dem ein Strauß frisch geschnittener Blumen neben einer leeren Vase lag. Auf den sauber gescheuerten Holzdielen lag ein Orientteppich.
„Wirr haben das Frrühstück gehabt", sagte Tornahos, nahm seine Mütze ab und klopfte damit die Sitzfläche des Sofas herunter, um

anzudeuten, daß sie sich setzen sollten. „Aberr Mama kann euch machen Essen, ja?"

Die Frau stand im Türrahmen der kleinen Küche. Sie legte ihre Fingerspitzen gegeneinander und nickte erwartungsvoll.

„Danke", erwiderte David höflich. „Aber wir haben leider keine Zeit."

„Vielleicht paarr Sißigkeiten? Und Kaffee." Tornahos schnippste mit den Fingern und rief der Frau zu: „Mama, Baklava, Kaffee!"

Sie nickte und verschwand, während Tornahos aus vollem Halse rief: „Michail! Michail!" Er öffnete die Tür zu einem dunklen Schlafzimmer und überschüttete das kleine Mädchen, das aus der Küche um die Ecke sah, mit einem Wortschwall. Ellie hatte das dumpfe Gefühl, im Netz der Gastfreundschaft dieser Leute gefangen zu sein, und dieses Gefühl wurde noch dadurch verstärkt, daß David alle paar Sekunden nervös auf seine Armbanduhr blickte. Augenblicke später trat aus dem Dunkel des angrenzenden Zimmers ein hochgewachsener junger Mann mit gebeugten Schultern hervor. Er war wie Tornahos gekleidet, nur hingen ihm die Sachen lose um den Körper. Ein breiter Ledergürtel hielt seine zu weiten Hosen zusammen. Sein Gesicht war so bleich, als habe er seit langem keine Sonne mehr gesehen, die Gesichtszüge waren fein, beinahe zart, und auf dem Kopf trug er eine blaue, handgestrickte Jarmulke. In der rechten Hand hielt er ein abgegriffenes, geöffnetes Gebetbuch. Tornahos sprach in lebhaftem Griechisch auf den jungen Mann ein, der daraufhin das Buch zuklappte und David, der sich erhoben hatte, zögernd die Hand reichte.

„Schalom", sagte er leise. Er blieb ernst, und obwohl sein Gesicht jung war, hatten die Augen den Blick eines Menschen, der schon ein sehr langes Leben hinter sich hat.

„Siehste!" rief Tornahos und schlug David auf den Rücken. „Jude! Was ich dirr sagen? Dies Michail Grregowski. Aus Lagerr."

Michail starrte lange auf Davids Kopf. Dann sprach er David in einer Sprache an, die dieser nicht kannte, und wiederholte jedes Wort langsam.

„Tut mir leid", erwiderte David schließlich und sah in das fröhliche Gesicht seines Gastgebers. „Ich verstehe ihn nicht."

„Nicht sprrechen Bulgarisch? Bulgarrien neben Grriechenland. Ich sprrechen Bulgarrisch." Tornahos hob den Zeigefinger und sprach nachdenklich zu Michail, wobei er seine Worte sorgfältig artikulierte und wiederholte.

Der junge Mann zog nervös seinen Gürtel hoch und antwortete dem

Zyprioten, ohne jedoch seinen argwöhnischen Blick von David zu wenden.

Tornahos übersetzte die Worte zunächst still für sich aus dem Bulgarischen ins Griechische und dann laut in gebrochenes Englisch. „Err sagen, was ist das für Jude? Du haben keine Kippa ..."

„Mütze? Jarmulke?"

„Rrichtig. Keine Kippa auf Kopf, und es sein Pascha."

„Sagen Sie ihm, daß ich Amerikaner bin."

„Ah, ja. Das errklären!" Als Tornahos Davids Antwort an Michail weitergab, hellte sich das Gesicht des jungen Mannes auf. Er lächelte freundlich und verneigte sich zunächst vor David und dann vor Ellie.

Tornahos klatschte erleichtert in die Hände. Seine Frau trug ein Tablett mit frischem Kaffee und griechischen Süßigkeiten herein.

„So, essen, *essen!*"

David blickte wieder auf seine Uhr. „Die Zeit", sagte er. „Ich muß unbedingt nach Kyrenia und ein Telegramm abschicken. Es sei denn, man könnte das auch hier in der Nähe erledigen."

„Nein. Nicht möglich. Nicosia näherr, aber nicht so nah. Viel Engländerr iberall."

„Und ich brauche Treibstoff. Für das Flugzeug. Ich erinnere mich, daß es vor ein paar Jahren hier in der Nähe einen kleinen Flugplatz gab. Ist er immer noch in Betrieb?"

Tornahos nickte. „Ja. Aber vollerr Brrite."

„Das müssen wir nur richtig angehen", erwiderte David und dachte nach.

Unterdessen probierte Ellie das süße, mit Honig bestrichene Baklava-Gebäck.

„Wirr dirr holen Trreibstoff. Du können Michail brringen von Zipern?" fragte Tornahos. „Err hängen, wenn ihn fangen. Kommt hierr auf Gefängnisschiff und in Luft jagen Wachturrm in Lager. Ist zu schwerr, in Schiff wegkommen von Ziperrn. Britisch Schiffe iberrall. Du nehmen Michail?"

„Wenn wir Treibstoff bekommen, ja."

14. Schmuggelware

Als Rachel, Howard und Jakov schließlich aufbrachen, befand sich bereits das gesamte jüdische Jerusalem in Privatwagen und überfüllten Taxis auf dem Weg zum Konvoi, so daß sämtliche Straßen verstopft waren. Die vielen Fußgänger, die zwischen den Wagen umherliefen, trugen noch weiter zur Staubildung bei, und die Hupen waren inzwischen weniger ein Ausdruck der Freude als der Ungeduld. Howard stellte seinen Wagen fünf Häuserblocks vom Zionsplatz mit der Ruine der *Palestine Post* auf dem Bürgersteig ab. In der wogenden Menge konnten sich die drei nur mit Mühe aus dem Wagen zwängen.

Die Menschen um sie herum unterhielten sich lebhaft über die Fracht des Konvois.

„Was für ein Tag! Was für ein Tag! Stimmt es, daß frische Eier über den Bab el Wad mitgekommen sind?"

„Ob es stimmt? Natürlich stimmt's! Und dazu Ladungen mit Hühnern für Pessach!"

„Ist auch Lammfleisch mitgekommen?"

„Lammfleisch? Natürlich ist Lammfleisch dabei! Meinst du, sie würden das Lammfleisch vergessen?"

Howard mußte über die Motorhaube seines Wagens hinwegsteigen, um zu Rachel und Jakov zu gelangen. Dann faßte er die beiden an den Händen, um sie nicht zu verlieren. Rachels Handflächen waren schweißnaß vor Aufregung. Sie blickte sich suchend um und stellte sich auf die Zehenspitzen, um über das Meer der Köpfe hinwegsehen zu können. Die drei wurden von der Menge in Richtung Zionsplatz geschoben. Dort umstanden die Konvoiwagen den Platz wie eine Wagenburg. In der Mitte des Platzes versuchten Angestellte der Jewish Agency, mit Schreibblöcken in der Hand, Ordnung in das Durcheinander zu bringen.

Einige Fahrer, die sich im Ruhm des Augenblicks sonnten, kletterten auf die Dächer ihrer Wagen und riefen den sich unter ihnen vorbeischiebenden Menschen fröhlich irgend etwas zu, während diese ehrfürchtig die Kugeleinschläge berührten und selbst diejenigen Beulen mit Respekt behandelten, die vielleicht schon aus Tel Aviv stammten.

Nur eine kleine Schar der Haganahwächter war beim Konvoi geblieben und hatte sich nicht unter die Menge gemischt.

„Ich sehe nichts von Mosche!" rief Rachel Howard aufgeregt durch das Gedränge zu. „Sehen Sie ihn, Herr Professor? Kann es sein, daß er bei den Leuten auf dem Lastwagen ist?"

Howards Blick schweifte prüfend über die Gesichter und Gestalten der Männer, die stolz für Photos posierten und einen Plausch mit den vielen Reportern hielten, die überall anzutreffen waren. Morgen würden ihre Notizen zu einer internationalen Schlagzeile verschmolzen sein: *Belagerung Jerusalems durchbrochen! Kühner Angriff rettet heilige Stadt!* Die Aussichten, Mosche hier zu finden, waren gering. „Nicht auf dieser Seite!" erwiderte Howard. Er schirmte die Augen mit der Hand ab, um in der hellen Morgensonne besser sehen zu können. „Wenn wir es schaffen, uns nach vorne durchzuarbeiten, können wir ja jemanden fragen!"

Plötzlich vernahm Rachel eine unverkennbare, dröhnende Stimme: „In Ordnung! Ladet diese zehn Wagen ab! *Nur diese zehn!* Die anderen sind fürs Lager, ihr Momzer! Seht ihr nicht, daß diese Waren fürs Lager bestimmt sind?" Wie ein Kapitän auf der Kommandobrücke eines Schlachtschiffes stand Ehud Schiff auf dem mit einer Plane abgedeckten Kistenstapel eines stark vom Kugelhagel mitgenommenen Lastwagens. „Nur diese *zehn*, ihr Schmucks!"

Rachel erkannte Ehud nicht an seiner äußeren Erscheinung – zumal ihn sein bartloses Gesicht stark verändert erscheinen ließ –, sondern an den Beleidigungen, die ihm so leicht von der Zunge gingen. „Herr Professor!" rief sie aufgeregt und zeigte über die Schulter einer korpulenten Frau. „Da ist Ehud! Ach, Gott sei Dank!" rief sie mit bebender Stimme. „Sehen Sie! Sehen Sie doch! Das ist Ehud Schiff! Lieber Ehud! Er wird wissen, wo Mosche ist! *Er wird es am besten wissen!*"

Die Menschen drängten sich immer dichter um die Lastwagen mit den Matzen und frischen Eiern, die die Fahrt wirklich erstaunlich gut überstanden hatten. Es herrschte ein so großes Gedränge, daß kein Durchkommen war. Die Menschen hielten ihre kostbaren Lebensmittelkarten fest in den Händen und reckten sie erwartungsvoll in die Höhe. *Milchpulver! Frische Orangen! Etwas Zucker, wenn ich bitten darf! Matzen. Gefilte Fisch!* Die Hausfrauen bestaunten die Kostbarkeiten, die über den Paß zu ihnen gekommen waren, und gaben die Nachricht ehrfürchtig an ihre Männer weiter. *Und sogar Hühner! Ich höre sie dort drüben in einem Lastwagen gackern. Hat nicht jemand gesagt, daß auch Zigaretten mitgekommen sind? Amerikanische Lucky Strikes! Oj!*

Aber für Rachel gab es nur eine wichtige Kostbarkeit. Für sie gab es nur einen Hunger, der an ihr nagte. „Wenn Ehud in der Nähe ist, kann

Mosche nicht weit sein! Ach, Herr Professor! Sehen *Sie* ihn vielleicht?"

„Ich kann selbst Ehud kaum sehen!" rief Howard durch das Stimmengewirr zurück, doch seine Stimme drang nur schwer zu ihr durch.

„Wie wär es, wenn ich mich nach vorne durchschlängelte", schlug Jakov vor und wollte sich schon von Howards Hand losreißen.

„Dann finden wir dich nie wieder!" wehrte Howard ab und hielt den Jungen noch fester, zumal nun eine korpulente Frau mit vor Erregung hochrotem Gesicht von ihren Ellenbogen Gebrauch machte, um sich von hinten an ihnen vorbeizuschieben.

Matzen! Gefilte Fisch für die Suppe heute abend! Milchpulver und pulverisierte Eier! Nein! Sind die Eier frisch? Oj wei! Die Eier sind sogar noch frisch!

„Bitte lassen Sie mich zu Ehud!" bat Jakov Howard erneut flehend. „Ich komme besser zu ihm durch! Er wird Bescheid wissen! Er wird etwas über Mosche wissen!"

Howard sah zu Rachels verzweifeltem Gesicht hinüber. Dann nickte er zögernd und sagte warnend zu Jakov: „Aber nirgendwoandershin! Sonst verlieren wir dich." Er ließ die Hand des Jungen los, und dieser verschwand blitzschnell zwischen zwei Frauen wie eine Maus in einem Spalt. Augenblicke später tauchte er wieder auf, jetzt am vorderen Rand der Menge. Er kletterte über den Reifen an den seitlichen Holzlatten empor, schwang sich direkt vor Ehuds Füßen auf die Plane, tippte dem stattlichen Kapitän ans Knie und machte ihm mit der Hand Zeichen. Howard beobachtete, wie Ehud den Jungen stirnrunzelnd betrachtete, während dieser die Worte *Rachels Bruder* artikulierte. Dann endlich hellte sich Ehuds Gesicht auf. Er hob den Jungen auf seine Schulter und gab ihm einen spielerischen Klaps.

Wo ist denn deine Schwester?

Dort! Jakov deutete in die Menge. *Beim Professor.*

Rachel stellte sich auf die Zehenspitzen und winkte Ehud über die Köpfe der Menschen hinweg zu. Jakov rief und deutete aufgeregt auf Howard, der nun seinen Hut schwenkte. Nachdem Ehud einige Zeit die Menge der unbekannten Gesichter abgesucht hatte, rief er mit dröhnender Stimme: „Nur ein Goj kann in dieser Menge keinen Hut aufhaben! Da ist ja der Professor! – Und da ist ja auch Rachel!"

Einige Leute drehten sich, neugierig geworden, nach Howard und Rachel um, und schließlich bildete die Menge auf Ehuds unmißverständlichen Befehl hin eine Gasse für die beiden, die freudig zum Lastwagen stürzten. Ehud zog Rachel mit seinen starken Armen zu sich hoch, und Howard kletterte unbeholfen hinterher.

Rachel ließ ihren Tränen freien Lauf und umarmte den Kapitän, der bei solch einem Empfang verlegen errötete.

„Kleines!" rief er dann erstaunt aus. „Hatten wir dich nicht in der Altstadt zurückgelassen?"

„Tikvah war krank", erklärte Rachel und wischte sich die Tränen fort. „Wir sind erst gestern nacht angekommen. Jehudit Akiva hat die Flucht für uns arrangiert und ist selbst auch mitgekommen."

„Jehudit? Die Tochter von diesem Schwein Rabbi Akiva?"

„Sie hat Tikvah das Leben gerettet und mich davor bewahrt, daß mir das Herz brach, aber wenn ich nicht bald Nachrichten von Mosche bekomme —" Die Stimme versagte ihr, als sie Ehuds Gesichtsausdruck sah. „Wenn Sie keine Nachricht für mich haben, dann kann es sein, daß es mir trotzdem noch bricht."

Ehud schloß sie tröstend in die Arme. „Als ich ihn zuletzt gesehen habe, lebte er noch. Gestern abend ging es ihm noch gut."

„Ist er mit Ihnen gekommen? Ist er in Jerusalem? Ach, Ehud, wo ist er? Wo ist Mosche?"

„In Kastel. Er kämpft immer noch gegen die Araber, wenn sie ihn nicht umgebracht haben."

In ihrem Gesicht flammte jähes Entsetzen auf, und sie brach wieder ungeniert in Tränen aus. „Ach, Ehud! Er ist nicht gekommen! Er ist noch dort. Jakov, er ist nicht hier! Wie kann ich es ihm sagen? Wie kann ich es ihm sagen, wenn er nicht hier ist?"

Ehud tätschelte sie unbeholfen und sah sich hilfesuchend nach Howard um. Dieser zuckte nur genauso hilflos die Achseln und wiederholte immer wieder: „Ach, du liebe Güte!"

„Er lebt, wenn die Araber ihn gestern nicht getötet haben", versuchte Ehud sie zu trösten. Doch für Rachel waren seine Worte keineswegs tröstlich. „Wir haben einige von seinen Leuten unterwegs mitgenommen. Sie sollten nämlich vom Konvoi Waffen abholen. Die Araber haben sie aber von hinten angegriffen, und so konnten wir ihnen die Waffen nicht geben. Alle haben gut gekämpft und vielleicht sogar den Konvoi gerettet."

„War Mosche dabei?" fragte sie flehend.

„Einige sind erschossen worden. Andere sind mit uns gekommen. Aber Mosche habe ich nicht gesehen. Er ist bestimmt noch in Kastel und kämpft gegen diese Dämonen. Außerdem sind die meisten Haganahleute bereits in den Vororten Jerusalems von Bord gegangen. Wir treffen uns heute abend, um zu entscheiden, was wir für die Männer tun können, die noch dort oben sind." Sein Gesicht hatte einen grimmigen Ausdruck angenommen. „Aber als ich ihn zuletzt gesehen habe, lebte er noch."

„Captain Schiff", unterbrach ihn Howard, „wäre es Ihnen möglich, uns nach Hause zu begleiten? Wir können Ihnen ein Bett zum Schlafen anbieten. Und saubere Kleidung."

„Sie sind der Onkel der kleinen Schickse, Ellie Warne, nu?"

„Ja."

„Dann wird es mir eine Ehre sein, mitzukommen. Ich bin hier sozusagen fertig. Die Agency hat unsere Arbeit übernommen. Es sind genug Lebensmittel für die Pessachfeier heute abend vorhanden und sogar noch für einen weiteren Monat, wenn sich die Leute die Sachen einteilen. Ja, ich bin jetzt ziemlich müde. Sie haben ein Bett für mich, sagen Sie? Ich würde mich wirklich freuen, wieder einmal in einem Bett schlafen zu können."

Rachel hob den Kopf von der Brust des Kapitäns. „Ja, Ehud. Sie müssen kommen!" Sie trocknete sich die Augen und blickte noch einmal mit einem letzten wehmütigen Blick über das Meer der Köpfe hinweg. *Wie kann ich dir erzählen, lieber Mosche, daß du Vater werden wirst? Ach, du bist ja nicht nach Jerusalem gekommen!* Da entdeckte sie plötzlich am Rande der Menge einen großen, dunkelhaarigen Mann. *Schaukelnder Gang. Die Neigung seines Kopfes und der Schultern!* Er befand sich in Begleitung zweier anderer Männer und war gleich darauf in einer Nebenstraße verschwunden. „Mosche!" rief sie aus. „Dort ist er!" Ehuds und Howards Augen folgten ihrem Blick, in der Hoffnung, noch etwas zu entdecken. Doch der Mann war nicht mehr zu sehen.

Jakov stürzte aufgeregt zum Rand der Kisten. „Wo? Wo ist er, Schwester?"

„Ich habe ihn gesehen! Ich bin mir fast sicher."

Ehud schüttelte bedächtig den Kopf und meinte mit einer Stimme, die eigentlich keinen Widerspruch zuließ: „Nein, er ist in Kastel."

„Aber er sah ihm so ähnlich!"

„Von hinten! Bei dieser Menschenmenge ist das nicht ungewöhnlich. Komm jetzt! Ich sage dir, Rachel, er ist in Kastel."

„Aber Ehud! Bitte ...!" flehte Rachel. Ihre weiteren Worte gingen in dem an- und abschwellenden Sirenengeheul britischer Militärfahrzeuge unter. Es kam aus den Nebenstraßen und breitete sich über die Köpfe der Menge hinweg auf dem Platz aus. Der gellende Klang über-

tönte bereits das Stimmengewirr, und am Rand der Menge gingen die Freudenrufe langsam in einen zornigen Schrei über, der immer lauter wurde und sich schließlich bis zum Konvoi ausbreitete.
Schwere Stiefelschritte hallten auf dem Pflaster. Aus jeder Nebenstraße strömten jetzt Soldaten, und aus einem Lautsprecher schallte eine Stimme: *Es besteht kein Grund zur Sorge. Gehen Sie zur Seite! Bitte an die Seite! Es besteht kein Grund zur Sorge, wenn Sie Platz machen.*
„Diese Gojim!" schimpfte Ehud verächtlich. Seine Augen sprühten vor Zorn, als die ersten britischen Soldaten die Menge teilten. Der blaue Stahl ihrer Waffen blitzte in der Sonne. „Es besteht kein Grund zur Sorge", äffte er bissig die Stimme aus dem Lautsprecher nach.
Auf Befehl Seiner Majestät muß die gesamte Fracht auf Schmuggelware durchsucht werden ... auf Schmuggelware durchsucht werden.
Frauen und Kinder wichen vor den Soldaten zurück und drückten sich eng an die anderen Menschen.
„Schmuggelware ...?" fragte Rachel verwirrt in das Schweigen der eben noch fröhlich lärmenden Menge hinein. Ehud hob herausfordernd das Kinn. „Waffen, meinen sie. Aber sie werden uns *die Werkzeuge* fortnehmen, mit denen wir diese Lebensmittel hergebracht haben." Er schwieg zornig, während immer mehr bewaffnete Soldaten auf den Platz schwärmten und die Menschen zurückdrängten.
Die gesamte Fracht muß durchsucht werden. Auf Befehl Seiner ...
„Auf Befehl des Teufels persönlich und über Ehud Schiffs Leiche!" Ehud sah schnell zu Rachel und Howard hinüber. „Duckt euch! Duckt euch, damit euch nichts passiert!"
... jeder, der mit einer Waffe aufgegriffen wird ...
Rachel hinterfragte Ehuds Aufforderung nicht weiter. Sie legte eine Hand schützend auf ihren Leib und dachte an ihr Kind, an Mosches Kind. „Jakov!" rief sie. „Komm! Schnell!" Und gleich darauf stieg sie eilig vom Lastwagen.
Im Namen der Mandatsregierung Seiner Majestät werden alle Zivilisten aufgefordert, sich zu zerstreuen!
Ehud straffte sich, und dann brüllte er sein Volk mit einer Stimme an, die es gewohnt war, sich gegen Wind und Sturm durchzusetzen: „Es ist genug! Keiner verläßt den Platz!"
Die Menschen wandten sich erstaunt zu ihm um. Seine dröhnende Stimme, sein entschlossener Gesichtsausdruck und seine feurigen Augen flößten ihnen Mut ein.
... werden aufgefordert, sich zu zerstreuen! Kehren Sie sofort in Ihre Häuser zurück!

„Keiner verläßt den Platz!" wiederholte Ehud. Die Menschen horchten auf und bildeten eine undurchdringliche Mauer gegen die herannahenden Soldaten. „Dies sind *eure* Lebensmittel! Mit dem Blut eurer Männer, Väter und Söhne erkauft! Sie werden sie euch wegnehmen, diese Gojim! Und sie werden euch nichts als Gegenleistung zurücklassen!"

Die Fracht muß auf Schmuggelware durchsucht werden ... illegale Waffen ... kehren Sie sofort in Ihre Häuser zurück!

„Juden!" rief Ehud mit Donnerstimme. „Bleibt standhaft! Sie werden die Durchsuchung nur über eure Leichen vornehmen!"

Rachel wurde gegen den Reifen des Lastwagens gedrückt. Sie preßte Jakov an sich und starrte ängstlich zu Ehud hinauf. An den Gewehrläufen konnte sie ausmachen, wo die Reihen der britischen Soldaten der widerspenstigen Menge aus Hausfrauen und unbewaffneten Männern gegenüberstanden.

Außer dem Knacken des Lautsprechers war nur noch das Klicken der Waffensicherungen zu hören.

„Schwester?" Jakov suchte verängstigt Rachels Gesicht.

... Sie werden aufgefordert, sich sofort zu zerstreuen!

„*Das werden wir nicht tun!*" rief Ehud. Und was er dann rief, weckte in jedem einzelnen seiner anwesenden Glaubensgenossen schmerzlichste Erinnerungen. „Nie wieder!" donnerte er. Und die Menge nahm seinen Ruf auf und rief in die Stille hinein: *„Nie wieder! Nie wieder!"*

Auch Rachel stimmte unwillkürlich in den Chor mit ein.

... aufgefordert, diesen Platz zu verlassen ...

„Nie wieder! Nie wieder! NIE WIEDER!" Der Ruf schwoll an und drängte die dunkle Angst zurück, die die Hoffnung der Menschen zu ersticken drohte. Tausende von Fäusten reckten sich herausfordernd mit diesem schallenden Ruf gegen den Himmel, und den britischen Soldaten brach bei diesem unvermuteten, massiven Widerstand der Schweiß aus. „Nie wieder! Nie wieder! NIE WIEDER!"

Sowohl die Stimme aus dem Lautsprecher als auch die Sirene gingen in dem donnernden Ruf unter, dessen Tosen vielleicht sogar bis zu den Arabern nach Kastel getragen wurde. Er begann wie eine Explosion, setzte sich wie ein Lauffeuer fort und drängte dann die Soldaten zu den leeren Lastwagen zurück, die sie nach dieser Niederlage zur Allenby-Kaserne zurücktransportierten. Nie wieder! NIE WIEDER!

Als schließlich auch der letzte Eindringling fort war, senkte sich zuerst eine vollkommene Stille über den Platz. Dann brach die Menge in einen nicht endenwollenden Jubelruf aus, der die Fensterscheiben erklirren ließ: „DIESES JAHR IN JERUSALEM!"

**

Es kam Mosche vor, als sei es tausend Jahre her, daß er zuletzt in der kleinen Bäckerei in der Haravo Kook Street unweit des Zionsplatzes gewesen war. Aber in Wirklichkeit war es erst wenige Monate her, daß er dort, zwischen den Studenten der Hebräischen Universität stehend, vor der Busfahrt zum Skopusberg noch ein Stück Kuchen gekauft hatte. Er hatte immer Spaß an dem vertrauten Gespräch mit seinen Schülern gehabt, und oft hatte sich aus einem scherzhaften Wortgeplänkel eine Diskussion über einen archäologischen Fund oder über alte Religionen ergeben – und schließlich auch über Politik. Frau Betts Bäckerladen, zunächst ein Forum der Ideen für die jungen Männer Jerusalems, hatte sich im Laufe der Zeit zum Zentrum der Haganahaktivitäten entwickelt – direkt vor der Nase der britischen Regierung. Und so versammelten sich die Studenten in Frau Betts Bäckerladen auch dann noch, als die Linie Neun ihre Fahrten zum Skopusberg und zur Universität längst eingestellt hatte.

Mosche hatte sich zusammen mit sechs anderen Männern aus dem Konvoi dort eingefunden, noch bevor die Lastwagen den Zionsplatz erreicht hatten. Nun saßen sie in einer leeren Zisterne im Hof zusammen, aßen trockene Matzen und tranken heißen Tee.

In Frau Bett, einer molligen, heiteren Frau, steckte trotz ihrer geringen Körpergröße das Herz einer kämpferischen Zionistin, und so durften in ihrer leeren Zisterne Mitglieder des Jerusalemer Untergrunds ausgebildet und die Wände ihrer Lagerräume als Waffenversteck genutzt werden. Da sich in ihren Lagerräumen nur noch zwei Säcke mit Mehl befanden, freute sie sich entsprechend auf die Ankunft von Mehl und Butter für ihre berühmten Gebäcke. Aber nicht weniger freute sie sich über die Waffen, die bei den Lebensmitteln dabei sein würden.

„Heute gibt es keinen Kuchen, Leute!" sagte sie. „Vielleicht nächste Woche, wenn Pessach vorbei ist, nu? Und vielleicht sind wir dann auch schon den Mufti los – möge sein Gehirn verdampfen! Dann werde ich Ihnen, Professor Sachar, einen so wunderbaren Kuchen backen, wie Sie noch keinen in Ihrem Leben gegessen haben, nu?"

Mosche lehnte müde an der Steinwand der Zisterne und spürte

schmerzhaft jeden Muskel. Dem Matzen konnte er keinen Geschmack abgewinnen, und zu Frau Betts überschwenglichen Worten brachte er nur noch ein mattes Lächeln zustande. Er war einfach zu müde. Die anderen Männer aßen schweigend.

„Oj!" rief sie aus. „So eine stille Gruppe! Das ist die stillste Gruppe, die je in meinem Laden war." Als sie die erschöpften Gesichter der Flüchtlinge betrachtete, fügte sie jedoch mitleidig hinzu: „Müde, nu? Aber ihr seid an die richtige Stelle geraten, um Ruhe zu finden. Wie gut, daß ihr nicht zur Sokolow-Schule gegangen seid! Dort wäre nämlich nichts aus der Ruhe geworden!"

Mosche sah sie fragend an. Denn er hätte tatsächlich fast in dem alten Schulgebäude Unterschlupf gesucht, da es das Hauptquartier des Mischmar Ha'am, der zivilen Verteidigung, war. Auch wäre die Schule eigentlich viel näher gewesen als Frau Betts Bäckerladen, aber er hatte angenommen, daß das Gebäude unter Beobachtung stand.

„Haben sie auch die in die Luft gejagt?" fragte er und hatte den Schock noch in lebhafter Erinnerung, als er von dem Sprengstoffanschlag auf die *Palestine Post* erfahren hatte.

„Sie machen wirklich Witze, Herr Professor! Oh! In die Luft gejagt? Nein, wirklich nicht. Aber dort wimmelt es von", — sie senkte vertraulich die Stimme und sah sich verstohlen um, obwohl sich außer ihr und den müden Männern niemand in der Zisterne befand — „*Prostituierten!* — Da hättet ihr überhaupt keinen Schlaf gefunden!"

Ein kleiner, gelehrt aussehender Mann am Rand der Gruppe lachte leise auf und entgegnete trocken: „Da könnten Sie recht haben."

Eine Welle von Gelächter ging durch die Gruppe, das erste Lebenszeichen, seitdem sie die Zisterne betreten und sich müde an die Wände gelehnt hatten.

Ein beleidigter Zug glitt über Frau Betts Gesicht. Sie räusperte sich vernehmlich und erwiderte gereizt: „Es sind jüdische Prostituierte, und sie müssen sich dreimal am Tag in der Schule melden! Nicht aus Gründen der Moral, sondern um die Gerüchte weiterzugeben, die sie von den britischen Soldaten aufgeschnappt haben, von diesem Pack! Alle Frauen aus der Umgebung lassen ihre Männer, wenn sie zur Jaffa Road müssen, nur noch den Umweg über die Rehov Hanevi'im gehen!"

„Ah ja! Die Straße der Propheten", murmelte jemand. „Eine viel sicherere Strecke. Das Schlimmste, was einem da passieren kann, ist, daß man konvertiert und fortan das Leben eines aschkenasischen Rabbiners führt! Und dann würde man nie wieder ein Auge zutun, aus Angst, von den Mädchen zu träumen!"

Die Männer lachten wieder, diesmal noch lauter. Doch Mosche brachte nur ein gequältes Lachen zustande und fuhr sich müde mit dem Handrücken über die Augen. „Ach ja, schlafen", sagte er. „Ich glaube, wir sollten uns alle für eine Weile von beidem, von der Sokolow-Schule *und* den Rabbinern, fernhalten."

„Sagtest du schlafen? Ich habe vergessen, was das ist."

„Laß mir eine Sekunde Zeit, dann erinnere ich mich wieder."

Frau Bett stellte kopfschüttelnd fest, daß die Augen der Männer wieder trübe wurden und der Tee unberührt blieb. „Ihr braucht Decken. Und mehr zu essen, nu? Na, wenn ich meinen Kuchen da hätte, würdet ihr nicht ans Schlafen denken! Haltet die Augen noch eine Minute lang auf, bis ich euch Decken und Kissen gebracht habe! Es ist feucht hier unten."

Sie wandte sich eilig um und stieg die schmale Treppe hinauf. Als sie die Luke öffnete, hörte sie in der Ferne deutlich das brausende Stimmengewirr: *Nie wieder! Nie wieder! Nie wieder!*

Sie zögerte einen Moment und murmelte leise: „Was nun? Oj Gewalt!" Doch dann zwängte sie sich entschlossen durch die Öffnung, schlug die Ladentür zu und sperrte so den Aufruhr aus.

„Was war das?" fragte der kleine Mann.

„Eine Feier", erwiderte ein anderer, während ein dritter bereits schnarchte. „Sie tanzen ..." Die Worte kamen schon äußerst schleppend. „... tanzen in Zion ..."

Mosche ließ den Kopf vornüber sinken. Er konnte vor Erschöpfung nichts mehr empfinden, und seine Augenlider waren zu schwer, um noch aufzubleiben, bis Frau Bett zurückkehrte. Ihre Decken und Kissen waren jetzt unwichtig, genauso wie Brot und Tee. Er war sicher, daß er jetzt überall schlafen konnte, sogar in der Sokolow-Schule.

* * *

Noch bevor der Widerstand am Zionsplatz abgeflaut war, erhob sich ein schriller Klageschrei hinter den Barrikaden der arabischen Viertel, die das Herz des jüdischen Jerusalem umgaben.

Sowie die Araber vom Desaster in Kastel gehört hatten, raste ein Trauerschrei, die Klage über die Gefallenen, durch die Souks der Altstadt. Dann forderten die Araber Rache für ihre Toten.

Ein unheimliches Frösteln lief Rachel durch die Adern, während sie mit Jakov und Howard zum Wagen zurückeilte. *War es an jenem ersten Pessachmorgen genauso gewesen, als die Ägypter feststellten, daß ihre*

Erstgeborenen tot waren und der Feind gesiegt hatte? Waren die Israeliten damals bei ihrer Flucht aus Ägypten ebenfalls von solch einem dämonischen Heulen des Leids und des Zorns verfolgt worden? Sie sah verstohlen um sich und suchte die Dächer nach arabischen Heckenschützen ab, die ganz sicher Rache nehmen wollten.

Schon wehte ein Ruf über die Dächer, der jeden Juden mit Beklemmung erfüllte: „Kastel! Kastel! Kastel!"

Rachel hatte nur noch den einen Wunsch, wieder bei Tikvah zu sein, weit weg vom Heulen des revoltierenden Mobs.

„Kastel! Kastel! Kastel!"

Ehud trug Jakov auf dem Arm, und Howard zog Rachel eilig durch den Strom der Menschen hinter sich her.

„Kastel! Kastel! Kastel!"

Zu dem Schrei der Araber schlug Rachels Herz einen steten Kontrapunkt: *„Mosche! Mosche! Mosche!"* Obwohl Ehud ihr gesagt hatte, daß er nicht in der Stadt sei, glaubte sie dennoch seine Nähe zu spüren und suchte immer noch sein Gesicht in der Menge.

„Kastel! Kastel! Kastel!"

Immer stärker schwoll der Zorn der Araber an. Männer und Jugendliche strömten aus den Häusern und Läden und sammelten sich in Massen auf dem Omar-Platz hinter dem Jaffa-Tor, um von dort aus den Befreiungszug in das eroberte Dorf zu beginnen. Sie strotzten vor Waffen und waren nur von dem Verlangen nach Rache beseelt. Da erklang in der Ferne eine aufpeitschende Stimme aus einem Lautsprecher und brachte den Schlachtruf zum Schweigen. Rachel konnte zwar die Worte nicht verstehen, aber jeder Satz aus dem Lautsprecher wurde von den Arabern mit einem neuen frenetischen Ruf beantwortet.

„Jihad! Kastel!"

Ehud knurrte: „Schön und gut, ihr Teufel. Aber wir sind mit den Lebensmitteln hier, und ihr seid zu spät gekommen!"

„Aber was ist mit Mosche?" rief Rachel. „Wenn er noch in Kastel ist..."

„Dann wird er kämpfen wie ein Mann!" erwiderte Ehud und blickte zur Altstadtmauer hinüber, während die Araber mit unverminderter Heftigkeit weiterschrien. „Sie sind zu spät! Wir haben schließlich doch noch den Sieg geschmeckt." Dann kniff er die Augen zusammen und meinte vorwurfsvoll zu Rachel: „Erinnerst du dich nicht mehr an Warschau, Kleines? Achtundzwanzig Tage lang haben unsere Leute die Nazis abgewehrt, nu? Erinnerst du dich nicht mehr an Dovs Erzählungen? Fast einen ganzen Monat lang hielten die Juden das

Ghetto, bevor es von den Nazis erobert wurde. Und was sind diese Araber verglichen mit der SS und den deutschen Panzern? Nichts als fanatische Geschäftsleute. Damals waren wir nur eine kleine Schar. Jetzt sind wir mehr." Er erhob seine Stimme und rief: „Laßt sie nur reden! Das Meer wird schließlich doch über ihnen zusammenschlagen — wie über Pharao!" Er sah zu einer Ecke in der Nähe der Mauer hinüber, wo Herbert Gold einer Gruppe von Jungen seine Abenteuer erzählte. „Selbst die Feiglinge sind heute Helden."

Ehuds Zorn brachte Rachel zum Schweigen, und sie senkte resigniert die Augen. Wie konnte er auch ihre verzweifelte Sehnsucht, Mosche zu finden, nachfühlen?

Howard drückte ihr sanft die Hand, sah sich nach ihrem bleichen Gesicht um und sagte leise: „Er ist in den Händen des Herrn."

Der Professor weiß, wie ich empfinde, dachte sie, und Tränen der Dankbarkeit für seine Feinfühligkeit stiegen ihr in die Augen. *Bitte sagen Sie nichts mehr, Herr Professor, sonst weine ich noch mitten auf der Straße!*

„Kastel..."

„Wenn wir sie erst vor Kastel angreifen!" brauste Ehud auf. „Heute abend noch werden wir unseren Soldaten dort Verstärkung schicken. Das wird den Gangstern des Muftis überhaupt nicht bekommen! Das wird ein Kampf gegen den Wind für sie sein! Und wenn dein Mosche dabei fällt, wird er als Held verehrt werden wie die Männer in Warschau, die die Nazis achtundzwanzig Tage lang vom Ghetto fernhielten, bevor sie fielen, nu?"

Rachel stolperte, und Howard konnte gerade noch verhindern, daß sie fiel. Er sah die Tränen in ihren Augen und wandte sich ärgerlich an Ehud. Schon der Ton seiner Stimme gebot Schweigen: „Captain Schiff! Wir glauben fest daran, daß Mosche wohlbehalten zurückkommt. Und nun hören Sie bitte auf, sich mit den Spießgesellen des Muftis Wortgefechte liefern zu wollen. Wir sind ohnehin die einzigen, die Sie hören können, und unsere Nerven sind nicht mehr die besten." Er tätschelte Rachel beruhigend und bewirkte damit, daß ihre Tränen nun tatsächlich überquollen. „Da haben Sie's!" rief er ärgerlich. „Sehen Sie, was Sie getan haben?"

„Ich?" fragte Ehud und tippte sich entgeistert an die Brust. „Habe ich etwas Falsches gesagt, Kleines? Ich wollte dir doch nur Mut zusprechen."

Verlegen, daß sie sich so hatte gehenlassen, wischte sich Rachel die Tränen fort und meinte: „Es ist nichts. Ich bin nur müde."

„Kastel! Kastel! Kastel!"

„Dann laßt uns nach Hause gehen und Ehud zu Bett bringen", sagte Howard fürsorglich.

Als sie endlich am Wagen ankamen, sagte Rachel bittend: „Ich möchte jetzt bitte nur zu Tikvah. Nichts weiter."

Ehud biß sich verlegen auf die Lippe. Er war unsicher, wie er mit dieser sensiblen Frau umgehen sollte. „Verzeihung", sagte er schließlich. „Ich meine immer, daß alle so ein dickes Fell haben wie ein Seemann."

„Aber ich schon!" mischte sich Jakov strahlend ein. „Mich können Sie ruhig anschreien, Captain Ehud!"

Ehud drückte prüfend Jakovs Arme. „Du willst also Seefahrer werden? Mit Captain Schiff die Blockade brechen, wie?" polterte er erleichtert in seiner gewohnten Art, und der Junge genoß es, daß sein Held ihm Aufmerksamkeit schenkte.

„Ich habe die Blockade auch früher schon ganz gut gebrochen. Ich und mein Hund Schaul!"

※ ※ ※

Rachel saß schweigend neben Howard, während sie durch die gewundenen Straßen zum Hadassah-Krankenhaus fuhren. Hin und wieder sah Howard zu ihr hinüber und strich ihr mitfühlend über die Hand. Ehud und Jakov, die zusammen auf dem Rücksitz saßen, trumpften unterdessen gegenseitig mit Geschichten von wagemutigen Abenteuern mit Briten und Arabern auf. Rachel nahm sich vor, Ehud nach Einzelheiten aus der Zeit seiner Gefangenschaft mit Mosche zu fragen, wenn sie sich wieder etwas gefaßt hatte. *Ob er oft von ihr gesprochen hatte?* Aber noch war sie nicht imstande dazu. Und außerdem hatte es keinen Sinn, solange noch das Schlachtenfieber in Ehuds Adern tobte. Sie konnte es nicht ertragen, noch ein weiteres Wort über den Heldentod zu hören. Denn durch ihre Adern pulste nur ein Gedanke: *Wann werde ich ihn wiedersehen? Wird er mich in diesem Leben noch einmal in seinen starken Armen halten? Werden seine Augen leuchten, wenn ich ihm von unserem Kind erzähle?*

15. Die Botschaft

Gerhardt saß Kadar am Tisch gegenüber und brütete schweigend vor sich hin. Ständig strömten arabische Bauern nach Deir Maschir, schwenkten ihre Waffen und riefen Parolen, die inzwischen bedeutungslos klangen. Dann versammelten sie sich auf dem Dorfplatz, um auf eine Weisung vom großen Kommandeur Ram Kadar zu warten. Kadar, die rechte Hand des Muftis, war offenbar gerade noch rechtzeitig zurückgekehrt. Zwar nicht so rechtzeitig, daß er die Schande der vergangenen Nacht hätte verhindern können, aber nun war immerhin ein neuer Tag, der vielleicht ein neues Glück versprach. Und das Wichtigste war schließlich, daß Kadar überhaupt wieder da war.

„So wird also eine Handvoll Juden heute abend ihr religiöses Mahl halten", meinte Gerhardt mit verächtlicher Geste. „Meinst du etwa, daß die Ankunft von ein paar mit Lebensmitteln beladenen Lastwagen letztlich etwas an der grundsätzlichen Situation ändern kann? Wir werden ihnen Kastel mit Leichtigkeit wieder abtrotzen und dann den Paß erneut sperren. Bald werden sie wieder hungern!"

Kadar studierte schweigend die detaillierten Landkarten der Gegend um Kastel. Es stimmte zwar, daß die Juden nur einen kleinen Sieg errungen hatten. Wenn man es genau nahm, war dies bisher sogar ihr einziger Sieg. Aber es hatten auch schon noch kleinere Ereignisse in bedeutenderen Schlachten die Wende eingeleitet, und er bebte vor Zorn über Gerhardts groben Fehler. „Du hast Kastel letzte Nacht dem Schutz alter Frauen überlassen", stieß er mit einer Stimme aus, die hart wie Stahl war. „Es wird nicht so einfach sein, den Juden Kastel wieder abzuringen."

„Den Juden!" stieß Gerhardt hervor. „Was sind schon Juden? In den Tagen des Dritten Reiches haben sie sich ihre eigenen Gräber geschaufelt und geduldig zugesehen, wie wir sie mit den Leichen ihrer Artgenossen gefüllt haben. Sie haben keine Ahnung, wie man kämpft! Sie können nur wie Schafe sterben."

Kadar wandte sich ab und starrte aus dem Fenster in den Hof, in dem mehrere hundert Jihad-Moqhaden in Gruppen zusammensaßen.

Gerade lieferte ein Lastwagen weitere junge Männer an, die sich lachend und übermütig schwatzend zu ihren Kameraden gesellten. Zwischen den Männern gingen Essensverkäufer umher, die *Popeetes* und frische Orangen anboten. Es herrschte Festtagsatmosphäre. Genau wie Gerhardt glaubten auch diese Männer, daß die Juden unfähig seien zu kämpfen. Wenn sie einen kleinen Sieg hatten verbuchen können, konnte man das nur ihrem Glück zugute halten.

Allein Kadar war immer anderer Ansicht gewesen. Doch erst jetzt faßte er in Worte, was er für den wahren Sachverhalt hielt:

„Vielleicht war es im letzten Krieg so, Gerhardt, daß ihr, die ihr dem Führer dientet, in den jüdischen Männern, Frauen und Kindern nur Tiere saht, die allein dazu taugten, geschlachtet und in eine Grube geworfen zu werden." Er vermied es, dem Deutschen in das spöttische Gesicht zu blicken. „Aber für heute sehe ich die Dinge anders. Die Juden, die damals zusammen mit ihren Frauen und Kindern den Tod fanden, waren unbedarfte Männer. Aber diejenigen, die euch damals entkamen, werden nie wieder ihr eigenes Grab schaufeln. Einige haben überlebt und verbreiten nun, was sie gesehen haben. Und diese werden kämpfen — nicht wie Schafe, sondern wie Löwen."

Erst jetzt begegnete Kadar Gerhardts Blick, in dem sich immer noch Verachtung spiegelte, und fuhr fort: „Sie werden den Kampf der Verzweiflung kämpfen!" Er deutete mit dem Daumen zu der lachenden Menge im Hof. „Sie dagegen sind immer noch unbedarfte Menschen — nicht verzweifelt und nicht verlassen. Auch haben sie so gut wie keine Angst vor unseren Feinden, weil sie nicht an ihre Männlichkeit glauben —"

„Männlichkeit!"

„War es etwa kein Mann, mit dem du in den Gängen unter der Altstadt gekämpft hast? War es kein Mann, der dort in der Höhle gegen die Leibwächter Haj Amins gekämpft hat? Ein tapferer Mann — ein kraftvoller Mann, ein verzweifelter Mann!"

„Er hat nur um diese Hure gekämpft. Ich selbst habe bereits um ihrer Schönheit willen getötet. Sie ist ein Teufel, der die Macht hat, aus einem Mann —" Gerhardt vermochte nicht weiterzusprechen, in seine Augen trat ein irrer Blick.

„Die Macht hat, einen Mann zum Wahnsinn zu treiben, Gerhardt?" fuhr Kadar fort und lachte laut über den maßlosen Zorn, der Gerhardts Gesichtszüge verzerrte. „Dann will ich dir noch etwas erzählen, was dich vielleicht dazu veranlaßt, bei dem Angriff auf Kastel noch härter zu kämpfen." Er verschränkte die Arme vor der Brust und lehnte sich an die Fensterbank. „Während du in der letzten Nacht nach Ramle gelaufen bist, um dort gegen Schafe zu kämpfen, war in Kastel ein *Mann*, ein Jude, und hat es uns abgetrotzt. Ein alter Freund von dir, Gerhardt, genauso wie von mir."

Gerhardt beugte sich erregt vor und kniff die Augen zusammen.

„Etwa Mosche Sachar? Haben ihn die Briten nicht gehängt? Ah, es ist der Wille Allahs, daß er so lange leben soll, bis ich ihm wieder Auge in Auge gegenüberstehe! Es ist der Wille —"

„Ja. Man sagt, daß er noch dort oben ist, Gerhardt — und wartet. Auf dich! Und er wird nicht wie ein Schaf sterben."

„Selbst die Löwen schreien, wenn der Tod naht."

Als Kadar sah, daß Gerhardt nahe daran war, seinem rasenden Zorn zu erliegen, stichelte er weiter: „Aber es kann auch sein, daß dir jemand zuvorkommt." Er lächelte ihn scheinbar freundlich an. „Es gibt viele Jihad-Moqhaden, die sich mit dir um seinen Kopf streiten werden."

„Nein! Dieser Jude gehört mir! Ich werde selbst Hand an ihn legen! Ich werde der erste in den Straßen von Kastel sein, und ich werde ihn finden!"

Gut, dachte Kadar befriedigt, als er Gerhardt gedankenversunken vor sich stehen sah. Verzweiflung kann bei einem Menschen bewirken, daß er tapfer kämpft, aber sie kann auch zur Folge haben, daß er nicht mehr vernünftig handelt. Vielleicht ist es gar nicht so schwierig, aus Gerhardt einen Märtyrer zu machen. „Von allen hier anwesenden Männern haßt du die Juden am meisten."

„Dieses Geschmeiß! Sie sind schuld an all dem Leid, das über uns gekommen ist!"

„Ja, so ist es", bestätigte Kadar überlegt. „Und unter all den Juden gibt es einen, den du sogar noch mehr haßt als die anderen. Nicht wahr? — Mosche Sachar. Den Mann, der Kastel hält. Er hat dir nicht nur die Frau weggenommen, sondern auch noch Kastel erobert, so daß du nun wie ein Narr dastehst."

„Ich will sein Blut sehen! Ich will, daß er an der Moschee von Kastel gekreuzigt wird!" murmelte Gerhardt mit bebender Stimme wie zu sich selbst, so, als sei Kadar gar nicht mehr anwesend. „Und ich werde auch diese Hure finden und sie in den Staub treten. Ich werde sie zu der Leiche dieses Juden bringen und ihr zeigen, wer hier der Mann — wer hier der Eroberer ist. Und dann werde ich meinen Spaß mit ihr haben. Ich werde ihr Blut mit dem seinen mischen. Sie sind Schafe! Sie sind Schafe! Und die Grube ist immer noch offen."

„Sieh dich vor, daß du nicht selbst hineinfällst!"

Gerhardt sah durch Kadar hindurch und nahm kaum noch wahr, was dieser sagte. In Gedanken war er schon mit dem Kampf beschäftigt. „Ich will die besten Männer bei mir haben! *Wir* werden den östlichen Hang stürmen, während *ihr* den Steinbruch einnehmt.

Mosche Sachar in Kastel! Du siehst, es ist der Wille Allahs, daß ich dem Feind mit meinen eigenen Händen den Garaus machen kann! Du siehst, wie einfach es sein soll!"

„Kämpfst du denn nicht auch aus Loyalität zum Mufti?"

Gerhardt lächelte zynisch. „Aus Loyalität? Natürlich. Aus einer solchen Loyalität, die den Fahrer der amerikanischen Botschaft dazu veranlaßte, sich von uns dazu benutzen zu lassen, die Jewish Agency zu zerstören. Ah ja. Auch er war loyal, loyal genug, um im Anschluß an seine Tat 600 Pfund für den Kauf seiner Braut entgegenzunehmen. Oh ja! Friedrich Gerhardt ist loyal gegenüber dem Mufti – und gegenüber dem Führer, dem Dritten Reich und einem Vereinigten Arabischen Palästina. Denn all das gibt dem, was meine höchste Lust ist, einen Sinn." Er erhob sich und ging zum Fenster hinüber. „Sieh sie dir an!" sagte er und zeigte auf die ausgelassenen Truppen. „Sie alle nehmen für sich in Anspruch, loyal zu sein. Sie schreien nach dem Heiligen Krieg, aber sie kämpfen nur aus demselben Grund wie ich – weil sie den Kampf *lieben!*"

Kadar starrte Gerhardt mit dem Abscheu eines Menschen an, der sich einem Ungeheuer gegenübersieht. „Du bist wahnsinnig!" stieß er verächtlich hervor. Er hatte keine Lust mehr, Gerhardt weiterhin etwas vorzumachen.

„Ja! Ja, ich *bin* wahnsinnig! Aber ich bin auch ehrlich, Kadar. Ich bin hier, weil ich mich an den Schreien meiner Feinde ergötze. Die Macht über Leben und Tod liegt in meinen Händen." Er hielt seine Hände ins Licht und betrachtete sie bewundernd. „Als sei ich Gott! Und der Mufti, Adolf Hitler, dieser *Krieg* – all das liefert mir nur den Vorwand, das große Talent, mit dem ich begabt bin, auszuleben."

Er kräuselte leicht die Lippen und starrte Kadar durchdringend an.

„Und meine größte Freude wird es sein, Mosche Sachar zu töten und diese Hure zu vernichten, um deretwillen ich gelitten habe." Er packte Kadar an den Schultern. „Begreifst du denn nicht? Es wird niemals enden! Es spielt keine Rolle, wer der Sieger ist. Das Grab wird niemals voll genug sein, um unsere Lust zu befriedigen. Immer und ewig werden wir einen edlen Grund brauchen, einen Grund, warum wir uns gegenseitig töten."

Kadar entwand sich Gerhardts Griff. Ein kalter Schauer überlief ihn, und er wich zurück. Er hatte das Gefühl, einem entmenschten Wesen gegenüberzustehen. „Du bist wahnsinnig!" murmelte er wieder. „Du riechst nach Tod! Es ist nicht Allah, der Menschen wie dich auf die Erde bringt, sondern der Böse – der Scheitan."

„Und du nimmst für dich in Anspruch, den Unterschied zu kennen, edler Kadar? Du nimmst für dich in Anspruch, das Richtige zu sehen, obwohl du dem Meister des Scheitan persönlich dienst?"

„Ich kämpfe für ein palästinensisches Heimatland!"

„Natürlich. Das tun wir alle. Für ein Heimatland ohne Juden. Ohne dieses Geschmeiß. Die Welt hält mich nur für verrückt, weil ich ehrlich bin. Ihr übrigen könnt euer böses Herz zwar mit Parolen und hohen Idealen tarnen, aber in meinen Augen seid ihr um nichts besser als ich — nur bessere Lügner! Und du wirst sehen, Kadar, auch die Juden sind böse. Auch sie sind in ihrem Herzen Metzger. Sie haben bisher einfach nur nicht die Macht gehabt, ihre Schlechtigkeit unter Beweis zu stellen."

Kadar schwieg. Er faltete sorgfältig die Karten auf dem Tisch zusammen und ordnete einen niedrigen Papierstapel. Falls Gerhardt doch nicht im Kampf fiel, würde er, Kadar, diese bösartige Kreatur mit eigener Hand umbringen. Gerhardt lachte, als mache er sich über Kadars Gedanken lustig. Dann verließ er den Raum und mischte sich im Hof unter die Männer.

Kadar beobachtete, wie er durch die ruhmbegierigen Freiwilligen schritt. Auf ihren Gesichtern waren Ehrfurcht und Bewunderung für diesen Mann zu lesen, der die Ben Jehuda Street und die Jewish Agency zerstört und, zumindest bisher, die Durchfahrt der jüdischen Konvois durch den Bab el Wad verhindert hatte. *Ja. Gerhardt, der Wahnsinnige, ist ein großer Held! Und vielleicht wird er auch ein großer Märtyrer für unsere Sache.* Plötzlich hielt sich Kadar den Kopf und stöhnte laut auf: *Unsere Sache. Jihad. Heiliger Krieg. Wenn es stimmen sollte, was Gerhardt behauptet, dann existiert diese Sache ja gar nicht. Dann gibt es weder ein Paradies noch Allah. Nur eine lebendige Hölle in unseren Herzen, die uns befiehlt, unser eigenes Grab zu schaufeln.*

* * *

Während die anderen Männer aus dem Naschon-Konvoi in den sicheren Hafen der Jerusalemer Häuser fanden, ging Herbert Gold schnellen Schrittes auf das massive Gebäude zu, in dem der britische Militärgouverneur residierte. Die Euphorie der triumphalen Ankunft hatte sich bei ihm schnell verflüchtigt, nachdem er festgestellt hatte, daß sein Lastwagen zu denjenigen gehörte, die am Bab el Wad zerstört worden waren. Und als er die jubelnde Menge betrachtete, dämmerte es ihm mit einem Mal: *den Mann im Lastwagen — den hatte er schon einmal irgendwo gesehen!* Er sah plötzlich Bilder und Schlagzeilen von der Titelseite der gestrigen Zeitung schemenhaft vor sich: *Terrorist Mosche Sachar entkommen!* Und war in dem Artikel nicht auch von etwas anderem die Rede gewesen? Von einer Belohnung? Einer Belohnung, die vielleicht sogar den Verlust eines Lastwagens aufwiegen konnte? Verstohlen um sich blickend, stieg Herbert die ausgetretenen Stufen zum Verwaltungsgebäude hinauf und betrat die Eingangshalle.

Aus einem Hinterzimmer schallte ihm das Klappern einer Schreibmaschine entgegen. Eine hübsche arabische Empfangsdame saß am vordersten Schalter und blickte auf, als er seinen Hut abnahm und ihn nervös in den Händen drehte.

„Was kann ich für Sie tun?" fragte sie lächelnd und entblößte dabei eine Reihe blendend weißer Zähne.

„Ich möchte eine Mitteilung machen..." begann er stockend und fügte dann mit gesenkter Stimme hinzu: „Ich möchte den Inspektor sprechen. Und zwar sofort."

Die Frau lächelte weiterhin unverbindlich freundlich, aber in ihren Augen blitzte Neugier auf. „Um welche Art von Mitteilung handelt es sich?" Ihre Hand lag bereits auf dem Schalter der Sprechanlage.

„Es handelt sich um den Konvoi", flüsterte er.

Ihre Miene wurde ernst. „Wir wissen so gut wie alles vom Konvoi. Der Inspektor ist sehr beschäftigt —"

Herbert beugte sich vor und fügte mit vor Aufregung weit aufgerissenen Augen hinzu: „Aber das ist noch nicht alles."

„So?"

„Es waren Männer dabei. Schreckliche Männer." Er hielt ihr seine wundgescheuerten Handgelenke hin. Sie schnalzte Mitleid bekundend mit der Zunge, meinte jedoch ablehnend: „Das ist allerdings kaum eine Nachricht —"

„Sie verstehen mich nicht. Es handelt sich um keine normalen Männer. Ich habe in der *Daily* über sie gelesen. Sie werden von der Regierung gesucht, und ich habe sie gesehen — beide. *Ja!* Einer von ihnen hat mich gefesselt und entführt, der andere sprang auf den Lastwagen auf, auf dem ich mich befand."

Ihr Interesse erwachte von neuem. „Von wem sprechen Sie?"

„Als ich mich erinnerte, wo ich ihn schon einmal gesehen hatte, war es zu spät! Er war im Nu in der Menge verschwunden, sonst hätte ich ihn selbst gefaßt."

„Die Namen der Verbrecher, wenn ich bitten darf..."

„Der Große hat mir meinen Lastwagen gestohlen und wird Captain genannt. Und der andere — der andere heißt Sachar. Er ist Professor an der Hebräischen Universität. Mosche Sachar, derjenige, der des Bombenattentats am Jaffa-Tor für schuldig befunden worden ist."

„Mosche Sachar?" fragte sie, und ihr Gesicht nahm einen entsetzten Ausdruck an. „Sie haben diesen Mann hier gesehen? Hier in Jerusalem? Er hält sich in Jerusalem auf?"

Gold straffte sich. Die Reaktion der Empfangsdame verlieh ihm Sicherheit. „Ja." Er hob ein wenig das Kinn. „Er hat mich den ganzen Weg über den Bab el Wad mit dem Gewehr bedroht. Ein böser und gefährlicher Mensch."

Die Empfangsdame blickte Gold einen Moment lang ehrfürchtig an. Dann drückte sie auf den Schalter der Sprechanlage.

* * *

Während Ellie und David mit der Familie Tornahos über die holprigen, von tiefen Fahrrinnen zerfurchten Nebenstraßen Zyperns fuhren und kräftig durchgeschüttelt wurden, kam David unwillkürlich der Gedanke, ob sie vielleicht der Wirbelsturm des Zauberers von Oos in die Höhe gehoben und nach Oos getragen hätte. Felder von leuchtendem Klatschmohn wechselten mit noch ungepflügten Feldern ab, und an die felsigen Berghänge schmiegten sich frische, leuchtendblaue Lupinen. Jeden Augenblick rechnete David damit, die in der Sonne glitzernde Smaragdstadt zu erblicken. Doch statt dessen erhob sich vor ihnen die alte Kreuzfahrerfestung Kyrenia über dem Hafen.

David trug die zerknitterte Uniform ihres Gefangenen, Ellie ein von Frau Tornahos geliehenes dunkelblaues, zu großes Kleid. Das Haar hatte sie zurückgekämmt und vollkommen unter einem alten, marineblauen Kopftuch verborgen. Frau Tornahos hatte bei ihrem Anblick gelächelt und zufrieden genickt, da nun sicher niemand mehr argwöhnen würde, daß die junge Frau keine Zypriotin war.

„Nurr nicht rreden!" trug Tornahos den beiden auf, während ihnen der aufgewirbelte Staub den Atem nahm. „Maria und ich, wirr kümmerrn um alles!"

Das kleine Mädchen, ein schüchternes, schwarzäugiges Kind, klammerte sich an den Arm seiner Mutter und lächelte David veschämt an. Die holprige Fahrt machte offenbar weder ihr noch ihren Eltern etwas aus.

Der heruntergekommene Wagen der Tornahos' war eine merkwürdige Mischung aus unzähligen zusammengesuchten Einzelteilen. Das Chassis stammte von einem italienischen Vorkriegsmodell, die Motorhaube war eindeutig amerikanisch, denn das blau-goldene Emblem darauf stellte den Davidsstern dar und war das veraltete Markenzeichen der Automobile der Gebrüder Dodge.

„Was für ein Wagen ist das?" fragte Ellie naiv.

Tornahos legte knirschend einen anderen Gang ein und kaute nachdenklich an seiner Unterlippe. „Alle mögliche Waggen. Wirr sagen, sein ein Hund mit viele Pappas."

David grinste und sah sich nach Ellie um. „Eine Art Promenadenmischung, Schatz."

„Das rrichtig!" lachte Tornahos röhrend und schlug fröhlich aufs Steuerrad. „Ist Prromenadenmischung."

Ellie rutschte unbehaglich auf dem Sitz hin und her und versuchte vergeblich, eine Stelle zu finden, unter der sich keine Sprungfeder durchdrückte. Sie fand diese Promenadenmischung irgendwie bösartig.

„Solange uns der Wagen nur hin und zurück bringt...", meinte David beruhigend. Doch dann wurde er plötzlich ernst: Auf der Gegenfahrbahn kamen ihnen zwei elegante britische Amtsfahrzeuge entgegen.

„Oh, sicher! Laufen besserr als englische Generalwaggen", bekräftigte Tornahos, und fuhr, um seine Meinung zu unterstreichen, im Slalom um ein paar Schlaglöcher herum. Der Fahrer von einem der ihnen entgegenkommenden britischen Fahrzeuge hupte aufgeregt und brachte den Wagen mit quietschenden Bremsen zum Stehen. Tornahos lachte dröhnend über die Mundbewegungen des britischen Fahrers, der augenscheinlich lauthals hinter ihnen her schimpfte. Kurz darauf erreichten sie die schmalen, gepflasterten Straßen von Kyrenia und fuhren durch ein Gewimmel von britischen Soldaten, die die Stadt nach Souvenirs durchstreiften.

Über der Straße hingen tropfende Wäschestrücke wie Siegeswimpel, und die Luft war erfüllt vom Summen der Marktgespräche.

„Nächste Block", sagte Tornahos leise zu Ellie. „Drran denken! Nicht sprrechen! Nicht Männerr in Gesicht kucken! Augen auf Boden, ja! Du zu hübsch. Alle wollen heirraten dich, und alle wollen sprrechen Griechisch zu dirr. Und du nicht sprrechen Grriechisch! Bei Mama bleiben, und wirr euch trreffen bei Festung in halbe Stunde."

Ellie nickte und griff, sich vergewissernd, noch einmal nach dem Papierstreifen, auf dem David in Druckbuchstaben die Nachricht

geschrieben hatte, die an Martin durchgegeben werden sollte. „Seid vorsichtig", mahnte sie David, von plötzlicher Bangigkeit erfüllt.
„Ihr auch! Ich hole nur Treibstoff. Nimm du dich nur vor den griechischen Junggesellen in acht!" entgegnete David augenzwinkernd.
„Sie sind nichts im Vergleich zu den Arabern", meinte Tornahos und hielt an einer belebten Straßenecke. Ellie stieg hinter Frau Tornahos und dem kleinen Mädchen aus. Das Kind ergriff schnell Ellies Hand, und Ellie hatte den Eindruck, die Kleine wußte genau, was gespielt wurde.

Der Wagen fuhr tuckernd davon und war im Nu hinter der nächsten Straßenecke verschwunden. Ellie fühlte sich plötzlich allein und heftete ihren Blick automatisch auf die Pflastersteine und den Rock von Frau Tornahos, die sich in Richtung Hafenmarkt durch das Gewimmel schob. Gegenüber dem Hafen lag ein dreistöckiges, blaßrosa Gebäude, an dem ein Schild in abgeblätterter blauer Farbe angebracht war. Darauf stand *Kyrenia Hotel*, unten in lateinischer und darüber in griechischer Schrift. Seine kleinen Balkons, von denen aus man den winzigen Hafen mit den vielen kleinen Schiffen überblicken konnte, waren über französische Türen zu begehen. Ellie wußte, daß dies das hübscheste Hotel in ganz Zypern war, obwohl der Putz abblätterte und die Farbe an den Doppeltüren zur Eingangshalle verblichen war.

Frau Tornahos sah Ellie bedeutungsvoll an und zeigte dann mit dem Kopf auf das Hotel, an dem gerade eine stattliche Gruppe von kleinen britischen Regierungsangestellten vorbeischlenderte, die Urlaub hatte. Sie unterhielten sich über das Wetter, die Schiffe und die haarsträubenden Preise der Kupferwaren, die auf dem Markt angeboten wurden. Ellie achtete darauf, mit keinem von ihnen Blickkontakt zu bekommen, denn sie fürchtete, ihr Blick könne verraten, daß sie alles verstand.

Frau Tornahos betrat die Eingangshalle des Hotels. Außer einem jungen englischen Ehepaar, das an dem dunklen Empfangsschalter Briefmarken kaufte, schien der Raum vollkommen leer zu sein. Ellie folgte Frau Tornahos in einigem Abstand, ohne den Blick von den schwarz-weißen Bodenfliesen zu heben. Dabei hatte sie einen inneren Kampf mit der Photographin in ihr auszufechten, die sich liebend gerne alles angesehen hätte. Aber sie blieb gehorsam, hielt das kleine Mädchen fest an der Hand und ging hinter Frau Tornahos' abgetragenen Schuhen her an dem Herrn hinter dem Empfangsschalter vorbei zu einem kleinen Büro, das in einem schlecht beleuchteten, schmalen Flur lag.

Ein winziges, gelbes Schild über der Tür ragte in den Flur hinein. Ellie las erleichtert *Telegramme*. Abgesehen von einem hohen Schalter und einer Holzbank an der gegenüberliegenden Wand, war der Raum leer. Auf dem Schalter lag ein gelber Notizblock. Daneben standen eine Glocke sowie ein Tongefäß mit Bleistiften. Frau Tornahos hob die Brauen, als wolle sie sagen: *Sehen Sie? Ganz einfach.* Dann schob sie Ellie in Richtung Schalter und setzte sich mit ihrer Tochter auf die Bank.

Ellie bemerkte überrascht, daß ihre Hand zitterte, als sie die Nachricht auf den Block schrieb:

MARTIN FEINSTEINEL HOLLYWOOD ROOSEVELT HOTEL STOP HOLLYWOOD KALIFORNIEN USA STOP ANGELA HINÜBER STOP WÄLDER VIELLEICHT VON TERMITEN BEFALLEN STOP ANGELA-ART STOP INSPIZIEREN UND AUSRÄUCHERN STOP BLECHMANN

Sie zählte die Wörter und las anschließend noch einmal den Text durch. Er war unmißverständlich und bedrohlich. Es war von Termiten die Rede, die den Kern der Operation zersetzten und damit deren Sicherheit und Erfolg gefährdeten. Michaels Tod wurde zwar nicht erwähnt, aber Ellie hatte gesehen, wie ein Ausdruck der Trauer Davids Gesicht überschattete, als er zögernd nur *Blechmann* unter den Text setzte. Seine Augen schienen zu sagen: *Und was will der Blechmann ohne die Vogelscheuche? Ist das wirklich erst gestern passiert? Vor noch nicht mal vierundzwanzig Stunden?* Dann hatte er mit düsterer Miene gefragt: „Wo ist Michael eigentlich? Ich meine, wo haben sie ihn hingebracht? Ich müßte eigentlich dabei sein, wenn er beerdigt wird."

Das war natürlich nicht möglich. Es war keine Zeit, den Gefallenen die letzte Ehre zu erweisen. Es gab nur eine endlose Kette von wichtigen Sekunden, die unerbittlich wie eine Zeitbombe tickten, und es war durchaus möglich, daß auch für Ellie und David bald die Zeit abgelaufen war.

Frau Tornahos hüstelte nervös, als sich Ellie gar zu lange beim Aufsetzen des Telegramms aufhielt. Ellie schluckte schwer und läutete dann die Glocke. Sie versuchte, jeden weiteren Gedanken an Michael zu verdrängen.

Es vergingen nur wenige Augenblicke, bis ein kleiner bebrillter Angestellter aus dem Hinterzimmer kam. Sein Gesicht war aufgedunsen, und sein Kopf wirkte zu schwer für seine schmächtigen Schultern.

Er würdigte Ellie kaum eines Blickes und machte sich sogleich daran, die Buchstaben des Textes zu zählen. Was darin stand, interessierte ihn sichtlich nicht.

„Ein Pfund vier", murmelte er gelangweilt.

Ellie suchte das Geld aus ihrem großen Portemonnaie heraus und legte wortlos das Verlangte hin.

Der Angestellte stellte hastig eine Quittung aus und schob sie ihr zu. Dann nahm er das ausgefüllte Blatt und verschwand, ohne auch nur einmal aufzusehen, wieder im Hinterzimmer. Kurz darauf hörte Ellie das Klappern des Telegrafen. Sie blieb einen Augenblick unschlüssig stehen. Sie konnte nicht fassen, daß es so leicht gewesen sein sollte, diesen Auftrag auszuführen. Sie hätte am liebsten vor Freude laut gelacht und gekichert und geschrien, daß es so einfach sei, daß man es nicht glauben könne. Doch Frau Tornahos hatte sich bereits erhoben und wartete schon ungeduldig an der Tür, und so folgte Ellie gehorsam. *Ja. Mehr ist nicht dabei.*

Das fröhliche Geklapper des Telegrafen folgte ihnen noch bis auf den Flur. *Kinderleicht. Nichts dabei. Bis wir in der Türkei landen, wissen Martin und die anderen längst über Angela Bescheid.*

Die Erleichterung war so groß, daß es Ellie schwerfiel, nicht mit erhobenem Kopf durch die Straßen zu gehen und die Passanten anzustrahlen. Doch sie riß sich zusammen und folgte Frau Tornahos über die schwarz-weißen Fliesen der Eingangshalle und weiter über das Steinpflaster des Hafens, ohne den Blick von deren Schuhen zu wenden. Sie sah trotz des fröhlichen Stimmengewirrs um sie herum kein Mal auf. Selbst als sie sich den Mauern der Festung näherten, die von jahrhundertelangen Witterungseinflüssen stark mitgenommen waren und deren riesige Steinquader wie die Reste einer vom Wasser ausgewaschenen Sandburg in der Sonne schimmerten, zwang sich Ellie, nicht aufzublicken. Graue Platten und Pflastersteine, ein loser Faden an Frau Tornahos' Kleid – dies würden ihre Erinnerungen an den malerischen Hafen von Kyrenia sein.

Da sie bis zum vereinbarten Treffen mit David und Tornahos noch etwas Zeit hatten, lehnte sich Ellie an die warmen Mauern der Festung und horchte auf die Gesprächsfetzen, die von der Festung herunterwehten, in der britische Soldaten an einer Führung teilnahmen.

„Vier Meter fünfzig dick diese Mauern ..."

„... niemand vorbei, vermute ich ..."

Die Sonne und die Erklärungen des Führers, der eine hohe Fistelstimme hatte, übten eine beruhigende Wirkung auf sie aus. Und plötzlich erinnerte sie sich lächelnd an Jakovs Unterscheidung zwischen amerikanischen und britischen Touristen: *Amerikaner wollen wissen, wieviel, Briten, wie alt!* Als sie sich vorstellte, welch ernstes Gesicht Jakov bei dieser Charakterisierung gemacht hatte, mußte sie unwillkürlich laut auflachen. Doch Frau Tornahos brachte sie mit einem Rippenstoß schnell wieder zum Schweigen, denn es näherten sich ihnen schwere Stiefelschritte. Tornahos sollte recht behalten: ein Lächeln oder ein Kichern von einem hübschen Mädchen sollte sich als unwiderstehlich herausstellen —, wenngleich nicht für die einheimischen Zyprioten als vielmehr für einen britischen Sergeant.

Ellie starrte regungslos und mit angehaltenem Atem auf die blank geputzten Stiefel, die plötzlich vor ihr standen. Ein gesichtsloser Schatten verdeckte die Sonne.

„Entschuldigung, Fräulein?" Der Sergeant wippte auf die Zehenspitzen. „Sprechen Sie Englisch? Miláte angliká?"

Ellie schwieg. Sie stand da wie taubstumm und wagte nicht, ihm ins Gesicht zu sehen.

Er räusperte sich und rief aus: „Mein Gott, was für eine Schönheit! Das ist das erste zypriotische Mädchen mit einer solch hellen Haut. Erinnert mich ein bißchen an zu Hause." Er beugte sich herunter, um ihr ins Gesicht sehen zu können. Sie wandte sich erschrocken ab. „Aber schüchtern is' sie, was? Ich tu' Ihnen ja nichts." Er wollte sie am Ellbogen berühren. Doch sofort ging Frau Tornahos auf ihn los wie eine Henne, die ihr Küken verteidigt. Sie stellte sich zwischen die beiden und griff den Mann heftig gestikulierend mit einem solchen Schwall von griechischen Attributen an, daß dieser erschrocken zurückwich.

„Sind Sie ihre *Mutter*? Es war nicht böse gemeint! Ich habe —"

Ellie bezwang ihren Drang, über ihren verdatterten Bewunderer zu lachen, und heftete ihren Blick weiter standhaft auf den Boden, bis sie schließlich deutlich das Tuckern der Promenadenmischung vernahm. Erst dann wagte sie, aufzusehen und über den Anblick zweier riesiger Treibstofftonnen auf dem Rücksitz und des triumphierenden David auf dem Beifahrersitz zu lächeln.

* * *

Als David mit einem Seufzer der Erleichterung den Tankdeckel zudrehte, stöhnte im Cockpit der britische Gefangene leise und versuchte, sich umzudrehen.

Tornahos wischte sich die Hände an seiner Hose ab, lugte neugierig durchs Fenster und fragte David überrascht: „Was da drrin?"

„Ein britischer Polizist aus Palästina", gab David zur Antwort und rollte die Treibstofftonne weg. „Wir mußten ihn mitnehmen — es ging nicht anders."

„Was wollen machen? Du ihn wollen töten?"

„Nein. Ich nehme an, wir lassen ihn einfach in der Türkei."

„Du ihn wollen aus Flugzeug werrfen?"

„Ja, aber wir sehen erst zu, daß wir vorher landen."

„Das gut. Ich nicht mag töten. Auch keinen Engländerr!" Tornahos kratzte sich nachdenklich. „Was sein verrkehrrt mit ihm? Du ihn auf Kopf hauen?"

„Ihm eins verpaßt." David holte eine Spritze hervor.

Tornahos zuckte beim Anblick der verbogenen Kanüle zusammen. „Ich lieberr werrden auf Kopf hauen!"

Währenddessen stand Michail, von den anderen unbemerkt, im Halbdunkel der Scheune. Er verfolgte jede von Davids Bewegungen mit verschränkten Armen und mit einem ernsten, forschenden Gesichtsausdruck. Tornahos war der erste, der ihn entdeckte, und grüßte ihn laut auf Griechisch.

„Ich habe gar nicht bemerkt, daß er da war", sagte David etwas verärgert, weil er sich insgeheim fragte, wie lange der junge Mann sie wohl schon beobachtet haben mochte.

„Oh, du nicht sehen Michail, wenn err nicht will, ich glauben. Rruhiger Junge. Rruhig und bewegen wie Fuchs! Er sprrengen in Luft Nazis in Bulgarrien. Und wenn Kommunistas kommen, err auch jagen in Luft. So sie wollen ihn töten, und er kommen nach Palästina, aberr Engländerr fangen Boot, und so Michail kommen nach Ziperrn und jagen in Luft brritisch Konzentrrationlagerr! Is' guterr Junge, Michail ...!" Er klopfte Michail freundschaftlich auf den Rücken.

Michail antwortete leise auf Griechisch, und ohne David aus den Augen zu lassen.

„Was sagt er?" erkundigte sich David und war sich nicht sicher, ob er den kritischen Gesichtsausdruck des jungen Mannes mochte.

„Err sagen, du nicht aussehen wie Jude. Aber auch wenn du sein Ungläubigerr, ihm egal, wenn du nur brringen nach Palästina."

David starrte Michail an und schüttelte lachend den Kopf. „Vielen Dank, Kumpel. Ich glaube, du bist doch ganz in Ordnung." Dann wandte er sich an Tornahos: „Sagen Sie ihm, daß wir erst nach Jugoslawien müssen. Es wird also eine Weile dauern, bis wir ihn in Palästina abliefern können."

Tornahos runzelte die Stirn und schob die Unterlippe vor: „Du nicht gehen nahe Bulgarrien mit diese Burrsche. Sie ihn fangen und dann so —" Er fuhr sich langsam mit der Hand am Hals entlang. „Du wissen, was meinen? Kommunistas iberrall. Vielleicht sie auch töten Amerrikaner wie du und Ellie. Nicht gehen nach Bulgarrien, nein?"

„Kommunisten sind überall", erwiderte David. „Wir fliegen nach Jugoslawien, aber Tito ist so rot wie alle anderen."

„Nein." Tornahos gestikulierte wild mit den Armen. „Tito sein nurr rrosa, wenn du sehen Bulgarrien, dorrt alles sein dunkelrrot. Rrot wie Blutt. Gutt, daß da halten! Idiot Amerrikaner! Du sonst fliegen wie Ente in bulgarrisch Gewehrre. Wo du sein gewesen? Du leben unter ein' Stein? Wie kommt, daß nicht wissen, wie schlimm Dinge in Bulgarrien?"

„Ich dachte immer, ein Kommunist ist ein Kommunist."

„Manchmal ja. Aber einige Kommunistas essen dich auf. Bulgarrien an Grenze zu Grriechenland, ja? Alle in Grriechenland haben Angst vorr Bulgarrien. Hörr mir zu, ja? Geh nicht in Nähe von Bulgarrien!"

David holte schweigend seine Karte heraus und studierte sie eingehend. Sam und er hatten mehrere Alternativrouten eingezeichnet. Alle berührten sie entweder britische Vorposten oder kommunistisches Gebiet.

Michail stand augenscheinlich auf der Fahndungsliste des bulgarischen Regimes, und nun, da der Tank gefüllt und das Telegramm abgeschickt war, fühlte sich David verpflichtet, sein Versprechen auch einzulösen und ihn mitzunehmen. Doch er hakte vorsichtshalber noch einmal nach: „Was wäre, wenn er hierbliebe?"

„Die Engländerr wollen ihn gerrne hängen."

David schüttelte resigniert den Kopf. „Dann haben wir zumindest eins gemeinsam. Gibt es eigentlich jemanden, der den Burschen nicht hängen will?"

„Hm..." machte Tornahos und rieb sich nachdenklich übers Kinn. „Ich glaube, err noch nicht etwas in Luft sprengen in Jugoslawien."

„Vielleicht können wir dem abhelfen", meinte David sarkastisch. „Sagen Sie ihm, daß er uns helfen soll, das Flugzeug hinauszuschieben, ja?"

Mit einem neuerlichen Wortschwall wies Tornahos Michail an, die Scheunentore zu öffnen und dann mitzuhelfen, die Stinson ins helle Tageslicht hinauszuschieben. Die Hühner liefen gackernd vor den

Rädern her, und eine Milchkuh muhte vor Erleichterung darüber, daß dieses Ungetüm nun nicht mehr in ihrer Scheune war. Ellie kam mit zwei Körben voller Lebensmittel aus dem Haus. Frau Tornahos folgte mit einem dritten Korb, der wunderbarerweise von vier Flaschen Coca-Cola und einer Kanne mit frischem Kaffee gekrönt wurde.

„Hören Sie mal zu", wandte sich David an Tornahos, „wir — hm, wir sind Ihnen sehr dankbar für Ihre Hilfe. Ohne Sie —"

„Ohne uns Gott findet anderren Verrückte, damit Ihrr nicht getötet werrdet. Aberr nicht dumm sein. Nicht landen in Bulgarrien!"

David grinste bestätigend über das ganze Gesicht und schüttelte dem Griechen herzlich die Hand. Ellie umarmte Frau Tornahos ungeschickt über den Korb hinweg und flüsterte gerührt: „Danke für alles! Gott segne Sie!"

Dann wurde das Flugzeug so ins Freie geschoben, daß seine Nase den Weg hinunter zeigte. Und nachdem die Lebensmittel alle verstaut waren, kletterte die Crew an Bord. Der Motor sprang widerstrebend an. Michail stieg über den ausgestreckt am Boden liegenden Engländer und kauerte sich in die hinterste Ecke des kleinen Frachtabteils. Als sich David beim Start kurz umsah, stellte er fest, daß das Gesicht des jungen Mannes weiß vor Entsetzen war. Dann hörte das Holpern plötzlich auf, und sie waren wieder in der Luft.

Michail kam jetzt nach vorne und blickte über Ellies Schulter hinweg interessiert aus dem Fenster. Als sie über die freundlichen Felder Zyperns flogen, tippte er Ellie an und deutete in die Ferne. „Jehuda", sagte er leise.

„Juden?" fragte sie und folgte mit den Augen einem von hohen Stacheldrahtzäunen umgebenen Gebiet, das von Wellblechhütten übersät war und von Wachtürmen gesichert wurde. Deutlich waren kleine Figuren mit Maschinengewehren zu erkennen. Ellie sah so viele Menschen, daß sie sie nicht zählen konnte.

„David! Sieh dir das an!" rief sie. „Das Lager dort unten — ein Lager für jüdische Flüchtlinge! Das ist ein Gefängnis! Es ist 1948, David, und die Juden sind immer noch in *Gefangenen*lagern!"

David nickte schweigend, schwenkte vom Kurs ab und flog dann, einem spontanen Impuls folgend, ganz dicht über das Lager hinweg. Wächter und Flüchtlinge schauten gleichermaßen erstaunt zu ihnen auf. „Dort sind siebenundzwanzigtausend Menschen hinter Gittern, und sie alle wollen nach Hause. Mehr haben sie nie gewollt. Und der Krieg ist schon seit drei Jahren vorbei!"

Ellie warf einen Blick auf Michail, der die Hand zum Abschiedsgruß gegen die Scheibe drückte. Sein Gesicht war starr, und aus seinem Blick sprachen Erinnerungen, die Ellie nur erahnen konnte.

Als die winzigen Gesichter der von der Sehnsucht nach Freiheit beseelten Menschen zu ihnen aufsahen, flüsterte Michail Worte, die Ellie nicht verstand. *„Ni ma'amim"*, wiederholte er immer wieder, bis sie sich über hellblauem Mittelmeer befanden und in Richtung Türkei flogen.

16. Ich glaube fest daran

Ehud hatte Pessachrationen für sechs Personen davongetragen. In normalen Zeiten hätte solch eine klägliche Menge selbst auf den Tischen der Ärmsten nur Geringschätzung hervorgerufen. Aber die Zeiten waren eben nicht normal, und für viele, die den Hunger in den Ghettos und den Lagern kennengelernt hatten, war dies dennoch ein Fest, ja sogar ein unvergleichliches Fest: *das erste Pessachfest in Jerusalem!*

Doch Rachels einziger Gedanke war, daß es ein Pessachfest ohne Mosche sein würde, eine Nacht, geprägt von dunklen Ängsten und von Unsicherheit.

Sie wiegte Tikvah in den Armen und achtete dabei sorgfältig darauf, daß die Infusionsnadel in der rechten Hand des Kindes nicht verrutschte, denn Tikvah versuchte ständig unter Schreien, den Daumen der verbundenen Hand in den Mund zu stecken. Rachel konnte die Verärgerung der Kleinen nachempfinden. „Ich habe den Ärzten ja geraten, die linke Hand zu nehmen, kleiner Liebling", flüsterte sie ihr zu, „weil du am rechten Daumen lutschst. Aber sie meinten, dort sei die Vene nicht zu finden. Der Doktor hat aber gesagt, daß die Infusion bald wieder entfernt wird, und dann kannst du endlich wieder deinen Daumen nehmen."

Jehudit war schon vor langer Zeit gegangen, um das Sedermahl vorzubereiten. Und Ehud lag zweifellos bereits in Howards Bett und schlief fest. Inzwischen warf die Nachmittagssonne schon lange Schatten, und bald war es soweit, daß Howard Rachel abholen würde. Sie seufzte, denn es würde ihr schwerfallen, mit ihm zu gehen und so zu tun, als sei dies ein Abend, an dem sie unbeschwert feiern könne. *Aber Großvater ist schon alt. Es kann sein, daß dies der erste und letzte Seder ist, den wir zusammen feiern. Ich darf nicht selbstsüchtig sein. Er braucht mich heute abend. Er braucht seine Familie genauso nötig um sich wie ich Mosche brauche.*

Rachel fiel das letzte Pessachfest ein, das sie gemeinsam mit ihrer Familie gefeiert hatte. Damals war Jakov nicht älter gewesen als jetzt Tikvah. Sie mußte lächeln, als sie daran dachte, wie ihr Vater mit dem greinenden Jakov auf dem Arm aus der Haggada vorgelesen und zu ihm gesagt hatte: „Bald, Jakov, bist du alt genug, daß *du* die Fragen in dieser heiligen Nacht stellen kannst. Aber heute nacht darfst du nicht so piepsen wie ein Hühnchen, das in den Suppentopf soll, nu?" Sie hatten alle gelacht, als der Kleine danach still geworden war und mit großen, blanken Kinderaugen die Kerzen angesehen hatte, als habe er jedes Wort verstanden. — *Wie lange war das her!*

Rachel hatte sich also dazu durchgerungen, das heutige Pessachfest mit Großvater und Jakov zu feiern. Sie würde Mama und Papa und ihre anderen Brüder vertreten, die alle diese Nacht in Jerusalem nicht mehr erleben konnten. Ihr war zwar zumute, als müsse ihr Herz vor Sorge um Mosche brechen, aber sie würde dennoch ihre ganze Kraft zusammennehmen, um die Kerzen anzuzünden und voller Stolz zuzuhören, wie Jakov dieselben Fragen stellte, die schon seit dreitausend Jahren in dieser Nacht gestellt wurden.

„Im letzten Jahr habe ich diese Nacht zusammen mit zehntausend fremden Menschen in einem Lager für Verschleppte verbracht", flüsterte sie. „Nicht wahr, Gott? Du weißt, wie allein ich mich damals fühlte und welche Angst ich hatte. Aber du hast mich damals gesehen, obwohl *ich* dich nicht gesehen habe. Und so glaube ich heute daran, daß du jetzt meinen Mosche genauso siehst, auch wenn *ich* es nicht kann. Wenn ich heute nacht die Gebete spreche, werde ich daran denken, daß du immer noch unser Gott bist. Obwohl die Welt vor Pharaos strotzt, die alle nach dem Blut deiner Diener trachten, will ich daran denken, wie du unser Volk einst befreit hast."

Sie strich über Tikvahs weiches Köpfchen. „... und wie du *mich* befreit hast durch das Leben Jesu, deines Sohnes." Dann begann sie leise zu singen, und Tikvah stieß einen kleinen, behaglichen Seufzer aus. *Ani ma'amim b'emunah schleimah, beviat hamaschiah ... Denn ich glaube an das Kommen des Messiah. Und auch wenn der Messiah auf sich warten läßt, glaube ich trotzdem ...*

Immer wieder sang sie Tikvah dieses Lied vor, während sie sie sanft in den Armen wiegte. Dabei wurde die Kleine immer ruhiger und entspannte sich, bis schließlich ihre Augenlider schwer wurden und zufielen.

Obwohl Tikvah nun friedlich in ihren Armen schlief, legte Rachel sie nicht weg, denn ihre Seele fand Frieden durch die Nähe des Kindes. „Mosche hat mir erzählt, daß Kinder Gottes Art sind, optimistisch zu sein", sagte sie lächelnd und segnete im stillen auch das Kind in ihrem Leib. „So gibst du mir zwei Gründe, vertrauensvoll in die Zukunft zu blicken, Gott! *Ani ma'amim!"* wiederholte sie die Worte, die sie selbst schon als Kind in den Armen ihres Vaters gelernt hatte. „Papa sagte früher, wenn sich eines Tages das Meer wieder teilen wird, so wie damals das Rote Meer, und wir alle wieder zurückkehren können in das Land unserer Väter, dann wird auch der Messiah wiederkommen." In der Erinnerung sah sie wieder ihren Vater vor sich: wie das Licht der Sederkerzen auf der Seide seines Gebetstuches schimmerte und in seinen Augen glänzte.

Vielleicht werden wir es ja noch erleben, Kinder, hatte er damals gesagt. *Denn es steht geschrieben bei den Propheten, daß wir zuerst ins Land unserer Väter zurückkehren müssen, damit der Messiah kommt. Denkt daran: Ani ma'amim! Was uns auch passiert, wir müssen diese Worte im Herzen bewahren. Denn es sind Worte der Hoffnung! Worte, die von der Zukunft sprechen.*

Rachel lächelte traurig, als sie an das Licht des Mutes dachte, das aus seinen Augen in die ihrer Brüder übergesprungen war. *Ja, der Messiah wird kommen!* Zehn Jahre der Einsamkeit und Schande hatte Rachel vergeblich gewartet, bis schließlich auch die letzte Hoffnung in ihr erstorben war und sich mit dem Qualm der Öfen aus den Lagern verflüchtigt hatte. Aber nun war etwas geschehen in ihr! Durch Mosches und Leahs Liebe zu ihr war etwas geschehen, das sie für unmöglich gehalten hatte: es war wieder Hoffnung in ihr aufgekeimt! „Ich habe deiner Mutter versprochen, daß ich dir davon erzählen würde, Tikvah", sagte sie leise. „Dies ist dein erstes Pessachfest. Und selbst wenn du noch nichts davon verstehst, will ich doch so zu dir sprechen, wie Papa zu Jakov bei seinem ersten Seder ..."

Sie spürte eine zärtliche Trauer in ihrer Brust. „Armer Papa. Armer lieber Papa. Obwohl er die Zukunft nicht kannte, hatte er gesagt: *Ani ma'amim. Ich glaube*! Aber ich möchte, daß du erfährst, was Leah mir erzählt hat. Das Leben ist so unsicher. Wer weiß, wie lange ich noch lebe und es dir erzählen kann?" Sie hielt erneut inne, weil sie daran denken mußte, daß sie damals an jenem Pessach nicht geahnt hatte, daß es das letzte Pessachmahl mit ihrer Familie war. — Es gab so vieles, von dem sie alle damals nichts geahnt hatten.

„Aber bald wirst auch du *Ani ma'amim* sagen, und dann wirst du wissen, daß deine Mama und dein Papa immer noch leben. So, wie unser Messiah lebt." Rachel wählte ihre Worte so sorgfältig, als spreche sie mit einer Erwachsenen. „Es ist schon sehr lange her, da kam unser Messiah nach Jerusalem. Er kam hierher, um den Menschen zu zeigen, wie Gott sich unser Leben vorstellt ... voller Liebe und Fürsorge füreinander. Wie es schon bei den Propheten steht, heilte der Messiah die Kranken und machte die Blinden sehend. Und dann haben ihn böse Menschen getötet, böse Menschen wie jene, die auch meine und deine Eltern getötet haben. Es gibt immer noch Menschen, die die Unschuldigen verachten und die Gerechten hassen."

Rachels Gesicht verdüsterte sich bei den tief in ihrem Inneren verborgenen Erinnerungen, die sie heraufbeschwor und die sie bisher noch niemandem erzählt hatte. Sie drückte dem schlafenden Kind einen innigen Kuß auf die Stirn. „Er war unschuldig, und doch haben sie ihn getötet. Am Pessachfest! Er hat gesagt, er sei das Lamm Gottes, das letzte Opfer für alle unsere Sünden. Und ich glaube daran! Ich glaube, daß er vom Kreuz aus über alle Zeiten hinweg *mich* gesehen hat, mein Leid und meine Schande – und den Verlust meiner Ehre. Ich glaube daran, daß er all das auf sich nahm, um meine Seele reinzuwaschen und um mich wieder lebendig zu machen! Und mein Herz ist wirklich neu geboren worden wie ein Kind, unschuldig und rein vor Gott, weil der Messiah am Pessachfest für die Welt gestorben ist."

Rachel blickte versonnen auf die abgesprungenen Bodenfliesen. *Du wußtest von dem Verrat und wie es war, allein zu sein, nicht wahr? Sie liefen alle weg und ließen dich allein sterben. Du wußtest schon damals, wie es ist, wenn sich die Welt abwendet. Du durchlebtest die Stunde der Dunkelheit, bevor wir auch nur ahnen konnten, daß die Welt einen Hitler hervorbringen würde. Bist du auch mit uns in den Gaskammern gestorben? Warst du auch unter uns, als wir unsere eigenen Gräber schaufelten? Sicher warst du bei uns! Und bist wieder und wieder und wieder gestorben. Du warst unter uns und bist, obwohl frei von aller Schuld, nach der Laune schlechter Menschen gestorben, genau wie wir – und bist zusammen mit uns in die Öfen des Hasses geworfen worden!* Plötzlich ging Rachel ein Licht auf, und sie schrie ihre Erkenntnis hinaus: „Oh, Herr! Du warst *tatsächlich* da! Dort in den Lagern, schmutzig und hungernd, mit uns leidend und sterbend, und wir haben dich einfach nicht erkannt! *Ani ma'amim*, mein Herr! Ich glaube!"

Minutenlang zogen nun die Gesichter vor Rachels geistigem Auge vorbei, die für immer von ihr gegangen waren. Vergessene Lektionen aus den Tagen ihrer Kindheit wurden wieder wach in ihr, Worte der Wahrheit aus der Torah und von den Propheten, wie sie sie von ihrem Vater gehört hatte. „Tikvah", sagte sie schließlich, „an diesem deinem ersten Pessachfest werde ich es dir sagen: Der Messiah starb für unsere Sünden, und er allein war der einzige Unschuldige, den es je auf Erden gegeben hat. Hitler hat schon damals gelebt. Das Böse hat es immer gegeben. Es hat sogar den Sohn Gottes getötet. Aber bald, Tikvah, wird unser Messiah wieder nach Jerusalem und in die Welt zurückkehren, und dann wird Gerechtigkeit herrschen. Menschen, die uns hassen und uns nach dem Leben trachten, wird es dann nicht mehr geben. Papa sagte, wenn wir erst wieder eine Nation sind, wird der Messiah kommen und uns führen. Schon die Propheten sagten es! Und vielleicht werden wir ihm ja sogar noch zu unseren Lebzeiten von Angesicht zu Angesicht gegenüberstehen. Dann wird das Leiden endlich ein Ende haben. Dann werden wir ihn endlich erkennen! Aber bis dahin, mein kleiner Liebling, möchte ich dich lehren: *V'af al pi sche jitmammeah, im kil ani ma'amim.*" Rachel erhob sich langsam, drückte Tikvah fest an sich und ging zum Fenster: Mosches Tallith wehte noch immer in der Nachmittagssonne.

* * *

Gerade in dem Augenblick, als die Felsenküste der Türkei in Sicht kam, schlug der britische Gefangene die Augen auf, jammerte erbärmlich durch seinen Knebel hindurch und stieß mit den gefesselten Füßen nach Michail. Dieser wich dem Tritt aus und machte ein Gesicht, als sei ein Toter lebendig geworden. Ellie mußte gegen ihren Willen lachen.
„Der Albatros ist wieder aufgewacht", sagte sie heiter.
„Ja. Ich hätte nicht übel Lust, ihn auf der Stelle rauszuwerfen, um zu sehen, ob er fliegen kann", knurrte David.
Der Engländer hörte sofort auf zu stöhnen und zu treten und rief: „Hich ngach ngich!" Da sich der Knebel gelockert hatte, waren seine Worte fast verständlich geworden.
Und so erkundigte sich David bei Ellie: „Was hat er gesagt?"
„Hich ngach ngich!"
Michail warf nur einen angewiderten Blick auf den Mann, der wie ein Postsack zu seinen Füßen lag. Ellie machte den Versuch einer Interpretation: „Ich glaube, er sagte: Ich mache nichts!"
Der Gefangene nickte heftig und bekräftigte: „Ha. Hich ngach ngich!"
David räusperte sich. „Tja, was soll der Knebel, wenn wir ihn doch verstehen können?"
Ellie zuckte die Achseln. „Wer sollte sich hier oben schon darum scheren, was er sagt? Er könnte ruhig Zeter und Mordio schreien, ohne daß ihn jemand hören würde."
„Ngage! Ngage!" stöhnte der Mann.
„Und was sagt er jetzt?" fragte David gereizt.
„Ich glaube, er bittet um Gnade."
„Ha! Hich ngach ngich! Nga-ge!"
„Ich kann ihm keine Spritze mehr verpassen. Du hast die Kanüle verbogen", meinte Ellie vorwurfsvoll.

„Was macht eine verbogene Kanüle schon aus! Scharf ist sie doch wohl noch, oder etwa nicht?"

„Haher!"

„Ich glaube, er möchte Wasser, David."

„Ha. Ha-her!"

David runzelte ärgerlich die Stirn. „Sag ihm, daß er den Mund halten soll, wenn wir ihm den Knebel abmachen. Sonst ist's um ihn gescheh'n."

„Er versteht sehr wohl, was du sagst. Ich brauche ihm das nicht erst zu übersetzen."

„Hast du gehört, Kerl? Einen Mucks, und du bist Haifischfutter."

„Hich ngach ngich! Ngage. Haher."

„Der Arme!" sagte Ellie und schüttelte mitfühlend den Kopf. „Fast sieben Stunden ohne was zu trinken."

„Tja", meinte David mit süffisantem Gesicht, „ich wette, das ist nicht alles, was ihn quält. Aber er muß jetzt einfach warten, bis wir in der Türkei sind. Geschieht ihm recht."

Ein jämmerliches Piepsen von seiten des Gefangenen war die Antwort.

Ellie löste den Knoten des Knebels. „Versuchen Sie nur ja keine Tricks", warnte sie, während sie das triefende Knäuel herausnahm und auf den Boden fallen ließ.

Der Mann leckte sich die aufgesprungenen Lippen und wartete still, bis Ellie Wasser in eine Tasse gegossen hatte und ihm an den Mund hielt. Er trank die kalte Flüssigkeit gierig in großen Schlucken. Als er ausgetrunken hatte, keuchte er: „Danke, Mrs. Meyer, oh, ich danke Ihnen!" Der Klang seiner Stimme verriet echte Dankbarkeit, und er schien den Tränen nahe.

„Bitte sehr!" erwiderte David barsch. „Und nun halt den Mund!"

„David!" murmelte Ellie. „Er versucht doch nur höflich zu sein."

„Ich hab' gesagt, er soll die Klappe halten, sonst fliegt er aus dem Fenster!" schrie David ärgerlich. Er zog eine scharfe Kurve und ließ die Maschine absacken.

„*Bitte nicht!*" flehte der Mann. „Um Gottes willen, nein! Werfen Sie mich nicht ins Wasser!" Er weinte hemmungslos. David flog weiter dicht über dem Wasser her, wandte sich mit drohendem Blick zu dem Gefangenen um und meinte: „Nenn mir einen einzigen Grund dagegen!" Er warf Ellie einen verschwörerischen Blick zu.

„Sie machen einen Fehler! Ich bin Jude! *Jude!*" schrie der Mann nun voller Verzweiflung.

„Na gut!" stieß David hervor. „Und ich bin Russe. Bist du soweit, Michail?" rief er dem jungen Bulgaren zu, der natürlich kein Wort verstand. „Wenn ich es sage, kannst du ihn rauswerfen!" Michail sah ihn mit einem verständnislosen Blick an.
„Bitte nicht! Sie müssen mir glauben! Ich heiße Bernie Greene, und ich bin beim Mossad!" flehte er Michail an, der erneut von ihm abrückte.
„Beim jüdischen Geheimdienst?" meinte David ungläubig. „Das glaube ich erst, wenn es mir der Alte persönlich bestätigt."
Ellie sah den Mann, dem nun die Tränen über die Wangen liefen, mitleidig an. „David? Vielleicht sagt er ja die Wahrheit."
„Jude! Ha! Er ist auf unserer Seite, genau wie Angela es war. Hör auf, Schatz ..."
„Mrs. Meyer", flehte der Gefangene, „Sie müssen mir glauben! Lieber Gott, wenn er mich tötet ..."
„Oh, er wird Sie schon nicht töten!" versicherte ihm Ellie. „Jedenfalls nicht wirklich."
„Ellie! Du hältst dich da raus!" fuhr David sie an. Sie warf ihm einen herausfordernden Blick zu und wandte sich dann wieder zu dem Gefangenen: „Zumindest nicht, wenn Sie sich still verhalten."
Der Gefangene verzog das Gesicht und atmete tief durch, um seine Fassung wiederzuerlangen. „Drei Jahre lang habe ich gefürchtet, daß die Briten mich wegen Spionage hängen würden, und nun wollen mich meine eigenen Leute —"
„Halt die Klappe! Ich hab' mich mit der besten Lügnerin der Welt abgeben müssen, und mit der kannst du es bei weitem nicht aufnehmen!" bellte David und befahl Ellie: „Gib ihm noch eine Spritze! Ich hab' keine Lust, mir das Gelaber bis in die Türkei anzuhören."
„Aber die Nadel, David —" protestierte sie.
„Gib ihm eine Spritze, oder er fliegt tatsächlich aus dem Fenster! Ich mach' keinen Spaß."
Ellie suchte den Erste-Hilfe-Kasten und die fast aufgebrauchte Morphiumampulle. „Und was ist, wenn er doch beim Mossad ist?" flüsterte sie ihm zu.
„Dann wird er eben schmerzfrei schlafen, und wir haben ein bißchen Ruhe hier drinnen. Glaub mir, ich hätte selbst nichts gegen ein paar Stunden Schlaf einzuwenden."
Ellie versuchte die verbogene Nadel wieder geradezubiegen und fragte dann unsicher: „Sollten wir sie nicht besser sterilisieren?"

„Da müßte eigentlich was unter deinem Sitz sein. Glenlivit, 80 %, ein Geschenk von Bobby, wenn du unbedingt meinst."

„Wie kann ich Sie nur überzeugen?" rief der Engländer, während Ellie unter dem Sitz suchte und schließlich eine fast leere Whiskeyflasche hervorzog. „Ich heiße Bernie Greene und arbeite für den Mossad!"

„Hat Bobby das alles selbst getrunken?" fragte Ellie, ohne das Flehen des Gefangenen zu beachten.

„Mundwasser. Beseitigt den Zigarrengeruch."

„Kein Wunder, daß er nicht geradeaus fliegen kann."

„Bernie Greene, sage ich Ihnen. Mossad! Ah, das Losungswort! Das Losungswort: *Ma nisch ta'ana!* Sind Sie taub? Ich sagte: *Ma nisch ta'ana!*" David verlor endgültig die Geduld. „Laß die Spritze! Michail! Wenn er die Klappe nicht hält, wirf ihn raus!"

„Bernie Greene! Ich bin Bernie Greene!"

„Von mir aus kannst du auch John Browns Body sein! Noch ein Wort –"

„Kennen Sie denn das Losungswort nicht? *Ma nisch ta'ana!* Es ist Pessach! Um Gottes willen! Werfen Sie mich nicht raus!"

Ellie schaffte es, die Ampulle trotz der Schwankungen des Flugzeugs zu füllen.

„Uns hat niemand was gesagt", erwiderte David ungerührt, „weder von dir noch von irgendeinem Losungswort."

„Wie können Sie bei uns arbeiten, ohne das Losungswort zu kennen?" fragte der Engländer, und ein Ausdruck der Verständnislosigkeit glitt über sein Gesicht. „Sie schlagen mich k.o., knebeln mich ... Ich wußte nicht, wer zum Teufel die Burschen waren, die Sie verhafteten. Ich wußte nur, daß es Sicherheitskräfte des Königs waren. Ich konnte nichts sagen, bis ich sicher war, und dann haben Sie mich auch schon k.o. geschlagen. Ich versichere Ihnen, ich bin Jude!"

Michail schüttelte bedächtig den Kopf und lächelte amüsiert über den britischen Sergeant, der in Unterwäsche zwischen dem Gepäck lag. „Nebbusche!" kommentierte er.

„Was sagen Sie? *Nebbusche?*" begehrte der Gefangene auf. „Eine *Schande*, sagen Sie zu mir? Bessere Menschen als Sie haben *scheiner Jid* zu mir gesagt!"

Michail hob erstaunt die Brauen und fragte ungläubig: „*Scheiner Jid?*" Dann schüttelte er erneut den Kopf. „Nicht. Schegez."

„Was bedeutet das?" fragte David.

„Schegez!" Die Stimme des Gefangenen nahm nun einen zornigen

Klang an. „Wollen Sie mich als *Nichtjuden* bezeichnen, ja? Jahrelang habe ich dem Zionismus gedient. Ich habe mein Leben dafür eingesezt, und dann so etwas! Mein Auftrag lautete, Sie aufzusammeln, falls heute nacht etwas schiefging —"

Ellie klopfte gegen die Spritze und ließ dann die Luftblasen aus der Kanüle. „Ich kann sie ihm nicht geben, David", sagte sie und zog die Nase kraus. „Du mußt es tun."

David schaltete mit einem gereizten Seufzer den Autopiloten ein. „Es wäre viel einfacher, ihn einfach rauszuwerfen." Er nahm Ellie die Spritze ab und betrachtete die klare Flüssigkeit.

„Jude! Mitglied des Mossad! Drei Jahre als britischer Soldat getarnt! Guter Gott! Sie müssen —"

„Na gut. Du bist also Jude, für dreißig Sekunden — genauso lange, bis wir dir die Handschellen abgenommen haben."

„Bernie Greene. Bar Mitzwah in der B'nai Jacob Synagoge in London", rief der Gefangene so beschwörend, als nenne er Rang und Identifikationsnummer vor einem Militärgericht. „Losungswort: *Ma nisch ta'ana!*"

Plötzlich beugte sich Michail vor und warf dem aufgelösten Engländer sein Gebetbuch vor das entsetzte Gesicht. Das Buch landete so, daß Seiten aufgeschlagen wurden, die nur auf Hebräisch abgefaßt waren. „Scheiner Jid?" fragte Michail.

„Was soll's." David goß den Inhalt der Whiskeyflasche über die Kanüle und über die Hüfte des darunterliegenden Engländers. „Wo willst du sie denn hin haben, Kumpel?"

„Nicht! Warten Sie! Ich kann es Ihnen beweisen! Ich kann das lesen ... *Schema, O Jisroial!* —" Er brach mit einem Schrei ab, als David ihm die Kanüle in die Hüfte stieß.

Michail tippte den Engländer jedoch unbeirrt an, um seine Aufmerksamkeit wieder auf sich zu ziehen, und stellte ihm langsam und artikuliert eine Frage auf Hebräisch. Der Gefangene antwortete unter der beginnenden Wirkung des Morphiums mit einem gelösten Lächeln auf den Lippen in fließendem Hebräisch.

„Halt!" fiel David ein. „Was sprecht ihr da?"

„Nun, sie sprechen ganz sicher kein Englisch", meinte Ellie seufzend. Unterdessen erlahmte der Redefluß des Engländers.

„Vielleicht sollten wir die Sache noch einmal überprüfen, bevor wir ihn in der Türkei lassen."

Der Gefangene lachte leise in sich hinein und meinte dann mit einem trunkenen Blick zu Ellie: „Ich hab' Ihn'n doch jesacht: Scheiner Jid.

Ich ein ein *schöiner Jude*. Fra'gn Se Michail! Er kann entschei'n, wer'n Jude is', wenna mit'm schprischt..."

„Er hat die Sprache wahrscheinlich während seines Aufenthalts in Palästina aufgeschnappt", verteidigte sich David. „Siehst du nun, was passiert, wenn man mit diesen Kerlen Mitleid hat? Man nimmt ihnen den Knebel ab, gibt ihnen Wasser, und dann so was —"

Michail ließ sich nicht beirren, sondern unterhielt sich weiter leise auf Hebräisch mit dem Gefangenen. Ein Lächeln umspielte auch seine Lippen, als dieser wieder wie trunken in sich hineinlachte.

„Michail wird's Ihn' sag'n", meinte der Engländer. „Hör'n Sie —"

„Was hat Michail denn gesagt?" unterbrach Ellie.

Der Gefangene blinzelte, schloß die Augen und ließ die Worte mit einem friedlichen Lächeln auf dem Gesicht herauslaufen: „Michail sacht, wenn ich der englische Hefangene bin un' der Pilot der Jude, wie es dann kommt, daß...", seine Stimme versagte einen Moment, „wie's dann kommt, daß ich Chebräisch spreche und Sie nich'..." Er seufzte noch einmal, und dann übermannte ihn die Betäubung.

Ellie betrachtete ihn lange nachdenklich und sah dann zu Michail. Dieser deutete mit dem Finger auf den Gefangenen, tätschelte ihn und meinte: *„Scheiner Jid."* Er wiederholte noch einmal: *„Scheiner Jid."*

Ellie verzog das Gesicht. „David, hast du gehört, was Michail gesagt hat? *Scheiner Jid.*"

„Was immer das auch das bedeuten mag", knurrte David nur ungehalten. Der Schlafmangel forderte bereits seit langem seinen Tribut.

Ellie betrachtete eingehend den Gefangenen, der in seiner Khakiunterwäsche friedlich zusammengeknäult zwischen zwei Gepäckstücken schlief. Der Mund hing offen, und sein dunkelbraunes Haar war zerzaust. Michail holte eine grobe Wolldecke aus dem hinteren Abteil des Flugzeugs herbei und deckte den Mann damit sorgfältig zu, um ihn vor Zug und Höhenkälte zu schützen.

„Ich glaube, es bedeutet *schöner Jude*", sagte Ellie mitleidig.

David räusperte sich vernehmlich und rutschte unbehaglich auf seinem Sitz hin und her. „Ist er weg?"

„Schläft wie ein Kind."

„Nun gut, dann nehmt ihm eben die Handschellen ab! Das wird wohl nicht schaden, wenn er ganz weg ist..."

17. Ragusa

Die Sonne stand noch hoch am Himmel, als Jassar Tafara auf dem Flughafen von Cavtat in Jugoslawien aus dem silberfarbenen Linienflugzeug stieg. Er zupfte unbehaglich an seinem neuen braunen Doppelreiher und klopfte prüfend auf seine Tasche, in der sich außer einem syrischen Diplomatenpaß noch sein Auftrag für den Frachter befand, den er in dem dreißig Kilometer entfernten Ragusa treffen sollte. Wegen dieses Auftrags, mit dem Kadar und der Mufti ihn betraut hatten, war ihm gar nicht wohl zumute.

Ein Grund dafür war, daß er keineswegs wie ein Diplomat aussah. Zu seiner Erleichterung stellte ihm jedoch der Zollbeamte, der seinen Paß abstempelte, trotz seines grimmigen Gesichts keine Fragen. Zum anderen war Jassar darüber verärgert, daß er durch diesen Auftrag nun nicht weiter an den Vorgängen in Palästina teilnehmen konnte. Eine Schiffsladung mit Waffen zu begleiten, würde ihm kaum Ruhm einbringen! Während Kadar und Gerhardt die Bataillone der heiligen Krieger anführten, würde Jassar auf dem altersschwachen Trampdampfer, den er in Ragusa besteigen sollte, wahrscheinlich nur seekrank werden.

Sie haben mich nur hergeschickt, um mich aus dem Weg zu haben. Das ist alles, dachte er ärgerlich. *Gerhardt haßt mich, weil ich fast schon genauso geschickt bin wie er selbst. Und Kadar und mein Vetter, der Mufti, wollen vermeiden, daß Gerhardt seinen ganzen Zorn auf mich konzentriert. Deshalb werde ich weggeschickt wie ein Schuljunge.*

Er hatte schon seit einiger Zeit gewußt, daß Gerhardt ihn vom Halse haben wollte — oder ihn vielleicht sogar tot wünschte. Nun war er also aus dem Weg — weit weg von dem Schauspiel, das gerade in Palästina stattfand. Ein Laufjunge, ein Knappe, war er, ausgeschickt, um dem Ritter Schwert und Rüstung zu besorgen. Jassar tobte innerlich. *Hätten sie nicht irgendeinen einfachen Untergebenen schicken können, um diese Mission ausführen zu lassen? Ich bin ein Diener Haj Amins und Allahs, und ich bin eigentlich dazu bestimmt, gegen ihre Feinde zu kämpfen! Statt dessen soll ich nun dem Kapitän dieses elenden Kahns ein Stück Papier zustecken, damit er ihn nicht nach Damaskus, sondern nach Jaffa steuert. Und unterdessen vegetiere ich in einer stickigen Kabine vor mich hin.*

Jassar mußte eine halbe Stunde warten, bis er ein Taxi nach Ragusa bekam. Er hatte keinen Blick für die Schönheit dieser alten Stadt an der glitzernden, blauen Adria. Rote Ziegeldächer auf alten, anheimelnd aussehenden Häusern und die gepflasterten Straßen machten keinen Eindruck auf ihn. Er wußte nichts davon, daß die Stadt Ragusa im späten Mittelalter einmal eine große Seemacht gewesen war, die mit Venedig in hartem Wettstreit gelegen hatte. Es war ihm egal, daß schwer beladene Handelsschiffe bis nach Amerika und Indien gesegelt waren, von wo sie große Reichtümer mitgebracht hatten, mit denen die Kirchen und großen Gebäude dieser Hafenstadt erbaut und geschmückt worden waren. Die Handelsschiffe Ragusas kamen ihm auch nicht in den Sinn, als er den Hafen nach dem verrosteten Bug absuchte, der einen tödlichen Schatz in sich barg.

Das heruntergekommene, klapprige Taxi schlängelte sich langsam auf einer Umgehungsstraße um die Türme und massiven Stadtmauern, die das Renaissancejuwel Ragusa einfaßten. Jassar machte sich aus keiner Stadtmauer etwas — außer der von Jerusalem.

„Wie weit ist es noch bis zum Hafen?" fragte er steif.

Der Taxifahrer hielt fünf Finger in die Höhe und deutete auf das Meer, das zwischen zwei Türmen hindurchschimmerte. Jetzt entdeckte Jassar die Kaimauer, an der zahllose Schiffe angelegt hatten. Auf der anderen Seite der Mauer, die so weit in die Einfahrt des Hafenbeckens hineingezogen war, daß keine modernen großen Schiffe in den Hafen einlaufen konnten, entdeckte er eine straffgespannte, lange Ankerkette, die einen verkommenen Frachter an Ort und Stelle hielt. Jassar strengte seine Augen an, um durch die schmutzige Windschutzscheibe des Taxis hindurch den Namen zu entziffern, der auf den rostigen Bug geschrieben war.

„Ja", stellte er schließlich befriedigt fest, „das ist mein Schiff. Die *Trina*. Sie ist genau da, wo man es mir gesagt hat. Obwohl ich keine Ahnung habe, wie sie es schafft, immer noch zu fahren."

Der Fahrer grinste ihn belustigt an und fragte skeptisch: „Sie wollen mit diesem Schiff reisen?"

„Ja. Ja. Ich reise heute abend."

* * *

Kleine Wellen schwappten gegen die *Trina*. Die weiße Farbe ihres Bugs war gesprungen und blätterte ab. Die Planken der verschiedenen Decks waren nach vierzigjährigem Einsatz des Schiffes auf Mittelmeer und Adria trocken und aufgesprungen. Und die Taurollen lagen unordentlich auf dem Deck herum, auf dem Jassar sich gerade in einer heftigen Debatte mit dem Eigner des Schiffes befand.

„Aber wir sollen doch erst morgen früh auslaufen!" erwiderte der Kapitän, während er die vertraulichen Papiere studierte, die Jassar ihm überreicht hatte.

„Und mein Befehl lautet, daß wir sofort nach meiner Ankunft ablegen sollen. Also. Ich *bin* angekommen."

Der Kapitän wischte sich mit dem Handrücken über seine Knollennase. Sein Atem roch nach Wein, und in seinem schmutzigen Hemd war ein Loch. „Aber Sie sehen doch" — er machte eine ausholende Geste, die das gesamte Schiff umfaßte — „die Besatzung ist noch gar nicht an Bord. Sie ist an Land gegangen. Ragusa-Dubrovnik ist ein hübsches Hafenstädtchen. Schöne Kirchen, Cafés und — Frauen ..." Er lächelte Jassar augenzwinkernd zu, als weihe er ihn in ein Geheimnis ein. „Bleiben Sie nur die Nacht über hier, und Sie werden die Frauen in diesem Hafen Ihr Leben lang nicht vergessen!"

Jassar verzog keine Miene bei dieser Einladung. „Holen Sie Ihre Besatzung zurück aufs Schiff!" befahl er. „Sie wissen doch, welche Autorität mich schickt. Wenn Sie bezahlt werden wollen, dann müssen wir vor Einbruch der Nacht auf See sein."

„Aber es kommt ein Sturm auf", erwiderte der Kapitän und spreizte hilflos die Finger. „Möglicherweise können wir erst in drei, vier Tagen auslaufen."

„Sie lügen!" Jassar wandte seinen Blick mit einem Ruck zum klaren, blauen Himmel. „Wir reisen in einer Stunde ab, oder Sie werden für Ihre Fracht keine Bezahlung erhalten."

Der Kapitän wurde ernst. Er zuckte die Achseln und erwiderte höhnisch: „Sie wollen mich nicht bezahlen? Sie wollen *mich* nicht bezahlen? Ich bin der Kapitän dieses Schiffes. Ich steuere das Schiff. Wenn ihr Araber nicht zahlt, werden mich eben andere für eine solche Fracht bezahlen!"

Jassar hielt seinem Blick ungerührt stand. „Niemand wird Sie bezahlen. Von diesem Augenblick an bin ich der Herr dieses Schiffes." Er griff in seine Jackentasche, zog eine Pistole hervor und stieß sie dem verstörten Kapitän kräftig in die Rippen.

„Ich habe ... ich habe doch nur einen Scherz gemacht."

„Ja", erwiderte Jassar und musterte ihn lächelnd, ohne die Pistole wegzustecken. „Ja. Das habe ich mir schon gedacht."

Der Kapitän stieß ein nervöses Lachen aus und wich einen Schritt zurück. „Meine Besatzung? Sie sagen, ich soll meine Besatzung holen?

Natürlich. Ein paar Hornstöße, und schon kommen sie zurück. Und dann werden wir ablegen, wie Sie es wünschen." Er klatschte in die Hände. „Aber ich will Ihnen die Wahrheit sagen: es kommt tatsächlich ein Sturm auf, sogar ein sehr heftiger, wie es heißt, und —"

„Sie sind aber doch ein fähiger Kapitän", wischte Jassar die Warnung beiseite und steckte die Pistole wieder in die Tasche. Er war mit dem Ergebnis seines Handelns zufrieden. „Rufen Sie Ihre Besatzung, und dann werden wir so früh wie möglich ablegen! Bevor der Sturm aufkommt, falls überhaupt einer aufkommt."

„Natürlich." Der Kapitän kletterte schwerfällig die verrosteten Stufen zur Kommandobrücke des Frachters hinauf. „Ein paar Hornstöße, und sie kommen. Selbst wenn sie in der Kirche sind oder bei einer Frau. Sie werden sehen. Sie werden kommen, und dann werden wir ablegen. Heute abend, wenn die Flut kommt."

Jassar blickte zum Himmel empor. „Bevor der Mond aufgeht."

„Ja. Ja, natürlich. Man wird erst wissen, daß wir weg sind, wenn wir schon draußen auf dem Meer sind."

„Aber *ein* Mensch muß es wissen. — Haben Sie ein Funkgerät an Bord?"

„Ja, aber es funktioniert nicht."

„Dann muß ich an Land gehen und ein Telegramm abschicken. Sie werden natürlich mit mir kommen." Er klopfte auf die ausgebeulte Tasche, in der sich die Pistole befand.

„Eine gute Idee! Ausgezeichnet! Dann können wir bei der Gelegenheit auch die Nachzügler aus der Besatzung aufgabeln", erwiderte der Kapitän und stieß wieder ein nervöses Lachen aus.

Während Jassar durch das salzverkrustete Fenster der Kapitänskajüte starrte, ließ der Kapitän das Nebelhorn erst dreimal kurz und dann einmal lang ertönen. „Und wenn sie nicht kommen?" fragte Jassar den schwitzenden Kapitän mit einem drohenden Lächeln.

„Dann gehen wir wieder an Bord, und ich fahre allein. Ich —" Er schluckte schwer und warf einen Blick auf Jassars Tasche. „... wenn Sie es befehlen, werde ich Jaffa allein ansteuern."

***

David kreiste mit dem Flugzeug langsam über der Stadt Belgrad, deren Bombenkrater sie wie Pockennarben überzogen. Obwohl seit Kriegsende fast drei Jahre vergangen waren, sah man Belgrad die Zerstörung durch den Krieg noch deutlich an. Was von der Stadt übrig war, ballte sich an den Ufern von Donau und Sawe, die hier zusammenfließen.

Fast ein Viertel der Stadt war zerstört. Die Kirchtürme ragten wie schwarze Stumpen aus den Trümmern in den Himmel. Ganze Wohngebiete, von den deutschen Bombern in Schutt und Asche gelegt, waren für den Neuaufbau eingeebnet worden.

Michail, der hinter Ellie saß und mit starrem Blick aus dem Fenster sah, schüttelte fassungslos den Kopf. Dabei waren solche Verwüstungen, wie sie in Belgrad stattgefunden hatten, beinahe in jeder größeren Stadt Europas anzutreffen.

„Ratno", sagte er dann und deutete auf die Insel in der Donau. Die Insel Ratno war augenscheinlich der einzige unzerstörte Teil Belgrads. Ellie vermutete, daß Michail schon früher einmal hier gewesen war — wahrscheinlich vor dem Krieg, und sie fragte sich, welche Zerstörungen er wohl gesehen und was für Erinnerungen er in dieser verwüsteten Stadt wohl gesammelt hatte.

Auch David blickte fasziniert in die Tiefe. „Man erzählt sich, daß Belgrad vor dem Krieg eine wunderschöne Stadt war", sagte er.

„Nach allem, was ich gehört habe, mochten die Nazis die Slawen fast genausowenig wie die Juden. Irgendwo hier in der Nähe haben sie siebentausend Schuljungen zusammengetrieben und erschossen. An einem Tag. Stell dir das mal vor! Nun beherrscht General Tito das Land. Er war Widerstandskämpfer. Er muß ein bemerkenswerter Mann sein."

„Er ist Kommunist, nicht wahr?" vergewisserte sich Ellie, nahm dann ihre Kamera heraus und schoß in schneller Abfolge eine Serie von Photos.

„Ja. Aber du hast ja gehört, was Tornahos sagte. Er ist nicht so schlimm wie die Bulgaren."

Michail sah ihn neugierig an, als er den Namen seines Heimatlandes hörte.

David steuerte die Stinson zu einer schmalen, zerklüfteten Rollbahn am Rande des Sumpfes vor Belgrad. Als das Flugzeug endlich auf dem Boden aufsetzte, schlief Bernie Greene immer noch friedlich. Sie rollten auf einen braun-grün getarnten Hangar zu, und noch bevor sie angehalten hatten, stand bereits ein Tanklastwagen bereit.

Aus dem Fenster des Lasters lächelte ihnen Avriel entgegen. Er rückte sich die Brille zurecht und winkte David lebhaft zu.

„Du kennst ihn?" fragte Ellie erstaunt, da sie Davids Erleichterung spürte.

„Tja!" erwiderte David enthusiastisch. „Michael und ich waren mit ihm im letzten Dezember zusammen in Prag, um einige ME 109 zu kaufen. Und er war auch vorgestern nacht dort, als wir zwischengelandet sind, um die Waffen abzuholen. Er hatte die ganze Fracht für uns fertiggestellt und hat uns auch die Nachricht von dem Schiff zugesteckt und..." Er wurde plötzlich ernst. „Mein Gott, das alles war erst vorgestern nacht." Düster fügte er hinzu: „Da war Michael noch dabei."

Ellie senkte den Blick und überlegte verzweifelt, was sie sagen könnte. Aber es gab einfach keine Worte. Es war kaum achtundvierzig Stunden her, daß Michael mit Avriel, der nun eilig auf die kleine Stinson zurannte, gesprochen hatte.

David öffnete die Cockpitluke, und Avriel schüttelte ihm herzlich die Hand. „Nun", meinte er, „es sieht so aus, als ob ich nicht der einzige bin, der in der vergangenen Nacht nicht geschlafen hat! Und wo ist Michael Cohen?" Er ließ seinen Blick suchend über die Passagiere schweifen. „Er ist wohl in Palästina geblieben, um sich auszuschlafen, während auf euren Schultern die ganze Arbeit lastet, was?"

David starrte ihn entgeistert an und versuchte zu verarbeiten, daß Avriel noch nichts von Michaels Tod wußte. „Michael ... hm ... er ... hat es nicht geschafft."

Avriel sah ihn entsetzt an. Die Wiedersehensfreude war mit einem Schlag aus seinem Gesicht gewichen. „Guter Gott, David! Ich ... ich ... davon haben wir noch nichts gehört. Ich habe nur gleich das Telegramm nach Tel Aviv geschickt, nachdem wir erfahren hatten, daß die *Trina* morgen früh aufbrechen soll. Und dann hat man zurücktelegraphiert, ihr kämt, aber ohne zu erwähnen, daß —"

Sein Blick fiel auf Ellie, die still auf dem Sitz neben David saß. Dann erst nahm er die übrigen Passagiere bewußt wahr und meinte überrascht: „Du hast ja schon eine volle Ladung dabei, wie ich sehe."

„Entschuldige, daß ich euch noch nicht bekanntgemacht habe. Hm ... Avriel, das ist meine Frau, Ellie Warne. Ich meine, Ellie Meyer."

„Ah ja!" Avriel reichte Ellie über David hinweg die Hand. „Die berühmte Leiche! Sehr erfreut, Sie kennenzulernen. Das ist aber wirklich nett ... und wer sind diese beiden da?"

„Der da schläft, behauptet, einer von uns zu sein. Aber ich bezweifle es, auch wenn er Hebräisch lesen kann. Und dies" — er deutete auf Michail — „ist Michail Gregowski, ein bulgarischer Jude, den wir in Zypern aufgegabelt haben. Eine lange Geschichte."

„Michail Gregowski?" wiederholte Avriel erstaunt. „Er ist praktisch eine Legende — ein Ein-Mann-Bombenkommando." Er wandte sich spontan an Michail und sprudelte einen ganzen Schwall bulgarischer Sätze hervor. Michails Gesicht hellte sich sogleich auf, und er antwortete ihm mit einem ebensolchen Wortschwall. Dann führte Avriel sie lächelnd zum Hangar.

Als sie in dem trübe beleuchteten Büro angekommen waren, erklärte er ihnen die Lage, während David eine Tasse Kaffee trank.

„Jugoslawien ist zu unserem Glück ein kommunistisches Land, und wir sind hier wie in Prag mit aller Kraft dabei, so viel Armeematerial aufzutreiben, wie wir können. Ich weiß allerdings nicht, wie lange wir unsere Operationen hier noch durchführen können. Eins ist jedoch sicher: wenn wir das Schiff in die Luft sprengen, werden sich alle auf uns stürzen. Und das heißt wiederum, daß wir nicht mehr lange hier sein werden." Er deutete auf einen ramponierten Lederkoffer. „Ihr müßt euch also heute abend, wenn ihr in Ragusa ankommt, unser Ziel gut ansehen! Die *Trina*, die im besten Fall ein undichter alter Kahn ist, legt morgen früh ab. Wenn sie außerhalb der Sichtweite der Küste ist, fliegst du einfach über sie hinweg und läßt dieses kleine Päckchen auf ihr Deck fallen."

„Was ist denn da drin?" fragte Ellie und hatte fast schon Angst, den Koffer auch nur anzusehen.

„So viel Sprengstoff, wie nötig ist, um die Sache in Gang zu bringen. Und glauben Sie mir, mit acht Millionen Schuß Munition an Bord reicht schon eine kleine Explosion."

David hätte beinahe über die Absurdität ihrer Mission gelacht. „Eine selbstgemachte Bombe? In einem Koffer? Wir machen also — das möchte ich doch eben mal klarstellen — einen Bombenangriff... mit einer Stinson? Und mit einer selbstgebastelten Bombe?"

„Sie wird schon nicht versagen", sagte Avriel nüchtern. „Frag Michail dort. Er hat fast mehr Panzer in die Luft gejagt als alle Alliierten zusammen. Michail hat sich damit einen ziemlichen Namen gemacht. Er kennt sich mit dem Zeug aus, das wir da im Koffer haben."

David trank noch einen Schluck Kaffee. „Tja. Da haben wir also einen Helden als Anhalter mitgenommen. Nun da ich also weiß, wie ich den Frachter versenken soll, kannst du mir auch noch sagen, was ich mit Michail tun soll? Und mit Bernie Greene?"

„Nun..." Avriel strich sich müde über die Stirn. Der lange Schlafmangel machte sich auch bei ihm bemerkbar. „Michail ist hier leider nicht sicher. Ihr werdet ihn mitnehmen müssen."

„Und was machen wir mit ihm?"

„Du mußt einfach bedenken, daß du einen der besten Sprengstoffexperten im —"

David unterbrach ihn sarkastisch: „Nun, eine Bombe habe ich ja schon bei mir. Wozu brauche ich da Michail?"

„Er kann nicht hierbleiben."

„Und was ist mit unserem Dornröschen dort?" fragte David und deutete mit dem Daumen in Richtung Flugzeug.

„Tut mir leid. Da hast du Pech gehabt." Avriel sah David kopfschüttelnd an. „Bernie Greene ist tatsächlich ein hochgeschätztes Mitglied des Mossad."

David klappte der Unterkiefer herunter. „Aber — aber — aber —" stotterte er.

„Wie — ich meine, wir haben ihn für einen Engländer gehalten und —"

„Der Mossad ist überall, David. Das solltest insbesondere du doch inzwischen wissen. Aber du hattest natürlich keine Möglichkeit, dich von der Richtigkeit seiner Behauptungen zu überzeugen. Daher war es richtig von dir, ihn unter Kontrolle zu halten."

„*Scheiner Jid*", murmelte Michail mit einem feinen Lächeln.

„Okay, tja, du hattest also recht!" brummelte David. „Aber was machen wir jetzt mit ihm? Du weißt doch wohl, daß dieser Typ mich umbringt, wenn er schließlich aufwacht."

„Bei der Menge an Morphium, die du in ihn heineingepumpt hast, schläft er vielleicht noch bis Palästina. Beachte ihn einfach nicht. Laß ihn am besten im Flugzeug. Wir können ..."

„... ihn jedenfalls nicht hierbehalten!" beendete David den Satz verdrossen.

Avriel dachte lange und ernsthaft nach, bevor er vorschlug: „Du könntest dich bei ihm entschuldigen. Oder ihn einfach gefesselt lassen, bis du wieder in Palästina bist."

David warf wieder einen Blick auf den Koffer. „Falls wir überhaupt zurückkommen."

„Eine weitere Möglichkeit!" schloß Avriel.

David wandte sich schließlich an Ellie. „Es wäre wahrscheinlich eine gute Idee, Schatz, wenn du mit ihm hier unten bliebst. Avriel sagte, daß es ein paar gute Hotels in Ragusa gibt. Dort kannst —"

„Das kommt überhaupt nicht in Frage", erwiderte Ellie, verschränkte entschlossen die Arme und straffte sich. „Ich lass' dich keine Minute mehr aus den Augen, David Meyer! Wir haben noch nicht einmal die Flitterwochen hinter uns!"

Avriel schob seine Brille mit den runden Gläsern hoch und meinte lächelnd zu David: „Es sieht so aus, als ob die junge Dame entschlossen ist."

Plötzlich brach David in ein lautes Lachen aus und lachte so herzlich, wie Ellie es nach Michaels Tod nicht mehr für möglich gehalten hätte.

„Ich habe ihr versprochen", erklärte er dann, „daß wir unsere Flitterwochen nachholen würden, wenn wir diese Sache hinter uns gebracht haben, sie ihre Kamera eine Zeitlang zur Seite legt und der Alte uns etwas freigibt ..."

Avriel seufzte müde. „Ben-Gurion? Er schläft nicht, also schläft auch keiner von uns. Hast du das noch nicht gemerkt, David? Dein Leben gehört jetzt Israel und dem Alten."

David nickte und blickte nach draußen, wo sich gerade der Tankwagen von der Stinson entfernte. „Einmal, Avriel, werde ich mit ihm quitt sein. Eines Tages, wenn er alt ist, binde ich ihn mit einem Band an seinem Stock fest und sehe zu, wie er versucht, fortzulaufen." Er grinste.

„Irgendwie hat er es geschafft, es für jeden von uns schwer zu machen, fortzulaufen", sinnierte Avriel, mußte aber über das Bild lachen. In seiner Antwort lag für alle eine tiefe Wahrheit.

David ergriff Ellies Hand und sagte leise: „Im Augenblick reicht uns schon ein bißchen Schlaf, nicht wahr, Liebling? Eine Nacht in Ragusa, und dann versenken wir ein Schlachtschiff — ich meine einen undichten Frachter."

18. Im Untergrund

Erst spät am Nachmittag konnte Captain Stewart Rabbi Akivas telefonische Aufforderung zu einem Besuch wahrnehmen und das Haus des Rabbiners aufsuchen. Es erschien ihm dunkler als gewöhnlich und geradezu bedrückend in seiner Stille – es war eine Totenstille –, und auch das grobschlächtige Gesicht des Rabbiners war von einer düsteren Stimmung überschattet, als er den Captain mit heftigen Worten anfuhr:

„Es war also eine Männerstimme, die mit Ihnen gesprochen hat? Und Sie haben wirklich geglaubt, daß ich es sei?"

Stewart preßte die Fingerspitzen gegeneinander, starrte Akiva über die Unordnung seines Schreibtisches hinweg an und erwiderte kalt und ohne einen Anflug von Entschuldigung in der Stimme: „Es besteht nicht der geringste Zweifel daran, daß der Anruf von hier aus über die Direktverbindung zum Hauptquartier getätigt wurde. Ich konnte nicht annehmen, daß jemand anders an der Leitung war."

„Sie haben meine Tochter ...!" Akiva drohte die Stimme zu versagen, und er schluckte schwer, bevor er sich zwang, sachlich weiterzusprechen. „Jehudit war tatsächlich im Hause dieser Frau? Dieser Rachel Sachar."

Stewart nickte nur flüchtig. „Es waren allerdings außer ihr noch ein paar andere da: zwei Männer, eine alte Frau und ein Junge – dieser rothaarige Junge, der Mosche Sachar am Tag seiner Verhaftung warnen wollte."

„Verrat!" brüllte Akiva und schlug mit der Faust auf den Tisch. „Konnten Sie sich das nicht denken?"

„Das Kind war krank ... Ich nahm an, selbst *Sie* wünschten, daß ein Kind medizinisch –"

„Meine eigene Tochter eine Verräterin!" unterbrach ihn Akiva rasend vor Zorn, ohne auf die bissige Bemerkung Stewarts einzugehen. Mit rotverfärbtem Gesicht starrte er auf das vor ihm stehende Tintenfaß. „Sie haben tatsächlich geglaubt –"

„Das war nicht mein Fehler, Bürgermeister Akiva," unterbrach Captain Stewart. „Der Anruf kam nun mal aus Ihrem Hause und wurde von einem Mann getätigt, dessen Stimme wie Ihre klang –"

„Das war bestimmt Vultch!" brüllte Akiva. „Nicht ich! Er kam her, um mich um Hilfe zu bitten –"

„... die Sie ihm versagten."

„... um *Ihnen* nicht lästig zu fallen!" erwiderte schlagfertig Akiva, der nun seine Fassung wiedererlangt hatte.

„Sehr edelmütig!" kommentierte Stewart trocken. „Und nun wollen Sie mir klarmachen, daß ich Ihre Tochter, da ich sie nun mal aus der Altstadt hinausgeleitet habe, in einer Nacht-und-Nebel-Aktion, wieder zurückbringen soll, damit Ihre Schande nicht offenkundig wird." Akiva begegnete schweigend und mit zusammengepreßten Lippen Stewarts Blick. „Wenn wir schon von Schande sprechen", nahm er nach einer kurzen Pause bissig das Gespräch wieder auf, „sind eigentlich Mosche Sachar und die britischen Soldaten, die ihm bei seiner Flucht behilflich waren, inzwischen gefaßt worden?"

Stewart zuckte unbeteiligt die Achseln. Dieser arrogante Kerl, der ihm da gegenübersaß, war ihm höchst unsympathisch. „Man vermutet, daß er an der Offensive der Juden gegen Kastel beteiligt war. Es kursiert sogar das Gerücht, daß er in der Neustadt von Jerusalem gesehen worden sein soll. Wenn das wirklich zutrifft, besteht kein Zweifel daran, daß er verhaftet werden wird. Unsere Streifen sind jetzt überall. Er wird wohl nicht mehr lange auf freiem Fuß sein."

„Tja, mir scheint, wir sind alle nicht frei von ärgerlichen kleinen Problemen, nicht wahr, Captain Stewart?" bohrte Akiva, nun von neuem Selbstbewußtsein erfüllt. „Es gereicht Ihnen auch nicht gerade zur Ehre, daß Sachar mit Hilfe britischer Soldaten geflohen ist. Ich würde sagen, meine Situation ist der Ihren durchaus vergleichbar: Meine Tochter ist mir untreu geworden und hat sich mit den Zionisten gegen mich verbündet. Sie hat mein Telefon dazu benutzt, um mich zu verraten! Sie können sich vorstellen, welche Auswirkungen dies auf meine Autorität hätte, wenn der Vorfall an die Öffentlichkeit käme."

Stewart lächelte flüchtig. „Ja. Das kann ich mir allerdings vorstellen."

Akiva beugte sich eindringlich vor und blickte den Briten über den Schreibtisch hinweg mit finsterer Miene an. „So, das erregt also Ihre Heiterkeit? Nun, wenn meine Position als Vorstand des jüdischen Viertels in Zweifel gezogen wird, dann gerät zwangsläufig auch Ihre Stellung als friedlicher Vermittler zwischen uns und den Arabern ins Wanken. Dann werden Sie auch noch den letzten kleinen Halt verlieren, den Sie hier, auf jüdischer Seite, haben. Und *das*, mein guter Captain Stewart, würde Ihre hiesige Pflichterfüllung nicht gerade erleichtern."

Stewarts Gesicht zuckte vor Zorn über Akivas Drohung. „Ich verstehe." Er klopfte nachdenklich mit seiner Mütze gegen sein Knie und lächelte starr. „Nun gut. Da Ihre Tochter Jehudit in diesem Fall eine wichtige Geisel ist, werden wir sie wohl wieder zurückbringen müssen, Rabbi. Um des jüdischen Viertels – und Ihres Bildes in der Öffentlichkeit willen."

Akiva lehnte sich zurück und musterte den Captain amüsiert. „Eine kluge Entscheidung. Und ich werde persönlich dafür beten, daß Ihre Streifen die Verräter finden, die Mosche Sachar befreit haben, und auch dafür, daß Sachar gefaßt wird, bevor er den Zielen der Britischen Mandatsregierung noch weiteren Schaden zufügen kann."

„Sehr freundlich von Ihnen", bemerkte Stewart. „Ich bin sicher, der Allmächtige ist am Tod der jüdischen Terroristen genauso interessiert wie wir."

„Dann sind wir ja *alle* einer Meinung", meinte Akiva mit einem zufriedenen Lächeln, das jeglicher Wärme oder Menschlichkeit entbehrte. „Je eher die Vereinten Nationen vom Versagen der Zionisten überzeugt sind, desto eher kann England hier wieder die normale Regierungsgewalt aufnehmen, und wir alle können uns wieder des Friedens erfreuen."

Das Licht spiegelte sich auf dem Schirm von Stewarts Mütze, während er sie nachdenklich in der Hand drehte und sich im stillen fragte, ob der stattliche Rabbiner tatsächlich glaubte, was er da sagte. Schließlich erhob er sich langsam und richtete sich zu seiner vollen Höhe auf, so daß sein Gesicht im Schatten lag, und fügte beiläufig hinzu: „Offen gestanden, Rabbi, spielt für mich das Ergebnis des Konfliktes eigentlich keine Rolle mehr. Soweit es mich persönlich betrifft, habe ich nur den einen Wunsch, gesund nach Hause zurückzukehren. Aber wenn Sie glauben, daß es auf der Welt auch nur einen einzigen Winkel gibt, wo ihr Juden erst eine Existenz auslöschen und dann weiter in Frieden leben könnt, dann sind Sie ein noch größerer Narr, als ich dachte."

Akiva herrschte ihn mit zornig funkelnden Augen an: „Wie können Sie es wagen – ?"

Stewart setzte entschlossen seine Mütze auf. „Schalom, Rabbi." Damit machte er auf dem Absatz kehrt. Über die Schulter gewandt, fügte er noch hinzu: „Heißt das nicht *Frieden*?"

* * *

Mosche kuschelte sich noch fester in die dicke Wolldecke, aber warm wurde ihm trotzdem nicht. Von dem kalten Steinfußboden, auf dem er lag, drang ihm die Kälte schmerzhaft bis ins Mark.

Durch die regelmäßigen Schnarchlaute der anderen Männer wurde er jedoch in einen Dämmerzustand versetzt, in dem die Welt um ihn her verblaßte. *Ich bin im Acre-Gefängnis! Sie werden mich morgen hängen. Kastel – ein Traum. Der Konvoi – ein Traum. Das Acre-Gefängnis. Ich bin im Acre-Gefängnis. Rachel. Wo ist Rachel?* Er sprach ihren Namen laut aus: „Rachel?" – Seine Stimme hallte hohl und unbeantwortet von den Zisternenwänden wider. Ein tiefer Seufzer entrang sich ihm. Davon aufgeschreckt, schlug er die Augen auf und schaute blinzelnd in den schwachen Schein der Lampe, die auf einer Holzkiste in der Ecke brannnte. *Bin ich im Acre-Gefängnis? Oder*... Es bereitete ihm große Mühe, Traum und Wirklichkeit zu trennen.

Mühsam, mit steifen Gliedern, die sich jeder Bewegung widersetzten, richtete er sich auf und zählte blinzelnd zu seiner Rechten sechs schlafende Männer, die sich in Ermangelung von Decken, eng aneinandergerückt, gegenseitig wärmten. Ein weiterer, allerdings in eine Decke gewickelt, lag schlafend gleich neben der Lampe. Dann entdeckte Mosche den Teller mit den übrig gebliebenen Matzen und die verstreut umherstehenden Tassen mit kaltem Tee. Er bewegte schwerfällig seine Beine und zuckte schmerzlich zusammen, als das Leder seiner Stiefel die wundgescheuerten Knöchel berührte. „Nein", flüsterte er überzeugt, „das war kein Traum!" *Die Flucht vor den Engländern. Luke Thomas. Das Flugzeug und die Waffen. Kastel und der Konvoi. Und ich bin in Jerusalem in Frau Betts Zisterne.*

Deutlich erinnerte er sich nun an die sechs Männer, die neben ihm schliefen. Nur wann der siebte Mann dazugekommen war, daran hatte er keine Erinnerung. Zitternd vor Kälte schlang er sich die Decke um die Schultern und lehnte sich gegen die Wand. Seine Zähne klapperten, und er war überzeugt, daß der Schmerz in seinen Knochen nur durch ein heißes Bad zu vertreiben war. Die Zisterne roch nach Schweiß und Schmutz. Und auch seine Kleidung war steif von getrocknetem Schweiß und Blut, dem Blut des jungen Mannes, der in seinen Armen gestorben war. Nein, Kastel und die Geschehnisse am Bab el Wad waren kein Hirngespinst, sondern ein Alptraum, den er durchlebt hatte – und der vielleicht noch diese Nacht seine Fortsetzung fand.

Ein Gefühl der Leere breitete sich in seiner Brust aus, als ihm zu Bewußtsein kam, daß er ohne irgendeine Nachricht von Rachel in den Kampf zurückkehren würde. Plötzlich hatte er wieder lebhaft die kummervolle Miene des Großvaters und Jakovs tränenüberströmtes Gesicht vor Augen, als er sich für seine abenteuerliche Reise in die Altstadt gerüstet hatte. *Ob sie nach meiner Verhaftung noch eine Nachricht von Rachel erhalten haben? Vielleicht wissen sie ja, ob es ihr und dem Kind gut geht.* Er brütete schweigend vor sich hin und überlegte, wie weit es sei und auf welchem Weg er zu Howard Monigers Haus in Rehavia gelangen konnte. *Rehavia. Wir haben ja ausgemacht, daß wir uns alle heute um Mitternacht in der dortigen Schule treffen. Ich werde warten, bis es dunkel ist und dann zu ihnen gehen.*

Er sprach, stumm die Lippen bewegend, Rachels Namen wie ein Gebet aus. Wieder einmal schien es ihm, als gebe es für ihn keine andere Art zu beten mehr. Ihr Name barg all seine Gedanken und all seine Liebe. *Rachel!* War sie hinter den Mauern der Altstadt in Sicherheit? War sie einer Krankheit zum Opfer gefallen, oder hatte sie gar ein schneller Tod durch die Kugel eines arabischen Heckenschützen ereilt? Und falls sie noch lebte, hatte sie wohl Nachricht davon erhalten, daß auch er noch lebte? Oder trauerte sie um ihn und betete darum, daß der Tod auch sie ereilte? Wenn überhaupt irgend etwas von ihrem Schicksal bekannt war, dann mußte er es erfahren, selbst auf die Gefahr hin, gefaßt zu werden. *Ob die Briten wohl Howards Haus überwachen? Ja,* dachte er voller Überzeugung. *Sei kein Narr, Mosche! Sie werden dich kein zweites Mal entwischen lassen.* Sein Gesicht verkrampfte sich bei diesen ernüchternden Gedanken, denn sein Herz sehnte sich verzweifelt nach einer Nachricht von Rachel. Gedankenverloren starrte er ins Licht. Dabei stellte er plötzlich verwirrt fest, daß der Mann neben der Lampe Emile war, der ihn nun, auf einen Ellbogen gestützt, mit boshaftem Lächeln ansah und voller Haß zischte: „Trauerst wohl um deine arabischen Brüder, Sachar, was? Um die Kerle, die du umgebracht hast, wie?"

Ohne auf seine Worte einzugehen, antwortete Mosche mit einer Gegenfrage: „Wo kommst du denn her?"

„Ich bin ein bißchen später gekommen. Ihr schlieft schon, als mich die gute Frau hereinließ." Sein Blick fiel auf Mosches Jacke. „Blut, wie ich sehe. Arabisches Blut oder dein eigenes?"

„*Unser* eigenes, Emile. Jüdisches Blut."

„Wessen?"

„Philips."

Emile zog verächtlich die Brauen hoch und erwiderte wenig überrascht: „Kein Wunder. Der war zu groß und zu unbeholfen. Wir haben vierzehn Mann verloren. Wußtest du das?"

„Nein, das wußte ich nicht."

„Ich bin beim Konvoi geblieben, mit zum Zionsplatz gefahren. Die

Briten kamen ebenfalls dorthin; drohten uns zu erschießen, wenn wir unsere Waffen nicht abgäben."

Mosche beugte sich erschrocken vor. „Und?"

„Die Briten sind nicht wie die Nazis. Die Deutschen hätten geschossen und dann die Überlebenden gezwungen, die Toten zu begraben. Nicht so die Briten. Die haben sich zurückgezogen. Sind vor uns davongelaufen. Schwächlinge!" stieß er überheblich hervor. Es war die Stimme eines Menschen, der sich selbst das Verhalten des Feindes zu eigen gemacht hatte und dessen Herz genau das widerspiegelte, was er am meisten verachtete.

„Nein", widersprach Mosche, „ sie sind keine Schwächlinge. Sie sind einfach nur keine Nazis. Was mit Gewalt erhalten wird, ist dem Untergang geweiht, Emile. Das ist es, was wir von Hitler gelernt haben."

Emile schien ihn gar nicht zu hören. „Schwächlinge! Aber *wir* werden nicht so sanft mit den Arabern umgehen –, wenn *wir* erst am Drücker sind!"

Mosche hatte das Gefühl, gegen eine Wand zu sprechen. Emiles Seele war einfach nicht mehr für Vernunftgründe zugänglich. Die Brutalität seiner Feinde hatte auch ihn brutal werden lassen. Seine Abscheu gegen die Ungerechtigkeit des Lebens hatte in ihm jeglichen Sinn dafür abgetötet, was gerecht oder menschlich war. *Es ist eine Krankheit*, dachte Mosche, während er das Feuer in Emiles Augen sah, *das seine Seele verzehrte, ein Holocaust des Hasses, der unsere Seelen genauso zerstört wie der Holocaust, der unsere Körper sinnlos vernichtet hat.* Mosche empfand ein merkwürdiges Mitgefühl mit dem Mann, der da im Dämmerlicht vor sich hin brütete, und suchte nach Worten, mit denen er ihn vielleicht doch noch erreichen konnte. „Wir kämpfen für ein Heimatland, Emile! Wir kämpfen, weil wir müssen – weil es sonst für Juden keinen einzigen sicheren Ort auf der Welt gibt. Aber Dr. Weizmann hat darauf hingewiesen, daß die Araber, die hier in diesem Land leben, dieselben Rechte auf ihre Heimat haben wie wir. Wenn wir ihnen diese Rechte nicht zugestehen, besteht die Gefahr, daß sie uns ihrerseits eines Tages vertreiben."

Emile lachte bei Mosches Worten bitter auf.

„Das klingt sehr idealistisch und hochtrabend, Herr Professor. Aber es ist nicht praktisch gedacht. Diese Welt, *Palästina*, ist keine Heimat. Sie ist ein Siechenhaus, ein Ort, an dem man nicht leben, sondern nur sterben kann. Die Frage ist nur, wer von uns zuerst stirbt, oder?" Er lachte erneut. Dann wandte er sich ab und setzte dem Gespräch damit ein Ende.

Mosche machte keinen weiteren Versuch zu antworten. Argumente waren nicht imstande, die Kruste dieser tiefen Bitterkeit aufzubrechen. Emile war dem Irrglauben zum Opfer gefallen, daß Gut und Böse Nationalgrenzen und Rassen zuzuordnen seien. Danach waren also alle Deutschen, alle Briten und nun offensichtlich auch alle Araber Palästinas schlecht.

Mosche schloß die Augen und dachte an einen Vers, auf den er während seiner Oxforder Studienzeit gestoßen war, und flüsterte die Worte vor sich hin:

Auf der Welt gibt es alles in allem nur zwei Nationen,
die Guten, die Bösen, und beide mischen sich überall ...

Er hatte die Worte jedoch so laut gesprochen, daß auch Emile sie verstanden hatte. Er lachte abermals auf und meinte verächtlich: „Du bist ein Kindskopf und ein Narr, wenn du solch einen Unsinn glaubst, Professor! Behalt diesen Quatsch für dich!" Er zog die Decke enger um sich und schnaubte verächtlich: „Schlaf jetzt, Sachar! Wir müssen heute nacht noch die Soldaten in Kastel unterstützen. Wir werden die Araber töten. Oder sie werden uns töten. Und dann werden wir sehen, ob dein Vers uns helfen kann."

Mehrere Minuten verstrichen, ohne daß einer der beiden noch etwas sagte. Schließlich merkte Mosche, daß Emile wieder fest eingeschlafen war, und rollte sich noch einmal eng zusammen, um doch noch warm zu werden.

Plötzlich schwang die Falltür auf, und warmes Sonnenlicht strömte in die düstere Zisterne. Frau Bett schlich auf Zehenspitzen herein.

„Ist es draußen denn noch hell?" fragte Mosche überrascht. Da das Glas seiner Uhr zertrümmert und die Uhr kaputt war, hatte er keine Vorstellung, wie spät es war.

„Ja", flüsterte sie. „Aber wenn Sie ein Bad nehmen und sich vor dem Sedermahl reinigen wollen, dann müssen Sie jetzt mitkommen." Sie forderte ihn mit einem Handzeichen auf, ihr zu folgen. „Oj! So ein Gestank! So was gibt's nicht am Tisch von Althea Bett! Gewalt! Solch ein Gestank!"

Drei der Männer stöhnten protestierend auf. Ein anderer rappelte sich schwerfällig hoch und fragte ungehalten: „Wo bin ich?"

„Sie sehen, solch ein Dreck schadet dem Gehirn des Menschen! *Wo bin ich!*" äffte sie den Mann nach.

Emile zeigte weder durch eine Bewegung noch sonstwie an, daß er sie gehört hatte, obwohl Mosche überzeugt war, daß auch er ihr Eintreten mitbekommen hatte. *Er wird heute abend zwar am Sedermahl teilnehmen, aber nur sehr widerwillig. Denn er wird sich nicht gerne daran erinnern lassen, daß die Israeliten um ihre Feinde, die getöteten Erstgeborenen Ägyptens, trauerten.*

„Also, Professor Sachar! Sie sind der einzige, der wach aussieht. Möchten Sie nun ein schönes Bad nehmen oder nicht?"

Er nickte und folgte ihr mit klappernden Zähnen und in verkrümmter Haltung, die Decke immer noch um sich geschlungen, über den Hof. Das Tageslicht empfand er fast als unerträglich hell nach den Stunden im Halbdunkel der Zisterne. Er schirmte blinzelnd die Augen ab und fragte dann Frau Bett, die vor ihm herging: „Sind Engländer hier gewesen, um nach uns zu suchen?"

„Was sonst? Meinen Sie etwa, die kommen her, um sich zur Linderung der Hungersnot Gebäck zu kaufen?"

Ihre schnodderige Art verwirrte ihn, und er starrte sie überrascht an. „Wollen Sie damit sagen, daß sie tatsächlich schon hier waren?"

Sie machte eine Handbewegung, als wolle sie eine Fliege verscheuchen. „Sonst noch was Neues? Die kommen doch immer! Schon seit Wochen sind sie argwöhnisch, weil die Universität geschlossen ist und die jungen Männer hier immer noch herumlaufen, obwohl ich kein Fetzchen Teig mehr überhabe, nu?"

„Was haben Sie denn mit unseren Gewehren gemacht?"

„Hab' sie im Matzenteig versteckt. Den fanden sie nicht appetitanregend. Keine Hefe, kein Zucker. Sie haben nicht mal um eine einzige Fingerspitze Teig gebeten, um ihn zu probieren."

Sie lächelte ihm über die Schulter zu, und Mosche schoß es unwillkürlich durch den Kopf, daß sie früher wohl einmal sehr hübsch gewesen war. Aber auch jetzt noch, da sie ihr ergrautes Haar in einem Knoten zusammengebunden hatte und ihre warmen braunen Augen von einem Meer von freundlichen Fältchen umgeben waren, sah sie noch hübsch aus, aber nicht nur hübsch, sondern auch verwegen und unerschrocken.

„Sind sie lange geblieben?"

„Lange genug. Stampf, stampf, stampf. Hierhin und dorthin, ganz dicht an der Zisterne vorbei! Oj! Diese Burschen wissen nichts von Jerusalem und den Geheimnissen, die diese Steine erzählen könnten! Also. Sie sind schließlich wieder gegangen, wie immer, und wollten nur noch Gebäck zu ihrem Tee. Aber ich habe ihnen gesagt, daß ich heute morgen wegen des Pessachfestes die ganze Hefe verbrannt hätte. Wenn sie Gebäck wollten, müßten sie nach England zurück, nicht wahr?" Sie zwinkerte Mosche schelmisch zu. „Natürlich würde ich ihnen trotzdem etwas geben, wenn ich etwas hätte. Ich nehme ihnen viermal soviel Geld ab wie den Einheimischen, und das, was ich dabei zusätzlich verdiene, spare ich, um für den Jischuv noch mehr Kugeln zu kaufen."

„Ich werde mich in Ihrem Geschäft nie wieder über zu hohe Preise beklagen, Frau Bett."

„Und ich werde von Ihnen nie wieder eine Bezahlung verlangen. Glauben Sie, ich könnte dem Helden vom Bab el Wad für sein morgendliches Gebäck und seine Tasse Kaffee auch noch Geld abnehmen? Wenn das alles vorbei ist, so Gott will, und es die Busverbindung zur Universität wieder gibt, sollen Sie jeden Morgen ein Stück umsonst bekommen!" Bei diesen Worten öffnete sie die Tür zu einem kleinen Raum auf der gegenüberliegenden Seite des Hofes. „Unter der Bedingung, daß Sie dann nicht mehr so riechen wie ein – Oj!" Den Rest des Satzes ließ sie aus Höflichkeit unvollendet.

In der Mitte des Raumes befand sich ein kleiner runder Waschzuber, aus dem einladend heißer Dampf aufstieg. Auf einer Holzbank waren sorgfältig mehrere Kleidungsstücke nebeneinander aufgereiht, die sie zweifellos bei den ihrem Kommando unterstehenden Mitgliedern des Jerusalemer Untergrundes aufgetrieben hatte.

„Sogar saubere Sachen!"

„Haben Sie vielleicht schmutzige erwartet? Wenn Sie meinen, daß ich die da waschen sollte..." Sie deutete auf Mosches Hemd und fuhr dann, als er nicht sofort reagierte, mit gespielter Entrüstung fort: „Oder wollen Sie sie etwa nicht hergeben? Sie sind wohl nicht ganz bei Trost? Wenn Sie irgendwelche gefühlsmäßigen Bindungen zu diesen Sachen haben, müssen Sie sie schon selbst waschen, aber bitte woanders! Nun, Herr Professor, ich habe hier jedenfalls Seife und Handtücher. Was Sie jetzt mit dem Wasser machen, bleibt Ihnen überlassen, nu?" Mit diesen Worten verließ sie lächelnd den Raum und ließ den verdatterten Mosche allein.

Als er schließlich in dem kleinen Zuber versank, stöhnte er wohlig auf und ließ das Wasser seinen schmerzenden Rücken umspielen. Obwohl er die Knie fast bis ans Kinn ziehen mußte, hatte ihm noch nie ein Bad so wohlgetan. Die Wärme durchrieselte angenehm seine von den Stiefeln blutig gescheuerten verkühlten Knöchel ebenso wie die von Blasen überzogenen Zehen und seinen ganzen erfrorenen Körper, der sich jetzt allmählich wieder zu beleben begann. Er wusch sich von Kopf bis Fuß, ließ sich genüßlich den heißen Dampf ins Gesicht steigen und entspannte sich. Dies war eine weit bessere Erholung als zu schlafen! „Ich wünschte, ich könnte eine ganze Woche hier so verbringen, Herr", murmelte er. Doch dann war plötzlich das angenehme Gefühl des Friedens wie weggeblasen. *Kastel! Ich habe ja ganz vergessen, daß Fergus noch in Kastel ist! – Wie lange wird es wohl dauern, bis wir uns einen Augenblick wirklicher Ruhe gönnen können? Und Rachel! Das Wasser in der Altstadt ist rationiert, Tropfen für Tropfen.*

Er dachte daran, wie ihr Gesicht gestrahlt hatte, als er ihr an dem Tag, an dem er verhaftet worden war, das Haar gewaschen hatte.

Noch ganz deutlich hatte er ihre zufriedenen Seufzer in den Ohren. Mit einem Mal war er fast bis zum Wahnsinn erfüllt von dem Verlangen zu wissen, wie es ihr ging. Seine Hände verkrampften sich am Rand des Zubers, und er starrte verzweifelt auf die weiße Zimmerwand. Abgrundtiefe Einsamkeit erfüllte ihn, und schließlich brannten ihm Tränen in den Augen. Zum ersten Mal seit vielen Tagen nahmen nicht Schmerzen und Lebensgefahr sein ganzes Fühlen und Denken ein. Und nun, da die äußere Bedrohung von ihm abgefallen war, stellte er fest, daß an ihre Stelle etwas noch viel Schmerzlicheres getreten war. Fergus und Kastel waren vergessen, und seine Gedanken wurden nur noch von Dingen gefangengenommen, die ihn mit Rachel verbanden: Er erinnerte sich an die stillen Nächte, in denen sie in ihrer kleinen Wohnung dicht beieinander gelegen hatten; an die Art, wie sie, den Kopf auf seiner Brust, verschlafen murmelte, während er über die Verteidigung der Altstadt nachdachte. Sie hatte sich so selbstlos für die verzweifelte Sache der Juden eingesetzt, und dennoch war ihre Liebe zu ihm so frei von Sorge und Leid gewesen, als hätten sie im Garten Eden gelebt und als hätte es keine Gefahr gegeben, die ihnen ihr Glück nehmen konnte. Selbst als das Gespenst des Hungers und der Niederlage bedrohlich über ihnen geschwebt hatte, waren Rachel und er in ihrer Liebe glücklich gewesen. – Sie hatten ihre Seelen jeweils in den Augen des anderen gesehen.

„Ich würde so gern ihre Stimme hören, Gott!" flüsterte er. „Und ich möchte bis zum Ende meiner Tage all meine Gedanken mit ihr teilen!"

Eine schmerzliche Welle der Sehnsucht durchfuhr ihn, eine Qual, stärker als körperliche Pein. Er folgte in Gedanken der graziösen Rundung ihrer Wangen, und für einen Moment schien es ihm sogar, als spüre er die Süße ihrer Lippen – doch nur *beinahe*. „Verzaubert hast du mich, meine Schwester Braut, ja verzaubert mit einem Blick deiner Augen ..." flüsterte er die Worte aus dem Hohenlied. Dann senkte er niedergeschlagen den Kopf und betete voller Inbrunst nur noch ein einziges Gebet: daß es ihm vergönnt sein möge, Rachel wieder in die Augen zu sehen.

※ ※ ※

Die arabischen Truppen, die sich zum Angriff auf Kastel versammelten, waren inzwischen auf eine Stärke von über zweitausend bewaffneten Männern angewachsen. Bei sinkender Nachmittagssonne warteten sie ungeduldig vor der kleinen Steinhütte, die Kadar als Hauptquartier diente.

„Sie warten darauf, daß du dich ihnen zeigst", forderte Kajuki Kadar schroff auf, während sie die Karten vom Gebiet um Kastel studierten. „Sie warten darauf, daß du zu ihnen sprichst. Es ist genau so, wie wenn sich der Pöbel auf dem Marktplatz versammelt. Du mußt zu ihnen sprechen, damit sie in Rage kommen."

Kadar nickte und betrachtete eingehend das kantige Gesicht des Muchtars Kajuki. Der verstand etwas von diesen Dingen. Der wußte, daß die Bauernkrieger Haj Amins ohne Helden, ohne Führer, verloren waren. Sie würden gegen die schlimmsten Widrigkeiten kämpfen, selbst bis zum Tod, solange sie einem starken Führer folgen konnten. Aber ohne solch einen Führer, ohne einen mächtigen Mann, der es verstand, ihre Gemüter aufzupeitschen, würden sie auseinanderlaufen und sich wie eine Hammelherde verstreuen.

Kadar mochte Kajuki nicht. Er zweifelte an der Loyalität dieses beduinischen Haudegens, dessen Fähigkeiten allein in der Kraft seines Schwertes lagen, aber er wußte, daß er recht hatte. Leidenschaft und Wildheit entstanden erst durch Worte, die in den Herzen der Menschen Haß und Rachegefühle entfachten, so daß sie alle Furcht vergaßen. Und die Aufgabe, solche Leidenschaften zu entfachen, oblag allein Kadar.

„Es ist noch eine Stunde bis zum Sonnenuntergang."

„Ja. Wenn du jetzt zu ihnen sprichst, bleibt ihnen noch Zeit genug, um sich in Rage zu steigern. Geh aufs Dach! Dort werden sie dich sehen und sofort still werden, um deine Worte zu hören."

Kadar stieg allein die steile Treppe zum Dach des Hauses hinauf. Er öffnete die Falltür und sah in den klaren blauen Himmel empor. Weiße Wolken umgaben die Bergspitzen, und ein Schwarm Spatzen flatterte übermütig über ihm hinweg. Es war Frühling! In strahlender Schönheit hatte der Frühling in Palästina Einzug gehalten. Heute stand seine strahlende Schönheit in grausamem Gegensatz zu der Wirklichkeit des Krieges. Kadar atmete tief den Duft des jungen Grases und der wilden Blumen ein, der vom Wind zu ihm heraufgetragen wurde. Als er auf das Dach trat, sah er die farbenprächtigen Hänge auf der anderen Seite des Dorfes. In der Ferne graste eine Schafherde auf einer saftiggrünen Weide.

An einem solchen Tag kämpfen zu müssen! dachte Kadar unwillkürlich, während er nach den richtigen Worten suchte, um seine Männer zu Haß und Kampfeswillen anzustacheln. *Wenn die Menschen gezwungen sind, gegen die Kräfte der Natur anzukämpfen, geraten sie leichter in Wut. Deshalb sollten Schlachten besser bei strömendem Regen oder sengender Hitze stattfinden. Aber wenn der Mohn auf den felsigen Hängen blüht und die Lupinen die Felder mit farbigen Tupfen durchsetzen, ist nicht der richtige Zeitpunkt zum Sterben. Laß den Himmel grau sein! Oder laß die Sonne gnadenlos auf den Rücken der Krieger brennen! Dann macht es den Menschen nicht soviel aus, sterben zu müssen. Jedenfalls nicht ganz soviel.*

Er hielt sein Gesicht der wärmenden Sonne entgegen und nahm die lieblichen Düfte tief in sich auf. Noch niemals hatte er das Leben so sehr geliebt wie in diesem Augenblick, in dem er Menschen in den Tod schicken und vielleicht sogar selbst sterben mußte. *Der Frühling weckt in uns allen das Verlangen zu leben.* Seine Augen folgten dem Flug der Spatzen, die hoch über dem Tumult der wartenden Männer ihrem Nest zustrebten. *Ihre zarten Stimmen, wenn sie ihre Jungen aufziehen; die winzigen Lämmer in der Herde – dies sind Dinge von solcher Wichtigkeit, daß alles andere dagegen gering erscheint. Vielleicht ist sogar überhaupt nichts anderes wichtig! Und doch muß ich in diesen Männern Haß entzünden. Ja, ich muß ihnen sagen, daß diejenigen, die im Frühling sterben, wenn der Gesang der Feldlerche sich mit dem Schrei des Todes mischt, die wahren Helden sind ...*

Kadar bemühte sich, diese Gedanken zu verdrängen. Er starrte zu den Wolken empor und betete um einen kalten Nieselregen, der sein Gemüt abkühlen würde. Um einen grausamen Wind, der wehen würde, bis der heiße Shirocco kam und das junge Gras welken ließ und die Knochen der totgeborenen Lämmer bleichte, die nie ihre Mutter gestupst oder auf blumenübersäten Wiesen getollt hatten. Er wollte das Leben in diesem Frühling nicht zu sehr lieben. Die Briten waren im Abzug begriffen. Die Felder von rotem Mohn würden mit Blut getränkt und die leuchtenden Lupinen von den Körpern sterbender

Männer zerdrückt werden – sowohl von Juden als auch von Arabern, die eigentlich lieber dem Lied der Feldlerche zuhören würden als zu kämpfen.

Da entrang sich den Männern unter ihm ein machtvoller Jubelruf. Die Gewehre wurden in die Höhe gestreckt, und ihr Ruf hallte von den Bergen wider. Die Jihad-Moqhaden hatten ihren großen Führer, Ram Kadar, erblickt.

Kadar hob beschwichtigend die Arme und trat an den Rand des Daches.

„Kadar! Kastel! Kadar! Kastel!" erschallte es von überallher.

Kadar fühlte sich mit einem Mal müde in der Gewißheit dessen, was auf diese Männer und auf ihn selbst zukam. Er haßte die Zionisten, ja, aber es gab Tage, an denen ihm das unwichtig erschien. Er starrte über die ihm zugewandten Gesichter seiner Soldaten hinweg, die begierig an seinen Lippen hingen, und während er sprach, sah er, wie auf einem Hang in der Ferne ein neugeborenes Lamm auf wackligen Beinen zu seiner Mutter stakste.

„KRIEGER DES JIHAD! ES IST DER WILLE ALLAHS, DAß WIR UNSERE FEINDE VOM BODEN PALÄSTINAS VERTREIBEN..."

19. Pessachgrüße

Das Flugzeug kreiste in der Abenddämmerung dicht über dem Hafen von Ragusa. Ellie erkannte deutlich den klapprigen Kahn, die *Trina*, und dazu eine kleine Barkasse, die in Richtung Kai fuhr.

„Dann wissen wir morgen, wie sie aus der Luft aussieht", kommentierte David und begutachtete den Kahn mit nachdenklich wiegendem Kopf. „Sieht ganz so aus, als könnten wir sie mit ein paar gut plazierten Ladungen versenken."

Ellie schaute beklommen zu dem Koffer hinüber, in dem sich der Sprengstoff befand. Bernie Greene hatte achtlos den Kopf dagegengelehnt und schlief immer noch friedlich, während Michail ebenfalls eingehend das Schiff betrachtete, das morgen ihr Ziel sein würde, sobald es sich auf dem offenen Meer befand. Schließlich tippte er David auf die Schulter und deutete auf die Frachtluke des Schiffes in der Nähe des Bugs. Statt einer Antwort flog David direkt über die Öffnung hinweg.

„David!" protestierte Ellie laut. „Sie werden doch auf dich aufmerksam!"

„Das können sie ruhig, Liebling. Ich übe nur schon mal für den Bombenangriff. Außerdem sieht das Deck doch verlassen aus." David wackelte wie zum Gruß mit den Flügeln und surrte dann über Ragusa hinweg in Richtung des Flugplatzes von Cavtat.

„Ich habe keine Rettungsboote auf dem Schiff gesehen", meinte Ellie, der inzwischen recht mulmig zumute war. Sie hatte mit einemmal begriffen, warum sie hier waren, und plötzlich jegliche Abenteuerlust verloren.

„Es gibt bestimmt einige an Bord", erwiderte David leichthin, ohne weiter auf Ellies unausgesprochene Sorge um die Mannschaft des Frachters einzugehen. Dann sah er sie durchdringend an und schlug vor: „Du möchtest vielleicht morgen lieber in Ragusa bleiben?" Er war überzeugt, daß der Auftrag, die *Trina* zu versenken, leicht auszuführen sein würde. „Michail kennt sich in diesen Dingen aus. Es reicht, wenn er mir zur Hand geht. Das ist kein Spiel, Els! Es werden Menschen dabei zu Schaden kommen. *Allerdings sie*, und nicht wir."

Ellie schloß für einen Moment die Augen und rief sich die Gesichter der beiden Männer auf der Barkasse, die zum Flugzeug hinaufgesehen hatten, mit photographischer Genauigkeit ins Gedächtnis. „Du willst damit also sagen, daß es völlig egal ist, ob sie Rettungsboote haben, nicht wahr? – Die Männer werden also sterben?"

„Sehr wahrscheinlich."

„Sind sie Araber?"

„Nein. Ich glaube, Slawen. Handelsmatrosen, von den Arabern angeheuert." Er legte ihr die Hand auf den Arm. „Ich möchte nur, daß du eines richtig verstehst: das, was wir morgen tun werden, ist weder schön noch leicht, aber wir müssen es tun. Es kommt leider öfter vor, daß unschuldige Menschen verletzt werden."

Die Bedeutung seiner Worte schlug wie ein Hammer in ihr Bewußtsein ein, und sie sagte mit nahezu tonloser Stimme: „In der Regel sind sie sogar die ersten, die zu Schaden kommen." Sie dachte an Onkel Howards Haushälterin Miriam, die im letzten Jahr beim Bombenattentat auf das *Hotel Semiramis* in Jerusalem ums Leben gekommen war – und an Michael. „Ich wünschte, es gäbe einen anderen Weg. Im Hafen –"

„Du hast gehört, was Avriel gesagt hat. Wenn wir sie im Hafen versenken, wird man in allen Häfen Jugoslawiens anfangen nach Juden zu fahnden. Du mußt bedenken, Mädchen, daß dieser Kahn acht Millionen Schuß für die Araber geladen hat. Das sind über zehn Kugeln für jeden Juden in Palästina, und man braucht nur eine einzige, um einen davon zu töten. Wenn das Schiff durchkommt, könnte das den Sieg des Muftis bedeuten. Es war sicherlich kein Zufall, daß uns die Liste über die Ladung des Schiffes mit den Häfen, die es auf seiner Fahrt anläuft, in die Hände gefallen ist. Ich glaube nicht einmal, daß es Zufall war, daß wir Michail hier aufgelesen haben."

Er sah zu Bernie Greene hinunter. „Ich kann mir zwar immer noch keinen Reim aus Bernie Greene machen, aber ich habe aufgehört, an Zufälle zu glauben. Es muß einen Plan für all dies geben, selbst wenn wir ihn nicht erkennen können." Über sein Gesicht glitt ein Schatten der Trauer, und er fuhr mit leiserer Stimme fort: „Egal, wie sehr es schmerzt, ich muß einfach glauben, daß all diese Einzelheiten schon im vorhinein festgelegt sind."

„Nun gut, aber hier ist noch eine Einzelheit für dich: ich gedenke, mitzukommen. Ich lasse dich nicht aus den Augen, bis wir endlich so etwas wie eine Hochzeitsnacht verbracht haben." Sie zwinkerte ihm vielsagend zu. „Michail und Bernie können ein eigenes Zimmer bekommen und die Bombe mitnehmen. Heute nacht wollen wir nur an uns beide denken, David. Sonst ... Ich möchte dir nur einfach in die Augen sehen und für eine Weile vergessen."

David atmete hörbar aus und hob die Brauen. „Es wäre besser, wenn du die Sache sachte angingst ... bis wir gelandet sind und ein Hotel in Ragusa haben, sonst werfe ich diese beiden Typen noch über dem Wasser ab und setze den Autopiloten ..."

* * *

Einige Minuten später setzte die Stinson auf dem Flugplatz von Cavtat auf. Während David sich noch darum kümmerte, daß das Flugzeug für die morgendliche Expedition aufgetankt wurde, brach rasch die Dunkelheit herein. Unterdessen hielt Ellie ein Taxi an und half dann Michail dabei, Bernie zu wecken, der so unrasiert und zerzaust war, daß er den Anschein erweckte, als sei er schwer krank.

„Wo bin ich?" fragte er verwirrt, als Michail ihn auf den Rücksitz des Taxis schob. „Was ist passiert? Wohin bringen Sie mich?"

Ellie beugte sich durch das offene Fenster hinein und flüsterte dem verzweifelten Mitglied des Mossad beruhigend zu: „Pscht! Wir wissen jetzt, wer Sie sind, Bernie!"

Erleichtert fuhr sich dieser mit den Fingern durchs Haar und seufzte auf: „Gott sei Dank!"

Michail tätschelte ihn mitfühlend, während Ellie in der Dunkelheit nach David Ausschau hielt. Kurz darauf erschien er auch schon mit dem Sprengstoffkoffer. Er mußte sich beim Tragen sichtlich anstrengen und durfte ihn vor allem nicht zu heftig absetzen. „Mach Platz, Bruder Bernie!" grüßte er den Briten und hob das tödliche Gepäck neben ihn auf den Sitz. „Du wirst jetzt zum Töten ausstaffiert, Kumpel!"

Bernie blitzte seinen Peiniger zornig an. „Dazu bin ich bereit. Ja, das kann ich wohl behaupten. Und ich weiß auch, wer mein erstes Ziel sein wird."

David grinste. „Nee, das glaubst du nur zu wissen."

Der Taxifahrer richtete ein paar serbische Worte an sie. Michail übersetzte für Bernie ins Hebräische, der seinerseits das Gesagte für Ellie und David ins Englische übertrug.

„Der Fahrer möchte wissen, wo wir hinwollen."

„Sag ihm, in das schönste Hotel von Ragusa", gab David zurück und legte den Arm um Ellie, während seine Antwort nun auf dem umgekehrten Weg weitergegeben wurde. Schließlich drückte der Taxifahrer nickend sein Verständnis aus.

„Du kommst uns sogar ganz gelegen, Bernie Greene", meinte David, als sie in Richtung Ragusa davonknatterten.

* * *

Die rot-weiße Flaggen der neuen jugoslawischen Nation waren überall in Ragusa gegenwärtig. Sie hingen von Balkongeländern, wehten an Kirchtürmen und umrahmten in großer Zahl als bunte Wimpel die riesigen Photographien des grimmig dreinschauenden General Tito. Während sie im Taxi langsam durch die gewundenen, malerischen Straßen Ragusas gefahren wurden, redete der Taxifahrer ununterbrochen auf Michail ein und erklärte ihm, wie die Revolution das Land im Sturm erfaßt hatte. Er gab seinen Fahrgästen nach Art eines Fremdenführers einen kurzen Abriß der neuen politischen Ordnung und unterbrach seinen Redefluß immer nur so lange, wie die jeweiligen Übersetzungen getätigt wurden.

„Er fürchtet nur, daß die Italiener ihren Urlaub nun nicht mehr in Jugoslawien verbringen werden, da es jetzt kommunistisch ist", erklärte Bernie. „Natürlich haben viele Italiener Angst vor den Kommunisten, die auch in Italien im nächsten Monat bei den Wahlen kandidieren werden..."

Michail reagierte begeistert auf die Worte des Taxifahrers und stellte eifrig Fragen. Diese veranlaßten den Fahrer jedoch dazu, die Augen zu verdrehen und beide Hände vom Steuerrad zu nehmen und über dem Kopf zusammenzuschlagen. „Ne!" rief er. „Ne!" Dann folgte eine fünfminütige Ansprache, bei der Ellie wiederholt den Namen Tito heraushörte.

„Er sagt", übersetzte Bernie endlich, nachdem er von Michail eine hebräische Kurzfassung erhalten hatte, „daß alle italienischen Touristen davor Angst haben, daß das jugoslawische Volk nun Geheimsoldaten, Waffen und ähnliches nach Italien schicken wird. Aber er meint, daß Tito ein prima Kerl ist, weil er die schwere Aufgabe, sechs verschiedene Republiken zu einem Staat zu vereinen, wirklich gut hinbekommen hat, und daß er nun genug anderes zu tun hat, als Leute in die Luft zu jagen. Es reicht ihm, daß er das mit den Deutschen getan hat." Bernie strich sich über den Kopf und schnaubte, bevor er seinen eigenen Kommentar hinzufügte: „Außerdem können unsere Leute nur hoffen, daß die Russen hier nicht einmarschieren und das Land besetzen, wie sie es auch sonst überall versuchen. Wenn das passiert, werden wir es sehr schwer haben, unsere Flugzeuge aus der Tschechoslowakei und die Waffen aus Jugoslawien herauszubekommen."

David grinste über die Kenntnisse, die Bernie über ihre Operationen

an den Tag legte, und meinte scherzhaft: „Du bist wirklich ein cleverer Bursche, was?"
Bernie warf David einen finsteren Blick zu. „Ganz recht. Ich kenne im Gegensatz zu manchem anderen sogar das Losungswort."
Da hielt der Taxifahrer den Wagen mit quietschenden Bremsen vor einem heruntergekommenen Hotel an, vor dem ein ältlicher Portier in einer Livree mit roter Borte als das letzte Relikt einer vergangenen, eleganten Zeit stand, und enthob David auf diese Weise der Peinlichkeit einer Antwort. Hoch oben an der Fassade des Hotels prangte ein verblichenes Schild mit der Aufschrift RAGUSA PALASTHOTEL. Darunter hing ein riesiges Banner mit den in roten Lettern geschriebenen Worten „*Proleteri Swi Zemelja, Uiedinite Se! Proletarier aller Länder vereinigt euch!*" Gleich neben dem Hoteleingang befand sich noch ein kleines Straßencafé, in dem sich Männer und Frauen gemütlich unterhielten und dabei aus kleinen Täßchen Kaffee tranken.
Der Taxifahrer streckte erwartungsvoll seine Hand aus und fügte grinsend ein paar Worte hinzu, die Michail pflichtschuldigst übersetzte. Bernie folgte gelangweilt seinem Beispiel.
„Dies hier ist das beste Hotel des Ortes. Etwas heruntergekommen seit dem Krieg, aber trotzdem das beste. Er meint, daß es im Augenblick zwar gar nicht mal so schlecht um das Land bestellt ist, aber daß sich die Lage vermutlich verschlechtern wird. Und die Fahrt kostet bitte vierzig Dinar. Es sei denn, ihr habt amerikanische Dollar. Dann macht es zwei Dollar."
„Ziveli!" rief der Taxifahrer erfreut, als David ihn in amerikanischem Geld bezahlte und ihm sogar noch fünfzig Cent Trinkgeld gab. „*Langes Leben!*"
„Frag ihn aber noch, wo das Telegraphenamt ist, Bernie!" forderte David den Briten auf und schaute sich dann verstohlen um, bevor er mit gesenkter Stimme fortfuhr: „Du solltest Mama wissen lassen, daß wir *sie* gefunden haben."
Bernies Wangenmuskulatur zuckte. „Diese Pflicht fällt also aus irgendeinem Grund mir zu?"
„Na ja, du hast immerhin die ganze Reise über geschlafen", meinte David mit einem unschuldigen Schulterzucken. „Ich bin k.o., Kumpel, und hab' dazu morgen noch'n anstrengenden Tag vor mir. Aber dann hau' ich auf die Pauke. Deshalb hau' ich mich jetzt in die Koje. Außerdem bist du ja derjenige, der das Losungswort kennt. Ich bin nur der Chauffeur." Er legte zufrieden den Arm um Ellie und führte

sie in die verblichene Üppigkeit der Eingangshalle des Hotels. Michail folgte ihnen ächzend mit dem Gepäck.

* * *

„Ist das Ihr völliger Ernst? Wollen Sie das wirklich wagen, Herr Professor? Nur wegen einer Nachricht?" Frau Betts Gesicht war starr vor Sorge, als sie Mosche das sauber eingepackte Paket Matzen übergab.

„Es liegt ja nicht allzuweit vom Weg ab", beschwichtigte Mosche und blickte dabei unverwandt auf das weiße Papier. „Und wenn ich jetzt nicht gehe, habe ich später keine Zeit mehr dazu. Bei den Nachrichten, die aus Kastel zu uns dringen, weiß ich nicht, wann irgend jemand von uns wieder nach Jerusalem kommen kann."

„Tja, was soll eine alte Frau schon dazu sagen?" meinte Frau Bett und tätschelte ihm verständnisvoll den Arm. „Natürlich müssen Sie eine Nachricht von Ihrer Frau haben, wenn es eine gibt. Na, nun gehen Sie schon! Aber seien Sie vorsichtig, nu? Die Leute von der Zivilen Verteidigung halten im Schichtdienst an den Barrikaden Wache, damit jeder seine Sedermahlzeit einnehmen kann. Sie werden die Finger locker am Abzug haben, weil die Araber heute nacht vermutlich auf Unheil aus sind."

„Das Unheil braut sich doch gerade über ihnen in Kastel zusammen."

„Unsere Leute in Jerusalem sind da nicht so sicher. Sie sind alle in Alarmbereitschaft. Und vergessen Sie Ihre Freunde, die Briten, nicht!"

„Die sitzen bestimmt am Kamin, trinken Gin und träumen von der Heimat", versuchte er ihre Warnung leichthin abzutun.

„Sie sind aber ein gesuchter Mann, Herr Professor." Sie legte die Hand fest auf seinen Arm, drückte ihn leicht und wiederholte noch einmal bedeutungsvoll: *„Gesucht!* Die möchten gerne noch einen weiteren Juden hängen sehen, bevor sie in die Heimat zurückgehen, und das soll Professor Mosche Sachar sein. Aber das wissen Sie ja wohl selbst, auch wenn Sie darüber scherzen, nu?"

Sein Gesicht verdüsterte sich, denn er wußte, daß sie recht hatte. „Ja!"

„Gut! Nun reden wir endlich ehrlich miteinander, nu? Seien Sie vorsichtig! Der Engel des Todes geht heute durch die Straßen der Heiligen Stadt, so, wie vor langer Zeit durch Ägypten. Wenn Sie unachtsam oder nicht darauf vorbereitet sind, werden Sie ihm heute nacht zum Opfer fallen!"

„Ich werde vorsichtig sein", versprach Mosche. „Schließlich möchte ich nicht gerne des kostenlosen Gebäcks verlustig gehen, das Sie mir versprochen haben."

Sie ging nicht auf seine scherzhafte Bemerkung ein, sondern blieb ernst. „Denken Sie daran, sich auch vor unseren eigenen Leuten in acht zu nehmen, wenn Sie sich den Barrikaden nähern. Wissen Sie noch das Losungswort?"

Er nickte. „Die erste Frage der *Haggada*: *Wodurch unterscheidet sich diese Nacht von allen anderen?*"

„Na, dann gehen Sie schon. Seien Sie kein *Schlepper*, und zerbrechen Sie mir nicht die Matzen!" mahnte sie in scherzhaftem Tonfall, aber mit tiefen Sorgenfalten über den Augen, bevor sie ihn sanft aus dem Hoftor auf die dunkle Straße der Propheten schob. Dann schloß sie die schwere Holztür hinter ihm und verriegelte sie wieder.

Einen Moment lang verharrte er an der schmalen Bordsteinkante und blickte unschlüssig nach links und rechts. Aus den Häusern der Orthodoxen schimmerte Licht, ein Zeichen, daß der *Seder* bereits begonnen hatte. Mosche wußte, daß drinnen nun kleine Jungen neben ihren Vätern standen und die jahrtausendealte Frage stellten: *Ma nisch ta'ana ... Wodurch unterscheidet sich diese Nacht von allen anderen? Warum ist diese Nacht dunkler als alle anderen Nächte des Jahres?* Mosche betrachtete versonnen die schimmernden Fenster und beantwortete die Frage still für sich: *Dies ist die dunkle Nacht meiner Unsicherheit, die Nacht meiner Angst.* Dann überquerte er entschlossen die menschenleere Straße. *Es ist die Nacht, in der der Engel des Todes und ich durch einen schmalen Korridor gehen und ich ihm nicht begegnen möchte.* Da sah er, daß ein Scheinwerferpaar an der B'nai Brith Street, einen Häuserblock von ihm entfernt, um die Ecke glitt. Ein Wagen fuhr langsam am großen Wachhaus des schwedischen theologischen Seminars vor. Die Scheinwerferkegel wanderten dicht an der Mauer vorbei, an der Mosche stand, und er schmiegte sich fest dagegen. Dann wurden die Lichter ausgeschaltet. Mosche hörte vier Wagentüren knallen, und englische Wortfetzen drangen an sein Ohr.

Zu seiner Rechten hingen die Zweige eines riesigen Baumes über die Straße. Aus ihnen vernahm er plötzlich deutlich ein Zischen.

„Psssst! SSSSSST!"

„Wer ist da?" fragte Mosche leise und starrte in das schwarze Gewirr.

Die Stimme eines Jungen erwiderte: „Mischmar Ha'am! Zivile Verteidigung! Geh heute nacht nicht durch die Straße der Propheten! Britische Streifen alle paar Minuten ..." Es war offensichtlich, daß der junge Wächter gesehen hatte, wie Mosche Frau Betts Hof verließ, und geschlossen hatte, daß sie beide einen gemeinsamen Auftrag hatten. „Sie sind überall! Wegen Kastel!" fügte er flüsternd hinzu.

„Gibt es einen ungefährlicheren Weg?" fragte Mosche flüsternd zurück.

„Ethiopia Street. Dort kommen die Streifen nur jede halbe Stunde vorbei, und sie sind gerade erst durchgefahren."

Mosche winkte ihm dankend zu und eilte über die Straße der Propheten in die Ethiopia Street, die zu beiden Seiten von hohen Mauern gesäumt wurde, die den Blick in die Gärten der Reichen verwehren sollten. Viele der Bewohner dieser Straße hatten Jerusalem verlassen, aber über einigen Mauern schimmerte doch noch Licht. Dadurch erschien jedoch die Dunkelheit in der Straße noch düsterer. Mosche drückte sich so dicht an der Mauer entlang, daß sein rechter Arm an ihr entlangschrammte. Die Blätter eines riesigen Feigenbaumes, dessen Zweige noch über die Mauer ragten, raschelten über ihm im leichten Abendwind, der den Duft der Blumen herüberwehte, die in dem von der Mauer abgeschirmten Garten wuchsen.

Dreißig Jahre lang hatten in vielen dieser Häuser hinter den hohen, geheimnisvollen Mauern die Gedanken und Träume der Zionisten Wurzeln geschlagen und Gestalt angenommen. Im Takt seiner einsamen Schritte kamen Mosche Ereignisse aus der Geschichte dieser Bewegung in den Sinn: *Hinter den Toren dieses großen Hauses hat Chaim Weizmann gelebt, als das Zionistische Komitee 1920 seinen Sitz nach Palästina verlegte. Unter diesem Feigenbaum hat er mit den Briten in heftigen Debatten um eine Heimstätte gerungen. Hat er damals diese Nacht vorausgesehen? Hat er dieses letzte Pessachfest vor der Proklamation unseres Staates gesehen, oder gar unseren endgültigen Untergang?* Gegenüber lag das Haus Ben Jehudas, der, von dem Wunsch beseelt, daß es eines Tages wieder eine Nation Israel geben würde, das Hebräische zu neuem Leben erweckt hatte. Und neben seinem Haus war diese Hoffnung in der ersten zionistischen Zeitung in Worte umgeschmolzen worden. In dieser Straße waren die Stunden des Wartens zu Jahren geworden. Jeder Tag hatte zwar nur winzig kleine Veränderungen mit sich gebracht, aber diese waren im Laufe der Zeit zu Samen herangereift, der schließlich in alle Richtungen verstreut worden war.

Was unterscheidet diese Nacht von allen anderen? stellte sich Mosche wieder die uralte Frage, die in der langen Zeit ihres Bestehens nichts von ihrer Aktualität eingebüßt hatte. Diese Nacht war der Höhepunkt all der Träume und kleinen Schritte der Menschen, die auf der Ethiopia Street gelebt und um die Gründung des Staates Israel gerungen hatten. *Dies ist die Nacht, in der wir endlich nach Hause geführt werden. Nur sechshunderttausend, ein Bruchteil all der Menschen, die umgekommen sind. Wir sind nur ein winziger Rest, aber wir sind zu Hause.* Vor ihm zeichnete sich die Kuppel der äthiopischen Kirche dunkel vor dem Himmel ab. Auf dem Tor waren die Worte eingeschnitzt: *Gesiegt hat der Löwe aus dem Stamm Juda!* Dieser Spruch verhieß Mosche die Erfüllung all der Träume, die in diesen Gärten geträumt worden waren.

Der Mufti konnte zwar das Ende aller Juden erklären – aber dadurch würde daraus noch keine Tatsache werden! Anti-zionistische Juden wie Rabbi Akiva konnten zwar behaupten, daß erst der Messiah kommen müsse, damit die Juden wieder zu einer Nation werden könnten – aber was er da äußerte, waren nur leere Worte! Männer wie Emile konnten zwar im Zorn behaupten, daß es keinen Gott gebe, keine Hoffnung und kein Leben – aber das spielte keine Rolle! In der Bibel und in Mosches Herz stand es als unverbrüchliche Wahrheit: *Gesiegt hat der Löwe aus dem Stamm Juda!*

Mosche wußte, daß es nur zwei Meilen bis zu jener Stelle waren, an der der Messiah vormals entlanggegangen war. Aber selbstgerechte Menschen von der Art Akivas hatten ihn nicht erkannt. Der Heilige Israels war als das letzte Opferlamm gestorben und hatte sogar Menschen wie Emile geliebt, die Gott verleugnet und verflucht hatten. *Er* hatte diese Nacht gesehen, diese Menschen, diesen Augenblick! Und *er* hatte auch die Zukunft gesehen, die danach kam, so daß er sagen konnte: *Ich habe gesiegt! Jerusalem gehört mir!*

„Das erste Mal bist du als Lamm gekommen, Herr", flüsterte Mosche, während er im Vorbeigehen zu der Inschrift aufsah. „Das nächste Mal kommst du als Löwe. – Und dann wird es kein Mißverständnis mehr geben!"

Er beschleunigte seine Schritte, als er das Brummen eines britischen Streifenwagens von der Kreuzung hörte, an der der Baum mit dem jungen Wächter stand. Mosche blickte sich langsam um, merkwürdig ruhig trotz der Nähe der Gefahr. Wie der Junge angekündigt hatte, verlangsamte der Wagen seine Fahrt und bog in die Straße der Propheten ein, um dort Mitglieder des Jerusalemer Untergrunds aufzustöbern.

Ihr kommt zu spät! dachte Mosche mit einem Gefühl des Triumphes und lächelte innerlich. *Die Verheißung ist erfüllt! Wir sind in jedem Baum, hinter jeder Mauer, in jedem Geschäft und in jeder Synagoge. Gott ist mit dem Rest Israels noch nicht fertig. Der Samen ist aufgegangen und wieder in unseren Herzen gewachsen. Es gibt für euch, genau wie damals in jener ersten Pessachnacht für Pharao, keine Hoffnung.*

* * *

Mosche stopfte die Matzen, die er bisher in der Hand gehalten hatte, in seine Tasche, während er die steile Hazanovitch Street hinaufstieg. Er gelangte an eine Kreuzung, an der die Strauß Street in die Jaffa Road mündete. Obwohl dieser Weg gut und gerne anderthalb Kilometer länger war als der, den er ursprünglich hatte gehen wollen, war er noch keinem Menschen begegnet. Er war dankbar, daß er nicht an der Sokolow-Schule und am Hauptquartier der Zivilen Verteidigung vorbeigegangen war. Denn dort stand sicherlich an jeder Ecke ein britischer Soldat und hielt wachsam Ausschau.

Auf der Kuppe des Hügels blockierte der erste jüdische Kontrollpunkt die Straße. Mosche sah, wie sich auf das Geräusch seiner Schritte hin dunkle Gestalten hinter schwarzen Sandsackbarrikaden bewegten.

„Da kommt jemand, Mannie ..."

„Dann frag ihn, wer er ist!"

„Wer soll sich schon zu Pessach nach hier draußen verlieren?"

„Schieß nicht auf ihn, du Narr! Vielleicht ist es der Prophet Elija oder sonst eine wichtige Persönlichkeit!"

„Dann frag ihn doch endlich!"

„Wer da?"

Mosche räusperte sich und antwortete mit der rituellen Frage der Haggada: „*Ma nisch ta'ana ...*"

Eine Stimme erwiderte erleichtert: „Du möchtest also wissen, wodurch sich diese Nacht von allen anderen unterscheidet? Wir sollten eigentlich alle zu Hause sein und ganz normal Pessach feiern, das ist in dieser Nacht anders! Nun habe ich aber auch an dich eine Frage: was machst *du* in einer solchen Nacht hier draußen?" Da die Frage auf Jiddisch an ihn gerichtet worden war, wußte Mosche, daß er zwei jungen Männern aus der orthodoxen Gemeinschaft gegenüberstand.

Also antwortete er auch auf Jiddisch: „Ich bin der erste von mehreren, die nacheinander diesen Weg kommen werden. Bleibt ruhig, nu? Wenn eine britische Streife vorbeifährt, habt ihr nichts gesehen!"

„Denkst du, wir würden den Gojim irgendwas erzählen? Ha!" rief entrüstet eine junge Stimme. „Zuerst muß uns Gott totschlagen, gelobt sei Sein Name!"

Mosche konnte zwar die Gesichter der jungen Männer nicht erkennen, aber er sah, daß sie ihre guten Sabbatkleider trugen. Als er die jungen Wächter in ihrer orthodoxen Tracht sah, mußte er unwillkürlich an die Menschen hinter den Mauern der Altstadt denken. Wie würden sie wohl in dieser Nacht Pessach feiern? *Rachel!* Mit neuer Heftigkeit packte ihn das Verlangen, nach Rehavia zu eilen, um Nachrichten jedweder Art von ihr in Erfahrung zu bringen. „Wie viele Barrikaden gibt es noch auf dieser Straße?" fragte er mit plötzlicher Ungeduld und setzte seinen Weg bereits fort, bevor er eine Antwort bekam.

„Nur noch eine. An der Kreuzung mit der Jaffa Road", rief einer der Wächter hinter ihm her und fügte noch hinzu: „Irgend etwas ist in Kastel los, nicht wahr? Stimmt es, daß amerikanische Juden, Reservisten, zu Tausenden in Tel Aviv gelandet sind, um für uns zu kämpfen?"

„Gerüchte, Meschuggener!" kommentierte ein zweiter Wächter.

„Marvin Telmann hat es im Radio gehört! Fünfzig Flugzeuge voller jüdischer Soldaten ..."

Mosche hielt sich nicht damit auf, Erklärungen abzugeben oder die Meinung des Wächters zu korrigieren. Wenn die orthodoxen Juden der Strauß Street davon überzeugt waren, mußten auch die Araber das Gerücht kennen, und es würde ihnen bei dem Gedanken daran heiß und kalt den Rücken hinunterlaufen.

Die Straße wurde nun von vierstöckigen Wohnhäusern gesäumt, und Mosche sah, daß zumindest ein Fenster in jeder Wohnung im Licht der Sederkerzen erstrahlte. Hier an der Strauß Street mußten die Grenzen des jüdischen Jerusalem gehalten werden! Im Gegensatz zu den Bewohnern der Ethiopia Street hatten die Menschen, die hier in überfüllten, lauten Wohnungen lebten, nicht das Geld, wegzuziehen, während der Krieg tobte. Sie hatten ihr persönliches, europäisches Ägypten nur mit dem, was sie als Handgepäck tragen konnten, verlassen und waren nach Jerusalem gekommen, um in dieser heiligen Nacht das sagen zu können, wovon ihre Väter nur geträumt hatten... *Diese Nacht in Jerusalem!* Und wenn man sie höflich fragte, ob sie nicht vielleicht besser irgendwoanders leben könnten, würden sie wie aus einem Munde rufen: *Es gibt keinen anderen Platz für uns auf der Welt als diesen hier!*

Platz war jedoch in der Strauß Street nur wenig. Mosche sah zufällig zum zweiten Stock eines Hauses empor, wo die erleuchteten Fenster wie hell angestrahlte Bilder wirkten. Durch die Spitzenvorhänge des ersten Fensters hindurch erkannte Mosche deutlich eine in ein Gebetstuch gehüllte Frau, die vor ihren Kerzen stand. Im nächsten Fenster hörte ein kleiner Junge, der ein weißes Hemd trug, mit großen Augen die Geschichte von Israels Befreiung aus Ägypten. Im dritten Fenster stand ein Mann, in einen Tallith gehüllt. Mosche blieb unvermittelt stehen und starrte ihn fasziniert an. Genau dieses Bild war das Sinnbild der Hoffnung eines jeden Juden, der je den Namen *Jerusalem* gehört hatte.

Starke braune Hände hielten das Gebetbuch. Der Tallith, der den Kopf des Mannes bedeckte, verhinderte, daß Mosche sein Gesicht sehen konnte. Der Tallith wurde von einer Borte gesäumt, die eher schwarz als hellblau schien und daher an die furchtbare Zerstörung Jerusalems vor beinahe zweitausend Jahren erinnerte. *Dies ist der Tallith der Trauer, nicht der Freude!*

Kurz darauf trat der Mann dicht ans Fenster heran und wandte Mosche sein Profil zu. Der schwache Schein einer einzelnen Kerze spiegelte sich glitzernd in einem Ring an seinem Finger. *Er trägt einen Ehering, doch er ist allein.*

Der Mann bewegte sich mit gesenktem Kopf rhythmisch hin und her, während er, genau wie dies auch Jeschuah in der Nacht vor seinem Tod getan hatte, die Psalmen des Großen Hallel las.

Mosche schloß die Augen und betete eine Weile mit dem einsamen Beter mit:

> Aus der Tiefe rufe ich, Herr, zu dir:
> Herr, höre meine Stimme!
> Wende dein Ohr mir zu,
> achte auf mein lautes Flehen!
> Würdest du, Herr, unsere Sünden beachten,
> Herr, wer könnte bestehen?
> Doch bei dir ist Vergebung,
> damit man in Ehrfurcht dir dient.
> Ich hoffe auf den Herrn, es hofft meine Seele,
> ich warte voll Vertrauen auf sein Wort.
> Meine Seele wartet auf den Herrn
> mehr als die Wächter auf den Morgen ...

Vor Mosche stand ein Mann, der aus tiefer Dunkelheit zu Gott schrie, der sich nicht der erschlagenen Erstgeborenen Ägyptens erinnerte, sondern um die Auslöschung einer ganzen Generation von Kindern trauerte, die diese Nacht nicht mehr hatten erleben dürfen. Hatte der Mann im Fenster die Schrecken als einziger überlebt und seine eigenen Kinder verloren? War ihm seine Frau aus den Armen gerissen worden, nachdem er sie noch einmal umarmt hatte?

Plötzlich sah Mosche wieder lebhaft Rachels Bild vor sich. *„Lehre mich, gelehrter Rabbi"*, hatte sie an jenem letzten Tag zu ihm gesagt, als er sie in den Armen gehalten hatte. *Oh, Gott! Wie viele von uns müssen diese Nacht allein verbringen? Wie viele leben in der Erinnerung an die Lieben, die in ihren Armen lagen und dann für immer von ihnen gegangen sind?*

Es fiel Mosche nicht schwer, sich in die Lage des einsamen Mannes im Fenster zu versetzen. Erneut kehrte der nagende Schmerz der Sehnsucht zurück, und er wandte sich hastig von diesem schmerzlichen Bild ab. Er fürchtete, einen Blick in die eigene Zukunft getan zu haben.

Er atmete tief durch und setzte dann seinen Weg fort, und das Echo seiner Schritte hallte dabei von den Häuserfassaden der Strauß Street wider.

* * *

Der köstliche Duft von gekochtem Rindfleisch und türkischem Mokka zog durch die Straße, während Bernie hinter Michail zum Telegraphenamt von Ragusa ging. Auf einer glänzend sauberen Scheibe prangte in gelben, genormten Buchstaben die bogenförmig gestaltete Aufschrift *Telegraphenamt*. Durch das Fenster des beleuchteten Raumes konnte man erkennen, daß sich ein Schalterbeamter lächelnd und gestikulierend einem Mann mit groben Gesichtszügen in einem braunen Zweireiher verständlich zu machen versuchte, neben dem ein recht korpulenter, unordentlich aussehender Mann mit einer Fischermütze stand. Sein lautes Organ war bis auf die Straße zu hören.

„Hier ist es", flüsterte Michail auf Hebräisch.

„Laß die beiden ihre Sache erst zu Ende bringen", meinte Bernie und klopfte sich dabei im Verlangen nach einer Zigarette nervös auf seine Taschen. „Wir brauchen keine Zuhörer, insbesondere nicht, wenn wir ein Telegramm nach Palästina schicken."

Michail nickte seufzend und meinte mit einem versonnenen Blick in die hell erleuchtete, von Cafés gesäumte Straße: „Ich wünschte, ich wäre jetzt schon in Palästina! Aber vielleicht beim nächsten Pessach, nu?"

Bernie rieb sich seine schmerzende Hüfte und erwiderte trocken: „Das können wir nur hoffen. Wenn mir unser Freund, der Pilot, nicht dazwischengekommen wäre, hätte zumindest ich schon längst dasein können."

„Wir sind heute nacht Gäste in einem fremden Land, wie es schon in der Heiligen Schrift heißt."

„Heißt das da so?" Er schnaubte gelangweilt. „Ich wünschte, ich hätte eine Zigarette!" Sein Blick fiel auf Michails Jarmulke. „Meinst du nicht, du solltest die besser abnehmen?"

In diesem Augenblick ertönte die Türklingel, und die zwei unfreundlich aussehenden Patrone traten heraus. Der Mann im braunen Zweireiher starrte Michail ungeniert an, und seine Augen verrieten deutlich seine Verachtung, als sein Blick auf dessen Kopfbedeckung verweilte. Michail erwiderte den Blick herausfordernd.

„Ah", bemerkte der Mann daraufhin, und seine wulstigen Lippen kräuselten sich dabei leicht spöttisch. „Ich wußte gar nicht, daß es noch Juden in Jugoslawien gibt. Ich dachte, sie wären alle zu Asche verbrannt..." Mit diesen Worten schob er sich an den beiden Männern vorbei, und sein zynisches Lachen folgte ihnen noch, als sie bereits das hell erleuchtete Telegraphenamt betraten, ohne ihn einer Antwort zu würdigen.

„Warum sollte ich sie abnehmen?" nahm Michail völlig unbeeindruckt das Gespräch mit Bernie wieder auf. „In diesem Land gibt es viele Moslems. Es stimmt zwar, daß nur sehr wenige von uns übriggeblieben sind, aber es muß sie doch ärgern, wenn sie sehen, daß es immer noch jemanden gibt, der zum Pessach eine Kippa trägt." Er lächelte. „Vielleicht denken sie auch, ich sei der Prophet Elija, der durch die Straßen wandelt."

„Wie du meinst. Aber ich bin nicht in der Verfassung, dich vor Beleidigungen zu schützen."

„Die bin ich schon gewohnt."

Als der Schalterbeamte die Kopfbedeckung sah, die immer noch aufreizend auf Michails Kopf saß, wurde er ernst und murmelte mit einer kaum wahrnehmbaren Verbeugung: „Womit kann ich Ihnen dienen?"

„Tja, wir möchten gerne Pessachgrüße nach Palästina schicken", begann Michail in fließendem Serbisch. „Ein Telegramm an meine Mutter."

Der Schalterbeamte wurde wieder etwas freundlicher und entblößte eine Reihe unregelmäßiger Zähne. „Na, das ist aber ein interessanter

Tag heute. Innerhalb von zwei Minuten zwei Telegramme nach Palästina..."

„So?" fragte Michail gedehnt und spürte, wie ihm vor Erregung das Blut aus dem Gesicht schwand. „Wegen Pessach, nehme ich an", fügte er dann lauernd hinzu.

„So wird es sein! Der Herr eben hat jedenfalls Grüße an seinen Vater gesandt. Und Sie nun an Ihre Mutter. Ich hätte ihn allerdings nicht für einen Juden gehalten..."

„Das läßt sich manchmal schwer beurteilen..." erwiderte Michail mit tonloser Stimme und starrte verwirrt auf den Schalter. Dann stieß er Bernie an und berichtete ihm auf Hebräisch, daß der Bursche, der ihn eben beleidigt hatte, auch Familie in Palästina hatte.

20. Was macht diese Nacht anders ...?

Seitdem Mosche das letzte Mal als freier Mann durch die Straßen Jerusalems gegangen war, hatten sich ganze Wohnblocks im Kampf zwischen arabischen und jüdischen Wohngebieten in Schlachtfelder verwandelt, und in den Fenstern der zweiten Stockwerke lagen Heckenschützen beider Parteien auf der Lauer.

Mosche näherte sich der nächsten Barrikade. Von hier aus war es kein Kilometer mehr bis zum Stadtteil Rehavia. Die Wächter waren barsch und machten einen harten Eindruck. Sie erwähnten den Heiligen Tag mit keinem einzigen Wort, und falls sie sich überhaupt nach den Kerzen und dem feierlichen Pessachmahl sehnten, wußten sie dies jedenfalls gut zu verbergen. Die Straße, deren Zutritt sie bewachten, war von undurchdringlicher Schwärze und machte einen vollkommen verlassenen Eindruck. Von hier aus waren es nur noch zwei Häuserblocks bis zum zerstörten Gebäude der Jewish Agency.

Wodurch unterscheidet sich ...? fragte Mosche, als er den orangefarbenen Lichtpunkt einer glimmenden Zigarette entdeckte, die ein kantiges, grobes Gesicht erhellte.

„Auch auf dem Weg nach Rehavia?" fragte der Wächter und trat zur Seite, um Mosche durchzulassen.

„Es kommen noch welche nach mir", erwiderte Mosche.

„Eine geschäftige Nacht. Wir haben bis jetzt zweiundsiebzig gezählt. Alle auf dem Weg zur Schule. Es wird aber auch Zeit. Wir haben nämlich gerade gehört, daß die Araber wieder einen wilden Vorstoß gegen Kastel unternommen haben."

„Und was habt ihr von unseren Leuten gehört?"

„Wenn ihr da je wieder rauf wollt, dann haltet ihr euer Pfadfindertreffen besser möglichst bald ab und macht euch sofort auf den Weg. Mehr kann ich nicht sagen", schaltete sich eine mürrische Stimme mit amerikanischem Akzent ein. „Ich würd' gern mit euch kommen, aber ich muß ja hierbleiben –"

Mosche sah über die Schulter des Mannes hinweg in die Schwärze des Schaarei Hessed. Er hatte sich keine Vorstellung davon machen können, wie verlassen dort alles war. Die Fenster waren verbrettert, und nicht der kleinste Lichtschein erhellte die Straße. Der Gestank von fünf Monate altem Abfall stieg ihm beißend in die Nase. Auf dieser Straße hatten die Juden in der Nacht, in der der Teilungsvertrag unterzeichnet worden war, ausgelassen gesungen und getanzt.

„Wo sind denn all die Menschen hin?" fragte Mosche.

„Als die Araber die Bombe in der Agency hochgehen ließen, sind hier alle Fensterscheiben im Umkreis von acht Wohnblocks zu Bruch gegangen. Und dann fingen auch noch arabische Heckenschützen vom Westen her mit Feuerüberfällen an. Ein kleines Mädchen ist dabei getötet worden. Das war dann das Ende. Die Bewohner zogen aus und wir ein. Wir haben hier einen vier Wohnblocks breiten Korridor zum Süden, den wir dabei sind zu verlieren. Und dann werden wir Rehavia einbüßen und schließlich den ganzen Süden von Jerusalem. Osten und Westen werden sowieso schon von den Arabern gehalten." Er stieß ein kurzes, bitteres Lachen aus. „Und die Briten haben weiter nichts zu tun, als uns ihre Streifen herzuschicken, um unsere Leute aufzugreifen. Wir können sie zwar ein paar Minuten lang hier an der Barrikade aufhalten, aber das ist auch schon alles."

„Dann sollte ich mich besser beeilen", meinte Mosche beunruhigt und wollte weitergehen.

„Halt mal, Kumpel!" hielt ihn der Amerikaner zurück. „Wart' noch 'ne halbe Minute."

Er hielt seine Zigarette an das Zifferblatt seiner Armbanduhr. „Wenn du gleich den Streifenwagen dort hinten am Ramban kommen siehst, dann lauf wie verrückt. Du hast dann neunzig Sekunden Zeit, um den Ramban zu überqueren, bevor die Typen umdrehen und wieder zurückkommen. Zwei Minuten später kommt dann aber noch ein gepanzerter Wagen hinter dir her. Gutes Training für die Olympischen Spiele, was?"

„Was ist mit Rehavia? Ist es in Rehavia sicherer?"

„Dort gibt es wohl viele Hecken, in denen man sich verstecken kann. Aber ich würde mich da nicht lange aufhalten ..." Er blickte wieder auf die Uhr. „Noch zehn Sekunden. Fertig?"

Mosche atmete tief durch und nickte.

„In Ordnung. Und hier kommen sie schon ..." Genau wie der Amerikaner angekündigt hatte, glitten Scheinwerfer über die Kreuzung des Ramban und dann weiter die Straße hinauf. Sogleich schlug der Amerikaner Mosche auffordernd auf den Rücken und gab ihm wie ein Starter beim Wettlauf das Zeichen: „Los!"

Unter Mosches Füßen knirschten im Takt seiner Schritte Glassplitter. Er versuchte die Sekunden zu zählen. Dabei nahm er undeutlich wahr, daß vor ihm ein Rudel hungriger Hunde, sich gegenseitig anknurrend, einen Abfallhaufen nach etwas Freßbarem durchstöberte. Sonst war nirgends ein Lebenszeichen zu entdecken. Mosche hatte trotzdem das unbestimmte Gefühl, daß man ihn von jedem der schwarzen Häuser aus beobachtete. Vielleicht hielten einige der Männer sogar die kostbaren Waffen in der Hand, die David gerade erst aus Europa gebracht hatte. In diesen engen Winkeln der Heiligen Stadt wartete der Todesengel auf den Angriff der Araber. Doch am Ende würde nicht nur das Blut von Arabern, sondern auch das von Juden vergossen sein. *Fünfundvierzig Sekunden.* Das fröhliche Gelächter der Bewohner und der Schein der Sabbatkerzen waren verschwunden. *Achtundfünfzig Sekunden und noch zwei Blocks vor ihm.*

Hinter den geschlossenen Fensterläden verfolgten tatsächlich Haganahmänner seinen Lauf und feuerten ihn im stillen an, weil sie wußten, daß er einer von ihnen war und durch die schwarze Nacht genauso seinem Ziel zustrebte wie sie dem ihren.

Als die Straße anstieg, begann Mosche zu keuchen. Die kalte Luft schmerzte ihn in Hals und Lunge, und die Wunden an seinen Knöcheln sprangen wieder auf, so daß das Blut in seine frischen Socken sickerte. Ein glühender Schmerz meldete sich in der Seite, wo er die ganze Wucht von Philips Gewicht beim Sprung auf den Lastwagen abbekommen hatte. Er mußte seine ganze Willenskraft aufbringen, um sich zum Weiterlaufen zu zwingen. Dennoch verlangsamten sich seine Schritte unaufhörlich. Er keuchte verzweifelt bei jedem Schritt, stolperte, fing sich wieder.

Fünfundachtzig Sekunden. Das Dunkel um ihn herum begann sich zu drehen. Tausend kleine Lichter flackerten vor seinen Augen. Der gequälte Körper, seit Tagen ohne Erholung und nahrhaftes Essen, verweigerte seinen Dienst. Der Boden hob sich unter ihm, und er vermochte seine Füße kaum mehr zu heben. Er fühlte, daß er es nicht mehr vor der Streife bis zur Kreuzung schaffen würde.

Nur einen Häuserblock von seinem Ziel entfernt, gaben seine Knie endgültig nach, und er stürzte direkt vor einem Stapel mit Abfallkisten zu Boden. „Rachel!" Er vermeinte einen Schrei auszustoßen, doch es war nur ein schwacher Schluchzer, ein gequältes Flüstern. Da bog auch schon die Streife, langsam, beobachtend, um die Kurve – gerade als der Abfallhaufen über ihm zusammenstürzte.

Mosche versuchte mit letzter Kraft, auf den im Dunkel liegenden Erker eines verbretterten Geschäftes zuzukriechen.

„Halt still!" zischte da eine Stimme. „Bleib, wo du bist, Idiot, sonst haben wir sie gleich alle auf dem Hals!"

Nach Atem ringend, ließ Mosche seinen Kopf auf den Kies fallen. Ein schauerlicher Gestank umgab ihn. Er schloß die Augen und betete, daß er vollständig unter den Kisten begraben war. Dann hörte er den Motor des Streifenwagens ganz in der Nähe und schloß aus dem gespenstischen Wechsel von Licht und Schatten unter seinem Stapel, daß ein Scheinwerfer prüfend über die Kisten strich und die Schatten von den versiegelten Eingängen verjagte. Er hörte, wie unter den Reifen des vorbeifahrenden Wagens Glas knirschte. Er hielt die Luft an und hatte das Gefühl, seine Lungen müßten ihm zerspringen. Als er schließlich wieder zu atmen wagte, war sein Versteck von solch intensiver Abgasluft erfüllt, daß er einen Hustenanfall bekam.

„Ruhe!" zischte wieder die Stimme hinter den Brettern. „Und keine Bewegung. Es kommt noch eine Str –"

Die Rücklichter des ersten Streifenwagens waren noch an der Kreuzung zu sehen, da bogen bereits die Scheinwerfer eines anderen in die Straße ein. Wieder spielte sich die gleiche Szene ab. Nur näherte sich die Gefahr diesmal aus der umgekehrten Richtung, und der Wagen kroch noch langsamer vorbei als der erste. Seine Suchscheinwerfer zerschnitten die Dunkelheit wie ein Buschmesser Gras. Als Mosche die Augen öffnete, sah er im grellen Licht den Stoff seines Ärmels. Auch sein rechtes Hosenbein, nur halb von Abfall bedeckt, war fast schutzlos dem Licht preisgegeben, das sich gerade an dem Haufen festgesetzt zu haben schien, unter dem er lag. Er kniff seine Augen so fest zusammen wie ein Kind beim Versteckspiel, das hofft, auf diese Weise nicht entdeckt zu werden. Sein Herz klopfte im Takt des dumpf tuckernden Motors. *Nur ja mit keinem Muskel zucken, sonst haben sie dich.* Er versuchte, ganz flach und gleichmäßig zu atmen.

„Is' da was?" hörte er die Stimme eines Briten neben sich.

„Weiß nich'. Vielleicht..." Das Licht schwenkte mehrfach über den Haufen und verharrte zuletzt auf Mosches Hosenbein.

Bruchstücke eines Psalms jagten ihm durch den Kopf wie ein Gebet und mischten sich mit seinen eigenen, angstvollen Gedanken: *Behüte mich wie den Augapfel, den Stern des Auges, birg mich im Schatten deiner Flügel vor den Frevlern, die mich hart bedrängen... Herr, sie sehen mich! Mein Bein, Herr!* Das Licht bewegte sich wieder und glitt noch einmal prüfend über den Haufen, folgte dem Verlauf des Hosenbeins bis zu der Stelle, wo es im Abfallhaufen verschwand.

„Willst du etwa aussteigen und im Abfall rumwühlen, Wilson?"

... freche Leute trachten mir nach dem Leben. Er wäre am liebsten wie ein kleines Kind einfach sinnlos davongelaufen ... *er fange sich selbst in seinem Netz, er falle in die eigene Grube ...*

„Nun, Wilson, is' da nun was oder nicht? Es stinkt auf jeden Fall gottserbärmlich!"

„Nur ein Lumpen, glaub' ich. Ein alter Lumpen." Das Licht glitt endlich weiter, an den Hausfassaden entlang, auf die Barrikade zu.

Mosche, der die Gefahr vorbei wähnte, wagte erleichtert, endlich seine unbequeme Lage etwas zu verändern, löste jedoch damit eine Kaskade von fallenden Kisten aus. Sofort erklang wieder die zornige Stimme: „Noch nicht, Idiot! Warte wenigstens, bis sie um die Ecke sind!" Eine unendlich lange halbe Minute verstrich, bis die roten Rücklichter endlich verschwunden waren. Dann meldete sich noch einmal die barsche Stimme: „Worauf wartest du noch? Lauf endlich, du Narr!"

Unter heftigen Schmerzen kroch Mosche unter dem Haufen hervor und stolperte, seinen Weg fortsetzend, hastig die ansteigende Straße hinauf. Das Brennen in seinen Lungen hatte etwas nachgelassen, aber seine Beine rebellierten immer noch gegen die ihnen zugemuteten Strapazen.

Aus dunklen Ecken riefen ihn Stimmen an, munterten ihn auf oder kritisierten ihn.

„Schneller! Sie kommen zurück!"

„Beeil dich, mein Freund! Du schaffst es!"

„Nicht stehenbleiben! Nur noch ein paar Meter."

Nur noch ein paar Meter, dachte Mosche. *Dann Rehavia. Und Howard. Und einen Augenblick Ruhe ... und eine Nachricht von Rachel und dem Kind!*

Er erreichte die Kreuzung des Ramban und lehnte sich erschöpft gegen den Mast einer dunklen Straßenlaterne, deren Birnen zerschossen waren. *Nur noch über die Straße, und dann bin ich in Rehavia.*

„Heh, du Idiot!" rief da erneut eine Stimme hinter ihm. „Wartest du auf eine Taxifahrt mit den Engländern?"

Unter Aufbietung seiner letzten Kräfte sprang Mosche vom Bordstein und rannte über die Straße, vorbei an einer Stacheldrahtrolle und einem hohen Zaun.

Über angrenzende Gartenzäune ragten Blütenzweige, und ein schwacher Blumenduft wehte von irgendwoher zu ihm herüber. *Rehavia!* – Aber die einstmals makellosen Rasenflächen waren nun kreuz und quer von Gräben durchzogen, und die meisten Fenster waren dunkel. Wenn jedoch noch jemand dageblieben war, dann konnte das nur sein guter alter Freund Professor Howard Moniger sein.

* * *

Howard stand am Fenster von Tikvahs Krankenhauszimmer und blickte in die Dunkelheit. Wo früher das spektakuläre Lichtpanorama der Stadt Jerusalem gewesen war, erstreckte sich jetzt nur noch ein schwarzer Abgrund.

Es war bereits Viertel nach sieben, und in wenigen Minuten würde die letzte britische Patrouille die restlichen jüdischen Zivilisten aus dem Krankenhaus abholen und durch den feindlichen Stadtteil Sheik Jarrah eskortieren. Dann würde das Hadassah-Krankenhaus bis zum Morgen hermetisch abgeriegelt werden. Es war nicht ungefährlich, um diese Zeit noch im Krankenhaus zu sein. Aber als er um fünf Uhr nachmittags gekommen war, um Rachel abzuholen, war Tikvahs Fieber gerade wieder gestiegen, und so hatte Rachel sich noch nicht von ihr trennen mögen.

Da er es als grausam empfunden hatte, darauf zu bestehen, dennoch zu gehen, hatte er geduldig gewartet, bis das Kind schließlich mit einem zufriedenen Seufzer zur Melodie eines alten jiddischen Kinderliedes eingeschlafen war. Nun näherte sich rasch die Sperrstunde, und bald würden sowohl Banden arabischer Jugendlicher als auch jüdische Terroristen die Straßen unsicher machen und auf alles schießen, was sich in der Dunkelheit bewegte. Wenn Rachel und er die Eskorte verpaßten, würden sie nicht mehr nach Hause kommen.

Howard sah trotzdem geduldig zu, wie Rachel der Kleinen die Decke bis zum Kinn zog und sie noch einmal mit liebevollem, kosendem Blick betrachtete. *Sie hat schon zu oft Abschied genommen,* dachte er, und sein Herz zog sich geradezu schmerzlich vor Mitleid mit der jungen Frau zusammen. Gleichzeitig war er jedoch erfüllt von Staunen über das Wunder, das sich in ihr vollzog. Als sie vor erst wenigen Monaten in sein Haus gekommen war, hatte sie, voller Schuldgefühle und Selbstmitleid, um niemanden anders weinen können als um sich selbst. Nun jedoch ließ sie ihren Tränen freien Lauf, während sie einem Kind über die Stirn strich, das nicht einmal ihr eigenes war. In einem stillen Augenblick war Howard von Ehud über die Ereignisse in der Altstadt, insbesondere auch über Jehudits Verrat an Rachel, informiert worden. Zu Howards Erstaunen hatte Rachel Jehudit jedoch trotz dieses Vorfalls mit in die Neustadt genommen, sie umarmt und sie sogar ihre *Schwester* genannt. Sie hatte inzwischen offenbar gelernt, anderen zu vergeben. Und nun lag ein Glanz in ihren Augen, der Howard tief beeindruckte, weil er ihm sagte, daß ihr *jene* Vergebung zuteil geworden war, die sie vordem für unmöglich gehalten hatte: Gott in seiner Liebe hatte ihr gewährt, sich selbst zu vergeben, und dies war das größte Wunder.

Rachel strich dem schlafenden Kind zärtlich über die Wange und flüsterte ihm Worte zu, die Howard zwar nicht verstand, von denen er jedoch wußte, daß sie ein Gebet waren. „Kocham cie, Tikvah", endete sie schließlich und blickte dann zu Howard auf. „Wir müssen jetzt wohl gehen?"

Er nickte. „Die Eskorte wird leider in wenigen Minuten aufbrechen. Aber die Kleine ist ja in guter Hut ..."

„Ja. Gott wird bei ihr bleiben, wenn ich es heute nicht kann", flüsterte sie und warf noch einmal einen solch innigen Blick auf das Kind, als wäre es ein Abschied für immer. Dann wischte sie sich entschlossen mit dem Handrücken die Tränen fort und entschuldigte sich: „Es ist nur, weil ich Abschiednehmen einfach nicht mehr ertragen kann." Sie blickte ihm offen ins Gesicht, und er sah ihr deutlich an, daß sie dabei an Mosche und an ihre Eltern dachte. „Heute ist der Sederabend, wissen Sie, und ich sehne mich nach dem Tag, an dem ich wieder mit meiner Familie vereint sein werde. Verstehen Sie das?"

„Natürlich verstehe ich das, sicher", erwiderte er, von unsäglichem Mitleid erfüllt. „Wie oft muß Ihr Großvater Gott diesen Wunsch vorgetragen haben, Rachel! Und an diesem Pessachfest sind die Gebete eines alten Mannes endlich erhört worden. Gott hat Sie zu ihm nach Hause geführt, und zum ersten Mal seit vielen Jahren wird Ihr Großvater bei diesem Fest ein weiteres Mitglied seiner Familie um sich haben." Er nahm sie am Arm, aber sie sah sich noch einmal um, und ihr Blick verharrte wieder auf Tikvah, die friedlich im Dämmerlicht schlief. „Bleib bei ihr, Herr!" flüsterte sie auf Polnisch.

Dann gingen sie, ohne sich noch einmal umzusehen, durch die Krankenhausflure, die betäubend nach Desinfektionsmitteln und Urin rochen. Eine Schwester eilte an ihnen vorbei zu einem Krankenzimmer am anderen Ende eines Flures, aus dem unausgesetztes Stöhnen erklang. Einen Augenblick lang war Howard versucht, umzudrehen und am Bett des Kindes zu bleiben. *Gibt es etwas Schwierigeres, als sie an einem solchen Ort zurückzulassen?* dachte er. *Bleib bei ihr, Herr! Laß sie nicht allein aufwachen!* Aber er wußte, daß sie letztlich nichts tun konnten. Jeder Atemzug, den Tikvah tat, lag in Gottes Händen.

Als sie am Empfangsschalter vorbeikamen, musterte er Rachel von der Seite. Obwohl sie einen erschöpften Eindruck machte, strahlte sie eine Sicherheit aus, die er nie zuvor an ihr wahrgenommen hatte.

Draußen wurden sie bereits von britischen Soldaten erwartet, die neben ihren Fahrzeugen standen, ungeduldig rauchten und immer wieder auf ihre Uhren blickten. Auf der gegenüberliegenden Straßenseite parkten bereits vier weitere zivile Fahrzeuge. Als Howard auf den Bürgersteig trat und ihn ein kühler Wind umfing, fühlte er sich sofort erfrischt. Er füllte seine Lungen genüßlich mit der sauberen, frischen Luft, grüßte dann einen stattlichen britischen Korporal, der augenscheinlich die Eskorte befehligte, und teilte ihm anschließend mit: „Wir holen eben den Wagen."

Als der Blick des Korporals jedoch auf Rachel fiel, schnaubte er gereizt, kniff die Augen zusammen und fragte anzüglich: „Sie sind Frau Sachar?"

„Ja", erwiderte Howard an ihrer Stelle. „Ganz recht. Ist das irgendwie von Belang?"

Der Soldat sah ihn finster an. „Wir wiss'n Bescheid über sie, Mann. Also tun Se nich' so." Verächtlich fügte er hinzu: „Wollte nur wissen, was wir da eskortier'n, das is' alles."

„Nun hören Sie mal!" brauste Howard auf, doch Rachel legte ihm beschwichtigend die Hand auf den Arm. Sie stand hoch erhobenen Hauptes da, und ihr Gesicht verlor selbst dann nichts von seiner Sicherheit, als sich die Soldaten, wenngleich flüsternd, ungeniert über sie unterhielten.

„Nazikollaborateurin."

Rachel lächelte den Korporal, der sie mit solch einer Verachtung ansah, schweigend an und hielt seinem Blick stand, bis sein hämisches Grinsen verschwand und er errötete. Betreten senkte er die Augen.

„Ist es so gefährlich, in der Dunkelheit zu reisen?" fragte Rachel ihn ruhig.

Er wirkte wie ein vom Lehrer getadelter Schuljunge. „Ich ... hm ... wir ... Nein, Ma'am. Nicht, solange wir Sie begleiten."

Sie ließ ihren Blick über die übrigen acht Soldaten schweifen. „Ich bin dankbar, daß Sie das tun. Sie nicht auch, Herr Professor?"

Howard nickte, verblüfft über die Kraft, mit der sie ihren Anklägern gegenübertrat, und schwieg, obwohl er sich über das ungehobelte Verhalten des Korporals ärgerte. Aber ihre unerschütterliche Art hatte jede weitere anzügliche Bemerkung im Keim erstickt. Während die Wagen der Eskorte bereits angelassen wurden, führte er sie zu seinem Wagen und half ihr beim Einsteigen.

„Na, das hätten wir ja gerade noch geschafft", meinte er zu ihr, als er den Wagen wendete und sich dann als letzter in die kurze Fahrzeugkolonne einreihte.

Sie fuhren schweigend auf der gewundenen Straße den Berg hinunter in den Stadtteil Sheik Jarrah, über dessen stattlichen Häusern eine Atmosphäre drohender Gefahr lag. Einst das Wohngebiet der wohlhabenden arabischen Intelligenzia, war er nun zum Stützpunkt der Jihad-Moqhaden geworden, die von den Warnungen und Drohungen Haj Amins erfüllt waren. Tagsüber und ohne Eskorte in dieses Gebiet zu fahren, war kaum möglich und sicherlich unvernünftig, nachts jedoch war es reiner Selbstmord.

Es war, als knistere die Luft vor Spannung, und Howard spürte, wie sich seine Nackenmuskulatur verkrampfte, als sie die amerikanische Siedlung passierten, die einst für viele eine friedliche Herberge gewesen war, in die jedoch vor einer Woche die *Heiligen Krieger* Einzug gehalten hatten. Die Freischärler, die sich nach der Niederlage in Kastel nicht aufgemacht hatten, um das Dorf zurückzuerobern, verfolgten nun mit lauernden Blicken die Fahrt des kleinen Konvois. Solange dieser vorn und hinten von britischen Militärfahrzeugen geschützt wurde, bestand jedoch nicht die Gefahr eines Angriffs, da die Araber auf jeden Fall eine direkte Konfrontation mit den Briten vermeiden wollten, zumal diese ohnehin in wenigen Wochen abzogen. Dann würden Skopusberg und Hadassah-Krankenhaus umgehend vollständig von der Außenwelt abgeschnitten werden.

Als habe sie seine Gedanken erraten, wandte sich Rachel leise an Howard: „Glaubst du, wir werden das Krankenhaus halten können?"

„Ich denke schon. Das Krankenhaus war immerhin der erste Ort in Jerusalem, in dem Vorräte angelegt worden sind. Aber machen Sie sich keine Sorgen um Tikvah! Die Araber werden es nicht wagen, das Hadassah vollständig zu isolieren, solange die Engländer nicht endgültig abgezogen sind."

„Aber mit dem jüdischen Viertel der Altstadt haben sie es doch auch getan. Warum nicht mit dem Krankenhaus?"

„Das ist ein Politikum. Indem die Araber das jüdische Viertel von der Außenwelt abgeschnitten haben, bekunden sie ihre Macht und ihre Fähigkeit, unsere Moral zu untergraben, ohne offenkundig ethische Verpflichtungen zu verletzten. Das Krankenhaus ist ein anderer Fall. Da es das wichtigste Krankenhaus von Jerusalem ist, können die Araber gar nicht anders, als den Zutritt bis zum Abzug der Briten in einem gewissen Grad zu gewähren, um nicht als inhuman zu gelten."

Nach einer Pause fügte er hinzu: „Tikvah ist dort wirklich in Sicherheit."

Rachel seufzte erleichtert. Als sie jedoch aus dem Fenster blickte, entdeckte sie an einer Straßenecke drei Araber, die ihre Waffen offen und herausfordernd zur Schau hielten. „Aber es wird bald zu einer Explosion kommen, Herr Professor. Sehr bald. Obwohl der Konvoi den Durchbruch nach Jerusalem geschafft hat, steht uns noch Schlimmes bevor." Sie sah ihn wissend an, und er dachte daran, daß sie Erfahrung auf diesem Gebiet hatte. „In Warschau war es genauso", fuhr sie erklärend fort. „Es fing so an wie hier: Leute, die nur darauf warteten, daß Verhältnisse geschaffen würden, die es erlaubten, uns zu berauben und uns zu beseitigen. Sie warteten einfach haßerfüllt – genau wie die Menschen hier." Die Araber blickten dem kleinen Konvoi nach. „Später kamen die Mauern, hinter denen wir mit unsagbar knappen Lebensmittelvorräten eingesperrt wurden. Und dann wurden unsere Toten in Leiterwagen zu den Massengräbern gekarrt und die Lebenden in Viehwaggons abtransportiert. Am Ende war das ganze Ghetto zerstört."

„Ja, Kind", pflichtete ihr Howard müde bei. „Während des Krieges hatten wir hier in Jerusalem die ganze Zeit Angst davor, daß die Deutschen einmarschieren würden. Damals haben wir *damit*" – er deutete auf einen Betonpfeiler, der aus dem Bürgersteig aufragte – „die Hauptstraßen abgesperrt, um uns vor den Panzern General Rommels zu schützen. Wir nannten sie *Rommels Zähne*. Aber die Nazis kamen nie – nahmen zumindest nicht die Stadt ein. Dennoch hielt ihr Geist schließlich auch hier Einzug, ist es nicht so?" Er schüttelte den Kopf über die Ironie des Schicksals. „Und er herrscht auch heute abend hier. Ich habe ein paar bedeutenden Leuten in Amerika geschrieben, daß der Krieg nicht damit zu Ende ist, daß wir Berlin eingenommen haben. – Tja, es steht uns wohl noch einiges bevor."

Einen Moment lang kam der Mond hinter einem Wolkenberg hervor und ließ die Stadt in silbrigem Glanz erstrahlen. „Ich weiß, Herr Professor", pflichtete ihm Rachel bei. „Ich habe schon früher gesehen, wie die Zerstörung um sich greift, und ich erkenne auch hier ihre Vorzeichen. Damals, als Kind, hatte ich Angst davor. Und als ich etwas älter war, wollte ich nur noch eins: dem irgendwie entgehen. Nun stecke ich wieder mittendrin. Aber Angst habe ich nun keine mehr."

„Sie haben sich verändert, Rachel. Ich kenne Sie kaum wieder."

Sie lächelte ihn befreit an. Sie rollten langsam auf eine Barrikade zu, die den Beginn des jüdischen Sektors der Altstadt markierte. „Ja, Herr

Professor. Ich bin jetzt nicht mehr allein." Sie streckte ihre Hand aus und formte mit ihrer Handfläche eine Mulde. „Früher glaubte ich, daß mein Leben wie Wasser sei, das Gott unbemerkt durch die Finger rinnt. Verstehen Sie? Aber nun habe ich gelesen, was Jeschuah sagte: daß nicht einmal ein Spatz fallen kann, ohne daß es Gott sieht. Und wenn er sogar einen Spatzen sanft in seiner Hand hält, hält er dann nicht auch mich? Und Tikvah? Und Mosche?"

„Dann haben Sie ja die Antwort gefunden, die Antwort auf alles, die Befreiung von jeder Angst."

„Ja. – Die *Antwort* habe ich wohl gefunden. Aber ich muß Ihnen gestehen, daß ich mir oft wünsche, daß Gott mir nicht nur die *Antwort*, sondern auch den *Grund* nennen möge. Doch er sagt nur, daß ich ihm wie ein Kind vertrauen muß, nu? Und das ist das Schwerste von allem." Sie versank in ein langes Schweigen, aber Howard hatte das Gefühl, daß sie mit dem, was sie sagen wollte, noch nicht zu Ende sei. Und wirklich fuhr sie, nachdem sie die Barrikade passiert und sich vom Konvoi getrennt hatten, mit unsicherer Stimme fort: „Aber *eine* Angst habe ich noch."

„Nach allem, was Sie durchgemacht haben, Kind, wovor können Sie da noch Angst haben?"

„Ich habe Angst davor... Angst davor,... was Großvater... sagen wird, wenn er erfährt, *wie* ich überlebt habe..."

* * *

Der helle Schein des Mondes, der wie ein Scheinwerfer am dunklen Himmel hing, hob die Konturen der Wolken, die sich über Rehavia ballten, deutlich hervor und strahlte auch das Haus Howard Monigers an. Stattlich und würdig stand es da, von außen erstaunlich wenig verändert. Doch durch die Vorhänge schimmerte, wie eine stille Aufforderung, Kerzenlicht: *Komm nach Hause und feiere Pessach mit uns! Komm in die Geborgenheit und Wärme des Hauses! Kämpfe nie wieder! Nimm nie wieder Abschied...*

Mosche, der einen halben Häuserblock entfernt hinter einer niedrigen Mauer kauerte, sah mit sehnsüchtigen Blicken dorthin. Wie gerne hätte er einfach an die Haustür geklopft und sie dann schwungvoll geöffnet, wie er es Tausende von Malen getan hatte! *Howard zu sehen! Rachel! Jakov und Rabbi Lebowitz. Ellie und David.* Aber heute abend gab es für ihn kein Zuhause, keine Möglichkeit, nach Hause zu gehen und mit all den Menschen zusammenzusein, die ihm lieb und teuer waren, selbst wenn sie da sein sollten ...

Der Mond verschwand wieder hinter den Wolken, und Mosche seufzte erleichtert auf, weil er nun vor den aufmerksamen Blicken der Soldaten, die streng und abweisend gegenüber Howards Haus standen, sicher war. Zwar konnte auch er sie nun nicht mehr sehen, aber er wußte ja, daß sie da waren und warteten. *Sie warten. Warten genau wie ich. Wissen sie, daß ich in Jerusalem bin? Suchen Sie mich – oder vielleicht einen anderen?* Mosche hielt sich niedergeschlagen den Kopf mit den Händen. Dem Wissen, nach dem er sich so sehr sehnte, so nahe und doch zugleich so fern zu sein, war eine Qual, schmerzhafter als körperliche Pein. Er suchte die Dächer nach Beobachtungsposten ab. Aber das einzige, was er vage erkennen konnte, waren die vier Soldaten, die vor Howards Haus dicht beieinanderstanden und es fixierten.

Mosche hätte gerne gewußt, wie spät es war, aber das Zifferblatt seiner Armbanduhr war ja kaputt. Im Grunde war die Uhrzeit ohnehin einerlei. Die Dunkelheit verhinderte, daß man Einzelheiten erkennen konnte. Nur der warme Schimmer hinter den Fenstern blieb. *Ich müßte eigentlich gehen*, dachte er mit vor Sehnsucht schwerem Herzen. *Bevor der Mond wieder hervorkommt, müßte ich gehen und mich bei den anderen in der Schule einfinden. Bevor mich die Soldaten entdecken.* Doch er blieb, immer hoffend, daß sich die Wache schließlich doch noch entfernen würde. Er versuchte, Gesprächsfetzen aufzuschnappen, aber die Männer schwiegen offenbar. *Geh doch! Bevor sie herkommen und dich entdecken! Sei kein Narr!*

Widerstrebend entfernte er sich schließlich längs der Mauer Zentimeter um Zentimeter von Howards Haus und von den Soldaten. Er schlüpfte zwischen zwei verlassene Häuser und blickte ein letztes Mal zurück. Da tauchten am Ende der Straße Scheinwerfer auf. Er duckte sich, um zu warten, bis der Wagen vorbeigefahren war. Er hörte, wie sich das Motorengeräusch näherte und geschaltet wurde, sah, daß der Wagen sein Tempo verringerte und schließlich vor Howards Haus anhielt. Mosche kroch auf den Knien zur Mauer zurück. Die Wagentüren öffneten sich, und es stieg jemand aus. Die Soldaten zogen sich in die Dunkelheit zurück.

In diesem Augenblick teilten sich die Wolken, und ein heller Lichtschein fiel auf die Straße. *Howard! Guter Gott! So nah!* Mosche klopfte das Herz bis zum Hals, und er verfolgte gebannt jede Bewegung seines Freundes. Dieser ging zur Beifahrerseite und öffnete die Tür. *Hat er eine Frau bei sich? Ellie offenbar nicht. Aber wen sonst?* Da erkannte er, daß es Rachel war, die ausstieg, und er stöhnte hörbar auf. Unwillkürlich streckte er die Hand nach ihr aus, nahm wie ein Verdurstender gierig jede ihrer Bewegungen in sich auf und bezwang nur mühsam das heftige Verlangen, sie beim Namen zu rufen. *Britische Soldaten. Sie warten dort drüben im Dunkel. Und sie ist der Köder, mit dem sie dich ins Netz locken wollen!* Nur für einen kurzen Augenblick, für den Augenblick, in dem sie ihr Haar zurückwarf und den Mantel enger um sich zog, verdrängte er die grausame Realität und gab sich süßen Illusionen hin. *Du träumst nur,* redete er sich ein. *Du träumst, Mosche! Ruf sie beim Namen! Sprich ihn aus – Rachel! –, und sie wird im Traum zu dir kommen. Es gibt keine Soldaten, die dort auf dich warten. Ruf sie beim Namen!* Howard nahm Rachel am Arm und führte sie zum Haus. Mosche verfolgte jeden ihrer Schritte und mußte seine ganze Willenskraft aufbringen, um reglos in seinem Versteck zu verharren. Howard öffnete die Tür und hielt sie für Rachel auf. Im Licht erkannte Mosche deutlich ihr Gesicht. Er sah, wie sie, die Augen weit geöffnet, dem Großvater, der ihr entgegenkam, die Hände entgegenstreckte und er sie in die Arme schloß. *Es geht ihr gut! Sie ist heute abend in Sicherheit. Oh Gott, auch wenn ich nicht mit ihr sprechen kann, hast du es mir doch ermöglicht, etwas von ihr zu erfahren! Rachel geht es gut! Ich danke dir, Herr!* Stumme Tränen vergießend, ließ er zärtlich den Blick auf ihr ruhen.

Da lief Schaul auf die Terrasse und schnupperte intensiv. Jakov, der neben ihn trat, blickte starr in die Dunkelheit, als vermute auch er irgend etwas auf der Straße.

„Komm, Jakov..." hörte Mosche Rachels geliebte Stimme. „Du wirst dich erkälten. Komm jetzt herein! Wir müssen endlich mit unserer Sederfeier beginnen."

Sie legte Jakov die eine Hand auf die Schulter und strich mit der anderen rasch über Schauls Kopf. *Wieder von ihr berührt zu werden... Rachel! Ich bin hier!* Sein Herz schrie nach ihr, und einen Augenblick lang hielt sie inne und schaute erwartungsvoll auf die dunkle Straße.

„Komm, Schwester", drängte nun seinerseits Jakov und zog sie am Arm.

Sie zögerte einen Moment. Dann schaute sie noch einmal zum Mond empor, wandte sich um und schloß die Tür hinter sich.

Mosche ließ seinen Tränen freien Lauf. Seine Rachel war dort, hinter jener Tür in Sicherheit. Bei Howard und Jakov und ihrem Großvater in Sicherheit. *Auch Tikvah muß es wohl gutgehen,* dachte er. Dann versuchte er, sich den Pessachtisch seiner Lieben vorzustellen. Ein Licht schimmerte hinter einem der Fenster in der ersten Etage, und er wußte, daß sie dort waren. *Sie ist in Sicherheit! Wenn ich sie nur sehen könnte! Wenn ich sie nur –* Plötzlich hörte er, wie die Männer aus dem Dunkel traten und wieder ihren Posten bezogen. Er zuckte zurück, aber seine Augen konnten sich noch immer nicht vo dem Fenster lösen. Er würde so lange bleiben, wie es nur möglich war, gerade so lange, daß er das Treffen in der Sokolow-Schule nicht versäumte. *Ihr so nah zu sein, zu wissen, daß es ihr gut geht, ist schon genug.*

21. Das Mahl der Erinnerung

Süße Pessachdüfte umfingen Rachel, als sie das Haus betrat. Ihr letztes richtiges Pessachfest hatte sie vor einer Ewigkeit in Polen gefeiert, und doch waren die Erinnerungen, die sie in diesem Moment überkamen, so frisch, als sei es erst eben gewesen. Zu Großvaters und Jakovs lebendigen Stimmen gesellten sich noch diejenigen der Menschen, die nicht mehr unter den Lebenden weilten: *von Mama und Papa, von Daniel, dem kleinen Aaron und von Samuel...* Rachel schloß nur kurz die Augen, und schon war auch Mosche bei ihr. *Rachel! Rachel! Ich bin bei dir, meine Geliebte...*

Aber ach, er war nicht unter den Menschen, die sich in der Eingangshalle um sie drängten. Und so war es in ihrem Herzen leer, obwohl das Haus voll erschien.

„... so froh, daß es unserer kleinen Perle gut geht!"

„Jehudit hat uns ein wunderbares Fest vorbereitet."

„Ach, das ist doch nichts Besonderes nur ein kleines Fest."

„Besser als jedes andere in ganz Jerusalem. *Kreplisch!* Ich sage euch, das Mädchen hat *Kreplisch* und *gefilte Fisch* gemacht!"

„Und Hühnersuppe!"

„Nur eine Bouillon. Mit ein paar Matzenbällchen darin..."

Rachel reagierte auf jede der Bemerkungen mit einem freundlichen Lächeln, ja, sie lachte sogar fröhlich mit den anderen mit, aber die Freude drang nicht in ihr Inneres, in ihrem Herzen horchte sie nur auf Mosches Stimme. Gerade als sie glaubte, ihre erzwungene Fröhlichkeit nicht länger aufrechterhalten zu können, nahm Howard sie rettend am Arm.

„Kommen Sie jetzt, Rachel. Dafür ist später noch Zeit genug." Er führte sie zur Treppe. „Wir anderen haben Gelegenheit gehabt, uns auszuruhen und uns frisch zu machen. Tun Sie das nun auch! Ihre Kleider sind noch in demselben Schrank, in dem Sie sie zurückgelassen haben..."

Sie senkte den Blick und hoffte, er würde nicht merken, daß sie nahe daran war, die Fassung zu verlieren. „Ich danke Ihnen, Herr Professor!"

„Und sicherlich haben wir auch irgendwo heißes Wasser im Haus, nicht wahr, Jehudit?"

„Ja. Ja, ich hole es gleich", erwiderte Jehudit eifrig und lief eilfertig zur Küche.

Unterdessen stieg Rachel mit schleppenden Schritten die Treppe zu dem vertrauten Flur hinauf. Hier hatte sie sich in Mosche verliebt. Sie strich zärtlich mit der Hand über das Geländer, das er Tausende von Malen berührt hatte. *Und die ganze Zeit über hatte ich mir eingeredet, daß es für meine Liebe keine Hoffnung gäbe, daß er sich unmöglich in mich verlieben könnte.*

Sie öffnete die Schranktür und betrachtete lächelnd die bunten Kleidungsstücke, die sie von Ellie geschenkt bekommen hatte. *Mosche mochte dies am liebsten.* Sie nahm einen Pullover in blauem Pastellton sowie einen gleichfarbigen Rock heraus und hielt sich beides an. Während sie sich im Spiegel betrachtete, stellte sie sich vor, Mosche schaue sie an. Dabei hörte sie wieder seine Stimme, kraftvoll und sicher ... *Rachel! Meine Geliebte! Meine Frau! Heute nacht ist mein Herz bei dir.*

„Mosche!" entfuhr es ihr. „Möge Gott dich für mich und deine Kinder beschützen ..."

Da klopfte es leise an die Tür. Es war Jehudit. „Es ist Wasser für dich im Badezimmer bereitet, Rachel", flüsterte sie. Gleich darauf hörte Rachel ihre raschen Schritte schon wieder auf der Treppe.

Da die Glühbirnen eine nach der anderen ausbrannten und nicht mehr ersetzt werden konnten, wusch sich Rachel bei Kerzenlicht. Ergriffen von dem Wunder, das sich in ihrem Körper abspielte, betrachtete sie die leichte Wölbung ihres Leibes und versuchte sich vorzustellen, was Mosche wohl sagen würde, wenn sie ihm davon erzählte. Vielleicht würde sie ihn jedoch auch erst viel später wiedersehen. Dann würde er seine Hand auf ihren Leib legen und die Bewegungen des Kindes spüren.

Das flackernde Kerzenlicht spiegelte sich im Milchglas der Fensterscheibe, und dahinter schimmerte strahlend der Vollmond. Ob Mosche wohl zu ihm aufsah und dabei an sie dachte? Doch sofort ermahnte sie sich: *Du darfst heute nur noch an Großvater und Jakov denken, sonst zerbrichst du!*

Dann kleidete sie sich rasch an, flocht ihr Haar und steckte es auf. Die junge Frau, die sie im Spiegel erblickte, schien ihr eine andere als die, die dieses Haus erst vor wenigen Monaten verlassen hatte. *Ja. Diese Frau gibt es nicht mehr. Ich bin an ihre Stelle getreten*, dachte sie beglückt. *Ich gehöre nun zu Gott und zu Mosche! Ich brauche mich nun nicht mehr zu schämen, wenn ich an das letzte Pessachfest mit Mama und Papa denke ...* Sie flüsterte überschwenglich: „Papa und Mama, eure Rachel ist heimgekehrt nach Jerusalem! Papa, du hast einen gutaussehenden Schwiegersohn bekommen! Er ist Universitätsprofessor. Du kannst stolz sein. Und Mama, du wirst Großmutter werden – stell dir vor! Ich bin heimgekehrt, Mama! Zu Großvater! Zu Jakov! Ich bin zu Hause ..."

Sie tätschelte leicht ihre Wangen, damit sie etwas Farbe annähmen, atmete tief durch und versuchte, sich zu sammeln.

Unten führte der Großvater die fröhlich schnatternde Gesellschaft durch den Flur ins Eßzimmer. Auf dem mit einer frisch gebügelten Tischdecke versehenen Tisch standen glänzendes Porzellan und Weingläser aus Kristallglas sowie silberne Kerzenleuchter, die Howard und Jehudit aus den Kisten im Keller heraufgeholt hatten. Um den Tisch herum standen sieben Stühle – sechs für die Feiernden und der siebte traditionsgemäß für den Propheten Elija, für den als dem Vorboten des Messiah bei der Pessachfeier immer ein Platz freigehalten wurde. Jakov saß neben dem Platz des Propheten und betrachtete dessen Weinkelch so fasziniert, als werde dieser auf geheimnisvolle Weise vor seinen Augen geleert.

Für Rachel allerdings war der Sedertisch noch größer. Und vielleicht erging es auch dem Großvater so, als er den *Kiddusch* sprach und den ersten Kelch Wein trank. Während altvertaute Worte und Rituale wiederholt wurden, standen leere Stühle um Rachels Herz. Ihre Gedanken wanderten unwillkürlich wieder zu Mosche, doch sie brachte es fertig, ihre Gefühle für sich zu behalten und sich nichts anmerken zu lassen. *Für Großvater darf es heute abend nur glückliche Gesichter geben*, befahl sie sich. *Seine alten Augen haben so lange darauf gewartet, mich zu sehen und diese Nacht der Freude zu erleben. Ich darf ihm auch nicht eine Minute durch meinen Kummer verderben.*

Sie blickte zu Jehudit, die sich an diesem Abend sehr zu ihrem Vorteil verändert hatte. Ihr sonst so unauffälliges, niedergeschlagenes Gesicht leuchtete, denn sie war stolz und glücklich über das, was sie geleistet hatte: Tikvah war in guter Hut, das Haus sauber geputzt und das Sedermahl vorbereitet. Zum ersten Mal in ihrem Leben war sie der Stimme ihres Herzens gefolgt und nicht der Angst vor dem Zorn ihres Vaters!

Als Rachel den Großvater so stolz in seinem Tallith stehen sah, mußte sie wieder daran denken, wie ihr Vater damals vor seiner Familie gestanden hatte, um den schönsten Teil der Haggada zu verlesen. *Ha-Lachma Anjo ...*

„Ich werde zunächst für unseren Freund Howard einige Erklärungen vorausschicken", begann der Großvater mit sicherer Stimme. „Was wir gleich hören werden, ist einer der ältesten Abschnitte der

Haggada. Er ist mindestens zweitausend Jahre alt. Und ich glaube, daß auch Jeschuah, unser größter Prophet, den ihr Jesus Christus nennt, diese Worte in der Nacht vor seinem Tode gesprochen hat. Denn als gläubiger Jude feierte auch er Pessach. Ihr Nicht-Juden nennt diese Feier *das Letzte Abendmahl*, wir Juden sagen: das *Fest der Freiheit*. Nu?"

Er verneigte sich leicht und nahm den Teller mit dem ungesäuerten Brot. „Wir feiern mit diesem Fest unsere Befreiung aus der Sklaverei." Bei diesen Worten sah er Rachel tief in die Augen, und sie hatte dabei das Gefühl, daß er ahnte, unter welcher Knechtschaft sie gelitten hatte. „In dieser Nacht feiern wir nicht nur die Heimkehr der Juden in ihr Land, sondern zugleich auch die Heimkehr ihrer Herzen zu Gott. In früheren Zeiten wäre ich auf die Straße gegangen, um *ha-Lachma* zu sagen, aber heutzutage weiß man ja nicht, was einem da alles widerfahren kann, nu? Wer mit uns zusammen feiern möchte, der wird hoffentlich so vernünftig sein, daß er bei uns anklopft..." Ehud lachte aus vollem Halse über diesen vernünftigen Rabbiner.

„Omaine."

„Dies ist eine Einladung an die Armen, wie sie auch der Rabbi aus Nazareth ausgesprochen haben könnte, Howard..."

„Ja", nickte Howard. „Ich bin sicher, daß er das getan hat."

Der Großvater hielt den Teller mit dem ungesäuerten Brot in die Höhe und begann den alten Ruf: „Sieh da das ärmliche Brot, das unsere Väter in Ägypten gegessen haben..."

Ich war ein Sklave, Herr. Zu meiner Sünde und Schande... betete Rachel.

„Jeder, der hungrig ist, komme und esse."

Rachel erinnerte sich an die Worte, die Jeschuah in jener letzten Nacht gesprochen hatte. Sie sah ihn vor sich, wie er, in seinen Tallith gehüllt, ebenfalls die Einladung aussprach. *Jesus nahm das Brot und segnete es...*

„Gelobt seist du, Ewiger, unser Gott, König der Welt, der du das Brot aus der Erde hervorbringst!"

...Und er nahm das Brot, sprach das Dankgebet, brach das Brot und reichte es ihnen mit den Worten: Das ist mein Leib, der für euch hingegeben wird. Tut dies zu meinem Gedächtnis!...

„... jeder, der bedürftig ist, komme und halte *Pessach*. Dieses Jahr hier, nächstes Jahr im Lande Israel; dieses Jahr Knechte, nächstes Jahr Freie."

Und du, Jeschuah, Lamm Gottes, das für mich hingegeben worden ist, du hast schon jetzt mein Herz befreit. Und vielleicht befreist du auch das Land Israel. Komm bald als König zu uns! Wir haben dich einst bereits als Pessachopfer gesehen ...

Der Großvater brach das Brot, schlug den größeren Teil in Papier ein und legte ihn für den Nachtisch beiseite. „Dies", erklärte er Howard, „wird *Afikoman* genannt. Es ist der Nachtisch am Ende des Mahles. Es steht für das Pessachlamm, das als letztes beim ersten Pessachmahl gegessen wurde. Sehen Sie?"

„Ja", erwiderte Howard mit einem Blick auf Rachel. „Dies ist eine auch uns Christen vertraute Sitte."

„Aber es ist schade, daß ihr Christen alles Übrige, was mit der Pessachfeier zu tun hat, vergessen habt, nu?" sagte der Rabbiner mit leicht tadelndem Unterton zu Howard. „Denn dieser Auftrag, sich zu erinnern, bleibt ewig bestehen, nu? Und hier ist noch etwas, mit dem Jeschuah ebenfalls vertraut war." Er nickte Jakov zu. „Ja. Du bist das jüngste männliche Familienmitglied. Und du kennst die Frage sehr gut. Stelle sie bitte auf Hebräisch und auf Englisch!"

Jakov rückte seine Jarmulke zurecht und räusperte sich. Dann begann er mit einem strahlenden, zu Rachel gewandten Lächeln, hinter dem sie die Gesichter ihrer anderen Brüder sah: *„Wodurch unterscheidet sich diese Nacht von allen anderen ...?"*

* * *

Fröstelnd blickte Mosche zu Howards hell erleuchtetem Eßzimmerfenster hinüber und sagte dabei die traditionellen Worte der Sederfeier leise vor sich hin, ganz so, als nehme er zusammen mit seinen Lieben am Mahl der Erinnerung teil.

Er versuchte gerade, sich vorzustellen, wie Rachel neben ihrem Großvater am festlich gedeckten Tisch saß, da klang von den Bergen fernes Donnergrollen herüber – oder waren es Gewehrschüsse? Aber die Wolken verhüllten das Gesicht des Mondes, so daß es weder den Soldaten noch Mosche möglich war, irgend etwas zu erkennen.

Lange Zeit rührte sich keine der beiden Parteien. Worauf warteten sie? Wen wollten sie verhaften? Wenn es Rachel war ... wenn sie gekommen waren, um sie der Sicherheit dieses Hauses zu entreißen, dann war Mosche entschlossen, sein Leben dafür einzusetzen, um sie daran zu hindern.

Er war zornig, zornig über die Anwesenheit der Soldaten, zornig darüber, daß sie ihn daran hinderten, über die Straße zu gehen, an die Tür zu klopfen und Rachel zu sehen, sie nur einmal zu berühren.

Die Soldaten, die sich immer noch flüsternd unterhielten, erschienen Mosche wie gesichtslose Gestalten der Dunkelheit, wie Gestalten aus den Geschichten vom Golem, der einst durch die Straßen Warschaus streifte.

Plötzlich kam der Mond aber wieder hinter den Wolken hervor und erhellte die Straße. Diesen Augenblick schienen die Beobachtungsposten nur abgewartet zu haben: sie nickten sich verständnisinnig zu und näherten sich dann langsam, aber zielstrebig und entschlossen dem Haus. Dabei sah sich einer der Männer um und wandte Mosche genau sein Gesicht zu.

„Stewart!" entfuhr es ihm entsetzt. Geistesgegenwärtig preßte er sich gegen die Wand. Während er darum betete, daß der Mond wieder hinter den Wolken verschwinden möge, jagte ihm eine Vielzahl von Gedanken durch den Kopf. *Ist er etwa Rachels wegen hier? Soll sie als Geisel dienen, bis man mich gefaßt hat?* Einen Augenblick lang erwog er, die Soldaten von ihrem Vorhaben abzulenken. Doch er verwarf die sinnlose Idee sofort wieder. Dann beobachtete er, wie die vier Soldaten dicht vor Howards Haus stehen blieben, einer rasch hinters Haus ging, ein anderer am Bürgersteig verharrte und zwei weitere auf die Haustür zugingen.

* * *

Großvater tätschelte Jakov den Kopf und meinte voller Stolz: „Ihr seht, mit was für einem klugen Jungen mich Gott gesegnet hat, um etwas Licht in meine alten Tage zu bringen!"

Dann verweilte sein Blick versonnen auf dem Kelch des Propheten Elija, während er der vielen Menschen gedachte, die nicht bei ihnen sein konnten ...

Auch über Ehuds kantiges Gesicht glitt der Schatten der Erinnerung, und er schob düster die Unterlippe vor. „Auch ich hatte einmal Söhne, Rebbe Lebowitz. Aber sie sind nicht hier, um die Fragen stellen zu können. Sie können nicht fragen *warum.*"

„Ja", bestätigte Jakov leise. „Meine Brüder auch nicht! Meine Brüder, an die ich mich nicht erinnern kann, weil ich sie nie kennengelernt habe. Warum mußten sie sterben, warum durfte ich überleben?"

Das Gesicht des alten Rabbiners umwölkte sich bei dieser schwierigsten aller Fragen, bei der Frage nach dem *Warum.* Er starrte auf die geöffnete Seite der Haggada, der Geschichte von Israels Befreiung, und zupfte nachdenklich an seinem Bart. „In dieser Nacht", sagte er schließlich, „müssen wir all der Kinder gedenken, die die Schoa, den Holocaust, nicht überlebt haben und umgekommen sind, ohne je die Möglichkeit gehabt zu haben, Fragen zu stellen und Antworten zu erhalten. Und deshalb fragen wir an Stelle dieser Kinder: *warum*?" Er legte eine Pause ein und atmete nachdenklich und tief durch. „Aber auch wir erhalten keine Antwort, ebensowenig wie diese Kinder. Das einzige, was wir wissen, ist, daß Gott uns aufgetragen hat, uns unser ganzes Leben lang – selbst in den dunkelsten Nächten, in denen wir unsere eigenen Erstgeborenen verlieren – an den Tag zu erinnern, an dem wir Ägypten verlassen haben, an den Exodus und das Wunder unserer Befreiung."

Rachel ließ den Kopf sinken und dachte an das ungeborene Kind, ihr eigenes *Erstgeborenes*, das ihr während ihrer traumatischen Zeit im Konzentrationslager grausam geraubt worden war. *Doch ich will glauben* ...

„Wir beantworten also die Frage dieser Kinder mit Schweigen. Mit Schweigen gedenken wir jener dunklen Zeit. Mit Schweigen gedenken wir der Juden, die selbst noch im Kampf um ihr Leben an Gott festhielten. Mit Schweigen gedenken wir der Sederabende, die Juden in Wäldern, Ghettos und in Konzentrationslagern verbracht haben ..."

Der alte Rabbiner stockte einen Augenblick. Dann räusperte er sich und fuhr fort: *Es gibt keine Worte für jenes unaussprechliche Geschehen, Herr, um der Welt eine Vorstellung davon zu geben, wie es war* ...

„Mit Schweigen gedenken wir des Sederabends, an dem im Warschauer Ghetto die Revolte ausbrach." Er hob den Kelch des Propheten Elija, der nur halb gefüllt war, goß etwas Wein aus seinem eigenen Glas hinein, reichte ihn weiter und fuhr fort:

„Mit Schweigen laßt uns den Kelch des Propheten Elija weitergeben, den Kelch der endgültigen Befreiung."

Und Jeschuah sagte: ‚Dieser Kelch ist der Neue Bund in meinem Blut, das für euch vergossen wird ...'

„Wir gedenken der Rückkehr unseres Volkes in das Land Israel, des Beginns jener Erlösung. Jeder von uns wird nun etwas von seinem eigenen Wein hineingießen, als Ausdruck der Hoffnung, daß jeder von uns einen Beitrag zu dieser Erlösung leisten kann! Und nun wollen wir unsere Tür öffnen, um Elija, den Wegbereiter der Zukunft, der unserem Volk das Ende der Nächte bringen wird, einzuladen. Und dabei

wollen wir wie ehedem singen." Der Großvater stimmte das alte Lied *Ani ma'amim* ... an, und die anderen fielen mit dünner Stimme ein.
 „*Denn ich glaube fest daran, daß der Messiah kommen wird, und auch wenn er zögert, glaube ich dennoch* ..."
 Während das Lied zweimal gesungen wurde, betrachtete Rachel eingehend die Gesichter aller um den Tisch Versammelten, all derer, die sie liebte, und dachte dabei voller Inbrunst: *Wie kann ich es ihnen sagen, Herr? Wie kann ich ihnen sagen, daß der Eine bereits unser Erlöser ist?*
 Als sie schließlich wieder schwiegen, waren ihre Fragen immer noch unbeantwortet. Aber auf Howards Gesicht lag ein friedlicher, vertrauensvoller Ausdruck, als er sein Glas erhob und das Wort ergriff: „Ich bete jeden Tag darum, daß euer Messiah, der auch meiner ist, bald kommen möge, Rabbi. Denn es ist meine feste Überzeugung, daß niemand anderes Frieden in Israel und in unseren Herzen stiften kann –"
 „Dann sind wir ja einer Meinung", unterbrach ihn der Großvater überschwenglich und trank einen Schluck von seinem Wein, bevor er sich, gefolgt von Jakov, auf den Weg zur Haustür machte. Doch noch bevor sie diese erreichten, klopfte es heftig, und der Rabbiner blieb wie angewurzelt stehen.
 „Das ist Elija!" rief Jakov aufgeregt und stürzte an ihm vorbei zur Tür.
 „Jakov! Nein!" rief der Alte und versuchte, ihn zurückzuhalten. Doch Jakov hatte bereits den Riegel zur Seite geschoben und die Tür aufgerissen.
 Draußen stand neben einem grobschlächtigen Sergeant, mit zusammengekniffenen Augen, die Arme vor der Brust verschränkt, Captain Stewart. „Guten Abend", grüßte er trocken. „Erwarten Sie jemanden?" Er blickte über die Schulter des Rabbiners in den Hausflur.
 Der Alte schnaubte und erwiderte laut, damit die anderen im Eßzimmer aufmerksam wurden: „Wir hofften auf einen Besuch des Propheten Elija, nicht den der britischen Regierung."
 „Was machen Sie denn hier?" mischte sich nun Jakov ein. „Es ist Pessach. Warum sind Sie hier?"
 „Wir möchten einem Ihrer Gäste einen Besuch abstatten", erwiderte Stewart und schob sich schnell am Rabbiner vorbei ins Haus.
 „Nun hören Sie mal!" protestierte Howard, der eben aus dem Eßzimmer kam. „Das ist eine Unverschämtheit! Eine Unverschämtheit!"
 „Da gebe ich Ihnen vollkommen recht", pflichtete ihm Stewart bei

und zog seine Pistole. „Und ich bin sicher, daß auch Rabbi Akiva Ihnen in diesem Punkt zustimmen wird. Es ist eine Unverschämtheit, seiner Tochter, die ohne die Einwilligung ihres Vaters ihr Elternhaus verlassen hat, Unterschlupf zu gewähren! Haben Sie noch nicht darüber nachgedacht, was für ein Passahfest er wohl heute feiert, Professor Moniger? Allein, ohne jemanden, der für ihn kocht ... Er vermißt seine geliebte Tochter und ist in großer Sorge um sie, zumal sie sich im Hause eines Nichtjuden aufhält, in das sie noch dazu mit einer Frau gekommen ist, die mit den Nazis zusammengearbeitet hat und eine SS-Hure war –"

„Das stimmt nicht!" schrie Jakov dazwischen und warf sich gegen den Captain. „Sie lügen!" Der Junge schlug nach dem Offizier. Dieser hielt ihm jedoch nur ruhig die Hände fest.

„Ihre Regierung kann es unmöglich billigen, daß Sie in ein Privathaus eindringen und meine Gäste beleidigen!" begehrte jetzt Howard auf. Er schlang seinen Arm um Jakov und zog ihn zu sich heran.

„Er lügt! Großvater, hast du gehört, was er über Rachel gesagt hat? *Großvater!*"

Der alte Mann schwieg mit hängenden Schultern. Das Gewicht des Verdachts, der so plötzlich Gewißheit geworden war, drückte ihn nieder.

„Sie haben kein Recht!" stieß Howard erneut hervor.

Stewart zog eine amtliche Urkunde hervor. „Doch. Ich habe das Recht. Das Mädchen ist minderjährig und hat das Haus ihres Vaters unter falschem Vorwand verlassen. Sie werden sie jetzt bitte holen! Andernfalls sehe ich mich gezwungen, Ihr Haus durchsuchen zu lassen. Und das dürfte für Sie noch größere Unannehmlichkeiten mit sich bringen."

„Das ist nicht nötig", meldete sich Jehudit plötzlich aus dem Hintergrund und trat hinter Howard hervor.

Rachel stürzte hinter ihr her und warf sich zwischen sie und den Captain. „Sie können sie nicht mitnehmen! Wissen Sie nicht, was er ihr antun wird?"

„Das ist nicht meine Sorge. Wenn dieser kleine weibliche Judas meine Tochter wäre, würde ich sie an die Leine legen."

„Diese Ausdrucksweise verbitte ich mir!" protestierte Howard aufgebracht.

„Ich glaube, Sie haben Lust, einige Zeit im Gefängnis zu verbringen, Professor Moniger. Wegen Kindesentführung – wie man so etwas zu nennen pflegt."

„Bitte!" flehte Jehudit. „Lassen Sie mich mit ihm gehen! Lassen Sie mich gehen! Ich möchte nicht, daß meinetwegen noch mehr Unheil entsteht. Es ist schon so viel Unheil geschehen!"

„Aber, Jehudit – ich kann dich doch nicht..." protestierte Rachel weinend. Sie drückte Jehudit, die nun ebenfalls zu weinen begann, fest an sich, und deren Tränen fielen auf Rachels Pullover.

„Du bist mir eine Freundin gewesen. Aber nun laß mich gehen. Es ist meinetwegen genug Kummer entstanden."

„Nein! Du hast doch das Kind gerettet!"

„Das war meine Pflicht!"

Da trat Stewart vor und ergriff Jehudit ungehalten am Arm. „Was soll diese Gefühlsduselei? Wenn Ihr Vater will, daß Sie nach Hause kommen sollen, dann gehen Sie auch." Und zu Howard gewandt, fügte er verächtlich hinzu: „Beschweren Sie sich doch beim Hauptquartier, Herr Professor! Dort sind Sie inzwischen gut als Zionist bekannt. Wahrscheinlich wird man dort den Hörer einfach gelangweilt wieder auflegen." Mit diesen Worten zerrte er Jehudit die Treppe hinunter, über die Straße und zu dem wartenden Wagen. Sie ließ es geschehen, ohne sich noch einmal umzusehen.

Rachel blickte ihr weinend nach, bis sie sah, daß sich der Captain noch einmal umdrehte und triumphierend winkte. Dann nötigte Howard sie sanft ins Haus, schloß die Tür hinter ihr zu und verriegelte sie gut. Dann zog er die Weinende tröstend an seine Brust und sagte leise: „Es war gut, daß sie sich selbst gestellt hat. Sie hätten sonst das ganze Haus durchsucht, und dann wäre Ehud –"

„... verhaftet worden!" rief sie in plötzlicher Erkenntnis. „Wo ist er überhaupt? Ist er –"

„Unter dem Tisch", erwiderte Howard ruhig. „Akiva wird Jehudit nichts tun, nicht seiner eigenen Tochter..."

„Er ist ein überaus selbstgerechter Mann", wandte der Großvater mit gebrochener Stimme ein, „und sogar in guten Zeiten sehr leicht erregbar." Er wich Rachels Blick aus.

„Wo ist Jakov?" fragte Rachel unvermittelt und wischte sich hastig die Tränen fort. Sie dachte an Stewarts grausame Worte.

„Er... er... hm ist nach oben zu Schaul gegangen, dem armen Vieh. Wir hatten ihn während unserer Sederfeier eingeschlossen."

Doch Rachel wußte, daß der Junge aus anderen Gründen oben war. Sie biß sich verzweifelt auf die Unterlippe und suchte den Blick des Großvaters. „Es war nicht so, wie der Engländer gesagt hat", flüsterte sie heiser.

„Nein. Natürlich nicht, mein Kind. Wir werden noch darüber reden, Jakov und ich. Er muß es erfahren. Es ist an der Zeit, daß er versteht, daß es im Leben nicht immer freundlich und gerecht zugeht, daß man manchmal gezwungen ist, ein Leben zu führen, das man freiwillig nicht wählen würde."

Verständnisvoll ließ Howard die beiden in der Eingangshalle allein, und Rachel versuchte, dem Großvater das Unsagbare zu erklären: „Ich habe nicht in den Wäldern gekämpft und habe auch nicht im Konzentrationslager überlebt. Ich ... ich habe überlebt, in der einzigen Weise, wie sie mich überleben ließen."

„Bitte!" Der Alte wehrte mit erhobener Hand ab und sah sie mit schmerzlichem Blick an. „Erzähle diesem alten Mann nichts weiter! Es reicht mir ... es reicht mir, daß du von den Toten auferstanden bist. Du bist aus dunkler Nacht heimgekommen, aus dem Grab erstanden." Er streckte ihr die Hand entgegen, und sie legte den Kopf an seine Brust und weinte wie ein Kind. Er strich ihr über das Haar und küßte sie auf den Kopf. „Es reicht mir, daß ich dich habe. Gott hat dich schließlich heimgeführt, und all das Böse ist jetzt vorbei, nu? Wir wollen nicht mehr davon sprechen."

„Jakov ...!" entrang es sich ihr schwer.

„Jakov weiß noch nicht, was es bedeutet zu leiden, mein Kind. Er ist noch jung und unerfahren. Er kann noch nicht wissen, was es bedeutet zu leiden."

„Zuviele Kinder ... zuviele Kinder *haben* es aber gewußt, Großvater! Ach, Großvater! Und keins von ihnen lebt mehr. Keins! Keins, außer einigen wenigen ..."

„Pscht", beruhigte er sie. „Pscht, Rachel ... Ja. Ja, ist ja schon gut. Nun haben auch wir unsere Erstgeborenen verloren, und es gibt keine Möglichkeit mehr, sie zurückzurufen. Und wenn es jemals Unschuld oder Hoffnung auf menschliche Güte gegeben hat, so sind auch diese verloren. Aber Gott ist unwandelbar, und wir warten weiter auf ihn. Das ist alles, was uns geblieben ist."

* * *

Während Stewart Jehudit Akiva unsanft am Arm hielt und zum Wagen führte, blickte Mosche, die Wange gegen die kalte Steinmauer gepreßt, stöhnend und mit zusammengebissenen Zähnen zu Rachel hinüber. Sie stand in der Tür und weinte um das Mädchen, das Verrat an ihr geübt hatte. *Rachel!*

Unerträglich langsam verstrich die Zeit, während Stewart Jehudit in den Wagen stieß und Rachel sich schließlich abwandte. Mosche sah noch, wie Howard den Arm um sie legte und die Tür schloß. Dann war alles wieder dunkel. Doch Rachel stand weiter wie ein strahlendes Licht vor ihm, und er starrte auf die Tür, als stünde sie noch immer dort.

Unterdessen sprang röhrend der Motor des britischen Militärfahrzeugs an, und als die Scheinwerfer aufleuchteten, drückte sich Mosche wieder gegen die Mauer. Der Wagen setzte sich unsagbar langsam in Bewegung und hielt sogar noch einmal an, um den letzten Soldaten einzusammeln, der hinter Howards Haus gestanden hatte. Als es endlich abgefahren war, versuchte Mosche verzweifelt, irgend etwas in der Dunkelheit zu erkennen. Warteten dort noch mehr Soldaten? Gab es weitere Beobachtungsposten, die ihm den Weg zu Rachel verwehren konnten?

Er ließ ungefähr fünf Minuten verstreichen, um abzuwarten, ob sich vielleicht doch noch etwas regte. *Ich flehe dich an, Gott, laß sie sich jetzt zeigen, wenn sie da sind! Wenn dies allerdings eine Falle für mich ist ... wenn dies mein Ende sein soll ...* Sein Herz schlug ihm bis zum Hals. Er klopfte sich, immer noch vorsichtig darauf bedacht, keine Aufmerksamkeit zu erregen, nervös den Staub von den Kleidern. *Wenn es denn so sein soll, dann werde ich ihr wenigstens im Tode ins Gesicht sehen.* Er trat entschlossen auf die Straße. Das Echo seiner Schritte folgte ihm. Zuerst ging er langsam, dann schneller, und schließlich rannte er die Stufen hinauf und hämmerte mit den Fäusten gegen die Tür. Von drinnen antwortete Schauls heftiges Gebell.

„Wer ist da?"

„Mosche! Ich bin's, Mosche, Howard! Mach auf!"

Howard riß die Tür auf und zog ihn sogleich herein. „Mosche!" rief er aus. „Wie in all- "

„Wo ist sie?" keuchte Mosche und sah sich suchend um. „Wo ist sie?" Sein Gesicht war vor Aufregung hochrot.

„Oben. Mit Jakov und Rebbe Lebowitz -"

Ohne Howard ausreden zu lassen, schob sich Mosche an ihm vorbei und jagte, zwei Stufen auf einmal nehmend, die Treppe hinauf. Schaul sprang jaulend und unter heftigen Bewegungen seines schwanzlosen Hinterteils vor ihm her und führte ihn zu einer Tür, unter der ein Lichtschein hindurchschimmerte. Dort angekommen, bellte und kratzte er. Mosche zögerte kurz, dann drehte er entschlossen den Griff und öffnete die Tür.

Auf dem Bett saß Rachel, einen Arm fest um Jakov geschlungen, der den Kopf schwer gegen ihre Schulter lehnte. Auf einem Holzstuhl, den beiden gegenüber, saß der Großvater und hielt Rachels andere Hand. Mosche stand regungslos und betrachtete dieses Bild. Verwirrt über die Störung, blickte Rachel auf und erkannte ihn. Sie war sprachlos, aber ihr Gesicht wurde weich, und ihr Blick füllte sich mit Zärtlichkeit. Sie erhob sich wie hypnotisiert. Plötzlich waren sie allein im Zimmer, im Haus, in der Welt, und wie von unsichtbaren Fäden gezogen, bewegten sie sich aufeinander zu, streckten die Hände nacheinander aus, berührten ungläubig gegenseitig ihre Gesichter und sanken einander schließlich in die Arme. Er sog den süßen Duft ihrer Haare ein und küßte sie wieder und wieder innig. Sie wiederum hielt ihn ganz fest, wollte ihn nicht einmal so lange loslassen, um ihn anzusehen. *Ach ja! Ja, es ist Mosche. Ja, er hält mich. Es ist kein Traum!*

Schließlich entrang sich ihr sein Name, und sie blickte ihm nun erlöst ins Gesicht. Es war naß. Als sie versuchte, ihm zärtlich die Wangen zu wischen, lachte er unter Tränen und küßte ihre Finger. Dann weinte er abermals und preßte sie heftig und innig an sich. Es gab keine Worte. Es gab keine Worte, die diesen Augenblick hätten beschreiben können.

Großvater klopfte Mosche gerührt auf den Rücken, und Jakov rief Schaul in den Flur. Dann hörte man nur noch das Klicken des Türschlosses, und sie waren allein mit ihrer Seligkeit.

22. Das Treffen

Ellie seufzte wohlig und zog die weiche Satinbettdecke vorsichtig enger um sich, denn David lag friedlich schlafend neben ihr. Er hatte einen Arm unter ihren Nacken geschoben, und seine Fingerspitzen berührten ihre Wange. Ellie schlug langsam die Augen auf und betrachtete sich und David lächelnd in dem verschnörkelten Rokokospiegel, der, an jeder Ecke von kleinen vergoldeten Engeln getragen, über ihrem Himmelbett schwebte. Ja, ihre Hochzeitssuite im PALASTHOTEL von Ragusa war wirklich etwas, worüber man zu Hause berichten konnte!

„Geben Sie meiner Frau und mir das beste Zimmer, das Sie haben", hatte David dem Hotelier zugeflüstert und vertraulich hinzugefügt: *„Flitterwochen*, Sie verstehen." Dann hatte er mit dem Daumen auf Michail und Bernie gedeutet und augenzwinkernd hinzugefügt: „Die beiden da können Sie ruhig in den Keller stecken, aber für uns bitte das Beste, was Sie zu bieten haben."

Nachdem sich Bernie und Michail auf die Suche nach dem Telegraphenamt gemacht hatten, waren sie von dem Hotelier mit einem verschmitzten Lächeln zu einer Suite in der dritten Etage geführt worden, die mit zierlichen Samtstühlen, Louis-quatorze-Tischchen, vergoldeten Kristallglaslampen und einer Vielzahl weißer, schlanker Kerzen ausgestattet war. Während zwei Pagen eilfertig umhergingen, um die Kerzen anzuzünden, hatte David Ellie aufs Sofa gezogen und sich mit zufriedenem Blick umgesehen.

„Können wir uns das denn überhaupt leisten, David?"
„Das geht auf Rechnung des Alten. Überstundenbezahlung, Schatz. Das ist nur die längst fällige Abrechnung der Überstunden, die ich unbedingt abgegolten haben wollte." Dann hatte er sie lange geküßt, während die Pagen verlegen zur Decke sahen und auf ihr Trinkgeld warteten.

Das war vor drei Stunden gewesen. Inzwischen waren die Kerzen, die Frau Tornahos' Picknickkorb einrahmten, heruntergebrannt und warfen große flackernde Schatten auf die Wände. Ellies Magen machte sich jetzt knurrend bemerkbar. David und sie hatten an diesem Morgen zuletzt im Hause der Familie Tornahos etwas gegessen, und die Abendbrotzeit war längst vorbei.

Also küßte Ellie behutsam Davids Fingerspitzen, entwand sich dann sanft seiner Umarmung und ließ sich auf den Perserteppich gleiten, der vor dem hohen Bett lag. Sie legte sich Davids Hemd um und ging zum Picknickkorb. Frau Tornahos hatte sogar für Besteck und Teller gesorgt! Mehrere verschiedene Käsesorten und Salami waren sorgfältig in Papier eingepackt, verströmten jedoch solch ein köstliches Aroma, daß Ellie das Wasser im Munde zusammenlief.

„Was machst du denn da, Schatz?" meldete sich plötzlich David verschlafen.

„Ein Abendbrot für uns." Sie hatte gerade den Tisch gedeckt und machte sich nun daran, Salami und Brot zu schneiden.

„Hoffentlich kochst du nichts!" meinte er lachend.

Sie machte ihm eine lange Nase und schnitt noch etwas Käse ab. „Sie hat sogar Salat gemacht", flüsterte sie ehrfürchtig.

„Warum sprichst du so leise?"

„Weil mir alles so unwirklich, wie im Traum, erscheint." Sie sah ihn ergriffen lächelnd an. „Dieses Zimmer, die Kerzen, ... du und ich ..."

David hob den Kopf aus den Kissen und zog die Decke etwas zurück. „Etwas hübscher als der Keller der Jewish Agency, willst du damit sagen?"

„Hmmm. Das kann man wohl behaupten. Dazu kommt, daß dies unsere erste gemeinsame Nacht ist, das heißt die erste ohne Unterbrechungen."

Er klopfte ungeduldig auf die Bettdecke. „Komm wieder zurück ins Bett, Els! Brot und Käse können wir jederzeit essen."

Ihre Blicke begegneten sich, und es durchfuhr sie heiß bis in die Fußspitzen. Tränen stiegen ihr in die Augen, und sie stammelte: „Dieser Ort ... diese Nacht ... wie ein Traum ..." Mit einem Mal wurde ihr in aller Klarheit bewußt, welch alptraumhafte Wochen voller Sorgen, Unsicherheit und Leid hinter ihr lagen. „Ich wünschte nur, wir könnten bleiben ... David ..." Sie schluckte schwer und versank in seinen Augen. Er streckte ihr lächelnd die Hand entgegen. „Komm schon! Wir haben morgen im Flugzeug noch Zeit genug zum Essen." Er lachte leise. „Leg das Messer hin, und komm ins Bett!"

„Ich liebe dich, David!" flüsterte sie und ließ das Hemd auf den Boden fallen.

Das Lächeln schwand aus seinem Gesicht, und sein Blick füllte sich mit Staunen, als sie zu ihm kam. Dann nahm er sie in die Arme und stammelte wieder und wieder ihren Namen, während seine Lippen die ihren suchten. „Mein Traum ... mein einziger Traum."

* * *

„Ich weiß, daß du wieder gehen mußt, Mosche", sagte Rachel und verschloß seine Lippen mit ihren Fingern. „Du brauchst mir nichts zu sagen. Ich werde dich ... nicht bitten zu bleiben."
Er blickte in ihre klaren, blauen Augen, küßte sie und hielt ihre Hand an seine Wange. „Wenn ich bleiben könnte, meine Liebste –"
„Heute abend hat der Herr meine Gebete erhört, denn ich hatte darum gebetet, dich sehen zu können, dich ansehen und dir sagen zu können –" Sie stockte. Sie war unsicher, ob sie ihm schon jetzt von ihrem Kind erzählen sollte. Würde ihn das nicht zusätzlich belasten, da er doch an die vor ihm liegende Schlacht denken mußte?
„Was hast du, Rachel?" Ihr Blick sagte ihm, daß sie etwas auf dem Herzen hatte. „Was willst du mir sagen?"
Sie biß sich auf die Lippe. Sie fürchtete, daß sie weinen und ihn anflehen würde zu bleiben, wenn sie ihm von dem Wunder berichtete, das sich in ihr vollzog. „Ich ... Ich ..."
„Was?" Sein Lächeln ermunterte sie behutsam, weiterzusprechen.
„Ich wollte dir nur sagen, daß ich ... daß *wir* ... in Zukunft sehr vorsichtig sein müssen. Bitte!" Sie senkte die Augen und blickte auf ihren Leib.
„Ich verspreche es dir! Ich verspreche es." Er zog sie an sich und wiegte sie zärtlich in den Armen. „Und wir werden zusammen daran denken, daß Gott selbst den Sperling sieht, nu? Wirst du mit mir daran denken?"
Sie nickte, spürte die rauhe Wolle seiner Jacke an ihrer Wange und konnte nur „Ja" flüstern. Sie war so aufgewühlt, daß ihr Hals wie zugeschnürt war. „Ja, Mosche. Ich werde daran denken!"
Er hielt sie schweigend in den Armen, und es kam ihr wie eine Ewigkeit vor. „Und ich werde auch daran denken! Aber du brauchst nur ein Wort zu sagen ..." Er stockte, und dann entrangen sich ihm in einem überströmendem Gefühl der Zärtlichkeit und Liebe heiser die Worte: „...dann bleibe ich bei dir. Bis in alle Ewigkeit! Dann gibt es keine Verheißung an mein Volk, keine Soldaten, die ich befehligen, keine Vorposten, für die ich kämpfen muß – nur dich. Nur dich, Rachel!" Er spürte nun ganz deutlich, daß es ihm leichter gefallen wäre, in Kampf und Tod zu gehen, wenn er sie an diesem Abend nicht gesehen hätte.
Ihre Augen füllten sich mit Tränen, aber sie versuchte sich zu fassen und atmete langsam und beherrscht aus. Sie konnte und durfte sein Herz nicht zum Bleiben bewegen! „Wir haben ja genug Zeit für uns gehabt, Mosche – die Wochen, die wir gemeinsam in der Altstadt

gelebt haben, und diese Stunden heute abend. Es gibt Menschen, die ein Leben lang zusammenleben und niemals das Glück kennenlernen, das uns zuteil geworden ist. Du hast mich für ein ganzes Leben glücklich gemacht –" Sie brach ab und atmete tief durch, um mit ruhiger Stimme weitersprechen zu können.

„Und wir werden noch ein ganzes, langes Leben gemeinsam verbringen", fiel Mosche ein. „In Israel. Du und ich und Tikvah ..."

„... und ..." Ihre Stimme schwankte abermals.

„Da ist noch etwas, daß du mir sagen willst, nicht wahr?" Er hob ihr Kinn und betrachtete sie zärtlich. „Sag es mir, Liebste! Was ist es?"

Sie wischte sich die Tränen fort, nahm entschlossen seine kräftige Hand zwischen ihre beiden Hände und legte sie auf ihren Leib. Dann sah sie ihn mit einem zärtlichen Lächeln an. „Mosche", begann sie, „es gibt noch jemanden, der mit uns zusammenleben will ..."

Es verschlug ihm die Sprache. Dann lächelte er unsicher und drückte seine Hand fest auf ihren Leib. „Soll das heißen ...?"

Sie nickte heftig, und dann lachten sie beide glücklich. Er umarmte sie noch einmal und legte dann wieder die Hand auf die Stelle, an der ihr Kind wuchs, und sie flüsterte: „Er wird hier auf seinen Vater warten. *Hier* wird er wachsen, bis er so groß ist, daß er genau unter meinem Herzen schläft."

„Oh! Oh, Gott! Ich bin gesegnet! Ich bin gesegnet – Rachel, meine Liebste! Ist das wirklich wahr?"

„Ja. Der Arzt im Hadassah ... als ich ohnmächtig war ..."

Die strahlende Freude auf seinem Gesicht schlug in tiefe Sorge um. „Du warst *ohnmächtig*?"

„Ja, aber es geht mir gut. Ich war nur einfach sehr müde, furchtbar müde, weil Tikvah so krank war und ich tagelang nicht geschlafen hatte und –"

Da klopfte es laut an der Tür, und gleich darauf erklang Ehuds rauhe Stimme: „Mosche! Es wird Zeit zum Aufbruch. Sonst kommst du noch zu spät zum Treffen! Mosche!"

Mosche verzog unwillig das Gesicht, war mit einem Satz an der Tür und öffnete sie leicht. „Noch ein paar Minuten, Ehud! Ich kann sie jetzt nicht allein lassen. Es geht jetzt nicht. Sie –"

Ehud warf einen Blick auf seine Uhr und hielt sie Mosche hin. „Es ist beinahe Mitternacht, mein Freund. Denk an die britischen Streifen! Sie werden es uns schwer machen, zur Schule zu kommen –"

„Hör zu. Geh du schon mal vor! Wir sollten ohnehin nicht zusammen gehen. Ehud ... Ich brauche noch etwas Zeit. Nur noch ein paar Minuten. Ich komme nach."

Ehud zuckte unbehaglich die Schultern. „Wie du möchtest. Aber sei vorsichtig, mein Freund!"

„Schalom! Ich komme bald nach." Mosche schloß die Tür und nahm Rachel wieder in die Arme, um das Wunder ganz in sich aufzunehmen.

* * *

Ehud lehnte an der Rückwand eines Kellerraumes im Gymnasium von Rehavia, umgeben von einer Vielzahl von Gesichtern, die er bereits kannte, und auch von solchen, die ihm neu waren.

Die Nachrichten aus Kastel waren besorgniserregend. Mehrere Tausend Jihad-Moqhaden hatten sich zu einem Angriff zusammengerottet, und Fergus bat stündlich um Verstärkung und Nachschub. Bobby Milkin stand vor einer riesigen topographischen Karte, die, wie an ihrem Aufdruck zu erkennen war, einmal dem *British Foreign Service Carthography Department* gehört hatte. Irgendein kühner junger Beamter hatte sie dem Außenministerium entwendet, und nun markierte Bobby darauf die Stellen, an denen sich die feindlichen Truppen konzentrierten.

„... soweit ich das aus der Luft ausmach'n konnte, sind die Dörfer hier rund um Kastel so gut wie verlass'n –"

Bei diesen Worten trat Emile Dumas vor und ergriff das Wort: „Wäre das nicht eine günstige Gelegenheit für uns, noch mehr Dörfer einzunehmen?"

Ehud knurrte unwillig über Emiles Vorschlag. Er wußte, daß dieser Mann über geheime Verbindungen zu den Terroristen der Irgun und der Stern-Bande verfügte.

„Wir haben doch kaum genug Leute, mit denen wir uns heimlich an Kastel heranschleichen können!" erwiderte Bobby. „Du weißt nich', worauf du dich da einläßt."

„Es gibt noch andere Leute in Jerusalem, andere, die vielleicht zionistischer gesinnt sind als die Männer hier. Die werden sich uns anschließen, wenn wir ihnen Waffen geben", meinte Emile unbeirrt.

„Du sprichst von der Irgun!" rief Ehud. „Mit denen wollen wir aber nichts zu tun haben!"

„Und darum wird unsere ganze Aktion mit Sicherheit scheitern!" gab Emile heftig zurück. „Unsere Truppen sind zersplittert, aber der

Feind tritt als *Einheit* auf. Deshalb müssen auch wir *eine Einheit* werden!"

Lautes, zustimmendes Gemurmel ging durch die Reihen der Männer.

Ehud arbeitete sich in die erste Reihe vor und rief in die Versammlung hinein: „Wir dürfen uns nicht mit Verbrechern und Mördern auf eine Stufe stellen! Sonst unterscheiden wir uns bald in nichts mehr vom Feind!" Er trat ganz dicht an den kleineren Emile heran und sah mit zornigen Blicken auf ihn hinab.

„Ich spreche von Männern, die den Kampf nicht scheuen! Und wer bist du?" fragte Emile mit verächtlich gekräuselten Lippen. „Du bist nichts weiter als der Kapitän eines Fischkutters! Kommandant von Sardinen! Mosche Sachars Sprecher! Und er selbst hat keine praktische Erfahrung und ist nur ... nur Universitätsprofessor!"

Wieder erhob sich zustimmendes Gemurmel im Raum. „Emile hat in der Resistance gekämpft! Er ist ein tapferer Mann. Er hat die Nazis dutzendweise umgebracht! Im Schlaf oder beim Essen. Emile! Wir sollten hören, was Emile zu sagen hat!"

Ehud wünschte, daß Mosche endlich käme. Er sehnte diesen Mann der Vernunft herbei. „Wir dürfen unsere Truppen nicht aufteilen!" beharrte er verzweifelt. „Hört auf Bobby Milkin! Wir wissen nicht einmal, mit wieviel Kriegern wir es zu tun haben werden! Unsere Truppen zu zersplittern, nur um ein paar kleine Dörfer –"

„Ich sage ja gar nicht, daß wir die Leute, die hier sind, aufteilen sollen! Ich bin ja gar nicht für eine *Teilung* der Leute, die hier im Raum sind! Im Gegenteil! Ich bin dafür, daß die Haganah und der Palmach zusammen nach Kastel gehen! Ich bin für eine *Vereinigung* aller zionistischen Gruppen, damit endlich J U D E N , unsere Brüder, das feindliche Gebiet einnehmen können!"

„Die von der Irgun sind nicht meine Brüder!" rief Ehud dröhnend.

Ohne auf Ehuds abschätzigen Kommentar einzugehen, wandte sich Emile an die übrigen Männer: „Ich sage euch, wir müssen uns zusammentun! Diese Männer sind bereit, mit uns zu kämpfen ..."

„... mit unseren Waffen ..."

„Den Waffen des Zionismus! Diese tapferen Soldaten werden unsere Schlagkraft gegen die Soldaten des Muftis verdoppeln! Und wir könnten das Gebiet, das wir kontrollieren, verdoppeln! Kann man denn einen günstigeren Zeitpunkt wählen, gegen arabische Dörfer loszuschlagen, als wenn deren männliche Bevölkerung in Kastel kämpft?"

„Wo ist Mosche Sachar?" fragte Bobby durch den Lärm der diskutierenden Haganahoffiziere. „Hat jemand Mosche Sachar geseh'n?"
„Er ist noch vor mir losgegangen!" rief Emile. „Wenn er vorgehabt hätte, herzukommen, wäre er längst hier –"
„Er kommt aber!" rief Ehud und hob Ruhe heischend die Arme. Er hatte jedoch keinen Erfolg damit. „Wir sollten erst einmal abwarten, was er von diesem Vorschlag hält! Ich sage euch, er kommt noch!" Er begann zu schreien.
„Wo ist denn Mosche Sachar?"
„Er war es doch, der die vierzig Männer zum Konvoi geführt hat. Warum ist er nicht hier?"
„Ich habe ihn seit heute morgen nicht mehr gesehen."
„Ist er vielleicht von einer Streife aufgegriffen worden?"
„Er kennt Kastel am besten! Wo ist Sachar?"
„Auf dem Weg hierher, das versichere ich euch!" rief Ehud noch einmal beschwörend. „Wir müssen warten!"
„Wir haben aber keine Zeit zu warten!" gab Emile heftig zurück, stellte sich vor die Karte und schlug mit der flachen Hand zuerst auf eine Häusergruppe, die mit dem Namen *Deir Jassin* versehen, dann auf den Hügel, der mit *Kastel* bezeichnet war. „Die Irgun könnte dieses Dorf leicht einnehmen und dann zu unseren Truppen nach Kastel stoßen –"
„Du willst darauf vertrauen, daß die Irgun uns mit unseren Waffen hilft?" gab Ehud zu bedenken und erinnerte damit an das gegenseitige Mißtrauen und die Rivalität zwischen den beiden zionistischen Organisationen. „Die werden unsere Gewehre nehmen und dann kämpfen, wo immer sie meinen, nur nicht in Kastel! Und wir können dann die Aktion allein durchführen, allerdings mit hundert Gewehren weniger!"
Die Männer murmelten zustimmend, da sie sich an die letzten Taten der Irgun erinnerten.
„Wenn wir sie mit Waffen und Munition ausstatten sollen ..."
„Wenn die Irgun Waffen von uns bekommen soll, dann muß sie auch an unserer Seite kämpfen."
„Natürlich können sie ein verlassenes Dorf einnehmen! Wo liegt da die Schwierigkeit? Das könnten auch wir genausogut mit Stöcken und Steinen! Nein, wenn sie unsere Waffen haben wollen, dann sollen sie auch mit uns zusammen kämpfen ..."
„Man kann ihnen nicht trauen, außer –"
„... außer, wenn einer von uns mitgeht!"

„Emile! Emile Dumas soll mit ihnen gehen!"

„Emile kennt ihre Führer! Wenn Emile sie begleitet –"

Ehud schrie laut dazwischen: „Meint ihr, das ändert etwas an der Situation? Die Irgun hat das *Hotel Semiramis* und das Jaffa-Tor in die Luft gejagt. Ihr glaubt doch wohl nicht, daß sie sich plötzlich vernünftig verhalten werden, nur weil Emile dabei ist? Das sind doch Terroristen!"

„Wir könnten sie aber für unsere Zwecke benutzen! Sie können immerhin mit uns kämpfen!"

„Wir können doch jeden Mann gebrauchen."

Emile nickte zustimmend und hob die Hände. Es war unverkennbar, daß er es geschafft hatte, alle Anwesenden für sein Vorhaben zu begeistern. „Es ist nur vernünftig, daß wir auch solche Männer mit in unsere Aktionen einbeziehen. Einer ihrer Führer hat in der Resistance unter mir gekämpft. Er ist ein äußerst tapferer Mann und allein schon zehn Männer wert. Jawohl! Ja, ich kann mit voller Überzeugung behaupten, daß diese Männer Seite an Seite mit uns in Kastel kämpfen werden, wenn wir ihnen Waffen von uns geben."

Ein zustimmender allgemeiner Schrei war die Antwort auf seine Ausführungen, und Ehud verdrehte verzweifelt die Augen. Er mußte sich geschlagen geben. Er ging zurück in die Menge und stellte sich neben Bobby Milkin, der seine Zigarre aus dem Mund nahm und angewidert auf den Boden spuckte. „Wenn nur Mosche hier gewesen wäre!" sagte Ehud düster. „Dann hätte niemand diesem Meschuggener Gehör geschenkt!"

„Wo *ist* er überhaupt?" erkundigte sich Bobby flüsternd, während Emile bereits zehn Männer aufrief und mit vier Kisten loszog, um sich mit den Anführern der Irgun und der Stern-Bande zu treffen.

* * *

Als Mosche an der Schule eintraf, stahlen sich bereits kleine Gruppen von bewaffneten Männern in der Dunkelheit davon, um sich hinter der Bahnstation zu sammeln. Er schob sich auf der Treppe an ein paar grimmig aussehenden Männern mit geschulterten Gewehren vorbei.

Als er den Versammlungsraum betrat, blickte ihm Ehud, der mit Bobby Milkin zwischen einer offenen Kiste mit Waffen und einer weiteren mit Munition stand, mit finsterer Miene entgegen.

„Es tut mir leid, daß ich zu spät komme", entschuldigte sich Mosche bei den beiden zur Begrüßung.

„Eine Entschuldigung nützt uns jetzt auch nichts mehr!" bellte Ehud zornig. „Wo warst du? Kannst du deine Frau nicht lieben, nachdem wir eine Nation geworden sind, hm?"

Mosches Miene verfinsterte sich, und er fragte mit düsterer Vorahnung: „Was ist passiert?"

„Dieser Franzose", ergriff Bobby nun das Wort. „Emile Dumas. Dieser Resistance-Mensch..."

Mosche starrte Bobby erschrocken an und wagte kaum, nach einer weiteren Erklärung zu fragen. „Emile. Ja, ich kenne ihn", sagte er daher nur, ohne allerdings hinzuzufügen, daß ihm das, was er von ihm wußte, nicht gefiel.

„Ja, dieser Meschuggener Emile! Ein netter Bursche!" Ehud spie angewidert aus. „Mit netten Freunden. Jetzt werden wir mit einem Mal alle Freunde... Er hat unsere Leute dazu überredet, sich mit –"

„Heraus damit, Ehud", fuhr Mosche ungeduldig dazwischen.

„Nun gut, dann sag' ich's eben! Sie wollten nicht auf mich hören. Ich bin ja nur... nur... Kommandant von Sardinen! Aber sie hätten auf dich gehört, wenn du nicht getrödelt hättest! Jetzt sitzen wir in der Klemme und können nicht mehr heraus."

„Bobby, was versucht er zu sagen?"

„Emile hat Verbindungen zur Irgun und zur Stern-Bande. Tja. Tatsache. Du kennst ja diese Typen. Und jetz' werd'n wir alle 'ne nette, große, glückliche Familie und nehmen Kastel zusammen ein, auch wenn's diese Kerle von der Irgun vor allen ander'n in Palästina verdient ham, gehängt zu werd'n."

„Sie gehen mit uns zusammen nach Kastel?" wiederholte Mosche ungläubig.

„Das ist der Plan, Kumpel."

Ehud schob seine Unterlippe vor und meinte dann vorwurfsvoll zu Mosche: „Nur weil du nicht hier warst und die Sache mit ihnen besprochen hast! Du mußtest ja unbedingt noch ein paar Minuten in ihren Armen liegen –"

„Halt den Mund, Ehud!" unterbrach ihn Mosche heftig und strich sich fahrig mit den Fingern durchs Haar. Er versuchte krampfhaft zu überlegen, was jetzt zu tun sei.

„Du warst mal ein toller und tapferer Bursche", klagte Ehud, „ein Mann, der immer pünktlich zu jeder Schlacht erschien. Aber jetzt bist du ein –"

„Halt die Klappe!" unterbrach ihn Bobby. „Damit is' jetzt niemand geholf'n, Ehud. Du bist bloß eingeschnappt, weil se nich' auf dich hör'n wollt'n."

„Eingeschnappt? Eingeschnappt?"

„Ja. Zornig. Wütend . . ."

„Wütend!" brauste Ehud auf. „Das is' auch mein gutes Recht! Er hätte ja kommen können! Das hätte ihm nichts geschadet! Aber andere Dinge waren ihm ja wichtiger. Und nun seht ihr das Ergebnis: Wir haben uns mit Verbrechern und Mördern eingelassen!"

Mosche runzelte nachdenklich die Stirn. „Wir können eigentlich gut noch mehr Soldaten gebrauchen . . . Sie werden doch kämpfen, oder nicht? Das werden sie doch, oder?" fragte er von Zweifeln zerrissen.

„Aber nur gegen Frauen!" schrie Ehud jetzt so laut, daß die anderen im Raum erstaunt verstummten.

„Es ist nun einmal geschehen, und man kann es nicht ändern", erwiderte Mosche zornig und hätte sich am liebsten in ein Mauseloch verkrochen. *Die Irgun*! „Sie werden mit uns zusammen kämpfen. Wir brauchen sie deswegen ja nicht zu lieben. Schießen können sie jedenfalls genauso gut wie wir –"

„Du weißt nicht, was du da sagst! Mit der Irgun gemeinsame Sache zu machen –" brüllte Ehud wild. Dann brach er ab und schleuderte ihm mit einem vernichtenden Blick entgegen: „Du hast dein Hirn im Schlafzimmer gelassen!" Damit machte er auf dem Absatz kehrt und stapfte wutschnaubend Richtung Ausgang.

„Haben sie Waffen?" wandte sich Mosche leise an Bobby.

„*Unsere*", erwiderte Bobby, während er hinter Ehud hersah. „Emile hat sie mitgenomm'n. Vier Kist'n, glaub' ich. Er is' mit'n paar ander'n, die den Plan gutfand'n, weggegangen. Sagte, s' würd' 'ne Weile dauern, bis sie die Leute aufgetrieben hätt'n. Aber er würde nach Kastel komm'n, um mit euch ander'n zusamm' zu kämpf'n." Er machte eine Pause. „Vielleicht wendet sich doch noch alles zum Gut'n. Begrabt das Kriegsbeil! Sie sind doch immerhin auch Juden."

Mosches Gesicht zuckte vor Zorn, vor Zorn darüber, daß er versagt hatte. „Das können wir nur hoffen. – Hoffen wir das Beste! Die Irgun kennt sich eigentlich nur mit selbstgemachten Bomben und Molotowcocktails aus. Diesmal werden sie mit richtigen Waffen einen ehrlichen Kampf führen müssen. Aber wir können immerhin hoffen."

Bobby kaute auf seiner Zigarre und meinte dann mit einer freundlichen Grimasse:. „Du warst also bei deiner Frau? Alles in Ordnung mit ihr?"

Mosche nickte. Das Gefühl der Schuld erfüllte ihn. Er hatte sich dem fatalen Wahn hingegeben, daß seine persönliche Führerschaft keine Rolle spielte. „Ja," erwiderte er leise. „Es geht ihr gut. Sie ist in Sicherheit ..."

* * *

„Aufwachen!" zischte Bernie durch die schwere, holzgeschnitzte Tür. „Meyer! Du Sohn eines Apikorsim! Aus dem Bett!"
David schlang sich eine Decke um, öffnete die Tür einen Spaltbreit und lugte in den dunklen Flur, wo Bernie und Michail standen.
„Was is'n los?" knurrte er ungehalten.
Michail rang verzweifelt die Hände, und Bernie versuchte die Tür aufzustoßen. „Ich will dir sagen, was los ist –" Er senkte die Stimme und sah sich verstohlen um. „Ich werd's dir sagen – das Schiff!"
„Was is' damit?" fragte David immer noch ungehalten, während sich Ellie im Hintergrund verschlafen erkundigte, was los sei.
„Laß mich doch rein!" drängte Bernie mit verzweifelter Stimme. „Es ist besser, wenn wir uns drinnen unterhalten."
David trat unwillig zur Seite und zog schnell den Vorhang vor das große Himmelbett. Die beiden anderen Männer stürzten achtlos sofort zum Fenster. Bernie schob den Vorhang beiseite und deutete auf den mondbeschienenen Hafen. „Da siehst du, was los ist. Sieh selbst!"
David blieb einen Augenblick unschlüssig stehen. Er war sich nicht sicher, ob er überhaupt etwas wissen wollte. Doch schließlich leistete er der Aufforderung Folge und blickte zum Hafen hinunter, wo viele kleine Boote auf dem Wasser tanzten. Die Stelle aber, an der die *Trina* vor Anker gelegen hatte, war leer. Die *Trina* war weg!
Er stöhnte auf und hielt sich den Kopf. Dann fragte er mit tonloser Stimme: „Wie lange schon?"
„Keine Ahnung", erwiderte Greene und starrte unverwandt zum leeren Ankerplatz des Frachters. „Ich bin vor einer Weile aufgestanden. Konnte nicht schlafen, da ihr mit eurer Tortur meinen Tag-Nacht-Rhythmus völlig zerstört habt ... Na ja, egal, ich guck also aus dem Fenster, und da lag sie nicht mehr im Hafen. Bevor wir ins Bett gingen, hatte ich sie noch ganz deutlich im Mondschein gesehen. Michail hat sie mir gezeigt und mich außerdem über alles mögliche aufgeklärt, das ich nicht mitbekommen hatte, als ich noch von euren Drogen benebelt war ..."
„Schon gut, Kumpel. Du hast dich deutlich genug ausgedrückt!" fuhr ihm David über den Mund. Er starrte angestrengt aus dem Fen-

ster und bemerkte dabei, wie schnell die Wolken vor dem Mond hertrieben. „Es kommt ein Sturm auf", stellte er leise fest. „Wenn in dieser Gegend eine kleine Brise aufkommt ... Wie spät ist es?"

„Viertel nach drei."

„Eins ist sicher." David war bereits dabei, seine Kleider zusammenzusuchen. „Bei diesem Wetter wird das kein Spaß für den alten Kahn ... Wenn wir ihn auftreiben können, bevor der Mond verschwindet, könnten wir gegen Morgen zurück sein."

Bei diesen Worten steckte Ellie ihren Kopf zwischen den Vorhängen des Himmelbetts hervor. „Du fliegst auf keinen Fall ohne mich!"

„Ellie –" begann David protestierend. „Ich sagte doch, wir sind Morgen früh wieder zurück. Du bleibst bitte hier –"

„Mr. Greene! Michail!" wandte sie sich ungerührt an die beiden anderen Männer. „Würden Sie bitte so nett sein und das Zimmer verlassen? Wir müssen eben unseren ersten Streit ausfechten."

„Bin in fünf Minuten in der Eingangshalle!" rief David den beiden hinterher, die sich beeilten, das Weite zu suchen. „*Allein!*" Dabei sah er Ellie herausfordernd an.

Fünf Minuten später kamen die beiden gemeinsam die Treppe hinunter.

Während David die Rechnung beglich, besorgte Michail ein Taxi. Auf den Sitz hoben sie wieder vorsichtig den Koffer mit dem Sprengstoff. Ellie zwinkerte Bernie Greene, dessen Gesicht immer noch deutlich seine Mißbilligung widerspiegelte, freundlich zu und stieg dann vor ihm ins Taxi.

Ein heftiger Wind zerzauste ihr das Haar, und sie sah zum Himmel empor, wo dicke Wolkenbänke die Sterne rund um den Mond verdunkelten.

„Wir befinden uns in einer sehr mißlichen Lage, Mrs. Meyer", bemerkte Bernie mit distinguiertem britischen Akzent. „Und ich möchte noch einmal ausdrücklich darauf hinweisen, daß dies kein Platz für eine Frau ist."

„Sie würden es kaum glauben, wenn Sie hörten, an welchen Plätzen ich schon gewesen bin, Mr. Green. Sie würden es einfach nicht glauben."

※ ※ ※

Sarai Tafara saß weinend am Fenster ihres Hauses in Deir Jassin und horchte angstvoll auf den Kampflärm, der von Kastel herüberschallte.

Auch im Süden war inzwischen Maschinengewehrfeuer aufgeflammt, und vor kurzem war ein Bote von Ram Kadars Truppe durch das Dorf gelaufen und hatte gerufen: „Wir brauchen noch mehr Munition! Englische Pfunde für Munition! Jüdische Truppen sind aus Jerusalem gekommen! Sie machen im Süden eine Gegenoffensive! Wir brauchen mehr Munition!"

Ihr Mann war sofort aus dem Bett gesprungen, hatte sich den Patronengurt umgeschnallt, ihr zum Abschied schnell einen Kuß gegeben und sich den Jihad-Moqhaden angeschlossen, die versuchten, die Berghänge von Kastel zurückzuerobern. Das war vor einer halben Stunde gewesen. Nun fragte sich Sarai angstvoll, ob sie schon Witwe werden würde, noch bevor sie zwei Tage lang verheiratet war.

Sie fröstelte, als plötzlich ein kalter Luftzug aus dem Nebenzimmer hereinwehte. Sie schlang ihre Decke fester um sich, wischte sich die Tränen fort und ging ins dunkle Schlafzimmer hinüber, um das Fenster zu schließen.

„Wenn nur Mama hier wäre, um mir Gesellschaft zu leisten! Und Jassar hätte von meinem Mann bestimmt nicht schlechter gedacht, wenn er nicht in die Schlacht gezogen, sondern bei mir geblieben wäre ..."

Sie stand an der Schwelle zum Schlafzimmer und versuchte sich blinzelnd in der pechschwarzen Dunkelheit zu orientieren. „Ob mein Mann das Fenster offengelassen hat, als er ging?"

Als ihre Augen sich etwas an die Dunkelheit gewöhnt hatten, packte sie kaltes Entsetzen. Durch einen Spalt im Vorhang sah sie einen Schatten, eine schemenhafte Bewegung. Dann schob sich langsam ein Gewehrlauf durch den Vorhang.

Sie schrie auf, und im selben Augenblick blitzte bereits ein Schuß auf und versengte den Stoff des Vorhangs ...

Teil 3

Morgendämmerung

*„Jeder Grashalm hat seinen Fleck auf der Erde,
aus dem er sein Leben, seine Kraft, schöpft; und so ist auch
der Mensch in dem Land verwurzelt, aus dem er
seinen Glauben und damit sein Leben schöpft..."*

Joseph Conrad, 1900

23. Unwetter

Seit fast drei Stunden kämpfte sich die kleine Stinson nun schon durch das schwere Gewitter, das über der Adria tobte. Doch Ellie schien es, als seien sie keinen Zentimeter vorangekommen.

Wenn die Blitze die Dunkelheit zerrissen, sah es aus, als hinge das Flugzeug an Marionettenfäden. Wenn sich dann wieder schwarze Nacht um sie legte, spürten sie nur noch den Kampf des Flugzeugs gegen den Sturm.

Längst hatten sie die Hoffnung aufgegeben, die *Trina* noch zu finden, und beteten statt dessen nur noch darum, daß endlich die Sonne aufgehen würde und Land – *irgendein* Land – in Sicht käme, bevor der Treibstoff aufgebraucht war. David hatte schon lange nichts mehr gesagt. Mit starrem Gesicht und den Mund zu einem grimmigen Strich zusammengepreßt, mühte er sich, das Flugzeug unter Kontrolle zu halten. Ellie stellte keine Fragen, aber sie brauchte nicht viel Phantasie, um sich denken zu können, wie ernst die Situation war. Denn die Nadel der Tankanzeige schwebte bedrohlich dicht über dem roten E am Ende der Anzeige.

Michail und Bernie saßen verängstigt im hinteren Teil des Flugzeugs und umklammerten krampfhaft ihre Sitze. Jedesmal, wenn Blitze in der Dunkelheit aufzuckten und es aussah, als wollten riesige Wellen das Flugzeug verschlingen, hielten sie vor Entsetzen die Luft an oder machten ihrer Angst mit wilden Flüchen Luft.

Schließlich rief Bernie verzweifelt durch den tosenden Lärm nach vorne: „Wie lange können wir das noch durchhalten?"

„Ich hoffe, etwas länger, als wir brauchen, um dahin zu kommen, wo wir hinwollen."

„Und wo ist das?"

„An Land."

Das kleine Flugzeug machte einen regelrechten Sprung zur Seite und erbebte. Ellie wandte ihren Blick entsetzt vom Fenster ab und sah zu David hinüber. Er hielt den Steuerknüppel so fest umschlossen, daß seine Fingerknöchel im trüben Licht der Kontrolleuchten weiß hervortraten. Krampfhaft versuchte er mit zusammengekniffenen Augen durch den prasselnden Regen zu spähen.

„Und wie weit ist das?" rief Bernie zurück.

„Das haben sie Kolumbus auch gefragt", versuchte er zu witzeln, doch seine Worte klangen schal.

Ellie hörte, wie Michail leise das *Schema* betete, und bald darauf bewegte auch Bernie, starr nach draußen blickend, die Lippen.

Mit einem kurzen Seitenblick auf Ellie, meinte David mit einer dumpfen Stimme, die verriet, daß auch er keine Hoffnung mehr hatte: „Ich hätte nicht zulassen dürfen, daß du mitkommst!"

„Ich habe dir ja keine Wahl gelassen", erwiderte sie nahezu tonlos.

„Es würde mir nicht so viel ausmachen, wenn ich dich in Sicherheit wüßte." Das Flugzeug ächzte und verlor an Höhe.

In einer Serie von Blitzen sah Ellie die weißen Schaumkronen auf den riesigen Wellen. Weiße Gischt schoß die sich immer wieder neu bildenden Berge aus grauem Wasser hinunter.

„Ich will aber nicht allein in Sicherheit sein! Ich will bei dir bleiben!" Sie dachte an Jesus, der im Sturm auf dem See Genezareth gewandelt war, und an die angstvollen Männer, die mit ihm zusammen auf dem windgepeitschten See in einem kleinen Boot gesessen hatten. *Rette uns, Herr! schrie es in ihrem Herzen. Sonst sterben wir! Beruhige den Sturm, oder bring uns Licht oder Land! Sonst sind wir verloren. Sieh dir Davids Gesicht an! So habe ich ihn noch nie gesehen. Er hat eben angedeutet, daß es ihm leid tut, daß ich mit ihm zusammen sterben muß. Ich habe Angst, Herr! Furchtbare Angst!*

Niemand gebot jedoch den Wellen und dem Sturm Einhalt, und das kleine Flugzeug war weiter ein Spielball der Naturgewalten. Doch plötzlich begann innerhalb von Sekunden die Dämmerung, und die pechschwarze Nacht um sie herum verfärbte sich schiefergrau. Die Tankanzeige aber sank unaufhaltsam tiefer.

„Wie lange noch, bis das Flugzeug herunterkommt?" fragte Ellie, deren Augen Davids nervösem Blick auf die Anzeige gefolgt waren.

Er schwieg. Nur seine Finger klopften nervös auf die Armaturen. „Gott!" entfuhr es ihm plötzlich, und er beugte sich vor, um besser sehen zu können. „*Gott!*" Dann wandte er sich hektisch nach hinten und rief in einem Ton, der keine Widerrede duldete: „Bernie! Wirf den Koffer raus! Er explodiert, wenn wir auf dem Wasser aufsetzen!"

Bernie erstarrte. „Du meinst –"

„Ich sagte: *Hinaus* damit!" brüllte David. „Schweig! – Ellie! Hilf ihm!" bellte er, während sie bereits bedrohlich nahe über den Wellen waren. „Hilf ihm!"

Ohne zu zögern, entriegelte Ellie das Seitenfenster und stemmte es auf. Eisregen peitschte ihr schmerzhaft ins Gesicht, und das Tosen des Sturmes übertönte Bernies und Michails aufgeregte Stimmen. Sie versuchten nun gemeinsam die schwere, tödliche Bombe hochzuheben und behutsam auf den Metallrahmen der Fensteröffnung zu setzen. Der Sturm fegte mit großer Macht herein, und es hatte den Anschein, als vollführe das Flugzeug Bocksprünge.

„Gott helfe uns!" schrie Ellie verzweifelt. „Hilf uns!" Aber ihre Schreie wurden vom Getöse übertönt.

Mit Bernies Hilfe versuchte Michail ächzend, den Koffer mit der Schulter gegen den Widerstand des Sturmes aus dem Fenster zu schieben. Es gelang ihnen sogar, ihn zur Hälfte hinauszuwuchten. Dann war der Winddruck jedoch so groß, daß sich die tödliche Fracht nicht weiterschieben ließ.

„Schmeißt endlich das Ding raus!" David schrie sich fast die Lunge aus dem Hals. „Sonst sind wir erledigt! . . . Da! Ich sehe Land. Da ist der Strand! Ich bring sie herunter –"

Ellie kniete sich hin und stemmte sich nun von unten ebenfalls mit ihrem ganzen Gewicht gegen den Koffer. Die Lederriemen hatten sich zwar am Fensterrahmen verhakt, aber mit vereinten Kräften schafften es die drei schließlich doch, den Koffer über den Rahmen zu drücken. Mit einem jubelnden Aufschrei versetzten sie ihm den letzten Stoß. Er taumelte etwa dreißig Meter durch die Luft und explodierte dann im seichten Wasser mit einer riesigen Fontäne aus Wasser und Schlamm.

Ellie zog sofort wieder das Fenster zu. Der Rahmen war bei dem Manöver jedoch verbogen worden, so daß es sich nicht mehr dicht verschließen ließ, und so drangen auch weiterhin Wind und Regen ins Innere des Flugzeugs.

„Die Köpfe runter!" schrie David im nächsten Augenblick und hielt, den Steuerknüppel fest in der Hand, auf den schmalen Strandstreifen zu, der sich vor ihnen abzeichnete. *„Runter!"* schrie er Ellie an, die ihn wie versteinert mit weit geöffneten Augen anstarrte. „Den Kopf auf die Knie!" Auch er hatte Angst. Für die Landung eignete sich nur der schmale Streifen zwischen den tosenden Wellen auf der einen Seite und den Sanddünen, die sie in Stücke reißen würden, auf der anderen Seite. „Wir gehen runter. Runter! Sachte, Kleine!" Er verminderte die Motorleistung nicht, da er sicher war, daß der Sturm das Flugzeug sofort umwerfen würde, wenn der Motor auch nur den Bruchteil einer Sekunde langsamer liefe.

Michail und Bernie beteten das *Schema* so laut, daß ihre Stimmen sogar durch das Heulen des Sturmes und das Röhren des Motors drangen. David zog die Maschine tief herunter und versuchte angestrengt, die Beschaffenheit des Strandes zu erkennen. Es waren keine Felsen zu sehen, die der kleinen Stinson das Fahrgestell hätten abreißen können, und einen Augenblick lang hatte David die verzweifelte Hoffnung, daß er das Flugzeug vielleicht unversehrt landen könne. Der Strand war halbmondartig geformt, und er näherte sich ihm vom Wasser her in einem leichten Bogen, um eine möglichst lange Landebahn zu haben. Das Flugzeug hatte keine hohe Geschwindigkeit mehr. „Fünfundsiebzig", rief er sich selbst zu, als sich der Übergang zwischen Wellen und Strand bereits vor ihm abzeichnete. Noch über dem Wasser, spuckte der Motor jedoch plötzlich und verlor seine Antriebskraft. Sofort öffnete David die Drossel, um die Maschine wieder zum Leben zu erwecken. Sie flogen bereits ganz dicht über den Wellen, und er hatte Mühe, die Nase des Flugzeugs hochzuhalten. Dann sackte das Flugzeug ab, und das bereits ausgefahrene Fahrgestell prallte gegen eine Welle.

Ellie schrie auf. Aber ihr Schrei ging unter im Ächzen des dünnen Flugzeugrumpfes. Und dann schaukelte das Flugzeug taumelnd und knackend in den Wellen. Plötzlich umfing sie alle eine merkwürdige, friedliche Stille.

※ ※ ※

Während Bobby Milkin hoch über dem Kampfgeschehen kreiste, meldete sich Mosches Stimme knackend aus seinem Empfänger: „Stab an Rabe! Siehst du irgendwo Emiles Kampftruppe? Over."

Bobby setzte den Feldstecher an die Augen und beobachtete, was sich unter ihm auf dem felsigen Gelände abspielte: Mosches Haganah ging fächerförmig vor und hatte einen Angriffskeil in Richtung auf den südlichen Teil des Hanges von Kastel gebildet. Während die Angriffsspitze sich langsam zur Festung und zum Dorf hinaufkämpfte, wurde die linke Front des Keils von arabischen Truppenansammlungen sporadisch unter Beschuß genommen. Die Soldaten, die Kastel eingenommen hatten, hielten, obwohl erschöpft, immer noch die strategisch wichtigen Punkte im Dorf und im Steinbruch. Die Toten beider Seiten lagen verkrümmt überall am Hang und auf Felsvorsprüngen, auf die sie aufgeprallt waren. In einer Gruppe von fünf Jihad-Moqhaden, die durch eine tiefe Schlucht zur Festung hinaufkletterte, explodierte gerade eine Mine der Haganah. Aber von den Soldaten, die Emile zugesagt hatte, zeigte sich nirgendwo auch nur das kleinste Anzeichen.

„Tja, negativ. Nichts von ihnen zu seh'n. Over."

Aufgrund seines Überblicks aus der Luft konnte Bobby voraushen, welch eine mißliche Lage entstehen würde: wenn die Keilformation der Haganah erst einmal in der Festung von Kastel war, würde es für Emile und seine Leute schwierig werden, noch zu ihnen zu stoßen. Der Kessel der Araber würde sich wieder schließen und der Ring sich mit Sicherheit noch enger zusammenziehen, weil die Haganah den von ihr eroberten Zugang über den südlichen Hang nicht ohne Schwierigkeiten würde halten können. Da sie auf dem felsigen Grund nur flache Schützengräben anlegen konnten, waren sie von einer etwa zweihundert Meter entfernten leichten Anhöhe aus verwundbar. Wenngleich sie augenblicklich einen eindeutigen Vorteil gegenüber den Arabern hatten, die in ihrem religiösen Fanatismus ungedeckt die offen einsehbaren Hänge hinaufkletterten, gab es langfristig nur in den Häusern von Kastel eine wirkungvolle Deckung und strategisch günstige Verteidigungspositionen. Von dort aus hielten auch jetzt schon die wenigen Männer aus Fergus' Truppe eine ganze Armee von arabischen Freischärlern in Schach.

Zusammen mit seinen Leuten hielt Fergus die Araber, die am Boden der Schlucht kauerten, mit gezielten Gewehrschüssen davon ab, hinaufzuklettern, und beteten darum, daß ihre schwindenden Munitionsvorräte aufgefüllt würden, bevor sie vollends aufgebraucht waren.

Bobby beschrieb einen Bogen und flog dann ein Stück auf der Route zurück, auf der die Einsatztruppen der Haganah von Jerusalem nach Kastel gekommen waren. Aber noch immer war weit und breit nichts von Emile und seinen Leuten zu sehen. Sie waren nicht etwa aus dem Hinterhalt von Arabern überfallen und abgeschlachtet worden, sondern befanden sich einfach nicht auf dem Weg nach Kastel.

„Ich geh' noch'n bißchen tiefer runter", meldete Bobby, „und mach mal lucki-lucki. Mal kucken, wo die Typen sind."

„Wenn du sie entdeckst, kannst du sie ja mal höflich einladen, sich uns anzuschließen", meinte Mosche bissig, während aus dem Hintergrund Gewehrfeuer zu hören war. „Over."

„Achte auf deine rechte Flanke, Mama!" warnte Bobby noch, bevor er rasch über das Land flog, für dessen Durchquerung die Männer in der vergangenen Nacht Stunden gebraucht hatten.

In der Ferne sah er auf einem Hügel die winzigen Steinhäuser des Dorfes Deir Jassin und dahinter Jerusalem. In einer darunter gelegenen Schlucht entdeckte er eine winzige menschliche Ameise, die sich hastig in Richtung Bab el Wad bewegte, stolperte, fiel, sich wieder aufrappelte. Neugierig, welcher Seite dieser wohl angstgepeinigte Mensch zuzurechnen sei, hob Bobby wieder den Feldstecher an die Augen und unterzog die zerklüftete Schlucht einer eingehenden Betrachtung.

„Das ist ja gar kein Mann!" rief er überrascht aus und sah zur Sicherheit noch einmal genauer hin.

Es war die schmutzige Gestalt einer Frau, die über einen felsigen Weg stolperte. Das spärliche Kleid, das sie am Leibe trug, war zerrissen und blutig. Ihr Haar war offenbar abgeschnitten. Von Mitleid mit diesem erbarmungswürdigen Wesen erfaßt, beugte sich Bobby mit seinem Feldstecher weiter vor und betrachtete die Frau noch eingehender. Das Gesicht war schmerzlich verzogen, sie hatte keine Schuhe an, und sie war, wie er jetzt erkannte, Araberin. Sie floh aus dem Dorf Deir Jassin!

Er flog in einem Bogen zu der kleinen Ansammlung von weißen Häusern und kreiste bereits nach kurzer Zeit über dem Dorfplatz.

Was sich dann unter ihm auftat, war eine Szene unbeschreiblichen Entsetzens: überall lagen blutüberströmte Menschen wie achtlos hingeworfene Stoffpuppen umher. Frauen und Kinder lagen teilweise Seite an Seite noch am Ort ihrer Hinrichtung. Andere, Alte und Junge, waren in Haufen wahllos übereinandergestapelt. Fassungslos kreiste Bobby im Tiefflug über dem Dorf. „Guter Gott im Himmel!" stieß er ächzend hervor, als ihm vollends bewußt wurde, was für ein Alptraum sich dort unten abgespielt hatte. Der schlimmste Alptraum war jedoch der, mit ansehen zu müssen, wie Emiles Leute die Häuser durchsuchten, die letzten Überlebenden brutal aus ihren Verstecken herauszerrten und auf der Straße erschossen.

Dann sah er noch, wie sich einer der Irgunsoldaten beim Geräusch des Flugzeugs nach oben wandte und heftig mit einem neuen Haganahgewehr winkte.

* * *

Als Sarai Tafara das Ende der Schlucht erreicht hatte, lief sie den Männern Friedrich Gerhardts direkt in die Arme. Sie fand sich plötzlich inmitten von verbrannten Fahrzeugen und schrie entsetzt auf. Als die Männer zu ihr hinliefen, brach sie hysterisch weinend zusammen.

„Das ist doch die Schwester von Jassar Tafara, nicht wahr?" Die Männer scharten sich um die im Staub liegende weinende junge Frau.

„Sie hat erst vor zwei Tagen geheiratet."

„Wo ist ihr Mann?"

„Tot. Heute morgen kurz vor der Mauer von Kastel erschossen worden."

Bei diesen Worten stieß Sarai einen lauten Klageschrei aus und ließ ihr Gesicht auf den harten Kies der Straße sinken.

„Wo kommt sie her?"

„Was ist denn passiert, Frau?" fragten die Soldaten wild durcheinander und starrten entgeistert auf ihr Haar, das beinahe bis zur Kopfhaut abrasiert war. Ihre Brüste waren unbedeckt und ihre Kleider zerrissen. Einer der Soldaten zog rasch seine Jacke aus und legte sie ihr über.

„Wer hat dir das angetan?"

Sie schluchzte nur noch heftiger und rührte sich nicht. Da meldete sich hinter dem Kreis der aufgeregten Männer eine kräftige, unheilvolle Stimme: „Was glaubt ihr wohl, wer ihr das angetan hat?" Es war die Stimme Friedrich Gerhardts. Er schob die Männer beiseite, schritt auf die junge Frau zu und musterte mit kalten Blicken die geschändete Schwester seines Widersachers Jassar Tafara. „Ich werde euch sagen, wer das getan hat, obgleich ihr es bereits selber wißt." Sie starrten ihn entsetzt an. Der mißbrauchte Körper der noch vor kurzem so entzückenden Braut sagte ihnen alles. „Nicht einmal eure Frauen sind sicher vor diesem Geschmeiß! Wenn wir die Juden am Leben lassen, dann werden sie eure Frauen vergewaltigen und eure Kinder ermorden!" kreischte Gerhardt haßerfüllt.

„Tötet mich!" schluchzte Sarai. „Laßt mich nicht mit dieser Schande weiterleben! Ich flehe euch an! Macht meinem Leben ein Ende!" So hatte sie bereits erfolglos die Männer der Irgun angefleht, die sie geschändet hatten.

Gerhardt aber riß ihr die Kleider ganz vom Körper und gab sie den Blicken der Soldaten frei. „Seht sie euch an! Und dann schreit nach dem Jihad! Seht, was sie dieser Tochter des Propheten angetan haben!"

Es entstand ein großes Durcheinander unter den Männern. Einige gaben fanatisiert und zornig Schüsse in die Luft ab, während andere angstvoll nach ihren Familienmitgliedern fragten, die sie in Deir Jassin zurückgelassen hatten.

„Was ist mit den anderen?"

„Meine Frau! Mein Vater! Haben sie sie alle umgebracht?"

Durch den Tumult angelockt, verließen die Jihad-Moqhaden zu Hunderten ihre Stellungen an der Front und betrachteten die junge Frau, die öffentlich zur Schau gestellt wurde. Sie verbarg verzweifelt ihr Gesicht, während Gerhardt immer wieder auf sie zeigte, die Massen mit Worten bearbeitete und in Rage brachte. „Das waren die

Juden! Die Juden haben das getan! Sie sagt, sie haben alle im Dorf niedergemetzelt. Sie haben Iman Tallans schwangere Frau umgebracht, und dann hat ihr eine jüdische Soldatenhure sogar noch das ungeborene Kind aus dem Leib gerissen!"

Ein Teil der Männer sank auf die Knie und brach bei diesen Worten fassungslos in Tränen aus. Andere erhoben rasend die Fäuste und verfluchten die Tiere, die ihnen ihr Palästina geraubt hatten.

Zuletzt erschien Ram Kadar, schmutzig und erschöpft von der nächtlichen Schlacht, in der es ihm und seinen Freischärlern nicht gelungen war, auch nur einen Meter Land zurückzuerobern.

„Kadar! Allah sei gelobt! Ram Kadar ist gekommen! Er wird wissen, was zu tun ist!" riefen die Männer durcheinander.

Kadar betrachtete Jassar Tafaras Schwester mit zusammengebissenen Zähnen. Dann riß er Gerhardt das Kleidungsstück aus der Hand, mit dem sie ein Fedajin zuvor bedeckt hatte, und legte es der heftig Schluchzenden wieder über. Dann wandte er sich entschlossen um und schlug Gerhardt mit dem Handrücken hart ins Gesicht. Gerhardt wankte und fiel rücklings zu Boden. Die Soldaten verstummten.

„Wie kannst du es wagen?" brüllte Kadar. Dann wandte er sich an die beiden Männer, die ihm am nächsten standen. „Bringt sie in meinen Wagen! Sie ist kein Tier, das man auf diese Weise zur Schau stellt! Sie ist eine Kusine des Muftis, eine Frau des Islam, und ihre Schande ist unsere eigene."

Gerhardt machte nicht den Versuch, sich zu erheben. Er rieb sich lange nachdenklich das Gesicht und starrte Kadar von unten her an. Dann, als das Mädchen weggeführt wurde und Kadar noch keuchend vor Wut hinterherblickte, meinte er mit bösem Lächeln: „Habe ich es dir nicht gesagt, Kadar?"

Kadar wandte sich ihm mit zornig funkelnden Augen zu. „Du bist ein Tier, Gerhardt – ein Tier, das sich an solchen Greueln ergötzt, weil sie beweisen, daß andere genauso schlecht sind wie du!"

Gerhardts Augen blitzten hart wie Stahl, und er wurde ernst. „Nein, Kadar! Wenn *ich* schlecht bin, dann bist *du* ein Narr. Durch diese Tat werden die Juden in aller Welt nur Verachtung ernten! Man wird sich fragen, ob die sechs Millionen tatsächlich ungerechtfertigterweise umgekommen sind." Er erhob sich langsam und stand Kadar nun von Angesicht zu Angesicht gegenüber. „Wird der Aufschrei in der Welt geringer sein, weil es sich jetzt nur um ein kleines Dorf handelt oder nur eine einzige Araberin vergewaltigt worden ist?" Das Lächeln kehrte wieder auf sein Gesicht zurück. „Sie haben mit dieser Tat bewiesen, was sie Palästina antun werden, wenn der Staat Israel erst einmal ausgerufen ist. Nein, Kadar, wir müssen dieses Mädchen allen zeigen. Wir müssen vor Zorn aufschreien, daß sie die einzige ist, die überlebt hat - mißhandelt und vergewaltigt von den Tieren, die wir aus unserem Heimatland zu vertreiben versuchen. Und wenn die Welt ihren verstümmelten Körper gesehen hat, dann wird sie hinter uns stehen, und wir können ungehindert das vollenden, was unser ganzes Sinnen und Trachten ist: die Rache!"

* * *

Die arabischen Freischärler zogen sich zu Hunderten aus ihren Stellungen um Kastel zurück und traten den Rückweg auf der Straße nach Jerusalem an. Bei diesem Anblick hoben Mosches Leute triumphierend die Gewehre und stießen Freudenschreie aus. Und auf der Bergkuppe, auf von Kugeln zerschossenen Felsvorsprüngen, standen die Soldaten, die mit Fergus zurückgeblieben waren, und verfolgten staunend den Rückzug ihrer Feinde.

Unrasiert und erschöpft, verließ Fergus Dugan stolpernd den Schutz der Festungsmauer. Er winkte Mosche, der hinter einem zerklüfteten Felsen am Hang hockte, müde zu. Trotz einer ganzen Nacht des gemeinsamen Kampfes war dies das erste Mal, daß sie sich sahen.

Mosche winkte mit der einen Hand freudig zurück, während er mit der anderen krampfhaft das Feldtelefon umklammerte, um Bobby Milkins grausamen Bericht zu Ende zu hören, der mit dem Kommentar endete: „Tja, die Araber zieh'n sich zwar zurück, aber ich rechne nich' damit, daß sie ganz wegbleib'n. Nich', wenn sie erfahr'n, was in Deir Jassin passiert is'. Die zieh'n sich nich' zurück, Kumpel. Die nehm'n sich nur'n bißchen Zeit, um wachzuwerd'n, und komm'n später wieder, zu eurer Beerdigung ... Over."

Mosches Mund war wie ausgedörrt, aber nicht aus Durst! Er fuhr sich mit der Zunge über die trockenen Lippen. „Rabe, hast du irgend etwas von Emile gesehen? Over."

„Nicht direkt. Aber wenn ich ihn seh', dann werd' ich ihm den Steuerknüppel in den Hals jag'n!" Es folgte ein lauter unanständiger Fluch. „Du glaubs' nich', was dieser Widerling zusammen mit diesem Abschaum von der Irgun dort unt'n angerichtet hat, Stab! Du glaubst es nich'!" Durch das Knacken des Funkgeräts hindurch war nun eine ganze Serie von Flüchen zu hören. „Heh, Stab!" rief Bobby plötzlich. „Muß jetzt geh'n. Da komm'n 'n paar Tommyflugzeuge auf mich zu. Flieg'n über Deir Jassin. Und wenn die das Chaos da unten seh'n, schieß'n die mich ab! Rabe Ende!"

Mosche atmete mit einem schweren Seufzer aus und legte niedergeschlagen den Hörer hin. Unterdessen wurde Fergus, der den steilen Hang zu Mosche hinunterstieg, von zwei Soldaten aufgehalten, die ihn, überglücklich über ihre gelungene Wiedervereinigung, lachend in die Arme nahmen. Unterdessen mußten Mosches Leute und die Männer, die den Konvoi begleitet hatten, überall von ihrem Kampf erzählen. Dann löste sich aus einer kaum fünfzig Meter entfernten Schlucht Ehuds hoch aufragende Gestalt. Er schritt mit grimmigem Gesicht auf Mosche zu und erreichte ihn zur selben Zeit wie Fergus.

„Was für ein wohltuender Anblick, mein Freund!" rief Fergus herzlich aus und schlug Mosche freudig auf die Schulter. „Wir dachten schon, du hättest uns vergessen!"

„Bin in den Angriff der Araber auf den Bab el Wad hineingeraten. Hatten nicht mal Zeit, den Nachschub aus den Lastwagen zu holen. Sind ins Kreuzfeuer geraten. Uns blieb nur die Wahl, uns dem Konvoi anzuschließen –"

„Oder umzukommen!" beendete Ehud Mosches bruchstückhaften Bericht.

„Na, ich bin bloß froh, daß du's geschafft hast! Lebensmittelsorgen haben wir hier oben keine. Die Araber essen nicht schlecht. Aber wir sind inzwischen bei fünf Schuß pro Mann angelangt."

„Fünf!" wiederholte Mosche entsetzt.

„Aye! Sie haben uns gestern ganz schön beschäftigt. Und du weißt selbst, wie es hier in der vergangenen Nacht zugegangen ist! Wenn sie sich nicht zurückgezogen hätten, hättest du alleine weiterkämpfen müssen. Das ist die reine Wahrheit!"

„Wie viele Männer haben wir verloren?" fragte Mosche weiter.

„Drei sind leider tot. Und siebzehn verwundet. Wir müssen sie irgendwie hier rausbringen. Und meine Leute brauchen dringend Ruhe. Das war hier kein Zuckerschlecken."

Mosche sah unterdessen unverwandt auf die Staubwolke, die in der Ferne von den zurückweichenden Freischärlern aufgewirbelt wurde. „Dann ist es besser, ihr geht jetzt gleich. Denn sie werden zurückkommen! Das ist sicher. Und dann zweimal so stark wie zuvor."

„Wo ist eigentlich Emile?" knurrte Ehud. Er kniff argwöhnisch die Augen zusammen, weil ihm Mosches Tonfall nichts Gutes verhieß. „Wo ist dieser –"

„Ich glaube, er kommt nicht mehr. Er ... er hat auf dem Weg nach Kastel eine Eroberung gemacht."

„Wieso das –!" stieß Ehud hervor und spie angewidert aus. „Möge Gott ihn zur Salzsäule erstarren lassen! Möge er ins Tote Meer geworfen werden und darin versinken!" Er senkte den Kopf wie ein Bulle, der sich zum Angriff bereitmacht, und fragte dann so laut und erregt, daß alle fröhlichen Gespräche am Hang verstummten: „Wo ist er hingegangen?" Alle Augen wandten sich jetzt den drei Männern zu.

Irgendwoher erklang das Lied einer Feldlerche, und der Wind flüsterte im jungen Gras.

Mosche kam nicht mehr dazu, etwas zu erwidern, denn plötzlich wehte mit dem Wind ein Name heran, der ihn erstarren ließ: *„Deir Jassin! Deir Jassin! Deir Jassin!"*

24. Drachen auf dem Skopusberg

Rachel träumte so lebhaft von Mosche, daß sie traurig war, als das erste Licht des neuen Tages ins Zimmer fiel. Obwohl ihr aus der unteren Etage verführerisch Kaffeeduft in die Nase stieg, blieb sie mit fest geschlossenen Augen in ihrem mollig warmen Bett liegen und gab sich der süßen Illusion hin, daß Mosche genau wie in der vergangenen Nacht immer noch neben ihr liege, daß sie nur die Hand auszustrekken brauche, um ihn zu berühren. Sie vermied jede Bewegung, die sie aus ihren Träumen herausreißen und in die grausame Wirklichkeit eines Tages ohne ihn stoßen könnte.

Schließlich schlugen jedoch Angst und Enttäuschung wie eine gewaltige Woge über ihr zusammen: *Er ist fort! Keine Arme mehr, die dich halten! Niemand, der dir lächelnd in die Augen blickt oder dir zärtliche Worte ins Ohr flüstert! Er ist fort und muß sogar sein Leben aufs Spiel setzen!* Es war ihr nicht mehr länger möglich, ihre Illusionen aufrechtzuerhalten, und sie schlug die Augen auf. Sie sah das leere Bett, das leere Zimmer. Nichts deutete auch nur im entferntesten darauf hin, daß er in der vergangenen Nacht überhaupt dagewesen war. Sie legte ihre Hand auf sein Kopfkissen. *Habe ich all das nur geträumt? War er überhaupt hier? Habe ich ihm tatsächlich von unserem Kind erzählt?*

Mühsam rief sie sich Einzelheiten aus der Fülle der Ereignisse der letzten Tage und Stunden wieder ins Gedächtnis: Jehudit Akivas aufopfernde Fürsorge, die Ankunft Captain Stewarts, der Jehudit wieder in das Gefängnis ihres Vaterhauses zurückbringen wollte, und die große Enttäuschung des kleinen Jakov, als ihm bewußt wurde, wie sich seine geliebte und bewunderte Schwester ihr Überleben erkauft hatte. *Wie bitterlich hat er um mich geweint! Um uns alle! Genau wie Großvater. Aber wie wunderbar, daß sie mich nicht verachten und sich nicht von mir abwenden wie Rabbi Akiva und die Mitglieder seines Rates! Wie gut, daß es nun keine Geheimnisse mehr gibt, vor deren Enthüllung ich mich zu fürchten brauche!*

Sie setzte sich auf, schlang ihre Hände um die Knie und blickte zur Tür. *Nein, das war kein Traum gewesen!* Ihr Gesicht hellte sich zu einem Lächeln auf. Sie sah Mosche vor sich, groß und hager, wie er die Tür aufstieß und die Arme nach ihr ausstreckte. Jede Bewegung war ihr ins Gedächtnis gemeißelt. Worte, laut gesprochen oder geflüstert; Berührungen, das Gefühl seiner Hand auf ihrer Haut — all das war so tief in ihr Bewußtsein gegraben, daß es nie vergessen oder ausgelöscht

werden konnte. All das war für sie wirklicher als jede andere Erinnerung und verdrängte sogar die Gedanken an ihre traumatischsten Erlebnisse. *Es war kein Traum! Er ist gestern nacht zu mir gekommen! Er war hier bei mir, und er hat unser Kind berührt.*
Ein Gefühl der Schwäche überkam sie bei dem Gedanken an ihn. Wie sehr sehnte sie sich danach, ihren Kopf an seine Brust zu lehnen! Einen Moment lang fragte sie sich, ob sie ihn hätte bitten sollen, bei ihr zu bleiben, nie wieder von ihr zu gehen und die anderen in Kastel kämpfen und sterben zu lassen. *Kastel!* — *Oh Gott, halte deine Hände über ihn! Ich flehe dich an, behüte ihn! Früher konnte ich mir nicht vorstellen, daß gute Menschen zusammen mit schlechten in den Tod gehen können. Aber nun weiß ich, daß auch dies möglich ist. Und so bleibt mir nichts anderes, als dich inständig anzuflehen, daß du ihn behütest und zu mir heimführst!*
Dann drängte sich ihr ein anderes Bild auf: Männer auf einer grünen, mit Blumen übersäten Frühlingswiese. Jeder mit einem gelben Davidstern auf dem Mantel. *Wie andere Menschen Blumen am Revers tragen, so tragen sie den Stern über ihrem Herzen. Vor ihnen die Grube. Das Grab! Das schon überquoll von den Menschen, die vor ihnen ermordet worden waren. Selbst als die Gewehrschüsse fielen und die Sterne in die Grube stürzten, hatten die Vögel nicht aufgehört zu singen. Oh Gott! Laß Kastel nicht zum zweiten Polen werden!*
Plötzlich war es Mosche, den sie, von Gewehrläufen bedroht, am Rande des Massengrabes stehen sah. Sie schauderte und schüttelte sich, um das grausige Bild zu vertreiben. Sie wollte sich nicht von den Schrecken ihrer Erinnerungen unterkriegen lassen und zwang sich, aufzustehen und sich anzuziehen.
„Darum kämpft Mosche in Kastel!" flüsterte sie sich Mut zu, als sie das Wasserbecken füllte. „Damit niemals wieder gute Menschen am Rande einer solchen Grube stehen müssen. Du weißt das besser als ich, Herr. Und obwohl ich weiß, daß du es zuläßt, daß gute Menschen den Bösen zum Opfer fallen, flehe ich dich dennoch inständig an, ihn wieder wohlbehalten zu mir zurückzubringen!"

* * *

Schon bevor Rachel die Küche betrat, hörte sie den Rundfunksprecher mit nachdrücklicher Stimme die Nachrichten verlesen. Mit einer Tasse Kaffee in der Hand saß Howard gebannt am Tisch und sah nicht einmal auf, als sie eintrat.

Kurz nach Mitternacht haben Truppen der jüdischen Haganah versucht, die Linie der arabischen Streitkräfte zu durchbrechen, die am Rande des Dorfes Kastel in Stellung liegen. Über die Verluste ist bisher noch nichts bekanntgeworden. Das arabische Hochkomitee ist allerdings zuversichtlich, daß sich Kastel bis zum Anbruch der Dunkelheit wieder unter arabischer Kontrolle befinden wird. Unterdessen unterstützen zahlreiche arabische Palästinenser die Freiwilligen, die zur Stunde am Paß Bab el Wad eine Offensive durchführen . . .

Mit sorgenvoll gefurchter Stirn wollte Howard gerade einen anderen Sender suchen, als er Rachel bemerkte. Vor Überraschung schaltete er das Radio aus und sagte entschuldigend: „Ich hatte Sie gar nicht bemerkt. . . ."

„Ich bin ja gerade erst heruntergekommen", antwortete sie mit dem Versuch eines Lächelns und blickte dann zum Spülbecken, wo sich das Geschirr vom vorigen Abend stapelte. „Ich habe den Kaffee gerochen. Und ich sehe, daß ich einiges aufzuräumen habe."

„Ach, lassen Sie das doch", winkte Howard ab. „Damit können Jakov und ich uns nachher beschäftigen, wenn Sie bei der Kleinen im Hadassah-Krankenhaus sind. Die anderen sind noch nicht einmal auf. Gießen Sie sich erst mal eine Tasse Kaffee ein."

Ungeachtet seiner Aufforderung, füllte Rachel jedoch den Wasserkessel und stellte ihn auf den Herd, um Spülwasser heiß zu machen. Sie mußte sich irgendwie beschäftigen, denn ihre Gedanken wanderten immer wieder zurück zu der grünen Wiese in Polen. „Was gibt es denn für Nachrichten aus Kastel?" fragte sie und wagte nicht, Howard dabei anzusehen.

„Ach, wissen Sie . . . Einfach Propaganda. Die Araber verkünden bereits einen großen Sieg. Die Briten dagegen enthalten sich jeglichen Kommentars. Die BBC wird über beide Seiten berichten, und ich glaube nicht, daß unsere Seite viel über die Angelegenheit zu sagen hat. Kastel wird von uns bisher gehalten. Ich glaube, unsere Chancen sind gar nicht schlecht —"

„Ach, Herr Professor" unterbrach sie ihn, „ich würde trotzdem so gerne die Nachrichten hören. Schalten Sie doch bitte das Radio nicht meinetwegen aus!"

Etwas zögernd leistete er ihrer Bitte Folge und griff dann ein Geschirrtuch, um ihr beim Abtrocknen zu helfen.

Mehrere tausend jüdische Infanteristen, die vor zwei Tagen einen Scheinangriff auf Ramle geführt haben —

„Ha! Mehrere Tausend! Das ist gut. Das sollen sie nur glauben!" rief

Howard so erregt, als verfolge er die Radioübertragung eines Fußballspiels.
Der britischen Militärbehörde ist es gelungen, eine kleine Gruppe von Männern festzunehmen, die an dem Angriff beteiligt waren. Amtlichen Stellen zufolge, ist jedoch der größte Teil der Armee -

„... im Dickicht verschwunden! Das heißt es!" führte Howard den Kommentar befriedigt selbst zu Ende. „Sie haben sogar berichtet, daß amerikanisch-jüdische Fallschirmjäger vor Ramle niedergegangen seien und daß es die arabischen Freischärler deshalb so schwer hatten. Allerdings kein Wort über Luke Thomas und seine Leute. Aber Ehud hat mir erzählt, daß sich der Captain wunderbar in Ramle bewährt hat. Er nimmt an, daß Luke sich in Galiläa versteckt hält. Sie bilden dort in einem Kibbuz Soldaten aus."

„Das ist gut", erwiderte Rachel. Ihr war bei Howards optimistischem Bericht leichter ums Herz geworden.

„Sie werden dort gute Führer benötigen. Die Syrer sind nämlich wild wie die Hornissen, und gestern hörte ich, daß Haj Amin vorhat, das Dorf Safed zu seiner einstweiligen Hauptstadt zu machen, bis sie den Juden Jerusalem abgenommen haben."

In Jerusalem selbst herrschte in der vergangenen Nacht Ruhe. Die jüdische Passahfeier verlief, abgesehen von einigen kleineren Vorkommnissen, ungestört. Schätzungen zufolge, werden die Lebensmittel, die in einem wagemutigen Einsatz von Tel Aviv über den Bab el Wad nach Jerusalem transportiert worden sind, die Bevölkerung für die nächsten −

„Sie haben ja gar nicht die Waffen erwähnt, die David Meyer gebracht hat", rief Rachel erstaunt aus, während sie behutsam einen zerbrechlichen Porzellanteller spülte und ihn an Howard weiterreichte.

„Das wurde bereits gestern in den Nachrichten durchgegeben. Das Photo von der Bruchlandung des Transportflugzeugs war gestern in der internationalen Presse. Und man fahndet nach David Meyer, um ihn zu verhören. Ich möchte im Augenblick nicht in der Haut des jungen Mannes stecken! Aber ich kann mir vorstellen, daß Ellie ihn irgendwo sicher unter Verschluß hat."

Rachel lächelte schmerzlich. „Ja. Nach allem, was Mosche mir in der letzten Nacht erzählt hat, wird sie wohl lange nicht von seiner Seite weichen. Ich kann eine solche Hingabe gut verstehen."

Sie blickte aus dem Fenster zu einer blauen Stelle am Morgenhimmel und fragte sich, ob auch Mosche ihn sah und ob seine Gedanken genauso zu ihr wanderten wie ihre zu ihm.

Howard räusperte sich verlegen und schwieg. „Tja", fuhr er schließlich fort, während er die abgetrockneten Teller übereinanderstapelte, „ich nehme an, Sie werden wohl erst zum Skopusberg, zum Hadassah, wollen."

„Das schon. Aber ich möchte nicht Ihre Pläne durchkreuzen, falls Sie heute morgen schon etwas anderes vorhaben."

„Nein, ich hätte sogar Lust, eine kleine Fahrt mit dem britischen Konvoi durch Sheik Jarrah zu unternehmen." Er sah auf die Uhr über dem Küchentisch. „Der erste Konvoi ist für acht Uhr angesetzt. Ich will Sie gerne fahren. Wir sind gestern abend mit dem letzten Konvoi abgefahren, und mit ein bißchen Glück werden wir heute morgen bereits beim ersten wieder dabeisein."

Erleichtert und mit neuem Schwung spülte Rachel die restlichen Teller. Sie wußte, daß Tikvah wahrscheinlich schon seit zwei Stunden wach war, und sie sehnte sich schmerzlich danach, sie wieder in den Armen zu halten, sehnte sich nach dem tröstlichen Gefühl, die Wange der Kleinen an die ihre zu halten. Der Gedanke an Tikvah drängte alle Ängste und Zweifel in den Hintergrund.

Die Jewish Agency berichtet, daß Lebensmittelkarten an folgenden Stellen erhältlich sind ...

„Aha", meinte Howard trocken. „Dann kann ich Sie ja am Krankenhaus absetzen und unterdessen die Einkäufe erledigen. Wenn ich gewußt hätte, wie vergnüglich es ist, sich um den Haushalt zu kümmern, hätte ich mich wahrscheinlich schon vor Jahren von der Schule zurückgezogen und einfach —"

Wir unterbrechen die Sendung, um eine Sondernachricht durchzugeben. Der ernste Ton des Nachrichtensprechers setzte Howards fröhlichem Geplauder unvermittelt ein Ende, und Rachels Hand erstarrte über dem Spülwasser. Von Grauen gepackt, hörte sie die Nachricht über eine weitere blumenübersäte Wiese, auf der Schreie um Gnade einfach verhallt waren. *Das genaue Ausmaß der Greuel, die in dem Dorf von Juden begangen worden sind, ist noch nicht bekannt. Eine junge Überlebende, von der es heißt, daß sie eine Nichte des Muftis sei, berichtete von zahllosen Vergewaltigungen und Verstümmelungen...*

„Mein Gott!" Howard sank auf einen Stuhl. „Wie ist so etwas möglich? Das muß ein Mißverständnis sein!"

Die Berichte über das Massaker sind offiziell bestätigt worden. Die britischen Behörden haben mitgeteilt, daß der Vorfall einer eingehenden Untersuchung unterzogen werden und man die Täter festnehmen ...

Rachel war wie versteinert. Den Blick starr auf den kleinen blauen

Fleck am Himmel gerichtet, vor dem zwei Sperlinge herflogen, flüsterte sie entgeistert: „Zu so etwas sind Juden nicht imstande! Das ist doch nicht möglich! Nicht möglich! Das müssen Araber getan haben! So etwas könnten wir niemandem antun! Ich weiß nicht, was das bedeuten soll..." Sie schloß die Augen. Wieder sah sie lange Menschenschlangen, mit dem Davidstern am Mantel, am Rande des Massengrabes. Erst jetzt, da sie die Augen geschlossen hatte, erkannte sie, daß es Frauen und Kinder waren.

Ihnen gegenüber standen Männer in schwarzen Uniformen, auf deren Kragen die Abzeichen mit dem Symbol des Blitzes glitzerten. *Die SS! Ohne mit der Wimper zu zucken, haben sie sogar Frauen getötet. Frauen, die Säuglinge auf dem Arm hielten. Säuglinge wie Tikvah! Aber das waren Nazis, keine Juden! Juden könnten so etwas nicht, würden das nie...*

Howard stöhnte auf, als es weiter hieß: *Aus britischen Aufklärungsflugzeugen, die das Gebiet direkt überflogen haben, wurde berichtet, daß die Straßen von Leichen arabischer Zivilisten übersät waren. Zu diesem Zeitpunkt hatten die britischen Streitkräfte bereits den Befehl erhalten, die jüdischen Terroristen, die die Häuser besetzt hatten, zu zerstreuen. Man nimmt jedoch an, daß die Terroristen erbitterten Widerstand leisten werden...*

„Wir sind doch Juden!" schrie Rachel verzweifelt und schlug die Hände vors Gesicht, um die grausigen Bilder zu vertreiben, die auf sie einstürmten. *Männer in schwarzen Uniformen, die grinsend und lachend Kinder vor den Augen ihrer Mütter erschossen. Männer in Schwarz mit Gewehren, den Davidstern auf die Uniformen genäht...*

* * *

Ellie empfand keinen Schmerz, als sie die Augen aufschlug und in Davids besorgtes, nasses Gesicht blickte. Sie hörte ein Stöhnen, und das Geräusch der Brandung erinnerte sie sofort daran, wo sie sich befand. Sie hustete und versuchte sich aufzurichten, aber David hielt sie behutsam zurück.

„Gönn dir noch eine Minute", sagte er liebevoll-besorgt. „Ich glaube, du hast die halbe Adria ausgetrunken." Der Himmel begann sich um sie zu drehen, und sie schloß schnell wieder die Augen. „Was ist... mit den anderen?" fragte sie und hustete erneut.

„Bernie geht's gut. Ein Glück, daß wir ihn hatten —" Dumpfes Stöhnen klang wieder zu ihnen herüber. „Aber Michail ist übel zugerichtet, hat beide Arme gebrochen — ziemlich schlimm. Aber wir leben wenigstens alle, Els!" Er strich ihr mit einem Seufzer der Erleichterung über die Stirn. „Hast du irgendwo Schmerzen, Liebling?"

Sie schlug erneut die Augen auf und lächelte ihn matt an. „Noch nicht. Ich habe gehört, daß es am zweiten Tag immer besonders schlimm sein soll."

„Die Stinson ist auf jeden Fall hin." Er sah zu dem Wrack hinüber, das in ungefähr fünfzig Meter Entfernung zur Hälfte im Wasser hing und im Rhythmus der Wellen auf und nieder wogte. „Wir haben Glück gehabt! *Mehr* als Glück, würde ich sogar sagen."

„Wo sind wir?" fragte sie mit kraftloser Stimme und nahm zum ersten Mal für einen kurzen Augenblick Michail wahr, der im Sand lag, die Hände in schmerzhaften Krämpfen vor der Brust verkrümmt.

Doch schon beugte sich Bernie Greene über ihn, um den Verletzten vor ihren Blicken zu verbergen.

„Ich weiß nicht genau", versetzte David mit düsterem Gesicht. „Irgendwo an der italienischen Küste."

„Was ist mit Michail?" Sie schluckte schwer und nahm Davids Hand zu Hilfe, um sich aufzurichten.

„Langsam —" mahnte er und half ihr. „Da es dir offensichtlich gut geht, werde ich jetzt losgehen und mal sehen, ob ich eine Straße finden und feststellen kann, wo wir uns befinden. Und vor allem Hilfe holen!"

„Michail sieht schlecht aus", sagte Ellie. Sie ließ sich nicht ablenken. Doch zunächst mußte sie den Kopf auf die Knie legen und warten, bis ihr Schwindel vorüber war.

„Ja", pflichtete ihr David bei und rief dann Bernie zu: „Deck ihn mit Sand zu, Bernie! Das wird ihn warmhalten. Sonst bekommt er einen Schock."

Bernie machte sich mit grimmiger Miene sofort daran, der Aufforderung nachzukommen und Michail mit einer schützenden Sandschicht zu bedecken „Den hat er bereits", erwiderte er lakonisch. „Sieh du nur zu, daß du Hilfe herbeischaffst..." Mit freundlicher Miene ergänzte er zu Ellie gewandt: „Freut mich, daß Sie wieder bei Bewußtsein sind! Haben uns schon ein bißchen Sorgen gemacht." Dann meinte er in ungewohnter Herzlichkeit zu David: „Zu dumm das mit dem Flugzeug." Nachdem die beiden Männer diese schwere Prüfung gemeinsam überstanden hatten, war die Feindseligkeit zwischen ihnen dahingeschmolzen.

„Tja." David senkte niedergeschlagen die Augen und murmelte: „Die *Trina* wird inzwischen wohl schon die Hälfte des Weges zurückgelegt haben."

Ellie legte ihm behutsam die Hand auf den Arm und tröstete: „David, du hast doch dein Bestes getan."

„Diesmal war es eben nicht genug", erwiderte er mit einem traurigen Lächeln. „Dabei sollte das ein einfacher Auftrag sein. Und nun haben wir keine Bombe, kein Flugzeug und kein Schiff mehr. Mein Bestes war eben einfach nicht gut genug."

„Du mußt es von der positiven Seite sehen . . ." begann sie, weil sie wollte, daß er dankbar dafür war, daß sie noch lebten und zusammen waren.

„Von der positiven Seite?" Er erhob sich und klopfte sich den Sand von den Kleidern. „Tja. Zwei Haganahflugzeuge innerhalb weniger Tage. — Vielleicht setzt mich ja der Alte vor die Tür. Dann brauchen wir uns keine grauen Haare mehr wegen dieses Schlamassels wachsen zu lassen." Er rang sich ein Lächeln ab.

„Schon möglich, daß er das tut", erwiderte sie. „Dann könnten wir jedenfalls nach Hause. Ich würde ein Photoatelier aufmachen und du —"

„Ich könnte immer noch Vertreter für Lebensversicherungen werden. Gott weiß, daß wir alle so was brauchen." Er war dankbar, daß Ellie versuchte, die Sache von der humorvollen Seite zu betrachten und damit das notwendige Gegengewicht zu seiner trüben Stimmung schuf. Er beugte sich zu ihr hinunter und küßte sie. „Ich bin so schnell wie möglich zurück. Geh nicht weg!"

„Ich verspreche es."

David war noch nicht weit gegangen, da rief Ellie Bernie durch das Tosen der Brandung zu: „Vielleicht sollten wir uns hinter die Dünen verziehen. Dann hätten wir es zumindest nicht so windig."

Bernie nickte zustimmend und erklärte Michail ihr Vorhaben. Als er den Sand wieder entfernte und erst recht, als er ihm beim Aufstehen half, schrie Michail laut auf vor Schmerz, brachte es jedoch unter Aufbringung seiner ganzen Willenskraft fertig, sich zusammenzureißen. Da Bernie und Ellie seine Arme nicht um ihre Schultern legen konnten, schlangen sie beide jeweils einen ihrer Arme kräftig um seine Taille und stützten ihn auf diese Weise, so gut sie konnten.

Jeder Schritt war eine entsetzliche Qual für Michail. Er hob das

Gesicht zum verregneten Himmel empor und schrie seinen Schmerz laut hinaus. Kurz vor dem Ziel verdrehte er schließlich die Augen und brach bewußtlos zusammen.

„Ohnmächtig", kommentierte Bernie und blickte mitleidig auf ihn nieder. „Das ist gnädig. — Glaubst du, du kannst mir helfen, ihn zu tragen?"

Ellie nickte und legte wortlos Michails lange Beine gerade, aber nach einem Blick auf seine verschwollenen Arme bat sie Bernie:

„Nimm du ihn bitte bei den Schultern! Ich trage lieber die Beine. Wenn ich ihn dann fallen lasse, kommen wenigstens seine ohnehin schon verletzten Körperteile nicht noch mehr zu Schaden."

Sie hoben ihn mühselig hoch, stolperten die Düne hinauf und rutschten auf der anderen Seite vorsichtig wieder hinunter.

Wenngleich der Regen weiter mit unverminderter Heftigkeit auf sie niederprasselte, war es dort zumindest windgeschützt. Und selbst die tosende Brandung schallte nur noch stark gedämpft zu ihnen herüber und klang an dieser Stelle fast friedlich und beruhigend.

Sie ließen sich erschöpft nieder, und Ellie hielt ihre Hand über Michails Gesicht, damit ihm der Regen nicht so ins Gesicht prasselte, während Bernie ihn wieder mit einer schützenden Sandschicht bedeckte.

Über ihnen kreisten zwei Seemöwen. Plötzlich stießen sie im Sturzflug in die Tiefe, ließen sich dann vom Wind auffangen und verharrten schließlich regungslos in der Luft. Ellie lag auf dem Rücken und nahm diesen Anblick der Ruhe in sich auf. Auch empfand sie es schon als Wohltat, daß ihr der Wind nicht mehr ins Gesicht peitschte, und schlief wunderbarerweise einfach ein.

*   *   *

Ein perverser Ausdruck der Zufriedenheit lag auf Friedrich Gerhardts Gesicht, während er hinter Kadar auf dem Rücksitz des ramponierten, alten Jeeps saß und Jassar Tafaras junge Schwester zitternd auf dem Boden des Fahrzeugs kauerte. Der Wagen mußte sich durch eine tobende Menschenmenge hindurchschieben, die zu beiden Seiten der Straße Spalier stand und fanatisch *Tod den Juden* brüllte.

Auch wenn die Wiedereroberung Kastels momentan ausgesetzt worden war, hegte Gerhardt keine Zweifel daran, daß die Juden, die wie Schlächter in Deir Jassin gewütet hatten, bald besiegt sein würden, wenn erst weitere fanatisierte Mengen von Arabern zur Verstärkung herbeigeeilt waren. Unterdessen erklomm der Wagen langsam die Kuppe der steilen Straße. Von dort aus konnten sie den Jerusalemer Vorort Sheik Jarrah überblicken, und es zeigte die Richtigkeit von Gerhardts Überlegungen: unzählige leidgeprüfte Bürger strömten ihnen bereits entgegen.

Gerhardt tippte Kadar auf die Schulter, und dieser sah sich flüchtig um. Von der jungen Frau, die hinter ihm schluchzte und zitterte, nahm er keine Notiz. „Habe ich es dir nicht gesagt", meinte Gerhardt mit einem bösen Lächeln, „was das für ein Geschmeiß ist, gegen das wir kämpfen? Habe ich dir nicht gesagt, daß so etwas wie der gute Jude gar nicht existiert?"

Kadar schwieg. Er hatte die Augen auf den Gipfel des Skopusberges geheftet, wo die riesige Nachbildung des siebenarmigen Leuchters auf dem Dach des Hadassah-Krankenhauses prangte. Er spürte, wie sich in seinem Magen der Zorn zusammenballte. „Es ist so, wie du gesagt hast", stimmte er schließlich zähneknirschend zu. „Wir kämpfen gegen Wölfe, die sogar Kinder aus dem Mutterleib reißen würden, um sie zu verschlingen. Ja, es ist, wie du gesagt hast, Gerhardt."

Unterdessen geriet die Menschenmenge am Straßenrand zunehmend in Raserei: Waffen wurden herausfordernd in der Luft geschwungen, aus den Häusern stürzten ständig weitere Männer und Frauen herbei, und der öffentliche Aufschrei schwoll immer mehr an.

„Wir werden diesen Vorfall zu unserem Vorteil ausschlachten", ergänzte Gerhardt mit einem solchen Gefühl der Zufriedenheit, als habe er selbst diese Demonstration arrangiert. „Kein einziger Jude wird auf dem Boden Palästinas übrigbleiben."

„Das ist schon immer unser Ziel gewesen", erwiderte Kadar kühl.

Auch Gerhardt blickte jetzt zum beherrschenden Skopusberg empor.

Schon die Römer hatten die Bedeutung dieses Berges erkannt: Sie hatten erst ihn und dann die Stadt eingenommen. Und Gerhardt würde genauso verfahren. „Heute nacht werden wir Kastel zurückerobern", sagte er zuversichtlich, „und morgen das Hadassah einnehmen. Wir werden es von den übrigen Juden so gründlich isolieren, als würden wir dem Feind den Kopf abtrennen! Sie meinen, ein Dorf zerstört zu haben, aber sie haben einen Drachen gefüttert, der sie gnadenlos verschlingen wird."

* * *

Große, schwarze Rauchwolken verdunkelten den Himmel über Jerusalem, das von Leid und Leidenschaft geschüttelt wurde, und als der Vormittag zur Hälfte herum war, verschmolzen die Klagelaute und Zornesschreie der Araber zu einem einzigen herausfordernden Ruf: *Deir Jassin!* In allen Vierteln brachen Aufstände los, und von den Dächern schossen erneut Heckenschützen. Eingedenk ihrer eigenen Verluste durch die Hände der jüdischen Terroristen waren die Briten jedoch nicht bereit, der Welle der Zerstörung und des Zorns Einhalt zu gebieten, und hielten sich dementsprechend zurück.

Noch bevor Howard und Rachel die letzte jüdische Barrikade erreichten, die sie von der Eskorte trennte, war es Rachel klar, daß sie es nicht bis zum Krankenhaus schaffen würden. „Tikvah!" flüsterte sie verzweifelt.

Howard ließ seine Augen schweigend durch die nahezu verlassenen Straßen des jüdischen Stadtteils schweifen. Vernünftige Juden blieben an diesem Tag im Haus und hörten nur entsetzt und ungläubig die Berichte über die Greuel im Dorf Deir Jassin. Als Howard und Rachel schließlich an der Barrikade vorfuhren, hinter deren Sandsäcken jüdische Wächter kauerten, kurbelte Howard sein Fenster herunter und rief einem jungen Mann zu: „Wir versuchen zum Hadassah-Krankenhaus zu kommen!"

„Da sind Sie nicht der einzige Arzt in Jerusalem!" erwiderte der junge Mann ungerührt, während sein Kamerad auf eine neue Rauchwolke deutete, die im Norden der Stadt aufstieg. „Aber heute fährt wohl niemand zum Hadassah! Nicht einmal die Briten in ihren Panzerfahrzeugen!"

„Aber Tikvah! Sie kann doch nicht allein bleiben", wandte Rachel hilflos ein.

„Diese junge Frau hat ein Kind im Hadassah", erklärte Howard.

„Seid ihr sicher, daß die Briten heute keine Eskorte anbieten?"

„Ha!" lachte der junge Mann zynisch auf. „Uns Juden höchstens eine Eskorte zum Rand eines Felsens. Sonst nichts!"

Rachel spürte, wie ihr flau im Magen wurde. „Herr Professor, die Araber werden doch nicht das Krankenhaus selbst angreifen? Tikvah wird dort doch in Sicherheit sein?"

Howard trommelte nervös mit den Fingern aufs Steuerrad. Diese Frage hatte auch er bereits in seinem Inneren gewälzt. Der Skopusberg und das Hadassah-Krankenhaus lagen inmitten eines arabischen Gebietes. Dieses war vermutlich nun sehr begehrt – sowohl beim arabischen Hochkomitee als auch bei den Jihad-Moqhaden, die behaupteten, daß sie bald die ganze Stadt im Namen des arabischen Palästina einnehmen würden. Howard wiegte bedenklich den Kopf. „Ehrlich gesagt, Rachel, kann ich Ihnen auf diese Frage auch keine Antwort geben." Er blickte zu den Rauchsäulen hinüber. „Ich weiß nämlich nicht, welche Verteidigungsvorkehrungen dort getroffen worden sind."

„Bitte!" flehte sie mit kläglicher, verängstigter Stimme, während ihre Gedanken nur noch um das Krankenhaus kreisten. Die Juden hatten die Kinder aus Deir Jassin nicht verschont. Nun würden die Araber auch bei den jüdischen Kindern keine Gnade walten lassen.

„Bitte! Fragen Sie doch bitte den Soldaten, ob sie dort oben eine Verteidigungsmöglichkeit haben."

Howard nickte flüchtig. „Was für Verteidigungsstellungen haben wir auf dem Skopusberg?" fragte er den Wächter, der immer noch fasziniert auf die schwarzen Qualmwolken blickte, die die Sonne verdunkelten.

„Nicht genug, das kann ich Ihnen sagen!" erwiderte dieser mit grimmigem Ton. „Nirgendwo genug."

Die Augen des Mannes blitzten vor Zorn. „Wenn Sie es versuchen wollen und keine Angst davor haben, erschossen zu werden, fahren Sie ruhig weiter –" Zynisch fügte er nach einer Pause hinzu: „... und seien Sie meine Gäste! Andernfalls drehen Sie besser um und fahren nach Hause! Versuchen Sie es morgen noch einmal!" Als in der Ferne plötzlich der Schrei *Deir Jassin! Deir Jassin!* losbrach, der klang, als komme er direkt aus dem Inneren der Erde, schloß er mit heiserer Stimme: „Das ist alles, was ich Ihnen sagen kann."

„Morgen...", seufzte Howard verzweifelt. Dann legte er mitfühlend eine Hand auf Rachels Arm. Sie zitterte am ganzen Körper.

„Tod den Juden! Deir Jassin! Tod den Juden! Deir Jassin!"

„Mein Kind!" brach es aus Rachel hervor. Sie ließ den Kopf schwer auf die Lehne sinken. „Mein Kind!" Sie preßte die Augen zusammen, um die grauenerregende Dunkelheit nicht sehen zu müssen, die sich drohend über die Heilige Stadt gelegt hatte.

25. Zuflucht

Als der prasselnde Regen schließlich in Nieselregen überging, kehrte David mit einem alten italienischen Bauern im Schlepptau wieder zum Strand zurück.

„Soweit ich in Erfahrung bringen konnte, sind wir etwa fünf Kilometer von einer kleinen Stadt namens Bari entfernt", berichtete er Ellie, Bernie und Michail, der inzwischen wieder bei Bewußtsein war. „Dieser Bursche hier spricht zwar kein Wort Englisch, aber er hat immerhin einen Lastwagen, und er versteht amerikanisches Geld." Er klopfte sich auf die Taschen seiner Fliegerjacke. „Zum Glück gibt es Kartentaschen. Die Lappen da drin sind zwar jetzt naß, aber von ihrer Wirkung haben sie zumindest nichts eingebüßt."

Keuchend vor Schmerzen, stand Michail auf und schleppte sich, diesmal mit Bernies und Davids Unterstützung, zur Straße. Er verzog das Gesicht vor Schmerzen und biß sich auf die Lippen, um seine Schreie zu unterdrücken. Zwischendurch stieß er einige Worte hervor, die Bernie trocken für David übersetzte: „Er meint, daß seine Arme gebrochen sind."

„Hmmm", brummte David und fügte nach einem Blick auf Michails grotesk verschwollene Arme zynisch hinzu: „Tja, ich würde sagen, es wird wohl eine Zeitlang dauern, bis er sich wieder seine Schuhe zubinden kann."

„Ein Jammer, daß du nicht noch was von dem Morphium übrig hast, daß du in mich hineingepumpt hast", meinte Bernie. „Während er bewußtlos war, habe ich mir mal seine Arme genauer angesehen. Der linke Unterarm ist am schlimmsten zugerichtet. Der Knochen hat sich beinahe durch die Haut gebohrt. Wir werden auf dem Weg ins Krankenhaus sehr vorsichtig mit ihm umgehen müssen."

Ellie wurde bei der Erwähnung von Michails Verletzungen blaß und sah besorgt in sein aschfahles Gesicht. Er ging schweigend und mit geschlossenen Augen, als könne er die Schmerzen leichter ertragen, wenn es dunkel um ihn war. Er schwieg auch noch, als sie schließlich bei einem uralten Pritschenwagen ankamen, dessen Ladefläche bis zur Höhe des Fahrerhauses mit Kisten voller Hühner beladen war. In den Fenstern fehlte das Glas und auf der Beifahrerseite die Tür.

David und Bernie versuchten Michail den unglaublich schmerzlichen Vorgang des Einsteigens so gut wie möglich durch ihre Unterstützung zu erleichtern. Als er schließlich im Wagen saß, biß er mit schmerzverzerrtem Gesicht die Zähne zusammen und lehnte den Kopf erschöpft gegen die zerschlissene Lehne. Seine Arme lagen verkrümmt und hilflos auf seinen Oberschenkeln.

„Ellie", wandte sich David an seine Frau, „du fährst vorne neben ihm! Bernie und ich werden uns zu den Hühnern gesellen." Und schon lud er zusammen mit Bernie so viele Kisten ab, daß sie auf der Ladefläche Platz hatten. Der Bauer protestierte laut schimpfend.

Als David jedoch mit einem Schein wedelte, verstummte er augenblicklich und bedankte sich statt dessen überschwenglich: „Grazie! Molto grazie!" Dann schwang er sich ins Führerhaus, und sie fuhren, ruckend und schwarze Rauchwolken hinter sich her ziehend, über die schmale Straße in Richtung Hafen. Kaum unterwegs, begann der Bauer gut gelaunt und mit lauter Stimme eine Arie aus dem *Barbier von Sevilla* zu singen. Er hatte offensichtlich ganz vergessen, welche Qualen Michail litt.

Ellie saß neben Michail und zuckte jedesmal, wenn sie durch ein besonders tiefes Schlagloch fuhren, mitfühlend zusammen und streichelte ihm dann teilnahmsvoll die Schulter. Um sich nicht noch mehr aufwühlen zu lassen, versuchte sie, nicht auf seine klauenartig verkrampften Hände oder in sein schmerzverzerrtes Gesicht zu sehen. Die fliegenden Federn, der blecherne Tenor ihres Chauffeurs, das vom ständigen Gegacker der Hühner untermalt wurde, all das zerrte ohnehin schon genug an ihren Nerven. Schließlich konnte sie es nicht länger ertragen. Sie tippte dem Fahrer gereizt auf die Schulter und legte einen Finger an die Lippen, um ihm zu bedeuten, daß er sich endlich still verhalten solle. Es erschien ihr unmenschlich, daß er so fröhlich singen konnte, wenn jemand anders so große Schmerzen litt. Er sah sie ob der Störung verwirrt an, fügte sich aber, wenn auch beleidigt, ihrem Wunsch.

Hin und wieder blickte sich Ellie nach David um, konnte ihn allerdings in der Wolke wirbelnder Federn nicht ausmachen. Umso besser war ihr Blick auf die Küste. Sie sah, wie felsig sie war und sagte sich immer wieder voller Dankbarkeit, wie froh sie sein konnten, daß sie das kleine Fleckchen Strand gefunden hatten und nicht elendig an den Klippen zerschellt waren.

Als sie schließlich in Bari ankamen und sich der klapprige Lastwagen im Schneckentempo durch die schmalen Gassen der Hafenstadt schob, schien das Unwetter noch einmal neue Kraft geschöpft zu haben. Der Sturm fegte heulend ins Führerhaus hinein, und der Regen durchnäßte nicht nur die Hühner, sondern auch die Fahrgäste.

Auch in dieser Stadt waren die Spuren von Bombenangriffen noch deutlich zu erkennen, und aus erbärmlichen Hütten, die aus Kisten und Blechen von ausgebrannten Fahrzeugen errichtet worden waren, lugten zerlumpte Kinder hervor. Gelegentlich eilte ein Fußgänger über die Straße, aber im großen und ganzen schien sich die Stadt vor dem Sturm verkrochen zu haben. Allein die politischen Fahnen, die hier genau wie in Jugoslawien wehten, verliehen dem Ort etwas Leben.

Der Bauer schüttelte verärgert den Kopf und hob dann die geballte Faust drohend gen Himmel. Als der Regen gleich darauf, wie zur Antwort, noch heftiger herniederprasselte, begann er sogar laut zu fluchen. Wenn er vorgehabt hatte, die Hühner auf dem Markt zu verkaufen, war dieses Wetter für sein Vorhaben denkbar ungünstig.

„Ospedale!" rief ihm Ellie mehrmals laut in Erinnerung. „Ospedale prego!"

„Si! Si!" Der Bauer lenkte den Wagen an einer verwitterten Kirche vorbei und bog dann in eine so enge Gassen ein, daß Ellie problemlos die Hausfassaden mit der Hand berühren konnte. Nach einer schier endlosen Fahrt durch diese stinkenden Gassen, an Mietshäusern und armseligen Hütten vorbei, gelangten sie auf den Umladeplatz am Hintereingang eines riesigen Gebäudes. Der Bauer sprang heraus, eilte zu der schweren Holztür und klopfte heftig dagegen.

Daraufhin wurde die Tür leicht geöffnet, und ein Mann mit einem runden Gesicht lugte heraus. Kurz darauf eilten zwei magere Jungen in weißen Schürzen herbei und begannen die Hühnerkisten abzuladen.

Ellie fing gerade an, sich über die Verzögerung zu ärgern, als David auch schon von der Ladefläche sprang, den Bauern zornig am Hemdkragen packte und zu sich hochzog.

„Sie sollten uns zuerst zum Krankenhaus bringen!" brüllte er ihn an. Er war derart in Rage, daß er gar nicht mehr an die Verständigungsprobleme dachte. Der Mann, dessen Füße kaum noch den Boden berührten, begann zu zittern. *Ins Krankenhaus!* Sehen Sie nicht, daß der Mann dort verletzt ist?" rief David noch einmal aufgebracht.

Einer der mit Kisten bepackten Jungen sah David mit interessierten großen, braunen Augen an und fragte in klarem, aber akzentgefärbtem Englisch: „Sie Amerikaner?"

David ließ den Bauern los. „Ja. Sprichst du Englisch?"

„Okay. Hot dog! Wow!" führte der Junge zur Bestätigung eine Auswahl seines Wortschatzes vor. „Si. Ja. Ich sprechen etwas Englisch!"

„Dann sag diesem Burschen, daß ich ihn dafür bezahlt habe, daß er uns zum Krankenhaus bringt!"

„Si. Okay." Der Junge ratterte Davids Anweisungen herunter. Der Bauer glättete sich den regennassen Mantel und antwortete dann dem Jungen, während er David zornige Blicke zuwarf.

„Was hat er gesagt?" fragte dieser ungeduldig.

„Er sagen ... du dummer amerikanisch Idiot. Er dich bringen zu Krankenhaus, und du stehen hier in Regen und schreien ..."

David wischte sich das Wasser vom Gesicht und sah den Jungen ungläubig an. „*Wo* sind wir hier?"

Der Junge lachte. „Du kennen andere Ort, wo brauchen Huhnssuppa?"

Er dich bringen zu *Nostra Madonna della Grazia*. Er sagen Mario, bringen heraus Schwester zu helfen dein Freund. Sie gleich hier. Warum stehen hier in Regen? Gehen in Ospedale!"

Immer noch zornig, aber dennoch erleichtert, fischte David einen weiteren nassen Dollarschein aus seiner Jacke und hielt ihn dem Bauern vor die Nase. Sogleich hellte sich dessen Gesicht wieder auf. Kurz darauf kamen auch schon zwei Nonnen in schwarzen, wehenden Gewändern aus dem Hintereingang und führten Michail durch die Küche, auf deren Herden eine Vielzahl dampfender Töpfe stand, in die gnädige Fürsorge eines kleinen Arztes, der ihm einen Gipsverband anlegte und ihn anschließend einer anderen sicherlich fast zwei Zentner schweren Nonne anvertraute. Diese kümmerte sich mit der liebevollen Sorgfalt einer jiddischen Mama um ihn und fütterte ihn solange löffelweise mit Hühnersuppe, bis er zufrieden aufstieß und friedlich in den sauberen weißen Laken einschlief.

Verführt durch den muffigen Geruch von Davids Geldscheinen, hatte sich der junge Dolmetscher inzwischen Ellie, David und Bernie als Führer angeboten und leitete sie durch die schmuddeligen Straßen des Hafenviertels zu einem altertümlichen Hotel, das eine leichte Neigung nach Steuerbord zu haben schien und Blick auf den Hafen bot. Dort lag eine Vielzahl von Frachtern vor Anker, die das Unwetter abwarteten. Dementsprechend wimmelte das Hotel von Matrosen, die für eine Nacht ihre engen Kojen mit einem Bett vertauschen wollten und zugleich die Gesellschaft von Frauen suchten, die hier ihrem Gewerbe nachkamen.

Inzwischen hatten die sintflutartigen Regenfälle Ellie, David und Bernie fast völlig von Salzwasser und Sand gereinigt, und der Sturm machte noch immer nicht den Eindruck, als würde er sich in absehbarer Zeit beruhigen. Es war, wie ihnen ihr junger Führer mitteilte, der schlimmste Sturm dieses Jahres. Er klärte sie auch darüber auf, was für ein Glück sie gehabt hätten, einen Führer gefunden zu haben, der ihnen das einzige Hotel in der Nähe des Krankenhauses zeigen konnte.

„Ich hab' schon Schlimmeres gesehen", meinte David, als er den zwielichtigen Empfangsraum betrat, der nach alten Möbeln und billigem Parfüm roch.

Als sich Ellies Augen an das trübe Licht gewöhnt hatten, entdeckte sie ein halbes Dutzend junger Frauen, die aufreizend lässig umhersaßen. „*Wo* hast du schon Schlimmeres gesehen?" fragte sie humorlos.

Bernie meinte mit unschuldigem Augenaufschlag: „Ein alter Hafen im Sturm, wie man so sagt, nicht wahr?"

„*Wer* sagt das?" versetzte Ellie erbost, und als sie in einer dunklen Ecke des Raumes eine stark aufgetakelte Frau auf dem Schoß eines Seemannes entdeckte, verlor sie endgültig die Geduld.

„David", meinte sie bestimmt, „ich glaube nicht, daß ich hier bleiben möchte..."

„Vielleicht sollten wir ein Taxi rufen." David rieb sich die Nase und verzog mißbilligend das Gesicht.

„Du nich' finden Taxi jetzt. Straßen alle voll Wasser. Du Glück, daß finden dies." Der Junge sah sie treuherzig mit seinen lebhaften braunen Augen an. „Vielleicht morgen die Regen aufhören.

Du verrückt, wenn gehen."

Ellie kratzte nicht nur der Sand in ihrer Unterwäsche, sondern es quälten sie inzwischen auch Kopf- und Nackenschmerzen, und als sie dann noch sah, daß der Regen noch heftiger gegen die Scheiben klatschte, ergab sie sich in ihr Schicksal. Trotzdem vergewisserte sie sich noch einmal bei dem Jungen: „Gibt es hier in der Nähe wirklich kein anderes Hotel?"

„Nicht so schön wie das, Signora", erwiderte er ernsthaft.

Ellie warf David einen vielsagenden Blick zu. Sie waren beide erschöpft und schmutzig. Es blieb ihnen keinen Wahl. Bernie musterte unterdessen interessiert fünf gelangweilt dreinschauende Frauen, die am anderen Ende des Raumes an der Wand lehnten. Eine von ihnen zwinkerte ihm auffordernd zu, eine zweite schlug die Beine übereinander und blies eine dicke Rauchwolke in seine Richtung.

Ellie rümpfte entrüstet die Nase und nahm ihn beim Arm, worauf ein unzufriedenes Gemurmel durch die Gruppe der Damen des Hotels ging.

„Ich wußte nicht, daß derlei Frauen bereits vor dem Mittagessen auf sind", murmelte Ellie pikiert.

Der Junge erwiderte laut. „Nein. Die Signorine noch nicht gewesen in Bett. Kommen immer wieder Männer von Schiffe."

„Nun reicht's mir aber!" fuhr Ellie auf. „Ich bleibe keinen Augenblick länger hier, David! Und wenn wir auf einer Parkbank schlafen müssen —"

„Bei *die* Regen, Signora?" fragte der Junge erstaunt.

„Ja, bei *die* Regen!" Ellie wandte den lachenden Damen entrüstet den Rücken zu. „Das ist mein völliger Ernst!"

David meinte schulterzuckend zu Bernie: „Tut mir leid, Kumpel. Dann mußt du eben allein hierbleiben."

Bernie rieb sich nachdenklich das Kinn. „Nicht unbedingt, wenn *die* dem Zustand Abhilfe schaffen können ... Nun, mein Junge", wandte er sich dann an ihren Dolmetscher, „wieviel kostet denn hier ein Einzelzimmer mit Bad?"

„Pronto, Mama!" rief der Junge augenblicklich einer korpulenten Frau hinter dem Tresen zu, „ich habe einen Kunden!" Ellie ging bereits hinaus. Durch die niedrigen Rinnsteine und über das von Abfall übersäte Straßenpflaster schoß das Wasser in Richtung Hafen. Die Luft roch jedoch frisch, und Ellie atmete tief durch, um den schweren Parfümgeruch aus der Nase zu verlieren. Kurz darauf erschien David. Er hielt sein Gesicht herausfordernd in den prasselnden Regen und fragte grinsend: „Und wohin jetzt?" Statt einer Antwort richtete sie sich angriffslustig auf und fragte ihn mit zornig blitzenden Augen: „*Wo* hast du schon Schlimmeres gesehen?"

„Ich habe einfach versucht, höflich zu dem Jungen zu sein", erwiderte er mit beschwichtigend erhobenen Händen. „Ich wußte ja nicht, daß seine Mutter diesen Laden führt. Das war wirklich das schlimmste, das ich *je* gesehen habe — ehrlich, Liebling." Er beugte sich zu ihr hinunter und sah ihr offen in das zornige Gesicht. „Dort waren die wirklich schlimmsten Schnepfen, die mir je begegnet sind." Er grinste. „Der arme Bernie weiß nicht, auf was er sich da eingelassen hat."

„Alles, was ich jetzt will, ist ein heißes Bad und ein sauberes Bett", wechselte Ellie plötzlich das Thema und watete entschlossen durch das herabströmende Wasser bergauf. „Und vielleicht noch irgendwann trockene Sachen. Und nur *eine* einzige Nacht ohne Störungen."

„Du sprichst vom Himmel, Els. Hier auf Erden wird das alles wohl kaum Wirklichkeit werden. Ich hab' jedenfalls die Hoffnung aufgegeben. Ich wär' zufrieden, wenn ich ein Dach über dem Kopf ... und vielleicht noch was zum Frühstück hätte."

„Ich jedenfalls hätte Angst, es in dieser Umgebung da zu mir zu nehmen", entgegnete Ellie naserümpfend.

Als sie um die Ecke bogen, standen sie plötzlich vor einem großen menschenleeren Platz, auf dem alle Straßen zusammenzulaufen schienen. Eine riesige Kirche, deren Turmspitze im Regen nur schemenhaft zu erkennen war, nahm die eine zum Hafen gerichtete Seite des Platzes völlig ein. Die Heiligen um das offenstehende Portal sahen einladend zu ihnen herüber.

David nahm Ellie bei der Hand und sagte leise: „Komm, Schatz, ich weiß einen Ort, dessen Türen immer offenstehen."

Das Innere der Kirche war vollkommen menschenleer, und das einzige Licht wurde von einem Dutzend Votivkerzen verbreitet, die überall in den Nischen vor den Heiligenstatuen flackerten, so daß auf dem riesigen Kruzifix hinter dem Altar die Schatten tanzten. Massive Mauern ragten in das dunkle Deckengewölbe empor.

Wo einst bunte Glasfenster geprangt hatten, verschlossen nun rohe Bretter die Fensteröffnungen und ließen das Tageslicht nur durch ein paar Ritzen eindringen, durch die jedoch laut der Wind pfiff. Auf dem Steinboden standen einige Töpfe, in die geräuschvoll Wasser tropfte. Ellie wunderte sich, daß es an einem solch heruntergekommenen Ort überhaupt noch jemanden gab, der sich um ein kaputtes Dach oder um Kerzen kümmerte. Sie fröstelte, als sei sie in eine Gruft und nicht in eine Kirche geraten. Ihr Blick fiel auf die gebrochene Gestalt Jesu. *Die Dornenkrone auf dem Kopf. Die Hände, die wie Michaels aussehen, von Nägeln durchbohrt, der ausgemergelte Brustkrob, die gebeugten Knie und die starren Füße, die das Gewicht des Körpers tragen.* Das flackernde Licht der Kerzen wirkte auf dem Körper wie die Verletzungen der Geißelschläge.

„David" sagte sie nach einer Weile und hielt, verwirrt durch den Hall ihrer Stimme, die von den Wänden und dem Deckengewölbe zurückgeworfen wurde, sofort wieder inne. Sie wagte nur im Flüsterton weiterzusprechen: „David, laß uns gehen! Mir gefällt es hier nicht." Die heruntergekommene Pracht dieses Ortes war ihr unheimlich.

„Wohin denn?" gab er zurück. „Hör mir mal zu. Wir können sonst nirgendswohin, außer, wenn du dich mit Unseren Lieben Frauen aus dem Hafenhotel gemein machen willst. Und das ist, insbesondere im Vergleich zu dem hier, ein steiler Abfall."

„Es ist so ... kalt ... hier drinnen."

David legte schützend den Arm um sie, führte sie zu einer Gruppe von Kerzen und hielt ihre Hände über die wärmenden Flammen. „Deine Hände sind kalt, du bist am ganzen Körper kalt."

Sie zog entrüstet ihre Hände fort. „Diese Kerzen sind nicht dafür gedacht, daß man sich an ihnen die Hände wärmt! Andere Menschen haben sie angezündet als Zeichen dafür, daß sie für etwas beten."

David nahm ihre Hände fest zwischen die seinen und hielt sie wieder über die Flammen. „Irgendwo wird irgendjemand in diesem Augenblick darum beten, daß es dir gut geht und du es warm hast.

Und Gott hat dieses Gebet bereits erhört. Ich glaube, er möchte, daß wir einen praktischen Nutzen aus diesen Kerzen ziehen. Wir haben immerhin eine schreckliche Nacht hinter uns."

Sie lehnte ergeben ihren Kopf an seine Schulter.

„Diese Fenster müssen einmal wunderbar ausgesehen haben", ergriff David schließlich, nachdem sie einige Zeit versunken dagestanden hatten, in einem solch ehrfürchtigen Flüsterton wieder das Wort, als habe er plötzlich eine Ahnung von der längst vergangenen Schönheit dieses Ortes erhalten. Ihre Blicke trafen sich.

„Zumindest", fuhr er fort, „steht die Kirche noch, und es gibt immer noch Menschen, die hierherkommen und sie restaurieren können. Ich habe gehört — Michael hat es mir erzählt —, daß in ganz Europa keine einzige Synagoge mehr steht und es auch niemanden mehr gibt, der sie wiederaufbauen könnte." Ein Ausdruck der Trauer trat in seine Augen. „Das hat Michael mir erzählt —"

„Er hatte unrecht, David", unterbrach ihn Ellie heftig und legte ihre Hände beschwörend an seine Wangen. „Sie werden wieder aufgebaut werden! Und zwar dort, wo sie auch stehen *sollen:* in Palästina, in Israel!"

„Nicht, wenn wir nichts wegen des Schiffes unternehmen." Seine Miene verdüsterte sich weiter. „Ich muß irgendwie an ein anderes Flugzeug rankommen."

„Was? Bei diesem Wetter? David, du hast doch alles getan, was du tun konntest!"

„Dann müssen wir zumindest eine Nachricht schicken. Bobby Milkin kann vielleicht von Tel Aviv aus das Schiff abf-"

„Hör mal, wenn *wir* in den Sturm hineingeraten sind, dann bestimmt auch das Schiff."

„Sie sind aber vor uns abgefahren. Vielleicht haben sie sich an der Küste entlanggehangelt und in irgendeinem kleinen Hafen Unterschlupf gesucht, als es ganz schlimm wurde. Wir sind nach Italien abgetrieben worden, weil der Wind in diese Richtung wehte.

Wir hatten keine andere Wahl. Aber sie schon. — Ich habe Angst, daß ich den ganzen Plan zunichte gemacht habe, Els."

„Was hättest du anderes tun können?"
„Zum einen hätte ich den Frachter nicht aus den Augen lassen dürfen. Nicht eine einzige Minute lang. Ich hätte die ganze Nacht mit dem Fernglas auf dem Balkon sitzen müssen."
„Auf dem Schiff waren Gewehre, David, und keine hübschen Mädchen", machte Ellie den krampfhaften Versuch, der Angelegenheit die Härte zu nehmen, und setzte sich dann auf die Stufen zum Altar.
„Außerdem brauchte ich dich." Plötzlich spürte sie, wie erschöpft sie war. „David ... ich brauche dich auch jetzt. Nur für eine kleine Weile. Und ich möchte, daß du aufhörst, über Dinge zu grübeln, die du doch nicht ändern kannst ... nur für eine kleine Weile. Können wir nicht für ein paar Minuten an etwas Schönes denken? Ich bin des Kämpfens so müde." Sie legte den Kopf auf die Arme und sagte wehmütig: „Die letzte Nacht in Ragusa war doch so schön!"
David setzte sich niedergeschlagen neben sie und nahm sie in die Arme. „Ich glaube, ich bin ein Dummkopf. Es war dumm von mir, so etwas überhaupt zu sagen. Wie hätten wir wissen sollen, daß die *Trina* zwölf Stunden vor ihrer eigentlichen Ausschiffung in See stechen würde? Das ist natürlich geheimgehalten worden." Er drückte sie an sich. „Es ist nur, weil ... ich immer wieder Michael sehe. Gerade noch fröhlich und munter und dann ... Und dann ist mir auch gar nicht wohl dabei zumute, daß du in diese Sache verwickelt bist. Ich wünschte —"
„Das können wir nun mal nicht ändern. Weder das eine noch das andere. Ich wünschte nichts sehnlicher, als daß wir Michaels Tod ungeschehen machen könnten! Aber das ist nun einmal nicht möglich. Und auch das Mißgeschick mit der *Trina* läßt sich nicht mehr ändern. Und wenn ich dir die Wahrheit sagen soll, David: Trotz allem möchte ich die letzte Nacht einfach nicht missen. Da waren für einen Augenblick nur du und ich, und da habe ich, zumindest für eine Weile, alles Schreckliche vergessen können." Sie legte ihre Hand an seine Wange und zog dann sein Gesicht an ihres, so daß seine Lippen die ihren berührten. „Laß mich wieder ... vergessen!"
Er küßte sie lange und innig im sanften Schein der Altarkerzen und verdrängte damit ihre Klagen und seine Sorgen. Dann zog er sie sanft nach hinten, und sie blickten beide schweigend in das Dunkel des Deckengewölbes, aus dem sich allmählich, nachdem sich ihre Augen an die Lichtverhältnisse gewöhnt hatten, Fresken herausschälten.
„Sieh mal!" flüsterte David nach langem Schweigen in plötzlicher Erkenntnis.

„Ja." bestätigte Ellie seine unausgesprochene Beobachtung. Auf dem brüchigen Deckenfresko sah sie die Jünger mit dem friedlich schlafenden Jesus in einem kleinen Fischerboot über den stürmischen See Genezareth segeln. Die Wellen schlugen über dem Boot zusammen, und die Jünger hoben angstvoll die Hände und schrien vor Entsetzen.

„Sie hatten auch Angst und hätten alles darum gegeben, woanders zu sein", überlegte Ellie.

„Sieh sie dir genau an!" sagte David. „Sehen sie nicht aus wie wirkliche Menschen, die Angst haben?"

„Und sieh dir erst *sein* Gesicht an!" Ellie deutete auf das zweite Bild, auf dem Jesus dem Sturm mit ausgestreckten Händen Einhalt gebot.

Dieses Bild, das vor Jahrhunderten von einem inzwischen vergessenen Künstler gemalt worden war, sprach von Hilfe in Zeiten der Not, von Frieden in Zeiten der Angst.

„Eine kleine Lektion in Demut darüber, wessen Obhut wir unterstehen, nicht wahr?" bemerkte David leise. Er zog Ellie an sich, und sie legte den Kopf in seine Armbeuge.

Draußen heulte der Sturm mit unverminderter Heftigkeit, und das Tropfen des Wasser spielte die rhythmische Untermalung dazu. Ellie fühlte sich von dieser akkustischen Kulisse angenehm beruhigt und schloß lächelnd die Augen. *Die Wellen schlagen zwar über dem Mast zusammen, aber wir schlafen zusammen mit ihm im Boot.*

Schließlich übermannte beide der Schlaf. David schlief wieder mit tiefen, regelmäßigen Atemzügen. Sie hätten allerdings nicht so ruhig geschlafen, wenn sie die leisen Schritte des Mannes gehört hätten, der sie vom Alkoven der Kirche aus beobachtet hatte, wenn sie seinen Blick gesehen hätten, während er ihr Gespräch belauschte.

* * *

Die Juden, die bei der Verteidigung Kastels verwundet worden waren, wurden auf provisorische, aus alten Decken und Ästen gefertigte Tragen gelegt. Von den siebzehn Verwundeten waren neun schwer verletzt. Ein junger Mann hatte einen Bauchschuß, und Mosche bezweifelte, daß er den strapaziösen Transport nach Jerusalem überstehen würde.

Der einzige der unversehrten Verteidiger, der es, obwohl erschöpft, ablehnte, Kastel zu verlassen, war Sergeant Hamilton. Er kreuzte die

Arme vor seiner gewaltigen Brust und sagte mit fester Stimme: „Ihr braucht jemanden mit etwas Erfahrung bei euch. Ich bin schon öfters ohne Schlaf ausgekommen und kann es auch diesmal."

„Aye", stimmte Fergus ihm zu und streckte ihm zum Abschied die Hand entgegen. „Erfahrung ist auch das Wesentliche, was einen Sergeant auszeichnen sollte. Denn schon jeder Rekrut wird dir erzählen, daß er niemals schläft."

Die beiden Männer schüttelten sich in schweigendem Einverständnis die Hände.

Dann meinte Fergus aufmunternd zu Mosche, dessen Augen von den Strapazen der letzten Tage und Stunden trübe waren: „Wir kommen zurück! Haltet uns nur ja die Hintertür offen! Morgen früh bin ich mit meinen Leuten wieder zurück."

Mosche nickte nur flüchtig und sagte dann bedenklich. „Die Araber haben sich nicht als Geschlagene zurückgezogen, Fergus! Sie werden wiederkommen und dann noch entschlossener kämpfen als bisher. Und ich bezweifle, daß sie sich dann damit zufriedengeben werden, Gefangene zu machen."

Fergus zog unwillig eine Braue hoch und erwiderte: „Dann müßt ihr eben dafür sorgen, daß sie keine machen. Aye, natürlich werden sie zurückkommen, aber ihr habt immerhin ein paar Stunden Zeit, euch darauf vorzubereiten! Zeit, die wir nicht hatten. Bildet einen Verteidigungsring, und sprengt den Rest des Dorfes! Eure besten Verteidigungspositionen sind der Steinbruch und das Haus des Muchtars —"

„Wir haben uns bereits gut im Steinbruch eingenistet. Ich habe mir außerdem erlaubt, eine Eingreifreserve in den Häusern unterzubringen."

Unterdessen wurden die Verwundeten von ihren erschöpften Kameraden an den drei Männern vorbeigetragen. „Den Steinbruch werden sie sicher nicht angreifen", überlegte Fergus und rieb sich müde den Nacken. „Konzentriert eure Leute hier" — er zeigte auf die Häuserreihe am Anfang des Dorfes — „ und stellt je einen Trupp links und rechts davon auf! Sie werden heute nacht kommen, gespenstisch heulend und mit ihrem besten Kopfschmuck versehen.

Diese Narren — die nehmen ihre weißen Tücher nicht mal dann ab, wenn sie auf diese Weise ein leichtes Ziel abgeben." Dann runzelte er nachdenklich die Stirn. „Aber wovor ihr euch in acht nehmen müßt, das sind die britischen Deserteure."

„Wie wir zum Beispiel", grinste Ham.

„Aye", erwiderte Fergus ernst. „Es sind 'ne ganze Menge davon unter den Arabern. Und sie wissen, wogegen sie kämpfen. Sie werden gut bezahlt, und sie üben eine Tätigkeit aus, die sie sich selbst gewählt haben. Wenn sie nach Einbruch der Dunkelheit den Hang hier raufkommen, werdet ihr sie nicht so leicht ausmachen können wie die Beduinen. Aber haltet auf jeden Fall aus, Leute! Wir kommen zurück. Und jetzt ... viel Glück!"

Er salutierte zackig, machte kehrt und führte seine Leute davon. In diesem Augenblick trat Ehud vor die Türschwelle des Hauses des Muchtars und rief Mosche etwas zu.

„Ich geh' am besten wieder zu den Jungs im Steinbruch", verabschiedete sich Ham mit einer Stimme, die genauso rauh klang wie die seiner erschöpften Kameraden.

„Ham", rief Mosche noch schnell hinter ihm her, „ich bin froh, daß du geblieben bist. Du wirst den Leuten Mut machen."

Der stattliche Sergeant ging schweigend weiter, ohne auf Mosches Worte zu reagieren. Mosche blickte nachdenklich hinter ihm her und fragte sich, was diesen Mann wohl dazu bewogen haben mochte, alles einer Sache zu opfern, die ihn letztlich nicht persönlich betraf.

Es war nicht das Geld wie bei jenen seiner Landsleute, die vom Mufti mit der Aussicht auf eine fürstliche Belohnung geködert worden waren. Ham hatte bereits während des Krieges unter Luke Thomas gedient, und Mosche wußte, daß es nicht Lukes Art war, seine Überzeugungen für sich zu behalten. Mosche vermutete daher, daß Sergeant Hamilton auf diese Weise dazu gekommen war, an Gottes Verheißung zu glauben. Aber war es vernünftig, seine berufliche Laufbahn aufzugeben und sein Volk zu verlassen, nur um einer alten Verheißung willen, die einer Handvoll Juden vor Urzeiten einmal gemacht worden war? *Nur wenn die Verheißung in Erfüllung geht*, dachte Mosche. *Und das ist gerade der springende Punkt, wie David Meyer sagen würde, nicht wahr, Gott? Wieder setzen wir unser Leben in dem Glauben aufs Spiel, daß du uns hilfst, schneller zu sein als die Streitwagen des Pharao, oder daß du für uns erneut das Rote Meer teilst.*

„Mosche!" rief Ehud nun bereits von der Straße her. „Komm mal rüber!" Sein Ton war ungeduldig, geradezu zornig.

Mosche schüttelte seine Gedanken ab und ging zu Ehud. Das Haus des Muchtars war mit einigen wenigen Möbelstücken und ein paar orientalischen Teppichen mit komplizierten Mustern nicht üppig eingerichtet. Auf einem Sideboard leuchteten zwei elektrische Lampen, und aus einem heruntergekommenen Radio drangen schrill die arabischen Nachrichten. Es wurde von einem grausamen Massaker berichtet. Mosche und Ehud konnten dem Bericht gut folgen, da der Nachrichtensprecher vor Schluchzen nur sehr langsam sprechen konnte. Seine schrille Stimme erklang zweifellos selbst noch in den entferntesten Winkeln und in den ärmsten Dörfern Palästinas.

Jede einzelne Greueltat wurde bis ins kleinste Detail beschrieben. *... Kinder gegen Mauern geworfen ... Ohren abgeschnitten ... gefoltert, bevor sie umgebracht wurden ...*

Ehud wich die Farbe aus dem Gesicht. Zum ersten Mal, seitdem Mosche ihn kannte, verließen ihn die Kräfte, und er mußte sich setzen. „Das sind doch keine *Juden*", keuchte er. „Das sind wiedergeborene Nazis. Das sind keine *Menschen* mehr, das sind ja *Tiere*!"

Mosche preßte die Hand vor den Mund und hörte mit geschlossenen Augen fassungslos an, wie der Tod einer schwangeren Frau beschrieben wurde. *Das hätte Rachel sein können!* Er versuchte verzweifelt, nicht zu glauben, was er da hörte. „Vielleicht —" begann er mit schwankender Stimme. „... Propaganda."

Ehud blickte heftig auf und starrte ihn zornig an. „Selbst wenn nur die Hälfte davon stimmt, nur ein Bruchteil: wenn es sich nur um *ein* Kind, um *eine einzige* alte Frau, um *eine* Vergewaltigung handelt, stehen wir als Schuldige vor der ganzen Welt da! Und das zu Recht! Diese Bestien haben alles bedeutungslos gemacht, was uns jemals angetan worden ist. *Was meiner Frau angetan worden ist!*" Seine dröhnende Stimme drohte ihm zu versagen. *„Meinen Kindern!* Emile und seine Bestien haben aus unserem Schrei nach Gerechtigkeit eine Farce gemacht."

Er hat ja so recht. Oh mein Gott! schrie es in Mosche, während der Nachrichtensprecher mit seinen Meldungen fortfuhr.

Eine Frau. Ein Kind. Rachel!

Ehud richtete nun seinen ganzen Zorn gegen Mosche. „Wenn du dagewesen wärst! Wenn du mit mir gekommen wärst, wie es deine Pflicht war, dann wäre das alles nicht passiert! Auf dich hätten sie gehört! Sie hätten Emile nicht mit seinen mörderischen Freunden ziehen lassen. Wenn du nur dagewesen wärst! Aber nein! Du mußtest ja noch unbedingt eine Stunde in den Armen deiner Frau liegen, und deshalb ist nun ein ganzes Dorf massakriert —!"

„Hör auf!" brüllte Mosche verzweifelt und knallte das Radio auf den Boden. Es zerschellte in einem Scherbenregen. Dann herrschte Totenstille. Nur der Generator sang leise im Hintergrund. „Wie hätte ich dem denn Einhalt gebieten können?" versuchte er sich zu rechtfertigen.

„Die Männer bewundern dich!" schrie Ehud und richtete sich zu seiner vollen Größe auf. „Sie wollten deinen Rat hören, und du warst —"

Plötzlich überkam Mosche ein sinnloser Zorn. Er sprang nach vorn und konnte sich gerade noch bezwingen, Ehud keinen Fausthieb zu versetzen. „Ich bin auch nur ein Mensch! Ich bin nicht in der Lage, einen Holocaust aufzuhalten! Ob ihn nun die Araber oder die Juden heraufbeschwören! Ich bin genau so ein Mensch wie du!"

„Aber ein gelehrter. Und was bin ich? Als ich gesprochen habe, bin ich verspottet worden. *Komandant von Sardinen* haben sie mich genannt! Aber auf dich hätten sie gehört! — Was bin ich denn schon?" Er streckte hilflos seine vernarbten und schwieligen Hände vor.

Mosche fühlte sich wie ausgelaugt. Er sah Ehud starr an. „Du bist immerhin noch ein Mensch — aber er ist ein Vieh."

„Setzen wir unser Leben aufs Spiel, um solchen Dämonen eine Heimstatt zu verschaffen?" Tränen des Zweifels und der Enttäuschung traten Ehud in die Augen. Seine Hände zitterten.

„Wozu soll das alles gut sein? — Wenn auch wir nicht besser sind als selbst die Schlechtesten, wozu dann das alles?"

Mosche quälte dieselbe Frage, und er mußte in einem plötzlichen Gefühl der inneren Schwäche an der kalten Wand Halt suchen. Er dachte daran, wie sich die *Ave Maria*, mit Ehud als Kapitän am Steuer, durch die Wellen zu der verbotenen Küste Palästinas gekämpft hatte, das Deck und die Frachträume vollkommen überladen mit jüdischen Frauen und Kindern. „Wieviele Kinder haben wir nach Palästina gebracht, Ehud? Du und ich, auf der *Ave Maria?* Wir haben zusammen die Blockade gebrochen und dem Sturm ein Schnippchen geschlagen, während sie unten in die Eimer kotzten! Und wieviele von diesen Kindern — *unseren* Kindern — sind nun in Jerusalem?"

Ehud blickte ihm sinnend in die Augen. „Ja", sagte er leise.

„Deine eigene Frau ist auch dabei."

„Und mein Kind", erwiderte Mosche.

„Klein-Tikvah", flüsterte Ehud mit einem versonnenen Lächeln.

„Ja, Tikvah auch. Aber noch ein anderes, Ehud", sagte Mosche behutsam. „Rachel trägt ein Kind von mir unter dem Herzen."

Ehud sah ihn erstaunt an. Ohne eine Miene zu verziehen, sagte er: „Das hätte ich nicht vermutet."

„Ich auch nicht."

„Massel Tov, mein Freund ... *Massel Tov!*" Plötzlich trat ein sorgenvoller Ausdruck auf sein Gesicht.

„Auch wenn du dich an keines der Gesichter auf der *Ave Maria* erinnerst, Ehud, dann erinnere dich wenigstens an ihrs!" sagte Mosche nahezu beschwörend. „Ehud! Weißt du, was die Araber jetzt tun werden? Seit Deir Jassin? Ist dir bewußt, was nun auch unseren eigenen Frauen angetan werden wird? Unseren Kindern? Und Rachel? Wenn —" Die weiteren Worte wollten ihm nicht über die Lippen.

„Genug!" schrie Ehud verzweifelt und packte Mosche heftig am Arm.

„Wir müssen damit aufhören! Wir müssen einen Ort schaffen, wo so etwas nie wieder passieren kann — *niemandem und nie mehr!"*

Seine Finger gruben sich Mosche ins Fleisch. „Wir haben jetzt zu tun! Wir werden hier beginnen, diesen grausamen Wettkampf zu beenden! *Hier!"* Damit wandte er sich hastig um und schritt steif ins grelle Sonnenlicht hinaus, um den Männern ihre Befehle zu erteilen, all denen, die zurückgeblieben waren, um das felsige Gebirge um Jerusalems, um Rachels willen, zu verteidigen.

26. Konfrontation

Nicht der Sturm, der inzwischen noch heftiger um die Kirche heulte, hatte David geweckt, sondern das unbewußte Empfinden, daß sie nicht mehr allein waren. Gleich darauf vernahm er das Rascheln eines dicken Samtvorhanges. Doch er konnte sich nicht überwinden, die Augen aufzuschlagen, so sehr genoß er es, daß sich Ellie eng an ihn schmiegte. Dann hörte er leise, verstohlene Schritte auf dem Steinboden, die sich ihnen rasch näherten. Und im nächsten Augenblick nahm er wahr, daß sich ein Schatten vor das Licht der Altarkerzen schob.

„Na so was! Es ist ja schon mal vorgekommen, daß an einem solchen Tag Möwen hier herein geweht worden sind, aber daß sich *Amerikaner* hierher verirren, das erlebe ich zum ersten Mal!" rief eine tiefe, erstaunte Stimme in amerikanischem Englisch!

Ellie schreckte mit einem Schrei hoch. David schlug nun vollends die Augen auf und sah blinzelnd in das runde, freundlich grinsende Gesicht eines Priesters.

„Oh!" entfuhr es Ellie. Sie war verlegen und verwirrt. „Entschuldigen Sie, wir wollten nicht —"

Auch David setzte sich nun auf. „Entschuldigen Sie, Padre", stammelte er und strich sich verdattert mit einer Hand über seine unrasierte Wange. „Ich ... dachte schon, es wäre jemand anderes."

„Wer sollte es denn sein?" erkundigte sich der Priester.

„Nanu!" bemerkte Ellie erstaunt. „Sie sprechen ja Englisch!"

„Ich spreche auch Italienisch und Latein, wenn Sie es genau wissen wollen..." Er räusperte sich. „Was immer Sie vorziehen. *Fiat voluntas Tua* ... oder wie unsere protestantischen Brüder sagen: *Dein Wille geschehe*, nicht wahr?"

Obwohl er sich hundemüde fühlte und am liebsten liegen geblieben wäre, hielt es David für angebracht, sich zu erheben. Als er stand, überragte er den kleinen, rundlichen Priester um einiges und sah nun von oben auf ihn hinab. „Woher wissen Sie denn, daß wir Amerikaner sind?" fragte er argwöhnisch, während er Ellie aufhalf.

„Glück beim Raten. — Um genau zu sein, durch Ihre Fliegerjacke, mein Freund. *Fons et origo* ... Seht auf den Ursprung ... das ist doch eine amerikanische Jacke, nicht wahr?"

„Ja, das stimmt ..."

„Natürlich. Ich glaube, ich habe schon zehntausend von diesen Jakken gesehen", fuhr der Priester fort. „Ich war nämlich während des

Krieges Pfarrer beim Fünfzehnten Luftgeschwader. Südlich von hier, ganz unten in Foggia."

David war erleichtert. „So? Was Sie nicht sagen! Bei diesem Haufen waren Sie?"

„Haufen? *Fronti nulla findes*... beurteile niemals ein Buch nach seinem Umschlag." Der Priester lächelte flüchtig und musterte David dann mit zusammengekniffenen Augen. Für einen Augenblick schien es so, als wolle er noch etwas hinzufügen, aber dann schwieg er, und es entstand eine peinliche Stille. David wich verlegen dem Blick des Priesters aus.

Plötzlich hatten sowohl David als auch Ellie das unbestimmte Gefühl, daß dieser amerikanische Priester vielleicht Verbindungen hatte, die ihnen im Moment gar nicht dienlich sein würden. „Die Fünfzehnte..." begann David, um das belanglose Gespräch aufrechtzuerhalten. „War keine leichte Sache, über die Alpen nach Deutschland zu fliegen."

„*Fortuna favet fortibus*", erwiderte der Priester lächelnd.

Ellie fand diese Angewohnheit, lateinische und für sie unverständliche Zitate in seine Äußerungen einzuflechten, etwas irritierend. Sie nickte, ohne ihn verstanden zu haben. David hingegen, der aus seiner Schulzeit noch vage lateinische Vokabelkenntnisse hatte, versuchte mühsam, die Übersetzung herauszufinden. „Das heißt, hm... Das Glück... *favet*... begünstigt... *forti*..."

„Das Glück begünstigt die Mutigen", half ihm der Priester und nickte zufrieden. „Tja, die Burschen vom Fünfzehnten Geschwader waren mutige Kerle... ein ungehobelter Haufen vielleicht, aber auf jeden Fall sehr mutig." Er streckte David die Hand entgegen, verneigte sich leicht und stellte sich vor: „Ich bin übrigens Pater John Antonell. Und wer sind Sie?"

„Hm, David... Miller. Und das ist meine Frau Ellie. Ellie Miller."

„Sehr erfreut, so weit entfernt von der Heimat Landsleute zu treffen. Wirklich sehr erfreut!" Er ließ seinen Blick freundlich lächelnd über ihre klebrigen Haare und feuchten, sandigen Kleider wandern. „Ihrem Freund bei den *Barmherzigen Schwestern* geht es auch so weit ganz gut, haben mir die Schwestern berichtet. Ich war nur gespannt, wo *Sie* auftauchen würden." Er sah sich suchend um. „Hatten Sie nicht noch jemanden bei sich? Einen Engländer?"

David war unangenehm überrascht über die Kenntnisse, die Pater John offenbar über sie besaß. „Wir haben ihn im Hotel gelassen. Ein Junge hatte uns zu einem Hotel gebracht... — nun, nicht gerade zu einem Hotel... —"

„Eher ein Heim für ungeratene Mädchen?"
Pater John schob sein Kinn vor und nickte wissend. „Es war eine kluge Entscheidung von Ihnen, nicht dort zu bleiben. Das Mindeste, was Sie sich dort holen können, sind Flöhe. Tja, das ist schon ein Hotel! Auch aus meiner Gemeinde wird es frequentiert, und zwar von einer Reihe alleinstehender Mütter. Das ist wirklich nicht der richtige Ort für Sie, wenn Sie eine gute Mahlzeit brauchen und sich einmal ausschlafen wollen."

Ellie errötete, aber David brach in Gelächter aus, das hallend von den Wänden zurückgeworfen wurde und in dieser Umgebung sehr unpassend klang. Aber David mußte einfach seiner Erleichterung Luft machen. Der Priester war ihm irgendwie sympathisch. Auch wenn er sich durch seine lateinischen Zitate mit der Aura eines Gelehrten umgab, waren seine Übersetzungen die eines Hauptmannes aus dem Fünfzehnten Geschwader. „Und wo finden wir so etwas, Padre?"

„Erst gestern abend habe ich darum gebetet, mich wieder einmal mit Amerikanern unterhalten zu können", erwiderte der Priester. „Mein Heim ist recht geräumig, und ich habe mehrere zusätzliche Betten. Außerdem ist mein Koch *nulli secundus,* sucht seinesgleichen.

Es wäre mir eine Ehre, wenn ich Sie bewirten dürfte, da Sie nun schon einmal unsere ärmliche Gemeinde, wenn auch unfreiwillig, als Landeplatz gewählt haben." Dann richtete er einen durchdringenden Blick auf Ellie und fragte mit nachdenklicher Miene: „Wie sagten Sie doch gleich, war Ihr Vorname?"

„Ellie", erwiderte sie und warf David einen unsicheren Blick zu.

Das Gesicht des Priesters wurde noch nachdenklicher, aber dann ließ er seine Augen wieder neugierig zu David wandern, der unbehaglich sein Standbein wechselte.

„Die Schwestern haben mir erzählt, daß Sie mit Ihrem Flugzeug vor der Küste eine Bruchlandung gemacht haben."

„Wir sind durch den Sturm vom Kurs abgekommen."

„Und wohin waren Sie unterwegs?" Die Neugierde des Priesters war sichtlich geweckt, und er hatte darüber offenbar sein Angebot völlig vergessen.

„Wir waren in Ragusa, in Dubrovnik, wie es jetzt heißt, und haben dort unsere Flitterwochen verbracht."

Pater John nickte. „Eine hübsche Gegend, Jugoslawien." Er kniff nachdenklich die Lippen zusammen, rieb sich dann unvermittelt die Hände und murmelte: *„Amantes sunt amentes".* Diesmal verzichtete er darauf, ihnen die Übersetzung, *Liebende sind Verrückte,* zu geben.

„Dessen eingedenk, sollte ich Sie nun wirklich mit zu mir nehmen, was meinen Sie?"

Er bekreuzigte sich und führte sie durch eine Seitentür hinaus auf einen alten Friedhof, der an das Pfarrhaus grenzte.

Der Sturm zerrte an seiner schwarzen Soutane, und das schüttere Haar, das zuvor sorgfältig über den Ansatz einer Glatze gekämmt war, flatterte ihm nun wirr um den Kopf. Es regnete sintflutartig.

Als sie den Friedhof schließlich durch ein hohes Holztor in der massiven Friedhofsmauer verließen, zitterte Ellie vor Kälte.

Der Pfarrgarten quoll über vor Unkraut und war voller knorriger, verästelter Weinreben. Nur eine einzige Ecke war sauber gejätet und bestellt. Auf dem defekten Klinkerboden eines Innenhofes lagen viele verwelkte Blätter umher, die der Wind dorthin geweht hatte, und an den Hauswänden sah man noch die Reste des Efeus, der dort einmal gerankt hatte und abgerissen worden war.

Pater Antonell, der von der Kälte eine frische Gesichtsfarbe bekommen hatte, zog die aufgequollene, hölzerne Haustür auf und trat zur Seite, um seinen Gästen den Vortritt zu lassen. Sie betraten eine helle, frisch gestrichene Diele, in der sich Stapel von Schiffskisten befanden.

„Entschuldigen Sie die Unordnung", sagte der Pater und schloß schnell wieder die Tür, um den Regen auszusperren. Er stampfte mit den Füßen auf den gefliesten Boden, um die Feuchtigkeit abzuschütteln. „Das Pfarrhaus ist während des Krieges leider sehr heruntergekommen, und ich habe mich entschlossen, es zu renovieren. Ich habe innen damit anzufangen. Frische Farbe, frischer Putz und viel Seife." Er hielt inne und deutete auf die Kisten. „Diese Kisten sind gerade aus meiner Heimat angekommen.

Kleidung für die Kinder."

„Für die Kinder?"

„Ja, für die Kinder aus dem Waisenhaus... Aber es wird sicher auch Männer- und Frauenkleidung dabei sein. Sie ist vielleicht ein bißchen unmodern, aber es hat bestimmt niemand etwas dagegen, wenn sich Gestrandete ein paar abgelegte Sachen ausleihen." Seine hellen, blauen Augen blitzen im Licht, während er eine graziöse, einladende Geste machte. „Sie sind herzlich eingeladen, sich nach Lust und Laune zu bedienen."

Er langte in einen verbeulten Schirmständer und reichte David ein Brecheisen. Zu Ellie gewandt, fuhr er fort: „Und Sie, junge Frau, sehen aus, als ob Sie ein warmes Bad mit Seife in einem Waschzuber brauchen könnten."

Ellie nickte stumm, während David bereits damit beschäftigt war, den Deckel einer riesigen Holzkiste aufzubrechen. In ihr befand sich ein Wirrwarr von Hosen, die streng nach Mottenkugeln rochen. Doch der Gedanke, überhaupt wieder trockene Kleider am Körper zu haben, erschien Ellie wie das Himmelreich auf Erden. Sie machte sich daran, in der Kiste nach einer Hose zu wühlen, die ihrer Größe am nächsten kam.

„In der Regel verdient das Zeug, das wir bekommen, auch sein Schicksal", erklärte Pater Antonell. „Aber die Schwestern vollbringen wahre Wunder mit den Sachen. — In der Zwischenzeit können wir ihre Kleidung für Sie waschen." Dabei betrachtete er Davids Fliegerjacke mit nachdenklich gerunzelter Stirn und schürzte die Lippen. „Ihre Jacke wird allerdings nicht mehr allzu weich sein, wenn sie trokken ist."

„Ach, das macht nichts", winkte David ab und zog strahlend eine Hose aus blauem Wollstoff hervor, die allem Anschein nach aus den dreißiger Jahren stammte. „Ich bin schon ein paarmal mit ihr im Ärmelkanal baden gegangen. Ein bißchen Sattelseife, und sie ist wieder in Ordnung."

Ellie hielt sich eine Knabenhose aus braunem Tweed an, die den Eindruck machte, als könne mit Hilfe eines Bügeleisens eine ganz vernünftige Hose aus ihr werden.

„Ich werde Sophia sagen, Sie soll Ihnen ein Bad bereiten und die Hose für Sie aufbügeln", meinte der Priester, ihre Gedanken erratend. Dann tippte er auf den Deckel einer zweiten Kiste und erklärte: „Auf dieser steht *Hemden und Pullover*. Bitte bedienen Sie sich!"

Mit der Begeisterung eines Kunden beim Sommerschlußverkauf durchwühlte Ellie die Kiste, während Pater Antonell stillschweigend verschwand, um für ein warmes Frühstück und ein Zimmer mit schöner Aussicht zu sorgen.

* * *

Das Schlafzimmer im ersten Stock, das er ihnen zur Verfügung stellte, war gemütlich mit dunklen Walnußmöbeln eingerichtet, die einen schönen Kontrast zu den weißen Wänden bildeten. Die einzige Verzierung war ein Kruzifix über dem Kopfende des Bettes. Das Zimmer hatte einen kleinen, verwitterten Balkon, von dem aus man einen guten Blick über den verwilderten Garten hinweg auf den Hafen hatte.

Während Ellie in einer kleinen Zinkwanne mit herrlich dampfendem Wasser badete, starrte David zu den Schiffen hinüber, die selbst im Schutz des Hafens unruhig auf und nieder tanzten, Spielbälle der riesigen Wogen, die unablässig ins Hafenbecken brandeten und dann gegen die Kaimauer schlugen.

„Wir können nur hoffen, daß die *Trina* auch ohne unsere Hilfe untergegangen ist", sagte er leise vor sich hin. „Aber wir müssen unbedingt den Mossad in Rom benachrichtigen, damit man von dort aus weitergibt, was uns widerfahren ist."

„Vielleicht kann uns ja der Priester, Pater Antonell, helfen."

David schüttelte ablehnend den Kopf. „Wir können es nicht wagen, ihm zu erzählen, was wir hier suchen. *Ein* Wort zur amerikanischen Botschaft oder zu einem Militärangehörigen —, und wir finden uns im Gefängnis wieder. Du weißt doch, daß ich gerade erst mit einer illegalen Fracht in Palästina gelandet bin. Und die Briten haben die Amerikaner darüber informiert. Man fahndet nach mir, Ellie! Sogar meine eigenen Leute."

„Aber er ist doch Priester! Priester müssen doch vertrauenswürdig sein. Sie sind verpflichtet, über die ihnen anvertrauten Geheimnisse gegen jedermann Schweigen zu bewahren."

„Du meinst das Beichtgeheimnis? Tja, das vielleicht. Aber ohne Beichte, wie in diesem Fall, auf das Schweigegebot zu vertrauen, ist mir zu heikel. Wir müssen selbst überlegen, was wir tun oder lassen. Wenn sich der Sturm beruhigt, kann ich mich vielleicht noch heute abend nach Rom durchschlagen. Wenn ich bis zum Hauptquartier des Mossad durchkomme —"

„Weißt du denn überhaupt, wo das ist?"

„Aber sicher! Michael und ich waren bereits vor einigen Monaten dort, bevor wir die Kampfflugzeuge in Prag gekauft haben. Wir haben dort auch Avriel getroffen . . ." Sein Gesicht verdüsterte sich. „Diesen tollen Burschen. Was gäbe ich darum, wenn ich jetzt mit ihm sprechen könnte! Das ist ein Hans-Dampf-in-allen-Gassen . . . weiß alles und kennt jeden, der vertrauenswürdig ist. Aber ich? Was bin ich anderes als ein kleiner Pilot? Und jetzt noch dazu ohne Flugzeug."

„David, wenn du nach Rom fährst, möchte ich mitkommen."

Er sah sie entsetzt an. „Das kannst du nicht! Und dieses Mal meine ich es absolut ernst, Els."

„Aber David —"

„Hör zu: du *mußt* hierbleiben! Sag dem Pater, daß es mir nicht gut geht, oder denk dir sonst irgendwas aus. Wenn er morgen früh aufwacht, und wir sind beide weg, wird er hellhörig werden und anfangen, herumzuschnüffeln! Willst du in einem italienischen Gefängnis enden? Oder diese Aktion endgültig zum Scheitern bringen?"

„Er wird genauso argwöhnisch werden, wenn du nicht herunterkommst und ich niemanden zu dir lassen kann. Er ist doch nicht dumm. Hast du nicht bemerkt, wie er uns angesehen hat? Nicht, als ob er alles *wüßte*, aber doch so, als ob er etwas *fühlte*."

„Ja. Er ist ganz schön clever, das stimmt." David fuhr sich unschlüssig mit den Fingern durchs Haar. „Ich weiß auch nicht. Du mußt ihn eben hinhalten. Ich kann mich noch heute abend auf den Weg machen. Vielleicht bin ich dann schon morgen abend wieder zurück. Du mußt ihn unbedingt hinhalten! Dieser eine Tag kann entscheidend für uns sein, wenn es mir gelingt, jemanden zu benachrichtigen, der diesen ganzen Schlamassel wieder ausbügeln kann."

„David, ich weiß nicht, ob ich das schaffe!"

„Immer eins nach dem anderen, Liebling", beruhigte er. „Denk immer an die Jünger im Fischerboot! Denk daran, in wessen Obhut wir sind!"

* * *

Die braune Tweedhose, die unterdessen gut gebügelt worden war, wirkte zusammen mit dem dunkelbraunen Pullover, den Ellie am Boden der zweiten Kiste gefunden hatte, beinahe elegant. Obwohl Ellie nun intensiv nach Mottenkugeln roch, fühlte sie sich zum ersten Mal seit vielen Stunden wieder wohl in ihrer Haut. Zwar mußte sie mit Herrenunterhosen vorliebnehmen, und ihre Socken hatten es eigentlich nötig, gestopft zu werden, aber dafür hatte David fast neue Knabengummistiefel gefunden, die ihr wie angegossen paßten.

David trug die Hose aus dem blauem Wollstoff, die er gefunden hatte, und dazu einen schwarzen Rollkragenpullover, der allerdings an einem Ellbogen ein Loch hatte. Pater Antonell hatte jedoch zusätzlich ein Jacket aufgetrieben, das diesen kleinen Schönheitsfehler überdeckte und sogar fast die richtige Größe hatte. Allerdings gab es keine Schuhe, die für David groß genug gewesen wären, und so saß er in Strümpfen an Pater Antonells Eßzimmertisch.

In ihren Tassen dampfte frisch aufgebrühter schwarzer Kaffee, und der Brotkorb quoll über vor Brötchen. David hatte bereits eine riesige Portion Eier und Würstchen verzehrt und war gerade im Begriff, sich über die zweite herzumachen. Pater Antonell unterhielt sie unterdessen mit Berichten aus seinem Leben und ließ dabei seinen Blick über den Hafen schweifen.

„... und so habe ich mich nach dem Krieg ein bißchen umgesehen. Es ist unglaublich, wie sehr diese Menschen unter den Tyrannen gelitten haben. Hier ist alles auf den Kopf gestellt worden. So floh auch ich, wie alle anderen, möglichst schnell zurück in meine Heimat, und bekam eine kleine Gemeinde in Mittelkalifornien angeboten, nicht weit von meiner Familie. Aber ich habe auch hier in Italien Familie. Mein Vater ist nämlich nicht weit von hier geboren. Na ja, jedenfalls konnte ich diesen Ort hier einfach nicht vergessen. Als reiner Amerikaner hat man es natürlich leichter. Ich konnte die Kinder einfach nicht vergessen. Also kam ich wieder zurück. Die Sprache war kein Problem. Ich bin ja mit Italienisch aufgewachsen, und Englisch wurde in der Schule gesprochen. Da Pater Guimarra, der diese Gemeinde hier in Baris schlimmstem Elendsviertel früher betreut hat, gestorben war und sich kein Nachfolger fand, wurde meine Bewerbung innerhalb weniger Wochen angenommen, und hier bin ich nun ... *stillicidi casus lapidem cavat*, wie man zu sagen pflegt. *Steter Tropfen höhlt den Stein*, nicht wahr? Immer ein Schritt nach dem anderen, nicht wahr?"

Er richtete seinen Blick auf Ellie. „Auf diese Weise kam ich als Exilamerikaner hierher. Aber Sie haben mir noch gar nicht erzählt, wie Sie darauf gekommen sind, Ihre Flitterwochen in Jugoslawien zu verbringen. Sie sind doch auch aus Kalifornien, nicht wahr?"

Erstaunt über Pater Antonells richtige Vermutung, ließ Ellie bei der Wahl ihrer Worte Vorsicht walten: „Ich war Photographin an einer archäologischen Ausgrabungsstätte. David und ich kennen uns bereits aus den Staaten."

Der Priester lächelte. „Und Sie haben sich dann entschlossen, ihr zu folgen, Mr. Miller?"

David kaute gerade mit vollen Backen. „Hmmm."

Pater Antonell runzelte nachdenklich die Stirn. „Aber wieso hatten sie dann Passagiere an Bord, wenn Sie doch auf Ihrer Hochzeitsreise waren?"

„Wir ... hm ... hatten vor, nach Rom zu fliegen. Ein paar Extradollar, Sie verstehen", erwiderte David verwirrt. Dann fiel ihm plötzlich etwas ein, und er schnipste mit den Fingern. „Ich würde Bernie

Greene gerne Bescheid geben, wo wir sind. Haben Sie vielleicht ein Telefon, Pater?'"

„Ja, aber die Leitungen sind leider alle kaputt. Der Telegraf auch, falls Sie hier jemanden in der Gegend benachrichtigen wollen. Aber ich kann einen der Jungen nach dem Essen zum Hotel schicken, wenn Sie möchten. Die Mütter der meisten Jungen arbeiten dort – mehr als die Hälfte der Kinder sind Produkte der amerikanischen Streitkräfte."

„Das meinte ich vorhin, als ich vom Fünfzehnten Geschwader sprach", warf David scherzhaft ein. Doch Pater Antonell verzog keine Miene.

Er wischte sich den Mund mit der Serviette und faltete diese dann sorgfältig zusammen. Seine Wißbegier schien immer noch nicht befriedigt. „Was Michail anbetrifft, den Burschen im Krankenhaus –" wandte er sich wieder seinen anfänglichen Nachforschungen zu –, „ist er Bulgare?" Dabei sah er David mit dem Blick eines Mannes in die Augen, der es gewohnt ist, zwischen den Zeilen zu lesen.

„Ich denke schon."

„Aber wohl kein Katholik?"

„Nein", erwiderte David und trank einen Schluck aus seiner dampfenden Kaffeetasse. „Ich glaube nicht."

Ellie strich wie unbeteiligt Butter auf ihren Toast. Sie vermied es, in das nachdenkliche Gesicht ihres Gastgebers zu blicken, und machte einen schwunglosen Versuch, das Thema zu wechseln: „Lecker! Das Essen ist wirklich sehr lecker."

Pater Antonell ignorierte denn auch ihre Worte und bohrte unbeirrt weiter: „Richtig. Eine unserer Schwestern ist aus Bulgarien geflohen. Sie hat sich sehr nett mit Michail unterhalten. Wo haben Sie ihn übrigens aufgelesen?" Der Ton seiner Frage ließ gar nicht erst den Gedanken aufkommen, es mit einer Lüge versuchen zu wollen.

„In Zypern. In der Nähe von Kyrenia", antwortete David daher wahrheitsgemäß.

„Also während Ihrer Hochzeitsreise?"

David blickte scheinbar erstaunt auf. „Ja. Ich war beim Neunten Luftgeschwader. Zuerst in England, dann in Nordafrika –"

Pater Antonells Augen leuchteten auf. „Ach, beim Neunten. Das war doch in Bengasi stationiert, nicht wahr?"

„Ich habe es geschafft, während meines dortigen Aufenthaltes auf allen hochgelegenen Punkten stationiert zu werden. Und nun wollte ich Ellie gerne all die Stellen zeigen, von denen aus ich nach Hause geschrieben habe. Außerdem gibt es da viel zu sehen."

Pater Antonell dachte schweigend über diese Erklärungen nach. "Und wie fanden Sie Bengasi, Mrs. Miller?" wandte er sich plötzlich lächelnd an Ellie.

"Ich —"

"Wir sind noch nicht so weit gekommen", kam ihr David zu Hilfe. "Wir hatten vor, erst ein bißchen in Europa umherzufliegen und auf dem Rückweg dort zu landen. Ein oder zwei Passagiere sollten unsere Kosten ein wenig reduzieren. Aber nun, da wir unser Flugzeug eingebüßt haben, weiß ich nicht..."

Pater Antonell lehnte sich zurück und klopfte sich mit einem zufriedenen Seufzer auf den Bauch. "Nun, Sie sind uns jedenfalls hier willkommen. Sehr willkommen sogar. Ich kann Ihnen gar nicht sagen, wie es mich freut, wieder einmal amerikanische Laute zu hören! Dieses arme Land befindet sich in einem solchen Aufruhr!"

wechselte er unvermittelt das Thema. "Nächsten Monat finden Wahlen statt, und alle haben Angst davor, daß die Kommunisten gewinnen könnten. Oder daß sie, wenn sie die Wahlen nicht gewinnen, die Macht einfach mit Gewalt an sich reißen, wie sie es in Bulgarien getan haben, in der Tschechoslowakei und —"

"...selbst in den Staaten, Pater", warf David ein, erleichtert, das heikle Thema wechseln zu können.

Pater Antonell wurde wieder ernst. "Und was halten Sie von den Kommunisten, Mr. Miller?"

"Nennen Sie mich doch einfach David, Pater. Sie haben uns so nett Gastfreundschaft gewährt. — Nennen Sie mich bitte David, ja?"

"Gut denn, David. Die Kommunisten scheinen überall die Macht zu übernehmen. Was halten Sie davon?"

"Ich halte es mit Patton. Ich glaube, wir hätten sie aus Berlin vertreiben und ganz klar bis nach Moskau zurückdrängen sollen.

Aber ich glaube, daß alle einfach zu erschöpft waren, um diese Aufgabe durchführen zu können. Haben Sie von den Verhören in Washington gehört? Von der schwarzen Liste in Hollywood?"

Der kleine Priester nickte. Er hatte sich bisher mit seiner Meinung zu diesem Thema zurückgehalten. "Es kommt hier und da vor, daß sich eine Zeitung oder eine Zeitschrift in die Wohltätigkeitssendungen aus den USA verirrt. Da habe ich ab und zu etwas darüber gelesen..." Er verstummte und sah David scharf an. "Es ist heutzutage schwer zu sagen, wer noch die Wahrheit spricht, nicht wahr? *Vox et praeterea nihil*... eine Stimme und nichts weiter. Leere Worte in aller Munde! Ich glaube, es gibt überhaupt keine Wahrheit in Worten, sondern nur in Taten. Mein Wahlspruch lautet: *ecce signum*... sieh den Beweis! In Bulgarien und Rumänien hat man die Kirchen in Ställe umgewandelt, und die Geistlichen sitzen im Gefängnis. Es heißt bereits, Stalin habe in seinen Säuberungsaktionen mehr Menschen umgebracht als Hitler. *Ecce signum*: das große Ziel der Menschen, mehr Gleichheit zu schaffen, ist zunichte. Was bleibt also noch?" Er kratzte sich an der Wange und sah David an, als erwarte er eine Antwort.

„Ich nehme an, jeder muß seinem Gewissen folgen."

Der kleine Priester, der bisher so ruhig gewesen war, schlug plötzlich donnernd mit der Faust auf den Tisch, so daß das Geschirr klapperte. „Nein! Da irren Sie sich!" Sein bisher so angenehmes Äußeres veränderte sich jäh. „Das Gewissen des Menschen ist unzulänglich und fehlbar. Das Gewissen des Menschen ist nur auf seine eigenen Bedürfnisse und Wünsche ausgerichtet, nicht auf die anderer, und es kann mit den unsinnigsten Taten der Nächstenliebe beruhigt werden! Aber auch die Nächstenliebe ist nichts weiter als eine Stimme... Vielleicht ist sie sogar die größte Lüge von allen." Er starrte die beiden erregt und mit bohrenden Blicken an. Seine Wangen waren gerötet. Eine lange Zeit peinlichen Schweigens folgte. Schließlich räusperte sich Ellie und ergriff das Wort.

„Sie haben sicher recht, Pater." Sie warf dabei David, der über den Ausbruch ihres Gastgebers völlig verwirrt war, einen nervösen, warnenden Blick zu.

„Ich wollte damit nicht sagen –" warf David unbeholfen ein. „Ich meinte... die Menschen wissen wohl, was recht und unrecht ist, aber sie handeln nicht danach."

„Ah ja...." Der Priester hob bedächtig seinen Zeigefinger und sagte dann mit Nachdruck: „Das Problem ist nur, daß jeder eine *andere* Vorstellung von recht und unrecht hat, nicht wahr? So betet zum Beispiel in den Bergen der Viehzüchter um Regen, damit das Gras für sein Vieh wächst. Im Tal dagegen betet der Baumwollpflücker um Trockenheit, damit er die Baumwolle ernten kann. Wenn es zu spät regnet, zürnt der *Viehzüchter* Gott. Wenn es zu früh regnet, zürnt ihm der *Baumwollpflücker.*" Er lächelte. „Verstehen Sie, was ich meine? Der Baumwollpflücker würde den Viehzüchter um seiner eigenen Sache willen vor die Hunde gehen lassen. Und am Ende, früher oder später, gibt jeder Gott die Schuld. – Aber ein viel anschaulicheres Beispiel für meine These ist vielleicht das, was sich in der vergangenen Nacht in Palästina ereignet hat." Er ließ seinen Blick von Ellie zu David wandern.

„Natürlich können Sie davon noch nichts wissen. Ich habe es ja selbst gerade erst erfahren."

Ellie beugte sich gebannt vor. „Was? Was haben Sie erfahren?"

„Wir alle wissen ja, daß Millionen von Juden kaltblütig umgebracht worden sind", begann der Priester, „und wir wissen auch, daß die Überlebenden ein Heimatland verdienen. Dies jedenfalls ist es, was den Vereinten Nationen die Stimme ihres Gewissens zu sagen scheint. Aber bei den Arabern, die in Palästina leben, stößt diese Ansicht auf völliges Unverständnis, ja starke Ablehnung. Und nun haben offenbar die Juden in einem kleinen Dorf dicht bei Jerusalem, in dem sich nur noch Frauen und Kinder befanden, ein grausames Gemetzel angerichtet, die Frauen vergewaltigt und dann alle Bewohner umgebracht! In einer Weise, in der während der Nazizeit auch jüdische Frauen und Kinder hingemetzelt worden sind."

Ellie wurde es flau in der Magengegend. Sie faßte sich an die Stirn. „Entsetzlich", flüsterte sie.

„So weit zum Gewissen der Menschen", kommentierte Pater Antonell nüchtern. „Es vergilt Gleiches mit Gleichem, verstehen Sie? Und was sind letztlich ein paar arabische Kinder im Vergleich zu einer Million jüdischer?"

„Wie ist so etwas nur möglich?" fragte David fassungslos. „Sind Sie ganz sicher, daß es sich dabei nicht um eine Falschmeldung handelt?"

„Ich habe es in den Nachrichten gehört", antwortete der Pater ruhig, öffnete eine Schublade des dunklen Walnuß-Sideboards hinter sich, zog eine abgegriffene Ausgabe des *Life*-Magazins heraus und legte sie gelassen auf den Tisch neben den Teller mit dem Toastbrot. Er blätterte darin, bis er ein doppelseitiges Photo gefunden hatte, das David neben einem versiegelten Sarg zeigte. Darunter befand sich auch ein kleines Bild von Ellie. „Vielleicht möchten Sie mit Ihrem Bericht noch einmal von vorne beginnen? Vielleicht gibt es einen anderen Grund, warum sie Jugoslawien als Kulisse für Ihre Hochzeitsreise gewählt haben?" Er legte eine Pause ein. Ellie und David saßen wie versteinert da.

„Es hat den Anschein, als verteilte sich der Regen auf Juden und Araber gleichermaßen, und am Ende wird Gott sowohl vom einen Volk als auch vom anderen verflucht werden. Das ist unvermeidlich. Aber da die Juden nun selbst unter Beweis stellen, wessen auch sie fähig sind, bin ich neugierig zu erfahren, was *Sie* in diesem Drama für eine Rolle spielen." Er nahm lächelnd zur Kenntnis, wie sie unbehaglich auf ihren Stühlen herumrutschten, und wandte sich dann seelen-

ruhig an David: „Ihr wirklicher Name ist Meyer, nicht wahr? Captain David Meyer. Kriegs-As des Neunten."
David nickte geschlagen. „Ja."
„Danke." Der Pater sah befriedigt zu Ellie. „Und Sie sind Ellie Warne. Vom *Life*-Magazin. Meine Lieblingsreporterin. Ich wußte nicht, daß Sie doch nicht tot sind, und ich muß zugeben, daß ich bei Ihnen länger gebraucht habe als bei Ihrem Mann, bis ich Sie eingeordnet hatte. Ich hoffte, daß Sie ehrlich mit mir sein würden."
„Was haben Sie jetzt vor?" fragte David mit grimmiger Miene.
„Das hängt ganz von Ihnen ab." Pater Antonell legte ruhig die gefalteten Hände vor sich auf den Tisch. „Wahrscheinlich können wir ohnehin nichts unternehmen, bis sich der Sturm gelegt hat. Die Telefonleitungen sind ja unterbrochen. Ich könnte Sie also in Ihr Zimmer einschließen, oder Sie könnten mich überwältigen und *mich* einsperren. Aber keine der beiden Möglichkeiten klingt sonderlich attraktiv. Vielleicht sollten wir uns also statt dessen einfach unterhalten. Und vielleicht sollten Sie mir einmal erklären, was Sie als amerikanische Bürger in der Gesellschaft von Menschen zu suchen haben, die unschuldige Zivilisten ermorden."

27. Wenn der Sperling fällt

Haj Amin Husseini hatte einen Stapel Telegramme vor sich auf dem Schreibtisch liegen, in denen über die Einzelheiten des Massakers von Deir Jassin berichtet wurde. Das letzte Telegramm, das von Ram Kadar stammte, hielt er noch in Händen. Die Schwester Jassar Tafaras hatte als einzige die Greuel überlebt, aber dadurch den Verstand verloren. Zweihundertfünfzig Dorfbewohner waren umgekommen. Bis zum Nachmittag hatten es eintausend Freischärler geschafft, die Juden, die das Massaker verübt hatten, wieder aus Deir Jassin zu vertreiben. Kastel allerdings befand sich immer noch in der Gewalt der Zionisten, während in Jerusalem die zornentbrannten arabischen Volksmassen wüteten.

Haj Amin warf Kadars Telegramm zu den übrigen und lehnte sich in seinem Stuhl zurück. Er legte die Finger gegeneinander und starrte auf das Telegramm, das Jassar ihm aus Ragusa geschickt hatte.

WIE GEPLANT ANGEKOMMEN STOP ABFAHRT VON PLANMÜSSIGER ZEIT STOP BRINGEN RUHM DES ARABISCHEN PALÄSTINA STOP INCH ALLAH! DIENER DES MUFTIS UND DES PROPHETEN STOP JASSAR TAFARA

„Die Juden wissen noch nicht, was das Wort Rache bedeutet", murmelte der Mufti. „Aber sie haben mit ihrer Tat bereits die Fackel entzündet, die ihren Scheiterhaufen in Flammen aufgehen lassen wird."

Im Rumpf der *Trina* befand sich das nötige Material, um die Feinde eines freien arabischen Palästina zu vernichten. Egal, ob die Vereinten Nationen um die Menschen in Deir Jassin trauerten, egal, ob sie nun zutiefst bedauerten, den Gedanken der Teilung überhaupt ernsthaft erwogen zu haben — für Haj Amin war die Frage des jüdischen Heimatlandes auf jeden Fall geregelt: Mit Hilfe der Fracht aus der *Trina* und Tausender von arabischen Soldaten, ausgerüstet mit den modernsten Waffen, würde er den Juden an der Küste des Mittelmeeres keine Heimstätte, sondern eine Grabstätte anbieten.

„Ja. Die Juden werden tatsächlich in Palästina Frieden finden — denselben Frieden wie die Menschen von Deir Jassin!"

* * *

Den ganzen Nachmittag lang saßen Pater Antonell, Ellie und David nun schon vor dem alten rauschenden und knackenden Radio des Paters und hörten die neuesten Nachrichten über das Massaker in Deir Jassin und die Aufstände in Jerusalem.

Ellie hatte ihren Kopf niedergeschlagen gegen Davids Arm gelehnt, und der Priester betrachtete die beiden mit einer Mischung aus Argwohn und Neugier.

Aus dem von Aufständen heimgesuchten Jerusalem hat Ben-Gurion inzwischen die Tat der jüdischen Terroristen als verabscheuungswürdig verurteilt. In der Vollversammlung der Vereinten Nationen herrscht unterdessen großer Aufruhr. Es wird wieder ernsthaft darüber diskutiert, ob die Schaffung eines souveränen jüdischen Staates überhaupt im Rahmen des Möglichen liegt. Selbst Mitglieder der amerikanischen Delegation äußerten ihre Bedenken: „Wenn es die Politik der Juden ist, friedliche Bewohner Palästinas in ihren Betten abzuschlachten — "

Pater Antonell schaltete das Radio aus und betrachtete die niedergeschlagenen Gesichter seiner Gäste. „Ecce signum... seht den Beweis! — Soviel zur Gerechtigkeit des Zionismus."

„Sie haben doch selbst gehört, wie Ben-Gurion sich geäußert hat!" erwiderte David verärgert.

„Leere Worte, Captain Meyer, leider alles leere Worte. Und dann muß ich dabei daran denken, daß Palästina voller katholischer Araber ist. Werden sie von dieser Art der Politik ausgenommen werden?" Er erhob sich schwerfällig und blickte aus dem Fenster.

Nach einigen Augenblicken murmelte er vor sich hin: „Wird das alles jemals ein Ende haben?" Allen war bewußt, daß er damit nicht den Sturm meinte.

„Sie wissen selbst, daß das niemals ein Ende haben wird", erwiderte Ellie leise. „Jedenfalls so lange nicht, bis alles, was in der Heiligen Schrift geschrieben steht, in Erfüllung gegangen ist. Israel *wird* wieder eine Nation werden, Pater Antonell! Das ist eine Verheißung Gottes! Und Kriege wird es solange geben, bis Jesus kommt und ihnen ein Ende macht. Nur er kann all dem ein Ende setzen."

Der Pater zog, überrascht und amüsiert zugleich, die Brauen hoch. „Ich wußte gar nicht, daß Sie Theologin sind."

„Das bin ich auch nicht", versetzte Ellie gereizt, „Aber ich kann lesen! Und was ich eben gesagt habe, kann man in der Bibel nachlesen.

Ob Juden, Katholiken oder Baptisten, alle legen dasselbe Buch zugrunde, und in diesem Punkt müssen also alle übereinstimmen. Der Messias kommt, wenn Israel wieder eine Nation ist! Und egal, was böse Menschen — auf beiden Seiten — dagegen unternehmen, Pater, *Israel* wird wieder eine Nation werden."

„Die Frage ist nur, Mrs. Meyer ...," der Pater sah sie über seine Nasenspitze hinweg scharf an, „die Frage ist nur der Zeitpunkt — allein der *Zeitpunkt*. Wußten Sie, daß Kaiser Justinian im dritten Jahrhundert nach Christi Geburt Juden nach Jerusalem zurückgeschickt hat, weil sie den Tempel wieder aufbauen sollten?

Aber als sie die Fundamente ausgruben, traten Gas und Feuer aus dem Erdboden und töteten mehrere hundert Arbeiter — das ist eine historische Tatsache. Sehen Sie, Gott hat seinen eigenen Zeitplan, und der läßt sich nicht von Menschen mit Gewehren oder Schaufeln in der Hand beschleunigen. Ich glaube an die Schrift, und es sind nur die überstürzten Taten der Menschen, denen ich mißtraue. Wenn Israel wirklich noch innerhalb meiner Lebensspanne wieder zu einer Nation werden sollte, dann werde ich fortan jeden Tag die Rückkehr Christi erwarten. Aber bis das geschehen wird, erwarte ich nur, daß sich der blutgetränkte Boden Palästinas auftut und die Menschen verschlingt, die den Willen Gottes beschleunigen wollen!"

Er sah David scharf an. „Ich nehme an, es waren die nach Palästina geschmuggelten Waffen, mit denen die Menschen in Deir Jassin umgebracht wurden ..."

„Ich habe inständig darum gebetet, daß es nicht so ist, Pater", entgegnete David und sah deprimiert und verlegen auf seine Hände.

„Ja, das glaube ich Ihnen sogar", erwiderte der Pater, und mit schmerzlich verzogener Miene fügte er beinahe beschwörend hinzu:

„Achten Sie darauf, auf welchem Boden Sie sich bewegen, junger Mann, damit sich unter Ihnen kein Abgrund auftut! Christus hat gesagt, daß Gott nicht einmal den kleinsten Sperling vergißt. Diese Menschen waren viel mehr als nur ein Sperling, und dennoch hat man ihnen ihr Leben genommen."

„Aber das waren doch nicht unsere Leute!" wiederholte David wohl zum hundertsten Mal.

„Das sagten Sie bereits", erwiderte Pater Antonell scharf und sah dann zum Hafen hinüber, über den sich langsam der Mantel der Dunkelheit legte. „Ich werde in meinem Viertel zu Abend essen, und ich habe heute viel zu beten. Ich gebe Ihnen den guten Rat, während meiner Abwesenheit hierzubleiben. Ich bezweifle außerdem, daß Sie sehr weit kommen würden, falls Sie es sich anders überlegen sollten."

„Haben Sie denn die sechs Millionen jüdischer Sperlinge vergessen, Pater?" begehrte David jetzt zornig auf. „Ist Ihnen nicht klar, daß der Mufti noch mehr umbringen wird, wenn diese Waffenlieferung durchkommt?"

„Gott allein kennt alle Wege, David", erwiderte der kleine Priester abgespannt. „Und er sieht selbst den Sperling. Ich dagegen bin nur ein Mensch, der das Tun anderer Menschen beobachtet. Sie werden von mehreren Regierungen wegen krimineller Handlungen gesucht. Und da Sie hier bei mir Unterschlupf gesucht haben, muß ich nun entscheiden, wie ich mich verhalten soll."

Schon im Begriff zu gehen, wiederholte er über die Schulter gewandt noch einmal nachdrücklich: „Versuchen Sie bitte nicht, davonzulaufen, Captain Meyer!"

Als sie allein waren, meinte David mit starrem, auf den Fußboden gerichteten Blick zu Ellie: „In gewisser Weise hat er ja recht, weißt du. Da dreht irgendjemand einfach durch und bringt ein paar Kinder um, und da muß man sich doch fragen, Els, ich meine, *ich* muß mich fragen, was wir eigentlich tun." Er sah sie an, tiefe Schatten lagen unter seinen Augen. „Sie jagen *uns* in die Luft, wir jagen *sie* in die Luft. *Sie* töten ein Kind, *wir* töten zehn. Sie dann zwanzig. Dann hundertundfünfzig —"

Ellie schwieg. Das Entsetzen über die Greueltat lähmte sie. Sie dachte an die alte Miriam und deren Familie. Sie waren unschuldige Araber gewesen und hatten doch sterben müssen. „*Ich* weiß es nicht", sagte sie schließlich. „Aber Gott weiß es, David. Er kennt alle Wege. Wenn wir versagen sollten oder umkommen und nichts mehr tun können, dann hat er bereits eine andere Lösung unserer Aufgabe im Blick."

„Wie jetzt", stöhnte David ungläubig und ließ sich zurücksinken. „Wie jetzt."

* * *

Im Hauptquartier des arabischen Hochkomitees erstattete Ram Kadar Bericht über die Ereignisse in Damaskus. Ein Dutzend Muchtars maßen ihn mit kritischen Blicken, während er ihnen die Worte des

Muftis vortrug: „Wir, die Araber Palästinas, sind von unseren Brüdern verraten worden. Sie streben danach, Palästina unter sich aufzuteilen, zu zerschneiden und dadurch zu vernichten! So, wie auch die Menschen aus Deir Jassin vernichtet worden sind. Sie halten die uns rechtmäßig zustehenden Waffen vor uns zurück. Aber glücklicherweise hat unser Führer sie überlistet! In wenigen Tagen wird eine Schiffsladung mit Waffen bei uns ankommen, die ausreicht, um jeden Jihad-Moqhaden zu bewaffnen. Und dann werden wir die Juden endgültig ins Meer treiben!"

„Das gebe Allah!" stieß ein alter, zerknitterter Beduinenhäuptling hervor. „Und dann werden wir ihre Frauen und Kinder abschlachten, genau wie sie es mit unseren getan haben!"

„Am heutigen Tage, während das Volk Palästinas um seine Toten trauert, beherrschen die Juden aber immer noch Kastel", warf ein anderer bedenklich ein. „Und das ist ihr Sieg!"

Plötzlich tauchte aus einem entlegenen Winkel des Raumes Friedrich Gerhardt auf — die kräftigen Kiefermuskeln vor Erregung deutlich angespannt — und ergriff mit scharfer Stimme das Wort: „Dann seht zu, daß es nicht so bleibt! Ich habe den Schwur getan, daß ich Kastel einnehmen werde! Und ich bitte euch heute abend um eure Einwilligung, mir unsere besten Kämpfer aussuchen zu dürfen, um unserer Schmach ein Ende zu bereiten. Um dem Leben des Juden ein Ende zu machen, der dort Kommandeur ist! Um meines Eides willen bitte ich euch darum, beim Angriff auf Kastel das alleinige Kommando zu erhalten!"

Ein unwilliges Gemurmel erhob sich im Komitee. War es nicht Gerhardt gewesen, der Kastel unbewacht zurückgelassen hatte?

Kadar griff — ein schwaches Lächeln um seine Lippen — mit wohlüberlegten Worten ein: „Kommandeur Gerhardt hat Tausende von Malen unter Beweis gestellt —"

„Und was hat er gestern bei unserer mißglückten Belagerung unter Beweis gestellt?" erhob sich sofort Widerspruch.

„Die Juden haben sich mit ihrem Fest in der letzten Nacht über uns lustig gemacht!" ergänzte ein uralter Scheich heftig.

„Nicht sein Fehler", verteidigte Kadar Gerhardt zu dessen Erstaunen. „Er ist genauso einer Täuschung zum Opfer gefallen wie wir alle. Aber er ist ein fähiger Soldat." Wohlweislich erwähnte er nicht, was er still für sich dachte: daß nämlich der fanatische Gerhardt bei solch einem Angriff leicht den Tod finden konnte und die Juden aller Wahrscheinlichkeit nach nur noch über ein geringes Durchhaltevermögen und spärliche Munitionsvorräte verfügten. Dann würde er, Ram Kadar, beenden, was Gerhardt begonnen hatte. Er würde es mit all dem Zorn beenden, der ihm in der Seele brannte. Denn so sehr, wie Gerhardt nach Mosche Sachars Blut lechzte, sehnte auch Kadar den Augenblick herbei, an dem er diesem Juden wieder gegenüberstehen würde, um seine Kräfte mit ihm zu messen.

„Und du selbst willst an diesem Angriff nicht teilnehmen, Kommandeur Kadar?" fragte ein Muchtar und musterte Kadar mit argwöhnisch zusammengekniffenen Augen.

„Kastel zurückzuerobern, dürfte wohl nur ein kleines Geplänkel werden", versetzte Kadar betont gleichmütig und bemerkte mit Genugtuung Gerhardts wachsenden Unmut. „Die Juden haben es schließlich nur mit einer Handvoll Leuten geschafft, und Kommandeur Gerhardt wird Tausend — oder gar zweitausend? — zur Verfügung haben. Natürlich, wenn er Schwierigkeiten bekommen sollte —"

„Ha!" brauste Gerhardt verächtlich auf. „Schwierigkeiten? Was für Schwierigkeiten? Was sind die Juden anderes als der unfähige Abschaum, der magere Rest ihrer toten Verwandten? Nein! Schwierigkeiten wird es keine geben!"

„Die Leute achten Kommandeur Gerhardt. Er ist ein großer Held des Jihad. Sie werden ihm folgen, und sein Mut wird ihren Kampfwillen stärken. Daran glaube ich", fügte ein anderes Mitglied des Komitees hinzu.

Nachdem die Männer flüsternd miteinander diskutiert hatten, gaben schließlich ihre Führer, von Haj Amin dazu auserwählt, die verschiedenen Dörfer und Distrikte des arabischen Palästina zu regieren, ihre Zustimmung.

Gerhardt nahm sie triumphierend zur Kenntnis und wandte sich dann mit drohendem Unterton an Kadar: „Ich habe einen Schwur geleistet: Mosche Sachars Kopf soll auf der Spitze eines Bajonetts in Jerusalem zur Schau gestellt werden! Wenn das geschehen ist, werde ich dir meine Pläne über die Einnahme eines weiteren wichtigen Berges mitteilen —"

„Wir alle kennen sehr wohl deine Fähigkeit, dich an Orte vorzuwagen, an die sich andere nicht herantrauen würden", sagte einer der Muchtars. „Inch Allah! Möge es sein Wille sein, daß du Erfolg hast! Aber erzähle uns doch jetzt schon, Bruder, was du noch im Sinn hast. Welche Pläne hast du geschmiedet?"

Gerhardt brannte zu sehr darauf, sich mit seinem Vorhaben zu brüsten, als daß er hätte schweigen können. „Heute nacht nehmen wir

Kastel ein!" rief er und blickte mit stolz erhobenem Kopf von einem zum anderen. „Und gleich morgen, das schwöre ich euch, werden wir den Skopusberg und die dortige jüdische Festung, das Hadassah-Krankenhaus, stürmen!"

Genau wie die anderen im Raum, zog auch Kadar erstaunt die Brauen hoch. „Kastel kannst du sicherlich ohne meine Hilfe einnehmen" — er lächelte mit dünnen Lippen —, „aber beim Hadassah wird es nicht so einfach sein."

„Du kennst Friedrich Gerhardts Fähigkeiten nicht, mein Freund!" Er hielt seine Hand gegen das Licht der rauchenden Öllampen. „Hat Allah diese Hände nicht zu seinen Zwecken erschaffen? Zu seiner Rache? Und auch zu meiner? Du wirst schon sehen, Kadar. Ihr alle werdet es sehen! Morgen, wenn ich das Blut meiner Feinde in Kastel getrunken habe. *Morgen!*"

* * *

Es war kurz vor Sonnenuntergang, als Bobby Milkins kleines Flugzeug knatternd über Kastel flog. Mosche hörte Bobbys Stimme deutlich aus dem Feldtelefon: „Stab an Rabe! Auf der Straße zeichnet sich Unheil ab!"

Mosche drückte den Sprechknopf und antwortete: „Richtig, Rabe. Kannst du uns so ungefähr sagen, wieviele es sind?"

Die Stimme am anderen Ende des Telefons klang ratlos. „Tja, das is' es eben, Stab. Sieht so aus, als ob die meist'n der Bursch'n ein'n sitzen hätt'n oder'n Kater oder so was."

„Moslems trinken keinen Alkohol, Rabe. Wem stehen wir also gleich gegenüber?"

„Sieht für mich nich' mehr als acht- oder neunhundert Betrunkener aus. Weniger als tausend auf jed'n Fall. Gib mir 'ne Mustang, dann nehm' ich sie ordentlich unter Beschuß, jag' sie wieder in ihre Zelte zurück." Während er sprach, drehte er bereits in Richtung Jerusalem ab, so daß wegen der zunehmenden Entfernung die letzten Worte stark von Knacken und Rauschen verzerrt wurden. „Deir Jassin quillt über vor Briten und Arabern. Scheint so, als ob da nich' mals *ein* toter Jude wär'. Emile is' einfach abgehau'n."

Als Bobby Emile Dumas erwähnte, knirschte Mosche zornig mit den Zähnen. Ja, die Irgun hatte die Gewehre der Haganah genommen, mißbraucht und sich dann einfach davongemacht. Sie hatten nicht einmal den kleinsten Versuch unternommen, sich mit Kastel auch nur in Verbindung zu setzen. Mosche bedauerte vor allem den Verlust der Waffen und der Munition. „Nur acht- oder neunhundert?" vergewisserte er sich noch einmal. „Bist du ganz sicher, Rabe?" Er hatte eigentlich mit einer größeren Truppe gerechnet.

Bobbys Stimme verlor nun rapide an Lautstärke. „Bin ich! Es sei denn, die Bursch'n hätt'n noch was unter ihr'n Gewändern versteckt. Das ... beobacht ... vor ... Dorf ..."

„Ich versteh' nichts mehr, Rabe! Rabe, bitte kommen, Rabe..." Der Ruf verhallte ungehört, da das Flugzeug bereits am Horizont verschwunden war. Bobby hatte für heute seine Pflicht getan. Ohne Tageslicht konnte er ohnehin nicht mehr von Nutzen für sie sein.

Mosche legte den Hörer auf und wandte sich an Ham und Ehud: „Tja, da haben wir's. Weniger als tausend Araber."

Ham kratzte sich erstaunt am Kopf und blickte in den dunkel werdenden Himmel. „Wenn das alles ist, bin ich nicht enttäuscht."

„Und unsere Leute haben siebentausend Schuß Munition, das sind einhundert Kugeln pro Gewehr und sieben für jeden Araber", ergänzte Ehud mit zuversichtlich klingender Stimme.

Ham unterließ es, sie darüber aufzuklären, daß man während des Zweiten Weltkrieges durchschnittlich dreitausend Kugeln benötigt hatte, um einen Feind zu töten. So nickte er nur zustimmend zu Ehuds Worten, fügte jedoch einschränkend hinzu: „Einhundert Kugeln sind allerdings nicht so viel, wie ihr denkt. Wir müssen die Leute auf jeden Fall anweisen, nur auf klare Ziele zu schießen, nicht einfach auf jeden Schatten in der Nacht."

Mosche ging noch einmal die Waffenbestände durch: „Jede Kampfeinheit hat eine Leuchtpistole, und für je zehn Leute gibt es eine Tonnenbombe."

Ham rieb sich nachdenklich das Kinn. „Die sollten aber nur im Falle eines Großangriffs eingesetzt werden. Es hat keinen Sinn, sie einfach zu verschwenden..."

Mosche war dankbar, daß der riesige, rotwangige Sergeant bei ihnen geblieben war. Denn er war Waffen- und Munitionsexperte. Nach seinen Anweisungen hatte man improvisierte Bomben hergestellt, indem man Zündkapseln in Öltonnen gefüllt und an diese eine kurze Zündschnur angeschlossen hatte. Die abenteuerlichste Idee war jedoch sicher gewesen, die Zündschnüre an Tonnen zu befestigen, in denen sich gar keine Sprengkörper, sondern nur Steine befanden, die beim Rollen einen ohrenbetäubenden Lärm veranstalteten.

Sergeant Hamilton hoffte, daß die sieben echten, mit Sprengsätzen gefüllten Tonnenbomben dem Feind nicht nur körperlichen Schaden zufügen, sondern ihn auch mit einem gesunden Respekt vor allen kullernden Tonnen erfüllen würden. Im übrigen hatte man, entgegen dem ursprünglichen Plan, die Häuser des Dorfes nicht gesprengt, sondern ein Netzwerk von Gräben dazwischen gezogen, das die Häuser untereinander verband.

„Massel Tov!", wünschte Ehud dem Sergeant und streckte ihm zum Abschied seine riesige Pranke entgegen. „Viel Glück!"

Ham nickte. „Haltet bloß für Fergus und seine Leute eine Hintertür offen! Das ist das Wichtigste. Wenn sie morgen nicht mit neuer Munition ins Dorf können, sind alle anderen Pläne vergeblich gewesen."

„Ja", knurrte Ehud und kniff die Augen zusammen. „Und wir wollen hoffen, daß sie Emile und diesen Schweinen von der Irgun wieder ein paar Kugeln abnehmen können, was?"

„Im Augenblick würde ich sogar vom Teufel selbst Kugeln annehmen", bestätigte Ham. „Aber auch ohne die kann ich vermutlich den Steinbruch mit meinen Leuten ohne Schwierigkeiten halten."

„Ich werde im Haus des Muchtars bleiben", schloß Mosche, „und Ehud geht dort drüben hin." Er deutete über den Hof auf einen Graben zwischen den Häusern, aus dem die Köpfe einiger Haganahleute hervorschauten.

An jedem Fenster, das auf den steilen, terrassierten Hang ausgerichtet war, der bis zur Straße hinunterreichte, stand ein Soldat mit seiner kostbaren Munition von einhundert Kugeln, und jeder zweite hielt sogar eine Handgranate bereit. Die Männer des Muftis konnten sich auf einen harten Kampf gefaßt machen.

Während sich Ehud und Ham eilig auf ihre Positionen begaben, überprüfte Mosche immer wieder sein Gewehr. Seine Kugeln hatte er, wie gewohnt, in einem Strumpf am Gürtel. Auch er setzte sich an ein Fenster, das einen guten Überblick über den Hang bog. *Wer Kastel beherrscht, beherrscht auch die Straße nach Jerusalem.* Genau in der Mitte zwischen Kastel und Tel Aviv hielten die Araber die Festung Latrun. Diese war jedoch für die Versorgung Jerusalems nicht von wesentlicher Bedeutung. Es war Kastel, an dem sich dieses Problem entschied. Kastel weiter halten zu können, bedeutete, die Belagerung Jerusalems durch die Araber auf unbestimmte Zeit wirkungslos werden zu lassen.

* * *

Die von Gerhardt nach Loyalität und Kampferfahrung ausgesuchte arabische Kerntruppe näherte sich dem letzten Anstieg vor Kastel. Sie waren, im Gegensatz zum Heer der übrigen Bauernkrieger, das in Jerusalem geblieben war und sich damit begnügte, wilde Lieder zu singen, darin geübt, sich leise und diszipliniert anzuschleichen.

Ihnen war es auch in den vergangenen Monaten zu verdanken gewesen, daß, mit Ausnahme des letzten, alle Konvois aufgehalten worden waren, die versucht hatten, den Paß zu überwinden.

Die meisten von ihnen hatten sogar bis vor kurzem bei der Bewachung der Festung unter seiner Führung gekämpft. Sie kannten jeden Stein und jeden Felsvorsprung, jeden Busch und jeden Baum.

Sie hatten wochenlang mit den Dorfbewohnern zusammengelebt, in ihren Häusern geschlafen, aus den Quellen des Dorfes getrunken und in der schäbigen Moschee gebetet. Daher betrachteten sie diese Handvoll Juden, die sich nun in Kastel eingenistet hatte, als Eindringlinge in ihre Heimat.

Unterhalb des letzten Hanges, wo Schluchten und Felsen sie vor den Blicken der Feinde schützten, trennten sie sich leise, um in kleinen Gruppen zum Dorf emporzusteigen. Obwohl ihnen der Schrei *Deir Jassin* im Herzen brannte, blieb ihr Mund versiegelt. Kein Laut drang über ihre Lippen, weder Gesang noch Kriegsgeschrei. Nur das gedämpfte Klappern der Gewehre, die ab und zu gegen die Felsen stießen, war zu hören. Wie riesige Schlangen wanden sich die Männer stetig den Hang hinauf und waren bereits auf ungefähr hundert Meter an die Häuser herangekommen. Doch immer noch war kein Lebenszeichen im Dorf auszumachen, und die Männer verharrten abwartend. Auf beiden Seiten herrschte vollkommenes Schweigen.

Die Gegenwart Friedrich Gerhardts machte den Männern Mut. Bisher hatte er nur zwei Befehle ausgegeben. Der erste war, daß sie das Dorf zurückerobern, der zweite, daß sie ihm den jüdischen Kommandeur Mosche Sachar lebend fangen sollten. Dafür hatte er eine so große Belohnung ausgesetzt, daß jeder der achthundert Männer begierig darauf war, sie zu erlangen. Über ihnen lag das Haus des Muchtars mit seinen massiven Mauern. Seine Fenster wirkten wie leere Augenhöhlen. Wenn sie dieses Haus einnähmen, würden sie den zentralen Ort des Dorfes beherrschen.

Gerhardt kroch nun von Gruppe zu Gruppe und flüsterte den Männern seine letzten Anweisungen zu: „Das Haus des Muchtars und die erste Häuserreihe am Rande des Dorfes müssen genommen werden. Wenn ihr meinen Ruf hört, greift an! Dann vorwärts, vorwärts, vorwärts!"

Schließlich hatten sie sich so nah ans Dorf herangepirscht, daß es schien, als könnten sie sich unbemerkt hineinschleichen. Doch da erklang plötzlich oben von der Moschee ein lauter Knall, und fast im gleichen Augenblick jagte eine Leuchtkugel hoch in den Himmel.

Sie zog einen weißen Rauchschweif hinter sich her und explodierte schließlich in einem Feuerball.

„Allah akbar!" schrie Gerhardt, riß sein Gewehr hoch und sprang mit dem Wagemut eines Besessenen den Männern voran den Hang hinauf.

Schon jagten die ersten Kugeln durch die Luft und Querschläger heulten zwischen den Felsen. Bald mischten sich die Schreie der verletzten Araber mit denen der verwundeten Juden. Ungeachtet ihrer Verluste, drangen jedoch Gerhardts Männer unaufhaltsam vor, immer nach dem jüdischen Mündungsfeuer spähend, um ihre Gewehre gezielt auf diesen verräterischen Lichtblitz zu richten. So fügten sie den Juden große Verluste zu.

Der erste Angriff war kaum fünfzig Meter von den Häusern entfernt erfolgt, und die Araber wähnten sich bereits ihrem Ziel greifbar nahe, als plötzlich ein furchterregendes Rumpeln zu hören war, begleitet von einem gespenstischen Echo. Die Männer erahnten, daß es sich um eine todbringende Überraschung handelte, die unausweichlich auf sie zukam. Plötzlich sprang etwas polternd über einen Felsen und rollte direkt auf eine Gruppe Jihad-Moqhaden zu, die sich in eine Felsspalte duckten. Es schlug dröhnend gegen eine Felswand, wurde hoch in die Luft geschleudert und prallte mit lautem Krachen gegen eine Felsnase, wurde abermals hochgeworfen und zerbarst in einer Unzahl von todbringenden, glühendheißen Metallsplittern. Unter den entsetzten Blicken ihrer Kameraden, die ihren Tod im Licht der Explosion hilflos mitansehen mußten, wurden zehn Männer grausam zerfetzt. Ein weiteres halbes Dutzend sank, von den glühenden Splittern getroffen, unter qualvollen Schmerzen schreiend zu Boden.

Entlang der gesamten Angriffslinie erstarrten die Männer, wichen zurück und lauschten wie gebannt in die Dunkelheit, um nur ja rechtzeitig die ersten Anzeichen einer weiteren Tonne wahrzunehmen und diesem furchtbaren Tod zu entgehen. Gerhardt fluchte und versuchte brüllend die widerstrebenden Männer durch Schläge zum Weiterkämpfen zu bewegen. „Seid ihr alle Weiber? Angreifen, sag ich! Tod den Juden! Kämpfen sollt ihr! Sie müssen weichen! Sie müssen uns weichen!"

Aus Angst vor seinem Zorn gehorchten die Männer. Eine Gruppe nach der anderen stürmte wieder den Hang hinauf, doch nur, um von den sich heftig wehrenden Feinden wieder zurückgeschlagen zu werden.

Zwei weitere Bomben rollten auf sie zu und töteten ein Dutzend Jihad-Moqhaden. So wurden sie immer wieder zurückgedrängt, bis sie sich, durch Gerhardts flammende Wut angesteckt, erneut aufrafften und noch einmal den Hang hinaufstürmten. Fortan mieden sie Spalten und Gräben, in denen sie den rollenden Bomben hilflos ausgeliefert waren, konnten sich aber dadurch nur noch hinter Felsen und reparaturbedürftige Zäune hocken, um etwas Schutz zu finden, während sie schossen. Deshalb ließen sie nun größere Vorsicht walten und trauten sich nur noch selten hinter ihrer Deckung hervor, um auf das Mündungsfeuer ihrer Feinde zu schießen.

Entsprechend selten war dann auch nur noch ein gräßlicher Aufschrei als Antwort auf einen ihrer Schüsse zu hören. Die Schlacht verlor auf diese Weise zwar an Heftigkeit, aber wegen der großen Lücken, die die Araber in die feindliche Verteidigungslinie gerissen hatten, konnten sie nun ohne allzugroßes Risiko stetig, Zentimeter um Zentimeter, vorwärtsrobben.

„Der Sieg ist unser!" schrie Gerhardt mit heiserer Stimme und befahl einen weiteren Angriff. „*Naschamdi*, Brüder! Ihre Kräfte lassen nach!"

* * *

Rachel schlief unruhig und wachte wohl ein Dutzend mal auf, vom Schrei eines Kindes geweckt, das gar nicht da war und das sie nicht trösten konnte. Und wie oft hatte sie in dieser Nacht schon ihre Hand nach Mosche ausgestreckt und immer wieder nur festgestellt, daß er nicht mehr da war?

Als Mitternacht vorüber war, hielt es sie nicht länger im Bett, und so ging sie leise zum Fenster. Sie zog die Vorhänge zurück und starrte durch das schwarze Nichts dorthin, wo sie Kastel wußte. Noch während sie traumverloren dastand, stieg in der Ferne eine Leuchtkugel in weitem Bogen gen Himmel und zerstob in tausend kleinen Funken, die in einem hellen Schweif verlöschend niedergingen. Doch sie konnte kein Geräusch hören, nicht einmal das ihr so vertraute Knallen der Gewehrschüsse. Die Stadt war erfüllt von einer unheilvollen Stille, einer ahnungsvollen Schwere, die sich nicht mit den Qualmwolken der Aufstände verflüchtigt hatte.

Sie sah blinzelnd durch den leichten Dunst zum Himmel empor. Nur ein einziger heller Stern funkelte über ihr. Er war ihr schon aus ihren Kindheitstagen vertraut. Im Anblick dieses Sternes hatte sie schon als kleines Mädchen Wünsche geäußert, unter diesem Stern hatte sie als junge Frau im Konzentrationslager heiße Tränen vergossen. Und nun, da sie wieder einmal allein war, stand er abermals über ihr.

„Scheine weiter", flüsterte sie. „Die Welt mag in Aufruhr sein, aber du bleibst doch, wie du bist, kleiner Stern." Sie dachte mit gesenktem Kopf an Mosche und ihr Kind. „Herr", betete sie leise, „auch du bist immer noch da und über all denen, die ich liebe. Ich vermag leider nicht, sie zu sehen oder sie gar zu berühren. Willst du sie bitte an meiner Statt berühren? Halte du sie bitte, da ich es nicht kann! Mein Herz strebt dir entgegen, und wenn du nun Mosche mit deinen Armen umfängst", — ihre Stimme schwankte vor Sehnsucht, Mosche bei sich zu haben — „und auch meine Tikvah, dann hältst du uns alle zusammen, und wir sind nicht allein, nu?"

Wieder leuchtete es in der Dunkelheit über Kastel auf, und auch als dieses Licht verloschen war, wandte Rachel immer noch nicht ihren Blick von der Stelle, an der ihr am Himmel leuchtete. *Du bist immer noch da, Gott, beständiger und unveränderlicher als selbst die Sterne. Und auch wenn mein Herz vielleicht heute nacht bricht, will ich dir doch vertrauen. Auch wenn mir meine Seele weh tut, will ich glauben, daß du uns alle siehst und uns liebst. Auch wenn vielleicht heute die ganze Erde auseinanderbricht und im Meer versinkt, will ich glauben — weil mir nichts anderes übrigbleibt.*

28. Das Wunder

Der Angriff der Araber nahm kein Ende. Mosche hatte das Gefühl, als hätten die arabischen Freischärler einen unerschöpflichen Vorrat an Munition, denn sie erwiderten jede kostbare Kugel, die er und seine Leute opferten, mit einer ganzen Salve von Schüssen. Die Häuser des Dorfes waren inzwischen von Einschüssen übersät, und die Zielsicherheit des Feindes hatte bereits vier Verteidigern das Leben gekostet, deren Leichen nun leblos im Schlamm der Gräben lagen. Acht weitere Kämpfer der Haganah waren schwer verletzt.

Wieder und wieder griffen die Araber an, und ihre Kampf- und Wutschreie, die sie nun nicht mehr unterdrückten, jagten den Verteidigern Kastels zunehmend Schauer des Entsetzens über den Rücken. Dennoch schlugen sie tapfer Angriff um Angriff zurück.

Bis drei Uhr morgens waren sechs Tonnenbomben losgeschickt worden und hatten beim Feind ihren Tribut gefordert, wie die Schreie der Getroffenen anzeigten. Nun war nur noch eine Tonne übrig. Sie lag auf dem Dach des Hauses des Muchtars, in dem sich Mosche mit zwei weiteren Soldaten verbarrikadiert hatte und einen neuerlichen Vorstoß der Jihad-Moqhaden abwehrte.

Während die Haganahsoldaten vor dem Kugelhagel in Deckung lagen, robbte Ehud Schiff dessen ungeachtet, dicht an den Boden gepreßt, zum Haus des Muchtars.

„Mosche!" rief er leise und fügte mit unverkennbar angstvoller Stimme hinzu: „Meine Leute haben fast keine Munition mehr!" Mosche wußte nun, daß die anderen nicht so sparsam mit ihren Kugeln umgegangen waren wie er. „Mosche! Lebst du noch?"

„Ja!" antwortete er aus dem Schafzimmer. In diesem Augenblick pfiff eine Kugel direkt über seinem Kopf her.

„Dann bist du der einzige! Deine beiden Kameraden haben's beide hinter sich." Er kroch zu Mosche hin. „Los! Wir müssen uns in den Steinbruch zurückziehen! Um uns herum fallen die Leute wie die Fliegen. Komm mit, bevor es zu spät ist!"

Noch ehe er ganz ausgesprochen hatte, schallte vom Hang unter ihnen eine Stimme herauf, die ihnen durch Mark und Bein ging, eine Stimme, die Mosche seit jener schrecklichen Nacht im Kanalsystem unter der Altstadt nicht mehr losgelassen hatte. „Heh, ihr Juden! Sachar! Du hast wohl gedacht, du hättest mich kaltgemacht! Aber ich habe überlebt, und jetzt gehörst du mir! Ich bin gekommen, so wie ich es versprochen habe!"

„Was in aller —?" knurrte Ehud.

„Du widerlicher Jude! Wenn du gemeint hast, daß du der Sieger bist, hast du dich getäuscht. Hier im Staub von Kastel wirst du liegen! Sagt Sachar, daß Friedrich Gerhardt da ist! Sagt ihm, daß ich gekommen bin, um seinen Kopf zu holen!"

„Wer ist das?" flüsterte Ehud heiser, während eine weitere Salve das Haus erschütterte.

„Dieser Nazi, der hinter Rachel her war", erwiderte Mosche matt. Er fühlte sich mit einem Mal müde und zerschlagen. „Dieses Vieh aus dem Kanalsystem!"

Ehud zog Mosche am Arm. „Los! Ich hab' meinen Leuten bereits befohlen, sich zum Steinbruch zurückzuziehen. Den können wir halten, bis Fergus kommt —"

„Warte!" wehrte Mosche heftig ab und entwand sich Ehuds Griff. „Auf dem Dach! Wir haben noch ein kleines Paket für sie! Bleib du solange hier!" Er gab Ehud eilig sein Gewehr und rannte die Treppe hinauf, die auf das Flachdach führte.

Aus der Tiefe hallte wieder Gerhardts Stimme herauf, diesmal mit unbarmherzigem Spott: „Ihr habt wohl keine Bomben mehr, was? Und eure Gewehre sind auch plötzlich so still! Lauft nur, ihr Juden! Denn ich werde nicht nur das Dorf einnehmen! Ich will euch ans Leben! Ich will den Kopf Mosche Sachars, denn das ist der Wille Allahs! Der Wille Friedrich Gerhardts!"

Mosche robbte vorsichtig zu der Tonne, die am Rand des Daches lag. Er fingerte nach der Zündschnur und tastete dann seine Taschen nach den Streichhölzern ab. Als er die Schachtel gefunden hatte und sie öffnete, merkte er, daß nur noch drei Streichhölzer darin waren. Mit dem ersten konnte er nur eine winzige, schwache Flamme entfachen. Sie flackerte kurz auf und wurde vom Wind sofort wieder ausgeblasen. *Lieber Gott!* betete er, während er mit zitternden Händen das zweite Streichholz entzündete. Doch obwohl er diesmal äußerste Vorsicht walten ließ und die Flamme mit vorgehaltener Hand schützte, erstarb auch sie schnell. *Gott!*

„Kommandeur Gerhardt!" schrie da einer der Araber mit schriller Stimme. „Dort! Auf dem Dach! Ich sehe jemanden auf dem Dach!"

Schon jagte eine Gewehrsalve durch die Luft. Die Kugeln prallten jedoch glücklicherweise an der Dachkante ab, und die Querschläger flogen pfeifend über Mosches Kopf hinweg. Er kauerte sich dicht hinter die Bombe. Während er die Schachtel dicht an die Zündschnur hielt und das letzte Streichholz anzündete, betete er still, daß er diesmal mehr Glück habe. Endlich! Eine kräftige Flamme blitzte zischend auf, erfaßte die Streichholzschachtel, die im Nu lichterloh brannte, und leckte auch schon an der Zündschnur.

Sofort stieß Mosche das Faß mit all der Kraft, die er aufzubringen vermochte, vom Dach hinunter und schmiß sich dann flach hin. Die Tonne rollte polternd, erst langsam, dann immer schneller, in die Richtung, aus der Friedrich Gerhardts Stimme gekommen war.

Als die Tonne schon ziemlich weit gerollt war und er vermutete, daß sich nun die Aufmerksamkeit der Feinde ganz auf sie konzentrierte, rannte er die Treppe hinunter ins Haus „Komm!

Lauf!" rief er Ehud im Vorbeilaufen zu, und schon hasteten sie zu den Häusern am Rande des Steinbruches, wo die hintere Verteidigungslinie lag.

Die tödliche Tonne hüpfte unterdessen in unheilvollen Sprüngen von Felsterrasse zu Felsterrasse. Den Männern, die Gerhardt umstanden, entrang sich ein Entsetzensschrei, und sie warfen sich auf die Erde. Die Bombe prallte gegen einen Baumstumpf, wurde hoch über ihnen in die Luft geschleudert, explodierte schließlich mit einem ohrenbetäubenden Knall und zerbarst, umgeben von einer Wolke aus Licht und Feuer, in tausend Einzelteile. Zwei der Männer waren auf der Stelle tot und fielen zuckend zu Boden. Eins der rotglühenden, zerklüfteten Metallstücke, die durch die Luft schossen, schlug mit solcher Wucht in Gerhardts Bein, daß es wieder weggeschleudert wurde und sogar noch einem anderen Mann das Gesicht zerhieb.

Der Schmerz benahm Gerhardt den Atem, und er sank neben der Leiche eines Soldaten ins Gras, einen furchtbaren Fluch gegen die Juden auf den Lippen. Er tastete mit der Hand nach seinem Bein und zog sie blutüberströmt zurück. Von der Hüfte bis zum Knie war das Bein zertrümmert und aufgerissen. „Helft mir!" rief er mit schwacher Stimme. Er spürte, wie sein Leben aus der offenen Wunde pulsierte.

Obwohl der Kampfwille der Araber durch die Explosion der Bombe wieder neu aufgeflammt war, kroch einer von ihnen rasch zu ihm hin. Einen Augenblick lang packte Gerhardt das Entsetzen vor dieser weißen Gestalt, die da auf ihn zukam. *War das der Tod?* Doch dann bemerkte er seinen Irrtum und flehte abermals: „Helft mir! Ich bin verwundet!"

Starke Hände ergriffen ihn, zogen ihn fort vom ungeschützten Schlachtfeld und von den Gefallenen, in den Schutz einer Mauer.

Geschickte Hände unterbanden rasch den Blutstrom mit einer Schnur.

„Haltet sie zurück!" hauchte Gerhardt. „Gold für Sachar!" Während an der Kampflinie noch die Nachricht von seiner Verwundung unter den erschöpften Jihad-Moqhaden die Runde machte, verwirrte sich bereits Gerhardts Geist. Doch selbst im Delirium, während er den Hang hinunter zur Straße getragen wurde, befahl er noch: „Tötet die jüdische Hure!" Dann verlor er vollends das Bewußtsein.

※ ※ ※

Eine brennende Kerze stand auf Ellies und Davids Nachttisch und warf lange Schatten auf die weißen Wände des Schlafzimmers. David schlief tief und fest. Ellie jedoch lag, ihre Finger in seinem zerzausten Haar, hellwach neben ihm und überdachte immer wieder von neuem ihre Gespräche mit Pater Antonell. Sie hatten ihm viel von den Wundern der letzten Monate erzählt, aber trotzdem nicht vermocht, seine Zweifel zu zerstreuen. Und auch über Ellie hatte sich inzwischen der Schatten des Zweifels gelegt. Denn es war ein Unterschied, ob man einfach für eine gerechte und richtige Sache kämpfte oder ob man für eine gerechte und richtige Sache kämpfte, deren strahlendes Bild durch einen grauenhaften Massenmord befleckt war.

David hatte alles für Israel geopfert, für eine Nation, die im Begriff war, im Blute vieler Menschen, die dort schon seit Jahrhunderten lebten, geboren zu werden.

Ellie dachte wieder an Howards Haushälterin Miriam und deren Familie. Seit wieviel Generationen hatten sie in Jerusalem gelebt! *Ich weiß noch wie heute, wie sie mir von ihren sonntäglichen Ausflügen auf dem Ölberg erzählt hat und davon, wie sie immer in der Erwartung zum Himmel blickten, den Messias kommen zu sehen. — Und nun sind sie alle tot! Zum Teil gar eines gewaltsamen Todes gestorben. Und wieviele werden noch sinnlos sterben? Was tun David und ich nur hier, Gott? Sind wir am Ende? Hast du uns etwa hierher geführt, um uns davon abzuhalten, die Trina zu versenken? Hast du diesem Wahnsinn schließlich doch noch ein Ende gesetzt? Wir stehen mit dem Rücken zur Wand und sehen keinen Ausweg mehr. Wir sind erledigt, und nur ein Wunder kann uns noch hier herausbringen.*

Ellie dachte wieder an Pater Antonells Vermutung, daß vielleicht die

Zeit für Israel noch nicht gekommen sei. Vielleicht hatten sie die Zeichen ja falsch gedeutet und alles nur ihren Wunschvorstellungen entsprechend gesehen. Und nun würden einige Männer ihre Brutalität so ausleben, wie sie sie am eigenen Leibe erlebt hatten. Sie dachte an Rachel, an Mosche und Ehud. Es war ihr Kampf — und nicht der David und Ellie Meyers. *Was tun wir nur hier, Herr? Was haben wir bloß getan?*

Sie schlief wenig in dieser langen Nacht, in der der Sturm das Haus gnadenlos schüttelte und pfeifend und heulend um die Ecken fegte. Und je lauter er heulte, desto lauter bestürmten sie im Nebel ihrer Träume die Zweifel. Die Stimmen von zehntausenden sterbender Kinder klagten sie an. — Waren es jüdische oder arabische Kinder? Sie mühte sich, ihre Gesichter zu erkennen. Sie riefen nach Frieden und Gerechtigkeit. — Waren es jüdische oder arabische Kinder? Am Ende sah sie, daß es einfach Kinder waren! Ohne Rasse oder Nationalität. Und alle sehnten sich weinend nach einem Zuhause.

Als schließlich das fahle Licht des Morgens ins Zimmer fiel, wachte Ellie erschöpft auf, ohne irgendeine Antwort gefunden zu haben — weder, warum sie an den Hafen von Bari gespült worden waren, noch warum sie ihr Flugzeug und ihre Bombe eingebüßt und sogar ihr Ziel aus den Augen verloren hatten. Als sie die Augen aufschlug und langsam aus ihren qualvollen Träumen auftauchte, galten ihre ersten Gedanken den Menschen von Deir Jassin, noch bevor sie wahrnahm, daß der Sturm immer noch nicht nachgelassen hatte. Dann fielen ihr wieder die Kinder ein. Und die Fragen, die sie im Traum gestellt hatten, hallten ihr so laut in den Ohren wider, daß sie das zaghafte Klopfen an der Zimmertür überhörte.

David jedoch, der beinahe neun Stunden geschlafen hatte, wurde wach. Er schlug die Augen auf und versuchte blinzelnd, sich zu orientieren. „Ja?" rief er verschlafen. „Wer ist da?"

„Pater Antonell", kam die gedämpfte Antwort. „Darf ich hereinkommen?"

David sah Ellie fragend an und murmelte etwas verwirrt: „Guten Morgen. Hast du etwas dagegen, wenn er reinkommt?"

„Kommen Sie nur herein!" rief Ellie statt einer Antwort dem Pater zu, beinahe ängstlich darauf gespannt, zu welchem Ergebnis er nach einer Nacht des Nachdenkens und Betens gekommen war.

Die Tür öffnete sich langsam und knarrend, und Pater Antonell trat mit einem Tablett herein, auf dem eine Kaffeekanne und drei verschiedene Tassen standen. Er stieß die Tür mit dem Fuß wieder zu und setzte das Tablett auf dem Nachttisch neben der inzwischen fast heruntergebrannten Kerze ab. Auch er hatte dunkle Ringe unter den Augen, und Ellie mußte daran denken, ob vielleicht auch ihn die Kinder in seinen Träumen verfolgt hatten.

„Es tut mir leid, daß ich Sie so früh wecke", entschuldigte er sich, während er den Kaffee einschenkte. Seine Stimme klang ernst und sorgenvoll. „Ich habe die ganze Nacht im Gebet zugebracht." Er wartete, bis sie sich aufgesetzt hatten, und reichte ihnen dann ihre Tassen.

„Ich sehe, der Sturm hat sich noch nicht gelegt", versuchte David das verkrampfte Schweigen zu überbrücken. Seine Stimme war noch heiser vom Schlaf. Er räusperte sich und trank vorsichtig einen Schluck von dem dampfenden Getränk.

„Nein. Nein. Leider nicht...." begann Pater Antonell stockend. Er trommelte nervös mit den Fingern auf seine Untertasse. „Captain Meyer", begann er dann noch einmal beherzt, „ich habe viel über unser Gespräch nachgedacht. Gestern abend haben Sie von den Ereignissen gesprochen, die Sie als Wunder betrachten, nämlich daß die Existenz der Schriftrollen Jesajas in der Nacht der Teilung Palästinas bekannt wurde, und daß in diesen Schriftrollen die Rückkehr Israels nach Palästina als Nation erwähnt wird. Sehr beeindruckend —"

„Und mehr als nur ein Zufall", fiel ihm Ellie ins Wort.

Ohne auf ihre Bemerkung einzugehen, fuhr er fort: „Sie haben davon gesprochen, daß die alten Texte sogar Einfluß auf Präsident Truman gehabt haben. Das bezweifle ich gar nicht. Aber ich glaube nicht, daß er das Ergebnis vorausgesehen hat, die Greuel, die von ebendem Volk begangen worden sind, dem er helfen wollte."

„Niemand konnte das voraussehen", machte David, von einer düsteren Vorahnung erfüllt, den matten Einwand.

„Nein. Und ich bin sicher, daß auch die Vereinten Nationen nicht voraussehen konnten, welch ein Desaster die Teilung nach sich ziehen würde. Darum überdenken sie ja nun auch ihre Entscheidung noch einmal. Und darum müssen wir übrigen Menschen diese neue Entscheidung billigen. Wir dürfen nicht versuchen, das Rad der Geschichte anders zu drehen — oder gar die Hand Gottes bewegen zu wollen —, es sei denn, mit seinem Einverständnis."

„Was wollen Sie damit sagen?" fragte David argwöhnisch.

„*Esse signum*, Captain. Sieh den Beweis. Sie sind doch im Besitz einer Kopie der Schiffspapiere des arabischen Frachters. Sie kennen seine Abfahrtszeit und seinen Bestimmungsort. Wäre es da nicht vernünftiger gewesen, diese Informationen an die Behörden weiterzuleiten?"

„Das habe ich Ihnen doch bereits erklärt", erwiderte David ruhig. „Den arabischen Staaten ist es gesetzlich erlaubt, Waffen zu kaufen und zu transportieren, weil sie unabhängige, souveräne Staaten sind. Die Juden Palästinas dagegen werden nicht vor dem vierzehnten Mai —"

„Wenn überhaupt", unterbrach ihn Pater Antonell seufzend. „Aber sei es, wie es wolle, Captain, verstehen Sie denn nicht? Was Sie für ein Wunder halten, ist möglicherweise nur ein grausamer Zufall. Sicher hatten Sie die richtigen Informationen, aber Sie sehen doch, was geschehen ist. Statt das Schiff zu versenken, haben sie es aus den Augen verloren. Ja, Sie sind beinahe selbst im Sturm verlorengegangen. Ihr Flugzeug ist zerstört, Ihr Freund schwer verletzt. Und nun, David" — der Priester sah David ruhig in die Augen — „nun sind Sie hier, in meiner Gemeinde, im Hause eines Mannes, der Sie und Ihre Frau erkannt hat, im Hause eines Mannes, der Sie davor bewahren kann, noch weiter in diese hoffnungslose Sache verwickelt zu werden."

David setzte heftig seine Tasse ab, und Ellie spürte, wie ihr die Tränen in die Augen stiegen.

„... davor bewahren kann?" echote David entgeistert. Seine Stimme klang plötzlich dumpf, da der Sturm unvermittelt aufgehört hatte und eine eigenartige Stille eingetreten war.

„Was Sie als Wunder angesehen haben, war nur eine Täuschung. Sie sind ein mutiger Mann, David. Aber Sie haben sich auf den falschen Kurs bringen lassen."

„Das glauben Sie!"

„Tief und fest. Und ich glaube auch, daß Ihr ständiger Umgang mit diesem Wahnsinn noch andere Menschen in die Irre geführt hat, andere Piloten, Männer, die im Krieg gedient und ihn überlebt haben. Es ist an der Zeit", fuhr er nachdenklich fort, „daß jemand sagt: *es ist genug!*"

„Was haben Sie vor?"

„Ich werde zur amerikanischen Botschaft in Rom gehen und sehen, ob ich Ihnen helfen kann, ohne Bestrafung heimzukehren. Was Sie getan haben, reicht aus, um Sie Ihrer Staatsbürgerschaft zu berauben, ja, Sie vielleicht sogar ins Gefängnis zu bringen. Das wissen Sie selbst —"

David hielt seinem Blick stand, aber es lag ein nervöser Unterton in seiner Stimme, als er einwarf: „Das habe ich alles von Anfang an gewußt."

„Ich kann Ihnen helfen! Wenn ich als Geistlicher erkläre, daß Sie sich getäuscht haben, daß Sie bei Ihren Handlungen einem Fehlurteil erlegen sind ..."

„David", mischte sich nun Ellie ein. „Vielleicht ist doch etwas Wahres daran ..."

„Sehen Sie, Captain Meyer, das wahre Wunder bei all dem ist doch, daß Sie hierher nach Bari gelangt sind, daß Sie zu einem Mann gekommen sind, der Ihnen helfen kann, heimzukehren. Sie glauben doch an Wunder —, daran, daß Gott den Sperling sieht, wenn er fällt. Nun, gestern sind Sie vom Himmel gefallen, und jetzt sind Sie hier. Es gibt keinen anderen Grund, warum Sie hier sein sollten. *Keinen!* Außer, daß Gott sich so sehr um Sie kümmert, daß er Sie aus diesem furchtbaren Fiasko in Palästina befreien will."

David schwieg verwirrt. Er horchte mit geschlossenen Augen auf die vollkommene Stille um sie her. Kein Wind, kein Regen, der von der Dachrinne plätscherte —, nichts außer den Worten des amerikanischen Priesters. Dieser Mann konnte es vielleicht zuwege bringen, daß sie heimkehren durften. Es gab kein Schiff mehr, keinen Grund, warum sie noch länger in Bari bleiben sollten. Die ganze Welt hatte nach Deir Jassin den Verstand verloren ...

„Was könnten Sie denn tun?" fragte Ellie beinahe eifrig.

„Ich kenne ein paar Botschaftsangehörige", fuhr der Priester fort. „David Meyer ist immerhin ein amerikanischer Held. Niemand wird ihn wegen eines Fehlurteils an den Galgen bringen." Er lächelte entschuldigend. „Warum hätte Gott Sie sonst zu mir geführt?"

David rieb sich nachdenklich das Kinn und fuhr sich dann nervös durch die Haare. All das ergab jetzt einen Sinn. Plötzlich war es, als habe die Hand Gottes sie wieder auf den rechten Weg geführt, auf einen Weg aus diesem Tumult in ein friedliches Leben und in die Heimat. „Der Sturm", sagte David plötzlich. „Der Sturm ist vorbei."

Nach langem versonnenem Schweigen schaute der Priester schließlich auf und bestätigte: „Ja, David. Er hat aufgehört."

Doch noch während er sprach, wurde die Stille plötzlich von einem dumpfen Schlag gegen die Scheibe der Balkontür unterbrochen. Es hatte geklungen, als sei etwas dagegen gestoßen. Die Scheibe war jedoch heil geblieben.

„Was war das?" rief Ellie erschrocken. Schnell warf sie sich ihren Bademantel über. Unterdessen war Pater Antonell bereits an der Tür und zog die schweren Vorhänge zur Seite. Ellie und David sahen, wie er entgeistert auf den Balkon blickte. „Was ist?" fragte Ellie aufgeregt, als er die Tür öffnete und auf den Balkon trat. Pater Antonell kniete sich hin und nahm vorsichtig mit beiden Händen etwas auf. Dann erhob er sich langsam, von der vollkommenen Stille des Morgens umfangen, und zeigte David und Ellie, was er aufgehoben hatte. Es war ein kleiner Spatz, der betäubt in seinen Händen lag. „Sehen Sie", sagte er mit ehrfürchtigem Flüsterton, „ein Zeichen! Warum hätte der Herr Sie sonst hier in den Hafen von Bari und in meine Gemeinde führen sollen?"

David starrte auf den Vogel und strich dann sanft mit dem Finger über das kleine gefiederte Wesen. Als er wieder aufblickte, streifte sein Blick über Pater Antonells Schulter hinweg den Hafen, und er sah, wie gerade ein Frachter von einem Schlepper durch den Kanal ins Hafenbecken gezogen wurde. Der Frachter hatte starke Schlagseite. Fassungslos deutete David mit zitterndem Finger auf den Frachter. „*Da! Da*, Padre!" rief er. „*Da* ist der Grund!"

Der Priester fuhr herum. In der einen Hand hielt er den Vogel, mit der anderen bekreuzigte er sich, als er des Schiffes ansichtig wurde. „Das ist nicht *möglich!*"

Ellie lachte befreit auf. Ihre Zweifel waren nun verflogen. Auf dem vom Sturm arg zugerichteten Schiff stand mit verblichenen Lettern der Name *Trina!*

29. Stern der Erlösung

Während Rachel schweigend ihre morgendlichen Tätigkeiten in der Küche verrichtete, streute der Großvater ein paar kostbare Zuckerkörnchen in seinen dünnen Tee und rührte darin herum. Er hatte bereits mehrmals versucht, ein Gespräch mit Rachel zu beginnen, hatte ihr jedoch nur einsilbige Antworten entlocken können, und so war keine rechte Unterhaltung zustande gekommen. Aus dem Radio schallten ununterbrochen jiddische Volkslieder, und die wenigen Nachrichten, die überhaupt gesendet wurden, waren von einer Art, die weder ermutigend noch entmutigend war. Aber gerade dieser Mangel an Informationen ängstigte Rachel.

Schließlich kam Jakov in die Küche und ließ sich am Küchentisch gegenüber dem Großvater auf einen Stuhl fallen. Er stützte sein Kinn in die Hand und starrte, ebenfalls schweigend, aus dem Fenster. Schaul war der einzige, der Kontakt suchte. Er stellte sich, Aufmerksamkeit heischend, neben den alten Mann und wartete darauf, gestreichelt zu werden.

„Du bist also der einzige, der Verstand hat, nu?", durchbrach der Großvater die Stille, während er den großen Hund hinter den Ohren kraulte. „Die anderen blasen schon Trübsal, wenn noch gar kein Grund dazu vorhanden ist." Schaul ließ sich das Streicheln wohlig seufzend gefallen.

„Worüber sollen wir denn froh sein?" fragte Jakov düster. „Es gibt doch nur wieder Brei zum Frühstück, oder?"

Der alte Rabbiner zog ärgerlich die Brauen hoch und ermahnte seinen Enkel: „Setz dich erst einmal ordentlich hin! Und nimm die Ellbogen vom Tisch! Meinst du, ich will so einen ungehobelten Kerl großgezogen haben? Du willst doch *Jiesches* haben, wenn du erwachsen bist, oder? Und das fängt schon damit an, daß man selbst einem kärglichen Frühstück ein bißchen Ehrfurcht entgegenbringt, nu?"

Beschämt über Großvaters Tadel, schlug Jakov die Augen nieder, setzte sich aufrecht hin und faltete die Hände im Schoß. Dann murmelte er betreten: „Ja, Rebbe Großvater. Es tut mir leid."

„So ist es recht. Deine Schwester hat immerhin das Kunststück zustande gebracht, aus nichts für jeden von uns ein *Pletzl* zu machen."

Jakovs Gesicht hellte sich auf. Alle guten Nachrichten über Palästina waren ihm nicht so willkommen wie dieses dünne, knusprige, mit

Mohn bestreute Brötchen. „Dafür kann ich dankbar sein!" rief er überschwenglich.

Rachel sprach immer noch nicht. Sie war mit ihren Gedanken weit fort, teilweise in den kargen Bergen von Kastel, teilweise bei dem Kinderbettchen, das so unerreichbar schien.

Großvater fuhr mit lauter Stimme fort: „Du würdest auch für Brei dankbar sein, wenn wir nichts anderes hätten! Ich dulde nicht, daß jemand, der meinem Schutz untersteht, murrt wie die Israeliten in der Wüste, als Gott ihnen Manna zu essen gab. — Weißt du noch, wie Gott ihnen ihr Murren gelohnt hat?"

„Er gab ihnen Wachteln zu essen."

„Richtig, Wachteln. Wachteln morgens, mittags und abends! Bis sie ihn wieder um das süße Manna anflehten!"

„Für mich sind *Pletzl* wie Manna", sagte Jakov. „Auf jeden Fall besser als Brei zum Frühstück. Hast du für jeden von uns eins gemacht, Rachel?"

„Ja", erwiderte Rachel leise. „Hast du übrigens schon etwas vom Professor gehört? Ist er schon aufgestanden?"

„Er ist bereits weggefahren", entgegnete Jakov. „Er ist schon aus dem Haus gegangen, bevor wir überhaupt aufgestanden waren. Ich weiß es, weil Schaul gewinselt hat und mit hinaus wollte. Außerdem habe ich seinen Wagen dann um die Ecke biegen sehen. Ich dachte, er wollte vielleicht unsere Essensrationen holen, solange in der Stadt noch nicht so viel Betrieb ist."

„Ja, nach den gestrigen Aufständen wird es heute in den Läden lange Schlange geben", pflichtete ihm Rachel bei.

„Er ist ein guter Mann", warf der alte Rabbiner ein und trank wieder einen Schluck Tee, „überhaupt kein typischer Nichtjude. So ein Mensch, wie es sie in Dänemark während des Krieges gab, Jakov — " Er blickte zu Rachel. „Ich weiß das von einem Geschäftsmann in der Altstadt, einem Juden, der während des Krieges hierher kam. Er hat mir erzählt, daß damals in Dänemark plötzlich alle Menschen einen Stern trugen, als die Nazis von den Juden verlangten, den Stern als Erkennungszeichen zu tragen. Alle trugen damals auf der Straße den Davidstern."

Rachel lächelte überrascht. „Und sind dann alle verhaftet worden?"

„Nein, es waren zu viele, und die Nazis wußten nicht, wen sie verhaften sollten. Also wählten sie nur hundert aus und richteten sie hin."

„Und damit hatte diese Demonstration ein Ende?" fragte Rachel weiter.

Der Großvater zuckte die Achseln. „Natürlich. Aber zumindest haben alle einen Tag lang den Stern getragen. Einen Tag lang waren alle gleich. Juden und Nichtjuden verbündet gegen das Böse, nu?"

„Es gibt aber auch Juden, die den Stern überhaupt nicht tragen sollten", bemerkte Rachel bitter und dachte an das Massaker der vergangenen Nacht.

„Das ist wahr", stimmte der Rabbiner zu. „Und es gibt genauso viele Gojim, die solch einen Stern auf dem Herzen tragen, wie es in der heiligen Schrift heißt. Wir sollen der Welt, den Gojim, ein Licht sein, damit sie Gott finden. Aus unserem Volk wird der Messias kommen, der Stern, der allen in der Nacht vorangeht."

Rachel senkte den Kopf. Tiefe Trauer überkam sie. *Wie kann ich es ihm nur sagen, Herr? Wie sage ich ihm meine Wahrheit? Wie kann ich sie ihm jetzt verständlich machen?*

„Du siehst, Jakov", belehrte der alte Rabbiner Jakov behutsam, „Gott hat seinem Volk den Stern als Zeichen gegeben. Vor vielen hundert Jahren wurde David dieser Stern als Zeichen seines Königreiches gegeben." Er zeichnete sorgfältig ein Dreieck, dessen Spitze nach oben zeigte. Dann zeichnete er darüber ein weiteres Dreieck mit der Spitze nach unten. Die Linien verbanden sich zu dem sechszackigen Davidstern. „Diese Spitze hier zeigt vom Himmel zur Erde, nu?"

Jakov nickte, und Rachel stellte sich neben Großvater und betrachtete eingehend seine Zeichnung. „Ist das Gott?" fragte sie nach einiger Zeit.

„Du wärst ein guter Jeschiva-Schüler, Rachel! Hör gut auf das, was deine Schwester sagt, Jakov! Sie ist ein kluger Kopf!" Er freute sich sehr über ihr Interesse. „Also, Gott reicht mit dem Gesetz Mose und der Torah zu den Menschen herunter." Er tippte mit dem Stift auf seine Zeichnung. „Und was soll wohl das zweite Dreieck darstellen, Jakov?"

„Vielleicht uns? Wie wir nach Gott streben?"

„Gut! Ja! Sehr gut, Jakov! Und du siehst, daß die beiden miteinander verbunden ... miteinander vereint sind. Außerdem stellen die drei Seiten des einen Dreiecks die drei Bereiche Gottes dar und die drei Seiten des anderen die drei Bereiche des Menschen. Denn wir bestehen ja aus Körper, Geist und Seele, nicht wahr?"

„Wenn man sie zusammensetzt", überlegte Jakov laut, „ergeben dann beide Hälften König David?"

Der Großvater schüttelte den Kopf. „Nein, aber den Einen, der nach ihm kommt, den Messiah, der Israel verheißen worden ist und der die Vollendung und Vollkommenheit sein wird, wenn Menschen und Gott schließlich vereint sind. *Unser Messiah wird der Stern Davids sein.* Gott reicht durch ihn zu uns Menschen herab, und der Mensch durch ihn zu Gott hinauf."

Rachel spürte, daß die Worte des alten Mannes nicht nur seine Torahkenntnisse verrieten, sondern auch der Wahrheit entsprachen. Aber es drängte sie, dem noch etwas hinzuzufügen, doch die Worte, die sie so gern gesagt hätte, saßen ihr wie ein Kloß im Hals. Sie hätte am liebsten den Namen *Jeschuah*, was übersetzt *Erlösung* heißt, herausgeschrien. Aber hatten die Nichtjuden nicht mit dem Kreuz, an dem er gestorben war, den heiligen Stern zerstört? Hatten nicht solche, die sich Christen nannten, das Symbol des Messiah zu einem Zeichen der Schande und der Zerstörung gemacht? Dieser alte Mann hatte durch die Nichtjuden seine ganze Familie verloren, alle, außer Jakov und ihr. Wie sollte sie dem alten Rabbiner da verständlich machen, daß das Kreuz auf der Erde Licht in die Dunkelheit gebracht hatte? Daß *Jeschuah* all die Liebe und Vollkommenheit Gottes verkörperte und er darüber hinaus noch für die Sünden all derer gestorben war, die sich für immer dagegen entschieden hatten, nach Gott zu streben?

„... und wenn eines Tages unser Messiah kommt, Jakov, werden durch ihn Vollkommenheit und Güte in der Welt Einzug halten. Dann werden wir wieder ein Volk sein, so wie es die Propheten vorhergesagt haben. Aber durch ihn werden auch alle anderen Menschen Frieden und Freude finden."

„Großvater —" begann Rachel stockend. Es war ihr nicht möglich, noch länger zu schweigen. „Ich ... habe diesen Stern, von dem du sprichst, gesehen. Ich habe ... Er ist bereits dagewesen." Sie faßte sich ans Herz. „Hier, in meinem Herzen."

Der Alte wandte sich ihr freundlich zu und sah sie mit einem amüsierten Blitzen in den Augen an. „So?"

„Er heißt ..." Sie schluckte schwer. „Er heißt Jeschuah."

Der Alte nahm ihre Worte in sich auf und spürte zugleich die Angst, mit der sie gesprochen wurden. *„Erlösung?"* Er nickte nachdenklich. „Ja, so heißt er wohl. Die Schrift gibt ihm viele Namen, Rachel, und all diese Namen deuten auf den Messiah hin. Ich weiß, was für einen Mut es dich gekostet hat, mir dies zu sagen."

„Ich glaube genau wie du, daß er nach Israel kommen wird", fuhr sie, all ihren Mut zusammennehmend, fort. „Daß wir ihm von Angesicht zu Angesicht gegenüberstehen werden, wenn wir, wie die Schrift sagt, wieder eine Nation sind. Aber ich glaube auch, daß er schon einmal zu uns gekommen ist, und daß er in jenen Tagen Jeschuah genannt wurde ... Erlösung. Er war das Lamm Gottes. Er war das Opfer, mit dem Gott uns beschenkt hat. — Wenn ich dies glaube, bin ich aber keine weniger gute Jüdin. Nein! Ich bin sogar mehr als das, was ich sein soll."

Rachel hatte erwartet, daß der alte Rabbiner zornig werden würde, und fürchtete, er werde seinen Mantel zerreißen und sie verjagen. Doch er lächelte nur freundlich und meinte: „Ich sehe, du hast dich mit Howard Moniger unterhalten."

Rachel hob entschlossen den Kopf und atmete tief ein. „Nein. Oder jedenfalls erst später. Zuerst hat mir Leah, Tikvahs Mutter, davon erzählt, und dann ... Mosche."

„*Mosche!*" Der Alte zupfte überrascht an seinem Bart. „Oj! Ich sehe, wir haben ja fast schon ein *Minjan* zusammen ..."

„Ja. Wir sind von dem, was ich dir gerade mitgeteilt habe, überzeugt, Großvater! Und uns ist dadurch eine solch große Freude zuteil geworden, daß wir sie mit allen ... mit allen teilen möchten."

Immer noch freundlich, legte er einen Finger an seine Lippen und meinte beschwichtigend: „Sachte, sachte, meine Tochter. Sachte."

Jakov sah beinahe ängstlich zu seiner Schwester und fragte mit bebender Stimme: „Soll das etwa heißen, daß du den Schabbat nicht mehr halten willst? Daß du vorhast, zusammen mit den Gojim zur Kirche zu gehen?"

Rachel eilte zu ihm und umarmte ihn. „Oh nein, Jakov! Das wird niemals heißen, daß ich keine Jüdin mehr bin! Es heißt einfach, daß Jeschuah zwar zuerst zu uns kam, aber daß er auch um der Gojim willen gekommen ist. Und viele ... nicht alle, aber *viele* Gojim haben unseren Messiah ebenfalls gesehen, und auch sie trugen den Stern in ihrem Herzen."

„Habe ich nicht eben dasselbe gesagt?" fragte der Großvater. „Es gibt viele Menschen, die sich als Juden bezeichnen, in Wirklichkeit aber um nichts besser sind als die niedrigsten Gojim.

Und es gibt viele Gojim, die in ihrem Herzen bessere Juden sind als die Torahgelehrten, nu? Am Jom-Kippur-Tag denken wir zwar über unsere Sünden nach, mein Junge, über unsere Unwürdigkeit. Aber retten kann uns nur die Gnade Gottes." Sein Blick begegnete dem Rachels. „Jeder, ob Jude oder Christ, der etwas anderes glaubt, ist ein Narr. Wenn alles erfüllt ist, werden wir aufblicken und wissen, daß die *Erlösung* oder, wie wir auf Hebräisch sagen, *Jeschuah*, allein von Gott kommt ... nu?"

Rachel nickte eifrig. „Ja. Und er antwortet allen, die ihn suchen."
Jakov lehnte sich zurück und flüsterte, mit einer Stimme, die heiser vor Entsetzen und Trauer war: „Großvater? Gehörst *du* zu *ihnen?*"
„Nein, Jakov", erwiderte er und fügte verschwörerisch hinzu: „Aber einige von *ihnen* gehören zu *uns!*"
Kurz darauf betrat Howard geräuschvoll das Haus und rief laut nach Rachel: „Rachel! Rachel! Gute Neuigkeiten!"
Rachel riß die Küchentür auf und rief aufgeregt: „Was ist?"
„Ich bin gerade an der Barrikade gewesen und habe gehört, daß die Briten eine Eskorte bilden wollen, die heute nachmittag um drei Schichtpersonal für das Hadassah-Krankenhauses auf den Skopusberg bringen soll."
„Darf ich mit?" rief sie atemlos.
„Sie und ich stehen an oberster Stelle der Warteliste. Es sind über hundert, die hinauf sollen. Nur Ärzte und Schwestern, Hilfspersonal und dergleichen. Falls jedoch jemand verhindert ist, ist es uns gestattet, seinen Platz einzunehmen."
„Ist das nicht zu gefährlich?" wandte der Großvater beunruhigt ein.
„Deswegen mache ich mir keine großen Sorgen", erwiderte Howard. „Der Transport erfolgt mit Truppentransportern und wird von leichten Panzerfahrzeugen und vielen britischen Soldaten begleitet. Die Araber werden es sich zweimal überlegen, bevor sie auf die Engländer schießen. Außerdem sind es momentan die Juden, denen sie zürnen."
„Was sollen wir tun?" fragte Rachel. Sie war vor Aufregung richtig durcheinander. Der Gedanke, ihr Kind wiederzusehen, machte sie fast kopflos.
„Wir werden ein paar Tage dort oben bleiben müssen. Nehmen Sie trotzdem nur wenig Gepäck mit, aber doch immerhin ein paar Sachen zum Wechseln. Man hat mir gesagt, falls wir fahren sollten — man hat ausdrücklich *falls* gesagt —, erwartet man von uns, daß wir uns unseren Aufenthalt dort verdienen. Sie werden uns also wahrscheinlich irgendeine Arbeit geben."
„Und was ist mit Ihnen, Herr Professor?" fragte der Großvater und zupfte sich nachdenklich am Bart.
„Ich habe ein paar wichtige Dinge an der Hebräischen Universität zu erledigen, um die Mosche mich gebeten hat. Es handelt sich um Manuskripte, die aus Sicherheitsgründen weggeschlossen werden sollen, und um ein paar Artefakte, um die er sich bisher nicht kümmern konnte."

„Haben Sie schon irgendetwas von der Schlacht bei Kastel gehört?"
Rachel konnte ihre Unruhe nicht länger verbergen und zupfte ihn aufgeregt am Ärmel. „Hatten die Soldaten Neuigkeiten?"
„Soll das etwa heißen, daß ihr hier noch nichts gehört habt?" rief Howard erstaunt aus. Jetzt erst fiel ihm auf, daß im Radio ein trauriges jiddisches Volkslied gespielt wurde. Mit einer schnellen Bewegung suchte er einen anderen Sender. Und dann war deutlich eine britische Stimme zu vernehmen:

... gefähr achthundert arabische Freischärler sind heute morgen aus Kastel zurückgekehrt, nachdem ihr Anführer in den Kämpfen, die die ganze Nacht über gewütet haben, schwer verwundet worden ist. Obwohl vom Dorf Kastel selbst noch keine offizielle Nachricht vorliegt, ist von anderer Seite bestätigt worden, daß es sich immer noch in den Händen der jüdsichen Haganah befindet.

* * *

Das riesige, einstmals elegante Bürgerhaus in Sheik Jarrah wimmelte von arabischen Freischärlern und Soldaten, die alle ängstlich auf weitere Nachrichten über Friedrich Gerhardts Zustand warteten. Inzwischen war ihnen mitgeteilt worden, daß er durchkommen würde. Aber wegen der tiefen, klaffenden Wunde würde er dem Kampf fernbleiben müssen.

Ram Kadar stand, zwei Patronengurte quer über der Brust, in dem walnußgetäfelten Wohnzimmer und unterhielt sich mit sechs Männern, die gerade aus Kastel gekommen waren. Ihre Unterhaltung und die der anderen Männer, die sich die Wartezeit mit Gesprächen vertrieben, wurde immer wieder durch Gerhardts Flüche übertönt, mit denen er den Arzt bedachte, der herbeigeeilt war, um ihn medizinisch zu versorgen.

„Wir glaubten, sie hätten keine Munition mehr", berichtete ein junger Mann Ram Kadar und rieb sich verlegen sein stoppeliges Gesicht. „Sie gaben kaum noch Schüsse ab, obwohl wir bereits bis auf fünfzig Meter an sie herangekommen waren."

„Sie konzentrieren sich also auf die erste Häuserreihe, sagst du?" fragte Kadar, der versuchte, sich Einzelheiten einzuprägen.

„Ja." fuhr der Mann mit seinem unzusammenhängenden Bericht fort.

„Und auf das Haus des Muchtars. Von dort kam auch die Bombe. Wir dachten schon, wir hätten es geschafft. Kommandeur Gerhardt forderte gerade diesen widerwärtigen Juden Sachar heraus. Wir alle waren auf die Belohnung für seine Ergreifung aus, aber der Kommandeur selbst war am meisten darauf versessen, ihn zu fassen.

Er war bis zur vordersten Angriffslinie vorgelaufen und rief diesem jüdischen Schwein Worte herüber, die ihm sicher das Blut in den Adern erstarren ließen. Und dann kam die Bombe aus der Dunkelheit — polterte und donnerte auf uns zu und detonierte schließlich in einer riesigen Explosion."

„Tonnenbomben", sagte Kadar nachdenklich. „Dieselbe Sorte, die Mosche Sachar auch benutzt hat, um das Jaffa-Tor in die Luft zu jagen. Wieviele waren es in der gesamten Nacht?"

„Viele ... vielleicht hundert. Einige enthielten aber keinen Sprengstoff und sollten uns wohl nur erschrecken."

Nebenan wurden Gerhardts Flüche immer lauter. Kadar lächelte bitter, aber er verlor kein Wort darüber, wie enttäuscht er war, daß Gerhardt in Kastel nicht zum Märtyrer geworden war. „Und nachdem Gerhardt verwundet worden war?"

„... haben wir uns zurückgezogen. Es dämmerte ja schon fast, und ohne den Kommandeur wollte keiner auch nur eine Minute länger kämpfen", kam die schlichte Erklärung.

Es war Kadar allzu gut bekannt, daß die Soldaten nur zu gebrauchen waren, wenn sie von einem charismatischen, mächtigen Führer zu einer fanatischen Einheit zusammengeschmiedet wurden. Nun war es an ihm, die Leerstelle auszufüllen, die Gerhardt hinterlassen hatte, und das von ihm als einfach bezeichnete Werk zu vollenden.

„Gerhardt wird nicht mehr nach Kastel zurückkehren. Also muß ich es selbst tun. Wenn meine Untergebenen eine solche Aufgabe nicht zu Ende bringen können ..." Er ließ den Satz unvollendet. „Du mußt jetzt für mich in die Souks gehen und alle Männer, die Träger des heiligen Krieges sind, zusammentrommeln!" befahl er dann mit vor Erregung elektrisierter Stimme. „Ich werde die Aufgabe selbst ausführen. Sag ihnen, daß Ram Kadar, der rechte Arm des Muftis, sie ruft, damit sie die Juden vernichten, die in Kastel Schande über uns gebracht haben!"

„Inch Allah! Wie du es wünschst, großer Kommandeur. Die Männer Palästinas würden dir sogar bis zur Hölle folgen, wenn du es verlangtest! *Dir* werden sie folgen! Sie sehnen sich danach, den Ruhm deines Mutes zu teilen —"

„Dann beeil dich! Wir werden noch heute morgen nach Kastel aufbrechen." Kadar verabschiedete ihn mit einer leichten Verneigung. „Geh nun und befiehl ihnen, sich zu beeilen!"

In diesem Moment kam der Arzt — die Ärmel waren noch hochgekrempelt — aus Gerhardts Zimmer. Seine Miene drückte abgrundtiefen Ekel aus. „Sie sind Ram Kadar?" meinte er barsch zu Kadar.

Kadar neigte bestätigend den Kopf. „Der bin ich"

„Ihr Freund dort drinnen wünscht — nein, verlangt — Sie zu sehen. Es besteht übrigens kein Grund, sich seinetwegen Sorgen zu machen. Er wird vielleicht einige Zeit nicht laufen können, aber ein Mensch, der so böse ist, stirbt nicht so leicht."

„Kadar!" übertönte Gerhardts Ruf die Worte des Arztes.

„Er wird es schaffen", fuhr der Arzt fort, „und ich hoffe, Palästina bis dahin verlassen zu haben." Er schüttelte angewidert den Kopf und schob sich dann durch die Männer, die in Gruppen beisammenstanden.

Vor Kadar traten die Männer jedoch respektvoll zur Seite, um ihn in Gerhardts Zimmer zu lassen.

Gerhardt war bleich. Dunkle Ringe zeichneten sich unter seinen rotgeränderten Augen ab. Er erschien Kadar in seinem Zorn über die Verletzung, die ihn hilflos ans Bett fesselte, noch böser als sonst. Es war bereits wieder Blut durch seinen Verband gesickert und hatte das Bettuch befleckt. „Geht es dir gut?" fragte Kadar bewußt, um Gerhardt noch weiter in Rage zu bringen.

„Gut genug, um kämpfen zu können!" brüllte Gerhardt. „Sie haben mich ohne mein Einverständnis hergebracht! Ich war Kastel zum Greifen nahe, und sie ziehen sich einfach ohne meinen Befehl zurück!"

„Du kennst doch unsere Leute", erwiderte Kadar gleichgültig. „Sie kämpfen nun einmal nicht ohne einen Anführer, der in ihnen Leidenschaft entfacht. Ohne Führer sind sie wie Schafe, die friedlich auf der Weide grasen und ihre Jungen aufziehen —"

„Willst du damit sagen, daß ich nicht fähig bin, meine Männer zu führen?" tobte Gerhardt. „Laß mir eine Trage holen! Dann will ich dir zeigen, wie ich sie führen kann!"

Kadar erwiderte herablassend: „Nein. Du brauchst jetzt Ruhe." Und spöttisch fügte er noch hinzu: „Hattest du dir nicht geschworen, daß du heute den Skopusberg einnehmen würdest?"

Gerhardt richtete sich mühsam auf dem Ellbogen auf.

„Das werde ich auch! Wo sind meine Männer? Meine Kämpfer!"

„Sie gehen zurück nach Kastel! Und zwar mit mir!"

„Das geht nicht! Das arabische Hochkomitee hat *mir* den Befehl gegeben, Kastel einzunehmen!"

„Aber du *hast* es nicht eingenommen. Du hast versagt, Gerhardt. *Versagt.*" Er lächelte in Gerhardts verzerrtes Gesicht. „Aber mach dir nichts draus. *Ich* werde nicht versagen. Die Krieger haben in mir einen Führer des Jihad, der sie siegreich in die Schlacht führen wird."

„Das hast du von langer Hand geplant", stieß Gerhardt drohend hervor.

„Was? Ich deine Verwundung geplant? Nimm Vernunft an, Gerhardt! Allah selbst hat diese Entscheidung getroffen." Kadar schnaubte heftig durch die Nase. „Wenn ich es geplant hätte, dann wäre Friedrich Gerhardt, der Wahnsinnige, nun in Ehren als Märtyrer des Jihad aufgebahrt. Dann wäre dein armseliges, verkorkstes Leben wenigstens zu etwas nutze gewesen. Vielleicht würden deine Männer dann wenigstens zu deinem ehrenvollen Andenken kämpfen." Er musterte den erstarrten Gerhardt mit kalten Blicken.

„Das werden wir noch sehen!" schrie dieser auf. „Hol mir Abu Irkat herbei! Abu Irkat!" Die Wände hallten von seinem Schrei wider, als er nach dem Mann rief, der vorher am Bab el Wad und in der letzten Nacht auch vor Kastel unter ihm gekämpft hatte. Als Irkat das Zimmer betrat, schrie Gerhardt gerade Kadar an: „Raus mit dir! Du wirst deine Belohnung noch bekommen, aber es ist noch nicht aller Tage Abend. Ich bin noch nicht am Ende!"

Kadar lachte laut auf, machte auf dem Absatz kehrt und schritt mit majestätisch wehendem Gewand an dem bebend in der Tür stehenden Abu Irkat vorbei.

* * *

Das Dorf Kastel lag verlassen und ruhig da, als Fergus Dugan kurz nach Einsetzen der Morgendämmerung mit achtzig Mann und fünfzehntausend Schuß Munition wieder dort anlangte.

Mosche, Ham und Ehud kamen vorsichtig aus den Häusern des Steinbruchs hervor, als sie die Ankömmlinge hörten. Mosches Männer schliefen fast alle noch tief und fest am Rande des Steinbruchs.

„Du bist der schönste Anblick meines Lebens, kleiner Goj!" rief Ehud Fergus enthusiastisch entgegen und schloß den kleinen Schotten in seine gewaltigen Arme.

„Aye, Sie auch für mich, Captain!" Dann sah er gegen den blassen Morgenhimmel. „Ich sehe, ihr habt ihnen das Laufen beigebracht!"

Mosche kratzte sich nachdenklich am Kopf. „Das schon, aber ich werde wohl nie erfahren, warum oder wie sie abgezogen sind. Ich dachte schon, nun hätten sie uns endgültig! Die letzte Tonnenbombe war verbraucht. Und als wir die Munition nachzählten, stellten wir fest, daß weit weniger übrig war, als ich angenommen hatte.

Weniger als fünf Schuß pro Mann."

„Tja", meinte Fergus gutmütig, „allerdings kann ich kein Anzeichen davon entdecken, daß ihr auch nur einen einzigen Araber zur Strecke gebracht habt. Der Hang ist wie leergefegt. Ich nehme Leuten nicht gerne den Mut, aber in Zukunft zielt ihr lieber, bevor ihr schießt, Leute!"

„Sie haben ihre Toten mitgenommen", verteidigte sich Ham. „Wir haben Kastel in der letzten Nacht so gut gehalten, wie es die *Highland Light Infantry* nicht hätte besser tun können. Keine Klagen, bis wir eine Mütze Schlaf gehabt haben, wenn ich bitten darf!"

„Ich weiß, was du damit sagen willst", meinte Fergus und tippte entschuldigend an den Rand seiner Mütze. „Sieht so aus, als brauchte der Sergeant-Major schließlich doch mal ein Bett."

„Ich verstehe einfach nicht, warum sie abgezogen sind", griff Mosche noch einmal die noch ungeklärte Frage auf, während sie wieder ins Dorf zurückgingen. „Es war tatsächlich keine einzige Leiche am Hang. Nur frisches Gras und Wildblumen, die sich im Wind wiegten."

Um ihre Leistungen nachzuweisen, führte Mosche Fergus zum Haus des Muchtars, dessen Wände regelrecht zersiebt waren vom Kampf der letzten Nacht.

Unterdessen trugen die erschütterten Neuankömmlinge ihre toten Kameraden ins Freie und legten sie draußen nieder. Sie identifizierten jeden einzelnen, bevor sie ihn in einem flachen Grab begruben. Andere bereiteten unterdessen die Verwundeten für den Transport nach Jerusalem vor, den Mosche anführen sollte.

Dieses Mal würde auch Ham mitgehen. Drei Nächte ohne Schlaf waren auch für ihn zuviel gewesen. Er ließ sich müde in einen Sessel fallen und hörte schweigend zu, wie Mosche und Fergus sich über die vermutete weitere Vorgehensweise der Araber besprachen.

„Ich kenn' diese Burschen", meinte Fergus schließlich mit grimmiger Miene zu Mosche, „die bleiben nicht lange weg. Wenn du noch nach Jerusalem willst, solltest du am besten jetzt gleich gehen, mein

Freund. Bring die Verwundeten ins Krankenhaus und komm morgen mit einer Legion Soldaten wieder zurück, ja?"

Mosche nickte und schüttelte Fergus zum Abschied die Hand, während sich die erschöpften Soldaten bereits auf den Weg machten. Plötzlich fiel alle Müdigkeit von Mosche ab, und er fühlte neue Frische in sich. Für einige Stunden würde er Rachel vielleicht wiedersehen können. An diesem Nachmittag, während die anderen in Kastel dem Feind trotzten, würde sie in seinen Armen schlafen.

30. Eine neue Chance

Der Sperling erholte sich innerhalb weniger Augenblicke und war wieder der alte. Pater John Antonell hingegen war für immer verändert. Die Ankunft der *Trina* hatte seine wohldurchdachte Theorie über Wunder zunichte gemacht, und er sah sich unversehens mit der harten Realität von Davids und Ellies Auftrag konfrontiert. Aber da sich alle seine Einwände in nichts aufgelöst hatten, begeisterte er sich nun mit dem Eifer eines zum Paulus bekehrten Saulus für die Sache Zions. Als David ihm jedoch noch einmal von der beeindruckenden, tödlichen Ladung im Frachtraum der *Trina* erzählte, wurde ihm allerdings mulmig zumute. Daher schickte er, während sich Ellie und David eilig anzogen, eine Gruppe von Jungen aus dem Waisenhaus als Spione zum Hafen. Ferner sandte er ein anderes Kind, dessen großen, braunen Augen man nicht ansah, mit welch gewieftem Durchsetzungsvermögen es sich beim Kampf ums Überleben auf der Straße zu behaupten vermochte, mit einer Botschaft zu Bernie Greene.

Die Hände krampfhaft hinter dem Rücken verschränkt und nervös auf den Zehen wippend, stand Pater John Antonell nun am Fenster und erwartete voller Unruhe die Rückkehr der Jungen. „An dieses Gefühl erinnere ich mich noch zu gut aus der Zeit, als ich darauf wartete, daß die Jungs von ihren Bombenangriffen aus Deutschland zurückkamen", sagte er nervös und ohne den Blick von dem schräg im Wasser liegenden Frachter abzuwenden, aus dem inzwischen schon so viel Wasser herausgepumpt worden war, daß er sich bereits wieder etwas aufgerichtet hatte. „Es wird nicht lange dauern, dann hat das Schiff wieder seine normale Lage", fuhr er beunruhigt fort.

„Und da sich der Sturm gelegt hat, gibt es wohl keinen Grund, warum es seine Reise nicht bald wieder fortsetzen sollte. Es sei denn, daß wir *irgendetwas* unternehmen."

Während der Pater weiterhin voller Ungeduld aus dem Fenster sah, trank David ruhig seine Kaffeetasse leer, und Ellie überdachte aufgeregt noch einmal ihre Situation. Ihr wurde beinahe schwindelig, als ihr bewußt wurde, daß sie sich tatsächlich genau an dem Ort befanden, an dem sie gebraucht wurden. Mit jedem Atemzug dankte sie Gott für die Ankunft des Frachters und betete im stillen, daß auch alles Weitere zur rechten Zeit geschehen möge.

„Die Telefonleitungen nach Rom sind immer noch unterbrochen?" wandte sich David schließlich an den Pater.

„Man rechnet damit, daß es noch einige Tage dauern wird, bis sie wieder funktionieren", erwiderte dieser. „Ich habe es in den Nachrichten gehört ..." Er schaute ungeduldig auf seine Armbanduhr. „Wo nur der Junge bleibt! Er müßte doch längst mit Ihrem Mr. Greene hier sein. Es ist doch gar nicht so weit!" Dann wechselte er, wie es seine Art zu sein schien, unvermittelt wieder das Thema: „Eigentlich könnte ich Sie auch nach Rom fahren. — Zu Ihren Leuten. Vielleicht können sie uns raten, was wir tun sollen ..."

„Wie lange würde die Fahrt denn dauern?"

„Das hängt von den Straßenverhältnissen ab. Aber mit mehreren Stunden müssen wir auf jeden Fall rechnen."

„Das könnte aber zu spät sein", meinte David mit einem Blick auf den Rumpf der *Trina*, der sich unaufhaltsam aufrichtete, und trommelte nervös gegen seine Tasse.

„Ja", pflichtete ihm Pater Antonell düster bei. — „Sagten Sie acht Millionen Schuß — acht Millionen? Und das wird einfach so ganz legal von den Arabern transportiert? Von den Freunden des Muftis?"

Er schlug sich nachdenklich mit der geballten Faust in die Handfläche. „Es muß doch möglich sei, das zu verhindern. Auch ohne Ihre Verbündeten in Rom! Meinen Sie nicht auch? Irgendwie ..."

* * *

Während die Morgensonne die Straßen von Bari trocknete, rannte der kleine Bote, den Pater Antonell ausgeschickt hatte, in wilder Hast zum Hafenhotel. Die Nachricht, die ihm anvertraut worden war, hielt er fest in seiner Hosentasche umschlossen. *Sie ist nur für den Engländer bestimmt! Er heißt Greene. Sag Signora Hortencia, daß Pater Antonell dich nach ihm geschickt hat. Du mußt unbedingt den Engländer finden!*

Keuchend stieß der Junge die Eingangstür des Hotels auf und rannte zum Tresen, hinter dem die beleibte Signora bei trübem Licht die Zeitung las.

„Signora Hortencia!" flüsterte der Kleine eindringlich. „Der Pater hat mich geschickt!"

Die Frau zog fragend eine Braue hoch und wiederholte mit erstauntem Lächeln: „Der Pater?"

„Ja, ja! Ich soll den Engländer finden. Er heißt Greene und wohnt hier."

„Was hat denn der Pater mit diesem Engländer vor? Vielleicht seine Seele retten?" Sie lachte auf und zündete sich ohne Eile eine Zigarette an.

Der Junge sah sich verstohlen nach den Frauen um, die in ramponierten Sesseln vor sich hin dösten, und erwiderte dann mit geheimnisvoll gesenkter Stimme: „Nein. Ich muß ihm eine Nachricht überbringen."

Signora Hortencia musterte ihn mißtrauisch. „Und was ist das für eine Nachricht?"

„Ich habe sie hier." Er klopfte auf seine Hosentasche.

Sie schnipste mit ihren fleischigen Fingern und forderte ihn mit einer Handbewegung auf, ihr den Zettel auszuhändigen. „Ich sorge schon dafür, daß er sie bekommt."

Der Junge runzelte argwöhnisch die Stirn und reckte sich. „Nein! Der Pater hat gesagt, ich muß sie ihm selbst geben."

„Du? Ich kann es nicht zulassen, daß du die Kunden störst, wenn sie beschäftigt sind. Gib mir den Zettel!"

„Der Pater hat gesagt, wenn Sie Schwierigkeiten machen, soll ich Ihnen sagen, daß er Sie bei der Beichte sehen will und Sie bei der nächsten Messe nicht zur Heiligen Kommunion läßt", griff der Junge nun zum letzten Mittel, gewiß, daß diese Drohung ihre Wirkung nicht verfehlen würde.

Signora Hortencia straffte sich beleidigt. „So. *Das* hat der Pater also gesagt?"

„Ja." Der Junge unterdrückte mühsam ein Lächeln, als er ihren Gesichtsausdruck sah: trotzig, zornig, zweifelnd. Schließlich erhob sie sich jedoch und nahm, mit einer Bewegung, als wolle sie zum Schlag ausholen, die Schlüssel von einem abgegriffenen Haken.

„Aber kein Wort darüber zu irgendjemandem! Verstanden?" Sie ging zum Lift in der Eingangshalle.

Der Junge wich ihrer fleischigen Hand aus, indem er sich rasch hinter sie drehte, und folgte ihr.

Als sie schließlich die Zimmertür erreicht hatten, murmelte sie unwirsch: „Die hier." Sie klopfte energisch an das dünne Holz, steckte dann den Schlüssel ins Schloß und stieß die Tür heftig auf. Bernie Greene saß in einem Polstersessel am Fenster und schaute gebannt auf das Schiff mit der Schlagseite.

Ohne den Blick abzuwenden, fragte er: „Was wollen Sie?" Seine Stimme klang barsch und erregt.

Signora Hortencia räusperte sich vernehmlich und meinte dann

belustigt: „Eine Nachricht für Sie, Engländer. Vom Pfarrer! Er scheint Sie zu kennen!"
Der Bote trat vor und hielt ihm den Zettel hin. Bernie fuhr herum und starrte den Jungen an. Dann riß er ihm den Zettel aus der Hand und warf hastig einen Blick darauf. Atemlos stieß er hervor: „Der Priester. Sie sind beim Priester!"

* * *

Keine fünf Minuten später betraten Bernie und der Bote bereits den Lift. „Wie weit ist es bis zur Kirche, Junge?" fragte Bernie.
Dieser antwortete in gebrochenem Englisch: „Nur Momente, Signor ..." Der Lift fuhr ächzend bis hinunter in die Eingangshalle, und der Metallkäfig öffnete sich klappernd.
Als sie aussteigen wollten, stand ein Mann davor, den Bernie sogleich wiedererkannte. Er hielt eine zerknitterte Zeitung in der Hand, deren Schlagzeile ein einziger Aufschrei war: *Deir Jassin!* Es war derselbe Mann, dem Michail und er vor zwei Tagen am Telegrafenamt in Ragusa begegnet waren. Er war unrasiert, und seine blutunterlaufenen Augen machten einen geradezu rasenden Eindruck. Er sah an Bernie vorbei — durch ihn hindurch —, nahm gar nicht wahr, daß ein Mensch vor ihm stand. Bernie senkte rasch den Blick und strich sich, während er den Lift verließ, wie zufällig mit der Hand über die Stirn.
Ein Blick auf die Zeitung des Mannes hatte genügt, um ihm zu sagen, daß ihn sein Gefühl nicht getrogen hatte: Ja, dieser Kerl hatte tatsächlich Familie in Palästina. Und er gehörte zur *Trina!*

* * *

Als Bernie Greene das Wohnzimmer des Pfarrhauses betrat, betrachtete er zuerst skeptisch das Kruzifix an der Wand und dann den Priester, der, in eine schwarze Soutane mit weißem Kragen gekleidet, unruhig am Fenster stand. David Meyer als Mitglied der Haganah war schon merkwürdig genug. Aber daß nun auch noch dieser Priester dazugehören sollte, war einfach lächerlich!

Bernie schaute unschlüssig zwischen David und dem Priester hin und her und meinte schließlich halblaut zu David: „Hm, David, kann ich mal unter vier Augen mit dir sprechen?"

„Er ist in Ordnung, Bernie", warf Ellie ein. „Pater Antonell, dies ist Bernie Greene."

Bernie musterte den Priester mißtrauisch „David —"

„Er ist wirklich in Ordnung, Bernie. Er weiß alles —"

Bernie sah David ungläubig an und stammelte: *„Alles?"*

„Jedenfalls so viel, daß er uns dabei helfen möchte, die Abfahrt des Schiffes zu verhindern."

„Aber Sie sind doch ein katholischer, christlicher Priester, nicht wahr?"

Pater Antonell nickte. „Natürlich. Natürlich. Ich habe gestern in der Kirche den Namen *Trina* aufgeschnappt und mir meinen Reim darauf gemacht. Ich hoffte, Captain Meyer zur Vernunft bringen zu können. Da flog ein Sperling gegen die Scheibe, und die *Trina* lief in den Hafen ein, und dann —" David legte dem Priester beschwichtigend seine Hand auf den Arm, denn Bernie vermochte dieser Argumentationskette offensichtlich nicht ganz zu folgen.

„Sie sind *auch* Amerikaner?" fragte Bernie, erstaunt über den Akzent des Priesters.

„Er ist in Ordnung", wiederholte David mit fester Stimme noch einmal Ellies Worte. „Hast du schon gesehen, was sich heute morgen ereignet hat?" Er nahm Bernie bei der Schulter, führte ihn zum Fenster und deutete auf das Schiff im Hafen.

Der Anblick des Frachters brachte Bernie erneut in Erregung. „Ich habe heute morgen gesehen, wie sie in den Hafen geschleppt wurde, und hoffte, sie würde einfach untergehen!"

„Ein hervorragender Gedanke", stimmte ihm Pater Antonell zu.

„Ganz recht", meinte Bernie und nahm von Ellie eine Tasse Kaffee entgegen. „Es sieht so aus, als hätten wir sie wieder in der Hand. Nur daß wir mit unserem Koffer leider irgendeinen Küstenstreifen in Italien in die Luft gejagt haben. Ich hab' mir schon den Kopf zerbrochen, was wir tun können. — Ich nehme an, die Telefonleitungen nach Rom sind immer noch unterbrochen?"

Die drei anderen nickten. „Wir haben uns auch schon gebührend Gedanken gemacht und sind zu dem Schluß gekommen, daß alles an uns hängenbleibt."

„Was ist denn mit Michail?" fragte Ellie.

„Er hat doch die Arme gebrochen."

„Aber sein Verstand ist noch in Ordnung!" warf Bernie ein und schnipste in plötzlicher Erkenntnis mit den Fingern. „Der Bursche ist doch Sprengstoffexperte!"

„Ja, wenn wir Sprengstoff *hätten* ..."

Pater Antonell zog die Stirn kraus. „Sie werden hier leider nichts finden, was Ihnen in dieser Beziehung helfen könnte. Wegen der bevorstehenden Wahlen ist man hier in Italien vor allem und jedem auf der Hut. Ein Bauer darf augenblicklich nicht einmal einen Baumstumpf in die Luft sprengen, ohne sich vorher durch eine Liste mit amtlichen Unterschriften abgesichert zu haben ..."

„Mir fällt da nur der Schwarzmarkt in Rom ein", meinte Bernie nachdenklich. „Dort kann man immer noch Restbestände aus dem Krieg kaufen. Aber es ist natürlich gefährlich – riskant."

Der Pater seufzte. „Selbst der Schwarzmarkt bietet inzwischen nicht mehr viel, und das mit Recht! – Bei den heftigen Drohungen von seiten der Roten. Dieser Terroristenbanden. Die Regierung hat zumindest in der Beziehung hart durchgegriffen."

„Möglicherweise sind jedoch die Kommunisten die einzigen, die vielleicht genau das haben, was wir brauchen, Padre", meinte David niedergeschlagen. „Denn sie haben sich alles an Land gezogen." Er sah ihn fragend an. „Sie kennen nicht zufälligerweise einen von ihnen persönlich? Jemanden, der in letzter Zeit gebeichtet hat, eine Bombe mit illegalem TNT gebastelt zu haben?"

Pater Antonell schüttelte niedergeschlagen den Kopf. „Leider nein. Diese Sorte Mensch hat wenig Beziehung zur Kirche oder zur Geistlichkeit. *Cave quid dicis*... Hüte deine Zunge." Dann wandte er sich wieder zum Fenster und sah mit dem brennenden Wunsch zum Schiff hinunter, daß es doch einfach im Wasser versinken möge.

Doch das Gegenteil war der Fall: Zusehends und unaufhaltsam richtete sich der Rumpf Zentimeter um Zentimeter auf.

In diesem Moment klopfte es heftig an der Tür, und ein kleiner Junge stolperte herein, atemlos, mit geröteten Wangen, die Mütze in der Hand. Er überschüttete den Pater mit einem italienischen Wortschwall und deutete aufgeregt auf das Schiff. Während die anderen weiter gebannt das Geschehen im Hafen verfolgten, verlangte der Pater von dem Jungen erschöpfende Auskunft.

Schließlich führte er ihn hinaus und stellte ihn wie einen Miniaturwachtposten vor der Tür auf.

„Wie ich schon sagte: *Hüte deine Zunge*... Der kleine Pedro hat mir gerade berichtet, daß die Matrosen des Schiffes damit rechnen, noch vor dem Abend ihre Reise fortsetzen zu können. Das Schiff selbst hat keinen Schaden erlitten, es ist nur Wasser in den Rumpf eingedrungen." Er deutete auf die Wasserstrahlen. „Und wie Sie sehen, ist dieses Malheur bald behoben. Der Bursche, der das Kommando hat, ist übrigens in Ragusa an Bord gegangen."

„Den habe ich gesehen", warf Bernie ein. „Er ist jetzt im Hotel, wahrscheinlich, um sich von seiner Seekrankheit zu erholen."

„Können wir ihn nicht gefangennehmen?" überlegte Ellie. „Und ihn hier festhalten? Ohne ihn würde die Besatzung sicher nicht abfahren."

Alle schwiegen. Jeder spielte diese Möglichkeit für sich durch.

Plötzlich hellte sich das Gesicht Pater Antonells auf. „Nein, meine junge Dame, *wir* können ihn nicht festhalten", begann er geheimnisvoll, „aber vielleicht können es die Beamten der Hafenbehörde —"

„Er ist doch Araber", wandte Bernie düster ein. „Ich habe gesehen, wie er in Ragusa ein Telegramm nach Palästina aufgegeben hat —"

Pater Antonell hob herausfordernd das Kinn. „Weiß das denn die Behörde? Wir müssen einfach Zeit schinden. *Cessante causa cessat et effectus*... wenn die Ursache vertuscht wird, schwindet die Wirkung."

Bernie kratzte sich am Kopf und sah David verwirrt an. „Begreifst du, was der Bursche meint?"

„Ich schon!" rief Ellie. „Wie soll jemand wissen, ob dieser Kerl, den Bernie gesehen hat, nicht einfach so tut, als sei er mit einer legalen Fracht auf dem Weg in den Nahen Osten? Er ist immerhin ein ganzes Stück vom Kurs ab."

„Der Sturm!"

„Das ist nur eine Ausrede", spann Ellie den Faden weiter. „Er ist überhaupt kein Araber!"

„Els —"

„Hören Sie doch weiter zu!" schnitt der Pater David das Wort ab. Seine Aufregung steigerte sich zusehends. „Angenommen, der Mann ist in Wirklichkeit Kommunist. Vielleicht besteht ja sogar die ganze Besatzung aus Kommunisten, die mit acht Millionen Schuß und einer Unzahl von Waffen hergekommen ist, um eine Revolution in Italien durchzuführen. *Verstehen* Sie denn nicht?" rief er beschwörend. „Ein Wort, selbst der unbedeutendste Wink, daß dies der Fall sein *könnte*, wird die Behörden in vollkommene Panik versetzen. Wenn solch eine Geschichte in Umlauf gerät, befinden sich diese Burschen nicht mehr lange auf freiem Fuß..."

„Wer soll denn so was in Umlauf *bringen*?" meinte Bernie skeptisch, beugte sich jedoch gespannt vor. „Wer würde solch eine Räuberpistole glauben?"

Pater Antonell stand auf und reckte sich. Er erschien Ellie auf einmal gar nicht mehr so klein. „Es gibt einen unter uns, der das Gerücht verbreiten könnte, daß es sich bei diesen Leuten möglicherweise um Kommunisten handelt." Er hob bedeutungsvoll seinen Zeigefinger. „Ich sage ausdrücklich *möglicherweise*. Wenn die Hafenbehörde dann die Fracht durchsuchen läßt, können die Beamten ihre eigenen Schlüsse ziehen."

David warf einen Blick auf die Hafenarbeiter, die mit den Pumpen auf dem Deck des Frachters beschäftigt waren. „Ich bin sicher, daß die Behörden noch nicht wissen, um was für eine Fracht es sich handelt."

„Stellen Sie sich nur die Aufregung in Regierungskreisen vor, wenn die *Trina* inspiziert wird und man entdeckt, daß das Gerücht stimmt – acht Millionen Schuß! Tausende von Waffen!" malte der Pater, von seinen eigenen Einfällen hingerissen, den Sachverhalt in bunten Farben aus. Doch plötzlich hielt er, mit einem Ausdruck des Schreckens auf dem Gesicht, in seinem Redefluß inne. „Sie sind sich doch ganz sicher, daß die Information stimmt, nicht wahr?"

David klopfte auf seine Tasche, in der die Ladeliste steckte.

„Dies ist zwar alles, worauf wir unser Wissen stützen, Padre, aber ich glaube nicht, daß wir ausgeschickt worden sind, um ein Schiff mit einer Ladung Melonen zu versenken."

Pater Antonell schob nachdenklich die Unterlippe vor und wippte auf den Fersen. „Nun, dann können wir mit unserem Plan also zugleich auch Menschenleben retten." Im nächsten Augenblick zerrte er jedoch unbehaglich an seinem Kragen. „Wenn wir allerdings im Unrecht sind –"

„Wir sind nicht im Unrecht, Padre."

„Nun ja, ich meine, *falls* die Fracht doch nicht dem entspricht, was man uns hat glauben machen, entsteht dadurch ja letztlich kein Schaden, nicht wahr? Dann werde ich eben einfach sagen, daß ich davon gehört und es als meine Pflicht betrachtet hätte, dieses Gerücht an die zuständigen Stellen..." Es beschäftigte ihn, daß bei diesem Vabanquespiel möglicherweise Menschenleben gefährdet würden, und zum ersten Mal flackerten Zweifel an der Richtigkeit ihrer Aktion in seinen Augen auf.

„Sie tun das Richtige", sprach David ihm leise Mut zu. „Sie werden vielleicht nie wissen, *wie* richtig es war, was Sie getan haben!"

Pater Antonell lächelte David schmerzlich an. „Seltsam. All den jungen Piloten, mit denen ich zusammen gebetet habe und die den Auftrag hatten, Bomben über Deutschland abzuwerfen, habe ich wohl Tausende von Malen dasselbe gesagt. Man kann es wohl rational einsehen, aber trotzdem gefühlsmäßig nicht ganz sicher sein, nicht wahr? Ich hoffe, daß meine Worte den Männern vom Fünfzehnten Geschwader tröstlicher waren, als Ihre es nun für mich sind. Wenn dieser Plan gelingt, trage ich vielleicht dazu bei, daß einige Menschen früher in die Ewigkeit eingehen müssen."

David senkte die Stimme und sagte eindringlich: „Und wenn er fehlschlägt, Padre, werden noch viel mehr sterben. Und darüber besteht nicht der geringste Zweifel." Dann wiederholte er noch einmal nachdrücklich: „Sie tun das Richtige!"

„Ich habe bisher nie auch nur einen Funken von zionistischen Gefühlen in mir verspürt", sagte der Pater, selbst verwundert über sein neues Engagement. „Zumindest nicht bis gestern."

Bernie räusperte sich und redete ihm dann gut zu: „Sie helfen uns nur dabei, Zeit herauszuschinden. Die Besatzung wird mit Sicherheit nicht auf immer und ewig festgehalten werden können. Wenn erst einmal bekannt wird, daß es sich um einen ganz legalen Waffenkauf handelt, wird das Schiff seine Reise unbehelligt fortsetzen dürfen. Aber in der Zwischenzeit verschaffen Sie uns auf diese Weise immerhin kostbare Zeit."

„Und wenn es uns tatsächlich gelingt, die Abfahrt des Schiffes zu verzögern", fügte Ellie beschwörend hinzu, „dann denken Sie an den Sperling, Pater!"

„Ich tue ja, was ich kann", lenkte der Priester ein. „Aber den Rest muß ich Ihnen überlassen — und Gott." Er nahm seinen Mantel vom Haken an der Tür und fügte dann noch hinzu: „Ich hoffe, Sie haben Verständnis dafür, wenn ich Ihnen gestehe, daß ich am liebsten nichts mit der Sache zu tun hätte. Mir wäre es, ehrlich gesagt, am liebsten, Sie und die *Trina* befänden sich an irgendeinem anderen Ort der Erde."

„Wir müssen noch Kontakt mit Michail aufnehmen", wechselte David das Thema und sah den Priester mitleidig an. Er hoffte, daß dessen Zweifel so schnell wieder verfliegen würden, wie sie gekommen waren.

„Natürlich", pflichtete ihm Pater Antonell bei. „Ich werde den Jungen mit einer Nachricht zu den Schwestern schicken." Er strich sich ein paar Flusen von seinem langen, schwarzen Mantel. „Und was mich anbetrifft, werde ich tun, was mir richtig erscheint und dafür beten, daß Gott sich um das Weitere kümmert. Also *mox nox in vem*... oder, wie die Leute vom Fünfzehnten sagen würden: Wir werden das Kind schon schaukeln!"

* * *

Mosche und seine Leute waren noch nicht einmal einen Kilometer weit gelaufen, als sie plötzlich tausendfüßiges Stapfen und vielstimmigen Kriegsgesang vernahmen.
Die Haganahsoldaten erbleichten. Mosche gab mit erhobener Hand das Zeichen zum Anhalten und kroch allein weiter, um von der nächsten Erhebung ins Tal zu spähen. Seine Männer ließen sich unterdessen auf dem harten Boden nieder.
Was Mosche dann sah, ließ ihm das Blut in den Adern gefrieren: Die ganze Straße bis nach Jerusalem quoll über vor Arabern. Eine Flut von Menschen wälzte sich unaufhaltsam auf sie zu! An einen weiteren Marsch nach Jerusalem war nicht mehr zu denken. *In einer Viertelstunde werden sie hier sein,* dachte Mosche und sah sich in panischem Entsetzen nach seinen Männern um. *Es ist aussichtslos, nach Jerusalem gehen zu wollen.* Er betrachtete die sich heranwälzenden Massen durch seinen Feldstecher genauer. Dabei erblickte er eine majestätische Gestalt mit silbernem, halbmondförmigem Medaillon auf der Brust: „Kadar!" Mosche eilte zu seinen Männern zurück. Am liebsten hätte er ihnen schon von weitem zugerufen, sie sollten sich umgehend wieder auf den Rückweg machen, aber er wagte nicht, auch nur einen Laut von sich zu geben, aus Furcht, von den arabischen Kämpfern entdeckt zu werden.
Als er bei den Männern ankam, befahl er ohne Umschweife: „Wir müssen sofort zurück! Mehrere Tausend Araber sind auf dem Weg hierher. Wir müssen schleunigst nach Kastel zurück!"
Inzwischen wurde das Echo des Gesangs und der Schritte immer lauter zu ihnen getragen, und ein Soldat fragte entsetzt:
„Wieviele sind es?"
„Tausende!" erwiderte Mosche wahrheitsgemäß. Die Antwort veranlaßte die Männer, ihre letzten Energien zusammenzuraffen.
Glücklicherweise waren sie inzwischen mit dem Gebiet vertraut. Und so eilten sie trotz ihrer Erschöpfung so schnell, als hätten sie sich eine Nacht lang in einem erfrischenden Schlaf erholen können, nach

Kastel zurück, wo Fergus noch nichts von dieser gewaltigen Flutwelle ahnte, die bald mit der Macht einer entfesselten Naturgewalt gegen die Festung branden würde.

* * *

Während sich die arabischen Truppen mit Tausenden von Freiwilligen aus den Jerusalemer Souks verbanden, brauten sich im Westen dunkle Wolken zusammen. Unterdessen hatte Abu Irkat den hundert gut ausgerüsteten Männern, die bei ihrem verwundeten Führer Friedrich Gerhardt geblieben waren, befohlen, sich entlang der Straße von Sheik Jarrah zum Hadassah-Krankenhaus in den Hinterhalt zu legen. Die Häuser der verlassenen amerikanischen Siedlung wurden dabei für die Männer, die am Bab el Wad so viel Geschicklichkeit darin erworben hatten, Konvois aufzuhalten, zu hilfreichen Festungen.

Warum sollten sie ihr Handwerk, das sie in der Schlucht so gut gelernt hatten, nicht auch auf anderen Straßen einsetzen – warum nicht auch in Jerusalem?

Gerhardt selbst war auf einer Trage zu einem Graben in einer einsamen Kurve am Fuße des Skopusberges gebracht worden. Dort wies er seine Männer an, unterhalb einer kleinen Erhebung, an der sich die Straße verengte und eine Kurve beschrieb, eine Landmine zu installieren. Die Drähte waren bereits mit einem Zünder verbunden, den Gerhardt nun mit eigenen Händen hielt.

* * *

In krassem Gegensatz zu Gerhardt, war Ram Kadar ein geduldiger Mensch. Er verbrachte den ganzen Nachmittag damit, sich mit seinen Offizieren zu besprechen, um eine Strategie zu entwerfen, die ihm zum Sieg verhelfen würde.

Während Tausende von Kriegern bereits vor den Augen des armseligen jüdischen Kontingents in Kastel auf den umliegenden Hügeln lagerten, saß Kadar mit britischen Söldnern zusammen und stellte mit aufreizender Ruhe einen kleinen Turm von Goldmünzen auf den Tisch. Er bemerkte lächelnd, wie ihre Augen bei deren Anblick aufstrahlten.

„Ihr vier werdet die Granatwerfer bedienen. Zwei sind direkt auf die ersten Häuser des Dorfes zu richten und zwei auf die Flanken. Die Juden verfügen kaum über mehr als ein paar Gewehrkugeln, vielleicht noch über ein paar Handgranaten und möglicherweise über einige selbstgebastelte Minen. Das alles kann sich jedoch nicht mit unseren Granatwerfern messen."

„Da haben Sie recht, Capt'n!" rief einer der ungepflegten Söldner, dessen Blick wie gebannt an den Münzen hing.

„Zwischen unserem ersten Schuß und dem Sieg bei Sonnenaufgang werden acht Stunden vergehen", fuhr Kadar unbeirrt fort, „und ich setze für jeden von euch acht Münzen als Prämie aus. Allerdings bekommt ihr für jede Stunde, die wir länger benötigen, eine Münze abgezogen." Er lächelte mit dünnen Lippen, als er sah, wie sie im stillen rechneten.

„Das is' 'ne Menge Gold!" rief einer der Männer und leckte sich gierig die Lippen, während ein anderer überwältigt die Hände rang.

„Auf uns könn' Se zähl'n!"

„Gut", erwiderte Kadar und fuhr leise fort. „Wir werden die Juden von mehreren Seiten zugleich unter Beschuß nehmen, so daß sie kaum eine Chance haben zu entkommen. Ich möchte diese Operation mit so wenig Toten wie möglich beenden — arabische Tote, meine ich natürlich." Er schüttete die Münzen wieder zurück in den Lederbeutel und band ihn fest an seinen Gürtel.

„Und auch mit möglichst wenig *englisch'n* Tot'n, nehm' ich doch an, Sir?" fügte ein anderer Söldner hinzu und stellte grinsend eine breite Zahnlücke zur Schau.

„Natürlich. Wie solltet ihr sonst eure Prämie erhalten?" versetzte Kadar schlagfertig. — „Wir beginnen also kurz nach Einbruch der Dunkelheit, sagen wir, in ungefähr drei Stunden." Er deutete an, daß sie entlassen seien.

Wiewohl äußerlich ungepflegt, salutierten die Söldner zackig vor ihrem neuen Befehlshaber und marschierten dann zu ihrem Zelt.

In der Tür stehend, sah Kadar hinter ihnen her und beobachtete, wie sie sich gegenseitig auf die Schulter klopften und sich unter röhrendem Gelächter beglückwünschten. Er schüttelte verwundert den Kopf darüber, daß ein Mensch für solch einen geringen Lohn zu sterben bereit war. *Aber natürlich glauben sie nicht, daß sie sterben werden,* sinnierte er. *Gibt es überhaupt jemanden unter uns, der nicht davon ausgeht, daß er das Gras auf diesen Bergen überlebt? Oder der nicht glaubt, daß er den morgigen Sonnenaufgang noch erlebt? Nein. Nur die Juden sind mit dem*

Tod vertraut. Nur sie haben gelernt, für ihn bereit zu sein, einfach und allein, weil sie Juden sind. Wir haben ihnen beigebracht, daß sie um ihres Judentums willen sterben werden. Und nun bringen sie uns vielleicht bei, daß wir dafür sterben müssen, daß wir Araber sind.

„Wie schwarz ist nur das Herz der Menschen", murmelte er. „Wie trostlos und öde sind wir. Und ohne Hoffnung. Außer der einen, allen Mördern entgehen zu können, um die Blumen dieses schrecklichen Frühlings noch zu überleben."

* * *

Aus der sicheren Entfernung des Eßzimmers beobachtete David durch den Feldstecher, wie die italienische Polizei, zornigen Ameisen gleich, an Bord der *Trina* stürmte. Drei Polizisten, die Gewehre im Anschlag, stürmten auf den ungekämmten, dickbäuchigen Kapitän des Schiffes zu, der gerade an Deck kam. Als er sie erblickte, riß er vor Entsetzen die Augen weit auf und hob die Hände hoch über den Kopf. Dann wich er langsam zurück und erweckte dabei den Eindruck, als hätte er sich am liebsten in Luft aufgelöst. David lachte befriedigt in sich hinein, als er sah, daß über zwanzig Polizisten die Treppe zum Frachtraum des Schiffes hinunterstiegen.

„Nun werden wir was erleben", kommentierte er erregt.

„Laß mich auch mal sehen!" bat Ellie, neugierig geworden, und versuchte David das Fernglas aus der Hand zu nehmen. Aber er hielt es fest, bis er sah, wie einige der Polizisten mit triumphierendem Gesichtsausdruck wieder auf Deck erschienen. Sie hielten Gewehre in den Händen, und um den Hals baumelten Patronengurte.

Beim Anblick der Waffen pfiff David befriedigt durch die Zähne.

„Die Spitze des Eisbergs." Dann reichte er Bernie das Glas.

„Und ich habe keine Kamera dabei!" schimpfte Ellie ärgerlich.

„Wenn du darüber einen Artikel schreibst, kommst du bestimmt ganz groß heraus, Schatz", meinte David aufmunternd und legte den Arm um sie. „Das hoffe ich zumindest."

„Richtig", bestätigte Bernie, als die Polizisten nun die Besatzung der *Trina* unsanft zu vier wartenden Polizeiwagen stießen. Mit einem selbstgefälligen Lächeln fügte er hinzu: „Wir sollten außerdem zufrieden sein, daß wir es sind, die die Geschichte schreiben." Er reichte Ellie das Fernglas weiter, und sie beobachtete, wie die Pumpen abgestellt wurden und die Männer dann in die Wagen kletterten. Mit gefesselten Händen bereitete ihnen dies jedoch einige Schwierigkeiten. Den verzerrten Gesichtern der italienischen Polizisten war anzusehen, daß sie den verstörten Gefangenen Befehle entgegenbrüllten.

Als letzter verließ der völlig verwirrte und verängstigte Kapitän das Schiff. Er hielt immer noch den Kopf starr zwischen den erhobenen Armen, und das einzig Bewegte an ihm waren seine Augen, die unruhig hin und her irrten, als befürchte er, jeden Augenblick erschossen zu werden. Zuletzt folgten die Italiener mit einer Auswahl Waffen als Beweismaterial. Ein Dutzend Polizisten blieb auf Deck an verschiedenen Punkten als Posten zurück. Als die Wagen abfuhren, nahmen sie allerdings eine entspannte Haltung ein, zündeten sich Zigaretten an und unterhielten sich — wahrscheinlich über den erstaunlichen Fund, den sie gemacht hatten.

„Was ist mit diesem Kerl, den Bernie in Ragusa und heute morgen im Hotel gesehen hat?" fragte Ellie.

„Ich wette, daß sich der Padre auch um den kümmern wird", erwiderte David und schenkte sich noch eine Tasse Kaffee ein. „Das ist schon ein pfiffiges Kerlchen, dieser Priester!" fügte er bewundernd hinzu.

Michail erschien aufgeregt und atemlos eine halbe Stunde vor der Rückkehr des Paters. Während Bernie noch damit beschäftigt war, ihm die Fülle der Ereignisse zu verdolmetschen, berichtete der Pater, der inzwischen ebenfalls angekommen war, den anderen seine Erlebnisse: „Ich brauchte einfach nur das Gerücht auszustreuen — wohlgemerkt nur das *Gerücht* —, daß die Kommunisten vorhätten, in Italien, angefangen beim Vatikan, die Macht an sich zu reißen! Der Papst in Ketten! Als italienischer Katholik nimmt man so etwas nicht auf die leichte Schulter!" Er grinste, und Ellie sah, daß er sehr zufrieden mit sich war. Niemand war zu Schaden gekommen, und die tödliche Fracht war beschlagnahmt.

David war der einzige, der nicht erfreut schien. „*Pater!*" sagte er streng und sah den Priester mit ernster Miene an. Es war das erste Mal, daß er ihn nicht mit seinem italienischen Titel ansprach.

„Ja? Was ist? Was? Habe ich irgendetwas verkehrt gemacht?" fragte dieser erschrocken.

„Das wird Sie einhundert *Gegrüßt-seist-du-Maria* kosten", schalt David in gespieltem Ernst.

Michail schien von den Ereignissen wenig beeindruckt. Er saß düster und schweigsam mit seinem beidseitigen Gipsverband da.

Plötzlich räusperte er sich, Aufmerksamkeit heischend und wandte sich, das aufgeregte Gespräch der anderen unterbrechend, mit leisem, monotonem Hebräisch an Bernie, der schon bald die Augen zusammenkniff, bedenklich die Stirn runzelte und schließlich eine ebenso düstere Miene zur Schau trug wie Michail.

„Nun?" erkundigte sich David ungeduldig. „Was hat unser grimmiger Partisane zu sagen?"

„Er möchte wissen, was mit dem Schiff passiert, wenn es sich herausstellt, daß es sich um eine legale Fracht handelt." Die anderen schwiegen, weil Michail wieder das Wort ergriff, und richteten ihre Augen erwartungsvoll auf Bernie, der erneut übersetzen mußte. „Er meint, daß die Waffen vielleicht bald vom Schiff geholt werden."

„Ja natürlich", pflichtete Pater Antonell bei. „Sie werden dann irgendwo deponiert."

„Aber sobald es sich herausstellt, daß die Waffen legaler Besitz eines souveränen Staates sind —"

„... werden sie wieder zurückgebracht", nahm ihm David das Wort aus dem Mund. „Und dann wird die *Trina* wieder in See stechen. Das war uns ja auch schon klar."

Michail nickte, entwickelte dann allerdings einen Plan, der seine Erfahrung im Untergrund erkennen ließ. „Er meint", übersetzte Bernie, „daß wir unser ursprüngliches Vorhaben wieder aufnehmen und das Schiff zum Meeresgrund schicken sollten."

„Womit denn?" fragte David vorwurfsvoll und hielt ihm seine leeren Hände entgegen.

Michail zuckte gleichmütig die Achseln, als wolle er sagen, daß dies kein Problem sei. „Alles, was wir brauchen, befindet sich auf dem Schiff", übersetzte Bernie und fügte dann seine eigene Meinung hinzu: „Er hat recht. Das Schiff ist ja ein Pulverfaß."

„Richtig", bemerkte David bissig. „Aber ich nehme nicht an, daß du vorhast, zusammen mit dem Schiff in die Luft zu gehen, oder doch? Falls wir es überhaupt fertigbringen, an Bord zu gehen — und ich sage ausdrücklich *falls* —, wie sollen wir dann das Zeug zünden, wenn wir nicht mit in die Luft fliegen wollen?"

Bernie dachte erst kurz nach, bevor er übersetzte. Michail lächelte jedoch und wackelte gut gelaunt mit den drei Fingern, die aus dem Gipsverband hervorschauten. „Er meint, es sei ganz einfach. Im Widerstand hat er so etwas schon zehnjährigen Jungen beigebracht. Wir brauchen nur dreierlei: eine Zigarette, Band und Streichhölzer. Er meint, es sei gut, daß wir ihn mitgebracht haben. Sogar sehr gut."

Michail nickte eifrig, als er ihre verwirrten Gesichter sah.

Schließlich meinte David zögernd: „Na gut. Angenommen, er kann uns irgendeinen Zaubertrick vorführen und das Schiff im Wasser verschwinden lassen. Das ist *eine* Sache. Aber uns *auf* das Schiff und uns auch *heil* wieder runter zu bringen, ist etwas ganz *anderes*. Aber wie sollen wir das Schiff überhaupt betreten?"

Da erhob sich Pater Antonell und ging langsam zum Fenster hinüber. Während die anderen noch damit beschäftigt waren, dieses Problem zu diskutieren, wippte er auf seinen Fußspitzen und sagte dann, ohne seinen Blick vom Hafen zu wenden: „Vielleicht gibt es einen Weg. Vielleicht kann ich Ihnen auch *dabei* helfen." Er räusperte sich verlegen, so, als habe er Hemmungen, seine Gedanken auszusprechen. Schließlich bekreuzigte er sich hastig mit zum Himmel gewandtem Blick und wandte sich dann an Ellie: „Wenn Sie mitmachen, junge Frau, dann wüßte ich wohl einen Weg."

Erleichtert und dankbar, daß sie diesmal nicht darum zu kämpfen brauchte, bei einer Aktion mitzumachen, beugte sich Ellie über den Tisch und fragte begierig: „Was kann ich dabei tun, Pater? Wie kann ich helfen?"

Er nickte und glättete sein schütteres Haar. „Mundus vult decipi — die Welt will betrogen werden." Er musterte sie mit abschätzendem Blick. „Ja. Ja, doch. Ich würde schon sagen, daß Sie alles besitzen, um jemanden an der Nase herumzuführen. Mit einem bißchen Make-up — und etwas Unterstützung durch Unsere Lieben Frauen vom Hafen."

31. An der Straße nach Hadassah

Nicht weit von Frau Betts Bäckerei, in der Straße des Propheten Samuel, stand eine große Gruppe von Frauen und Männern neben zwei gepanzerten Bussen und wartete darauf, die knapp drei Kilometer lange Reise durch Sheik Jarrah zum Hadassah-Krankenhaus anzutreten. Unter ihnen befand sich die Elite der jüdischen Ärzte und Wissenschaftler. Sie waren mit nichts außer ihrem Verstand und ihrer Geschicklichkeit von allen Enden der Welt vor den Nazis hierher geflohen, hatten das hochmoderne Hadassah-Krankenhaus eingerichtet und die Hebräische Universität mit Gelehrten gefüllt, die in der Welt ihresgleichen suchten.

Zum Konvoi, der vorn und hinten jeweils von einem Panzerwagen gesichert wurde, gehörten auch zwei gepanzerte und mit dem Davidstern gezeichnete Krankenwagen.

Auch Howard und Rachel befanden sich unter den Wartenden. Howard, der die im Krankenhaus Tätigen größtenteils persönlich kannte, unterhielt sich angeregt mit ihnen und stellte ihnen Rachel als Frau ihres Kollegen Mosche Sachar vor. Viele nahmen so herzlich Anteil an Mosches Schicksal, daß sich Rachel sofort gut aufgenommen und merkwürdig heimisch fühlte. Diese klugen, intelligenten Menschen kannten Mosche schon viel länger als sie ihn und konnten ihr so manches aus seiner Zeit an der Universität erzählen, das sie mit Freude erfüllte. Sie selbst beantwortete freimütig alle Fragen und erzählte von ihrem Aufenthalt in der Altstadt und von Tikvah. Zwei der Ärzte versprachen, sich persönlich um die Kleine zu kümmern.

Es ging schon auf drei Uhr nachmittags zu, als der erste Panzerwagen, besetzt mit einem britischen Offizier und einem Offizier der Jerusalemer Haganah, endlich von der Barrikade abfuhr, um die Straße durch Sheik Jarrah zu überprüfen. Die zwei britischen Soldaten, die an der Barrikade zurückblieben, beäugten die Gruppe ohne großes Interesse.

„Ich hatte angenommen, daß der Konvoi von den Briten eskortiert werden sollte", bemerkte Howard zu Dr. Chaim Liebermann, der mit seiner Frau neben dem ersten Krankenwagen stand.

Dieser erwiderte achselzuckend: „Zumindest insofern, als sie uns zugesagt haben, unseretwegen auf der Hut zu sein. Sie wollen die Straße überwachen, für den Fall, daß irgendwelche Schwierigkeiten eintreten. Ich persönlich bin allerdings der Ansicht, daß heute niemand Lust hat, Schwierigkeiten zu machen. Was sollen die Araber auch mit einer Sammlung von Ärzten und Professoren anfangen?"

„Na ja, sehen wir den Tatsachen doch ins Auge", meinte Howard mit einem ironischen Lächeln. „Die meisten arabischen Ärzte und Professoren haben inzwischen das Land verlassen. Es könnte daher sein, daß die Araber einen gewissen Mangel an Intellektuellen haben."

„Vielleicht sollten wir auch so intelligent sein und das Land beizeiten verlassen", gab der Arzt scherzend zurück.

Schließlich las ein junger Mann die Namen der Reisenden von einer Liste vor, und die Aufgerufenen bestiegen der Reihe nach die dunklen Busse. Als das gepanzerte Vorausfahrzeug schließlich zurückkehrte und der britische Offizier ausstieg, war die vereinbarte Abfahrtszeit längst überschritten.

„Die Straße ist frei!" sagte der Offizier und fügte mit einer auffordernden Handbewegung hinzu: „Sie können durchfahren!"

Als schließlich bis auf Rachel und Howard alle eingestiegen waren, meinte der junge Mann mit der Liste unfreundlich zu den beiden: „Für Sie ist leider kein Platz mehr."

Rachel war vernichtet und flehte verzweifelt: „Ach bitte, es muß doch noch etwas frei sein!" Sie versuchte die Tränen zurückzuhalten, die ihr bereits in die Augen traten.

„Nein, tut mir leid. Es sind alle eingestiegen, die auf der Liste stehen. Also gibt es keinen Platz mehr. Wir haben Anweisung, nur diejenigen mitzunehmen, die von Bedeutung für —"

Da rief Dr. Liebermann dem jungen Mann vom Bus aus zu: „Wir könnten gut noch ein bißchen zusammenrücken. Diese junge Dame ist die Frau eines unserer berühmtesten Professoren." Die Reisenden lachten. — Mosche hatte in der Tat Berühmtheit erlangt.

Während der junge Mann unschlüssig in seine Liste blickte, kletterte Dr. Liebermann bereits aus der Hintertür des Krankenwagens und half Rachel beim Einsteigen. „Tja, wenn Dr. Liebermann es befiehlt—" gab sich der junge Mann, wenngleich noch etwas schwankend, geschlagen.

„Ja", bestätigte der Arzt. „Wir brauchen Frau Sachar in der Kinderabteilung... Und was Sie anbetrifft, Howard", wandte er sich augenzwinkernd an Howard, „könnten wir Sie gut zum Leeren der Nachttöpfe anstellen, nicht wahr?"

Rachel wäre dem vornehm aussehenden, hilfsbereiten Herrn am liebsten um den Hals gefallen. Doch sie gab sich nach außen hin gefaßt und reichte ihr Bündel durch die rückwärtige Tür des Krankenwagens, ohne ihre Gemütsverfassung zu zeigen. Dann ergriff sie die Hände, die ihr hilfreich entgegengestreckt wurden. Als auch Howard noch hinzukam, wurde es eng im Wagen, doch keiner der Insassen empfand darüber Ärger. Ein Gefühl der Gemeinschaft und Verbundenheit in der Gefahr beseelte sie alle.

Rachel gegenüber saß Frau Liebermann, daneben ein stattlicher Herr, der sich immer wieder über die Stirn wischte und offenbar nicht das Bedürfnis hatte, sich mit seinen sechs Mitreisenden zu unterhalten. Da im hinteren Teil des Krankenwagens fast vollkommene Dunkelheit herrschte, die nur durch zwei Fensterschlitze spärlich aufgehellt wurde, waren die Gesichter der Fahrgäste kaum zu erkennen. Schließlich fuhr der Wagen ruckend an.

Während sich Howard, ungeachtet der holprigen, kurvenreichen Fahrt durch Sheik Jarrah, mit den anderen unterhielt und mit ihnen scherzte, lehnte Rachel, unsäglich erleichtert und mit geschlossenen Augen still vor sich hin lächelnd, ihren Kopf an die kühle Metallwand des Wagens. Der einzige Gedanke, der sie beseelte, war der an ihr Reiseziel: Bald würde die quälende Ungewißheit, wie es wohl ihrem Kind ging, ein Ende haben! Nur kurz blitzte so etwas wie eine düstere Vorahnung in ihr auf, aber diese hatte nichts mit den Straßen von Sheik Jarrah zu tun, sondern nur mit der Sorge, in welchem Zustand sie ihr Kind vorfinden würde. Vielleicht ging es Tikvah ja gar nicht besser. Vielleicht hatte sich ihr Zustand inzwischen wieder verschlechtert. Diese Gedanken allein waren es, die ihr die Fahrt lang und beängstigend erscheinen ließen.

* * *

Als erstes hörte man das Rumpeln und Röhren des Konvois, dann ein heiseres, aufgeregtes Flüstern: „Sie kommen! Sie kommen die Straße herauf!"

Gerhardt war bereit. Sein ganzer Körper schmerzte. Sein Bein brannte wie Feuer. Doch sein Geist war klar und entschlossen auf ein einziges Ziel gerichtet, und seine Finger spielten am Auslöser der Sprengkapsel.

Schon kamen die ersten Fahrzeuge in Sicht. Ein Panzerwagen kroch wie ein riesiger schwarzer Käfer über die Anhöhe. Ihm folgte ein Krankenwagen, dann zwei Busse, wieder ein Krankenwagen, danach ein Versorgungsfahrzeug, und das Schlußlicht bildete ein zweiter Panzerwagen.

„Was wir am Bab el Wad geschafft haben, werden wir auch hier schaffen. Genau, wie wir Jerusalem den Lebenssaft abgeschnürt haben, werden wir es jetzt auch mit dem Hadassah tun", sagte Gerhardt zum wiederholten Male zu Abu Irkat, der neben ihm im Graben kauerte.

„Diesen Tag werden sie nicht vergessen!" zischte Abu Irkat mit vor Aufregung gerötetem Gesicht und reckte sich siegesbewußt.

„Duck dich!" fauchte Gerhardt. „Wenn sie dich entdecken, flüchten sie vielleicht noch."

Irkat gehorchte und hielt sein Ohr nun an die Erde, um auf das Dröhnen der Motoren zu horchen. Nur noch einige wenige Meter, und die Menschen des Transports hatten die Barrikade der Haganah erreicht, an der sie in Sicherheit waren. Wenn sie die nächste Kurve erreichten, konnten sie ihre sichere Ankunft feiern. Aber Gerhardt hatte ein anderes Ende für sie im Sinn.

„Du gibst sofort Bescheid, sobald der erste Wagen auf der Mine ist", befahl er.

„Gleich. Ja, der erste Wagen fährt schon schneller. Der Fahrer denkt wohl, er hat es gleich geschafft."

Während seine Finger ungeduldig mit dem Auslöser spielten, lachte Gerhardt grausam auf: „Das hat er auch." Seine Worte gingen im Röhren der Motoren unter.

„Etwas weiter! Nur noch ein paar Meter!" kommentierte sein Gehilfe. „Gleich ... Gleich ..." Der Panzerwagen befand sich schon fast auf gleicher Höhe mit ihnen, so daß Gerhardt bereits das Profil der Reifen erkennen konnte. „JETZT!" brüllte Abu Irkat.

Gleich darauf war im Graben eine ohrenbetäubende Explosion zu hören, und buchstäblich nur wenige Zentimeter vor dem ersten Wagen spritzten Erde und Felsstücke hoch auf. Gerhardt hatte die Zündung um den Bruchteil einer Sekunde zu früh ausgelöst! Er fluchte laut und warf das Gerät wutentbrannt fort. Die Reifen des ersten Fahrzeugs quietschten, aber ein Abbremsen war bei der Kürze der Strecke nicht mehr möglich. So rutschte der Wagen über den Rand des riesigen durch die Explosion entstandenen Kraters hinaus und stürzte dann mit einem furchtbaren Ächzen kopfüber hinein.

„Wir haben das Biest zumindest gefangen!" jubelte Irkat, während sich die Räder noch sinnlos in der Luft weiterdrehten.

Schon nahmen die Jihad-Moqhaden die übrigen Konvoifahrzeuge, die nun nicht weiterfahren konnten, unter Beschuß. Als Gerhardt dann noch sah, wie die beiden letzten Wagen unter lautem Motorengeheul und im prasselnden Kugelhagel auf der schmalen Straße verzweifelte Wendemanöver machten, hob sich seine Laune sofort wieder, so daß er laut auflachte. Und die Jihad-Moqhaden, die gerade noch über die Niederlage der letzten Nacht deprimiert gewesen waren, machten ihrem Triumphgefühl über das Schicksal der hilflos Eingeschlossenen in lautem Jubelgeschrei Luft.

Kurz vor der Explosion hatte Frau Liebermann gerade eine Thermoskanne mit heißem Tee geöffnet, um auf ihre glückliche Ankunft anzustoßen. Nun war der Tee verschüttet, und der stattliche Mann neben ihr war zu Boden gesunken, getroffen von einer Kugel, die ihren Weg durch den schmalen Fensterschlitz ins Wageninnere gefunden hatte.

„Er ist tot!" schrie einer der männlichen Reisenden entsetzt. „Tot!"

Im Wagen mischte sich das Dröhnen des Kugelhagels, der gegen die gepanzerten Seitenwände schlug, mit dem Kriegsgeschrei der arabischen Angreifer zu einem ohrenbetäubenden Lärm. Rachel kauerte verängstigt so tief, wie sie nur konnte. Sie erkannte im fahlen Licht das bleiche Gesicht Frau Liebermanns, die in plötzlicher Erkenntnis ihrer verhängnisvollen Lage aufschluchzte: „Mein Gott! Wir werden sterben. Sie werden uns alle töten!"

„Drehen Sie doch!" schrien die anderen Reisenden dem Fahrer in höchster Verzweiflung durch das markerschütternde Dröhnen der abprallenden Kugeln zu. „Drehen Sie doch!"

Laut fluchend versuchte der Fahrer dem Drängen der Passagiere Folge zu leisten und den Wagen zu wenden. Rachel verlor dabei das Gleichgewicht und schrie erschrocken auf. Die im Straßengraben kauernden Araber ergötzten sich kreischend vor Vergnügen an der verzweifelten Lage der Juden.

„Heute geht's euch an den Kragen, Juden!"

„Heute werdet ihr genauso sterben wie die Menschen in Deir Jassin!"

„Allah Akbar! Gott ist groß!"

„Rache für die Märtyrer von Deir Jassin!"

Howard tastete nach Rachels kalten Händen, zog die verängstigte junge Frau zu sich heran und schützte sie mit seinem Körper. „Sind Sie verletzt?" fragte er. Aus seiner Stimme sprach das schiere Entsetzen.

„Werde ich je mein Kind wiedersehen?" konnte sie nur schluchzend hervorbringen. „Werde ich Mosche je wiedersehen?" Sie barg ihr Gesicht an seiner Brust.

„*Deir Jassin!*"
„Ihr sterbt für die Märtyrer des Jihad!"
„Denkt an die Kinder von Deir Jassin!"
Rachel aber konnte an nichts anderes denken als an Tikvah, Mosche und das Kind unter ihrem Herzen. Doch merkwürdigerweise wurde sie immer gefaßter, je lauter der Tumult draußen anschwoll. Der Gedanke an die Gewißheit ihres Todes erfüllte sie nur mit einem einzigen Bedauern: daß das Kind, das sie trug, mit ihr sterben mußte.

Plötzlich ertönte ein dumpfes Geräusch im vorderen Bereich des Krankenwagens. „Sie haben einen Reifen zerstochen!" rief Dr. Liebermann.

„Wenn wir nur drehen könnten!" fügte er verzweifelt hinzu und versuchte angestrengt, durch den Fensterschlitz nach draußen zu spähen. Doch durch die dichten Rauchwolken hindurch vermochte er nichts zu erkennen. Inzwischen hatte es der Fahrer irgendwie geschafft, den Krankenwagen wenigstens zur Hälfte zu wenden, und Dr. Liebermann schaute abermals mutig durch den Schlitz in Richtung des einzig möglichen Fluchtweges.

„Geben Sie's auf!" rief er daraufhin dem Fahrer zu. „Dem Lastwagen und dem letzten Wagen ist zwar die Flucht gelungen, aber die anderen hinter uns sind noch schlimmer dran als wir. Und wir können nicht raus, weil der Bus hinter uns den Weg versperrt."

Die Reisenden schrien nun in höchster Panik so laut, daß ihre Schreie sogar den Lärm von außen übertönten. Da merkte Dr. Liebermann, daß die rückwärtige Tür, die nun unter Beschuß genommen wurde, nicht richtig geschlossen war, und schlug sie noch einmal fest zu.

Der Fahrer wollte nicht aufgeben und rief nach hinten: „Vielleicht können wir den Bus beiseiteschieben und an ihm vorbeifahren." Eine andere Möglichkeit gab es nicht, denn an dem Krater mit dem zerstörten Wagen vorbeifahren zu wollen, war sinnlos. Während der Fahrer fieberhaft sein Wendemanöver fortsetzte, ertönte noch zweimal das dumpfe Geräusch, dann fuhr der Wagen nur noch auf Felgen.

Der Angriff wurde immer heftiger, und das Dröhnen der gegen die Panzerplatten krachenden Kugeln trieb die Insassen an den Rand des Wahnsinns. Frau Liebermann schlug die Hände vors Gesicht und weinte hemmungslos.

„Wir sollten einfach so schnell fahren wie nur möglich!" rief ein Mann, der der Tür am nächsten saß, verzweifelt. Er sprang auf, um zum Fahrer zu laufen, und kam dabei ins Stolpern. Howard griff rasch stützend ein. Dann rief er den Mitreisenden zu: „Bleiben Sie, wo Sie sind! Die Briten werden bestimmt bald kommen und uns hier rausholen! Seien Sie nicht zu ungeduldig! Und bleiben Sie von den Fensterschlitzen weg! Seien Sie doch nicht zu ungeduldig!"

„Sie werden uns in die Luft jagen! Wir sitzen hier in der Falle! Sie werden uns verbrennen!" weinte ein verängstigter Passagier in Todesangst.

Nun versuchte auch Dr. Liebermann, seine Mitreisenden zu beschwichtigen: „Bitte beruhigen Sie sich doch! Die Engländer werden inzwischen Bescheid wissen. Hören Sie bitte auf den Professor! Man wird uns retten. Wir dürfen die Hoffnung nicht aufgeben!"

Die einzige Antwort war jedoch das bedrohliche Geschrei Hunderter von Arabern, die aus den Souks herbeiströmten, um sich an der Zerstörung des jüdischen Konvois zu beteiligen: *„Deir Jassin! Deir Jassin! Deir Jassin!"*

* * *

Captain Stewart hatte gerade erst die Wache übernommen, als sich der britische Offizier von der Straße des Propheten mit gehetzter Stimme über Funk bei ihm meldete und von der furchtbaren Lage des Hadassah-Konvois berichtete. „Ganz recht, Sir. Ich habe um einen Waffenstillstand gebeten. Aber vergebens! Die ganze Strecke wimmelt nur so von Arabern, und jede Minute kommen weitere hinzu.

Bitte gehorsamst um eine Gruppe von Panzerwagen und einen Feuerleitoffizier, der dafür sorgt, daß die arabischen Stellungen unter Granatfeuer gelegt werden."

Stewart schürzte, verärgert über diese Belästigung, die Lippen, überlegte kurz und erwiderte dann knapp: *„Nein* zu den Granaten auf die arabischen Stellungen, Chandler. Wir sind gehalten, neutral zu bleiben." Seine Begründung klang nicht sehr überzeugend.

„Aber Sir, dann können wir sie nicht aufhalten! Es handelt sich doch um keine militärische Aktion, sondern um ein Massaker an Zivilisten, an Ärzten und Wissenschaftlern des Hadassah-Krankenhauses und der Universität!" widersetzte sich Chandler drängend, geradezu flehend.

„Was erwarten die Juden denn?" brauste Stewart auf. — „Nach Deir Jassin?"

Es folgte ein längeres Schweigen. Dann ergriff Chandler mit rauher Stimme erneut das Wort: „Dann wenigstens die Panzerwagen. Um die Leute da rauszuholen. Ein Krankenwagen und ein Versorgungsfahrzeug konnten zwar fliehen, aber außer dem ersten Panzerwagen sitzen noch zwei Busse mit Zivilisten und ein weiterer Krankenwagen in der Falle. Die Leute in dem Panzerwagen sind allerdings wohl einigermaßen sicher. Sie halten die Araber mit Gewehrschüssen durch die Fensterschlitze auf Distanz."

„Wozu brauchen sie dann die Hilfe der Briten?" gab Stewart bitter zurück. Alte Wunden waren plötzlich wieder aufgerissen. Hatten die Juden nicht seinen Bruder getötet? Und nun hatten sie sogar ein ganzes Dorf massakriert! „Was erwarten sie denn?" wiederholte er daher nur in einem Tonfall, als sei für ihn das Schicksal des Konvois bereits besiegelt. Er war schon vor langer Zeit zu der Überzeugung gelangt, daß das Prinzip *Auge um Auge* in schärfster Form anzuwenden sei. Die Juden, die Palästina zerstört hatten, hatten ihr Leben verwirkt. Er würde kein britisches Leben mehr für sie einsetzen.

Doch Chandler gab nicht auf: „Bitte um Erlaubnis, gegen die arabischen Angreifer wenigstens Granatwerfer einsetzen zu dürfen, Sir." Im Hintergrund war deutlich Gewehrfeuer zu hören.

Stewarts Kiefer spannte sich. „Abgelehnt, Chandler. Sind Sie taub? Unser Befehl lautet: *keine Einmischung!*"

Eine Explosion war zu hören. „Um der Liebe Gottes willen, Captain Stewart! Setzen Sie sich mit dem Oberkommando in Verbindung! Entschuldigen Sie, aber Sie verstehen die Lage nicht!"

„Na gut, ich schicke die Panzerwagen so bald wie möglich", beschwichtigte ihn Captain Stewart. „Machen Sie in der Zwischenzeit das Beste aus der Lage!"

Es verging allerdings eine ganze Stunde, bis Stewart sich mit dem zuständigen Befehlshaber in Verbindung setzte. Und es war beinahe schon dunkel, als die Wagen endlich Befehl erhielten, loszufahren.

32. Im Schatten des sicheren Todes

Bobby Milkin brauchte Mosche und den anderen keinen Lagebericht aus der Luft zu geben. Sie wußten auch so, was sie erwartete. Aus den Dörfern waren arabische Frauen in Scharen ins Lager der Kämpfer geströmt, um ihre hungrigen Männer vor der Schlacht mit Essen zu versorgen. Diese waren nun satt und zufrieden und sahen den kommenden Ereignissen gelassen entgegen. Und sie hatten auch allen Grund dazu.

„Schätze, 's sind tausend, Stab", meldete Bobby grimmig. „Und es komm'n noch 'n paar Busladungen von Jerusalem dazu. 's käm'n auch noch mehr, aber im Augenblick is' in der Stadt selbst auch was los."

Mosche war so von den Ereignissen in Kastel in Anspruch genommen, daß er Bobby nicht drängte, ihm auch noch Informationen über Jerusalem zu geben, zumal er annahm, daß es dort zu weiteren Unruhen gekommen war. Gnädigerweise erwähnte Bobby das Hadassah von sich aus nicht. Mosche antwortete über das schwache Feldtelefon: „Rabe, die Gruppe B konnte nicht in die Stadt zurückkehren. Deshalb haben wir hier eine Menge Verwundeter und Toter. Sag Tel Aviv, daß wir mehr Leute brauchen. So viele, wie sie erübrigen können, und zwar schnell —"

Bobby erwiderte ernst: „Tja, Stab, dasselbe hab' ich g'rad' auch gedacht. Ich werd' die Nachricht weitergeb'n. Außerdem werd'n wir versuch'n, im nächsten Bericht die Alamo nich' zu erwäh'n."

Ehud verzog bei den Worten des Amerikaners unwillig das Gesicht. „Ich kann diesen Meschuggener nie verstehen. Diesen Halb-Goj. Was ist nun schon wieder eine *Alamo?*"

„Etwas, das Sie besser nicht wissen sollten, Captain", erwiderte Fergus. — „So etwas wie das Campbell Massaker."

Ehud schob angewidert die Unterlippe vor. „Massaker, haben Sie gesagt? Oj. Damit kennen wir uns aus."

Mosche blickte nur still hinter der kleinen Piper her, die surrend über die Schlucht davonflog. In der Ferne erklang das Echo von Gewehrschüssen, mit denen die Jihad-Moqhaden Bobby unter Beschuß nahmen. „Das is' 'ne Nacht, in der man kein'n Hund vor die Tür jag'n sollte", scherzte Bobby, während er eine letzte Runde drehte. „Die da unt'n denk'n wohl, es is' Jagdzeit. Ich flieg' jetz' wieder ins Nest, Stab. Werd' die Nachricht weitergeb'n. Rabe Ende."

In der Hand die Hörmuschel des Feldtelefons, aus der jetzt nur noch atmosphärische Störungen rauschten, sah Mosche, wie Bobby zum Abschied noch einmal mit den Flügeln wackelte. Als er die Hörmuschel endlich sinken ließ, fühlte er sich plötzlich völlig von der Welt abgeschnitten. „Gott mit dir!" murmelte er, während das Flugzeug am dunklen Abendhimmel verschwand.

* * *

Wutentbrannt über die Untätigkeit des wachhabenden britischen Offiziers, schritt Corporal Chandler neben dem Haganahoffizier her, mit dem zusammen er die Straße durch Sheik Jarrah inspiziert hatte. Obwohl bereits nächtliche Dunkelheit eingesetzt hatte, gab es immer noch kein Anzeichen dafür, daß die Briten eingriffen, um den Juden zu helfen.

„Wann kommt denn eure Haganah?" brüllte Chandler verzweifelt, als die Araber ihren Angriff wieder verstärkten.

„Ist auf dem Weg. Drei Wagen", kam die einsilbige, zornige Antwort des Haganahwächters, der eine Liste der Namen der Reisenden in der Hand hielt. „Das heißt, wenn ihr Engländer uns nicht bei dem Versuch, unsere eigenen Leute zu retten, abknallt." Chandler starrte den Mann, der vor dem Angriff der Araber noch so freundlich zu ihm gewesen war, betroffen an.

„Ich werde es noch einmal versuchen, diesmal beim britischen Hochkommissariat", erwiderte er, gleichsam entschuldigend, und fügte leise hinzu: „Kann ich bitte mal Ihre Liste haben?"

Der Haganahwächter händigte dem Engländer das Verzeichnis der kostbaren menschlichen Fracht aus. Dieser eilte zum Funkgerät und erläuterte dem diensttuenden Oberst die verzweifelte Situation und verlas auch einige Namen von der Liste. Der Oberst war schockiert und außer sich vor Wut. Er erteilte Chandler umgehend die Erlaubnis, der Haganah den bewaffneten Widerstand zu gestatten und seine Granatwerfer einzusetzen. Daraufhin überließ es Chandler den jugendlichen Juden an der Barrikade, allein die schwachen Verteidigungsversuche zur Entlastung der Menschen im Konvoi aufrechtzuerhalten, und eilte zum St.-Paulus-Hospiz, um dort Fahrzeuge für den Rettungsversuch aufzutreiben, den er nun selbst leiten würde. Es vergingen nur wenige Augenblicke, bis drei gepanzerte Haganahfahrzeuge, strotzend vor leichten Maschinengewehren und Gewehren, röhrend die Straße des Propheten entlangfuhren. Die Juden, die zuvor nur hilflos danebengestanden hatten, jubelten laut, riefen den davonfahrenden Soldaten Ermutigungen zu und faßten einen Moment lang wieder Hoffnung für die Menschen, die nach Palästina gekommen waren, um zu heilen, und nicht, um getötet zu werden.

※ ※ ※

Im Krankenwagen war durch die Körperwärme der Reisenden eine stickige Hitze entstanden, und Rachel lechzte nach frischer Luft, eine Kostbarkeit, die sie vielleicht nie wieder genießen würde. Draußen begann es bereits zu dunkeln, und der Widerstand der im Konvoi gefangenen Juden gegen die Flut der Araber, die herbeigeeilt waren, um ihre Treffsicherheit an den jüdischen Ärzten zu erproben, hatte so stark nachgelassen, daß nur noch vereinzelte Gewehrschüsse zu hören waren.

„Der erste Wagen liegt im Graben", sagte Dr. Liebermann. „Aber den Schüssen entnehme ich, daß die Insassen noch leben."

„Das ist mehr, als uns übrigen vergönnt sein wird", stieß der verängstigte Mann neben der Tür voller Bitterkeit hervor. „Wo bleiben denn unsere eigenen Leute? *Wo?*"

Er hatte kaum ausgesprochen, da wurde seine Frage auch schon beantwortet: Drei Panzerwagen, auf denen deutlich der Davidstern zu erkennen war, näherten sich mit röhrenden Motoren, begleitet von den Gewehrschüssen der Araber. Dr. Liebermann lugte vorsichtig aus dem Fensterschlitz und kommentierte:

„Sie fahren in unsere Richtung und schießen dabei wild um sich . . ."

Rachel hätte am liebsten auch hinausgesehen, aber da sie immer noch die Hoffnung hatte, ihr eigenes und das Leben ihres Kindes retten zu können, wagte sie es nicht, sich aufzurichten. „Sind sie von der Haganah?" fragte sie hoffnungsvoll.

„Ja!" bestätigte Dr. Liebermann. „Sie werden sehen! Sie holen uns hier heraus!" Da hörte man eine Explosion, und der Arzt stöhnte verzweifelt auf: „Getroffen! Mein Gott! Eine Granate. Auf die Räder und jetzt —"

Dem ersten Haganahfahrzeug gelang es noch, weiterzufahren und sich im Bogen, an den Bussen und dem Krankenwagen vorbei, eine Böschung in die relative Sicherheit des Hadassah-Krankenhauses hinaufzukämpfen, wo sogleich die Verwundeten ausgeladen wurden.

Dem zweiten und dritten Fahrzeug war dieses Glück allerdings nicht beschieden. Beide wurden direkt von Panzerfäusten getroffen und explodierten in einem Meer aus Rauch und Flammen. Die Passagiere des Krankenwagens, die dem grauenhaften Geschehen hilflos zusehen mußten, weinten um die verlorene Hoffnung und um die Menschen, die ihr Leben vergebens eingesetzt hatten, um sie zu retten.

„Was machen die Araber nur?" rief Frau Liebermann ratlos. „Warum machen sie uns nicht genauso ein Ende? Warum greifen sie uns nicht einfach direkt an und setzen diesem grausamen Spiel ein Ende?"

Howard, der Rachel fest an sich gepreßt hielt, empfand tiefes Mitgefühl, sowohl für Rachel, die schon so viel mitgemacht hatte, als auch für Mosche, und war von schmerzlicher Trauer erfüllt, weil er nichts tun konnte, um das Leben dieser jungen Frau zu retten. „Sie gehen ganz planvoll vor", sagte er ganz ruhig. Plötzlich war ihm alles klar. „Sie wollen der Welt zeigen, daß sie die Macht haben, ihren Willen durchzusetzen, daß die Briten nicht bereit sind, uns zu helfen und unsere eigenen Leute es nicht können. Sie haben die Macht, sich Zeit zu lassen, während Jerusalem tatenlos zusieht — wie auch die Welt tatenlos zusehen wird, wenn die Briten nächsten Monat abgezogen sind."

Aus dem hinteren Teil des Krankenwagens stöhnte jemand auf: „Sieht uns denn niemand? Sieht denn niemand unsere Qual?"

Howard spürte plötzlich mit Gewißheit, daß er sterben würde, und mit einer Stimme, die tröstlich klingen sollte, antwortete er abgeklärt: „Gott sieht uns, mein Freund." Und es gelang ihm, trotz der stickigen Luft und im Angesicht seines sicheren Todes, über seinen Glauben und seine Hoffnung zu sprechen: *Wohin soll ich gehen vor deinem Geiste? Wohin soll ich fliehen vor deinem Angesicht? Stiege ich hinauf in den Himmel, so bist du dort; schlüge ich mein Lager in der Unterwelt auf — auch da bist du...* Und seine Gefährten, umfangen vom Schatten des sicheren Todes, lauschten seinen tröstlichen Worten.

* * *

Während die Besatzung der *Trina* trübsinnig in den feuchten, tropfenden Zellen des Hafengefängnisses von Bari schmachtete, saß Jassar im

Büro des Polizeipräsidenten und stand ihm, mittels eines Dolmetschers, Rede und Antwort.

„Es wäre besser, wenn Sie die Wahrheit sagten", riet ihm der Beamte mit gönnerhaftem Lächeln. „Denn wir kennen sie bereits, und so würde es uns beiden viel Zeit ersparen, wenn Sie sich einfach zu den Anklagepunkten schuldig bekennen würden."

Jassar kräuselte verächtlich seine wulstigen Lippen über diesen dickbäuchigen, grauhaarigen, inkompetenten Menschen, der ihm da an einem unaufgeräumten Schreibtisch gegenübersaß. „Sie haben doch meinen Paß! Ich bin ein diplomatischer Gesandter aus Syrien mit einem Spezialauftrag. Was Sie tun, ist ungesetzlich. Die Fracht einer souveränen Nation zu beschlagnahmen, ist völkerrechtswidrig, und Sie werden dafür mit Ihrem Kopf büßen."

Der Beamte wurde ernst, als ihm diese Worte übersetzt wurden. Dann musterte er Jassar kalt. „Pässe können gefälscht werden. Heutzutage scheint jeder in Europa einen falschen Paß zu haben. Kein Mensch, der jemals seine Hand dem Führer zum Gruß entgegengestreckt hat, besitzt noch seine wahre Identität. Und es hat den Anschein, als ob kein Lebender jemals eine Hand gegen die Engländer oder die Amerikaner erhoben hätte. Wenn also schon die Nazis Experten im Fälschen von Pässen sind, dann bestimmt auch die Kommunisten, nur eben für ihre eigenen Zwecke, nicht wahr? Um zum Beispiel den Vatikan anzugreifen? Um zum Beispiel den Papst bis nach den Wahlen als Geisel festzuhalten?" Er musterte Jassar mit zusammengekniffenen Augen, um seinem Gesicht irgendeine Reaktion ansehen zu können. Jassar lachte gequält auf. „Das ist wirklich absurd! Ich bin Jassar Tafara, ein Bote Haj Amin Husseinis, der zur Zeit in Damaskus residiert."

„Und wer ist dieser Husseini? Ein Marxist? Ein Günstling Stalins?"

Jassar lachte abermals. „Um Himmels willen nein! Ein Mann, der die Kommunisten bekämpft, die im Sicherheitsrat der Vereinten Nationen ihre Stimmen gegen ihn abgegeben haben. Lesen Sie denn keine Zeitungen? Wissen Sie denn nicht, daß es die Russen waren, die dafür gestimmt haben, daß Palästina zwischen Juden und Arabern aufgeteilt wird? War Karl Marx nicht selbst Jude? Ich bin kein Kommunist! Ich und die Nationen, die ich repräsentiere, kämpfen *gegen* die Juden!"

Der Beamte hörte sich Jassars Erklärungen aufmerksam an. „Sie behaupten also, daß diese Waffen dazu bestimmt sind, die Juden zu bekämpfen?" Er betrachtete Jassar eingehend und fragte schließlich: „Haben Sie heute schon die Zeitung gelesen?"

Bei diesem Stichwort verzerrte sich Jassars Gesicht vor Zorn, und er brüllte den Beamten unbeherrscht an: „Warum halten Sie mich hier fest? Merken Sie nicht, daß wir schon kostbare Zeit verloren haben? Ich habe einen Auftrag aus Damaskus!"

„Das ließe sich normalerweise leicht nachprüfen, aber leider sind die Telefonleitungen durch den Sturm alle defekt. So bleibt uns nichts anderes übrig, als hier in Bari eine Entscheidung zu fällen. Und ich kann es mir nicht leisten, irgendetwas dem Zufall zu überlassen."

Er tippte auf Jassars Paß. „Sie scheinen sich wirklich sehr für Palästina zu engagieren. Aber möglicherweise ist auch dieses Engagement nur eine Täuschung. Kommunisten sind ungeheuer raffiniert, und man hat uns gewarnt."

„Ich bin kein Kommunist, Sie *Narr*! Sehen Sie denn nicht, daß ich eindeutig Araber bin? Mich interessiert ihr Italien und der Papst in Rom nicht die Bohne! Von mir aus können Sie alle in Ihrer Dummheit verrecken!"

Der Beamte bekreuzigte sich entsetzt bei diesem Gefühlsausbruch und hielt die Ledermappe mit Jassars Angaben zur Person in die Höhe. „Wie ich schon sagte: Ihre Identität läßt sich im Grunde ganz einfach nachprüfen, wenn wir erst einmal wieder mit der Außenwelt Kontakt aufnehmen können. Aber es soll nicht in die Geschichte Italiens eingehen, daß ich so dumm gewesen sei, die Waffen hereinzulassen, mit denen der Heilige Vater umgebracht und die Nation zerstört worden sind! Sie bekommen aber unsere komfortabelste Zelle — für den Fall, daß Sie doch die Wahrheit sagen — und werden dort alles vorfinden, was Sie sich nur wünschen können." Dann steckte er sich eine Zigarette an und inhalierte tief, um anzudeuten, daß das Gespräch beendet war.

* * *

Die Nacht war pechschwarz. Aber die Sterne glitzerten in dieser Dunkelheit wie Diamanten. Ein sanfter Windhauch trug den Geruch des arabischen Lagerfeuers nach Kastel herüber.

Dort warteten alle Männer, tief in Gräben geduckt oder hinter Steinmauern verborgen, gebannt auf den Angriff der riesigen Übermacht unter Ram Kadars Kommando. Das Warten war für die Männer nervenaufreibender als der eigentliche Kampf. Ihre Hände spielten nervös am Gewehrlauf, und die Finger trommelten ungeduldig gegen den Abzug.

Von seiner Stellung aus, im Haus des Muchtars, war es Mosche plötzlich, als sähe er am Fuße des Berges eine Bewegung. Er hielt den Atem an und horchte. Da hörte er — leise, aber unverkennbar — das dumpfe Geräusch tausender sich anschleichender Füße. *Wie in der letzten Nacht. Nur noch viel mehr. Der Haupttrupp greift den vorderen Teil des Dorfes an. Zwei Trupps die Seiten.* Jeder einzelne seiner Männer war in dieser Nacht besser bewaffnet als in der vorhergehenden. Für jedes Gewehr standen fünfzig zusätzliche Kugeln zur Verfügung. *Es sind allerdings auch weitaus mehr Araber. Aber wenn wir Glück haben, können wir sie bis zum Morgen hinhalten, falls wir Verstärkung bekommen.*

Doch er hatte sich zu früh solch hoffnungsvollen Gedanken hingegeben, denn noch während er ihnen nachhing, traf das erste Geschoß eines Granatwerfers mit tödlicher Genauigkeit die vorderste jüdische Verteidigungslinie.

„Sie kommen!" erscholl es entsetzt aus einem der Gräben. Das Geklapper der Gewehre zeigte an, daß sich die Haganahkämpfer hastig duckten. Das Geschoß war durch das Dach eines kleinen Hauses geschlagen und explodiert. Unmittelbar danach folgten zwei weitere Geschosse aus derselben Richtung und noch eins von der gegenüberliegenden Seite. Die Schreie der getroffenen Juden waren noch nicht verhallt, da folgte mit der gleichen tödlichen Wirkung ein wahrer Kugelhagel, ohne daß die Juden auch nur einmal Gelegenheit gehabt hätten, ihrerseits zu schießen.

„Kein Wunder, daß sie keine Eile hatten!" rief einer der Männer neben Mosche. „Sie werden uns alle umbringen, ohne auch nur in die Nähe des Dorfes gekommen zu sein!"

Es hagelte weiterhin ununterbrochen Geschosse, die Häuser und Menschen vernichteten. Mosche schoß eine Leuchtkugel ab, um einen Überblick über die Situation am Hang zu bekommen. In ihrem Licht sah man die weißen Keffijahs der Jihad-Moqhaden, die sich langsam den jüdischen Stellungen näherten. Sie erschienen wie eine riesige Schafherde. „Feuer!" löste Fergus bei seinen Männern auf dem rechten Flügel den Bann. „Feuer, Leute!"

Eine Vielzahl von Schüssen folgte, die ihr Ziel bei den nun günstigeren Lichtverhältnissen nicht verfehlten, so daß die Araber reihenweise fielen und die Explosionen der Granaten nun von den Schreien der Araber untermalt wurden. Dennoch schoben sich ihre weißen Kopfbedeckungen wie bewegliche weiße Steine unaufhaltsam den Hang hinauf. Fast eine Stunde lang regneten die Geschosse der Granatwerfer auf die jüdischen Truppen herab, und diese antworteten mit einem Stahlgewitter, das so dicht war, daß sich die Araber schließlich wieder in die tiefer gelegenen Rinnen und hinter die Felsen zurückziehen mußten. Drei neu herangeschaffte Tonnenbomben wurden dorthin ausgerichtet, wo die meisten Geschosse der Granatwerfer herkamen, und dann mit Schwung auf den Weg gebracht. Sie polterten über die sich auf den Boden kauernden Feinde hinweg, fanden ein Ziel und explodierten mit fürchterlicher Wirkung. Danach ließ zwar die Heftigkeit des arabischen Angriffs weiter nach, aber nichts schien dem Granatwerferfeuer Einhalt gebieten zu können. Auch wenn bald überall Tote und Verwundete lagen, die Haganah hielt eisern ihre Stellungen. Es gelang sogar, die Verwundeten in die relative Sicherheit eines Hauses in der Nähe des Steinbruchs zu tragen.

Das Haus des Muchtars war im wesentlichen unbeschädigt geblieben. Da es im hinteren Teil des linken Verteidigungsflügels lag, war es außerhalb der Reichweite der Granaten gewesen. Doch unaufhaltsam krochen die Araber den terrassierten Hang unterhalb des Hauses des Muchtars hinauf. Mosche konnte sogar schon ihre Stimmen hören und sie gelegentlich sehen, wenn sie von einer Deckung zur nächsten hasteten. Dutzende von Malen tauchte eine weiße Gestalt wie ein Gespenst in der Dunkelheit auf, konnte jedoch bisher immer wieder von einer Gewehrkugel der Haganah aufgehalten werden. Aber jeder abgeschlagenen Angriffswelle folgte mit tödlicher Sicherheit sofort die nächste.

※ ※ ※

Inmitten einer Schar von sechs gleichfalls rothaarigen und aufreizend gekleideter Frauen aus dem Hafenhotel ging Ellie zur hell erleuchteten *Trina*, deren Lichter sich glitzernd auf dem Wasser spiegelten.

Ihr war reichlich unbehaglich zumute, und die Angst saß ihr wie ein Kloß im Magen. Diese Frauen, die auf Pater Antonells Bitte hin von Signora Hortencia ausgesucht worden waren, hatten sie unter Gekicher und ihr unverständlichen italienischen Kommentaren so angekleidet, wie es ihr Berufsstand erforderte.

Ellie kam sich in dem knappen, kurzen Kleid mit dem tiefen Ausschnitt albern vor, abgesehen davon, daß sie bei dem kalten Wind, der von der Adria herüberwehte, in diesem Aufzug fröstelte und ihr hinter ihren mit dunkelrotem Lippenstift dick bemalten Lippen die Zähne klapperten. Genauso dick aufgetragenes Rouge und knalliger Lidschatten verliehen ihr das unangenehme Gefühl, daß jedermann sie anstarren müsse. Das aufdringliche Parfüm, mit dem sie verschwenderisch getränkt worden war, kribbelte ihr in der Nase, so daß sie ständig glaubte, niesen zu müssen. Das wiederum wagte sie nicht, aus Angst, daß dabei die dicke Make-up-Schicht abbröckeln könne.

„Du nicht wirst genau ankuckt", hatte Signora Hortencia ihr beruhigend versichert. „Männer nicht achten auf dein Gesicht! Du nur sein eine von mehreren." Diese Argumentation fand Ellie nicht nur vernünftig, sondern auch beruhigend. Man hatte Signora Hortencia erzählt, daß Ellie Reporterin sei und den geheimen Auftrag habe, Informationen über das kommunistische Waffenschiff zu sammeln. Daraufhin hatte sich die Signora — gegen ein üppiges Bestechungsgeld natürlich — gleich bereit erklärt, Ellie eine Möglichkeit zu verschaffen, an Bord des Schiffes zu gelangen. Als Ellie schließlich fertig herausgeputzt war, hatte die Signora bewundernd ausgerufen: „Du sehen aus nicht schlecht! Wenn Arbeit nicht gut, du kommen zurück zu Signora Hortencia, nein?" Dabei hatte sie Ellie begeistert in die Wange gekniffen, so daß eine ordentliche Lage Rouge abgeblättert war.

Als sich die Frauen nun unter Gekicher dem Schiff näherten, wurde das halbe Dutzend Wächter, die verschlafen an Bord standen, unversehens munter und begrüßte die Damen mit begeisterten Pfiffen und eindeutigen Bemerkungen.

Ellie bemühte sich, ihre Begleiterinnen nachzuahmen und den Männern, die sich über die Reling beugten, ebenfalls zuzulachen und zuzuwinken. Sie war froh, daß sie der Landessprache nicht mächtig war, und fragte sich, ob David und Bernie dieser Vorstellung wohl mit dem Fernglas beiwohnten. Als einer der Männer auf sie aufmerksam wurde und ihr etwas zurief, warf sie, genau wie die anderen, den Kopf zurück und lachte aus vollem Halse. Er schien erfreut, daß sie ihn so witzig fand, und verließ interessiert seinen Posten, als sie sich dem Landungssteg näherten.

Eine dralle Frau mit üppigem Busen, offenbar die Anführerin der Damengesellschaft, betrat als erste den Landungssteg und warf dabei einem der ihr am nächsten stehenden Wächter einen Handkuß zu. Dieser strahlte sie begeistert an, worauf sie ihm vielsagende Blicke zuwarf und sich in einem Tonfall mit ihm unterhielt, der in jeder Sprache unmißverständlich ist. Ellie spürte, wie sie unter ihrem dicken Rouge verlegen errötete. *Nun gut, Herr,* betete sie stumm, während sie ungehindert an Deck gingen, *als Caleb und Joschua mit ihren Leuten auszogen, um das Gelobte Land zu suchen, hast du dich auch einer Dirne, der Rahab, in machtvoller Weise bedient. Bitte segne diese Frauen und denke daran, Herr, daß ich nur Journalistin bin und nicht vorhabe, für Signora Hortencia zu arbeiten.*

Das Herz schlug ihr bis zum Hals, als die Wächter herbeieilten, um die Damen zu begrüßen, und sich dann darum stritten, wer diese unter Deck begleiten dürfe, um ihnen das gewaltige kommunistische Waffenarsenal vorzuführen, das sie so tapfer bewachten. Ellie bemühte sich, in der Mitte der Gruppe zu bleiben, und wurde dabei von vier der Frauen, die ihre Angst offenbar spürten, unterstützt. Sie umringten sie und schoben scherzhaft die zudringlichen jungen Männer beiseite, die ihre Hände nach ihr ausstreckten. Ellie trug verkrampft eine lächelnde Miene zur Schau, bis ihr die Wangen schmerzten, oder lachte aus vollem Halse, wenn die anderen lachten, und dankte Gott für den Beschützergeist, den die Frauen für sie zu empfinden schienen.

Die ganze Zeit über umklammerte sie krampfhaft eine kleine Handtasche, in der sich, gemäß Michails Anweisungen, eine Rolle roten Zwirns, eine Packung Zigaretten und eine Schachtel Streichhölzer befanden. Außerdem hatte sie noch ein Stück blauer Kreide dabei, das sie sich zu diesem Zweck von der Waisenhausschule geliehen hatte.

Die Treppe, die in den Schiffsrumpf hinunterführte, war schmal und steil, und die Frauengruppe, vorne und hinten von je einem Wächter eingerahmt, quietschte beim Hinuntergehen vor Aufregung. Unten angekommen, streckte der erste Wächter sofort galant seine Hand aus, um ihnen von der untersten Stufe auf den glitschigen Metallfußboden zu helfen. Alle Frauen bedankten sich mit einer schmeichelnden Bemerkung, und Ellie wurde voller Panik bewußt, daß sie ihm nichts sagen konnte. In ihrer Not klapperte sie nur mit den Augenlidern, was ihm jedoch offenbar genügte. Er zwinkerte ihr seinerseits zu und forderte die Damen dann mit einer einladenden Geste auf, ihm durch die enge Kombüse zu folgen, wo, wie er erklärte, die kommunistischen Verschwörer während ihrer Reise wahrscheinlich ihre Mahlzeiten eingenommen hätten. Dann führte er sie durch schmale Gänge zu einer weiteren steilen Treppe, die beinahe senkrecht nach unten führte.

Eine nach der anderen kletterten Ellies Kameradinnen in den tiefen, kalten, stählernen Frachtraum des Schiffes, in der die Stimme ihres

Führers blechern widerhallte und der unangenehm nach abgestandenem Wasser roch. Der Metallfußboden war auch hier naß und glitschig. An den rostigen Riegeln und den alten Trägern war deutlich das Alter der *Trina* zu erkennen, und Ellie wunderte sich, daß das Schiff nicht im Sturm untergegangen war. *Das wäre viel einfacher gewesen, Herr,* dachte Ellie, wurde jedoch in ihrem Gedankengang unterbrochen, da ihr Führer gerade mit der ausholenden Geste eines Zauberkünstlers eine schwere Metalltür öffnete. Er knipste ein trübes Licht an und gewährte ihnen damit einen Blick auf Hunderte von Kisten, die alle mit derselben Aufschrift versehen waren: *Damaskus.* Darunter stand noch etwas, was Ellie jedoch nicht zu entziffern vermochte.

Eine der Frauen, die inzwischen richtig die Neugier gepackt hatte, überredete den Führer mit schmeichelnden Worten, eine der Kiste zu öffnen. Er kam ihrer Bitte auch lächelnd nach und entfernte den Deckel von einem riesigen Exemplar. Alle Frauen beugten sich neugierig vor, um die tödliche Fracht, die um ein Haar das Leben des Heiligen Vaters ausgelöscht hätte, eingehend zu betrachten, und stießen beim Anblick des Inhalts erstaunte Rufe aus, in die auch Ellie mit einstimmte.

Handgranaten! Eine Kiste voller Handgranaten! dachte sie aufgeregt. Die tödlichen Eier lagen in Reih und Glied wie gut sortierte Handelsware. Jede der vielen Kisten in diesem Lagerabteil trug dieselbe Aufschrift. Der gesamte Raum war also bis an die Grenze seines Fassungsvermögens mit Handgranaten vollgepackt!

Nun begann jedoch erst Ellies eigentlicher Auftrag. Sie bewegte sich unauffällig rückwärts bis zur Wand und öffnete behutsam ihre Handtasche, um die Kreide herauszuholen. Während sie nach wie vor den Ausdruck ehrfürchtigen Staunens mimte, malte sie hinter ihrem Rücken vorsichtig ein großes X an die Wand.

Wie perfekt geplant, sah die Üppigste der Damen Ellie plötzlich an, als wolle sie fragen: *Hast du genug gesehen?* Ellie lächelte zustimmend und formte mit dem Mund ein *Grazie.* Daraufhin hakte sich die Üppige bei dem Wächter ein und ging mit ihm zusammen aus dem Raum. Zwei andere folgten ihrem Vorbild bei dem zweiten Wächter und führten ihn neckend und säuselnd zurück zur Treppe.

Ellie folgte ihnen, wobei sie das Kreidestück diskret gegen die Schiffswand drückte und auf diese Weise ihren ganzen Weg mit einem schwachen blauen Strich bis hin zum obersten Deck markierte.

Dort setzte sie sich unauffällig von den anderen ab, als diese rechts in Richtung Landungssteg abbogen. Sie wandte sich geschickt nach links, um zum Heck zu gelangen, das vom Hafen abgewandt war, und ging, immer noch einen zarten blauen Strich hinter sich herziehend, eilig zu einer Taurolle, die in der Nähe der Kabinen lag. Ihr Magen zog sich dabei angstvoll zusammen. Nachdem sie sich hastig vergewissert hatte, daß sie tatsächlich allein war, knotete sie das Tau an die Reling und hievte, atemlos vor Anstrengung, die schwere Rolle über Bord. Sie hörte, wie das Tauende gegen den Schiffsrumpf schlug. Dann führte sie schließlich noch den letzten Punkt ihres Programms aus: Sie stellte ihre Handtasche neben eine der Kabinen, genau der Stelle gegenüber, an der das Tau herunterbaumelte.

Während sie zum Landungssteg zurückging, hörte sie schon von weitem die lauten, heiseren Stimmen der Frauen, die unterdessen mit den Männern geschäkert hatten, um sie hinzuhalten. Ellie war Tränen der Dankbarkeit und der Erleichterung nahe, als sie ihre Beschützerinnen am Landungssteg stehen sah. Zwei entdeckten sie sogleich und winkten ihr zu, als wollten sie fragen, wo sie denn gewesen sei. Ellie mimte Verwirrung und zuckte die Achseln, als habe sie sich verlaufen. Alle lachten und neckten sie mit Worten, deren Inhalt sie nur vermuten konnte. Dann umringten sie sie wieder schützend, und zwei hängten sich, auf ausdrückliche Bitte Signora Hortencias, bei ihr ein und führten sie rasch an den lüsternen Wächtern vorbei, den Landungssteg hinunter auf den sicheren Kai.

Anschließend verließen sie, begleitet von den begeisterten Pfiffen und Rufen der Männer, den Hafen. Das erregte Gelächter der Männer war noch zu hören, als sie bereits wieder in der dunklen Straße am Hafenhotel angelangt waren.

* * *

Zwanzig Minuten später erklärte Ellie ihrem Mann die genaue Lage des Taus, der Handtasche und den Verlauf des schwachen blauen Kreidestriches.

„Du meinst also, daß der ganze Raum voller Handgranaten war?" fragte David erstaunt.

„Kisten über Kisten", erwiderte sie.

„Hast du sonst noch etwas gesehen? Gewehre? Munition?"

„Nur Handgranaten. Hat Michail nicht gesagt, daß sie am besten wären?"

„Ja, das hat er", bestätigte David aufgeregt. „Aber ein ganzer Raum! Noch dazu direkt im Bug!"

In diesem Augenblick steckte Bernie Greene seinen Kopf zur Tür herein, das Gesicht, genau wie Davids, über und über mit Fett beschmiert, und fragte: „Fertig?"

David nickte und küßte Ellie auf die geschminkten Lippen. Als er sie noch einmal ansah, legte sich ihnen das Bewußtsein dessen, was sie im Begriff waren zu tun, schwer auf die Seele.

„David?" sagte Ellie mit bebender Stimme, beinahe flehend. „Sei vorsichtig, ja? Es ist ein weiter Weg vom Frachtraum bis an Deck. Geh bitte nicht zu langsam, hörst du?"

Er nickte, legte ihr die Hände auf die Schultern und sagte bewegt: „Du bist mir schon eine, Liebling! Wirklich." Dann gab er ihr noch einen flüchtigen Kuß. „Bis bald ..."

„Ja, bis bald", erwiderte sie tonlos. Und als sich die Tür hinter ihm geschlossen hatte, fügte sie leise hinzu. „Ich liebe dich, David."

33. Feuer und Wasser

Gerhardt war von seinen Leuten an eine Stelle gebracht worden, von der aus er den Konvoi und die rauchenden Relikte der gescheiterten Entsatzwagen gut überblicken konnte, um sich an dem langsamen Dahinsiechen der jüdischen Elite weiden zu können. Der Gestank von verbranntem Fleisch, der ihm entgegenwehte, erhöhte dieses Vergnügen noch. Nun saß er, das verletzte Bein ausgestreckt, auf seiner Trage und zielte sorgfältig mit seinem Gewehr auf den schmalen Fensterschlitz des ersten Krankenwagens.

Er hatte zurecht darauf vertraut, daß die Briten sich nicht einmischen würden. Die Greueltaten der Juden in Deir Jassin hatten ihm einen Freibrief verschafft. Vor dieser Tat hatte er sein Werk im Verborgenen, in der Dunkelheit der Jerusalemer Gassen, vollbringen müssen. Nun hatte er die Freiheit, jeden offen anzugreifen, den er sich auswählte. Und dies hier würde erst der Anfang sein.

Inzwischen war es jedoch dunkel geworden, und das Gewimmer der sterbenden Juden nahm ab, so daß Gerhardt keine tiefe Befriedigung mehr dabei empfand. Er ließ das Gewehr sinken und wandte sich in einem Tonfall an Abu Irkat, als bestelle er in einem Restaurant Kaffee: „Es wäre nett, wenn wir etwas Feuer hätten, das uns die Dunkelheit erhellt. Es sollte ein möglichst großes Feuer sein. Ich glaube, Molotowcocktails wären genau das Richtige." Er lächelte satanisch. „Sag den Leuten, sie sollen das Spiel beenden!"

Irkat nickte eifrig und entfernte sich schnell, um den Auftrag auszuführen. Gerhardt setzte unterdessen erneut das Gewehr an und zielte noch einmal auf den ramponierten Krankenwagen.

* * *

Mit aller Macht wurde gegen die Rückseite des ersten Krankenwagens geschlagen, und jemand schrie mit sich überschlagender Stimme: „Kommt raus! Sonst werdet ihr bei lebendigem Leib verbrannt!" Dann war ein Aufschrei zu hören, und alles war wieder still.

Howard sprang auf und sah aus dem Fensterschlitz: Ein orangefarbenes, loderndes Flammenmeer kam auf sie zu! Der Bus hinter ihnen hatte bereits Feuer gefangen, und die verzweifelten Passagiere, die heraussprangen und versuchten, dem Flammentod zu entrinnen, wurden sofort von den wartenden Arabern niedergemäht.

Auch Dr. Liebermann warf einen Blick hinaus. Draußen herrschte einen Augenblick lang Stille, dann zerriß ein Schrei die Nacht. Dr. Liebermann wandte sich zu seiner Frau um und sagte vernichtet: „Es ist aus! Sie haben gewonnen." In diesem Moment fand eine Kugel ihren Weg durch den schmalen Schlitz, und er fiel leblos vornüber, in die Arme seiner Frau.

Sie schrie auf, und der Fahrer rief nach hinten: „Es gibt noch bessere Arten zu sterben, als zu verbrennen!" Er stieß die Fahrertür auf und rollte sich auf die Straße. Der Mann an der rückwärtigen Tür folgte seinem Beispiel und stürzte sich gleichfalls in die Nacht.

Das Flammenmeer kam unaufhaltsam näher.

„Herr Professor!" schrie Rachel hilflos, als sie sah, daß die übrigen Passagiere den beiden Männern folgten und ebenfalls in den dunklen Straßengraben sprangen. Im Schein des Flammenmeers sah sie zum ersten Mal die Gesichter der Männer, die diesen Sarg mit ihnen geteilt hatten.

„Kommen Sie!" rief da Howard mit dem Mut der Verzweiflung und drängte sie zu den offenen Türen, obwohl ein Mann nur wenige Schritte von ihnen entfernt tot zu Boden fiel. „Ducken! Und dicht neben mir bleiben!"

Sie sprangen gemeinsam aus dem Wagen und rannten in Richtung Graben, um dort Deckung zu suchen. Howard zwang Rachel, sich beim Laufen so tief wie möglich zu ducken, und versuchte ihr mit seinem Körper Deckung zu geben. Hinter ihnen hatten die Flammen, die sich auf der ausgelegten Benzinspur in rasender Geschwindigkeit vorwärtsfraßen, bereits die Reifen des Krankenwagens erreicht. Schon explodierte er in einem Feuerball, der die Hölle am Skopusberg taghell erleuchtete.

Howard stieß Rachel in den Graben und rollte sich neben sie. Dicht bei ihnen lag der Fahrer ihres Krankenwagens — tot.

Rachel hielt sich schützend die Arme über den Kopf und dachte merkwürdigerweise an die Menschen im Hadassah-Krankenhaus, die jetzt sicher voller Entsetzen verfolgten, wie ihre Kollegen vom Feuer verschlungen wurden. Gleich darauf schlugen Maschinengewehrkugeln in der Böschung vor ihnen ein. „Gott!" schrie Rachel aus der Tiefe ihrer Seele. „Hab Erbarmen, Gott!"

Stickiger Rauch stieg auf und hüllte sie ein. Da vernahmen sie plötzlich, wie aus weiter Ferne, Motorengeräusch. Rachel schreckte auf und versuchte, etwas zu spähen.

„Unten bleiben!" befahl Howard und drückte sie energisch hinunter.

„Es kommt jemand!" schluchzte sie, von einem Hoffnungsschimmer erfaßt, da das Motorengeräusch stetig näherkam.

Ein Mensch stürzte in den Graben und blieb dort, wo er hingefallen war, still und verzerrt liegen. Andere, schemenhafte Gestalten suchten verzweifelt eine sichere, geschützte Stelle, aber fielen schließlich doch dem Flammenmeer unter qualvollen Schreien zum Opfer. Die infernalische Hitze des hoch gen Himmel lodernden Feuers drang bis zu Rachel und Howard. Trotz der lauten Geräuschkulisse hörten sie jedoch — schwach, aber nicht zu leugnen — das Rumpeln eines Wagens, das stetig lauter wurde. „Unten bleiben!" wiederholte Howard nervös. „Vielleicht sind es Araber!"

Aber dann konnten sie durch den Rauch hindurch, ganz in der Nähe eines brennenden Busses, die Scheinwerfer eines Panzerwagens ausmachen. Die Tür öffnete sich, und sie erkannten den britischen Korporal, der vor ihrer Abfahrt die Straße inspiziert hatte und jetzt den Kopf zur Tür heraussteckte. „Schnell, kommen Sie!" rief er einer verletzten Frau zu, die auf Händen und Knien über die Straße in Richtung seines Panzerwagens kroch, und verlieh seinen Worten mit heftigen Handbewegungen Nachdruck. Ein unverletzter Mann sprang unvermittelt aus dem Graben und half ihr ins Fahrzeug.

„Wir schaffen es!" schrie Howard, von neuem Mut beseelt. „Wir schaffen es! Wir können es schaffen!" Er zerrte heftig an Rachels Arm, und sie krochen bäuchlings durch den Graben, bis sie sich auf der Höhe des Panzerwagens befanden. Der Engländer feuerte unterdessen einen weiteren Überlebenden an: „Sie schaffen es auch! Rennen Sie!" Der Mann humpelte, so schnell er konnte, auf die Tür zu. Und auch er wurde in die Sicherheit des Wagens aufgenommen.

„Wir kommen auch noch!" brüllte Howard. „Warten Sie!"

„Beeilung!" drängte der Engländer, der sie nun im Graben entdeckt hatte. „Rennen Sie, alter Knabe! Mein Schütze ist gerade getroffen worden!" Der hilfreiche Soldat verzog sich ins schützende Innere des Wagens, ließ jedoch die Tür angelehnt.

Während Howard zum Wagen rannte und Rachel hinter sich herzog, startete er bereits den Motor. Am Wagen angekommen, schob Howard Rachel ins überfüllte Innere und wollte gerade hinterherklettern, als er von einer Kugel in den Rücken getroffen wurde. Es klang wie ein leichter Schlag. Er stöhnte auf und versuchte trotz der Verletzung, in den Wagen zu klettern, aber die Knie wurden ihm weich. Der

Brite fluchte und zerrte ihn mühselig von seinem Sitz aus ins Wageninnere.

Rachel war zunächst wie gelähmt und rief nur ein ums andere Mal: „Herr Professor! Lieber Gott! Bitte... bitte!" Dann fiel die Tür des Panzerwagens krachend zu. Der Brite fuhr an und versuchte, mit sich heftig schüttelndem Steuerrad, den Wagen an Wrack und Feuer vorbei in Sicherheit zu bringen. Während ein heftiger Kugelhagel die schützende Panzerung erdröhnen ließ, hielt Rachel Howard fest im Arm.

Einer der Passagiere hob den sterbenden Schützen aus dessen Sitz und übernahm seine Funktion.

Während der Wagen heftig schaukelnd über Trümmer rumpelte, betete Rachel mit geschlossenen Augen. Sie strich Howard, der schwer atmend in ihrem Schoß lag, liebevoll übers Haar und flüsterte unter Tränen: „Bitte, Herr Professor. Nicht Sie... nicht —"

„Wir sind gleich am Hadassah!" rief der Korporal. „Halten Sie aus! Sie werden dort gleich ärztlich versorgt! Nur noch ein, zwei Minuten!"

Allmählich verhallten die Gewehrschüsse, und schließlich waren, außer dem Motorengeräusch, nur noch das Stöhnen und Weinen der Verwundeten zu hören. Schließlich erleuchteten die Scheinwerfer des Wagens den Bürgersteig vor dem Krankenhaus, wo eine große Menschenmenge mit tränenüberströmten Gesichtern wartete und sogleich sachkundig dabei half, die Verletzten aus dem Wagen zu holen.

„Der ist tot", stellte ein Arzt mit starrer Miene fest, als der Schütze herausgetragen wurde, und schloß ihm die Augen.

Der britische Korporal ließ betroffen den Kopf sinken und flüsterte heiser: „Es tut mir leid, so leid." Dann setzte er sich auf den Bürgersteig und weinte im Angesicht der Flammenmeeres, das den Fuß des Berges erhellte.

* * *

In unterwürfiger Haltung eilte der Polizeipräsident von Bari durch das feuchte, rattenverseuchte Hafengefängnis zu Jassar Tafaras Zelle. In der Hand hielt er den Paß des Gefangenen und ein zorniges Telegramm der syrischen Botschaft in Rom.

Legale Fracht... gesetzeswidrige Festnahme... sofortige Freilassung...

Der Beamte, der nun tatsächlich um seine Stellung bangte, fluchte über den ungeschickten Wächter, der mit den Schlüsseln an der rostigen Tür herumnestelte. Als sie die Zelle schließlich betraten, richtete sich Jassar von seiner Strohmatte auf, schirmte die Augen gegen das durch die Tür fallende grelle Licht ab und fragte ungehalten: „Was wollen Sie denn nun schon wieder?"

Der Polizeipräsident stieß ein nervöses Lachen aus. „Ich bitte tausendmal um Entschuldigung, mein Herr! Ein dummer Fehler. Natürlich sind Sie ein diplomatischer Gesandter! Und noch dazu ein so wichtiger!" Er schwenkte den Paß. „Damaskus! Ja. Sie haben vor, gegen die kommunistischen Juden zu kämpfen, nicht wahr? Nun, man kann nicht vorsichtig genug sein. Zum Glück beträgt die Verzögerung ja nur wenige Stunden!"

Jassar sprang auf und riß dem quasselnden Italiener den Paß aus der Hand, während der Dolmetscher noch damit beschäftigt war, ihm die Worte zu übersetzen. „Ein dummer Fehler!" wiederholte Jassar fauchend. „Das kann man wohl sagen! Sie Narr! Sie haben kostbare Zeit verschwendet! Wo ist die Besatzung?"

„Nun, nun, wir sind bereits dabei, sie zu holen", versuchte der Beamte Jassar mit zitternder Stimme zu beruhigen. „Außerdem stehen schon Wagen bereit, die sie auf dem schnellsten Wege zur *Trina* bringen sollen. Sie können bestimmt mit Einsetzen der Flut in See stechen, genau, wie Sie es auch ohne dieses kleine Mißverständnis getan hätten!" Er würde noch mit Pater Antonell sprechen und diesem Gerücht, das ihm seine Stellung kosten konnte, auf die Spur kommen. „Und seien Sie versichert, daß wir die Leute, die für diese Verzögerung verantwortlich sind, finden werden. Vielleicht sind sie sogar selbst Kommunisten?"

Jassar warf ihm einen letzten verächtlichen Blick zu, bevor er ihn zur Seite stieß und auf den stinkenden Korridor hinaustrat. Dort zeigte ihm das Klirren zahlreicher Schlüssel an, daß die Besatzung der *Trina* tatsächlich freigelassen wurde.

* * *

David und Bernie schwammen mit kräftigen Zügen durch das Hafenbecken zur *Trina* hinüber. Das Wasser war so eisig, daß ihnen die Kälte bis ins Mark drang.

Als sie endlich das grobe Tau erreichten, das von der etwa zehn Meter über ihnen liegenden Reling herunterhing, war David erschöpft und starr vor Kälte.
Er holte tief Luft und ergriff das Tau, um daran hochzuklettern. Doch mit seinen klammen Händen und tauben Armen vermochte er kaum sein eigenes Gewicht zu halten. So hing er einige Augenblicke regungslos da, bis Bernie ihn ungeduldig anzischte: „Nun beeil dich, Ammi!"
Er nahm seine ganze Willenskraft zusammen, und es gelang ihm tatsächlich, immer eine Hand über die andere setzend, sich bis zur Reling des Frachters hochzuziehen. Mit kalten, glitschigen Händen umfaßte er sie und schwang sich in einer letzten Kraftanstrengung darüber hinweg. Auf Deck angekommen, rollte er sich bis zur Wand der genau gegenüberliegenden Kabine und fand auch sofort die kleine Handtasche genau an der Stelle, an der er sie nach Ellies Beschreibung vermutete. *Die gute Ellie!* dachte er erleichtert. *Genau wie sie gesagt hat!* Während sich Bernie noch zentimeterweise das Seil heraufhangelte, suchte David bereits nach dem im trüben Licht kaum auszumachenden blauen Kreidestrich, der zu einer offenen Luke führte.
Er sah sich verstohlen um, bereit, sich sofort wieder in das eisige Wasser zu stürzen, falls jemand sie entdeckte. Doch zum Glück war niemand auf dieser Seite des Schiffes. Und als Bernie schließlich, tropfend und atemlos, an der Reling erschien, zog ihn David, Ellies Markierung folgend und die Handtasche fest an sich gepreßt, sofort hinter sich her. In der Nähe der Luke hörten sie jedoch Stimmen von unten. Erschrocken drückte sich David eng an die dunkle, kalte Metallwand und horchte. Aber es kam niemand. Schließlich tippte er Bernie auffordernd an und ging zur Treppe voran. Dank ihrer nackten Füße vermochten sie sich zwar lautlos fortzubewegen, leider hinterließ jedoch das von ihren Körpern tropfende Wasser eine unverkennbare Spur. Dennoch ließen sie sich dadurch nicht von ihrem Vorhaben abhalten und folgten der Markierung durch schmale Gänge, an mehreren Luken vorbei, bis zu einer weiteren Treppe. Einmal hörten sie Schritte auf dem Deck über sich, aber auf ihrer Ebene war niemand, der ihre Mission hätte vereiteln können.
Als sie die letzte Treppe, die in den Schiffsrumpf führte, hinuntergeeilt waren, verlor sich der schwache Strich, aber die Erklärungen, die Ellie David zusätzlich gegeben hatte, waren so genau gewesen, daß er den Weg zu der verbotenen Fracht so sicher fand, als sei er auf ihrem Erkundungsgang dabeigewesen.

„Hier", flüsterte er, als sie schließlich an der schweren Metalltür angekommen waren. Seine Stimme hallte so merkwürdig, daß er erschrocken innehielt, wortlos den Riegel beiseiteschob und den Raum betrat. Bernie folgte ihm und schloß die Tür sofort wieder hinter sich. Einen Moment lang waren sie von schwarzer Nacht umgeben. Dann tastete David nach dem Lichtschalter und knipste ihn an. Eine einzelne Glühbirne, die ein trübes Licht verbreitete, erhellte die bemerkenswerte Ansammlung von Kisten mit kostbarem Inhalt.

„Unglaublich!" entfuhr es Bernie, als sie den Deckel von einer der Kisten angehoben hatten. „Erstaunlich!" Er nahm eine der tödlichen Granaten in die Hand und betrachtete sie fasziniert. David leerte unterdessen den Inhalt der Handtaasche auf dem Deckel einer anderen Kiste aus.

„Zigaretten, Zwirn und Streichhölzer — kombiniert mit einer Granate, und fertig ist die Bombe", rekapitulierte er noch einmal leise Michails Instruktionen. „Und nun kommt der schwierige Teil —"

„Dies kleine Ding hier wird's wohl so gut tun wie jedes andere", meinte Bernie mit bebender Stimme. Dann legte er die Granate vorsichtig neben die übrigen Zutaten. „Nach Ihnen bitte."

David sah sich noch einmal in dem Raum um, in dem Tausende von Handgranaten lagerten. Er schluckte schwer und wickelte dann den Zwirn ab, während Bernie ein Dutzend Streichhölzer und eine Zigarette bereitlegte. „Unsere Zündschnur", kommentierte er flüsternd.

„Michail meinte, daß uns das zehn Minuten Zeit gibt. Viel Zeit, um hier wieder raus zu kommen", sagte David und sah Bernie dabei ernst an. Dann fragte er: „Willst du halten oder soll ich?"

„Du", erwiderte Bernie einsilbig und nickte David auffordernd zu. „Meine Hände zittern zu sehr."

„Meine nicht weniger." David schluckte erneut und drückte dann entschlossen den Zündhebel der Handgranate.

„Laß das Ding bloß nicht los, Ammi, sonst ist alles vorbei!"

Während David den Hebel weiter herunterdrückte, legte Bernie die Zigarette an die Granate und begann sie sorgfältig mit dem Zwirnsfaden an die Granate zu wickeln, so daß der Hebel schließlich nur noch vom Faden gehalten wurde. Dann flocht er in der Nähe des Zigarettenendes mehrere Streichhölzer in den Zwirn.

„Michail meint, es wird zehn Minuten dauern, bis die Zigarette runtergebrannt ist und die Glut die Streichhölzer erreicht hat. Wenn sie Feuer fangen, verbrennt der Faden, so daß der Sicherungsmechanismus ausgelöst wird, und dann — wumm! Alles klar?"

„Verstehe. Einfach genial!" meinte David anerkennend, fügte jedoch einschränkend hinzu: „Wenn es funktioniert." Er hielt die Handgranate immer noch verkrampft in der Hand und traute sich nicht, den Hebel loszulassen, obwohl der Zwirn fest darum gewickelt war. Schließlich lockerte er jedoch den Druck prüfend ganz leicht und registrierte aufatmend, daß der Hebel seine Position nicht veränderte. Erst dann nahm er behutsam die Finger ganz fort. Immer noch blieb der Hebel unverändert! Mit einem Blick auf das Zigarettenende, das über die Handgranate hinausragte, meinte er zu Bernie: „Zünde du an!" Er reichte ihm die Granate. Dieser holte tief Luft, strich dann ein Streichholz an und hielt die flackernde Flamme an das Zigarettenende, das langsam zu glühen begann.

„Alles klar, Ammi. Zehn Minuten. Zieh den Sicherungsstift, und dann raus hier!"

David schloß die Augen und zog mit einem stummen Gebet am Metallring des Sicherungsstiftes. Nun gab es kein Zurück mehr! Die Bombe war entsichert, und die Zigarette verglühte mit tödlicher Unausweichlichkeit. David legte sie mit unglaublicher Behutsamkeit auf eine Kiste mit Granaten. Dann stießen sie, so heftig, als würden sie verfolgt, die schwere Tür des Frachtraums auf und stürzten hinaus. Ohne sich noch einmal umzusehen, rannten sie zur Treppe.

Sie waren gerade am Ende der ersten Treppe angelangt, als die Polizeiwagen mit der Besatzung des Schiffes vorfuhren. Gleich darauf ertönten über ihnen die schweren Schritte der Wächter. David erstarrte.

„Da ist was los!" flüsterte er.

Bernie nickte und tippte sich dann aufs Handgelenk, um anzudeuten, daß die Zeit schnell verstrich, und stieß David in die Rippen, um ihm klarzumachen, daß jetzt nichts wichtiger sei, als auf schnellstem Wege das Schiff zu verlassen.

Draußen auf dem Kai stieg gerade Jassar Tafara aus einem der Wagen und ging mit zornigen Schritten über den Landungssteg hinauf ins Schiff. Er wies die Wächter fluchend an, sich schleunigst vom Schiff zu machen, und der Polizeipräsident, der am Kai stand und die Hände rang, wiederholte die Anweisungen, deren Inhalt er auch ohne Übersetzer kannte, noch einmal auf Italienisch.

Der verwirrt wirkende Kapitän und die Besatzung der *Trina* kamen langsamer hinterher. Die italienischen Wächter stiegen in die leer gewordenen Polizeiwagen, in denen sie nun zum Bahnhof zurückgefahren werden sollten. Jassar stürmte unterdessen von einer Seite des

Decks zur anderen, rempelte dabei die sich noch auf dem Schiff befindlichen Italiener rücksichtslos an und revanchierte sich für die wüsten Beschimpfungen der erbosten Männer auf nicht minder vulgäre Weise.

Mit wild klopfendem Herzen rannten unterdessen David und Bernie durch die engen Schiffsgänge dem Ausgang zu. Es war, als ziehe sie der blaue Kreidestrich magisch vorwärts. Doch angstgepeinigt dachte David plötzlich, daß dieser genausogut den Polizisten den Weg zu ihnen weisen konnte, wenn er entdeckt wurde. Sie hatten kaum die winzige Kombüse erreicht, die etwa zwanzig Schritte von der letzten Treppe entfernt lag, da hörten sie eine wutentbrannte Stimme, die unverkennbar arabische Laute ausstieß.

Bernie, der diese Sprache ebenfalls beherrschte, verstand die Worte, und seine Augen weiteten sich vor Entsetzen, als ihm klar wurde, daß sie im Begriff waren, genau dem Araber, den sie in Ragusa getroffen hatten, in die Arme zu laufen. Demselben Mann, der auch an diesem Morgen im Hafenhotel gewesen war.

„Was ist denn das?" erregte sich der Araber gerade. „Das Deck ist ja ganz naß! Da ist doch jemand an Bord!"

Bernie zog David hastig hinter einen verschlissenen Vorhang in der Kombüse und hielt warnend einen Finger an die Lippen. Dann war die Stimme wieder zu hören, diesmal von der Treppe: „Wenn da unten jemand ist, gebe ich ihm zehn Sekunden, um freiwillig raufzukommen! Wenn nicht, werde ich, Jassar Tafara dafür sorgen, daß seine Leiche ins Meer geworfen wird!"

David sah Bernie fragend an, aber dieser schüttelte nur heftig den Kopf und hielt weiter beschwörend den Finger an die Lippen, während Jassar bereits laut die Sekunden zählte.

David wurde es mulmig zumute. Er stellte sich vor, wie sich die Zigarette mit orangefarbenem Glimmen immer weiterfraß, bis hin zu den Streichhölzern, die schließlich den Zwirn durchbrennen würden. Er tippte aufgeregt auf sein Handgelenk. *Ungefähr zehn Minuten, hat Michail gesagt. Vielleicht auch mehr, wahrscheinlich aber weniger.* Das Entsetzen raubte ihm den Atem, und er versetzte Bernie einen drängenden Rippenstoß, zeigte verzweifelt auf sein Handgelenk und deutete mit dem Daumen hektisch zur Treppe.

„Ich komme jetzt runter!" drohte die Stimme Jassars von oben.

Bernie packte Davids Arm mit eisernem Griff und zog ihn tiefer in die Nische hinein. David tippte, wie rasend, immer wieder an sein Handgelenk und deutete dieses Mal in Richtung der Bombe. Beide sahen bereits vor ihrem geistigen Auge ein Bild der Kettenreaktion von Explosionen, die in kürzester Zeit den Rumpf des Schiffes bersten lassen würden. Wenn sie nicht auch zu den Opfern zählen wollten, mußten sie sich zu diesem Zeitpunkt bereits in sicherer Entfernung befinden. Als David die Schritte auf der Metalltreppe hörte, brach ihm der Angstschweiß aus. „Ich höre deinen Atem", drohte Jassar, nachdem er einen Augenblick innegehalten hatte. „Ich weiß genau, daß jemand hier unten ist. Ich höre dir die Angst an."

Bernie schloß die Augen und zwang sich, flacher zu atmen. Jassar trat in den schmalen Gang, der zur Treppe führte, und stieß ein leises, boshaftes Lachen aus. Er hatte ihnen den Fluchtweg versperrt.

„Ich seh' doch deine Spur hier auf dem Boden", sagte er mit satter Selbstzufriedenheit. „Ich seh' doch das Wasser. Du bist keiner der Wächter! Kein Italiener!" Er lachte abermals. „Ich weiß, daß du hier bist. Ich höre deinen Atem. Ich rieche deine Ausdünstung. Du bist ein *Jude!* Dir habe ich es sicher auch zu verdanken, daß ich festgenommen worden bin. Fast hätte es ja geklappt — aber nur fast." Seine Schritte näherten sich langsam der Stelle, an der sich David und Bernie versteckt hielten.

Bernie erstarrte vor Entsetzen. Sie saßen in der Falle, gefangen zwischen der Bombe, deren Zündschnur rasch verglühte, und dem Mann im Gang. Sie durften keine Zeit mehr verlieren! David befreite sich entschlossen aus Bernies Griff. Mit einem lauten Schrei stürzte er hinter dem Vorhang hervor und stieß dem überraschten Araber den Ellbogen ins Gesicht.

Ein Schuß löste sich aus seiner Pistole, doch fast gleichzeitig fiel sie auch schon klappernd zu Boden, und Jassar wankte nach hinten, fiel um und schlug hart auf dem Metallboden auf. David und Bernie sprangen einfach über ihn hinweg, doch schlug Jassar geistesgegenwärtig mit den Armen nach ihnen und bekam dabei Bernies Fuß zu fassen, während der vorauseilende David bereits zur Treppe rannte.

„Er hat mich!" schrie Bernie verzweifelt und versuchte, sich aus dem eisernen Griff des Arabers zu befreien.

David fuhr augenblicklich herum und rannte zurück. Bernie fiel zu Boden, Jassar drehte sich um und umklammerte Bernie noch fester. Mit der Treffsicherheit eines Catchers stieß David Jassar jedoch die Hacke seines nackten Fußes mit voller Wucht ins Gesicht. Jassar flog hintenüber gegen den Kombüsentisch und ließ Bernie fahren. Über ihnen waren nun die hastigen Schritte von Männern zu hören, die durch den Schuß aufmerksam geworden waren. David zerrte Bernie hinter sich her zur Treppe.

„Haltet sie!" schrie Jassar. Sein Gesicht war blutüberströmt, und aus seinen Augen blitzte rasender Zorn. „Haltet die Juden!" schrie er, während David bereits durch die Luke sprang. Und noch während er Bernie half, ebenfalls durch die Luke zu klettern, stürzte bereits ein halbes Dutzend slawischer Seeleute auf die beiden Männer zu und machte sich über sie her. Unter Aufbietung seiner ganzen Kraft gelang es David, durch die Menschenleiber durchzubrechen und sich einen Weg durch sie hindurch zu bahnen. Verzweifelt rief er Bernie zu: „Spring, Bernie! Spring!" Da schlossen sich zwei mächtige Arme wie ein Schraubstock um seine Taille. Trotzdem versuchte er, sich weiter zur Reling voranzuschleppen, und trat zwischendurch wild nach dem gesichtslosen Riesen, der ihn zurückhielt.

„Haltet sie!" eiferte Jassar, der nun an Deck wankte.

Bernie sprang jedoch bereits mit einem befreienden Schrei ins Wasser, und David gelang es, die Reling zu fassen. Er zog sich mit aller Kraft zu ihr hin und trat dann, mit letzter Willensanstrengung, dem Mann, der ihn immer noch mit eisernem Griff gefangenhielt, in den Unterleib. Der stieß einen würgenden Schrei aus und ließ, zurückfallend, einen Augenblick locker. Mit einem Satz sprang David in das mulmige Wasser in der Tiefe.

Der ganze Hafen hallte von den zornigen Schreien der Leute auf der *Trina* wider, und bereits nach kurzer Zeit erleuchteten Scheinwerfer die Szene, während Einsatzleute der Hafenpolizei aufgeregt den Kai entlangrannten, um in Erfahrung zu bringen, was eigentlich los war. Zwei Minuten später schoben sich David und Bernie erschöpft über den Rand eines kleinen Beibootes, das an einem Fischtrawler festgemacht war, und lagen dann japsend und keuchend, den Blicken verborgen, auf dessen Boden. Inzwischen waren sogar mehr als zehn Minuten seit der Zündung der provisorischen Zündschnur verstrichen, und die *Trina* lag immer noch friedlich im Hafen.

„Es hat nicht geklappt!" keuchte David schließlich niedergeschlagen und hielt sich die schmerzende Seite.

„Das war nun Michails kindersichere Bombe", ächzte Bernie.

„All das, nur um nich —"

Ein dumpfer Knall erschütterte die Luft, und gleich darauf durchbrach ein greller Lichtblitz die alten Balken der *Trina*. Ihr Rumpf hob sich im Zeitlupentempo aus dem Wasser, bevor er auseinanderflog. Die Explosion war so heftig, daß noch zwei Häuserblocks entfernt die

Fensterscheiben barsten, und das Hafenhotel sich noch ein wenig mehr zur Seite neigte.

Die beiden Männer in dem kleinen Beiboot hielten sich vor den niederprasselnden Trümmern schützend die Arme über den Kopf. Dann schrien sie begeistert wie aus einem Munde: „Es hat geklappt!" und lagen sich, laut lachend, in den Armen, während das Boot von dem in Aufruhr versetzten Wasser in heftige Schwankungen geriet.

34. Morgenröte

Ram Kadar war sehr zufrieden. Mit nur vier Granatwerfern und einer schlecht ausgerüsteten Armee von Freiwilligen hatten sie es geschafft, die Juden in Kastel in die Knie zu zwingen. Es hatte zwar länger gedauert, als er angenommen hatte, da den Juden das Dorf erst Meter für Meter und schließlich gar zentimeterweise abgerungen werden mußte, aber es hatte dabei nur geringe Verluste auf arabischer Seite gegeben. In dieser Nacht war ihnen Allah wohlgesonnen gewesen. Auch war der geistlose Abschaum, den Kadar um sich geschart hatte, in dieser Nacht zu einer schlagkräftigen Armee zusammengeschmolzen, die ihm bedingungslos ergeben war.

Kadar blickte versonnen in den dunklen Himmel, an dem noch nichts darauf hindeutete, daß bald die Dämmerung einsetzen würde, und seufzte zufrieden. „Vier Granatwerfer", sagte er laut vor sich hin. „Nur vier kleine Granatwerfer! Wie werden die Juden da erst zittern, wenn das Schiff mit den richtigen Waffen an dieser Küste anlegt!"

In diesem Augenblick wurde Kadar von einem jungen Mann aus seinen Gedanken gerissen. Er verneigte sich tief und sprudelte aufgeregt hervor: „Wir haben sie in die Flucht geschlagen! Sie ziehen sich auf der gesamten Kampflinie zurück. Die Juden fliehen in den Steinbruch. Sie werden noch vor Einsetzen der Dämmerung erledigt sein. Der Sieg ist unser, Kommandeur Kadar!"

„Dann ist es also vollbracht", erwiderte dieser und verspürte plötzlich seit langer Zeit wieder ein ganz elementares Bedürfnis — Hunger. „Wir werden bei Sonnenaufgang unsere Flagge im Dorf hissen und dann im Hause des Muchtars frühstücken."

„Die Männer warten auf dich! Sie verlangen nach dir!"

Und wirklich hörte man jetzt aus der Ferne von allen Hängen den Ruf der Freischärler widerhallen: *Kadar! Kadar! Kadar!*

* * *

Die jüdische Verteidigung von Kastel war unter den heftigen Angriffen der Männer Ram Kadars kläglich zusammengebrochen. Nun galt es, in aller Eile den Rückzug zur letzten Verteidigungslinie zu organisieren. Die Hoffnung, das Dorf, dessen Häuser fast völlig zerstört waren, noch länger halten zu können, hatte Mosche endgültig begraben müssen. Also rannte er hastig von Haus zu Haus, rief den Männern seine Anweisungen zu und half sogar selbst beim Transport der Verwundeten zum Steinbruch.

Anschließend diskutierten er und Fergus im Schutze einer Mauer hastig ihre letzten Maßnahmen.

„Wenn wir nur den Steinbruch halten könnten, bis die Verstärkung kommt..." begann Mosche. „Es ist nur noch eine Stunde bis zur Morgendämmerung..."

„Wenn wir Munition hätten, könnten wir den Steinbruch durchaus noch halten, mein Freund", erwiderte Fergus, „aber die haben ja nicht lockergelassen! Wir mußten ja die ganze Nacht über pausenlos unsere Waffen einsetzen! Meiner Meinung nach müssen wir möglichst bald irgendwie ausbrechen... sonst wird das ein zweites Campbell-Massaker — ein zweites Alamo!"

Noch während er sprach, sauste wie zur Bestätigung seiner Worte eine Granate über ihre Köpfe hinweg und explodierte im Hof. „Sei kein Narr, Mann", drängte Fergus entsprechend heftig und schüttelte Mosche.

„Aber der Steinbruch!" Mosche konnte sich von dem Gedanken an eine endgültige Kapitulation immer noch nicht lösen. „Wir könnten ihn bis zur Dämmerung halten, bis die Verstärkung —"

„Und was machen wir, wenn die Verstärkung nicht kommt?" hielt Fergus verzweifelt dagegen. Die Kampfrufe der Jihad-Moqhaden kamen unausweichlich näher, und von Verstärkung war nach wie vor weit und breit nichts zu sehen.

„Fergus!" sagte Mosche beschwörend. „Wir werden ein Wunder erleben! Entweder hilft uns *Gott*, wie er es auch schon früher getan hat, oder die Entsatztruppe wird den Durchbruch schaffen."

Fergus wischte sich resigniert den Schmutz vom Gesicht und meinte seufzend: „Ach, ihr seid ja alle verrückt, ihr Juden! Und ich bin genauso verrückt, weil ich mich mit euch eingelassen hab'. Aber gut, geh'n wir zum Steinbruch."

Plötzlich hörten sie aus dem Haus des Muchtars Hilferufe. Die beiden Männer schlichen sich vorsichtig dorthin, um nachzusehen. Zunächst sah es so aus, als sei das Haus verlassen, doch dann hörten sie einen schwachen Hilferuf aus dem Schlafzimmer, das über eine in den Stein gehauene Außentreppe zu erreichen war.

Dort fanden sie einen etwa achtzehnjährigen Haganahsoldaten auf dem Boden liegend vor. „Helft mir!" flehte er mit vor Schmerz ver-

zerrter Stimme. „Mein Bein ... Ich kann nicht mehr laufen ..."
Mosche tastete nach der Wunde. Sie befand sich am rechten Oberschenkel und blutete heftig. „Sie sind dort unten!" flüsterte der Junge heiser. „Ich höre sie."

„Schon gut. Wir sind gleich —" begann Mosche beruhigend. Doch mitten im Satz hielt er inne, weil er Schritte auf der Treppe hörte.

„Wer da?" rief er auf Englisch.

Die Antwort kam mit siegessicherem Tonfall auf Arabisch: „Wir sind's, Leute." Offenbar erwarteten die Araber keine weitere Gegenwehr mehr, da den Juden offensichtlich die Munition ausgegangen war.

Mosche nahm hastig den Jungen über die Schulter, und Fergus mähte die überraschten Ankömmlinge mit seinem leichten Maschinengewehr nieder. Dann eilten sie, so schnell sie konnten, vor den Schwärmen von Jihad-Moqhaden davon, die ihnen plötzlich von allen Seiten entgegenströmten. Sie hasteten über den Dorfplatz in Richtung Steinbruch, wo sie ausharren würden, bis die Dämmerung entweder das Wunder der Ankunft der Entsatztruppen brachte oder ihren letzten Todeskampf vor Kastel.

* * *

Antiquierte Feuerwehrwagen brausten unter lautem Sirenengeheul zum Hafen von Bari, während aus dem Bug des Frachters, der als einziges noch aus dem Wasser ragte, die Flammen so hoch emporloderten, daß sie eine Gefahr für den Hafen bildeten.

Während Bernie das kleine Boot in die Sicherheit der anderen Seite des Hafens ruderte, beobachtete David angestrengt die Tätigkeit der Rettungsmannschaft. Die Rettungsleute rannten zwar aufgeregt hin und her, machten aber kaum Fortschritte bei der Bekämpfung des Flammenmeeres auf der *Trina*. Auf der hell erleuchteten Meeresoberfläche konnte er vereinzelt Besatzungsmitglieder erkennen. Sie waren durch die Explosion ins Wasser geschleudert worden und klammerten sich nun ängstlich an umherschwimmende Schiffstrümmer, während sie darauf warteten, von anderen Männern mit Hilfe eines Taus aus dem Wasser gezogen zu werden.

„Wette, die sind ganz schön sauer auf uns", meinte David.

„Dazu haben wir ihnen auch allen Grund gegeben. Haben dem

Schiff fein säuberlich den Boden weggeblasen", meinte Bernie trocken. „Aber meiner Meinung nach brauchte kein weiterer Schaden zu entstehen, wenn diese Heinis nur mit einem Feuerwehrschlauch umgehen könnten."

David lachte, denn wie zur Bestätigung von Bernies Worten sah er in diesem Augenblick, wie die Männer des Löschzuges vom Rückstoß des plötzlich losspritzenden Wasserschlauches ins Wasser, in die Gesellschaft der Besatzung des Schiffes, gestoßen wurden. „Das erinnert mich an ein Collegefest", lachte er laut auf, „das mit einem Feuer abgerundet wurde und schließlich damit endete, daß alle im Teich landeten." Dann warf er einen grinsenden Blick auf Bernie, dem schmutzige Haarsträhnen in die Stirn fielen. „Du siehst auch nicht gerade berauschend aus. Ich versuch' mir gerade vorzustellen, wie wir zwei wieder zum Priester kommen sollen, ohne Argwohn zu erregen — zwei Kerle in schmutziger, nasser Unterwäsche. Wenn das nicht auffällt ..."

„Ich kann dir versichern, mein Freund, daß zum jetzigen Zeitpunkt niemand auch nur einen Gedanken an uns verschwenden wird, mit Ausnahme deiner Frau vielleicht — und vielleicht auch unseres arabischen Freundes dort hinten."

„Tja. Ich hoffe, er kann nicht schwimmen." David sah über den Bootsrand hinweg in das brackige Wasser.

„Das ist genau das, was der Mufti vorausgesagt hat, weißt du."

„So? Wann hat er was gesagt?"

„Er hat den Vereinten Nationen gesagt, daß er uns Juden ins Meer treiben würde —"

„Er wußte wohl nicht", meinte David grinsend, während sie gegen eine Leiter an der Kaimauer im verlassenen Südteil des Hafens stießen, „daß Juden gar nicht schwimmen zu können brauchen, was Kumpel? Es ist doch Pessach! Erinnerst du dich? Eine Wolkensäule hinter uns, um die Araber abzuhalten, und ein starker Ostwind, der das Meer trocken legt. So ging die Geschichte doch, oder?"

„Du glaubst also, daß immer noch solche Wunder für uns geschehen?" fragte Bernie in aufrichtiger Neugier.

„Aber ja, Kumpel!" versetzte David überzeugt und ergriff die Leiter. „Sonst wären wir doch nicht alle hier in Bari!"

* * *

Im Steinbruch von Kastel wurden nun die letzten Kugeln unter die siebenunddreißig Haganahsoldaten verteilt, die noch kampffähig waren und versuchen sollten, die Jihad-Moqhaden abzuwehren. Diese hatten in der Zwischenzeit das Dorf überrannt und wollten die Juden nun auch noch aus ihrer letzter Zufluchtsstätte vertreiben.

Mosche rannte durch die Dunkelheit zu einem kleinen Haus, in dem Fergus und Ehud siebenundzwanzig junge Verwundete verteidigten, die dicht an dicht von einer Wand zur anderen aufgereiht lagen. Während Fergus unter einem der beiden Fenster kauerte, schoß Ehud mit einem leichten Maschinengewehr aus dem anderen.

„Wann kommt denn endlich Hilfe?" rief einer der Verwundeten verzweifelt.

„Wie lange können wir denn so noch aushalten?"

Mosche ging nicht auf die Fragen ein, denn auch er hatte keine Antwort, nur die Hoffnung auf ein Wunder. „Hier, Fergus!" rief er dem kleinen Schotten zu und warf ihm einen letzten Beutel mit Munition hin. „Das dürfte für eine Weile reichen."

Fergus ergriff den Beutel, nicht gerade beeindruckt von seinem mageren Inhalt. Er schwieg, aber seine Augen sagten: *Ich habe es dir doch gesagt!* Vor einer halben Stunde hätten sie vielleicht noch fliehen können, aber nun, da die Dämmerung angebrochen war und die Araber den Steinbruch umzingelten, war diese Chance verpaßt. Mit starrer Miene sagte Fergus nur das eine Wort: „Alamo." Mosche wußte, was er meinte.

Trotzdem erwiderte er: „Gib die Hoffnung nicht auf! Die Leute in Tel Aviv wissen, wie es um uns steht. Die Dämmerung kommt bereits, und sie werden bei Sonnenaufgang hier sein."

„Das sollten sie auch besser!" rief Ehud und verschoß eine Salve auf zwei Araber, die sich heranschleichen wollten. „Da im Dorf bereits die arabische Flagge weht, können wir froh sein, wenn es die Entsatztruppen gerade noch schaffen, uns zu retten."

Dann wurde aus einem anderen Haus, in dem sich ebenfalls Verwundete befanden, der Ruf nach Munition laut. Mosche sah in die Gesichter der Männer, die ihm als Führer vertraut hatten. Er hatte sie enttäuscht. *Alamo!*

Ein junger Mann mit einem blutgetränkten Verband hielt entschlossen sein Bajonett in die Höhe und sagte heiser, aber bestimmt: „Ich werde aber ein paar von ihnen mit mir nehmen."

Zustimmendes Gemurmel ging durch die Reihen der Verwundeten, von denen einige nicht einmal mehr den Kopf zu heben vermochten.

„Noch ist Pessachwoche", sagte Mosche beschwörend, während abermals der Ruf nach Munition über den Steinbruch hallte. „Denkt an die Wunder! Denkt an das Rote Meer und betet!"

„Aye", sagte Fergus trocken. „Aye, ich bete ja, Mann. Aber wir brauchen mehr als nur Verstärkung, um unsere Haut zu retten." Er legte ruhig sein Gewehr an. „Wie es aussieht, vollbringt Gott jedoch im Augenblick keine Wunder mehr für Juden — und auch nicht für Schotten." Er schoß, und ein Schrei war die Antwort. „Einer weniger, um den wir uns Sorgen machen müssen..." kommentierte er trocken.

„Das größte Wunder vollbringt eben immer noch ein tödlicher Schuß...", warf Ehud zynisch ein. „Jedenfalls in der jüdischen Armee."

Fergus verzog sein Gesicht zum ersten Mal zu einem Lächeln, und Mosche ging, von einem schützenden Felsen zum nächsten springend, zu dem Haus auf der anderen Seite des Steinbruches. Als er vor der Tür stand, meldete er sich vorsichtshalber erst, bevor er eintrat: „Mosche ist hier."

„Munition, Gott sei Dank!" rief ein gehetzt aussehender Mann, der an einem Fenster stand, das den Blick auf ungefähr hundert Araber freigab, die sich an das Haus heranschlichen.

Mosche gab dem Mann alles, was er noch hatte: zweiundvierzig Schuß. Und als der Soldat über die geringe Menge fluchte, betete Mosche wieder stumm um ein Wunder. Er wartete verzweifelt auf die Männer aus Tel Aviv und hoffte, daß sie, *falls sie kamen*, auch die Mauer der Jihad-Moqhaden zu durchbrechen vermochten.

„Euer letzter Morgen, Judenpack!" hallte eine grimmige Stimme von den Wänden des Steinbruchs wider und erfüllte den Ort mit einer Atmosphäre düsterer Vorahnung. „Seht zum Osten! Seht euern letzten Morgen anbrechen!"

„Jihad!" rief ein anderer.

„Denkt an unsere Gefallenen!"

Je heller es wurde, desto enger und bedrohlicher schloß sich der Ring der Feinde um die Haganah zusammen, und desto trüber wurden damit ihre Aussichten. Während Mosche sich auf die letzte Verteidigung vorbereitete und sein Gewehr anlegte, eilten seine Gedanken zu Rachel. Zu Tikvah. Zu dem ungeborenen Kind. *Selbst wenn dies hier das Ende ist, dann gibt es danach noch etwas anderes*, dachte er. Und obwohl er nichts sehnlicher wünschte, als sein Leben auf dieser Erde und mit diesen Menschen zu verbringen, so spürte er doch die Gewißheit in sich, daß ihnen allen die Ewigkeit ihre Hoffnung auf ein gemeinsames Leben erfüllen würde, wenn sie ihnen im irdischen Leben nicht zuteil würde. *Tröste sie, wenn ich nicht mehr da bin!* betete er, während ihm die aufspritzenden Steinsplitter von Querschlägern ins Gesicht flogen.

„Tod den Ungläubigen!" klang es hinter einem Felsen hervor.

„Wie tapfer sie doch in dieser Überzahl sind!" flüsterte ein verwundeter Haganahsoldat verächtlich.

„Eure Gräber sind schon gegraben, Judenpack!"

„... in die ihr hineinfallen werdet!" erwiderte Ehud dröhnend. Er unterstrich seine Worte mit einer Salve, deren Geschosse am Rand eines Felsens abprallten. Die aufspritzenden Steinsplitter sprangen einem Araber ins Gesicht. Dieser schlug die Hände vor die Augen und fiel zu Boden. Doch noch während er fiel, nahmen bereits zwei andere seinen Platz ein.

Der Himmel wurde unterdessen stetig heller, und der Morgenstern schien hell auf die Handvoll Männer, die verbissen und verzweifelt den arabischen Horden widerstanden. Aber noch immer deutete nichts auf ein Wunder hin.

* * *

In sauberer Kleidung, die man ihr zur Verfügung gestellt hatte, lehnte Rachel an der Wand und beobachtete angstvoll Howards mühselige Atemzüge. Seine Haut war bleich und wächsern und in der Farbe kaum von den Laken zu unterscheiden.

Rachel sehnte sich danach, wieder zu Tikvah laufen zu können, um staunend in das einzige bißchen Schönheit und Unschuld zu versinken, das ihr in dieser Welt geblieben war. Aber Howard hatte immer wieder nach ihr verlangt, und man hatte ihr gesagt, daß er im Sterben lag — im *Sterben!* Es schien unmöglich, und doch hatte Rachel schon vor langer Zeit gelernt, das Unmögliche als Tatsache hinzunehmen. *So viele Abschiede — zu viele!* Mit neu erwachter Angst dachte sie an Mosche. Gab es noch Wunder? Oder würde auch er in der Schlacht um Kastel fallen, noch bevor die Flammen des brennenden Konvois zum Hadassah-Krankenhaus verloschen waren?

Sie legte ihre Hand auf ihren Leib und schloß die Augen, um die Tränen zurückzuhalten. *In was für eine Welt wirst du hineingeboren werden, mein Kleines? Wo gibt es in dieser Welt noch Hoffnung auf Frieden?*

Die Antwort auf diese Frage fand sie, als sie den guten Mann betrachtete, dessen Leben nun zu Ende ging, der sich um sie gekümmert und ihre Familie zu seiner eigenen gemacht hatte. *Es kann keinen Frieden geben außer im Herzen eines Menschen. Und auch das ist nur möglich, wenn er Gott erkennt und sich selbst und andere so liebt, wie Jeschuah es getan hat.* — *Wie Howard Moniger.* Sie mußte trotz dieser traurigen Stunde lächeln, als sie an Großvaters Worte dachte: *Einige von ihnen gehören zu uns.* Ja, Gott selbst hatte den Stern der Erlösung in Howards Herz eingraviert. „Segne diesen gütigen Mann, o Ewiger", flüsterte sie mit erstickter Stimme.

Beim Klang ihrer Stimme öffneten sich zitternd Howards Augenlider. Er murmelte ihren Namen und legte seine Hand offen aufs Bett. Sie wischte sich die Tränen von den Wangen und kniete sich neben ihn.

„Ja, lieber Herr Professor. Ich bin hier. Rachel! ..."

„Geht ... es Ihnen gut?" fragte er mit schwacher Stimme.

„Ja." Sie zwang sich, die Fassung zu bewahren. Dieser Mann hatte sein Leben für ihres hingegeben! „Wenn Sie nicht gewesen wären, Howard —" Sie nannte ihn zum ersten Mal beim Vornamen, und er lächelte trotz seiner Schwäche, als er es hörte.

„Sagen Sie Mosche ..." Seine Stimme versagte ihm. „... hat mich gebeten, bevor er wegging, ... auf Sie aufzupassen ... und auf das ... Kind. Hab's wohl verpfuscht."

Sie drückte aufgewühlt seine Hand. „Sie haben mich und das Kind gerettet! Uns beide."

„Tikvah?" fragte er verwirrt.

Ihr wurde bewußt, daß er ja noch nichts von dem Kind ahnte, daß sie von Mosche erwartete. „Nicht Tikvah, Howard. Ich meine das Kind, das ich unter dem Herzen trage. Mosches Kind ..."

„Hmmm", machte er müde. „Ein Grund mehr, Hoffnung zu haben. Frühling. Lämmer ... junges Gras. Abglanz. Ein Abglanz der Zukunft ... Ein schöner Abglanz..." Seine Worte erstarben, und sie wußte, daß er nun von all den Dingen, die auf der Welt waren, Abschied nahm.

„Ja. Howard. Neue Kinder. Lämmer. Blumen. Und die Hoffnung, die sich trotz allem nicht unterdrücken läßt. Schlafen Sie jetzt, und werden Sie gesund! Werden Sie gesund, und hoffen Sie wieder, Howard!" Da brach die mühsam aufrechterhaltene Fassade ihrer Fassung zusammen. Sie legte ihre Wange auf seine Hand und weinte. „Bitte werden Sie gesund! Es gibt noch so viel zu tun ..."

„Es wird schon irgendwie getan werden ..."

„Denken Sie an das junge Gras und die Blumen in Moab und —"
„Abglanz. Sie wissen nicht, wo Zion ... wirklich ist ... Sie sehen ... nicht." Er rang nach Luft, und Rachel umklammerte seine Hand.
„Nein, Howard. Nein. Niemand weiß."
Er faßt sich ans Herz. „Ich bin jetzt ... an einem anderen Ort verwurzelt ... Jerusalem. Wo *er* jetzt lebt ..." Dann wurden seine Worte hastiger und drängender, sein Atem ging in kurzen, flachen Stößen: „Sagen Sie der kleinen Ellie —"
„Ja, Howard." Ihr Herz schlug wild vor Angst.
Er fuhr sich mit der Zunge über die trockenen Lippen. „... daß sie niemanden hassen soll ..."
„Ja, das werde ich ihr sagen, Howard. Ich werde es ihr sagen."
„Ich habe ... Durst."
Rachel stand sogleich auf und wollte ihm ein Glas Wasser einschenken. Aber noch während sie dies tat, wurde sein Atem röchelnd, und dann sah er den einen, nach dem er sich sein ganzes Leben lang gesehnt hatte.
Rachel schlug die Hände vors Gesicht und sprach leise die Worte des Schemas: „Höre, O Israel, der Herr, unser Gott, ist ..." Als sie geendet hatte, betrachtete sie Howards friedliches Gesicht und fügte hinzu: „... du sollst deinen Nächsten lieben wie dich selbst."
Sie beugte sich über ihn, und plötzlich begriff sie, wie sehr dieser aufrechte Nichtjude in seinem Leben die Grundsätze des Schemas in ihrer ganzen Tiefe beherzigt hatte. Leise wiederholte sie seine letzten Worte: „... niemanden hassen ..."
„Ich werde es ihr sagen, Howard. Und auch ich will diese Worte in meinem Herzen bewahren."
Schließlich ging sie durch den dunklen, tristen Flur zurück zu Tikvah. Leise betrat sie das Zimmer und schloß behutsam die Tür hinter sich. Dann lehnte sie sich mit geschlossenen Augen gegen den Türrahmen und horchte auf die leisen, regelmäßigen Atemzüge des kleinen Wesens, das so viel Freude und Licht in ihr Leben gebracht hatte.
Obwohl Tikvah schlief, ging Rachel — auf Zehenspitzen — zum Bettchen der Kleinen und nahm sie sanft auf. Als sie ihre Wange an das weiche Haar des Kindes legte, spürte sie zum ersten Mal, seitdem diese lange Nacht begonnen hatte, wieder Hoffnung in sich aufkeimen. Tikvah wehrte sich unwillig und protestierte greinend. Sie wollte weiterschlafen. Wie konnte sie auch wissen, welch eine Verzweiflung diese Nacht der noch ungeborenen Nation Israel gebracht hatte? Fünfundsiebzig der Liebenswertesten und Besten waren in diesen dunklen

Stunden getötet worden, und immer noch existierte die Welt weiter und wartete verzweifelt auf die Dämmerung, flehte um ein Wunder.

Plötzlich begann Tikvah mit den Ärmchen zu wedeln und unzufrieden zu weinen. Ihre Windel war naß. Mit tränenüberströmtem Gesicht, aber dankbar, daß sie etwas Ablenkung fand und nicht immer an die Morgendämmerung denken mußte, die so lange auf sich warten ließ, wechselte Rachel ihr die Windel. Anschließend gab sie dem Kind die Flasche und wiegte es dabei sanft in den Armen. Die Kleine trank mit zufrieden geschlossenen Augen. Und Rachel hielt sie an ihr Herz gedrückt und fand Trost in der Nähe dieses Kindes, das noch nichts von Zweifel oder Furcht wußte. *Sie liegt einfach zufrieden in meinen Armen. Die Welt bricht zusammen, und die Morgendämmerung läßt auf sich warten, aber sie ruht zufrieden in meinen Armen!*

Rachel weinte erneut, und während ihre Tränen auf Tikvahs Decke tropften, flüsterte sie: „Wenn ich nur halb so viel Vertrauen hätte! Wenn ich dir nur so sehr vertrauen könnte, Herr, wie dieses Kind! Wenn ich nur mein Herz in deine Arme legen und nie vergessen könnte, daß du sogar weißt, wenn ein einziger Sperling fällt!" All ihre Ängste brachen wieder aus ihr hervor, und sie wiegte das Kind heftiger. „Kannst du uns weniger lieben als einen Sperling? Macht es dir nichts aus, wenn wir fallen?" Für einen Augenblick überkam sie Zorn über diesen schweigenden Gott, der diesen Alptraum vor dem Hadassah-Krankenhaus nicht verhindert hatte. „Wieviele andere werden diesen Morgen ebenfalls nicht mehr erleben? Und du nimmst für dich in Anspruch, sie zu lieben? *Wie kann das sein?* Wann wirst du all dem Einhalt gebieten und unserem Leid ein Ende setzen?"

Sie fand keine Antwort. Ihr blieb nur das Gebet. Während sie den Hang hinunterblickte, wo irgendwo in der Dunkelheit die ausgebrannten Konvoifahrzeuge lagen, betete sie zuerst für Mosche und dann für Ellie, die lange Zeit nicht erfahren würden, daß Howard gestorben war. Schließlich betete sie für das ungeborene Kind unter ihrem Herzen und für diese ungeborene Nation, unter deren Geburt die Welt so grausam litt.

Und während sie ihre Blicke über die gepeinigte Stadt zu ihren Füßen schweifen ließ, mußte sie wieder an Howards Worte denken: *... niemanden hassen...!* Sie wischte sich die Tränen fort, und dabei fiel ihr ein, daß auch schon Jeschuah um Jerusalem geweint hatte. Er hatte, über die Zeiten hinweg, diese Nacht gesehen und um ihretwillen geweint! Er hatte jedes Kind im Arm seiner Mutter gesehen und gewußt, wer den Weg des Bösen und wer den Weg des Friedens einschlagen würde. Zweitausend Jahre waren seitdem vergangen, und noch immer weinte der Messiah aus Mitleid mit allen Menschen, weil er um ihr Ende wußte. Jede Blume welkte und ging ein, wenn ihre Zeit um war. Aber der Mensch lebte in der Illusion, daß seine Zeit nie enden würde. Er verankerte sein Leben im kargen Boden dieser Welt, als gäbe es keine Hoffnung auf eine andere Morgendämmerung.

Schließlich betete Rachel noch für sich selbst, dafür, daß ein kleines Wunder in ihrem eigenen Herzen geschehen möge. Ein Wunder, das es möglich machte, daß sie in den liebenden Armen Gottes liegen und darauf vertrauen konnte, daß er mit ihr weinte.

Als der Himmel allmählich heller wurde und die Sterne verblaßten, verstand Rachel endlich, warum Jesus geklagt hatte: *Jerusalem, Jerusalem... wie oft habe ich deine Kinder sammeln wollen...* Er war immer noch da und wartete auch jetzt mit ausgebreiteten Armen auf die Menschen. Sie aber zogen einen anderen Weg vor!

„Wir alle sind nur ein Rohr im Wind, Tikvah", flüsterte Rachel und spürte dabei, wie ihre Bitterkeit schwand. „Die Guten und die Bösen gleichermaßen. Nur einige verankern ihre Hoffnung allein in dieser Welt. Sie werden vergehen! Aber es gibt auch andere, wie den Professor, deren Herzen allein in Gott ruhen. Sie werden für immer in Zion blühen, mein Kleines. — Lämmer. Blumen im Frühling. Das ist nur ein Abglanz all dessen, was einmal sein wird. *Ein Abglanz. Ein Grund zur Hoffnung.* Deshalb müssen wir unseren Blick dorthin richten. Wir müssen auf Jerusalem schauen und *sehen, was einmal sein wird!* Selbst wenn es auf der *Erde* nichts gibt, worauf wir hoffen können."

Sie legte Tikvah wieder behutsam in ihr Bettchen zurück und beobachtete, über das Gitter gebeugt, das Kind beim Schlaf. So stand sie lange und betete dabei abermals für Mosche und die Menschen, die neben ihm kämpften und starben. Und sie weinte für sie. Dann plötzlich dachte sie an die Menschen, die *gegen* ihn kämpften. „*Gott helfe mir!*" brach es aus ihr hervor. Sie biß sich auf die Lippe und zwang sich, an Jeschuahs Tränen über Jerusalem zu denken. *Hilf mir! Hilf mir, für meine Feinde zu weinen! Denn auch sie sind nur Gras auf einer Bergwiese, das vergehen und in der Sonne verwelken wird.*

* * *

Schließlich war im Steinbruch auch die letzte Kugel verschossen. Mosche hielt die letzte Granate fest umfaßt und ließ seinen Blick über die verwundeten und sterbenden Männer unter seinem Kommando schweifen.

„Ergebt euch, Judenpack!" riefen die Araber aus dem Schutz eines Felsens heraus, keine fünfzig Meter entfernt.

Mosche sah Fergus vielsagend an und meinte: „Sie werden nicht lange brauchen, um herauszufinden, daß wir keine Munition mehr haben."

„Sie werden keine Gefangenen machen wollen", fügte dieser flüsternd hinzu. „Nicht nach Deir Jassin."

Ein noch recht junger Soldat zu ihren Füßen stöhnte leise: „Laßt nicht zu, daß sie uns überwältigen! Ihr wißt, was sie mit uns tun werden, wenn wir ihnen lebend in die Hände fallen. Mach Gebrauch von der Granate!" drängte er.

Ein schwacher Chor der Zustimmung erklang unter den Männern. Mosche fuhr sich nervös mit der Zunge über die Lippen und starrte auf die Granate in seiner Hand. „Ich ... kann nicht." In seinem Kopf vermischten sich die Gedanken an Rachel und das Kind und an die Menschen, die mit ihm zusammen sterben sollten.

„Werft eure Waffen weg, Judenpack!" rief einer der Araber. „Kastel ist unser! Es ist nur noch eine Frage der Zeit, bis wir den Steinbruch wieder in unserem Besitz haben. Ergebt euch!"

„Sie werden uns ganz sicher foltern", mutmaßte jemand, und seiner Stimme war deutlich die Angst anzuhören. „Mach ein Ende! Gönne ihnen diesen Triumph nicht!"

Mosche reichte Fergus die tödliche Waffe. „Ich kann es nicht." Er lehnte sich schwer gegen die Wand. Eine neuerliche arabische Salve schlug gegen das Haus.

Fergus stellte sich schweigend neben ihn und starrte auf die Tür, in der bald die Jihad-Moqhaden erscheinen würden. „Wenn sie kommen, werden wir zumindest noch einige von ihnen mit uns nehmen.

Die Dämmerung hat noch nicht eingesetzt. Ich möchte gerne noch einen letzten Sonnenaufgang erleben."

„Ja", stimmte Mosche dumpf zu und schloß die Augen. „Sie werden mit Beginn der Dämmerung kommen."

Während die Jihad-Moqhaden mit ihren Drohungen fortfuhren, bat einer der Verwundeten um Wasser.

Fergus wiegte die Granate in seiner Hand und murmelte: „Aye.

Diesmal wünschte ich, ich hätte nicht recht behalten mit meinem *Ich habe es doch gesagt.*"

„Du bist doch Brite", gab Mosche zu bedenken. „Vielleicht tun sie dir nichts. Vielleicht..."

„Ich will nicht der erste sein, der sich mit einer weißen Fahne nach draußen wagt", erwiderte Fergus und fuhr sich, einen tiefen Seufzer ausstoßend, erschöpft mit der Hand durchs Haar.

„Kommt heraus, Judenpack! Heraus! Warum schießt ihr nicht mehr? Seid ihr tot? Oder habt ihr etwa keine Kugeln mehr?" Die Stimme kam immer näher, und andere Stimmen fielen ein. Es wurde hin und her gerufen, und mit jedem Ruf nahm das Selbstbewußtsein der Araber zu.

„Sie sind am Ende!"

„Kommt heraus, Juden, vielleicht lassen wir dann Gnade walten!"

„Gnade! Ha!" schrie Fergus zurück. Er kroch zum Fenster. „Kommt ihr doch herein!" Er hob herausfordernd seine Stimme. „Versucht's nur! Wir sind bereit, euch zu empfangen!"

„Ach, du bluffst ja nur, du Jude!"

„Die glauben, wir machen Spaß, Leute!" rief Fergus. „Laßt uns ihnen einen kleinen Vorgeschmack dessen geben, wie wir beschaffen sind!"

Mosche holte tief Luft und räusperte sich. Dann begann er mit vollem Bariton *Hatikvah,* die Hoffnung, zu singen. Die anderen stimmten, erst schwach, dann mit der Kraft von Männern, die dem Tod gefaßt entgegensehen, nacheinander ein. Und irgendwie bekamen sie ein wenig Mut durch die Worte des Liedes, wenngleich die Hoffnung selbst tot war.

„Sehr hübsch, ihr Juden!" lobte einer der Araber spöttisch. „Aber das wird uns nicht aufhalten!" Schon war das Scharren von Stiefelschritten zu hören.

„Es geschehe, wie es bestimmt ist!" stieß Fergus entschlossen hervor, zog die Handgranate ab und warf sie mit aller Kraft in die Gruppe der sich nähernden Araber. Diese schrien entsetzt auf, aber ihrem Schrei wurde durch die Explosion ein schnelles Ende gesetzt. Neuerliches, wildes Gewehrfeuer prallte wirkungslos an der Hauswand ab, und Fergus warf sich schnell zu Boden. „Wir haben noch mehr von der Sorte!" drohte der kleine Schotte. „Kommt nur herein, wenn euch danach ist."

Es kam keine Antwort von den Arabern, die fassungslos auf ihre leichtgläubigen, nun toten oder verwundeten Kameraden starrten. *Die*

Juden sind also doch noch nicht erledigt! „Wir können warten!" rief einer von ihnen, unüberhörbar ein Brite. „Es ist nur eine Sache der Zeit! Wir lassen die Granatwerfer kommen!"

„Aye!" Fergus knirschte mit den Zähnen, als er die heimatlichen Laute vernahm. „Tu nur dein Bestes, mein Freund! Du hast ja gesehen, womit wir aufwarten können!"

„Wir können warten!"

Mosche mußte trotz des Ernstes der Stunde lächeln und sagte heiser zu Fergus: „Wir auch, mein Freund, nicht wahr?" Nun, da die letzte Granate verbraucht war und die Entsatztruppen nicht kamen, bestand kein Zweifel mehr darüber, daß sie ihre Hinrichtung nur hinausgezögert hatten.

Plötzlich war in der Ferne das Brummen eines Flugzeugs zu hören, und Mosche stieg hastig über die Körper der Verwundeten hinweg zum Feldtelefon, das in der Ecke stand. Wenn sie schon sterben mußten, dann sollte die Welt wenigstens über Bobby Milkin ihre letzten Worte hören. Dann sollte zumindest die Wahrheit über ihr Ende bekanntwerden. Mosche kurbelte am Generator und sprach dann ruhig, aber dringlich in die Muschel: „Rabe, hier spricht Stab. Rabe, bitte kommen!"

* * *

Ram Kadar lag regungslos im jungen Gras. Der junge Krieger, der gekommen war, um ihn zur Siegesfeier zu holen, lag nicht weit von ihm und starrte blicklos in den Himmel, die Brust von einer Kugel durchbohrt. Zwischen den beiden Männern blühten Blumen in den Pastellfarben der frühen Morgenstunde. Kadar betrachtete sie blinzelnd in dem Bewußtsein, daß diese Blumen länger leben würden als er.

Merkwürdig, er empfand keinen Schmerz — nur Bedauern. Er konnte sich weder bewegen noch um Hilfe rufen, denn seine Männer zogen schon weiter, um das zerstörte Dorf einzunehmen. Eine Kugel hatte seinen Nacken durchbohrt und seine Wirbelsäule zerschmettert. So lag er nun hilflos am Boden und konnte nichts dagegen tun, daß sein Blut im gleichgültigen Boden Palästinas versickerte.

„Wo ist Kommandeur Kadar?" hörte er eine rauhe Stimme aus dem besetzten Haus des Muchtars rufen. „Die anderen sagen, der Steinbruch wird binnen einer Stunde fallen ..."

„Ich hab' diesen kleinen Narren Ibrahim schon vor einer Stunde losgeschickt! Was wäre denn der Sieg ohne Kommandeur Kadar?"

Kadar hätte gerne gerufen, daß solche Worte Verrat an ihrer Sache seien, aber er wußte, daß es einerlei war. Wenn sie seine Leiche fanden, war alles vergebens gewesen ... vergebens. Erneut ihres Führers beraubt, der ihnen Zusammenhalt und Mut verliehen hatte, würden die Jihad-Moqhaden sich auch diesmal umkehren und sich zerstreuen. Obgleich der Sieg zum Greifen nahe lag, würden sie sich wie Schafe zerstreuen.

Er ließ seinen Blick zu dem Kalksteinvorsprung unterhalb des Hauses des Muchtars schweifen, während im Osten, zum letzten Mal in seinem Leben, die Sonne mit einem feinen Silberstreif über den Bergen von Moab aufging. Ihre hellen, unveränderlichen Strahlen fielen auf nur schemenhaft zu erkennende Konturen im Felsvorsprung, die offenbar vor langer Zeit dort eingraviert worden waren. *Meine Männer werden Kastel in ihrem Schmerz verlassen,* dachte er bitter. *Ich bin schon tot, obwohl ich noch hier liege, und irgendsoein alter Jude macht sich noch aus dem Grab über mich lustig.*

Er folgte den Linien mit den Augen. Wahrscheinlich waren sie nur bei Sonnenaufgang und nur von dieser Stelle aus zu sehen. Zwei Dreiecke, die sich zu einem Stern verbanden – dem Davidstern. Auf dem Stein war der Davidstern eingemeißelt! Er schien es hinauszuschreien, daß Kadars Sieg bedeutungslos, daß sein Leben sinnlos hingegeben war.

In der Ferne begrüßte eine Feldlerche den neuen Tag, und für den Bruchteil einer Sekunde wollte Kadar sich gegen den Tod auflehnen. Aber das stand nicht in seiner Macht. Mit weit aufgerissenen Augen hauchte er sein Leben in einem kurzen, röchelnden Atemzug aus.

Als endlich die Flagge mit dem Halbmond in Kastel gehißt wurde, schickte man noch einen zweiten Freischärler aus, um den Führer zu suchen. Augenblicke später ertönte ein Klageschrei, der die Lerche erschrocken verstummen ließ:

„Er ist gefallen! – Der große Kommandeur! Allah akbar! Alles ist verloren!"

Hunderte, ja schließlich Tausende, schwärmten von ihren gerade erst genommenen Stellungen zu Kadar, ihrem gefallenen Helden, zerrissen sich beim Anblick ihres toten Führers zum Ausdruck ihrer Trauer die Kleider und zerschlugen sich mit ihren Gewehrkolben die Gesichter.

* * *

Von den vielen gebrochenen Felsblöcken des Steinbruchs aus verfolgten die überlebenden Haganahsoldaten die Ankunft von Bobby Milkins' kleinem Beobachtungsflugzeug. Dann hörten sie mit Erstaunen die Klagelaute, die von den Bergen widerhallten, und jubelten vor Freude, als sie erfuhren, daß fünfhundert Haganahsoldaten auf dem Weg nach Kastel waren.

Voller Dankbarkeit erhob Mosche abermals seine Stimme, um *Hatikvah* zu singen, und Ehud und die anderen fielen ein. Die Klagelaute ihrer Feinde bildeten einen merkwürdigen Kontrapunkt dazu. Doch schließlich verhallten die Schreie der Jihad-Moqhaden in der Ferne.

Während Ram Kadars Leiche von seinen Männern behutsam in Richtung Jerusalem getragen wurde, damit dort alle Araber um ihn trauern konnten, blieb nur die Flagge mit dem Halbmond als Zeichen eines bedeutungsleeren Sieges im Dorf zurück.

Epilog

Zusammen mit Fergus und Ehud schritt Mosche an den langen Reihen der Toten vorüber, die auf der Straße vor der Moschee von Kastel niedergelegt worden waren. Im Tod lagen Juden und Araber nun Seite an Seite. Mosche zeigte auf die jüdischen Soldaten, die die Entsatztruppe der Haganah von den Hängen und aus den Gräben herbeigetragen hatten. Im hellen Licht des kühlen Morgens traten die Gesichtszüge der Toten lebhaft und deutlich hervor.

Sergeant Hamilton lag neben einem jungen Araber, der nicht älter als zwanzig aussah.

„Hamilton", sagte Mosche mit bewegter Stimme. „Ein Engländer, aber einer von uns."

Der glattrasierte jüdische Offizier, der ihnen in gemessenem Abstand folgte, machte sich eine Notiz auf seinem Schreibblock. „Ein Nichtjude?"

Mosche nickte. „Ja. Ein guter Mann. Ein Christ."

„Nun gut", meinte der Soldat nüchtern, „dann sollten wir wegen seiner Beerdigung mit seinen Leuten Kontakt aufnehmen."

Mosche sah ihn verständnislos an. „Wie bitte?"

„Nun, wenn er Christ ist, dann wollen seine Leute wahrscheinlich, daß er auf einem christlichen Friedhof beerdigt oder daß sein Leichnam zurück nach England geschickt wird oder —"

Mosche entglitt das Gewehr, und es fiel klappernd zu Boden. Er faßte sich an den Kopf und stöhnte, während er seinen Blick über die langen Reihen der Toten gleiten ließ: „Nicht einmal im Tode, scheint es, nicht einmal *dann* haben wir Frieden!"

Der jüdische Offizier runzelte überrascht die Stirn. „Juden müssen doch ordnungsgemäß auf dem jüdischen Friedhof beerdigt werden, genau wie Moslems auf einem moslemischen und Christen auf einem — verstehen Sie, Professor Sachar?"

Mosche starrte schweigend auf Hamilton und den jungen Araber. Er fühlte sich unendlich müde.

Ehud nahm ihn beschwichtigend am Arm. „Er hat recht, Mosche. So ist die Welt nun einmal, nu?"

Mosche zuckte bei diesen Worten zusammen und schüttelte dann bedächtig den Kopf. „Nein, Ehud. So haben *wir* die Welt erst gemacht." Er kniete sich in den Staub und berührte zuerst das lockige Haar des jungen Arabers und dann Hams bleiche Wange. *„Dies* haben wir Menschen aus der Welt gemacht."

Die Männer um ihn herum starrten ihn verständnislos an, aber das kümmerte Mosche nicht. Er ließ seine Tränen auf das staubige Gesicht des jungen Arabers und auf das des englischen Sergeants fallen, der sein Leben inmitten jüdischer Soldaten in einer Schlacht verloren hatte, die nicht seine eigene gewesen war. Nach langem Schweigen sagte Mosche schließlich: „Und am Ende macht das die Welt aus *uns.*" Er erhob sich schwerfällig und wandte sich ab, um einen Lastwagen zu suchen, der ihn nach Jerusalem zurückbringen würde.

Erläuterungen und ergänzende Informationen

Afikoman (Nachtisch?) **Teil:** der am Sederabend verwendeten Mazzah, der erst am Schluß des Pessachmahles verzehrt wird.

Alamo: eine Franziskanerkapelle in San Antonia, Texas, die im Februar/ März 1836 von einer kleinen Gruppe texanischer Freiwilliger gegen die mexikanische Armee verteidigt wurde. Die A.-Kapelle wurde für die Texaner das Symbol heldenhaften Widerstandes im Kampf um die Freiheit.

Apikorsim (hebr.): obwohl vom griech. Wort „Epikureer" (Genußmensch) abgeleitet, bezeichnet das Wort in der rabbinischen Literatur allgemein einen Ketzer, der die Autorität der *Torah* (s.d.) ablehnt.

Arabische Liga: loser pol. Zusammenschluß der arab. Staaten, gegr. am 22.3.1945 von den 7 Staaten: Ägypten, Irak, Jemen, Jordanien, Libanon, Saudi-Arabien, Syrien, mit dem Ziel der kulturellen, pol., militär. und wirtschaftl. Zusammenarbeit aller arab. Staaten.

Bar Mitzwah (hebr.: „Sohn des Gebots"; Gebotspflichtiger): Bezeichnung des Jungen, der das 13. Lebensjahr vollendet hat und damit nach der *Halacha* (s. d.) zur Erfüllung aller religiösen Gebote verpflichtet bzw. berechtigt ist. Symbolisch wird dieser neue Status durch die öffentliche Aufrufung zur Verlesung der Torah im Synagogengottesdienst verdeutlicht. Die Ausweitung der Feier der religiösen Volljährigkeit auf Mädchen (Bat Mitzwah) ist neueren Datums und wird vor allem in Reformgemeinden praktiziert.

Ben Gurion, David: (1886-1973), 1933 in die Führung der zionistischen Weltbewegung und der *Jewish Agency* (s.d.) gewählt und danach Spitzenpolitiker des Jischuv, in ständiger Auseinandersetzung mit radikalen Parteien und später vor allem M. Begin. Er suchte im Zionismus eine umfassende Lösung der jüd. Frage, hoffte zugleich auf ein Arrangement mit den Arabern, deren Rechte als Individuen er gewahrt wissen wollte, denen er aber keinen nationalen Anspruch auf Palästina zuerkannte. Obwohl ein harter Realpolitiker, blieb er stets einem biblisch begründeten Humanismus verpflichtet.

Ben Jehuda, Eliezer: (1858-1922), hebr. Schriftsteller und Lexikograph, wichtigster Erneuerer der hebr. Sprache (s. a. Hebräisch).

Britisches Mandat: Völkerbundmandat. Großbritannien wurde 1922 durch den neugegründeten Völkerbund dazu verpflichtet, für die Erfüllung des in der Balfour-Erklärung gegebenen Versprechens, die „Schaffung einer nationalen Heimstätte in Palästina", zu sorgen. Das Mandatsgebiet erstreckte sich rechts und links des Jordans und wurde im Westen in „Palästina", im Osten in ein autonomes arabisches Emirat, „Transjordanien", geteilt, um den immer stärker werdenden Ansprüchen der Zionisten und der arabischen Nationalisten gerecht zu werden (s. a. *Teilungsplan* und *Konflikt zwischen Juden und palästinensischen Arabern*).

Caleb: galt als unverzagter Mitstreiter Josuas bei der Landnahme in Südkanaan (4. Mose 14, 24) und als Stammvater der Kalebiter, die in der Folgezeit im Gebiet Hebrons Siedlungsrechte besaßen.

Campbel, Colin: (1792 − 1863), brit. Feldmarschall, entschied im Krimkrieg 1854 die Schlachten an der Alma und bei Baklava; 1857/58 warf er den großen indischen Aufstand nieder.

David und Goliath: Goliath: schwerbewaffneter Einzelkämpfer der Philister, den David mit einem Schleuderstein getötet hat (1. Sam. 17): als Riese dargestellt, was als Zeichen der Furcht der Israeliten vor den Philistern gedeutet wird.

Davidstern (Magen David, eigentlich „Davidschild"), sechszackiger Stern aus zwei Dreiecken. Seit dem 15. Jh. jüd. Symbol.

Elija („Mein Gott ist Jahwe"): er tritt als Prophet im Nordreich Israel um die Mitte des 9. Jhs. v. Chr. auf. Die Erzählungen im AT über ihn sind in 1. Kö 17-19, 21 und 2. Kö 1-2 enthalten. E.s Bedeutung in seiner Zeit ist vor allem darin zu sehen, daß er vor König und Volk ungestüm für Jahwe eintritt und als Prophet überall da öffentlich Stellung nimmt, wo sein Gott es ihm befiehlt. Durch ihn ist der Jahweglaube in dem isr. Volksteil zu neuer Wirksamkeit gebracht worden. Spätestens im 1. Jh. n. Chr. wird er als Vorläufer des *Messias* (s.d.) erwartet. Er muß eine enorme Popularität genossen haben. Davon künden die legendären Züge, die die Liebe der Nachfahren zu dieser gewaltigen Prophetengestalt bekunden. Vor allem bei Mal 3,23f und Sir 48,10f hat seine Gestalt messianischen Charakter. Seine Popularität äußert sich in zahlreichen jüd. Volksbräuchen: z. B. symbolisiert ein freier Stuhl seine Anwesenheit bei der Beschneidung eines Neugeborenen, ein unbenutzter Becher Wein seine Gegenwart bei der Pessachfeier.

Falafal: (arab. Küche) in Öl ausgebackene Kugeln aus Humus (Püree aus gelben Erbsen und Olivenöl) mit Kräutern.

Gebetbuch: s. Sidur.

gefilte Fisch (jidd.): gefüllter Fisch, vorzugsweise Karpfen, der traditionsgemäß am Freitagabend gegessen wird.

Golem (hebr.: „ungeformte Masse"): bezeichnet in der jüd. Mystik einen Menschen, der durch Magie und vor allem durch die Verwendung des geheimnisvollen Gottesnamens beseelt („erschaffen") wird. G.legenden waren im Mittelalter und in der frühen Neuzeit verbreitet. Ihre späteste Entwicklung ist der G. als Diener seines Schöpfers, der gewaltige Naturkräfte entwickelt und zu einer zerstörerischen Kraft pervetieren kann (und daher wieder in „Staub" zurückverwandelt werden muß). Die populärste Legende ist mit der Person des hohen Rabbi Löw von Prag verknüpft.

Hadassah (hebr.): Myrte: hebräischer Mädchenname; Eigenname einer weltumspannenden Organisation jüdischer Mädchen und Frauen, von Henrietta Szold, der jüdischen Florence Nightingale, ins Leben gerufen, die auch das Jerusalemer H.-Krankenhaus gründete.

Haganah, die (hebr.: „Verteidigung"): von 1920 — 1948 die größte militär. Organisation der Juden in Palästina vor der Gründung des Staates Israel. Sie wurde zum Schutz der jüdischen Siedlungen gegründet und von der brit. Mandatsregierung als Mittel zur Niederwerfung aufständischer Araber geduldet.

Haggada (hebr.: Erzählung): 1.) im weiteren Sinne der nicht religionsgesetzl. Teil der *Torah* (s.d.); Gegensatz: *Halacha* (s.d.); von den jüd.-Schriftgelehrten vollzogene Ausgestaltung der bibl. Berichte, die besonders auf die Frömmigkeit einwirken will. Sie erzählt, d.h. rekapituliert und vergegenwärtigt die Heilsereignisse der Vergangenheit, reflektiert, anhand der bibl. Bücher, die Geschichte Israels mit Gott und versucht diese Geschichte für die jeweilige Gegenwart zu deuten und Konsequenzen daraus zu ziehen. Die H. ist daher eine wichtige Quelle für die geistigen Anschauungen des nachbibl. Judentums. Diese werden allerdings nicht systematisch in Form philos. oder theol. Traktate dargeboten, sondern als Gemisch der verschiedensten und z.T. widersprüchlichsten Aussagen, Lehren, Ermahnungen, Predigten, Erzählungen, Legenden, Gleichnisse. Witz und Ironie spielen eine wichtige Rolle. Nicht alles, was in der H. steht, will ernstgenommen werden;

2.) im engeren Sinne volkstümliche Erzählung über den Auszug der Juden aus Ägypten, die bei der Familienfeier am 1. und 2. Pessachabend vom Hausherrn vorgelesen wird.

Halacha (hebr.: Gang; was „gang und gäbe" ist), das jüdische Religionsgesetz, das aus der Arbeit an der *Torah* (s.d.) entstand. H. bezeichnet also das ganze System der religionsgesetzlichen Bestimmungen, der Gebote und Verbote, die in der schriftlichen und mündlichen Torah enthalten sind. Die H. regelt das Leben des Juden in allen Bereichen und Einzelheiten.

Haj Amin Husseini: * 1895, im 1. Weltkrieg türkischer Offizier; 1921 von den Briten zum Mufti von Jerusalem ernannt, um ihn in ihre Politik einzubinden; 1926 Großmufti; 1937 aus Palästina ausgewiesen; knüpfte 1941 Beziehungen zu Hitler, wurde 1944 von den Alliierten in Frankreich interniert; entkam 1946 nach Kairo. Anführer arabischer Extremisten, die sich der Errichtung einer jüdischen Heimstätte widersetzten. Er betrieb eine Terror- und Einschüchterungspolitik gegenüber Juden und mißliebigen Arabern und schürte die anti-jüdischen Aufstände von 1920, 1929 und 1936-39. 1948 zum Präsidenten des arabischen Nationalrates für Palästina gewählt. Es wäre jedoch falsch, anzunehmen, daß es ohne die Ernennung H.A.s zu einer gänzlich anderen Entwicklung der arabisch-jüd. Beziehungen gekommen wäre (s.a. *Konflikt zwischen Juden und palästinensischen Arabern*).

Hebräisch: die althebr. Sprache, für die das A.T. die wichtigste Quelle bildet, wurde als Volkssprache in den letzten vorchristl. Jahrhunderten vom Aramäischen verdrängt, hielt sich aber als Buch- und Synagogensprache. In diesem Lebensbereich entwickelte sie sich zum Neuhebräischen, das nach Jahrhunderten des Verfalls erst mit der

Emanzipation der Juden (seit dem 18. Jh.) und besonders durch den *Zionismus* (s.d) und die Gründung des Staates Israel neu zu blühen begann.

Irgun: die I. (Irgun Zwai Leumi: Nationale Militärorganisation) war 1931 unter der Bezeichnung *Haganah* B gebildet worden, als die Mehrzahl der Jerusalemer Haganah aus der jüdischen Selbstschutzorganisation austraten und einen eigenen Wehrverband gründeten. 1937 kehrten dreitausend Mitglieder in die Haganah zurück, der Rest blieb unter dem Namen I. als separate paramilitärische Einheit bestehen (s. a. *Stern-Bande*).

Islam: nach syr. Terminologie wohl „Eintritt i. d. Stand des Heils", dann als „Unterwerfung" (unter den Willen) Gottes gedeutet; die zeitl. jüngste, weithin vom Judentum und Christentum abhängige Weltreligion, zw. 610 und 632 von *Mohammed* gestiftet.

Jesaja: einer der vier sog. Großen Propheten im AT, wurde kurz vor 735 v. Chr. berufen (Vision im Großen Tempel von Jerusalem). Er griff stark in die polit. Ereignisse seiner Zeit ein, indem er sich warnend und beratend an die Könige von Juda wandte. Er vermochte nicht mehr an die Rettung des ganzen Volkes glauben und kam zur Annahme, daß der „Rest" des Volkes durch Läuterung bewahrt werde. Vom Buch J. gehen die Kap. 1-39 auf J. zurück. Die bleibende Bedeutung der Botschaft J.s liegt in den beiden Grundzügen der Heiligkeit Gottes und vom Glauben des Menschen. In Kap. 40-55 ist das Buch eines zweiten Propheten angefügt, der um 550 v. Chr. am Ende des Exils in Babylonien wirkte. Er verkündete vor allem den Messias als König und die wunderbare Heimführung der Verbannten durch Gott. Die Kap. 56-66 enthalten die Prophetenschrift eines Unbekannten (Dritter J.) aus der Zeit um 539 v. Chr. nach der Rückkehr des Volkes aus dem babyl. Exil sowie Trostworte für die Juden, die nach der Rückkehr aus dem Exil vergebens die verheißene, aber ausbleibende Endzeit erwarten.

Jewish Agency: Vertretung des Gesamtjudentums bei der britischen Mandatsregierung. Die Hälfte der Sitze wurde von Mitgliedern der Zionistischen Organisation besetzt, die andere Hälfte von den amerikanischen Nichtzionisten. Präsident der J.A. war jeweils der Präsident der Zionistischen Organisation.

Jiesches (jidd.): vornehme Abstammung. „Er hat J.": ist aus vornehmer Familie.

Jischuv, der (hebr.: „Besiedlung"): abgekürzte Bezeichnung für das jüdische Siedlungsgebiet sowie die Gesamtheit der jüdischen Bevölkerung in Palästina. Mit J. werden auch die im Bezirk einer Haupt- oder Muttergemeinde liegenden und zu ihr gehörenden Ortschaften bezeichnet.

Jom Kippur: Versöhnungstag. In biblischer Zeit war dies der einzige Tag des Jahres, an der der Hohepriester das Allerheiligste des Tempels betrat, um es mit Opferblut zu besprengen. In einer weiteren Zeremonie wurden die Sünden des Volkes symbolisch einem Bock aufgeladen, der als „Sündenbock" in die Wüste geschickt wurde (3. Mose 16, 21-22). Seit der Zerstörung des Tempels ist das nicht mehr möglich. Dem J.K. blieb aber der Sinn der Sühne für begangene Sünden. Er ist der höchste und persönlichste Feiertag, bedeutender als Pessach und höher als jeder Sabbat. Das Sündenbekenntnis vor Gott nimmt im Gottesdienst breiten Raum ein. Ihm geht aber private Wiedergutmachung und Bitte um Verzeihung unter Mitmenschen voraus.

Josua: Nachfolger des Moses in der Führung der israelit. Stämme nach Palästina; das bibl. Buch J. berichtet über die Landnahme Israels (s. a. *Rahab*).

Gedanken zu **Judentum** und **Christentum:** „Das Judentum wartet auf den kommenden und das Christentum auf den wiederkehrenden Messias. Außer der hebräischen Bibel und anderen Werten, die mit Juden in Eintracht verehrt werden, haben Christen ein weiteres Band mit dem Judentum in der Person Jesu ... Jesus Christus war Jude. Während Christen glauben, daß Jesus der Mensch gewordene Gott ist, glauben die Juden daran, daß Gott in einem Juden Mensch wurde. Mit anderen Worten, Christen beten einen Juden an. Und Jesus war kein lauwarmer, entwurzelter Jude. Er las die Heilige Schrift, studierte und betete mit den Rabbinen in der Synagoge und glaubte leidenschaftlich an Gottes Verheißungen. Er stand zweifelsohne mitten im Hauptstrom der jüdischen Tradition der Propheten. Jesus sagte ja selbst: ‚Das Heil kommt von den Juden' (Joh 4,22). Jesus ist eine unübersehbare Gestalt der jüdischen Glaubensgeschichte ... Jesus ist gleichsam die Klammer, die Juden und Christen verbindet und sie in gegenseitiger

Respektierung das gemeinsame Ziel avisieren läßt: die Bruderschaft aller Menschen in einer Welt des Friedens und der Sicherheit — im Glauben an Gott und den Sinn des Lebens." (Pinchas Lapide, *Ist das nicht Josephs Sohn? Jesus im heutigen Judentum*. Gütersloher Verlagshaus, 3. Aufl., 1988, S. 164). „Während die Kirche das ‚Schon da' des Messias proklamiert..., bleibt das Judentum der lebendige Zeuge des ‚Noch-nicht' der vollen Erlösung... Auch für Christen steht jedoch die offensichtliche und endgültige Offenbarung Jesu noch aus" (P. Lapide, *Warum kommt er nicht? Jüdische Evangelienauslegung*, Gütersloher Verlagshaus, 1988, S. 107).

Kaschrut, die (hebr.): eine nach den Grundsätzen der Torah zusammengestellte Sammlung religiöser Speisevorschriften, die für die Juden in aller Welt gelten. Die wichtigsten Regeln: Verbot des gleichzeitigen Genusses von Milch- und Fleischprodukten; nach dem Verzehr von Fleisch sollen bis zum Genuß von Milchprodukten mindestens fünf Stunden vergehen, von schneller verdaulichen Milchprodukten zu Fleisch nur zwei Stunden. Die zum Essen eingeteilten Tiere sind bei den Säugetieren Paarhufer und Wiederkäuer, bei den Fischen Schuppen- und Flossenfische, beim Geflügel Vögel, die sich ausschließlich von Körnern ernähren. Wenn das Fleisch dieser Tiere geschächtet ist (d.h. ausgeblutet ist und eine halbe Stunde in Salz sowie eine halbe Stunde in Wasser gelegen hat), wird es als *koscher* (rein, zum Genuß erlaubt) bezeichnet. Trotz aller Bemühungen, die K.-Vorschriften logisch zu erklären, gehören sie immer noch zu den sogenannten Hörigkeitsgesetzen (Gebote, die auf dem Berge Sinai gegeben wurden und die der fromme Jude hält, ohne völlig ihren Zweck zu verstehen): „Nicht etwa persönlicher Geschmack oder irgendein logischer Grund bedingen diese Lebensweise, die das Befolgen der Speisevorschriften oder das Tragen bestimmter Kleidung notwendig macht, sondern der Wille Gottes, daß wir unsere vorübergehenden Wünsche, Triebe und Begierden zügeln —, weil er es so will... Die K. ist Kennzeichen und Schutzmauer des jüdischen Hauses" (Israel M. Lau, *Wie Juden leben*, Gütersloher Verlagshaus, 1988, S. 76/77).

Kiddusch: Bezeichnung eines Gebetes, das zu Hause (vor der Mahlzeit) oder in den Synagogen am Vorabend des Sabbat bzw. Festtages über einen Becher Wein gesprochen wird (s.a. *Schabbat*), besteht im wesentlichen aus einem Segensspruch über den Wein und den Sabbat bzw. Festtag.

Konflikt zwischen *Juden* und *palästinensischen Arabern:* Die meisten Palästinenser waren vor 1948 Kleinbauern. Das Dorf und die Großfamilie waren die wichtigsten sozialen Beziehungsgruppen. Sie gaben Sicherheit und Schutz. Die vier oder fünf Familienclans eines Dorfes waren über Generationen, wenn nicht über Jahrhunderte, immer dieselben. Dorfbeamte wie der *Muchtar* (s.d) wurden von den Familienclans gewählt. Invasoren kamen und gingen, aber an dem Leben der Bauern änderte sich nichts. Die Palästinenser sehen sich als die Nachfahren der altarabischen Stämme, die das Land Kanaan (s. *Palästina*) lange vor der Eroberung durch die hebräischen Stämme bewohnten. Keiner der zahlreichen fremden Eroberer (s. *Palästina*) rührte die Basis der ländlichen Produktion an, den Boden. Das islamische Bodenrecht betrachtet das Land als Eigentum Gottes, das vom Kalifen oder Sultan nur „verwaltet" wird. Das Nutzrecht hatte die Dorfgemeinde. Das traditionelle Gleichgewicht wurde erst in der letzten Phase des türk. Reiches zerstört. Dafür gab es zwei Gründe: die Privatisierung des Bodens und der Beginn der zionistischen Einwanderung nach Palästina. Die jüd. Siedlungsgesellschaften kauften das Land meistens von arab. Bodenspekulanten. Antizionismus und ein tiefes Mißtrauen gegen die arab. Nachbarn, die aus eigenen Machtinteressen Teil der gegen die Palästinenser gerichteten Front geworden waren, prägen bis heute das palästinens. Nationalbewußtsein (s. I. Lübben/ K. Jans, *Kinder der Steine. Vom Aufstand der Palästinenser*, Reinbeck bei Hamburg, 1988, S. 32-37).

Kreplisch (jidd.): kleiner Krapfen, mit Fleisch oder Käse gefüllt.

Mamzer, der: eigentlich jedes Kind aus einer nichterlaubten Verbindung. Im Volksmund ein Schimpfwort.

Matzen, die (hebr. Einzahl: Mazzah; hebr. Mehrzahl: Mazzot): ungesäuerte Brote (aus Weizenmehl ohne Sauerteig und Hefe), die während des *Pessach-Festes* (s.d.) verwendet werden (vgl. 2. Mose 12,8.11.39) und daran erinnern, daß bei dem eiligen Auszug aus Ägypten keine Zeit mehr war, durchgegorenes Brot zu backen.

meschugge (hebr.): verrückt.

Messias: Juden gründen ihre Hoffnung auf das Heil Gottes, nicht auf die Person Jesu Christi, sondern auf die im Alten Testament gemachten Zusagen Gottes an sein Volk. Allerdings gibt es schon in der Bibel verschiedene Antworten auf die Frage, wer und wie der M. sein wird. Nach Dan 7,13-14 wird er in siegreicher, strahlender Glorie sein von Gott gegebenes Königsamt antreten; nach Sach 9,9 ist er ein König, der in niedriger Demut zu wirken beginnt. Die Erwartung einer endzeitlichen Führer- und Heilsgestalt aus dem Hause David findet sich allerdings erst im nachbibl. Judentum. Die Bibel kennt nur verschiedene Vorformen dieser M.erwartung. Ursprünglich ist wahrscheinlich die rein politische Erwartung einer langdauernden Regierungszeit der Könige aus dem Hause David (2. Sam 22,51; Ps 18,51). Nach dem Tode Salomos ist diese Erwartung vor allem auf die Wiederherstellung des Hauses David gerichtet. In einem weiteren Stadium verlagert sich der Akzent auf die besonderen Qualitäten des erwarteten M., der Gerechtigkeit verwirklichen und ein Reich des Friedens und der Freiheit errichten wird. Jeder M.anspruch wird daran gemessen, ob solch ein weltumspannender Friede verwirklicht wird. Viele Juden übertrugen auch die Erwartung des M. als Einzelperson auf das jüdische Volk in seiner Gesamtheit: Israel insgesamt wird der M. für diese Welt sein (s.a. *Torah*). Nach christlicher Auffassung wird der M. in der Gestalt des Jesus von Nazareth gesehen. „Es ist aber eine Tatsache, daß es heute wie zur Zeit Jesu Menschen jüdischer Herkunft gibt, die Jesus als den Messias Israels und ihres Lebens bekennen" *(Was jeder vom Judentum wissen muß*, Gütersloher Verlagshaus, 4. Aufl. 1987, S. 178. Siehe auch Gedanken zu *Judentum und Christentum).* Trotz aller Unterschiede in den messianischen Vorstellungen ist das Kommen des messianischen Heils als Hoffnung Israels immer Gegenstand jüdischen Betens.

Minjan (hebr.: Zehnzahl): die vorgeschriebene Zahl von mindestens 10 männlichen Betern im Alter von mindestens 13 Jahren (s. *Bar Mitzwah),* durch die eine (orthodoxe) jüdische Gemeinde konstituiert wird und die daher für den öffentlichen Gemeindegottesdienst notwendig ist.

Mossad: jüdischer Geheimdienst.

Muchtar: arabischer Dorfvorsteher.

Mufti: die von den Briten eigens für Haj Amin Husseini (s.d.), einen Sproß einer führenden arabischen Familie, geschaffene Stellung des

Mufti von Jerusalem ermächtigte Haj Amin, die gewaltigen Einnahmen der islamischen Güter, Ländereien und religiösen Stiftungen zu verwalten und damit seinen eigenen Kampf gegen die Juden und Großbritannien zu finanzieren, wobei er von der Mandatsregierung, die sich in religiöse Angelegenheiten nicht einzumischen hatte, kaum behelligt werden konnte. Da Jerusalem auch eine der heiligsten Städte des Islam ist, verstand H. es sehr schnell, sein Amt zu einer angesehenen Position in der gesamten moslemischen Welt auszubauen und damit auch alle anderen islamischen Länder für den (religiösen) Freiheitskampf der Moslems in Palästina zu begeistern.

Nebuche (jidd.): Scham, Schande.

Oos: Märchenland in dem Kinderbuch *Der Zauberer von Oos* von L. Frank Baum.

Palästina: das biblische Kanaan (1. Mose 12,5). Nach der Landnahme wurde es unter dem Namen Israel bekannt (1. Sam. 13,19), in der griech.-röm. Epoche als Judäa. Vor der Landnahme wohnten hier die Kanaaniter und verschiedene andere Volksstämme, die durch Josua, die Richter und die Könige besiegt wurden. 931 v. Chr. erfolgte die Teilung des Reiches. Die Bewohner des Nordreiches Israel wurden 722 v. Chr. durch die Assyrer in die Gefangenschaft geführt, die Bewohner des Südreiches 587 v. Chr. durch die Babylonier; von 587 bis in die Makkabäerzeit stand das Land unter der Fremdherrschaft der Babylonier, Perser, Alexanders des Großen, der Ägypter und Syrer; 63 v. Chr. mußten die Makkabäer die Vorherrschaft an die Römer abtreten, die sich bis zur islamischen Eroberung durch Mohammed (683) behaupteten. Infolge der mißglückten Aufstände gegen die Römer (70 und 135 n.Chr.) wurde dem Land sein alter Name genommen und ihm die römische Bezeichnung „P." gegeben, die 1928, allerdings eingeschränkt auf das Gebiet westlich des Jordans, offizieller Name des Brit. Mandats wurde. Seine Lage am Knotenpunkt dreier Kontinente hat P. von jeher große strategische Bedeutung verschafft. Wer das Land beherrschte, beherrschte auch die Handelsstraßen zwischen Ost und West. Mit dem Aufstieg des Christentums und des Islam zu Weltmächten kamen Wellen neuer Eroberer, die im Namen ihres Glaubens oder ihrer Nation Ansprüche auf das Land erhoben. Heute ist „P." programmatischer Name für den nach einem eigenen Staat strebenden Teil der palästinensischen Araber, der das

Staatsgebiet Israels 1948 in der Annahme verlassen hat, nach den kriegerischen Auseinandersetzungen wieder zurückkehren zu können, und den Staat Israel bekämpft (s. a. *Konflikt zwischen Juden und palästinensischen Arabern.*

Palmach (hebr. für Pelugot machatz: Stoßtruppen): Bereitschafts- und Einsatztruppe, Elitetruppe der *Haganah* (s.d.).

Passah, (hebr. *Pessach:* „Vorübergehen", „Verschonung"): Fest zur Erinnerung an den Auszug aus Ägypten, bei dem die bibl. Erfahrung des Volkes Israel (Auszug/ Exodus — Wüstenwanderung — Einzug in das verheißene Land) zum Grundmuster des Glaubens in der Gegenwart werden: Gott befreit aus der Bedrängnis, Gott führt durch die Not, Gott erfüllt sein Versprechen. Zu den Festvorbereitungen gehört das Wegschaffen des Sauerteigs. Während der Festwoche essen fromme Juden nichts Gegorenes (Gesäuertes). Das P.-mahl ist Familienfeier, Hausgottesdienst und Festmahl zugleich. Die Feier verläuft nach fester Ordnung (*Seder,* s.d.). An festlich gedeckter Tafel hat jeder Teilnehmer eine *Haggada* (s.d.) vor sich. Der Hausvater leitet die Feier. Er spricht die Segensworte über die vier Becher Wein, über das ungesäuerte Brot und die zum Fest gehörenden Speisen, die symbolisch an Knechtschaft und Befreiung erinnern. Er stimmt die Psalmgebete an und trägt die Erzählung vom Auszug aus Ägypten vor, nachdem das jüngste Mitglied der Gemeinschaft die Frage gestellt hat: „Wodurch unterscheidet sich diese Nacht von allen anderen?" Zur P.feier gehören bestimmte Segenssprüche und Lieder, die den Wunsch nach baldiger Erlösung durch den Messias ausdrücken und in dem Ruf gipfeln: „Nächstes Jahr in Jerusalem!"

Paulus: hebr. Saulus, Apostel, der bedeutendste Missionar des Urchristentums. Er stammte aus jüd. Familie, war aber schon von Geburt röm. Bürger, bildete sich in Jerusalem zum Schriftgelehrten und wurde hier, ohnehin strenger Pharisäer, zum scharfen Verfolger der Christen. Durch seine Begegnung mit dem auferstandenen Jesus bei Damaskus 33/ 34 n. Chr. ist er zum Glauben gekommen und zum Zeugendienst berufen. Von der Mitte der vierziger Jahre ab hat er vor allem unter den Nichtjuden auf Zypern, in Kleinasien und Griechenland mit längeren Aufenthalten in Korinth und Ephesus zahlreiche christl. Gemeinden aus Juden und Heiden ins Leben gerufen. In seinen Briefen entfaltet er das Evangelium von dem gekreuzigten und auferstandenen Jesus als die Botschaft von der alle Menschen umfassenden göttl. Erlösung und grenzt sie nachdrücklich gegen jüd. Einschränkung ab.

Pitah-Brot: (jüd. Küche) Brotfladen; (arab. Küche) eierkuchenförmiges Weißbrot, sehr fest und fast ohne Geschmack.

Rabbi (hebr.: ravvi): Titel, Anrede für verehrte jüdische Lehrer; Gelehrter; Träger dieses Titels. *Rabbiner:* kein „Geistlicher", sondern Experte der religionsgesetzlichen Bestimmungen, Gebote und Verbote (Schriftgelehrter); Richter, Prediger, oft zugleich auch Oberhaupt einer *Jeschiva*.

Rahab: in der Kundschaftsgeschichte Jos 2, 1-21 eine heidnische Dirne in Jericho, die den israelit. Spähern heimlich Obdach und Schutz gewährt und darum bei der Eroberung der Stadt mit ihrer Familie vor dem Bann verschont bleibt (*Jos* 6, 17-25).

Resistance, die (frz.: „Widerstand"): frz. Widerstandsbewegung gegen die dt. Besatzung 1940-1944, der die Angehörigen der verschiedensten Parteien (Kommunisten, Nationalisten u.a.) und Konfessionen angehörten.

Schabbat: die Feier des Schabbat gilt seit alters her als die Herzmitte der jüdischen Religion. Der Sch. ist das dritte der zehn Gebote. Im Verzicht auf jede Art des „Hervorbringens" bekennt der Mensch, daß Gott im letzten der Vollbringer und Vollender unserer Werke ist. In dieser Einsicht liegt der Sinn der Sch.gesetze, die sich dem Blick von außen nur als Verbote darstellen, über die der Nichtjude gern den Kopf schüttelt. In Wirklichkeit sind sie aber der schützende „Zaun", der die Freiheit des Menschen hütet (s.a. *Kaschrut*). Während im christlichen Sonntag der Kirchgang mit seinem Gottesdienst der Mittelpunkt ist, vollzieht sich die Feier des Sch. mitten in der Familie. „Der Altar des Judentums ist der Tisch des jüdischen Hauses" (R. R. Geis, in: *Frau und Mutter,* Jan. 1989, S. 19). Es gibt keine Trennung zwischen Geistigem und Leiblichem (vgl. dazu 2. Mose 24, 11).

Scheigez (jidd.): Christenbursche.

Schlimel (jidd.): Schimpfwort.

Schoa (hebr.: Verwüstung/ Vernichtung): speziell Bezeichnung für die jüd. Katastrophe unter der NS-Herrschaft.

Sederabend: zentrales Ereignis des *Pessachfestes*. Seit undenklichen Zeiten stand es im Mittelpunkt des religiösen und nationalen Bewußtseins des jüdischen Volkes. Diese Nacht verbindet die Vergangenheit mit der Zukunft, und alle Juden, wo immer sie auch wohnen mögen, miteinander. Dieses Beisammensein ist am besten dazu geeignet, die verschiedenen Bevölkerungsgruppen zu einen, damit sie eine nationale Einheit, eine Gesamtheit bilden und sich der Entstehung des Volkes aufgrund des Wunders des Auszugs aus Ägypten bewußt werden.

Sidur, der: jüdisches Gebetbuch. Es ist Gottesdienstordnung, Gebet- und Gesangbuch in einem und enthält für Gemeinde, Kantor und Rabbiner die gleichen Texte, meist mit paralleler Übersetzung in der Landessprache.

siebenarmiger Leuchter: Menorah, Bezeichnung des siebenarmigen Leuchters im Heiligtum (2. Mose 25,31ff). Die Menorah wurde nach der Zerstörung des 2. Tempels eines der am häufigsten abgebildeten jüd. Motive und damit das älteste Symbol des jüd. Volkes.

Stern-Bande: eine von Abraham Stern, dem Begründer der *Irgun* (s.d.), gegründete Terrorgruppe.

Teilungsplan der Vereinten Nationen: Am 15. Mai 1947 schlug der Sonderausschuß der UN-Vollversammlung vor, Palästina in einen jüdischen und einen arabischen Staat zu teilen und Jerusalem unter internationale Kontrolle zu stellen. Dieser Plan, der am 29. Nov. 1947 verabschiedet wurde, war der letzte von vielen Versuchen, den arabischen und jüdischen Ansprüchen gerecht zu werden. Im Zentrum aller Pläne stand die für beide Völker bedeutsame Stadt Jerusalem, die Ursache vieler Kontroversen war. Da die Gebiete, die jeweils zu den beiden Staaten gehören sollten, jedoch nicht zusammenhingen, zudem beide Staatsteile in einer Wirtschaftsunion verbunden bleiben sollten, trug diese Lösung schon den Keim weiterer Auseinandersetzungen in sich. Großbritannien sollte sein Mandat innerhalb von sechs Monaten beenden und das Gebiet den Vereinten Nationen übergeben. Vom jüdischen Standpunkt bot der Plan gewisse Vorteile: in ihm fand der Gedanke eines jüdischen Staates eine erste internationale Anerkennung, und er gestand ihnen 55 Prozent des Landes zu, das allerdings größtenteils Wüstengebiete umfaßte und zur Hälfte von Arabern besiedelt war. Die Engländer hielten den Plan für undurchführbar, weil er nicht von beiden beteiligten Parteien angenommen worden war. Sie weigerten sich dementsprechend, mit den Vereinten Nationen zusammenzuarbeiten, so daß es zu keiner geordneten Räumung und Übergabe kam.

Torah (hebr.: „Weisung"): das Herzstück der hebräischen Bibel – das Alte Testament der Christen – die im engeren Sinne die 5 Bücher Mose meint, im weiteren Sinne die Lehre der Heiligen Schrift insgesamt. Nach orthodoxer Auffassung hat die Weisung, die Moses am Sinai empfing und die in den 5 Büchern Mose aufbewahrt ist, für die Juden eine ausschließliche und bindende Autorität. In der T. erklärt Gott seinen Willen: im engeren Sinne durch die zehn Gebote, im weiteren Sinne durch die 613 zusätzlichen „Pflichten" der 5 Bücher Mose. Nach weitverbreiteter Auffassung gab es daneben von Anfang an noch die mündliche Torah. Diese wurde aber jeweils erst dann formuliert, wenn neue Lebensumstände es erforderten (beispielsweise nach der Zerstörung des Tempels in Jerusalem das Problem des Gottesdienstes). Im Gottesdienst der Synagoge werden in jedem Jahr die 5 Bücher Mose vorgelesen. Dazu ist die T. in 54 Abschnitte eingeteilt. Die Erfüllung der T. als des höchsten Gnaden- und Liebesbeweises Gottes erschöpft sich nicht in einem äußerlichen Gesetzesrigorismus, sondern zielt auf die Vollendung der Geschichte in der messianischen Zeit. Der Vollzug der T. bedeutet die Wahrung der Weltordnung und garantiert nicht nur den Bestand der Welt, sondern führt letztlich zur Erlösung Israels und aller anderen Völker. Durch seinen beispielhaften T.gehorsam erfüllt Israel eine universale Aufgabe (s. a. Messias).

Truman, Harry S.: (8.5.1884 – 26.12.1972), 1944 als Vizepräsident gewählt, besaß er bei der Nachfolge Präsident Roosevelts (12.04.1945) keine außenpolitischen Erfahrungen, gewann jedoch bald polit. Profil. In der Außenpolitik setzte er zunächst die alliierte Kriegspolitik fort (Begründung der Vereinten Nationen, s.d., Potsdamer Abkommen, Niederwerfung Japans durch Abwerfung von Atombomben, Kriegsverbrecherprozesse u.a.). Gegenüber der von Stalin betriebenen Expansionspolitik verfolgte er immer entschiedener eine Politik der Eindämmung. Mit weltweiter Militär- und Wirtschaftshilfe bemühte er sich um eine Stabilisierung der „Freien Welt" gegen die Machtausweitung des kommunistischen Ostblocks.

Vereinte Nationen: Vereinigung von Staaten zur Sicherung des Weltfriedens und zur Förderung der internationalen Zusammenarbeit, die 1945 an Stelle des Völkerbundes trat (s.a. *Truman*).

Weizmann, Chaim: (1874–1952), Zionist und israel. Politiker. Nach Studium in Deutschland seit 1903 als Chemiker in England; erwirkte 1917 die *Balfour-Erklärung* (s. *Brit. Mandat*) und schuf damit die Voraussetzung für das brit. Palästina-Mandat als Vorstufe eines Judenstaates. W. war einer der ersten, der die Bedeutung der arabischen Bevölkerung für den Zionismus erkannte und den friedlichen Ausgleich mit ihr suchte. 1920-1930 und 1935-1946 Präsident der Zionist. Weltorganisation, zeitweise auch der *Jewish Agency* (s.d.). Maßgeblich beteiligt an der Errichtung eines Staates Israel, dessen erster Staatspräsident er 1948-1952 war.

Zionismus: knüpft an die alte Zionssehnsucht an. Als sich im 19. Jh. die neuzeitliche Form des Judenhasses, der Antisemitismus, herausbildete, wurde vielen Juden das Fehlen einer Heimat und die Verbundenheit mit dem Land der Väter verstärkt bewußt. Das Ziel der zionistischen Bewegung war es, den Juden zur Selbstachtung und zum Selbstbewußtsein eines eigenständigen Volkes zu verhelfen sowie die Achtung der Nichtjuden zu gewinnen. Eine völkerrechtlich abgesicherte Heimstätte der Juden sollte dies ermöglichen.

Zypern: infolge seiner seestrategischen Lage viel umkämpft. 1914 von Großbritannien annektiert. 81% der Bevölkerung sind orthodoxe Griechen, 18% islamische Türken.

Verzeichnis religiöser Zitate:

... und die Wolkensäule vor ihnen ging weg ... und der Herr trieb das Meer die ganze Nacht durch einen starken Ostwind zurück ... (2. Mose 14, 19-22).

... Gast bin ich in fremdem Land (2. Mose 2, 22).

... du sollst deinen Nächsten lieben wie dich selbst (3. Mose, 19, 18).

... ihr werdet Fleisch zu essen bekommen; denn ihr habt vor den Ohren des Herrn gejammert ... einen ganzen Monat lang, bis es euch zum Halse heraushängt ... (4. *Mose* 18-20).

Höre, Israel! Der Herr, unser Gott, der Herr ist einzig. Darum sollst du den Herrn, deinen Gott, lieben, mit ganzem Herzen, mit ganzer Seele und mit ganzer Kraft. Diese Worte, auf die ich dich heute verpflichte, sollen auf deinem Herzen geschrieben stehen. Du sollst sie deinen Söhnen wiederholen. Du sollst von ihnen reden, wenn du zu Hause sitzt und wenn du auf der Straße gehst, wenn du dich schlafen legst und wenn du aufstehst (5. *Mose* 6,4 — 6,7).

Behüte mich wie den Augapfel, den Stern des Auges, birg mich im Schatten deiner Flügel (Psalm 17, 8).

Unvermutet ereile ihn das Verderben; er fange sich selbst in seinem Netz, er falle in die eigene Grube (Psalm 35, 8).

Denn es erheben sich gegen mich stolze Menschen, freche Leute trachten mir nach dem Leben; sie haben Gott nicht vor Augen (Psalm 54, 5).

Aus der Tiefe rufe ich, Herr, zu dir: Herr, höre meine Stimme! Wende dein Ohr mir zu ... Meine Seele wartet auf den Herrn, mehr als die Wächter auf den Morgen (Psalm 130, 1-6).

Wohin soll ich gehen vor deinem Geiste? Wohin soll ich fliehen vor deinem Angesicht (*Psalm* 139, 7)?

Verzaubert hast du mich, meine Schwester Braut; ja verzaubert mit einem (Blick) deiner Augen, mit einer Perle deiner Halskette ... (*Hoheslied* 4, 9).

Jerusalem, Jerusalem ... wie oft habe ich deine Kinder sammeln wollen ... (*Matthäus* 23, 37).

Verkauft man nicht fünf Spatzen für ein paar Pfennig? Und doch vergißt Gott nicht einen von ihnen (*Lukas* 12, 6).

Da sagte einer von den Ältesten zu mir: Weine nicht! Gesiegt hat der Löwe aus dem Stamm Juda, der Sproß aus der Wurzel Davids ... (*Offenbarung* 5, 5).

Sieh da das ärmliche Brot, das unsere Väter in Ägypten gegessen haben. Jeder, der hungrig ist, komme und esse, jeder, der bedürftig ist, komme und halte Pessach. Dieses Jahr hier, nächstes Jahr im Lande Israel; dieses Jahr Knechte, nächstes Jahr Freie (Worte aus der Pessach-Haggada; R.R. Geis, *Vom unbekannten Judentum*, Freiburg, S. 73).

Gelobt seist du, Ewiger, unser Gott, König der Welt, der du Brot aus der Erde hervorbringst (*Sidur*, S. 278).

Ich glaub', ich glaub', ich glaube,/ ehrlich, unerschütterlich und fromm, / daß der Messias komm'./ An den Messias glaube ich,/ und wenn er auf sich warten läßt,/ glaub' ich darum nicht weniger fest,/ selbst wenn er länger zögert noch,/ an den Messias glaub' ich doch, / ich glaub', ich glaub', ich glaube (Zeilen eines unbekannten Juden, inmitten des Infernos des Völkermordes auf eine Wand im belagerten Warschauer Ghetto geschrieben. In: Pinchas Lapide, *Warum kommt er nicht? Jüdische Evangelienauslegung.* Gütersloher Verlagshaus, 1988, S. 119).